民族医药文献检索与利用

刘同祥　编著

中央民族大学出版社

图书在版编目(CIP)数据

民族医药文献检索与利用/刘同祥编著．—北京：中央民族大学出版社，2009.8

ISBN 978-7-81108-752-9

Ⅰ.民… Ⅱ.刘… Ⅲ.民族医学—情报检索 Ⅳ.G252.7

中国版本图书馆 CIP 数据核字(2009)第 152959 号

民族医药文献检索与利用

编　著	刘同祥
责任编辑	李　飞
封面设计	秀琴工作室·舒刚卫
出 版 者	中央民族大学出版社
	北京市海淀区中关村南大街 27 号　邮编：100081
	电话：68472815(发行部)　传真：68932751(发行部)
	传真：68932218(总编室)　　68932447(办公室)
发 行 者	全国各地新华书店
印 刷 者	北京宏伟双华印刷有限公司
开　本	787×960(毫米)　1/16　印张：30.125
字　数	450 千字
版　次	2009 年 8 月第 1 版　2009 年 8 月第 1 次印刷
书　号	ISBN 978-7-81108-752-9
定　价	46.00 元

版权所有　翻印必究

中央民族大学
少数民族传统医学研究中心
"985工程"学术出版物编审委员会

主任委员： 崔　箭

委　　员： 徐斯凡　庞宗然　黄秀兰

　　　　　　朴香兰　申刚义

教育部
"长江学者和创新团队发展计划"
资助出版
（IRT0871）

(Supported by Program for Changjiang Scholars and Innovative Research Team in University PCSIRT)

目　　录

第一章　医药文献检索概论 ……………………………………………… 1
第一节　文献的基本知识 ………………………………………………… 1
一、基本概念 …………………………………………………………… 1
二、文献的类型 ………………………………………………………… 2
三、医药文献发展的特点 ……………………………………………… 5
四、学习文献检索的重要性 …………………………………………… 6
第二节　文献检索的基本知识 …………………………………………… 7
一、文献检索的概念 …………………………………………………… 7
二、检索原理 …………………………………………………………… 7
三、检索语言 …………………………………………………………… 8
四、文献检索工具 ……………………………………………………… 10
第三节　文献检索方法、途径和步骤 …………………………………… 12
一、检索方法 …………………………………………………………… 12
二、检索途径 …………………………………………………………… 13
三、检索步骤 …………………………………………………………… 16
第四节　计算机检索基本知识 …………………………………………… 18
一、计算机检索的特点 ………………………………………………… 18
二、计算机信息检索系统的构成 ……………………………………… 18
三、计算机检索服务的类型 …………………………………………… 19
四、计算机信息检索的基本技术 ……………………………………… 21
五、计算机网络信息检索效果评价 …………………………………… 23

第二章　常用中文医药文献检索数据库 ………………………………… 26
第一节　中国期刊全文数据库 …………………………………………… 26
一、概况 ………………………………………………………………… 26
二、数据库介绍 ………………………………………………………… 26

三、检索指南 …………………………………………………………… 27
　　四、检索实例 …………………………………………………………… 29
　第二节　中文科技期刊数据库 …………………………………………… 30
　　一、概况 ………………………………………………………………… 30
　　二、数据库介绍 ………………………………………………………… 30
　　三、检索指南 …………………………………………………………… 32
　　四、检索结果的处理 …………………………………………………… 33
　第三节　中文生物医学期刊文献数据库 ………………………………… 34
　　一、概况 ………………………………………………………………… 34
　　二、数据库介绍 ………………………………………………………… 34
　　三、检索指南 …………………………………………………………… 35
　　四、检索实例 …………………………………………………………… 37
　第四节　中国生物学文献数据库 ………………………………………… 37
　　一、概况 ………………………………………………………………… 37
　　二、数据库介绍 ………………………………………………………… 38
　　三、检索指南 …………………………………………………………… 38
　　四、检索结果及处理 …………………………………………………… 40
　第五节　中国中医药期刊文献数据库 …………………………………… 42
　　一、概况 ………………………………………………………………… 42
　　二、数据库介绍 ………………………………………………………… 42
　　三、检索指南 …………………………………………………………… 43
　第六节　中国药学文摘光盘数据库 ……………………………………… 45
　　一、概况 ………………………………………………………………… 45
　　二、检索方法 …………………………………………………………… 46
　　三、检索结果输出 ……………………………………………………… 49
　第七节　中国科学引文索引数据库 ……………………………………… 50
　　一、概况 ………………………………………………………………… 50
　　二、数据库介绍 ………………………………………………………… 51
　　三、检索指南 …………………………………………………………… 54
　　四、检索结果输出 ……………………………………………………… 59
　第八节　万方数据资源系统 ……………………………………………… 62
　　一、概况 ………………………………………………………………… 62
　　二、数据库介绍 ………………………………………………………… 62

三、检索指南 …………………………………………………………… 63
　　四、检索实例 …………………………………………………………… 65
第三章　常用外文医药文献检索数据库
　第一节　Medline 和 PubMed ……………………………………………… 67
　　一、Medline 数据库 ……………………………………………………… 67
　　二、PubMed 数据库 ……………………………………………………… 68
　　三、PubMed 数据库和 Medline 数据库比较 ………………………… 74
　第二节　EMBase ……………………………………………………………… 76
　　一、EMBase 数据库概述 ………………………………………………… 76
　　二、EMBase 的字段 ……………………………………………………… 77
　　三、EMBase 的主题词和副主题词 ……………………………………… 79
　　四、EM：Drug & Phamacology 的检索方法 ………………………… 80
　　五、http：∥www.embase.com 简介 …………………………………… 82
　第三节　SpringerLink ……………………………………………………… 82
　　一、SpringerLink 的收录范围 …………………………………………… 83
　　二、SpringerLink 的检索规则 …………………………………………… 84
　　三、SpringerLink 的界面 ………………………………………………… 85
　　四、SpringerLink 的检索 ………………………………………………… 86
　第四节　Ovid 全文数据库 ………………………………………………… 88
　　一、Ovid 全文数据库概况 ……………………………………………… 88
　　二、Ovid 的主要数据库 ………………………………………………… 89
　　三、Ovid 全文数据库的检索 …………………………………………… 91
　　四、检索结果的处理 …………………………………………………… 98
　第五节　HighWire Press …………………………………………………… 99
　　一、HighWire 概况 ……………………………………………………… 99
　　二、HighWire 的特点 …………………………………………………… 100
　　三、HighWire 的界面概述 ……………………………………………… 101
　　四、HighWire 的检索途径和方法 ……………………………………… 102
　　五、检索结果输出 ……………………………………………………… 106
　　六、HighWire 近况 ……………………………………………………… 109
　第六节　TOXNET（Toxicology Data Network）…………………… 109
　　一、TOXNET 数据库主页面 …………………………………………… 110
　　二、TOXNET 各数据库简介 …………………………………………… 111

三、TOXNET 检索方法 …………………………………………… 114
　第七节　美国《工程索引》(The Engineering Index, EI) ………… 118
　　一、概述 ……………………………………………………………… 118
　　二、Engineering Village 2 的检索方法 …………………………… 119

第四章　网络医药信息资源检索 …………………………………… 125
　第一节　Internet 概述 ……………………………………………… 125
　　一、Internet 的起源和发展 ………………………………………… 125
　　二、Internet 在中国的发展 ………………………………………… 126
　　三、Internet 提供的主要服务 ……………………………………… 126
　第二节　通用搜索引擎简介 ………………………………………… 128
　　一、Google …………………………………………………………… 128
　　二、Google 学术搜索中文版 ……………………………………… 131
　　三、Yahoo！ ………………………………………………………… 132
　第三节　医药专业搜索引擎简介 …………………………………… 134
　　一、医源 ……………………………………………………………… 134
　　二、医景 ……………………………………………………………… 137
　　三、卫生网 …………………………………………………………… 138
　　四、英国医药搜索引擎 BIOME …………………………………… 139
　　五、瑞士网上健康基金会 HON …………………………………… 140
　　六、其他 ……………………………………………………………… 141
　第四节　网上医药专利文献检索 …………………………………… 143
　　一、网上中国医药专利信息检索 ………………………………… 143
　　二、网上国外医药专利信息检索 ………………………………… 144

第五章　重要医药信息网站 ………………………………………… 147
　第一节　政府机构网站 ……………………………………………… 147
　　一、美国国立卫生研究院 ………………………………………… 147
　　二、美国国立医学图书馆 ………………………………………… 151
　　三、美国国立癌症研究所 ………………………………………… 156
　　四、美国食品与药品管理局 ……………………………………… 158
　　五、美国疾病预防与控制中心 …………………………………… 158
　第二节　医药学（协）会、组织网站 ……………………………… 159
　　一、世界卫生组织 ………………………………………………… 159
　　二、美国医学院协会 ……………………………………………… 162

三、中华医学会 ··· 162
　　四、国家食品药品监督管理局 ·· 163
第三节　医药综合信息网站 ·· 164
　　一、常用综合性医药卫生网站 ·· 164
　　二、主要基础医学网站 ··· 167
　　三、主要临床医学网站 ··· 174
第四节　医药学术信息的开放存取 ··· 179
　　一、学术信息资源利用概述 ··· 179
　　二、开放获取期刊 ··· 182

第六章　特种信息资源检索 ·· 189
第一节　循证医学信息检索 ··· 189
　　一、循证医学概况 ··· 189
　　二、Cochrane 协作网和 Cochrane 图书馆 ································· 199
　　三、循证医学检索系统及数据库 ··· 203
　　四、循证医学信息资源的检索方法 ·· 209
第二节　医学会议文献和会议消息检索 ··· 209
　　一、医学会议文献的传统检索 ·· 210
　　二、检索国内会议文献的数据库 ··· 211
　　三、检索国外会议文献的数据库 ··· 221
　　四、医学会议消息预报的检索 ·· 223
第三节　学位论文检索 ·· 226
　　一、学位论文的传统检索 ·· 226
　　二、检索国内学位论文的数据库 ··· 227
　　三、检索国外学位论文的数据库 ··· 230
第四节　标准文献检索 ·· 232
　　一、概述 ··· 232
　　二、标准文献的传统检索 ·· 238
　　三、检索国内标准文献的网站及数据库 ···································· 242
　　四、检索国外标准文献的网站及数据库 ···································· 248

第七章　医药信息交流 ·· 252
第一节　医药信息交流与医药科学发展 ··· 252
　　一、医药信息为医药科学技术发展服务 ···································· 252
　　二、医药信息为提高临床医药质量服务 ···································· 259

三、医药信息为提高卫生工作质量服务 …………………………… 263
四、医药信息为突发公共卫生事件服务 …………………………… 267

第二节　医药信息交流的基础 …………………………………………… 271
一、医药信息的搜集和生产 ………………………………………… 271
二、医药信息的需求和流动 ………………………………………… 275
三、医药信息传播的途径 …………………………………………… 276
四、医药信息交流系统 ……………………………………………… 277

第三节　医药信息交流的特点 …………………………………………… 285
一、医药信息交流的条件 …………………………………………… 285
二、医药信息交流的特点 …………………………………………… 287
三、一般人群交流的特点 …………………………………………… 288
四、循证医药与医药信息交流 ……………………………………… 292

第四节　医药信息交流的形式 …………………………………………… 296
一、医药信息交流的过程 …………………………………………… 296
二、医药信息交流的形式 …………………………………………… 297
三、传统交流和现代交流 …………………………………………… 299
四、科学交流和日常生活交流 ……………………………………… 301
五、网络医药信息交流 ……………………………………………… 303

第五节　医药信息交流与社会进步 ……………………………………… 311
一、医药信息的特性 ………………………………………………… 311
二、医药信息与人类健康 …………………………………………… 312
三、医药信息贮存的手段和方式 …………………………………… 316
四、医药信息交流与新技术革命 …………………………………… 316

第八章　医药卫生科技查新 ………………………………………………… 321

第一节　科技项目信息查新的产生与发展 ……………………………… 321
一、科学研究的特点 ………………………………………………… 321
二、查新的作用和意义 ……………………………………………… 323
三、查新工作贯穿科研工作的全过程 ……………………………… 324
四、信息技术的发展为查新创造了条件 …………………………… 326

第二节　项目申报的信息查新 …………………………………………… 327
一、国家自然科学基金项目 ………………………………………… 327
二、卫生部资助项目 ………………………………………………… 336
三、教育部资助项目 ………………………………………………… 337

  四、新药研究项目 ……………………………………………… 338
  五、地方项目 …………………………………………………… 341
  六、科技成果鉴定查新 ………………………………………… 343
 第三节　专利申报前查新 …………………………………………… 352
  一、专利概念 …………………………………………………… 352
  二、药品与化学物质专利 ……………………………………… 353
  三、医疗器械专利 ……………………………………………… 357
  四、专利信息查新的意义 ……………………………………… 358
 第四节　引进技术查新 ……………………………………………… 361
  一、引进技术的结构 …………………………………………… 362
  二、消化吸收资金 ……………………………………………… 363
  三、宏观管理体制 ……………………………………………… 363
  四、知识产权保护 ……………………………………………… 364
 第五节　查新的步骤 ………………………………………………… 364
  一、查新的概念、种类和年限 ………………………………… 364
  二、查新程序 …………………………………………………… 366
  三、查新报告的撰写 …………………………………………… 368

第九章　医药综述及学位论文撰写 …………………………………… 370
 第一节　医药综述撰写 ……………………………………………… 370
  一、综述文献的定义和特点 …………………………………… 370
  二、综述文献的写作要求 ……………………………………… 374
  三、综述文献的结构 …………………………………………… 375
  四、综述文献的写作步骤 ……………………………………… 377
  五、综述文献写作过程中应注意的问题 ……………………… 382
 第二节　医学学位论文撰写 ………………………………………… 383
  一、撰写医学学位论文的目的和意义 ………………………… 384
  二、医学学位论文的科研选题和设计 ………………………… 389
  三、医学学位论文的内容要求 ………………………………… 393
  四、医学学位论文写作标准 …………………………………… 394
  五、医学学位论文的格式 ……………………………………… 394
 第三节　学术论文的投稿与发表 …………………………………… 401
  一、医学学术论文的基本要求 ………………………………… 401
  二、医学学术论文内容特点和注意事项 ……………………… 402

三、学术论文的一般格式 …………………………………… 402
　　四、医学学术论文的投稿及投稿技巧 ………………………… 408
　　五、稿件修改和稿件退修 ……………………………………… 412

第十章　专利文献检索与中药、民族药专利申请 ……………… 416
　第一节　概述 …………………………………………………… 416
　　一、专利、专利权和专利文献 ………………………………… 416
　　二、专利的种类 ………………………………………………… 417
　　三、专利制度 …………………………………………………… 418
　　四、授予专利权的条件 ………………………………………… 418
　　五、专利的审批程序 …………………………………………… 420
　　六、专利文献区别于其他文献的主要特点 …………………… 421
　　七、专利文献的作用 …………………………………………… 422
　第二节　专利文献的分类 ……………………………………… 423
　　一、国际专利分类法 …………………………………………… 423
　　二、英国德温特出版公司专利分类系统 ……………………… 425
　　三、美国专利分类法 …………………………………………… 427
　　四、日本专利分类法简介 ……………………………………… 428
　第三节　专利文献的传统检索 ………………………………… 429
　　一、国内专利文献的传统检索 ………………………………… 429
　　二、国外专利文献的传统检索 ………………………………… 431
　第四节　国内专利文献检索数据库 …………………………… 433
　　一、光盘检索数据库 …………………………………………… 433
　　二、网络检索数据库 …………………………………………… 434
　第五节　国外专利文献检索 …………………………………… 444
　　一、欧美专利检索 ……………………………………………… 444
　　二、日本及其他国家专利检索 ………………………………… 447
　第六节　中药、民族药专利申请 ……………………………… 451
　　一、中药、民族药专利申请文件撰写 ………………………… 451
　　二、中药、民族药专利申请注意事项 ………………………… 453
　　三、中药、民族药专利申请步骤方法 ………………………… 453
　　四、中药、民族药成药专利的申请 …………………………… 454
　　五、中药、民族药专利文献的检索 …………………………… 460

参考文献 …………………………………………………………… 468

第一章 医药文献检索概论

第一节 文献的基本知识

文献是记录信息、知识的载体,是人类社会的演变和发展过程中所特有的承载和传递文明的载体。

一、基本概念

(一)信息(information)

信息是事物运动的状态与方式的反映。不同的事物具有不同的运动状态和运动方式,因而会发出不同的信息。信息这个词在我国唐朝时就出现了,南唐诗人李中《暮春怀故人》中即有"梦断美人沉信息,目穿长路倚楼台"的诗句,宋朝陈亮在《梅花》中有"欲传春信息,不怕雪埋藏"的诗句,其含义大致是迹象、征兆与消息,运用时都带有自然语言固有的随意与模糊色彩。现在信息这一术语适应范围很广,如树的年轮表现其生长年龄与发展信息,海水涨落表现月亮绕地球运行的信息,人的体温的升高表现人体患病的信息。信息已成为自然、生命、思维等各个领域内普遍化的术语。信息被认为是无所不在、无处不有的在整个宇宙中普遍存在的东西。美国心理学家曾进行过一个实验,把大学生志愿者安排在隔绝场所,在这里没有图书、报纸、无线电和其他任何信息源,结果发现受试者极度苦恼,尽管有奖励,也维持不了几天。如果人穿上特种服装潜入水中,把各种感觉刺激中断,断绝信息源几个小时,人就出现幻觉和恶梦,很快发生心理障碍,信息对于人类而言也像食物和热一样是必需的。

(二)知识(knowledge)

知识是人们在改造世界的实践中所获得的认识和经验的总和。从信息的观念看,知识来源于信息,是信息的一部分。人类在认识世界和改造世界的过程中,不断接受客观事物发出的信息,经过大脑的思维加工,通过对事物本质及其运动规律的认识,这就是将信息转化为知识的过程。人类在获得知识后,再将这些知识用来指导实践，又能创造新信息，获得新知识。如此反复循环，便可使信息愈来愈纷繁，知识愈来愈丰富，认识不断提高和深化。

（三）情报（information）

情报是知识或信息经传递并起作用的部分，即运用一定的形式，传递给特定用户并产生效用的知识或信息。情报有三要素：知识性、传递性、效用性。

（四）文献（literature）

根据国家标准局的界定：文献就是记录有知识的一切载体。有三要素：载体（媒介）、知识（信息）、文字图像声音符号等。知识是文献的实质内容，载体是文献的外在形式，而记录是联系知识与载体的手段。文献中记录着大量的知识和信息，这些知识、信息为读者所利用时就转化为情报。文献是一种重要的情报源之一。

二、文献的类型

（一）按载体形式划分

1. 印刷型（printed form）以纸质材料为载体，把负载科学文化知识的文字信息印刷在纸质材料上。印刷方式有石印、油印、铅印、胶印和激光排印。印刷型文献包括图书、期刊、专利、会议记录、科技报告、学位论文、技术档案等，是图书馆、情报机构收藏最多的文献。它的优点是便于直接阅读，携带方便，很受读者的欢迎；缺点是占用空间大，易被虫蛀、鼠咬、水蚀等。

2. 缩微型（micro form）以感光材料为载体，采用摄影的方法把印刷型文献的影像缩摄在感光材料上。其特点是体积小、存储信息量大、成本低、以及便于复制、携带、存储，但其必须借助阅读机才能阅读，易造成眼睛疲劳。

3. 视听型（audio-visual form）是一种非文字形式文献，由声音和图像传递知识，包括唱片、录音带、录像带、电影片、幻灯片、投影片等。这种文献的特点是直观、生动，不仅可闻其声，也可观其形，读者容易理解；有很强的存储能力并能长期保存，还可反复播放和录制。

4. 机读型（machine-readable form）是通过计算编码和程序设计，将文献输入到计算机中去，存储在磁带、磁盘、光盘等上，并通过计算机阅读的文献。其特点是信息存储量大，存取信息速度快、便于携带、存储，深受科技人员的喜爱。

（二）按加工层次划分

1. 一次文献又称原始文献，是科技人员为公布学术活动成果而撰写的文献，其特点是含有前所未有的发现、发明或创造、来自实验、临床与现场的原始资料、以及科学研究的新技术、新方法、新理论和新数据。它是科学技术发展的标志。这类文献包括期刊论文、科技报告、会议论文、学位论文、专利文献等。

2. 二次文献是对一次文献进行压缩加工、整理，按照一定的规则组织编排的，是知识体系的组成形式，是一次文献的传播和检索工具。属于这类文献的有目录、题录、文摘、索引等。

3. 三次文献是在充分利用二次文献的基础上，检索出大量的一次文献，经过系统地阅读、分析、研究，概括出某一学科或某一专题产生、发展、研究的现状。这是一种带有指导性的文章，它对科学研究者确立课题、为领导决策提供科学的依据具有积极的作用。这类文献包括综述、评论、述评、进展、动态、指南等。

4. 零次文献指私人信件、个人笔记、口头交流、实际操作、原始手稿等非正式文献。有些零次文献具有很高的学术价值，它往往反映的是正在研究着的课题最新的发现和最新遇到的问题，它可以帮助人启迪思路，产生新的思维，开创更高层次的科学研究领域。这种文献往往是通过参加学术会议、参观考察、个人访谈、书信等方式获得的。目前科学工作者都普遍重视零次文献的获取。

（三）按出版形式划分

1. 图书（book）是一种传统的出版物，也是图书馆、个人收藏最普遍的一种文献，其历史悠久、内容广泛、数量庞大。科技图书通常提供比较系统、全面、成熟、可靠的知识信息，但是，其出版周期比较长，信息传递速度较慢，因此，它一般不是最主要的检索对象。

2. 期刊（periodical journal）也称杂志，是以相对固定的名称、编辑出版机构和版式装帧，定期或不定期出版的一种连续出版物。期刊每期发表多个学者的多篇文章，多数文章反映的是最新的科技成果，其内容新颖、出版周期短、报道速度快、信息量大，是主要的情报信息源。

3. 会议文献（conference literature）是指在各种会议上宣读或提交讨论和交流过的论文、报告、会议纪要等。会议文献能反映科学技术发展的最新水平和最新动向，具有很高的情报价值，但这类文献很难收集。

4. 科技报告（scientific and technical report）是指科研部门、厂矿企业、大专院校对某项科研项目的调查、实验、研究所出版的正式报告或阶段性进展情况的书面报告。其特点是单篇成册，带有编号，一般由封面、目录、摘要、序言、正文、附录等部分组成。正文是报告的主体，包括方法、设备、材料、成效、结果、对比、结论以及建议等；附录包括照片、图表、数据、引证等。许多新的研究课题和高科技方面的情报信息首先在科技报告中反映。

5. 政府出版物（government publication）是指各国政府及其所属机构出版的文献资料，分为两部分，即行政性文件和科技文献。行政性文件包括国会记录、政府法令、方针政策、会议决策和各种调查统计等；科技文献包括科技报告、技术革新、调查报告、科技政策等。

6. 学位论文（dissertation）是指博士生或硕士生的毕业论文。这种文献设计严密合理，学术价值很高，数据精确，是对某一特定问题的研究总结，观点新颖，往往都有新的发现，对科技开发研究有很高的参考价值。这类文献大多不公开出版发行，故不易收集，但历来被大学图书馆所重视。

7. 标准文献（standard document）是指为产品、工程质量规格及其检验方法所作的技术规定。这类文献具有一定的法律效力，是人们从事生产和各项技术活动的依据，每一件技术标准都是独立、完整的文献。它反映了每一时期的经济技术、生产工艺水平。这类文献对产品开发和革新可起到借鉴作用。

8. 技术档案（technical archives）是指生产和科技研究部门对产品的设计、实施方案、性能、规格要求达到的标准，包括图表、照片、原始记录、科研规划、设计、任务书、协议书、病案资料、课题设计、工程记录。其反映了科学技术活动的全过程，对生产、科研具有很高的科学价值，保密性很高，图书馆不易收集。

9. 产品资料（product literature）包括产品样本、产品标准、产品说明书等，是对产品的性能、原理、工艺、规格、用途、使用方法和注意事项的具体说明。

10. 专利文献（patent document）专利是指科技工作者为了保护知识产权，将发明的产品、制造工艺等向专利局提出书面申请，经查新确系新的发明创造，予以注册、登记、公布，获得法律保障的一定时期内独自享有的权利。专利可分两种，即保护专利和废旧专利。专利文献包括专利说明书、专利分类表以及从申请到审批结束全部过程中的文件和资料，有较高的经济效益和社会效益，可以转让、购买，也可以从失去保护的废旧专利文献中获得有价值的专利文献。专利文献反映了当时某项科学研究的最新成就，是科学技术领域中的重要信息源。

三、医药文献发展的特点

(一) 增长迅速,数量庞大

科学技术的迅猛发展、科技成果大量涌现,导致科技文献的数量急剧增长。据统计,整个生物医药期刊占世界期刊 14 万余种的 1/7,数量已超过 21 000 种。每年产生约 600 万篇文献,100 万件专利,其中生物医药文献占 30%~40%。

(二) 出版类型增多

目前医药文献除了传统的印刷型外,还出版有视听型、缩微型、机读型等。这些新型的医药文献,一般都具有存储信息量大、占空间位置小、携带方便等优点,大有与印刷型文献争雄天下之势。但在相当长的时间内与印刷型文献并存的局面估计不会改变。

(三) 内容重复而又分散

其原因主要是科技队伍的不断壮大,多个国家、多个科研机构、众多的科研人员都在进行同一课题的研究,而且进展的速度各不相同。其次是学术期刊增多,编辑部很难掌握哪个杂志收到哪些稿件,准备发表哪些稿件。再者就是某些作者一稿多投。

由于各学科的相互交叉渗透,期刊数量的增加,一种专业刊物所报道的内容往往涉及多个学科,一篇专题论文又往往包括几个专业。就一个专业文献而言,仅有 1/3 的论文刊在本学科专业杂志上,2/3 的本学科文献刊在与本专业相关的或与本专业几乎无关的杂志上,同样,每个专业杂志里都掺杂其他类型的文章。

(四) 知识信息更新加快,文献寿命缩短

科学技术突飞猛进的发展,促使知识更新加快。文献的出版落后于科学技术的发展,有些文献还未出版或刚刚出版就被新的知识所代替,新技术、新材料、新理论、新方法不断取代旧材料、旧理论、旧工艺、旧方法,科学文献的老化周期不断加快。

(五) 文种不断增加

过去科技文献绝大多数都是用英、德、俄、日、意、中等 12 种文字出版。随着全世界科学技术的普及和发展,西方主要国家对科技垄断的局面被打破,第三世界国家人民要求用自己的文字向全世界公布自己的科研成果,以展示自己民族的聪明和智慧,现已有 80 余种文字发表不同民族、不同国家的学术文章。

民族医药文献检索与利用

（六）交流传播速度加快

由于电子计算机技术和通讯卫星用于图书情报，以及多媒体技术、国际互联网的广泛应用和情报信息载体的电子化，给情报信息的快速传递与交流提供了便利的条件。现在只要接通国际互联网，轻轻敲打键盘，几分钟之内就可调齐全世界有关某一专题的文献，大大缩短了人与人、地区与地区间的距离，加速了科学技术的交流与传递。

四、学习文献检索的重要性

对于一个医药工作者来说，除了在自己业务实践中获取大量医药知识外，还需要从书刊资料中获取间接经验，在浩如烟海的科技文献中找到最有价值的资料。关于学习文献检索的重要性，可归纳为以下三个方面。

（一）促进信息资源的开发利用

历代流传下来的和目前源源不断涌现出来的文献是一个巨大的知识宝库，是一种比能源、材料和劳动力更重要的资源，直接影响一个国家的科学、教育、文化和经济的发展水平。科学技术是第一生产力，生产力的提高已愈来愈依靠科技信息的交流和有效的利用。现在国际之间的竞争主要是人才和知识的竞争，是靠知识去创造产品的价值，争夺国际市场。由此可见，信息事业是否发达，是衡量一个国家是否发达的重要标准之一。一般说来，不发达的国家，信息产业也不发达，这种不发达主要表现为：信息意识薄弱，信息技术落后，科技人员不能及时获取全面而准确的信息，社会和个人的知识不能及时更新、补充和有效地利用。从全社会来说，文献检索是人们打开知识宝库的一把钥匙，是开发智力资源的有力工具。它能帮助人们传播知识和利用知识，使知识转化为社会物质财富，创造出更多的精神财富。

（二）协助管理者做出正确的决策

信息虽不能确保决策正确无误，但它是决策的基础和依据。在科学技术飞速发展的信息社会，一个国家、地区或单位要发展什么、引进什么，都需要准确的信息，以便做出正确的决策。作为一个决策者，要有强烈的情报意识，要善于利用先进的检索工具，获取准确的信息。只有这样才能保证决策的正确性，避免给国家造成重大的浪费。

（三）便于继承和借鉴前人或他人的科研成果，避免重复研究

科学发展史表明，累积、继承和借鉴前人或他人的研究成果是科学技术发展的前提。没有继承就不可能有创新，任何一项研究工作，从选题、试验或设计到成果鉴定，每一步都离不开信息。只有全面地掌握有关信息，才能选题新

颖、立题起点高，才能避免重复他人的研究和少走弯路，并能缩短研究周期，节省人力、物力、财力。

第二节　文献检索的基本知识

一、文献检索的概念

文献检索是将文献按照一定方式存储起来，并根据文献用户需求查找出所需文献的过程。这一定义包含二层涵义，即文献存储和文献检索这两个关系密切的过程，也就是广义上的文献检索的概念。狭义的定义指的是查找出所需文献的过程，即通常所说的文献检索的概念，所以文献检索的全称又叫"文献存储和检索"。

二、检索原理

文献信息检索原理是指通过一定的方法和手段使其存贮与检索两个过程所采用的特征标识达到一致，以便有效地获得和利用文献。检索工具有存贮和检索两方面的功能。存贮，主要是对文献进行标引，形成文献的外表和内容特征标识，为文献信息检索提供有章可循的途径的过程。外表特征指标题、著者、来源、卷期、页码、年月、文种等项目；内容特征指文献论述的主题。文献存贮前首先对文献内容进行主题分析，把握所论述的中心内容，形成主题概念，然后选用特定的文献检索语言表达主题概念，也就是将主题概念转换成对文献的特征的标识，最后将这种标识按其内容和出处进行编排、输入文献检索系统。即：第一，为纳入检索工具或系统的每一种期刊或每一篇文献标引检索标识；第二，将有关文献的特征标识著录下来，形成一条条文献线索；第三，将它们系统地排列到检索工具或系统中去供读者查找。

文献检索过程是根据读者需求，确定检索概念及其范围，然后选择一定的检索语言，并将此检索概念转换成检索特征标识，按此到检索系统中查找文献线索，最后对其进行逐篇筛选，以确定需要阅读的文献。即提供一定的检索手段，按照一定的检索方法，根据读者需要，迅速全面地查出文献线索，这是文献检索输出的过程，可见存贮是检索的基础，检索是存贮的目的。由于不重视检索，我国科研课题重复国外的约占40%。

在检索过程中，对文献的外表特征（文献名称、著者名称、文献序号等）

和内容特征（学科分类、主题内容等）用各种检索语言进行描述，得到各种不同的文献标识。将大量的文献标识按一定规则及次序排列起来，就产生了各种类型的索引。

三、检索语言

检索语言是一种专门的人工语言，是在文献的存贮与检索过程中共用的语言。分为规范化语言和非规范化语言，规范化语言是对文献检索用语的概念加以人工控制和规范，对同义词、多义词、近义词等进行规范化处理，用同一个词来表达一个概念。非规范化语言也叫自然语言，如关键词。

（一）概念检索语言

概念检索语言是根据文献检索的需要而创造的人工语言，是在文献标引、文献检索工作中用来描述文献外部特征或文献内容特征及检索提问的一种专门语言，又称情报检索语言。它与自然语言的区别在于，检索语言并不是什么概念都表达，而是限于表达文献主题（即概括文献情报内容的概念），此外，还表达少量文献外表特征（主要是文献类型特征）。它在检索过程中所起的作用是极为重要的。当存贮文献时，文献标引人员首先要对各种文献进行主题分析，即把它所包含的主题内容分析出来，使之形成若干能代表文献主题的概念，并用检索语言的标识把这些概念标引出来，然后纳入检索工具或检索系统。当检索文献时，检索人员首先要对检索课题进行主题分析，即把它涉及的检索范围明确起来，使之形成若干能代表文献需要的概念，并把这些概念转换成检索语言的语词标识，然后从检索工具或检索系统中查找用该语词标引的文献。

（二）特点检索语言

特点检索语言作为文献检索的专用语言，其特点可归纳为：①能简单明白又比较专指地表达文献以及检索课题的主题概念；②容易将概念进行系统排列；③在检索时便于将标引用语和检索用语进行相符性比较；④语词与概念一一对应，排除了多词一义、一词多义和词义含糊的现象；⑤显示出概念之间的相互关系。这些特点，有助于检索人员又全、又准、又快地检索到含有所需情报的文献。

（三）构成检索语言

构成检索语言同自然语言一样，是交流思想的符号系统，由词汇和语法构成。词汇是指登录在分类表、词表、代码表中的全部标识，一个标识（分类号、检索词、代码）就是一个语词；而分类表、词表、代码则是"词典"，它规定了词的正式定义和句法规则，要求标引者与检索者严格遵守。语法是指如何创造和运用那些标识来正确表达文献内容和信息需要，以有效地实现文献信息检索的一整套规则。

（四）基本功能

1. 对文献的主题内容（及某些外表特征）加以标引；
2. 对内容相同及相关的信息加以集中或揭示其相关性；
3. 对大量信息加以系统化或组织化；
4. 便于将标引用语和检索用语进行相符性比较。

上述四项基本功能，也就是检索语言作为文献检索专用语言在文献检索中所起各种重要作用的归纳。任何检索语言都必须具备这四项基本功能。

（五）类型

各种检索语言的基本原理是一致的，只是在表达各种概念及其相互关系时和解决对它们提出的共同要求时所采用的方法不同，以此形成了不同的类型。常用的检索语言类型划分方法有两种：

1. 按构成原理可分为分类检索语言、主题检索语言（包括单元词法、标题法、叙词法和关键词法）、代码检索语言；

（1）分类检索语言是用分类号来表达各种概念，将各种概念按学科进行分类和系统排列的检索语言，包括等级体系型分类检索语言和分析综合型分类检索语言，可统称为分类体系。其特点是直接体现知识分类的要求。目前国内外采用的图书资料分类法比较多，国际上常用的主要有《国际十进分类法》、《杜威十进分类法》等，国内使用的分类法主要有《中国图书馆分类法》、《中国科学院图书馆分类法》等。

（2）单元词检索语言 单元词是指从文献中抽取出来经过规范化的、能表达文献主题的最小和最基本的词汇单位。它们在字面上已不能再分解，否则就会使分解后的词在专业领域内不再具有独立意义。所有经过规范化的能表达文献主题的单元词集合在一起，就构成了单元词索引语言。

（3）标题词检索语言 标题词是指来自普通语言中那些比较定型的事物名称，并且经过规范化，用以表达文献主题内容的词、词组或短语。这种由标题词组成的索引标识系统，就称为标题词检索语言。标题词的特点是：以自然语言为基础，不需经过概念分解或字面分解，经过规范化。

（4）叙词检索语言 叙词是以概念为基础，经过优选和规范化，并具有概念组配和词间语义关系显示功能，用以表达文献主题和检索需求的词和词组。叙词的概念性比标题词更强，其规范化程度也比标题词高。在选取叙词的过程中对叙词进行了严格的同义规范（优选）、词义规范（词义限定）、词类规范（指限制在具有实在意义的名词或动名词的范围内选择叙词）及词形规范（如词序、繁简体、标点符号、字母数字符号等方面的规范）。

（5）关键词检索语言　　关键词是直接从文献的题目、正文或文摘中抽出的具有实际意义的语词，即在提示和描述文献主题内容中起关键作用的语词。这类词不像主题词那样是经过规范化的语言，而是未经过规范化处理的自然语言。从文献中抽取关键词作为索引款目编制索引的方法，就称为关键词索引法。关键词索引对每个关键词都进行轮排，一篇文献有几个关键词，就有几个关键词索引款目，就能提供几个检索入口词，其编制方法简单，使用方便，不需要查主题词表，检索速度快。关键词检索语言由于无需对词语进行加工处理，因而编制索引方便快速，适合计算机自动编排与检索。常见关键词索引有：①普通关键词索引；②题内关键词索引；③题外关键词索引。

（6）代码语言是用某种代码系统进行标引和排列而成的供检索使用的一种语言。例如化合物的分子式索引系统、环状化合物的环系索引系统等，都是较为著名的代码语言。

2. 按标识的组合使用方法可分为先组式语言、后组式语言。

四、文献检索工具

检索工具是用以存贮报道和检索文献的工具，即将一定范围大量分散、无组织的文献按一定逻辑次序排列组织起来，供人们查阅文献的工具。根据检索方式的不同，其可分为手工检索工具和机械检索工具。手工检索工具如各种目录、文摘、索引等。机械检索工具如机检穿孔卡片、光电检索系统、电子计算机检索系统等。

（一）职能

存贮与检索是检索工具的两个基本职能。所谓存贮，是把有关文献的特征著录下来，成为一条条文献线索，并将它们系统排列，这就是文献的存贮过程。文献的存贮过程，是由一次文献发展到二次文献的过程，是文献由分散到集中、由无组织到系统化的过程。另一方面，检索工具能够提供一定的检索手段，使人们按照一定的检索方法，从中检出所需要的文献线索，这就是文献的检索过程。

（二）特点

1. 详细而又完整地记录所著录文献的线索，包括文献篇名、著者、来源出处等项目，以便用户能利用这些线索找到有关文献。

2. 对所著录的文献，都标有可供检索的各种标识，如分类号、主题词、文献序号等，以便用户利用这些标识来检索所需的文献。

3. 提供必要的检索手段，即各种体系的索引，如分类索引、主题索引、作者索引、号码索引等，以便用户能较方便地进行检索。

从理论上讲，只有具备上述3个特点的才能称为检索工具，有些自称是检索刊物的出版物，即只著录而不进行标引或不提供检索辅助手段，这些出版物是不能纳入检索工具之列的。

（三）类型

按收录文献的对象和揭示方式来划分，检索工具有以下类型。

1. 目录

目录又称"书目"和"文献目录"。它是一批图书或其他单独出版的资料的系统化记载及内容的提示，是历史上出现最早的一种检索工具类型。它主要是使读者了解文献（主要指图书）的出版单位、收藏单位以及文献的其他外部特征等，以引导读者去利用有关文献资料。

对于科技文献的检索来说，下列目录比较重要：①国家书目，是一个国家出版的全部图书的登记统计性书目。我国的国家书目有《全国总书目》和《全国新书目》。②馆藏目录，是图书馆、情报部门等的藏书目录，可分为馆藏图书目录和馆藏期刊目录。③联合目录，是汇总若干个图书情报机构所藏文献资料的目录，即把分散在各处的文献目录联成一体，并将目录的每条记录标明收藏单位的名称或简称。这种目录是开展馆际互借，文献资料交换与复制，加强馆际合作，实现资源共享和扩大检索范围的重要检索工具。④专题文献目录，是一种专题性文献检索工具，是根据科研的需要，围绕某些专门课题，搜集国内外的文摘、索引、目录中所著录的有关文献线索编制而成的，是报道一定时期内的各种文字、各种类型的文献检索工具。由于其选题专深，搜集资料面广，适合于检索特定专题的文献。

2. 索引

索引是将图书、期刊等文献中所刊载的论文题目、作者以及所讨论的或涉及的学科内容主题、人名、地名、专利号、分子式等，根据需要分析摘录出来作为排检标识，注明出处，并按照一定的原则和方法排列起来的一种检索工具。其可分为篇目索引与内容索引两种：篇目索引主要是揭示期刊、报纸、论丛、会议录等中所包含的论文，按分类或按主题、作者、篇名的字顺排列起来，以供查找各篇论文的工具；内容索引是将图书、论文中所包含的事物、人名、地名、学术名词等内容分析摘录出来而编成的索引，它常附于年鉴、手册和专著的后面，也可单独成书。它是帮助查阅文献中所包含的各项知识的有效工具，是揭示文献内容的钥匙。

3. 文摘

文摘是既揭示文献外部特征、又通过摘录文献要点报道文献内容的一种检索工具。文摘的著录项目与题录基本相同，但增加了内容摘要，其情报功能强于题录，是检索工具的核心。文摘按其内容详简程度可分为指示性文摘与报道性文摘两种：①指示性文摘，是对标题的补充说明，以最简要的语言说明文献题目、内容范围、研究目的及出处，文字短，一般在60～70个字以内（西文则以30个词为限），所以又称简介和提要。这种文摘中的内容一般不包含具体方法与数据，它主要用于帮助检索者判断其原文是否与自己所需要的文献有关。②报道性文摘，是对文献中情报的浓缩，基本上反映了文献的主要内容，如论点、研究的手段与方法、结果与结论，同时也包括有关数据、公式、图表等，并指出该文献的引用书目和插图的数目，最后署上摘要人姓名。一般为500个字左右。

4. 文献指南和书目

文献指南是指围绕某一学科，将其主要期刊和其他类型的重要一次文献、重要参考书和各种检索工具及其使用方法等作比较全面系统介绍的一种工具书。书目之书目是检索工具的目录，即检索工具的检索工具，它是将目录、索引、文摘等检索工具，按类型或学科或文种排列，并附上简介，指出所收录检索工具的内容、特点和使用方法。

第三节　文献检索方法、途径和步骤

一、检索方法

文献检索的方法比较多，因人、因事、因物而异，归纳起来主要有常用法、追溯法和分段法三种。

（一）常用法

常用法是文献检索中经常使用的一种方法，是利用各种文献检索工具（主要是目录、索引等）查找文献，又称工具法或一般查找法。其可分为顺查法、倒查法和抽查法三种。

1. 顺查法是一种以检索课题起始年代为起点，按照时间顺序由远及近的查找文献的方法。实际上，顺查法就是按检索工具从旧到新，逐年、逐卷、逐期进行检索的方法。此法查全率、查准率较高，漏检、误检的文献较少，但耗时费力。本法适用于研究时间较久、研究范围较大的课题的文献需要。

2. 倒查法是一种由近及远的查找文献的方法，即逆时间顺序查找。这种方法一般用于新开的课题或者有新内容的老课题，比较注意近期的文献，以便掌握最近一段课题所达到的水平和动向。此方法一般只需倒查10年左右，可节省大量的时间，检索效率较高。

3. 抽查法是一种针对某学科专业或课题研究发展的特点，抽出发展迅速、发表文献较多的一段时间进行检索的方法。这种查找方法花费时间少，获得的文献资料多，但使用这种方法时，一定要先掌握学科或课题研究的特点，并了解文献发表集中的大致时间。抽查法的优点是费时少，效率高。

（二）追溯法

追溯法又称滚雪球法，是一种传统的查找文献的方法，根据已知文献后所附的"参考文献"进行追踪查找，以此类推，不断扩大文献的线索，可以得到一批有关资料。一般多利用综述、述评或者专著进行追踪查找。利用此法往往能追溯获得一批有关资料。用这种方法查找时漏检、误检的文献较多，而且每篇文献所引用的文献都是有限的，其中部分文献因多种原因还不一定有参考价值，所以目前很少有人用这种方法检索。

（三）分段法

分段法是常用法和追溯法交替进行、综合利用的检索方法，又称循环法或交替法。本法先用检索工具查出一部分文献，然后再利用这些文献后的"参考文献"追溯查出一批有关的文献，这样连续追踪查找，直到满足要求为止。

二、检索途径

文献检索有各种不同的检索途径，归纳起来有两大类：一类是根据文献外表特征进行文献检索的途径，主要有著者途径、文献序号途径及题名途径等；另一类是根据文献的内部特征进行文献检索的途径，即分类途径和主题途径。

（一）著者途径

著者途径是根据已知著者（编著、译者）的姓名或机关团体名称查找文献的一种途径。著者索引按著者姓名字顺排列，是一种重要而简便的查找途径。但是，关于著者的姓名问题，在全世界比较复杂，由于各国的风俗习惯不同、文种不同，对姓名的书写和用法也不一样。就姓名而言，姓有单姓、复姓、父母姓连写等，名字有单名、复名、教名、父名等，加之同名同姓者甚多，因此，为提高查准率，在利用著者途径时要注意编制著者索引的有关规则和熟悉有关姓氏姓名的知识。

1. 著者姓名次序，检索工具的著者索引一律以姓在前、名在后的次序排列。我国姓名是姓在前、名在后，而欧、美等国著者署名一般名在前、姓在后，因此欧、美著者要将姓名颠倒后再按字顺排列，并将名字缩写。

2. 著者为2或3人者，按原书刊和文章的著者排列先后次序著录；3人以上者，一般只著录第一著者姓名，其余不予标出，中文以"等"表示，西文以"et al"表示。值得注意的是，检索工具不同，著者索引的编制也不尽相同。

3. 学术团体和机关单位等，按原名著录并加国别以便区分。团体著者也与个人著者一样按名称字顺排列。

4. 姓名中的"de"、"della"、"van"等前缀，与姓名一起按字顺排列。

5. 各国人的姓名，因语言文字不同，拼音和发音各异，一般文献检索工具常将各种文字的姓名进行翻译以便统一，各国都规定了音译标准。中国人的姓名均采用汉语拼音著录；英国、美国、俄罗斯、日本对著者姓名则采用音译法著录。目前最常使用的有国际标准化组织编辑出版的《俄-英字母音译对照表》和日本黑本式《日-英音译对照表》。著者姓名复杂，常因标目错误而导致检索困难，因此应参考各种文字的译名手册、人名录和其他检索工具。

（二）题名途径

题名途径是指利用图书、期刊资料等的题目名称对文献信息进行检索的途径。其所使用的检索工具一般是书名目录（索引）和刊名目录（索引）。一般图书馆均有这2种目录，供读者查阅。但在科技文献检索中，由于书刊资料的名称特别是文章篇名较长且难于记忆，故在现代检索工具书中，一般不采用书名排检法，只对期刊刊名目录或刊名索引，主要用于从刊名缩写查刊名全称。

（三）文献序号途径

文献序号途径是利用文献的代码、数字编成的索引来查文献的一种途径。很多文献，特别是一些特种文献，例如科技报告、专利文献、标准文献等，都有自己的编号。现在各国出版的书刊也均有自己的号码。这种索引均按号码大小排列，检索方便。

(四）分类途径

分类途径是根据文献主题内容所属的学科性质，按照其在规定使用的分类体系中的位置进行文献检索的途径。它的检索标识是所给定的分类号码。分类途径是文献检索中的一个重要途径。目前我国出版的检索工具，大多数是采用分类法编排的，还有不少使用其他方法排列的检索工具书，也都附有分类辅助索引。

因分类途径检索文献的前提是需要研究检索课题所属学科的类目，从中找出该类目的分类号，所以使用该途径的关键在于掌握分类法，熟悉分类表，以便快捷地从中查出所需类目的分类号。利用分类途径可查到一定内容范围的文献，能满足族性检索要求，但由于等级分类法的深度划分不足，不可能为所有狭窄的学科设立相应类目。因此，分类途径不适用于非常狭窄的具体课题、新兴学科和边缘学科问题的检索。

(五）主题途径

主题途径是按照文献内容的主题概念进行文献检索的一种途径。在检索时，用能够表达文献资料内容实质的主题词来作为检索标识，这种主题词不一定就是文献篇名中出现的词语，而是将文献内容经过主题分析，再从主题词表中查得相关的主题词。使用主题途径检索时，按主题词的字顺在主题索引中直接查找，即可在该主题词下获得所需要的文献编号。如在某些主题词后遇到"见（see）"、"参见（see also）"和"主题注释"等，"见"是指检索者从不作为主题词的词汇转变到作为主题词的词汇。利用主题途径检索，直接灵活，很适用于检索比较具体、专深的文献，能够较好地满足族性检索的要求，查准率高。但缺乏分类途径的系统性和稳定性，要求查全难度较大，不适于从学科体系角度检索。

(六）分类主题途径

分类主题途径是分类途径和主题途径结合，互相取长补短，比分类体系细致具体，但无上下级限制，又不像单纯的主题体系那样难以熟悉和掌握，且保留了按字顺排列的主题方法。如美国《生物学文摘》的主要概念类目，就是分类主题途径的例子。

(七）关键词途径

关键词途径是根据课题的关键词进行检索文献的一种途径。关键词索引也属于主题法系统，但不进行词语的规范化，因而具有编制简单、使用方便、查找速度快的优点。正是由于关键词未经规范化处理，对同一事物的概念，不同作者选用的词可能不尽相同，而且各个词的形式、拼写方法的不同，造成同一内容的文献分散在各个不同关键词的字顺中，不能集中在一处，检索时须把不同词形、不同拼法的词都查遍，以免漏检。另外，有些内容完全不同的文献，又可能集中在一个字顺之中，必须仔细筛选，方可得到有用的文献。

（八）其他检索途径

有些检索工具还有一些特殊的索引，可以通过特殊途径查找所需要的文献。如美国《生物学文摘》的生物分类索引、属种索引，美国《化学文摘》的分子式索引等。

三、检索步骤

采取正确的检索步骤是取得理想检索效果的前提。利用检索工具进行文献检索，一般说来要经过以下几个步骤。

（一）分析研究课题、明确检索要求

在检索之前要对课题进行仔细分析，确定检索的范围，明确课题检索的目的，搞清楚所要提问的真正含义，然后决定采用何种检索方法，以便准确而灵活地运用检索语言和检索途径。

（二）选择适当检索工具和方法

各种检索工具均有各自的特点，应根据检索课题的要求及检索工具的特点选择合适的检索工具。因此，要了解各种检索工具收录文献类型、时间、报道的学科专业范围及语种、可提供的内容深度等。通常应选用专业对口、报道文献信息量大、时差小、检索途径较多、质量高的检索工具。同时，还应选择几种检索工具相配合，不仅要着眼于综合性检索工具，还要与专业性检索工具和单一类型文献的检索工具相配合，以保证查全率。

（三）选择检索途径和检索标识

在选择好检索工具以后，应根据文献外表特征和内容特征以及检索工具所提供的已知检索途径，确定检索的途径和检索标识。目前，一般检索工具都有分类、著者、主题词等检索途径，必要时还可采用其他的辅助索引，如地区索引、属种索引、专利索引、化学物索引、分子式索引等。一般情况下，为了检索文献全面系统，避免漏检、误检等情况的出现，可把主题途径或分类途径作为主要检索途径，再综合利用其他检索途径，进行互补，达到检全、检准的目的。

（四）查找文献线索

这个过程就是将准确表达课题的检索词与检索工具中的文献标识进行比较

来决定文献的取舍过程。这个过程结束后所得到的结果，就是读者需要的文献线索。

（五）索取原始文献

索取原始文献是查找有关文献的最后一个步骤。文献线索提供的信息量很少。多为题录和摘要，一般不能满足检索者对文献的需求，检索者只有根据查找到的文献线索找到所需要的原文，才能满足对文献的需要。具体来讲，就是根据文献线索所提供的文献出处，再利用馆藏目录和联合目录查到文献的收藏单位，然后联系借阅或复制或直接向作者本人索取。

索取原始文献的注意事项如下：

1. 注意准确无误地记录文献线索，一定要准确无误地记录下作者的姓名、文献题名、出处（刊名、年、卷、期、页码）等文献线索，才能快速地找到所需要的原始文献。

2. 注意各种缩写的还原索取外文原始文献时，往往碰到刊名的缩写问题，故掌握外文刊名（中文期刊一般不用缩写）缩写规律是十分重要的，应按照规律将缩写还原成全称，此外还要注意其他外文线索的还原。如在各著录的项目中，缩写刊首字词可借助缩略语词典之类工具书将其还原。参考文献中常出现缩略语"ibid"和"idem"，表示"出处同上"、"同著者"的意思。

3. 注意由近及远地获得文献信息，应首先考虑本单位图书情报部门的入藏。如未入藏，则应考虑距本单位较近的兄弟单位是否入藏，然后再考虑外地有关单位是否入藏。如国内没有单位入藏，则要考虑向国外的哪个地方索取原始文献。

4. 注意使用馆藏目录和联合目录，一个单位的馆藏目录反映了该馆文献的收藏情况，联合目录则反映了入编馆的馆藏文献，二者均是获取原始文献不可缺少的工具，要有针对性地选择，才能达到预期的结果。有的检索工具虽不是联合目录，但也有联合目录的作用，如《中文科技资料目录（医药卫生）》和《国外科技资料目录（医药卫生）》均注明了参编（供稿）单位和收藏单位代号，应注意利用这些检索工具，可写明文献题名、作者、刊名和资料索取号，按馆藏号地址写信索取。

5. 注意向作者索取，一般作者对自己的论著保存得都比较完整，如读者在国内外均找不到原文的情况下，可直接向作者本人索取，一般能满足要求，有时还可能获得若干篇同类的文献。

第四节　计算机检索基本知识

一、计算机检索的特点

计算机信息检索服务始于上世纪50年代，随着计算机技术、通讯技术和网络技术的迅猛发展，计算机信息检索服务已成为信息检索服务中最重要的方式，目前国内较大的卫生信息服务机构提供的服务方式多为计算机检索。与传统的手工信息检索相比，计算机信息检索具有以下特点：

（一）检索速度快

手工检索需要数日甚至数周的课题，机检只需要数小时甚至数分钟。

（二）检索途径多

除手工检索工具提供的分类、主题、著者等检索途径外，还能提供更多的检索途径，如题名途径等。

（三）更新快

尤其是国外的计算机检索工具，光盘多为月更新、周更新，网络信息甚至为日更新。

（四）资源共享

通过网络，用户可以不受时空限制，共享服务器上的检索数据库。

（五）检索更方便灵活

可以用逻辑组配符将多个检索词组配起来进行检索，也可以用通配符、截词符等进行模糊检索。

（六）检索结果可以直接输出

可以选择性打印、存盘或E-mail检索结果，有的还可以在线直接订购原文，有的计算机检索工具甚至可以直接检索出全文。

在了解计算机信息检索服务的知识前，首先应了解计算机信息检索的相关知识。

二、计算机信息检索系统的构成

计算机信息检索系统从物理构成上说，包括计算机硬件、软件和数据库、通讯线路和检索终端五个部分。一般而言，软件由计算机信息检索系统的开发商制作，通讯线路、硬件和检索终端只要满足计算机检索系统的要求都不需要检索者多加考虑。对检索者来说，他们必须了解的是数据库的结构和类型，以便根据不同的检索要求选择合适的数据库和检索途径。

（一）数据库的结构

数据库是指计算机存储设备上存放的相互关联的数据的有序集合，是计算机信息检索的重要组成部分。数据库通常由若干个文档组成，每个文档又由若干个记录组成，每条记录则包含若干字段。

文档（file）是数据库中一部分记录的有序集合。记录（record）是数据库的信息单元，每条记录描述了一个原始信息的外部特征和内部特征。字段（field）是比记录更小的单位，是组成记录的数据项目。例如某个检索数据库将不同年限收录的文献归入不同的文档，文档中每篇文献是一条记录，而篇名、著者、出处、摘要等外部和内部特征就是一个个字段。

（二）数据库的类型

1. 书目数据库（bibliographic database），是机读的目录、索引和文摘检索工具，检索结果是文献的线索而非原文。如许多图书馆提供的基于网络的联机公共检索目录（Web-based Online Public Access Catalogue）、MEDLINE、CBMdisc等。

2. 数值数据库（numeric database），主要包含的是数值数据，如美国国立医药图书馆编制的化学物质毒性数据库 RTECS，包含了10万多种化学物质的急慢性毒理实验数据。

3. 全文数据库（full text database），存储的是原始文献的全文，有的是印刷版的电子版，有的则是纯电子出版物，如《中国学术期刊（光盘版）》。

4. 事实数据库（fact database），存储指南、名录、大事记等参考工具书的信息，如美国医生数据咨询库 PDQ（Physician Data Query）。

5. 超文本型数据库（hypertext database），存储声音、图像和文字等多种信息，如美国的蛋白质结构数据库 PDB，该数据库可以检索和观看蛋白质大分子的三维结构。

三、计算机检索服务的类型

（一）联机信息检索服务

20世纪50年代最早出现的计算机信息检索服务方式是脱机信息检索，尽管它大大提高了检索效率，但也存在着检索周期长、用户不能直接参与检索过程等缺点。60年代随着计算机处理数据能力的提高和大容量存储介质的出现，单台计算机可以通过通信线路连接多个终端，相应出现的联机信息检索服务弥补了脱机检索的缺点,例如 DIALOG、MEDLARS 等联机检索系统。联机检索可以不受地理位置影响,在检索过程中可以随时修改检索策略,检索结果可以有多种输出格式,但它也存在着费用昂贵、检索人员必须熟悉不同检索系统的检索语言等缺点。进入 90 年代后,国际互联网的发展使得联机信息检索向网络信息检索发展,网络信息检索服务已成为联机检索阶段的延伸。

举例:MEDLARS 系统(Medical Literature Analysis and Retrieval System)是世界上第一个医药文献联机检索系统,也是世界上最具权威性的医药文献检索系统。该系统由美国国立医药图书馆于 1954 年开始研制,1970 年投入使用。MEDLARS 目前拥有 40 多个数据库,包括:MEDLINE、GeneBank、TOXLINE、AIDSLINE 等世界著名数据库。MEDLARS 由运行在不同主机上的相对独立的三个分系统构成:ELHILL、PDQ 和 TOXNET。

(二)光盘信息检索服务

光盘信息检索服务是利用光盘数据库开展的信息检索服务。光盘(compact disc,简称 CD)于上世纪 70 年代末问世,是在激光视频录放技术基础上发展起来的光存储技术,具有密度高、成本低、容量大等特点。按照读写方式,光盘可以分为只读型光盘(CD - ROM)、一次写入型光盘(WORM, write once read many)和可擦写型光盘(ORAM, optical random access memory)三种。将数据库内容存储于光盘之上就制成了光盘数据库,通常光盘数据库都使用只读型光盘,即用户只能读出写在光盘上的内容,而无法改变盘上的内容。利用光盘数据库开展的光盘信息检索服务具有以下特点:

1. 光盘存储容量大,占据物理空间小。例如每年一张的 MEDLINE 光盘可以收录美国的 Index Medicus《医药索引》、Index to Dental Literature《牙科文献索引》和 International Nursing Index《国际护理索引》的全年内容,并且多数记录增加了文摘内容,而单《医药索引》一年就有 24 本期索引,外加一本主题词表和一本总索引及期刊一览表。

2. 读取速度快。利用光盘塔和光盘库等设备可进行跨盘检索,检索浏览范围可以跨及多年,检索策略制定好后,检索一个课题只需要几分钟,甚至更短。

3. 费用低。光盘和光驱是批量生产,成本较低,加之光盘检索不涉及远程通讯,可以不受时间限制地进行检索,整个检索费用也就相对较低了。

4. 对硬件有一定要求。随着光盘数据库数量的增多,尤其是一些全文光盘数据库的出现,各信息服务机构面临的是要么增加光盘库或光盘塔,要么增加服务器容量的选择。由于目前多数信息服务机构的做法是将光盘数据库的内容做入磁盘阵列服务器以供局域网内的用户共享,他们不得不考虑日益增多的光盘对硬件的压力,鉴于此,许多信息服务机构已将服务方式转向了网络信息检索服务。

附:医药卫生系统常用的光盘数据库
(1) MEDLINE
(2) 中国生物医药文献数据库(CBMdisc)
(3) 中文生物医药期刊数据库(CMCC)
(4) 中国学术期刊光盘版(CAJ – CD)
(5) EMBASE
(6) IPA(国际药学文摘数据库)
(7) ProQuest Medical Library

(三) 网络信息检索服务

网络信息检索服务是利用网络检索网络资源的信息检索服务。网络资源大致可以分为两类,一类是来自正式文献信息源的信息,内容可靠、质量高,一般都有检索平台;另一类是各类网站上的信息,这些信息包罗万象、良莠不齐,一般用搜索引擎等网络工具进行检索。从广义上说,局域网内的光盘检索服务和现阶段的国际联机检索也都属于网络信息检索范畴。目前由于局域网内光盘信息检索所存在的要求存储器越来越大的缺点,许多信息服务机构和出版商都提供了光盘检索数据库的网络版,用户可以通过网络直接在 Web 界面检索使用供应方服务器上的数据库。

四、计算机信息检索的基本技术

(一) 布尔逻辑检索(Boolean searching)

是利用布尔逻辑符进行检索的方法,布尔逻辑符有三种,即逻辑"与"(AND)、逻辑"或"(OR)和逻辑"非"(NOT)。在一个检索式中如果含有两个以上的布尔逻辑符就要注意运算次序:( ) > NOT > AND > OR,即先算括号内的逻辑关系,再依次算"非"、"与"、"或"关系。

(二) 截词检索(truncation searching)和通配检索(wildcard searching)

截词符(truncation symbol)和通配符(wildcard symbol)在不同的检索系统用不同的符号,一般为 *、?、#、$ 等。用截词符检索是用逻辑 OR 对词头同、词尾不同的词汇进行检索。用通配符检索是用逻辑 OR 对拼法稍异的词汇进行检索,这两种符号的使用一方面可以避免漏检,另一方面也避免了多次输入的麻烦。

(三) 限定检索 (limit searching)

在绝大多数检索系统中都有一些缩小或约束检索结果的方法，最常用的是对特定字段的限定检索，限制符多为 in、=、[] 等。用这种方法可以将检索词限制在特定的字段中，如 Chinese in LA，表示检索结果的语种为中文。

(四) 原文检索

原文检索又称全文检索，原文是指数据库中的原始记录，原文检索即以原始记录中的检索词与检索词间特定位置关系为对象的运算。原文检索可以说是一种不依赖叙词表而直接使用自由词的检索方法。原文检索的运算方式，不同的检索系统有不同的规定，其差别是：规定的运算符不同；运算符的职能和使用范围不同。原文检索的运算符可以通称为位置运算符。从 RECON、ORBIT 和 STAIRS 三大软件对原文检索的规定，可以看出其运算符主要是以下 4 个级别：

1. 记录级检索，要求检索词出现在同一记录中；
2. 字段级检索，要求检索词出现在同一字段中；
3. 子字段或自然句级检索，要求检索词出现在同一子字段或同一自然句中；
4. 词位置检索，要求检索词之间的相互位置满足某些条件。原文检索可以弥补布尔逻辑检索、截词方法检索的一些不足。运用原文检索方法，可以增强选词的灵活性，部分地解决布尔检索不能解决的问题，从而提高文献检索的水平和筛选能力。但是，原文检索的能力是有限的，从逻辑形式上看，它仅是更高级的布尔系统，因此存在着布尔逻辑本身的缺陷。

(五) 加权检索

加权检索是某些检索系统中提供的一种定量检索技术。加权检索同布尔检索、截词检索等一样，也是文献检索的一个基本检索手段，但与它们不同的是，加权检索的侧重点在于判定检索词或字符串在满足检索逻辑后对文献命中与否的影响程度。加权检索的基本方法是：在每个提问词后面给定一个数值表示其重要程度，这个数值称为权，在检索时，先查找这些检索词在数据库记录中是否存在，然后计算存在的检索词的权值总和。权值之和达到或超过预先给定的阈值，该记录即为命中记录。运用加权检索可以命中核心概念文献，因此它是一种缩小检索范围提高检准率的有效方法。但并不是所有系统都能提供加权检索这种检索技术，而能提供加权检索的系统，对权的定义、加权方式、权值计算和检索结果的判定等方面，又有不同的技术规范。

(六) 聚类检索

聚类检索是在对文献进行自动标引的基础上，构造文献的形式化表示——

文献向量，然后通过一定的聚类方法，计算出文献与文献之间的相似度，并把相似度较高的文献集中在一起，形成一个个的文献类的检索技术。根据不同的聚类水平的要求，可以形成不同聚类层次的类目体系。在这样的类目体系中，主题相近、内容相关的文献便聚在一起，而相异的则被区分开来。聚类检索的出现，为文献检索尤其是计算机化的信息检索开辟了一个新的天地。文献自动聚类检索系统能够兼有主题检索系统和分类检索系统的优点，同时具备族性检索和特性检索的功能。因此，这种检索方式将有可能在未来的信息检索中大有用武之地。

（七）扩展检索与缩检

1. 扩展检索：扩展检索是指初始设定的检索范围太小，命中文献不多，需要扩大检索范围的方法。扩展检索的方法主要可以有以下几种：概念的扩大；范围的扩大；增加同义词；年代的扩大。

2. 缩小检索：又称二次检索；缩小检索是指开始的检索范围太大，命中文献太多，或查准率太低，需要增加查准率的一个方法。缩检与扩检相反，即概念的缩小、范围的限定、年代的减少等。此外，还可以通过以下方法进行限定：核心概念的限定；语种的限定；特定期刊的限定。

扩检与缩检是检索过程中经常面临的问题。在联机检索时，由于机时的限制，用户应该在上机前就拟定好扩检与缩检的策略，也就是说，在拟定检索策略时，应该同时考虑如命中文献太少或太多时如何处理的办法。否则，会大大增加机时，而且不易得到满意的结果。

五、计算机网络信息检索效果评价

检索效果是指利用检索系统（检索数据库和检索软件）开展检索服务时所产生的有效结果。计算机网络信息检索效果如何，直接反映检索系统的性能，影响系统在信息市场上的竞争能力和用户的利益。

（一）评价的目的、范围

评价检索系统的检索效果，目的是为了准确地掌握系统的各种性能和水平，找出影响检索效果的各种因素，以便有的放矢，改进系统的性能，提高系统的服务质量，保持并加强系统在市场上的竞争力。检索效果包括技术效果和社会经济效果两个方面。技术效果主要是指系统的性能和服务质量、系统在满足用户的信息需要时所达到的程度。社会经济效果是指系统如何经济有效地满足用户需要，使用户或系统本身获得一定的社会和经济效益。因此，技术效果评价又称为性能评价，社会经济效果评价则属于效益评价，而且要与费用成本联系起来，比较复杂。

（二）评价标准

根据 F. W. Lancaster 的阐述，判定一个检索系统的优劣，主要从质量、费用和时间三方面来衡量。因此，对计算机网络信息检索的效果评价，也应该从这三个方面进行。质量标准主要通过查全率与查准率进行评价。费用标准即检索费用是指用户为检索课题所投入的费用。时间标准是指花费时间，包括检索准备时间、检索过程时间、获取文献时间等。查全率和查准率是判定检索效果的主要标准，而后两者相对来说要次要些。

查全率是指系统在进行某一检索时，检出的相关文献量与系统文献库中相关文献总量的比率，它反映该系统文献库中实有的相关文献量在多大程度上被检索出来。

查全率 = ［检出相关文献量／文献库内相关文献总量］× 100%

例如，要利用某个检索系统查某课题。假设在该系统文献库中共有相关文献为 40 篇，而只检索出来 30 篇，那么查全率就等于 75%。

查准率是指系统在进行某一检索时，检出的相关文献量与检出文献总量的比率，它反映每次从该系统文献库中实际检出的全部文献中有多少是相关的。

查准率 = ［检出相关文献量／检出文献总量］× 100%

例如检出的文献总篇数为 50 篇，经审查确定其中与项目相关的只有 40 篇，另外 10 篇与该课题无关。那么，这次检索的查准率就等于 80%。显然，查准率是用来描述系统拒绝不相关文献的能力，有人也称查准率为"相关率"。查准率和查全率结合起来，描述了系统的检索成功率。

（三）影响检索效果的因素

查全率与查准率是评价检索效果的两项重要指标，查全率和查准率与文献的存储与信息检索两个方面是直接相关的，也就是说，与系统的收录范围、索引语言、标引工作和检索工作等有着非常密切的关系。

1. 影响查全率的因素

影响查全率的因素从文献存储来看，主要有：文献库收录文献不全；索引词汇缺乏控制和专指性；词表结构不完整；词间关系模糊或不正确；标引不详；标引前后不一致；标引人员遗漏了原文的重要概念或用词不当等。此外，从情报检索来看，主要有：检索策略过于简单；选词和进行逻辑组配不当；检索途径和方法太少；检索人员业务不熟练和缺乏耐心；检索系统不具备截词功能和反馈功能，检索时不能全面地描述检索要求等。

第一章 医药文献检索概论

2. 影响查准率的因素

影响查准率的因素主要有：索引词不能准确描述文献主题和检索要求；组配规则不严密；选词及词间关系不正确；标引过于详尽；组配错误；检索时所用检索词（或检索式）专指度不够，检索面宽于检索要求；检索系统不具备逻辑"非"功能和反馈功能；检索式中允许容纳的词数量有限；截词部位不当，检索式中使用逻辑"或"不当等等。实际上，影响检索效果的因素是非常复杂的。根据国外有关专家所做的实验表明，查全率与查准率是呈互逆关系的。要想做到查全，势必会要对检索范围和限制逐步放宽，则结果是会把很多不相关的文献也带进来，影响了查准率。企图使查全率和查准率都同时提高，不是很容易的；强调一方面，忽视另一方面，也是不妥当的。应当根据具体课题的要求，合理调节查全率和查准率，保证检索效果。

第二章　常用中文医药文献检索数据库

第一节　中国期刊全文数据库

一、概况

中国知识基础设施工程，简称 CNKI 工程，是以实现全社会知识信息资源共享为目标的国家信息化重点工程。该工程采用自主开发并具有国际领先水平的数字图书馆技术，建成了世界上全文信息量规模最大的"CNKI 数字图书馆"，涵盖了我国自然科学、工程技术、人文与社会科学期刊、博硕士论文、报纸、图书、会议论文等公共知识信息资源。

二、数据库介绍

（一）收录范围

中国期刊全文数据库是目前世界上最大的连续动态更新的中国期刊全文数据库。收录 1979 年至今约 8200 种期刊全文。至 2005 年 4 月止，累积全文文献 1370 多万篇。

（二）学科范围

产品分为 10 大专辑：理工 A、理工 B、理工 C、农业、医药卫生、文史哲、政治军事与法律、教育与社会科学综合、电子技术与信息科学、经济与管理。10 大专辑下分为 168 个专题和近 3600 个子栏目。中国期刊网提供三种类型的数据库，即题录数据库、题录摘要数据库和全文数据库，其中题录数据库和题录摘要数据库属参考数据库类型，只提供目次和摘要，可在网上免费检索。

（三）中国期刊全文数据库

简介：是目前世界上最大的连续动态更新的中国期刊全文数据库，目前收录 7600 多种重要期刊，内容覆盖自然科学、工程技术、农业、哲学、医学、人文社会科学等各个领域，其中核心期刊 1735 种。至 2006 年 3 月 31 日，4000 多种期刊回溯至创刊，最早的回溯到 1915 年，如 1915 年创刊的《清华大学学报（自然科学版）》、《中华医学杂志》，累积期刊全文文献 1750 万篇。

知识来源：中国国内 8200 多种综合期刊与专业特色期刊的全文。

收录年限：1994 年至今（大部分刊物回溯至创刊，最早回溯至 1915 年）。

产品形式：WEB 版（网上包库）、镜像站版、光盘版、流量计费。

更新频率：CNKI 中心网站及数据库交换服务中心每日更新，各镜像站点通过互联网或卫星传送数据可实现每日更新，专辑光盘每月更新，专题光盘年度更新。

CNKI 设有包括全文检索在内的众多检索入口，用户可以通过某个检索入口进行初级检索，也可以运用布尔算符等灵活组织检索提问式进行高级检索；全文信息完全的数字化，通过免费下载的最先进的浏览器，可实现期刊论文原始版面结构与样式不失真的显示与打印；数据库内的每篇论文都获得清晰的电子出版授权。

三、检索指南

由图书馆主页的"电子资源"栏目中选取"中国期刊网"，进入《中国期刊网》镜像主页。

在利用中国期刊网检索文章前，应首先安装全文浏览器，一般是第一次使用时候安装，以后就不用安装了。

检索界面是一个丁字区域，上侧为检索输入区，下侧为检索结果显示区，左侧为检索导航部分。该数据库有三种检索方式：初级检索、高级检索和专业检索。

（一）初级检索

1. 单击初级检索，系统进入"跨库初级检索"界面。

2. 选择检索项。检索项中下拉列表的名称是从所选数据库的检索点中汇集的共性检索点，选择不同数量的数据库，检索项数量和名称有可能不同。初级检索状态下检索项有"全文"、"题名"、"作者"、"第一作者"、"作者单位"、"机构"、"关键词"、"摘要"、"来源"、"参考文献"、"基金" 11 个检索字段（见图 2-1-1）。

3. 选择检索结果输出方式，可选择按"精确"或"模糊"。

4. 根据所选的检索项，输入检索词。即可根据自己的需要进行相应检索。

5. 点击"检索"开始检索。

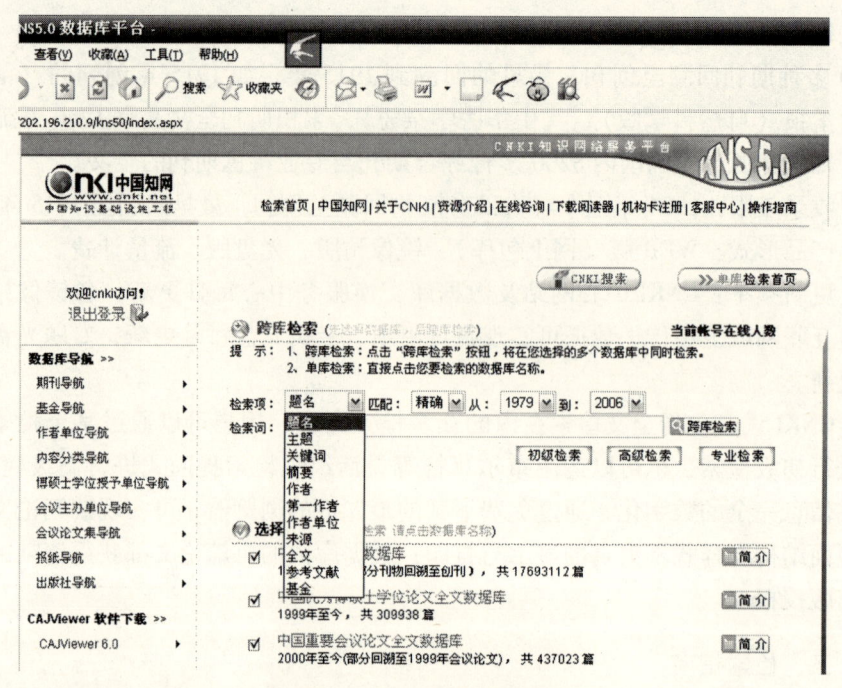

图 2-1-1　CNKI 检索界面

（二）高级检索

1. 单击高级检索，系统进入"跨库高级检索"界面，该方式有四个检索输入框（见图 2-1-2）。

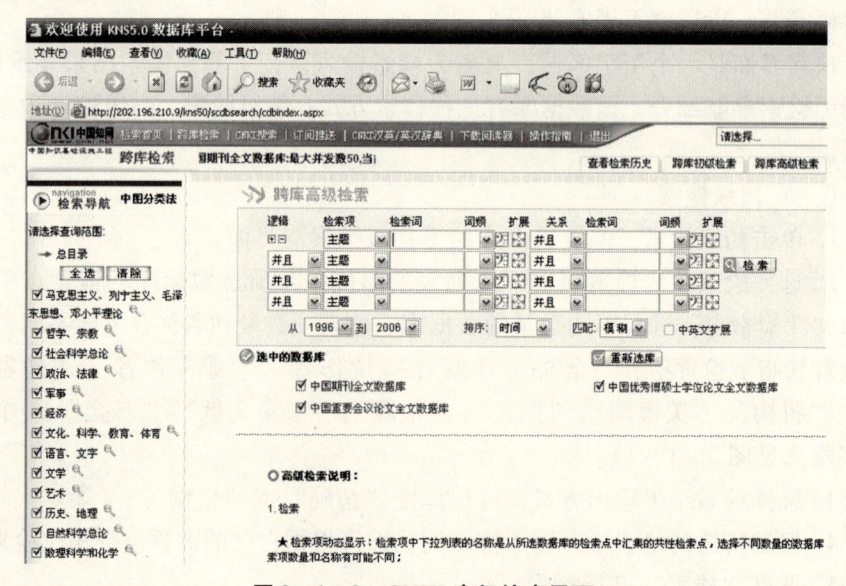

图 2-1-2　CNKI 高级检索界面

2. 选择检索的学科专题范围、时间范围（与"初级检索"相同）。

3. 选择检索字段，并在相应检索输入框中输入检索词；选择字段之间的逻辑关系（AND，OR）。

4. 选择检索结果输出方式（与"初级检索"相同）。

5. 点击"检索"开始检索。

（三）检索结果显示及输出

1. 简要信息显示　在"全文数据库"检索到的结果在右侧显示文献篇名、刊名、年、期及原文下载链接。点击文献篇名，得到文献的题录文摘信息；点击每篇文献篇名前的"■"图标，可以用"CAJ 全文浏览器"打开或保存文献全文。

2. 详细信息显示　点击细览区文献篇名旁的"CAJ 下载"，也可以用"PDF 下载"打开或保存文献全文；点击文献的中文刊名链接，可看到该期刊的封面等期刊信息，并可选择年、期，浏览本期文献目录；点击刊名旁的年、期链接，可以浏览本期文献目录，进一步点击文献名，可以打开本期文献全文。

3. 全文的存盘、打印　一般用"CAJ 全文浏览器"的存盘、打印功能，下载存盘的文件名后缀一定要用". caj"，这样才能用"CAJ 全文浏览器"打开阅读。如果希望存盘的文件用写字板或 Word 软件打开阅读，则要在用"CAJ 全文浏览器"进行全文浏览时，用"粘贴"到剪贴板的方式下载存盘。

4. 题录、文摘的存盘、打印　在"全文数据库"检索到的文献目录中，选择需存盘或打印的文献（一次只能选 10 篇），点击正上方的"存盘"或"打印"按钮，可以将选择的文献题录文摘信息列在同一屏上，这样利用网络浏览器的存盘、打印功能，可以将选中的文献的题录文摘信息存盘和打印。

四、检索实例

【例】利用基本检索查找 2000 年以来庆大霉素的毒性研究方面的文献。

（一）课题分析：

首先将数据库选择在 2000 – 2009 年这段期间，采用基本检索的检索方式。本例涉及"庆大霉素"和"毒性"两个关键词，因此在基本检索中先对"庆大霉素"这一关键词进行检索，在检索结果中再对"毒性"关键词进行检索。

（二）检索步骤：

1. 选择数据库：选 2000—2009 年的全部数据库。

2. 根据个人检索需要，选择检索项，选择检索字段"关键词"。

3. 选择检索结果输出方式，可选择按"精确"或"模糊"。

4. 根据所选的检索项，输入检索词，即可根据自己的需要进行相应检索。点击"检索"开始检索。

5. 在对关键词"庆大霉素"的检索结果中，单击"在结果中检索"，对关键词"毒性"进行二次检索（见图 2-1-3）。

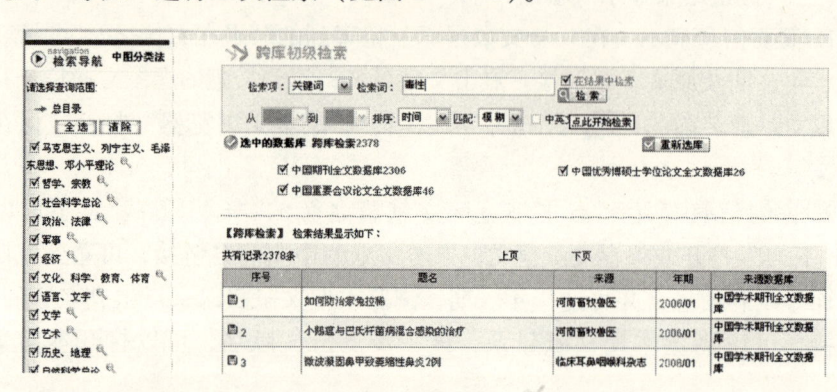

图 2-1-3　检索结果显示页面

6. 单击 检索 ，得到结果 174 篇文献。

第二节　中文科技期刊数据库

一、概　况

维普资讯公司推出的《中文科技期刊数据库》（全文版）（简称中刊库）是一个功能强大的中文科技期刊检索系统。该库是由中国科技信息研究所重庆分所下属的维普资讯公司生产，目前国内收录期刊最多、容量最大的综合性数据库。收录 1989 至今出版的期刊 9000 余种，核心期刊 1747 种，文献总量 1250 万篇，年更新量 200 余万篇，其中含港台核心期刊 200 余种。学科范围覆盖理、工、农、医以及社会科学各专业，基本容纳国内出版的自然科学及社会科学期刊。因此它不仅是国内使用频率最高的中文数据库之一，而且也是查新数据库之一。

二、数据库介绍

《中文科技期刊数据库》按《中国图书资料分类法》对文献进行分类。共有13个大类：经济；文化、科学、教育、体育；自然科学总论；数理科学和化学；天文学、地球科学；生物科学；医药、卫生；农业科学；工业技术；交通运输；航空、航天；综合性图书；环境科学、安全科学。

《中文科技期刊数据库》提供五种检索方式：快速检索、传统检索、分类检索、高级检索、期刊导航。

（一）快速检索

通过首页正中的输入框，输入简单检索条件，在任意字段进行查询，进入结果显示页面，可实现题录文摘的查看或下载及全文下载功能，同时，也可进行检索条件的再限制检索或重新检索。

（二）传统检索

原网站的《中文科技期刊数据库》检索模式，经常使用本网站的老用户可以点击此链接进入检索界面进行检索操作，可进行中刊文章题录文摘浏览、下载及全文下载。

（三）高级检索

提供向导式检索和直接输入检索式检索两种方式。运用逻辑组配关系，查找同时满足几个检索条件的中刊文章。

（四）分类检索

根据《中国图书馆分类法》（第四版）制定，由维普公司专业标引人员对每条中刊数据进行分类标引，点击该链接，用户可按学科类别逐级进入，获取检索结果。

（五）期刊导航

根据期刊名称字顺或学科类别对维普公司收录的所有期刊进行浏览，或通过刊名或ISSN号查找某一特定刊，并可按期查看该刊的收录文章，同时可实现题录文摘或全文的下载功能。

（六）选择检索入口

《中文科技期刊数据库》提供10种检索入口：关键词、作者、第一作者、刊名、任意字段、机构、题名、文摘、分类号、题名或关键词，用户可根据自己的实际需求选择检索入口、输入检索式进行检索。

（七）限定检索范围

可进行范围限制（核心期刊，重要期刊，全部期刊）和数据年限限制，用户可根据需要来限制检索范围，从而更精准地得到自己所需的数据。

（八）显示方式设定

根据用户喜好，可设置文章的屏幕显示方式（概要显示、文摘显示、全记录显示）和每页显示的篇数（10条、20条、50条）。

（九）检索式和复合检索

用户直接输入关键词检索到的数据往往是比较多的，可能有些数据是不需要的，这就说明用户检索条件过宽，可以考虑二次检索。二次检索是在一次检索的检索结果中运用"与、或、非"进行再限制检索，其目的是缩小检索范围，最终得到期望的检索结果。

三、检索指南

（一）快速检索

直接在搜索栏中输入检索词并点击搜索的过程称为快速搜索。

1. 用户直接在文本框中输入需要检索的内容，单击搜索，即可进入结果页面，显示检索到的文章列表，操作过程简单实用。

2. 进入简单搜索页后，用户可以进行范围、年限、显示方式的选定。用户还可以在下面选择重新检索、在结果中检索、在结果中添加、在结果中去除等二次检索项，从而更加准确地锁定用户所需要的数据。

（二）传统检索

在数据库检索区，通过点击"传统检索"，即可进入传统检索页面（见图2-2-1）。

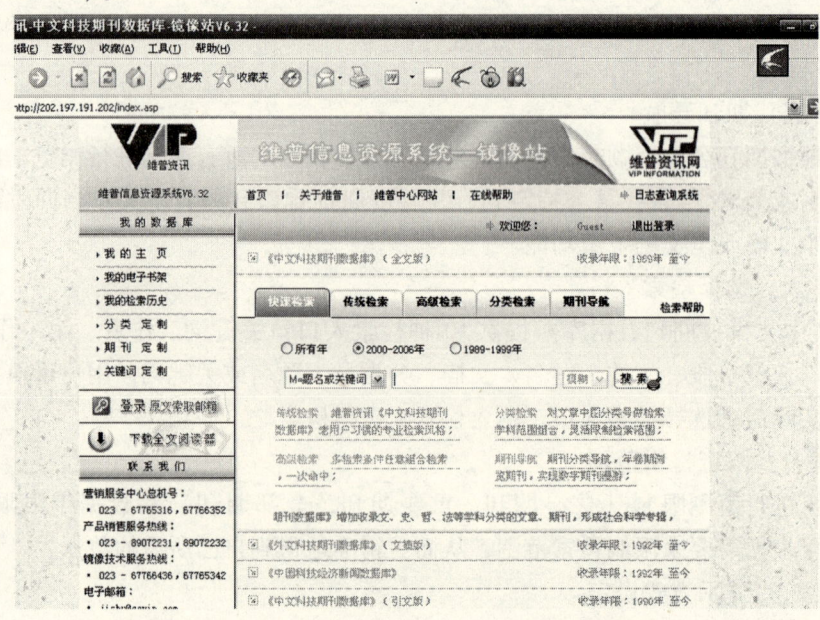

图2-2-1 中文科技期刊数据库传统检索界面

1. 选择检索入口：

《中文科技期刊数据库》提供10种检索入口：关键词、作者、第一作者、刊名、任意字段、机构、题名、文摘、分类号、题名或关键词，用户可根据自己的实际需求选择检索入口、输入检索式进行检索。

2. 限定检索范围

《中文科技期刊数据库》可进行学科类别限制和数据年限限制。学科类别限制：分类导航系统是参考《中国图书馆分类法》（第四版）进行分类的，每一个学科分类都可以按树形结构展开，利用导航缩小检索范围，进而提高查准率和查询速度（例：查找"中医内科"的文献，可以在"医药卫生"类中进行查找）；数据年限限制：数据收录年限从1989年至今，检索时可进行年限选择限制（如：选择从1989年到2004年）。

3. 期刊范围显示

期刊范围限制包括：全部期刊、核心期刊和重要期刊三种。用户可以根据检索需要来设定合适的范围以获得更加精准的数据。

（三）高级检索

在数据库检索区，通过点击"高级检索"，即可进入高级检索页面。高级检索提供了两种方式供读者选择使用：向导式检索和直接输入检索式检索。

1. 向导式检索检索界面　向导式检索为读者提供分栏式检索词输入方法。可选择逻辑运算、检索项、匹配度外，还可以进行相应字段扩展信息的限定，最大限度地提高了"检准率"。

2. 直接输入检索式检索　读者可在检索框中直接输入逻辑运算符、字段标识等，点击"扩展检索条件"并对相关检索条件进行限制后点"检索"按钮即可。

《中文科技期刊数据库》还有分类检索和期刊导航两种检索方式。

四、检索结果的处理

（一）检索结果显示

中刊库的检索结果有3种显示格式：题录、文摘和全文。在题录格式中显示每篇文章的题名、作者、刊物名称及出版年、卷、期等。点击题录格式中的题名可在下方的窗口看到该论文的文摘格式。文摘格式中显示题名、作者、机构、文献出处、关键词及摘要等。根据检索界面右上角选择对话框中的提示，选择"标记记录"、"当前记录"或"全部记录"进行下载题录或文摘。

(二) 全文下载

点击文摘格式中的题名即可下载全文。点击刊名可获得该刊物上发表的论文。下载全文时可选择"打开"或"保存"两种方式,分别将全文当前位置直接打开或将文章下载到指定的本地磁盘上。

第三节　中文生物医学期刊文献数据库

一、概况

《中文生物医学期刊文献数据库》(Chinese Medical Current Contents,简称CMCC)由解放军医学图书馆数据库研究部开发的中文生物医学文献目录型数据库,内容涵盖医药卫生各个领域,文献数据量大、信息报道快、收录范围广,基本上囊括了全国包括港澳台地区出版的生物医学期刊、论文汇编的全部文献题录和摘要,涉及基础医学、预防医学、临床医学、药学、医学生物学、中医学、医院管理、医学情报等各个领域。CMCC 收录了自 1994 年以来 1400 余种中文生物医学期刊,文献总量 270 多万篇,近年每年递增 30 多万篇。该数据库面向医院、医学院校、医学研究所、医药工业、医药信息机构、图书馆和医学出版社提供长期稳定的最新医学文献信息检索服务,在中国内地和港澳地区拥有广泛的用户,是国家和军队卫生部门认可的重要检索工具之一,同时也是信息资源共享、检索查新的必备工具。经过不断系统更新和数据扩容,目前已成为获取中国内地生物医学文献信息的重要信息来源,并得到广大用户的认可和支持,享誉甚佳。

收刊全、更新快是 CMCC 数据库的主要特点。CMCC 数据库的数据与CBMdisc 的数据从 1994 年后大部分是相同的,因此检索 1994 年后的中文医学文献选用其中之一即可。但由于 CMCC 的数据更新周期为 2 周,因此检索最新报道的生物医学文献应用 CMCC 数据库。CMCC 数据库依托解放军医学图书馆丰富的馆藏资源,并可提供优质原文获取服务。

二、数据库介绍

CMCC 的数据库主界面如图 2-3-1 所示:

图 2-3-1 中文生物医学期刊文献数据库主界面

(一) 数据规模

CMCC 收录了自 1994 年以来 1400 余种中文生物医学期刊,约 270 万条文献记录,并以每年 30 余万条速度递增,涵盖中国内地全部重要刊和核心刊。

(二) 收录范围

基础医学、临床医学、预防医学、医学生物学、中医药学、药学、医院管理、医学信息学等卫生相关信息。

(三) 更新周期

每半月更新一期光盘,每年 24 期,几乎与到馆期刊同步。

(四) 字段项目

中文题名、英文题名、全部作者、第一作者地址、关键词、文摘、文献类型、出处、核心刊标志、参考文献数、资助项目。

三、检索指南

(一) 自由词或短语检索

点击自由词按钮,进入自由词检索界面;在输入"自由词或短语"提示符后面输入检索词。自由词检索是同时在题名、外文题名、关键词、摘要 4 个字段中搜索。检索式中可以使用空格(表示逻辑"与"的运算)、通配符、截词符等。可在检索时附加限定条件(文献类型、年代、核心刊、带有摘要等限定),同时还可以进行排序的选择。

(二) 作者检索

点击作者按钮,进入作者检索的界面;在输入"作者"提示符后面输入检索词。可以分为精确和包含两种检索方式。也可以加限定条件和排序的选择。

（三）作者单位的检索

点击单位按钮，进入单位检索界面；在输入"作者单位"提示符后面输入检索词。检索式中可以使用通配符和截词符，也可以加限定条件和排序的选择。

（四）刊名检索

点击刊名按钮，进入刊名检索界面；在输入"刊名"对话框中输入刊名或从刊名列表中选择刊名，在年、卷、期中输入相应的内容，如果是增刊还要对是否增刊进行选择；如果还想对期刊中某项具体内容进行查询，在输入检索词进行检索。同时可在检索时附加限定条件（文献类型、年代、核心刊、带有摘要等限定）。

点击期刊库按钮，可以了解期刊详细的出版信息。

（五）字段检索

点击字段按钮，进入字段检索界面；在输入"全文检索词"提示符后输入检索词，还可以同时输入多个检索词，系统列出了检索词间逻辑关系：AND、OR、SUB、XOR、表达式检索；还可以使用通配符和截词符；同时还可以选择检索范围字段：（默认为全选）题名、外文题名、作者、单位、刊名、原出处、资助、关键词、摘要等。同时可在检索时附加限定条件（文献类型、年代、核心刊、带有摘要等限定）。

（六）表达式检索

点击表达式按钮，进入表达式检索界面；在"检索表达式"提示符后面输入检索词，或者选择好检索字段后，输入检索词添加到检索表达式中；检索表达式中可以使用逻辑运算符、通配符和截词符等，同时可在检索时附加限定条件（文献类型、年代、核心刊、带有摘要等限定）和排序的选择。

（七）组配检索

点击组配按钮，进入组配检索界面，在所列的13个框中输入字段查询条件，同时选择这些查询条件的逻辑关系："逻辑与"或"逻辑或"进行检索。同时可在检索时附加限定条件（文献类型、年代、核心刊、带有摘要等限定）和排序的选择。

（八）结果的输出

CMCC可对检索结果进行显示、下载和打印。

浏览检索结果时，可点击记录的题目使其成为红色，表示选中该条记录，以摘要或题录的格式显示；也可对全部记录或选中的记录进行下载和打印。

四、检索实例

（一）检索"崔箭"教授发表的文献。

检索步骤：

1. 点击"作者"检索。

2. 输入"崔箭"，点击"开始检索"。

3. 得出检索结果。

（二）检索有关"医学情报工作"的期刊信息。

检索步骤：

1. 点击"刊名"检索。

2. 输入"医学情报工作"，点击"开始检索"。

3. 根据需要查看结果。

（三）检索有关"非典型肺炎"的文献。

检索步骤：

1. 点击"自由词检索"。

2. 输入检索词"非典型肺炎"，可根据需要选择"核心刊"、"文献类型"以及"出版年代"的限定。点击"开始检索"。

3. 得出检索结果。

第四节　中国生物学文献数据库

一、概况

中国生物学文献数据库（Chinese Biological Abstracts，简称CBA）是中国科学院上海生命科学信息中心研制、报道中国国内生物科学研究成果的文摘型数据库。CBA 收录 1985 年以来的 800 余种国内生物科学及相关学科的科技期刊文献，以及学位论文、会议论文、专利、专著等文献。

目前累积数据量达 30 万条，年更新数据量 5 万条。

数据库于 1985 年立项，1990 年建成并通过中国科学院鉴定与验收。CBA 目前有网络版、光盘版和印刷版《中国生物学文摘》三种版本。

二、数据库介绍

收录范围全：800余种源期刊全面覆盖生物科学、基础医学、基础农学、基础药学与生物交叉学科等，尤其注重全面体现现代生物科学的新进展，并全面收录国内生物科学研究机构在国外所发表的研究成果，包括期刊文献与会议论文文献。

覆盖年限长：目前已收录1985年以来的文献信息，在此基础上对于收录期刊还在逐步回溯其创刊年，力求充分、全面反映中国生物科学的研发成果及其发展轨迹。

文献种类丰富：数据库文献以期刊文献（包括研究论文、综述或述评、简报）为主，同时也包含一定比例的专利、硕／博士学位论文以及重要学术会议论文等文献。文献内容包含中文与英文两种语言。

标引特色明显：目前已具备分类标引（包括中图分类与CBA分类）和主题标引，其中主题标引依据国内唯一、较权威的《生物学主题词表》进行加工。同时，在建设中国生物学文献的知识化加工规范的基础上逐步开始实施具有知识化服务功能的特色标引与深度加工。

检索功能强大：数据库既能通过任意词等6个常见字段以及主题词表等辅助工具等，满足生物学领域入门者快速获取文献信息，同时又以丰富的字段逻辑组合满足专家级的准确检索需求。对于分类号、作者、主题词、关键词、期刊等均具备无限链接功能。

更新速度快：网络版数据库每两周更新一次，并将加工中的数据作出标记后进行发布，极大地缩短数据库文献收录的时滞，最短时差仅2周。光盘版每季度更新。

三、检索指南

（一）检索字段

1. 自由词　检索数据库的各个字段，包括中英文两个语种的题名、作者、机构、刊名、摘要、主题词、关键词、基金项目等。

2. 题名　论文中英文题名中存在的一个词或词组。

3. 主题词　依据国内唯一、较权威的《生物学主题词表》进行加工的规范化的关键词。检索中英文主题词字段。主题词是指规范的关键词，包含了它的同义词。如"细胞死亡"、"凋亡"、"细胞程序性死亡"等关键词用主题词来表示时均为"细胞凋亡"，目的在于最大限度避免文献检索的遗漏与无效信息的出现。建议多用此方法检索,以提高查全、查准率。

4. 作者　检索中文与拼音作者名。作者姓在前,名在后。如果作者的姓名是以英文或汉语拼音表示时,姓和名的首字母大写,姓和名之间用空格分隔。例:王军、Wang Jun、Wang Lanying、Smith A J 等。

5. 刊名　检索中英文期刊名称,如"科学通报"或"Chinese Science Bulletin"表示检索发表在科学通报上的文献。

6. 基金名称　论文受到基金资助的名称。如:国家自然科学基金。建议用模糊检索的方式检索。

7. 关键词　检索中英文关键词。

(二) 检索方法

1. 简单检索

简单检索提供快捷、简便的检索字段,包括任意词、题名、主题词、作者、刊名、资助项和关键词七个检索入口,同时有语种、文档类型、出版起始年、结束起止年与更新信息等限制选项,以提高查准率。便于用户简便、迅速检索所需信息。

2. 二次检索

检索完后,点击重新检索,进入二次检索。

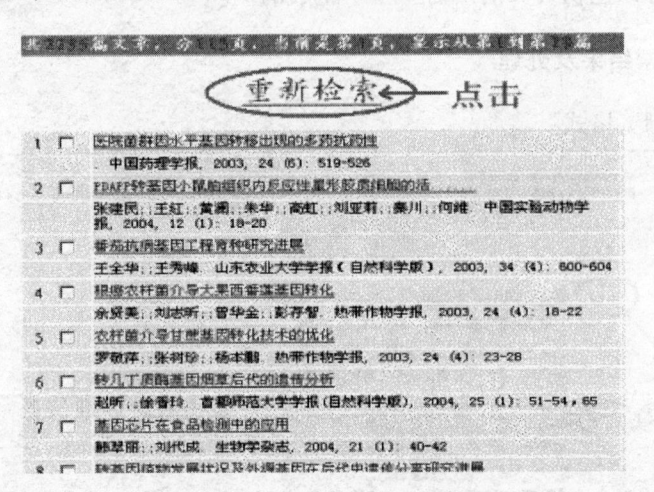

图 2-4-1　第一次的检索结果界面

在检索上次结果旁打勾,可在第一次检索的基础上,进行二次检索。即进行了两个或多个的检索词的"并"的操作。

39

民族医药文献检索与利用

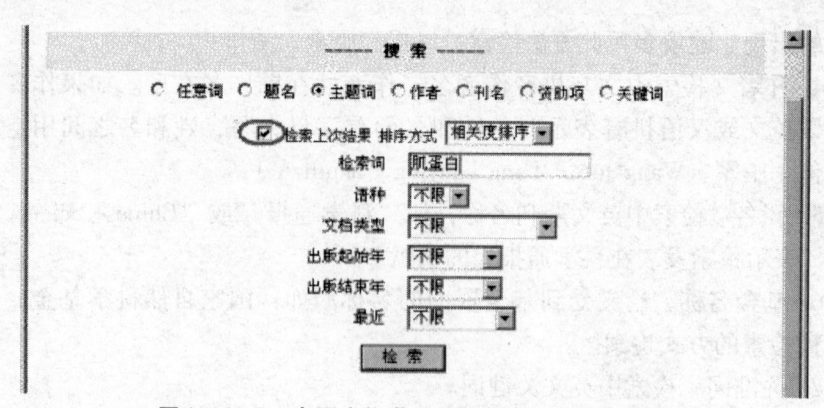

图2-4-2 中国生物学文献数据库二次检索界面

3. 模糊检索

（1）"％"通配符："％"代表多个字。例如：在检索词中输入"生物％"，是指以"生物"两字开始的所有词，如"生物"、"生物学"、"生物物理学"等。如果在将关键词表示为"％生物％"，则是指文中含有"生物"这两个连续字，如："神经生物学"、"神经生物物理学"等，用"％生物％"可查全。

（2）"？"通配符："？"代表一个字。比如查询"生物？"，就可以查出以"生物学"等以生物开头的所有三个字组成的词。

四、检索结果及处理

（一）浏览格式

图2-4-3 检索结果的浏览格式

第二章 常用中文医药文献检索数据库

显示检索命中多少记录,每个页面显示20条数据的题名、作者、论文出处(期刊名称、年、卷、期、页)。点击题名可查看详细信息。

(二)完全格式

点击浏览格式中的一条数据的题名链接,可显示每条数据的完全著录格式包括题名、作者、作者单位、论文所发表的期刊名、年、卷、期、页、期刊的ISSN、CN、关键词、主题词、CBA和中图分类号、基金资助名称、中文文摘、外文文摘、文档类型、语种等。

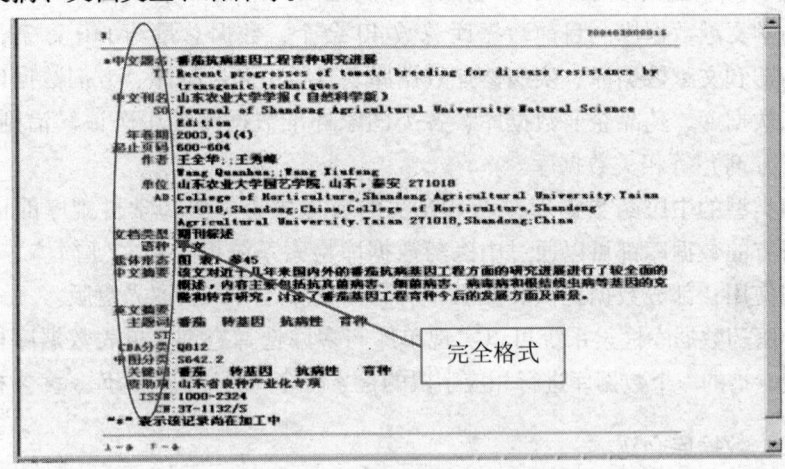

图2-4-4 检索结果的完全格式

(三)结果处理

当检索结果显示后,可以通过每条记录前的选择框进行进一步的选择,也可以选择全部记录。对检索的结果可通过下载的方式存储本地硬盘,方便以后浏览。

图2-4-5 检索结果的输出

第五节　中国中医药期刊文献数据库

一、概况

中国中医药数据库检索系统系由中国中医科学院中医药信息研究所自1984年开始研制的中医药学大型数据库。是国内外存贮量最大、内容全面的中医药学文献数据库。目前数据库总数40余个，数据总量约110万条，包括中医药期刊文献数据库、疾病诊疗数据库、各类中药数据库、方剂数据库、民族医药数据库、药品企业数据库、各类国家标准数据库（中医证候治则疾病、药物、方剂）等相关数据库。

多类型的中医药数据库，以其充实的数据成为中医药学科雄厚的信息基础。所有的数据库都可以通过中医药数据库检索系统提供中文（简体、繁体）版联网使用；部分数据提供英文版；所有数据库还可以获取光盘版。

中医药数据库检索系统可以实现单库与多库选择查询。单表数据库检索可选择最专指的一个数据库进行相应字段的检索。多库可以进行跨库、多类检索。

二、数据库介绍

数据库主题：1949年至今的有关中医药学内容的期刊文献信息

数据库类型：文献型

收录范围：中国中医药期刊文献数据库涵盖了中国国内出版的生物医学及其他相关期刊千余种，包含中医药学、针灸、气功、按摩、保健等方面的内容，收录了1949年以来的中医药文献题录近80余万篇，其中50~70%附有文摘。该数据库采用美国国立医学图书馆的《医学主题词注释表》（MeSH）及中国中医科学院的《中国中医药学主题词表》进行规范的主题词标引，用以进行精确检索和扩展检索。该数据库每季度更新一次，每年约增加文献6万篇。多年来，该数据库已经广泛为国内外中医药院校、科研院所、医院、政府部门、商业部门所采用。

著录项目：中文文题、英文文题、作者、第一作者单位、第一作者所在地、期刊名称、出版年、卷、期、页码、文献类型、特征词、医学史、资助类型、主题词、关键词、分类号、语种、中文文摘、英文文摘等。

检索途径：可通过文题、作者、单位、期刊（名称、年、卷、期）、特征词、主题词、关键词、主题姓名、文献类型及全文检索的方式进行检索；并可通过主题词及分类号进行扩展检索。

目前，该数据库提供有 18 个专题数据库，分别为：中药文献数据库、中药化学文献数据库、中药药理学文献数据库、中药不良反应和毒理学文献数据库、针灸文献数据库、肿瘤文献数据库、中医性疾病文献数据库、中医老年病文献数据库、中医名医经验数据库、中医临床诊疗文献数据库、中医临床试验文献数据库、中医药学历史文献数据库、中医药研究课题数据库、中医药学文摘数据库、艾滋病中药数据库、中医诊治骨折外伤文献数据库、中医疫病文献数据库和中医诊治褥疮文献数据库。

三、检索指南

（一）多库融合检索平台中的中国中医药期刊文献数据库检索

在数据库栏目中选择"多库融合检索平台"并点击"进入"，在多库融合检索平台界面中的查询框中键入待查询的信息，并可输入日期以指定要检索信息的起止日期。然后，选择要检索的数据库表，点击列表框右下角的"提交"按钮即可检索：

（二）单库——中国中医药文献数据库检索

1. 检索步骤：

（1）在数据库选择界面点击"中国中医药期刊文献数据库"，如图 2-5-1 所示。

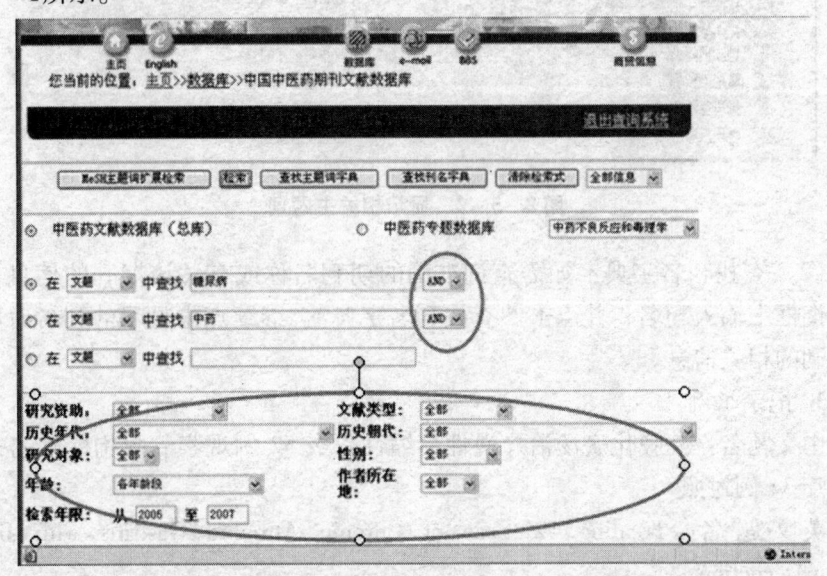

图 2-5-1　中国中医药期刊文献数据库界面

（2）在检索输入框中输入检索词，选择相应的检索字段和逻辑关系（and，or，not）来组织检索表达式，点击"检索"按钮，显示检中的文献题录。

（3）点击"套录"，可显示指定记录的信息；点击某一记录，可获得该文献的信息。如果需要限定检索范围，可根据需要对检索界面上提供的专题数据库、检索年限、研究对象、性别、年龄、文献类型、研究资助类别以及作者所在地进行限定查询。

2. 特殊功能介绍：

（1）查找主题词字典：若需进行主题词准确查找，可先键入关键词，再按"查找主题词字典"显示相关的主题词（见图2-5-2），点击主题词，则显示该主题词的具体信息。选择所需主题词，返回主查找界面，以主题词字段检索。

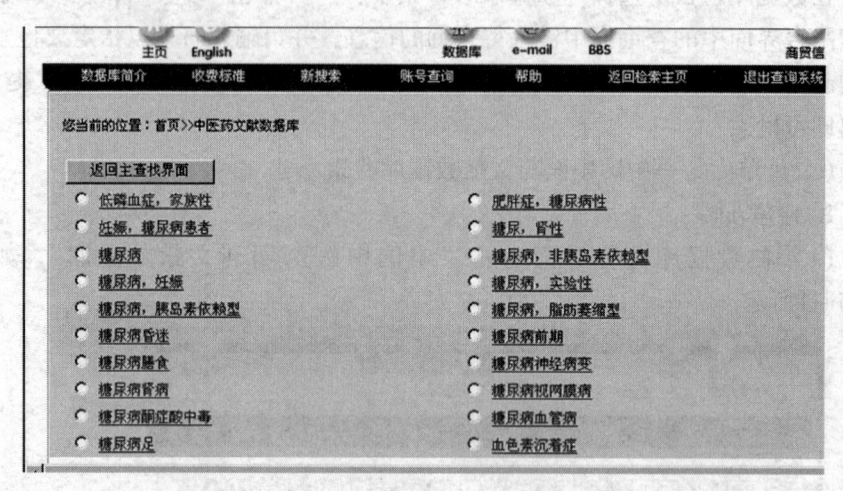

图2-5-2 显示相关主题词

（2）查找刊名字典：如需查询准确的期刊名称或有关该期刊的信息，可在查询框中输入刊名，并点击"查找刊名字典"。继续点击显示的刊名后可获得该刊的相关信息。

3. 记录举例：

中文题名：健脾化瘀汤治疗慢性萎缩性胃炎52例观察－附枸橼酸铋钾颗粒治疗34例对照

英文题名：Treating 52 Case of Chronic Atrophic Gastritis with Jianpi Huayu Decoction

个人著者：胡星余

第一著者单位：浙江 永嘉县人民医院 325100

出处：浙江中医杂志－2003，38（4）：148－149

文献类型：临床文献（PT）；对照临床试验（PT）

病例数：52

特征词：病例报告；人类；男（雄）性；女（雌）性；成年人（19－44）；中年人（45－64）；老年人（65－79）

剂型：汤剂；颗粒剂

主题词：胃炎，萎缩性/中医药疗法；慢性病；黄芪/治疗应用；山药/治疗应用；丹参/治疗应用；复方/治疗应用；健脾

文摘：（略）

第六节　中国药学文摘光盘数据库

一、概况

《中国药学文摘》光盘数据库（CPICD）由国家食品药品监督管理局信息中心研制开发，是国内唯一的中西药学文献大型数据库。CPICD 分为三大部分：国内新药最新研究动向、国外医药信息和中国药学文摘库。

国内新药最新研究动向　该库收录了迄今为止的 4000 多万条药学信息，其中包括新药的立项、开发、研究、使用及销售信息，其主要信息源为国内各大报纸。该库每年更新一次。

国外医药信息　该库收录了迄今为止的上万条国外药学信息，其中包括新药的立项、开发、研究、使用和销售信息，其主要信息源为《Scrip》、《Marklett》、《Inpharm》以及因特网等。

中国药学文摘库　该库收集了我国公开发行的药学杂志、大中专医药院校学报，植物、微生物等 450 种刊物中所有的中西药学理论、综述、药物的科研、生产技术、制剂、分析、药理、临床应用、药品评价、药品生产管理和质量管理、制药设备和工厂设计、新药介绍等文献信息。该库自 1981 年创建以来，至今已拥有 30 万条数据，其中中药文献占一半左右，所以该库也是世界上拥有中药文献最多的数据库，每年新增数据 2 万多条。

二、检索方法

CPICD 的三个库均提供了字词检索、字段检索、表达式检索和逻辑组的检索四种检索途径。

(一) 字词检索

检索步骤：

1. 打开要检索的数据库，在主窗口中显示出记录列表。

2. 在"检索"菜单中选择"字词检索"，或在工具栏中用鼠标单击字词检索图标，屏幕上将出现"字词检索"窗口。

3. 在检索字词输入框内输入检索字词，或从"用户词库"中提取检索字词。

4. 为了避免输入中文检索字词的不便，用户可以通过"用户词库"功能将经常要检索的字词加入自定义词库中在用户词库中，用户通过分类管理检索词库，例如可以将检索词库分为专业词库和非专业词库，用户可根据自己的喜好任意建立分类。系统允许用户建立 20 个分类，每个分类下可以加入 32,000 个字词。

建立"用户词库"的操作方法如下：

(1) 在"字词检索"窗口检索字词输入区中，按检索字词输入框右边的框即显示出"用户词库"窗口。

(2) 首先建立分类，在"用户词库"窗口中按"新增分类""，屏幕上将弹出"新增分类词库"窗口。在该窗口"分类名"后输入分类名称（分类名称最多 25 个汉字）"水飞蓟素"，输入分类名称后，文件名将自动生成。

(3) 按"确认"键，"用户词库"窗口将新增一个分类书签。

(4) 重复步骤 (2)、(3)，可以再新增其他分类。

(5) 用鼠标单击要增加词条的分类书签，按"新增词条"键，即在"用户词库"窗口出现一个"新增词条"输入框。

(6) 在输入框中输入词条后，按回车键或用鼠标单击窗口空白处，所输入的词条将显示在屏幕上。反复执行步骤 (5)，可连续输入词条。

(7) 用鼠标单击词条（使词条被蓝框罩住），按"检索"键后，所选的词条即出现在"字词检索"窗口"检索字词"输入框内。

(8) 用鼠标单击两次已输入的词条（词条变蓝并出现矩形框）即可修改词条。

(9) 用鼠标单击词条（使词条被蓝框罩住）后，按"删除词条"键即可删除已输入的词条。

5. 字词检索的六种检索方式可以分别与"检索设置"中的任意一项或多项组合使用。界面中的有序和无序即指检索词在指定范围中出现的前后顺序与输入顺序有关和无关。

6. 字词检索的设置

(1) 设置分词检索　在"设置分词检索"前的复选框选中，按下其后的"＞＞"按钮，进入分词管理窗口，输入"化学"，点击确认。检索后得到"水飞蓟素化学方面的文献信息"。而"水飞蓟素"和"化学"将被保存在分词管理词库中，以便以后检索时调用。

(2) 限定在指定的导航中　对于建立了信息导航的数据库检索时，可在信息导航范围内进行检索。在导航中选中"1995"，选中"限定在指定的导航中"前的复选框，检索后得到的是"1995年的有关'水飞蓟素的文献信息'"。

(3) 再次检索　在上次检索结果的基础上再进行检索。另外，在工具栏中的输入框也是再次检索的检索框，多个词进行检索时为"与"方式。在输入框中输入检索字词后，按回车即开始检索。

(4) 限定在日期范围　在设置字词检索中选择被日期限定的字段的数据库，检索字词可限定在该日期字段的范围内检索。

(5) 检索所有已打开的库　只在已打开的数据库（在主窗口中已有该数据库记录列表的窗口）中检索。

(6) 检索多库列表中的库　在所有列表数据库中进行检索。

上述6项内容可同时选中。

7. 按"检索"钮，屏幕上将显示出检索结果记录列表，同时在状态栏中显示出命中记录数以及检索用时。

8. 双击打开命中记录，在全记录中检索字词被标红，标红的字包括用户词库中的分类和分词以及分词管理词库中的分词，同时在所有记录字段上都标红。

（二）字段检索

1. 打开要检索的数据库，在主窗口中显示出记录列表。

2. 在"检索"菜单中选择"字段检索"或在工具栏中用鼠标单击字段检索图标，屏幕上将出现"字段检索"窗口。这一种检索方式共有18个字段：标题、文献流水号、中图法分类号、学科分类号、作者、作者单位、期刊名称、年卷期、页号、文献顺序号、主题词、外文药名、文献类型、文献分册号、对象给药途径、剂型、文摘，各字段上分别列有字段名、类型、检索内容及检索条件。

3. 在此窗口中用鼠标单击要检索的字段名，点击后在该字段的检索内容处出现输入框，检索条件处出现下拉菜单。

4. 在检索内容的输入框内输入要检索的字词，多个检索词之间用空格隔开，并在检索条件下拉菜单中选择检索方式。该窗口的检索条件分别为与无序、与有序或精确、左匹配和右匹配5种。

5. 检索完成后，屏幕上将显示出检索结果记录列表，并在状态栏中显示出命中记录数以及检索用时。

6. 显示命中记录内容，会发现在检索的字段内容中检索字词被标红，并且其他没有检索的字段内容中的检索字词也被标红。

（三）列表式检索

1. 打开要检索的数据库，在主窗口中显示出记录列表。

2. 在"检索"菜单中选择"表达式检索"或在工具栏中以鼠标单击表达式图标，屏幕上将出现"表达式检索"窗口。

3. 在"表达式检索"窗口中，用鼠标单击"字段＞＞"按钮，在出现的窗口中点击"检索"进入表达式检索框。点击"检索"钮，然后再点击"全文＞＞"钮进入下一窗口，点击"检索"进入表达式检索框。反复上述步骤，表达式框中可输入多个检索词及集合运算符，按"检索"键即开始进行检索。

4. 检索完成后，屏幕上将显示检索结果记录列表，并在状态栏中显示命中记录数以及检索用时。

5. 显示命中记录内容，在检索结果中命中的所有检索词在所有字段上被标红。

（四）历史检索

在数据库记录列表的窗口中，点击"检索"菜单，选择"检索历史"选项打开"历史检索"窗口，在此窗口中可以看到前面若干次的检索结果。最多保存6次检索结果，最后一次检索为"1"，依次向后排列。

1. 用鼠标单击选择一个检索历史，所选检索历史的序号将出现在表达式输入框内，或直接在表达式输入框内输入检索历史的符号。

2. 在逻辑符号栏中单击选择该检索历史与其他检索历史的逻辑关系，符号栏中的符号从左至右依次为"与"、"或"、"非"、"差"和"括号"，其中"括号"主要用来提高优先级。

3. 重复执行前两步直到表达式输入完毕，按"检索"键即可根据所输入的检索表达式进行检索。

三、检索结果输出

1. CPICD 名称列表　CPICD 名称列表窗口显示所有符合检索条件的 CPICD 的标题信息，对于该窗口有如下操作。

（1）选中欲浏览的记录在 CPICD 名称列表窗口中，可以用单击鼠标左键的方法选择一项或多项您感兴趣的 CPICD。配合键盘上的 Shift 键可以批量选择记录项。选择"记录"菜单项中的"全部选择"或单击工具条中的"功能键"，可选中所有记录。被选中的 CPICD 即改变颜色。

a. 全部选中记录列表中的记录

在记录列表窗口"记录"菜单中，选择"全部选定"，即可全部选择记录列表中的记录。

用鼠标单击第一条记录，然后用复合键"Ctrl"＋"A"也可以全部选择记录列表中的记录。

确认在记录列表中没有选择任何记录的情况下，在"记录"菜单中，选择"反向选择"，与选择"全部选定"结果一样。

b. 反向选择记录列表中的记录

在记录列表中没有选择任何记录的情况下，在"记录"菜单中选择"反向选择"，操作结果与"全部选定"一样。

在记录列表中用鼠标选择不需要选定的记录，可以选择多个，然后在"记录"菜单中选择"反向选择"，即可选定除目前选择记录外的所有记录。

在"记录"菜单中选择"全部选定"后，在记录列表中，用鼠标单击不需要选择的记录。

（2）放弃已选中的记录　在 CPICD 名称列表窗口中，用鼠标单击已经选中的 CPICD，或选择"记录"菜单项中的"放弃选择"，或单击工具条中的功能键，即可放弃选择所有已经选中的。

（3）内容显示　显示所选中的记录内容。

（4）发送方式

剪贴板　将所选中的记录复制到 Windows 剪贴板中，以便其他软件使用。

独立文件　将所选中的记录以一个记录一个文件复制到指定的路径中。

合并文件　将所选中的记录作为一个大文件复制到指定的路径中。

打印机　将所选中的记录打印输出。

2. 查看CPICD正文 在CPICD名称列表窗口中,双击被选中的CPICD,或选择"记录"菜单项中的"文本显示",或单击工具条中的功能键口,即可打开文本窗口。

(1) 打印选中的CPICD正文 在CPICD正文窗口中,选择"记录"菜单项中的"打印",即可打印当前CPICD内容正文。

(2) 将选中文本装入剪贴板 在CPICD正文窗口中,可以随时用鼠标选中您感兴趣的文本并在选中区域中单击鼠标右键选择"复制"菜单项将指定文本装入剪贴板。

(3) 显示上一条记录内容 显示上一条记录的操作方法为:浏览当前记录全文内容时,在"查看"菜单中选择"上一记录",即可显示上一条记录的内容。当"查看"菜单中"上一记录"时,表示当前记录已经是全库中的第一条记录或是所选择的记录中的第一条记录了。

(5) 返回上级窗口

在CPICD正文窗口中,单击工具栏中"←"按钮关闭本窗口,返回到上一级窗口。

第七节 中国科学引文索引数据库

一、概况

中国科学引文数据库(Chinese Science Citation Database,简称CSCD)创建于1989年,收录我国数学、物理、化学、天文学、地学、生物学、农林科学、医药卫生、工程技术、环境科学和管理科学等领域出版的中英文科技核心期刊和优秀期刊千余种,目前已积累从1989年到现在的论文记录300万条,引文记录近1700万条。中国科学引文数据库内容丰富、结构科学、数据准确。系统除具备一般的检索功能外,还提供新型的索引关系——引文索引,使用该功能,用户可迅速从数百万条引文中查询到某篇科技文献被引用的详细情况,还可以从一篇早期的重要文献或著者姓名入手,检索到一批近期发表的相关文献,对交叉学科和新学科的发展研究具有十分重要的参考价值。中国科学引文数据库还提供了数据链接机制,支持用户获取全文。

中国科学引文数据库具有建库历史最为悠久、专业性强、数据准确规范、检索方式多样、完整、方便等特点,自提供使用以来,深受用户好评,被誉为

"中国的 SCI"。

中国科学引文数据库是我国第一个引文数据库。曾获中国科学院科技进步二等奖。1995 年 CSCD 出版了我国的第一本印刷本《中国科学引文索引》，1998 年出版了我国第一张中国科学引文数据库检索光盘，1999 年出版了基于 CSCD 和 SCI 数据，利用文献计量学原理制作的《中国科学计量指标：论文与引文统计》，2003 年 CSCD 上网服务，推出了网络版，2005 年 CSCD 出版了《中国科学计量指标：期刊引证报告》。2007 年中国科学引文数据库与美国 Thomson – Reuters Scientific 合作，中国科学引文数据库将以 ISI Web of Knowledge 为平台，实现与 Web of Science 的跨库检索，中国科学引文数据库是 ISI Web of Knowledge 平台上第一个非英文语种的数据库。

二、数据库介绍

学科范围：数学，物理学，力学，化学，天文，地球科学，生物学，农林科学，医药卫生，工程技术，环境，管理科学。

来源期刊：核心库 737 种期刊，扩展库 346 种期刊。

累积数据：来源 71 万条，引文 222 万条。

《中国科学引文数据库》（Chinese Science Citation Database），由中国科学院文献情报中心创建，与美国的 SCI 接轨，用于分析国内科学技术活动的整体状况，帮助科教决策部门科学地评价我国科学活动的宏观水平和微观绩效，帮助科学家客观地了解自身的学术影响力。中国科学引文数据库分为核心库和扩展库，数据库的来源期刊每两年进行评选一次。核心库的来源期刊经过严格的评选，是各学科领域中具有权威性和代表性的核心期刊。扩展库的来源期刊经过大范围的遴选，是我国各学科领域优秀的期刊。中国科学引文数据库（2007 年 – 2008 年）共遴选了 1083 种期刊，其中英文刊 55 种，中文刊 1028 种；核心库期刊 737 种（以 C 为标记），扩展库期刊 346 种（以 E 为表记）。其中与医学相关的期刊目录（240 种）整理归类如下：

（一）综合性医药卫生类：

1. 中华医学杂志，2. 解放军医学杂志，3. 中国医学科学院学报，4. 复旦学报·医学版，5. 华中科技大学学报·医学版，6. 吉林大学学报·医学版，7. 北京大学学报·医学版，8. 四川大学学报·医学版，9. 南方医科大学学报，10. 第二军医大学学报，11. 第三军医大学学报，12. 第四军医大学学报，13. 苏州大学学报·医学版，14. 广东医学，15. 上海医学，16. 军事医学科院院刊，17. 中国医科大学学报，18. 中山大学学报·医学科学版，19. 暨南大学学报·自然科学与医学版，20. 重庆医科大学学报，21. 江苏医药，22. 南京医科大学学报，23. 哈尔滨医科大学学报，24. 广西大学学报·自然科学版，25. 同济大学学报·自然科学版，26. 中国生物医学工程学报，27. 生理学报，28. 山东大学学报·医学版，29. 北京医学，30. 天津医药，31. 上海交通大学学报·医学版，32. 西安交通大学学报·医学版，33. 浙江大学学报·医学版，34. 中国全科医学，35. 中国人兽共患病学报，36. 中南大学学报·医学版

（二）预防医学、卫生学类：

1. 中华流行病学杂志，2. 中华预防医学杂志，3. 中华劳动卫生职业病杂志，4. 中华医院感染学杂志，5. 中国卫生统计，6. 中国老年学杂志，7. 中国循证医学杂志，8. 中国地方病学杂志，9. 中国软科学，10. 环境与健康杂志，11. 循证医学，12. 生理科学进展

（三）中国医学类：

1. 中草药，2. 中国中药杂志，3. 中国中西医结合杂志，4. 中成药，5. 针刺研究，6. 中医杂志，7. 中药新药与临床药理，8. 中国针灸，9. 中国中医基础医学杂志，10. 中药药理与临床，11. 中药材，12. 中华中医药杂志，13. 南京中医药大学学报

（四）基础医学类：

1. 中华医学遗传学杂志，2. 中华微生物学和免疫学杂志，3. 中国免疫学杂志，4. 中国病理生理杂志，5. 解剖学报，6. 解剖学杂志，7. 中国寄生虫学与寄生虫病杂志，8. 中国临床解剖学杂志，9. 中国应用生理学杂志，10. 中华实验和临床病毒学杂志，11. 生物医学工程学杂志，12. 基础医学与临床，13. 中国微生态学杂志，14. 诊断病理学杂志，15. 中华物理医学与康复杂志，16. 中国法医学杂志，17. 遗传，18. 生命科学，19. 生命科学研究，20. 神经解剖学杂志，21. 细胞与分子免疫学杂志，22. 现代免疫学，23. 医学分子生物学杂志，24. 中国疼痛医学杂志，25. 中国组织工程研究与临床康复，26. 中华病理学杂志

（五）临床医学类：

1. 中华检验医学杂志，2. 临床检验杂志，3. 中华护理杂志，4. 中国急救医学，5. 中国康复医学杂志，6. 中国现代医学杂志，7. 中国男科学，8. 临床麻醉学杂志，9. 肾脏病与透析肾移植杂志，10. 中国临床心理学杂志，11. 心理学报，12. 中国心理卫生杂志，13. 心理科学，14. 中国行为医学科学，15. 中国输血杂志，16. 临床与实验病理学杂志，17. 心理科学进展，18. 检验医学，19. 听力学及语音疾病杂志

（六）内科学类：

1. 中华内科杂志，2. 中华血液学杂志，3. 中华结核和呼吸杂志，4. 中华心血管病杂志，5. 临床心血管病杂志，6. 中华消化杂志，7. 中国循环杂志，8. 中华肾脏病杂志，9. 中华传染病杂志，10. 中华内分泌代谢杂志，11. 中国实用内科杂志，12. 中华肝脏病杂志，13. 中华老年医学杂志，14. 高血压杂志，15. 中国糖尿病杂志，16. 中国危重病急救医学，17. 中华肝脏病杂志，18. 中国动脉硬化杂志，19. 中华风湿病学杂志

（七）外科学类：

1. 中华外科杂志，2. 中华骨科杂志，3. 中华泌尿外科杂志，4. 中华神经外科杂志，5. 中华实验外科杂志，6. 中华胸心血管外科杂志，7. 中华显微外科杂志，8. 中华创伤杂志，9. 中华麻醉学杂志，10. 中华普通外科杂志，11. 中国实用外科杂志，12. 中华整形外科杂志，13. 中华烧伤杂志，14. 中华器官移植杂志，15. 中华手外科杂志，16. 肠外与肠内营养，17. 中国普通外科杂志，18. 中国脊柱脊髓杂志，19. 中国修复重建外科杂志，20. 临床麻醉学杂志，21. 中国骨质疏松杂志

（八）妇产科学类：

1. 中华妇产科杂志，2. 中国实用妇科与产科杂志，3. 实用妇产科杂志，4. 生殖与避孕

（九）儿科学类：

1. 中华儿科杂志，2. 中华小儿外科杂志，3. 中国实用儿科杂志，4. 中国当代儿科杂志

（十）肿瘤学类：

1. 中华肿瘤杂志，2. 癌症，3. 中国癌症杂志，4. 中国肿瘤临床，5. 癌变·畸变·突变，6. 肿瘤，7. 肿瘤防治研究，8. 中国肿瘤生物治疗杂志，9. 实用肿瘤杂志

（十一）神经病学与精神病学类：

1. 中华神经科杂志，2. 中国神经精神疾病杂志，3. 中风与神经疾病杂志，4. 中华精神科杂志

（十二）皮肤病学与性病学类：

1. 中华皮肤科杂志，2. 临床皮肤科杂志

（十三）耳鼻喉科学类：

1. 中华耳鼻咽喉头颈外科杂志，2. 临床耳鼻喉科杂志

（十四）眼科学类：

1. 中华眼科杂志，2. 中国实用眼科杂志，3. 中华眼底病杂志，4. 眼科研究

（十五）口腔科学类：

1. 中华口腔医学杂志，2. 华西口腔医学杂志，3. 实用口腔医学杂志，4. 牙体牙髓牙周病学杂志

（十六）特种医学类：

1. 中华放射学杂志，2. 中华核医学杂志，3. 临床放射学杂志，4. 医用生物力学，5. 中华航空航天医学杂志，6. 中国运动医学杂志，7. 中华超声影像学杂志，8. 中国医学计算机成像杂志，9. 中国医学物理学杂志，10. 中国医学影像技术，11. 中国医学影像学杂志，12. 中国激光医学杂志，13. 中国超声医学杂志，14. 中华航海医学与高气压医学杂志，15. 航天医学与医学工程

（十七）药学类：

1. 药物生物技术，2. 中国药学杂志，3. 中国医院药学杂志，4. 药物分析杂志，5. 中国新药与临床杂志，6. 中国药理学通报，7. 中国抗生素杂志，8. 中国药科大学学报，9. 中国药理学与毒理学杂志，10. 中国新药杂志，11. 中国临床药理学杂志，12. 中国药物化学杂志，13. 中国药物依赖性杂志，14. 药学服务与研究，15. 沈阳药科大学学报，16. 现代应用药学，17. 药学学报，18. 北京中医药大学学报，19. 中国医药工业杂志，20. 华西药学杂志

（十八）外文类：

1. Acta Biochimica et Biophysica Sinica，2. Cell Research，3. Chinese Journal of Cancer Research，4. Acta Pharmacologica Sinica，5. Asian Journal of Andrology

三、检索指南

（一）检索内容

中国科学引文数据库提供来源文献检索和引文检索两种（见图 2-7-1）。

1. 引文检索：检索文献被引用的情况。提供检索字段主要有：

（1）被引著者检索：检索某著者作为第一著者发表的文献被引用的情况。

（2）被引文献检索：检索某一文献的被引用情况。

（3）被引机构检索：检索某一机构的成员作为第一作者发表的文章被引用的情况。

（4）被引实验室：检索某一实验室的成员作为第一作者发表的论文被引用的情况。

（5）被引书刊：检索期刊、图书、专著、科技报告、学位论文等被引情况。

（6）组合检索：不同检索点的组合。

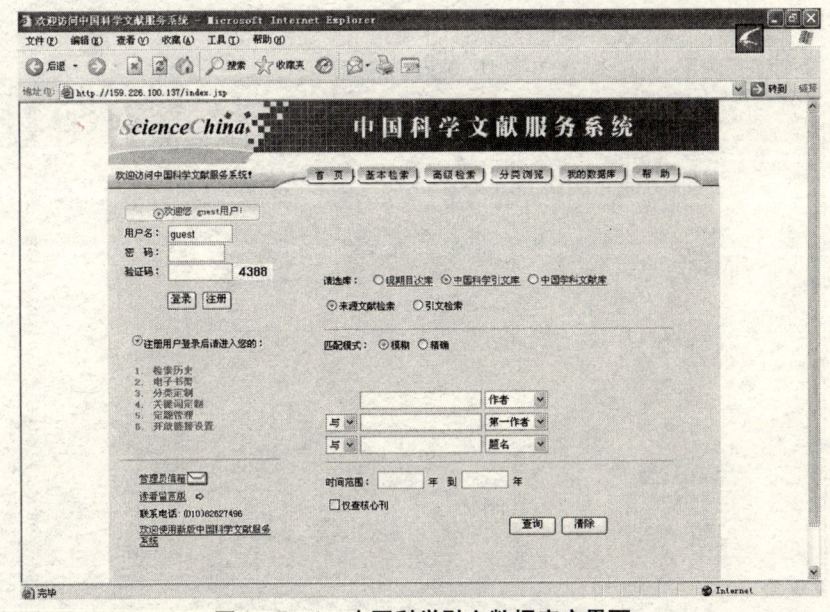

第二章 常用中文医药文献检索数据库

图 2-7-1 中国科学引文数据库主界面

同一检索点通过逻辑符号 AND、OR、NOT 进行组合。

（7）模糊检索：除被引文献外，所有检索点都可以进行模糊检索。

2. 来源文献检索：检索文献被 CSCD 收录的情况。提供检索字段主要有：

（1）文献著者：检索某作者作为第一作者或其他作者发表的文献被收录的情况。

（2）论文题名检索：已知文章的题名查找该文章的情况。

（3）著者机构检索：查找某个机构的人员发表文献的情况。

（4）实验室：查找某实验室所属人员发表文章的情况。

（5）期刊刊名：查找某种期刊上文献发表的情况（或说是被 CSCD 收录的情况）。

（6）省市地区：查找某省某市、县、地区所属人员发表文章的情况。

（7）关键词检索：查找有关某个主题的一批文献。

（8）组合检索：可利用逻辑运算符在检索式号之间进行组配检索。

（9）模糊检索：除省市地区检索外，其他检索点均可进行模糊检索。

（二）检索方法

1. 基本检索

基本检索是用户根据下拉菜单，直接在选定的检索字段中输入检索词，进行快捷检索，并可以进行三个检索字段的组合检索（如图 2-7-2）。

民族医药文献检索与利用

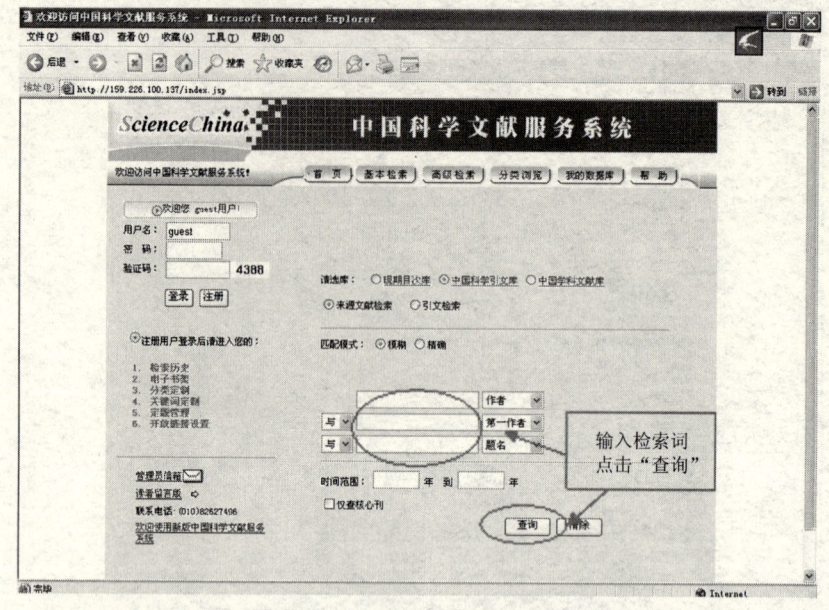

图 2-7-2　中国科学引文数据库基本检索

2. 高级检索

高级检索可以根据检索系统提供 10 个检索点，任意组配进行检索。另外专业人员还可以进行更为复杂的检索式的构造，可以任意修改检索式（如图 2-7-3）。

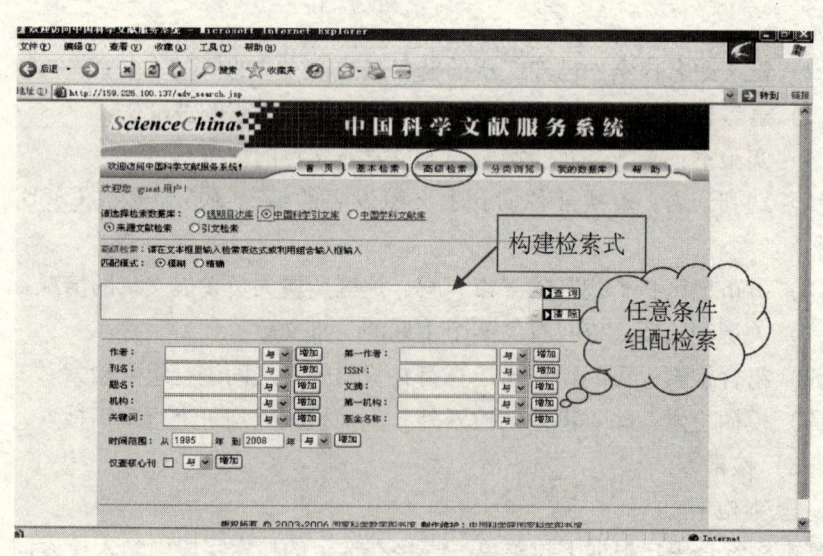

图 2-7-3　中国科学引文数据库高级检索

3. 分类浏览

通过类目的引导，可获取内容上同属一类的文献（如图2-7-4）。

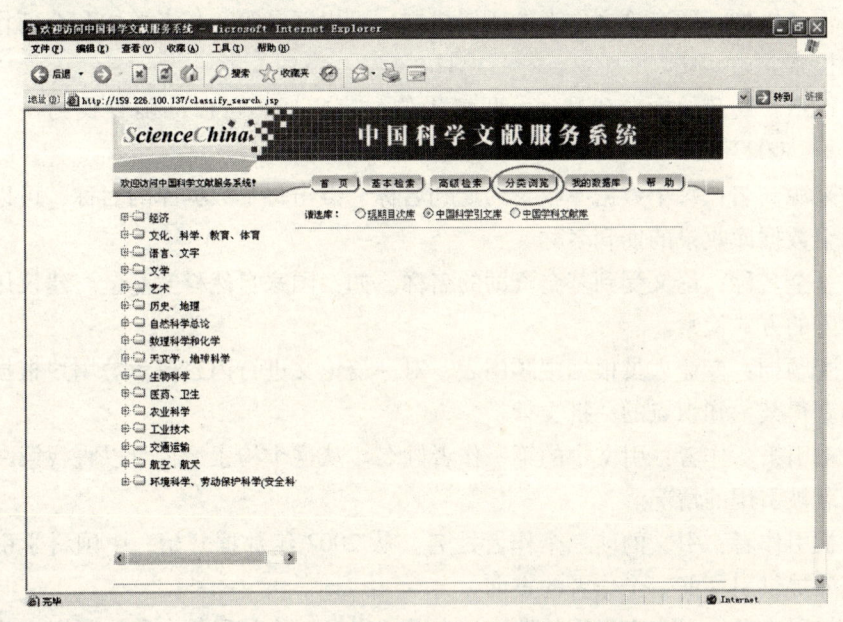

图2-7-4　中国科学引文数据库分类检索

4. 模糊检索

不可确定确切的检索词时，可以使用"％"，进行模糊检索，"％"代表多个字。

例如：在检索词"经济"后加"％"，是指以"经济"两字开始的词，如"经济"、"经济学"、"经济效益"等。

如果在将关键词表示为"％经济％"，则是指文中含有"经济"这两个连续字，如："国民经济"、"外贸经济"、"经济利益"等。用"％经济％"可查全。

通配符" ？"：代表一个字。如查询"经济？"，就可以查出以"经济学"等有三个字组成的词。

5. 检索字段

中文文摘：可以输入任何一个词在文摘字段中查找。

作者：论文的每一个作者的姓名。可以区分第一作者和全部作者检索。作者姓在前，名在后。如果作者的姓名是以英文或汉语拼音表示时，姓和名的首字母大写，姓和名之间用空格分隔。如：王军、Wang Jun、Wang Lanying、Smith A J 等。

题名：论文题名中存在的一个词或词组。

关键词：用任何一个词做检索词。可以通过记录内关键词的链接，查找相关内容。

作者机构：所有论文作者的所属机构。可以区分第一作者机构和全部作者机构检索。

ISSN：期刊的标准刊号，由两组4位数字组成，可以准确查找到一种期刊。如：0023-074X。

来源刊名：每个数据库收录的期刊名称。点击每个数据库的名称，可以看到每个数据库收录的期刊名称。

基金名称：论文受到基金资助的名称。如：国家自然科学基金。建议用模糊检索的方式检索。

主题词：专业人员根据主题词表，对一篇论文进行内容揭示。用户根据主题词获得某一知识点的一批文献。

被引第一作者：引文中的第一作者姓名。从这个检索途径可以查找第一作者论著被引用的情况。

被引作者：引文的前三个作者姓名。从2002年数据开始，中国科学引文数据库提供引文前三个作者的查询。

被引来源：引文中出现的期刊、专著、专利、会议录等名称。可以查找到一种期刊、一本专著等文献的被引用情况。

卷、期：引文中出现的卷号，一般与被引来源组合使用，可以查找一种期刊某一卷、期被引用的情况。

起始页：引文中出现的起始页，一般与被引来源、卷或期组合使用，可以查找一篇文献被引用的情况。

被引机构：中国科学引文数据库收录的论文被引用的机构名称。

被引重点实验室：中国科学引文数据库收录的论文被引用的国家重点实验室、部门开放实验室名称。

被引文献主编：当引文有主编姓名时，可以用此检索点检索。不包含期刊的主编。

被引文献出版社：引文中出版社的名称。

6. 检索步骤

（1）选择数据库

（2）选择检索点

根据检索需要，选择合适的检索点。基本检索时最多选择三个检索点，并可以进行"或"、"与"、"非"的逻辑运算。使用逻辑运算符对检索的内容进行组配，可以缩小检索范围，提高检索的准确率。

如：a 与 b 或 c 检索的顺序为（a 与 b）或 c

a 或 b 与 c 检索的顺序为（a 或 b）与 c

a 或 b 非 c 检索的顺序为（a 或 b）非 c

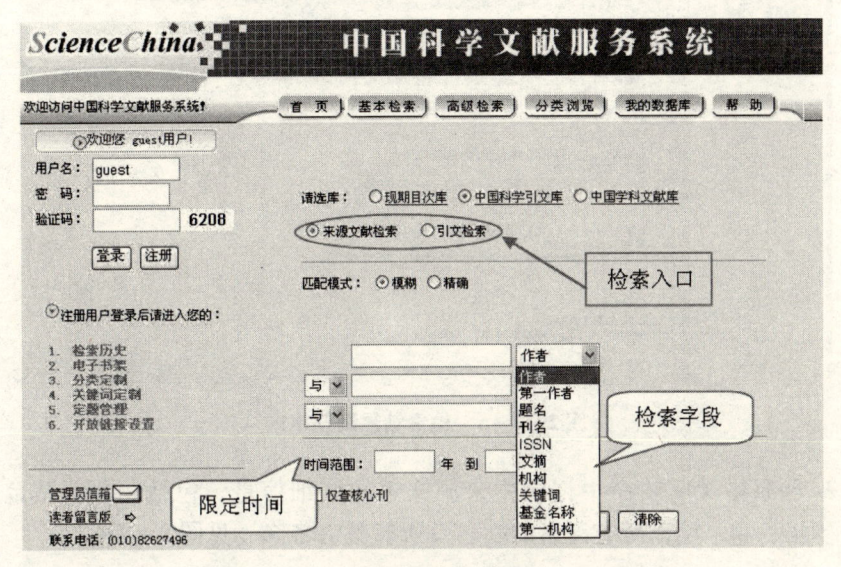

图 2-7-5　选择检索点、时间、入口等

（3）时间条件限定：可以选择文献的时间范围。

（4）选择检索的入口，即：来源文献检索、引文检索。可以选择是否仅查核心库。

（5）在检索框中输入关键词后，点击"查询"后，即可获得结果。

（6）在第一次检索的结果上，可以进行二次检索。

另外，在一篇论文详细信息显示的页面上，您可以将任何一个有检索意义的词或词组刷黑，该词或词组即刻显示在页面上方的检索框内，再选择相应的检索字段后，可进行新一轮的检索。

四、检索结果输出

（一）记录格式

CSCD 系统提供四种显示/输出格式：浏览格式、题录格式和引文格式，从不同侧面显示数据信息。三种格式之间可相互切换。

1. 浏览格式反映命中记录的最简单信息，显示论文题名、作者、论文出处（期刊名称、ISSN、年、卷、期、页）。（见图 2-7-6）

民族医药文献检索与利用

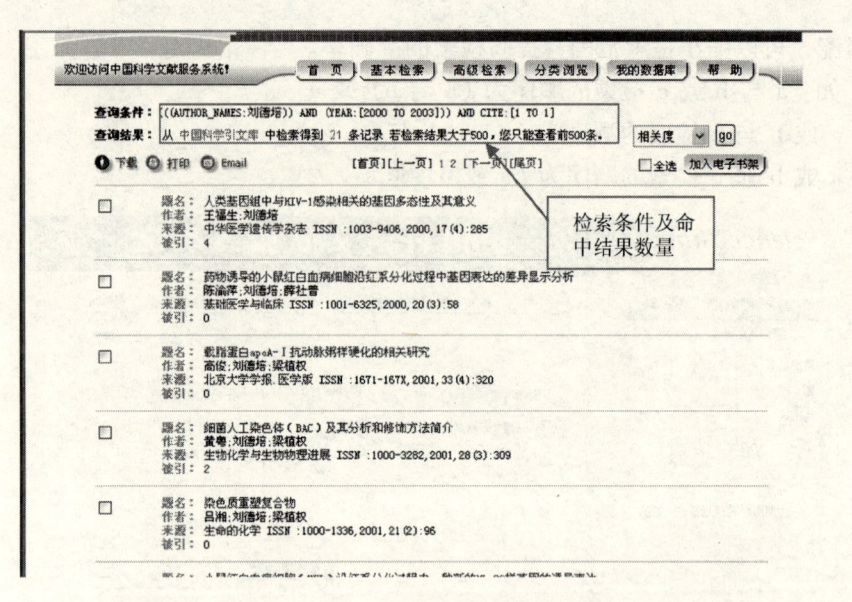

图 2-7-6 检索结果浏览格式

2. 题录格式反映命中记录中来源文献的详细信息，包括题目、基金项、刊名、年、卷、期，所有著者的姓名及所属机构名称（见图 2-7-7）。

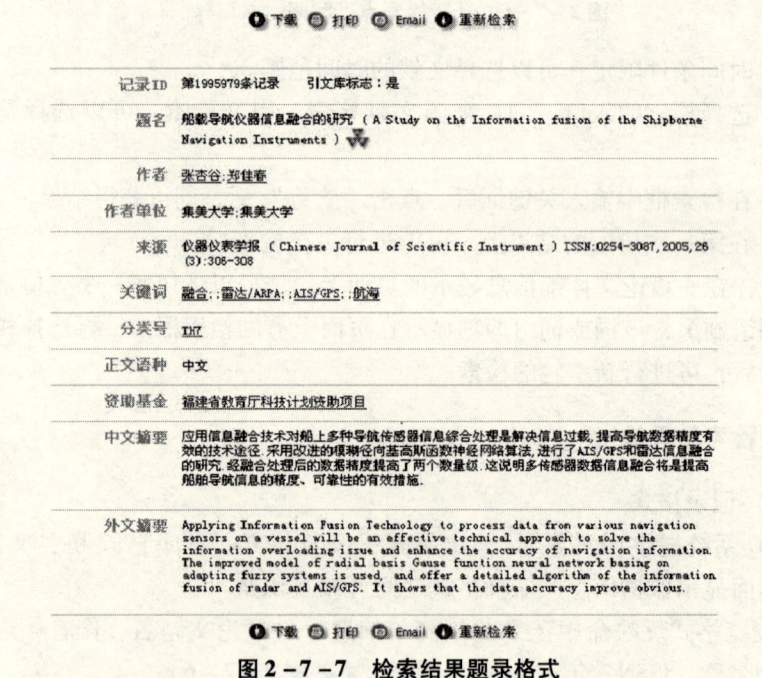

图 2-7-7 检索结果题录格式

第二章　常用中文医药文献检索数据库

3. 引文格式反映某著者的所有文章、专著被引用的情况。凡是蓝色的引文，可以链接到该篇文章（见图2-7-8）。

图2-7-8　检索结果引文格式

（二）记录处理

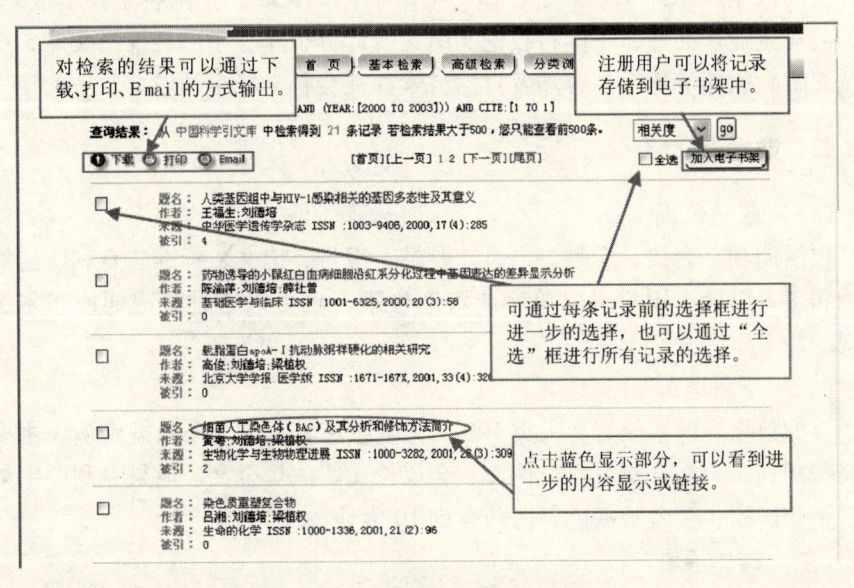

图2-7-9　检索结果的输出方式

61

当检索结果显示后，可以通过每条记录前的选择框进行进一步的选择，也可以通过"全选"框进行所有记录的选择。

点击所有蓝色显示部分，可以看到进一步的内容显示或链接。

对检索的结果可以通过下载、打印、E – mail 的方式存储。注册用户可以将记录存储到电子书架中，随时翻阅。

第八节　万方数据资源系统

一、概况

万方数据库系统为我国最大的信息机构——中国科技信息研究所（即万方数据公司）建设的，目前可以说是网上国内信息资源之最。国家"九五"重点科技攻关项目、大型网络科技信息资源服务系统。其旨在为广大高等院校、科研单位、政府、图书情报机构和工矿企业提供权威、综合、便捷、高效的科技、商务信息浏览、检索和查询服务。自1997年8月面向社会各界开放以来，在国内外已经设立了近500家镜像站点和服务中心，直接用户达几百万人。

万方数据主要资源建立在庞大的数据库群之上，迄今为止，自有版权与合作开发的数据库总计120多个，如：中国学位论文库，中国科学技术成果库，中国公司企业产品库，中国科技论文引文统计分析库，中国会议论文库，中国科技文献数据库等等，内容涉及自然科学和社会科学各个领域。

二、数据库介绍

（一）收录范围

包括期刊、会议、文献、书目、题录、报告、论文、标准、专利、连续出版物和工具书等。用户可以单库或跨库检索，也可以通过关键词或布尔逻辑检索。

（二）学科范围

万方数据资源系统有9大类100多个数据库，上千万条数据资源，主要包括医药期刊、引文分析、学位论文、会议论文、法规全文、成果专利、中外标准、企业机构、参考数据库、医药咨询10大块。

（三）跨库检索

既可以单库、跨库检索，也可以在所有数据库中检索，同时还可以按行业检索，跨库检索中心是万方数据资源统一服务系统检索业务集成系统，它几乎囊括了分布于系统各处的检索业务的功能，同时系统还提供了跨库检索服务，用户可按数据库、行业、学科、地区、期刊同时检索多个平台上的多种资源，输入一个检索式，便可以看到多个数据库的查询结果，并可进一步得到详细记录和下载全文。与此同时，您也可选择单个数据库，针对某种具体资源进行个性化检索。

（五）主要数据库

主要有三个全文数据库：

1. 医药期刊 是万方数据资源系统的重要组成部分。集纳了2500多种科技期刊的全文，其中医药卫生期刊480种左右，各种期刊的收录年限各不相同。数字化期刊采用HTML和PDF两种格式制作全文。

2. 学位论文 收录自1977年以来我国自然科学领域博士、博士后及硕士研究生论文。其中文摘已达38万余篇，首次推出最近3年的论文全文10万多篇，并年增全文3万篇。

3. 会议论文 中国医药学术会议论文全文数据库（中信所）收录自1998年以来国家级学会、协会、研究会组织召开的全国性生物、医药及相关领域学术会议论文全文。

三、检索指南

由图书馆主页的"网络资源"栏目中选取"万方Calis资源系统"直接进入万方数据知识服务平台镜像主页。

在页面上数据库中，可以找到"万方数字化期刊"，用鼠标单击"万方数字化期刊"，进入"万方数字化期刊"查询界面。万方数据库拥有医药期刊、引文分析、学位论文、会议论文、法规全文、成果专利、中外标准、企业机构、参考数据库、医药咨询10大块（见图2-8-1）。

在利用万方数字化期刊文章前，应首先安装PDF阅读器，这个一般是第一次使用时候安装，以后就不用安装了。安装PDF阅读器，用鼠标单击网页上"下载PDF浏览器"，页面弹出下载窗口，下载窗口提供两种安装PDF阅读器的方式：1、运行。2、保存后运行。这里选择"运行"。用鼠标点击上图中的"运行"，开始安装PDF阅读器。

数据库有四种检索方式：普通检索、刊物检索、专业检索和跨库检索。下面就普通检索简单介绍如下：

民族医药文献检索与利用

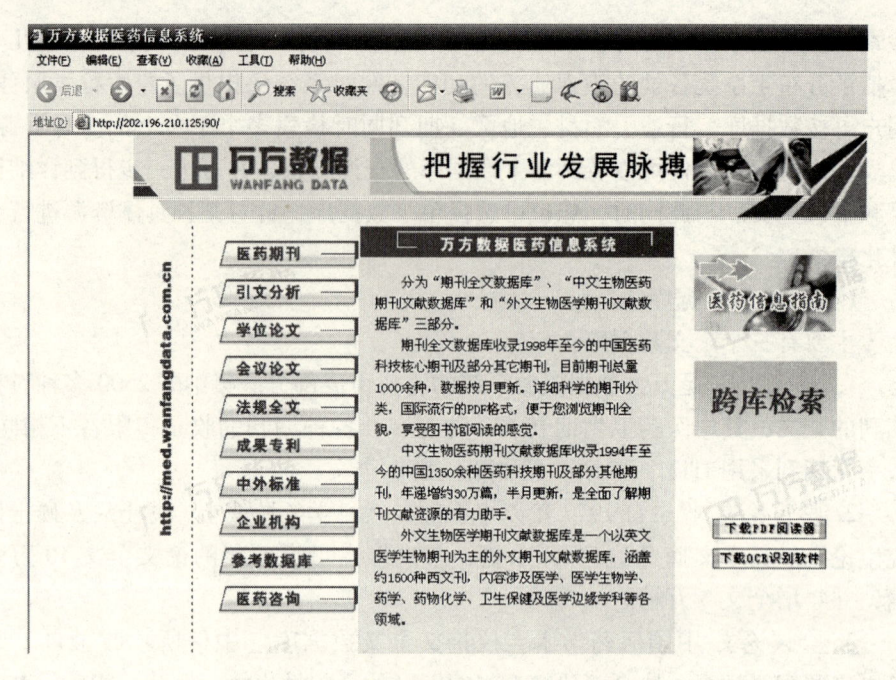

图2-8-1　万方数据医药信息系统主页面

1. 检索步骤：

（1）在页面中选择资源栏目或数据库；单击"医药期刊"，系统进入万方期刊全文数据库普通检索界面（见图2-8-2）。

（2）选择文献范围

如果选择了页面中的"在全部文献范围内检索"，则在所有文献范围内检索资源，此时学科分类选择不起作用，可以直接进入第4步。如果选择了"在以下分类中检索"，则表明限定在系统提供的分类范围内检索。如果不选择，默认在全部文献范围内检索。进入第3步。如果页面中没有提供以上选择项的数据库，则直接进入第4步。

（3）选择学科分类：如果资源有学科分类，可选择类别进一步限定检索范围；如果不选择，默认在所有类别中检索。

（4）如果页面中有年代范围选择项，则可以在下拉列表框中选择要检索的年代范围，如果没有选择，则默认为数据库的全部收录年代范围。

（5）选择检索字段，万方传统检索有全部、论文题目、作者、作者单位、刊名、出版年份、刊期、关键词、文摘等检索字段。

（6）根据所选的检索项，输入检索词。即可根据自己的需要进行相应

图 2-8-2　万方数据医药信息系统普通检索

检索。

（7）如需要输入多个检索词，则从下拉框中选择逻辑关系，然后重复(5)、(6)步骤。

您最多可以输入三个检索词，它们的逻辑关系可限定为"与"、"或"、"非"，三个检索词按位置先后顺序先后进行逻辑运算。

2. 检索结果浏览

在"检索结果"页面，每页面最多显示 10 条记录。如果检索结果多于 10 条，系统将分页显示，检索结果下方显示页数。

在"检索结果"页面，可以点击题名查看该文章的详细信息和文摘。

3. 检索结果的保存

保存方法：在 IE 中，选择"文件"中的"另存为"。

四、检索实例

【例】查找 1999 年以来有关维生素 E 和维生素 C 对糖尿病影响方面的文献。

课题分析：首先将数据库选择在 1999-2009 年这段期间，采用普通检索的检索方式。本例涉及"维生素 E"、"维生素 C"和"糖尿病"三个关键词，因此在传统检索中对这三个关键词进行检索。

检索步骤：

1. 选择数据库：选 2000—2009 年的全部数据库。

2. 选择文献范围，可选择"在全部文献范围内检索"或者"在以下分类中检索"。

3. 根据个人检索需要，选择检索字段。

4. 根据所选的检索项，分别在三个检索框中输入检索词"维生素 E"、"维生素 C"和"糖尿病"三个关键词，即可根据自己的需要进行相应检索。点击"检索"开始检索。

第三章 常用外文医药文献检索数据库

第一节 Medline 和 PubMed

一、Medline 数据库

MEDLINE 是美国国立医学图书馆（The National Library of Medicine, NLM）生产的国际性综合生物医学信息书目数据库，是当前国际上公认的最具权威性和代表性的生物医学文献数据库。早期的 MEDLINE 包括了美国《医学索引》（Index Medicus）、《国际护理索引》（International Nursing Index）和《牙科文献索引》（Index to Dental Literature）三大检索工具的内容。随着数据库的发展，后来又有更多的子文档加入，如 AIDS-HIV、Bioethics、Biotechnology 等数据库。MEDLINE 收录 1966 年以来世界上 70 多个国家和地区出版的 4000 多种重要生物医学期刊文献，近 960 万条记录。目前每年递增 30~35 万条记录，以题录和文摘形式进行报道，其中 75% 是英文文献，70%~80% 文献有英文文摘，且文献来源以美国为主。目前 MEDLINE 的记录数已经超过了 1,000 多万条，内容覆盖了基础医学、临床医学、护理学、牙科学、药学、兽医学、营养卫生、职业卫生、环境医学、卫生管理、医疗保健、社会医学等领域，是检索国际医学文献的首选数据库。

Medline 推广至今，因数据量大，内容丰富，数据严格规范，成为查阅医学文献的首选的、使用频率最高的数据库，在全世界被广泛应用。国外有多家公司生产 MEDLINE 光盘数据库，如 SilverPlatter、Dialog 及 EBSCO 等。目前国内引进的大部分为美国银盘公司（SilverPlatter）出品的 MEDLINE 数据库，WinSpirs（Silver Platter Information Retrieval System for Windows）是美国银盘公司基于 Windows 平台开发的、使用 WINDOWS 界面的 WinSpirs 和 WEB 方式的 WebSpirs 进行检索，适用于该公司所有光盘数据库的专业信息检索软件。

WinSpirs 是一个用户界面友好的易操作软件。它的检索功能强大，检索文献时，提供多种检索入口和检索方案，给用户以很大的自由度和灵活性，查全率与查准率较高。

1997年6月26日，Medline 的网络版 PubMed 开始向 Inter 网用户免费开放，实现了医学信息资源在全球范围内的共享。

二、PubMed 数据库

（一）PubMed 检索系统简介

PubMed 检索系统（http://www.ncbi.nlm.nih.gov/PubMed/）是由美国国立生物技术信息中心（NCBI）开发的的数据库。它具有医学文献期刊收录范围广、内容全、检索途径多、检索体系完备等特点，部分文献还可在网上直接免费获得全文。PubMed 系统包含三个数据库：MEDLINE、PREMEDLINE 和 Record supplied by Publisher（出版商提供的文献题录）。

1. MEDLINE

MEDLINE 是美国国立医学图书馆（U.S. National Library of Medicine）最重要的书目文摘数据库，内容涉及医学、护理学、牙科学、兽医学、卫生保健和基础医学。收录了全世界70个国家和地区的4600余种生物医学期刊，起始时间1953年，目前文摘条目1200万篇，年报道量近40万条，英文刊物占90%，3/4有英文摘要，每周更新。

记录标注 [PubMed – indexed for MEDLINE]

2. PREMEDLINE

PREMEDLINE 是一个临时性医学文献数据库。它每天都在不断地接受新数据，可为用户提供基本的文献条目和文摘，经 MeSH 词表标引后，其文献条目在标引和加工后每周向 MEDLINE 移加一次。因为未做主题标引，检索时采用自由词检索。

记录标注 [PubMed – in process]

3. Record supplied by publisher

Record supplied by publisher 是由出版商提供的电子文献，这些文献中属于 MEDLINE 收录范围的，每日将被添加到 PREMEDLINE 中去，换以 [Medline record in process] 的标记，并被赋于一个 MEDLINE 的数据识别号 UI；不属于 Medline 收录范围的，则只有 PubMed 数据识别号 PMID，而没有 MEDLINE UI。

记录标注 [PubMed – as supplied by publisher]

(二) PubMed 系统的主要特点

1. 自动词语匹配功能（Automatic Term Mapping）

该功能可以实现词语的自动转换，使文献检索过程简化的同时尽可能的查询结果全面。在 PubMed 主页的检索提问框中键入检索词，系统将按顺序使用如下 4 种表或索引，对检索词进行转换后再检索。

（1）MeSH 转换表（MeSH Translation Table）

包括 MeSH 词、参见词、副主题词等。如果系统在该表中发现了与检索词相匹配的词，就会自动将其转换为相应的 MeSH 词和 TextWord 词（题名词和文摘词）进行检索。例如：Vitamin c 转换为（"ascorbic acid"［TIAB］NOT Medline［SB］）OR "ascorbic acid"［MeSH Terms］OR Vitamin c［Text Word］

备注：想要查验检索词的转换情况，并进行调整和保存检索策略，可点击 details 按钮。

（2）刊名转换表（Journal Tanslation Table）

包括三种不同的表达方式：刊名全称、MEDLINE 刊名缩写格式和 ISSN 号。该转换表能把键入的刊名全称转换为 "MEDLINE 缩写［Journal Name］" 后进行检索。如：在检索提问框中键入："New England Journal of Medicine"，PubMed 将其转换为 "N Engl J Med［Journal Name］" 后进行检索。

（3）著者索引（Author Index）

如果键入的词语未在上述各表中找到相匹配的词，或者键入的词是一个后面跟有 1~2 个字母的短语，如 Smith j，姓（全称）名在后（首字母缩写），PubMed 即查著者索引。

2. 短语检索

如果在短语上加双引号，将视为一个不可分割的词组进行检索，即强迫 PubMed 进行词组检索。例如："single cell"，"oxidative stress"，使用短语检索功能时，PubMed 将不执行词汇转换功能。

3. 截词检索功能

PubMed 允许使用 "*" 号作为通配符进行截词检索，例如：键入 "diabet*" 即可检索到前半部分为 diabet 的单词（如 diabetes，diabetic 等），并对其分别进行检索。截词功能只限于单词，对词组无效。如："infection*" 包括 "infections"，但不包括 "infection control" 等。使用截词检索功能时，PubMed 将不执行词汇转换功能。

（三）PubMed 页面的结构

PubMed 主页上有 3 个功能区：简单检索区、辅助检索区和专用检索区。

如图 3-1-1：

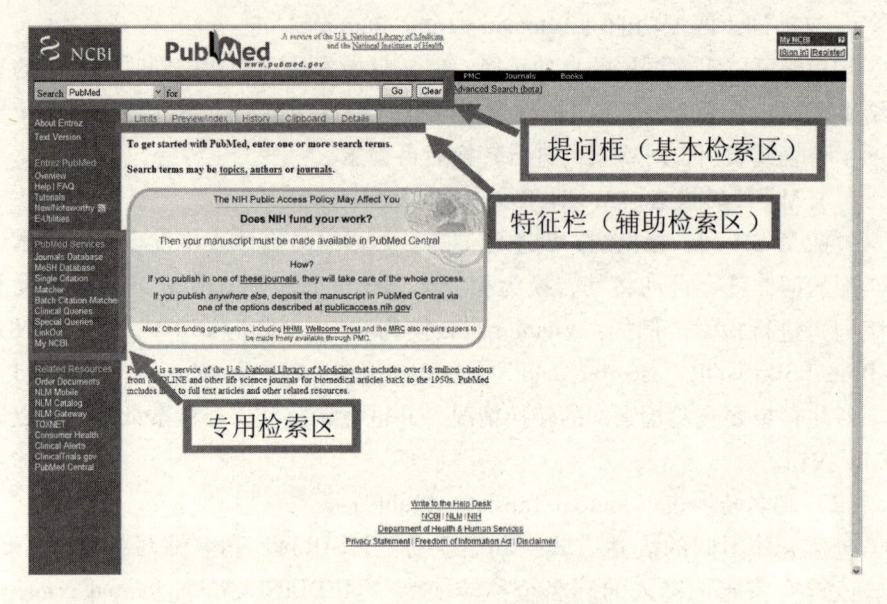

图 3-1-1 PubMed 检索界面

（四）PubMed 的基本检索功能

1. 词语检索及自动词语匹配

在检索框中键入一到多个检索词，按"GO"键，即显示检索结果。"Clear"按钮可以帮你清除查询框中的内容，然后开始一个新的查询。此外，PubMed 能自动利用它的"自动词语匹配"功能将重要的词语结合在一起，并将不规范的词语转换成规范的用词。如：输入 blood lipids，系统会将自动转换成（"blood"［Subheading］OR "blood"［All Fields］OR "blood"［MeSH Terms］）AND（"lipids"［MeSH Terms］OR "lipids"［All Fields］）进行检索（图 3-1-2）。这种处理能使检索结果更精确和全面。

2. 著者检索

在检索框内按照姓+名缩写（不用标点）的格式键入作者姓名，如 Smith J，系统会自动在作者字段内进行检索。如果想进行更精确的检索，可以用双引号将作者名引起来，再加［AU］，如 "Smith J"［AU］。

3. 杂志名检索

在检索框中键入杂志全名 Annals of Medicine，也可以直接键入 Medline 的期刊标准缩写形式，如：Ann Med，或键入刊物的 ISSN（国际标准出版物代码）进行检索。

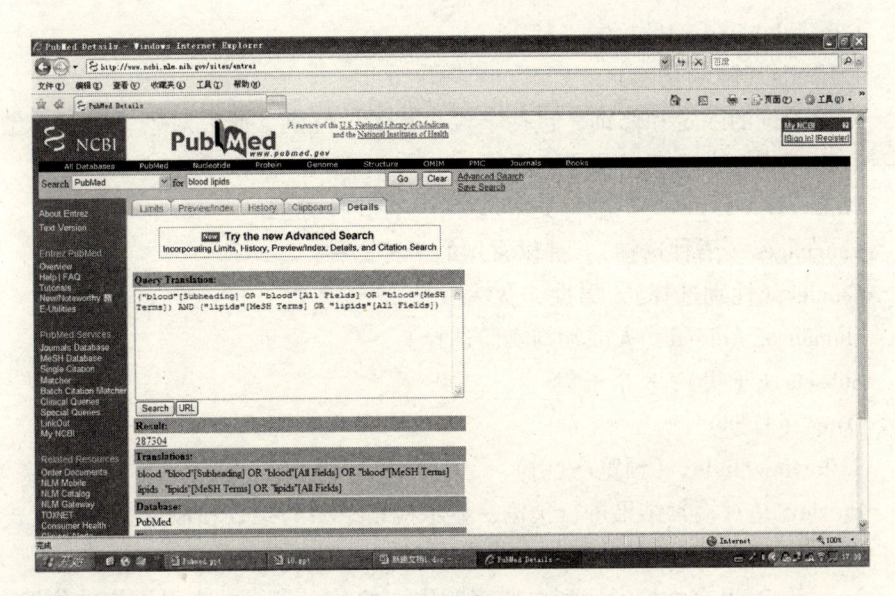

图 3-1-2 检索词的转换

4. 截词检索

可利用系统的截词功能获取更多的相关文献，这与 Medline 光盘中截词检索的用法是相同的：截词符"＊"可代表多个字符，将＊加在检索词后可以表示对所有以该词开头的词进行检索，如：bacter＊，结果可以检出 bacter，bacteria，bacterium，bacteriophage 等词。

5. 短语检索

PubMed 首先将键入的检索词（词组）视为合理的短语在短语索引中进行查找。如：Animal Models，PubMed 将其视为词组进行查找。当 PubMed 没有找到该词组时，系统将自动把两个词分开进行检索。如果不希望系统将两词分开，则需要用""把检索词括起来，如"Animal Models"，即强迫 PubMed 进行词组检索。当用双引号括起词语时，PubMed 将不执行自动词语匹配功能。

6. 逻辑运算符检索

在检索框中输入逻辑运算符，执行顺序从左向右，可用括号来改变此顺序，或使用检索史中的模式进行运算，如：#9（标题中含有"Animal Models"的文章：Animal Models［TI］）AND #10（文摘中含有"diabet＊"的文章：diabet＊［AB］）AND#11（2000 年及 2000 年以后发表的文章）。

71

（五）PubMed 辅助检索工具

1. Limits（限制功能）

对检索词的限定和修饰，包括字段、年龄、性别、研究对象、出版类型、语种、出版或输入日期以及子字段等。

Publication Types（出版物类型选择）：有 8 种类型

Languages（语种选择）：提供常用的 7 种语种

Gender（性别选择）：男性、女性

Human or Animal（人或动物实验选择）

Subsets（子集）：8 个子集

Dates（日期）

2. Preview/Index（预览/索引）

Preview 是对检索结果进行预览，显示检索结果的条数和最近三次检索式，用户可根据具体情况在检索提问框中用逻辑运算符组配新的检索式。

Index 是对提交的检索词列出按字顺排列的某一字段的索引词表的位置和数量，可用流动条来回进行查看列表。选中的词高亮显示，然后选择合适的逻辑运算符进行检索。

3. History（检索史）

保留所有的检索策略和结果，只有在执行了一次检索后，History 才能有记录。History 可以显示检索序号、检索词、检索时间以及检索结果数量。此外，也可在检索序号之间添加逻辑运算符进行检索，如#2 AND #6。单击记录条数超级链接可以重新显示检索结果。

点击 Clear History 按键可以清除 History 和 Preiew/Index 中的信息。

最多存贮检索式数为 100 个，检索式的存贮时间为 1 小时。

4. Clipboard（剪贴板）

用于用户将检索选中记录的暂时保存，方便用户集中打印、下载或索取原文。剪贴板中可存的最多记录为 500 条，如果一小时内无作任何操作，记录将自动消失。

将文献添加到 Clipboard，在检索结果界面点击记录左侧的复选框，再点 Send to，选择 Clipboard。被添加到 Clipboard 中的记录，其检索记录的数字将变成绿色。

5. Details（明细栏）

了解 PubMed 通过自动词语匹配功能、句法规则转换出的实际检索策略和调整、保存检索策略。在检索框下面，显示出检索结果的总数。可以在检索框中修改检索策略，再点击 Search 按键重新执行检索。点 URL 按钮，检索策略将显示在 URL 框中，再用浏览器的书签收藏功能保存该策略。

（六）检索结果的处理

1. 显示检索结果（Display）

PubMed 可用 6 种不同的格式显示检索结果，默认 Summary 格式。可通过 Display 下拉菜单选择其他显示方式：Brief，Abstract，Citation，MEDLINE and ASN.1 等，可以根据需要进行选择各种显示方式的主要内容。

Summary——作者姓名、文章题目、出处、记录状态、语种、出版物类型、PMID。

Brief——作者姓名、文章题目的前 30 个字母、PMID

Abstract——出处、记录状态、文章题目、作者姓名、作者单位、文摘、出版物类型、缩写、注释、PMID 等。

Citation——出处、记录状态、文章题目、作者姓名、作者单位、文摘、出版物类型、缩写、注释、MeSH、化学物质名称、SI 数据库索取号、基金号、PMID 等。

MEDLINE——所有记录字段都是以两个字目格式显示，应用该格式保存套录记录可以用文献管理者软件保存。

2. 保存（Save）

浏览器提供的保存功能可保存当前屏幕上的结果；点击 Sent to，选择 File，可以保存所有的检索结果或选择保存；系统允许以不同的显示格式保存检索结果；最多一次可以保存 10,000 条。

也可以保存 Clipboard 中的记录，Clipboard 中最多可有 500 条记录。

存盘时 PubMed 默认文件名为"pubmed_result.txt"。该文件名可以修改，文件格式也可在".cgi"和".txt"中选择。

3. 打印（Print）

可以利用浏览器的打印键进行屏幕上内容的打印。如果要选择打印，也可以先将所选的文献添加到 Clipboard，然后再打印。

4. 链接（Links）

（1）链接相关文献（Related Articles Links）

PubMed 系统中的每条文献记录均有一个相关文献链接，在检索结果的显示状态下，每条记录的右边均有"Related Articles"超链接。点击该链接，系统按文献的相关度从高到低显示相关文献。

链接 NCBI 数据库：

Protein 数据库、Nucleutide 数据库、PopSet 数据库、分子三维结构模型数据库（MMDB）、Genome 数据库。

（2）链接外部资源——LinkOut

LinkOut 是链接到本站点外部信息的出口。可以与出版商、信息集成者、图书馆、生物学数据库、序列中心等链接来获取更多的相关信息。

链接带星号的 LinkOut 是表明提供者需要订阅、会员资格或需要交费进入。

（3）链接相关图书——Books

为帮助用户解决对检索结果中不熟悉的要领提供背景资料。

三、PubMed 数据库和 Medline 数据库比较

NLM 自 1971 年起提供 MEDLINE 联机检索，1983 年推出 MEDLINE 光盘数据库，1997 年开始在 PubMed 上免费提供 MEDLINE 数据库。MEDLINE 是 PubMed 的主要部分，是 PubMed 系统的最大组成部分。PubMed 比 MEDLINE 收录的文献更广（包括某些 MEDLINE 收录的期刊中非医学文献），更新速度更快，查准率和查全率更高。此外，PubMed 还提供了一些免费全文文献。二者主要区别如下：

1. 文献的收录范围

MEDLINE 是美国国立医学图书馆建立的生物医学文献文摘数据库，目前世界上大约有 80 多个国家和地区的 5,246 种（2008 年 NLM 统计）期刊被 MEDLINE 收录并用美国国立医学图书馆的 MeSH 受控词表对文献进行标引。MEDLINE 数据库可追溯检索至 1966 年。

PubMed 收录范围：包括（1）MEDLINE 联机数据库。（2）PREMEDLINE 数据库。PREMEDLINE 收录那些进入 MEDLINE 数据库之前正在进行标引处理中的文献记录，这些文献在 MEDLINE 联机数据库中检索不到。（3）由出版商直接提供给 PubMed 的文献。出版商提供给 PubMed 的文献，一些在后来进入了 MEDLINE 数据库，而另外一些不被 MEDLINE 数据库收录的文献则作为由出版商提供的记录被永久保留在 PubMed 数据库。（4）MEDLINE 选择性收录期刊（如 Nature、Science 等综合性期刊）中的非生物医学文章和 MEDLINE 收录时间范围以外的文章。（5）来自于 OLDMEDLINE 数据库中的一些没有更新主题词的文献记录。

与 MEDLINE 数据库相比，PubMed 收录的文献量大、类型全、专业范围广。

2. 数据库的更新速度

一般情况下，MEDLINE 数据库为周更新，而 PubMed 数据库每天接收来自

于 PREMEDLINE 数据库中的新记录，出版商则直接将期刊中的文章以电子版的形式提供给 PubMed 上网运行。所以，PubMed 数据库更新速度更快。

3. 检索机制

MEDLINE 数据库是在 Index Medicus 的基础上建立起来的，主题词检索是 Index Medicus 的主要检索途径，也是 MEDLINE 数据库的主要检索途径。所以，掌握 MeSH 词表是用 MEDLINE 检索文献的首要条件。而 PubMed 具有词汇自动转换匹配功能，检索人员即使对词表不了解也能检索。MEDLINE 数据库只能将文章篇名、文摘中含有与检索词完全一样的记录检索出来，而 PubMed 具有词义识别功能，能根据检索词的词义自动转换为相应的主题词，并对主题词自动扩展检索。因此，PubMed 检索机制更灵活，具有更高的查准率和查全率。

4. 链接功能

PubMed 具有与免费全文链接、相关文献链接、相关图书链接和相关分子生物学数据库链接功能，有丰富的数据库内部和外部连接，尤其是与 Entrez 系统的各数据库建立了联系，能获得部分期刊全文。而 MEDLINE 数据库则没有这些链接功能。

5. PubMed Central（PMC）免费全文期刊数据库

点击 PubMed 主页左侧栏下边的 PubMed Central，进入 PMC 主页。PMC 是期刊文章全文的电子档案，提供其内容的免费检索和免费全文下载。目前 PMC 包含 50 多万篇全文文章，且这一数字还在快速增长。PMC 高级检索具有与 PubMed 相同的文献检索功能，且检索出的文章均能直接链接到免费全文。而 MEDLINE 没有这一服务。

表 3-1-1 PubMed 和 Medline 的主要区别

	PubMed	Medline
来源	由 NCBI 提供检索界面，供世界各地免费使用	由单位订购
收录范围	1. Medline 2. PreMedline 数据库每天增加新记录，其文献进入数据库前未经标引，其文献题录经标引后每周向 Medline 数据库移加 1 次 3. 收录部分生物科学相关的非医学专业文章（物理、天文、化学等）。	Medline 与生物医学无关的文献已被删除

续表

	PubMed	Medline
更新	每天接收来自于 PREMEDLINE 数据库中的新记录	每周更新
文献类型	除题录和文摘外,提供电子原文链接,且免费提供部分全文	大部分为题录,70%~80%有摘要
收录记录	记录新,在 Medline 数据表示引前的最新题录,提供电子期刊全连接功能	比 PubMed 晚,不提供电子期刊全文链接功能

第二节 EMBase

一、EMBase 数据库概述

EMBase (Excerpta Medical Database) 是荷兰的爱尔泽维 (Elsevier Science) 科学出版社编辑出版的医学与药学方面的文摘型数据库,国内称之为"荷兰医学文摘数据库",以光盘数据库、国际联机数据库及网络数据库的形式为用户提供。该数据库收录了从1974年以来 EM 中报道的70多个国家的4550多种期刊医药文献,其中欧洲期刊占54%,涵盖大量的欧洲和亚洲的医学刊物。收录文献从1974年起,累积约994万条生物医学记录与600万条独特的 MEDLINE 记录(1966年~目前),每年新添50多万条文献记录,80%的文献带有文摘。EMBase 收录文献的内容涉及药理学、药剂学、药物的副作用与相互作用、毒理学、药效学、药动力学、化学物质依赖与滥用、药物经济学、人类医学(临床和实验方面)、精神病学、基础医学、预防医学、补充与替代医学、法医学、生物技术、生物医学工程和仪器、职业卫生、环境卫生、公共卫生、环境污染、替代性动物实验等,涵盖了整个临床医学和生命科学的广泛范围,是最新、被引用最广泛和最全面的药理学与生物医学文献数据库。

EMBase 注重突出药学方面的文献和信息。数据库中40%以上的记录与药物有关;药物副主题词占副主题词总数的大半,给药方式副主题词有40多个;药物信息的字段有药物序词字段(DRM 和 DRR)、药物分类名字段(EL)、药物制造商名字段(MN)、化学物质登记号字段(RN)、药物商品名字段(TN)。

EMBase 经常出现在不同的检索系统中。例如，OVID Online、STN、DIMDI、WinSpirs、DataStar、DIALOG、LEXIS/NEXIS 等。OVID 系统的 EMBase 在线版收录 1980 年至今的记录，每周更新。

EMBase 中有 21 个专题数据库。例如，"EMBase：Drugs&Pharmacology"、"EMBase：Anesthesiology"、"EMBase：Evidence Based Medicine"、"EMBase：Psychiatry"等。在国内使用最普遍的专题数据库是 EMBase：Drugs& Pharmacology，即药物与药理学数据库；该数据库收录了至 1980 年以来的 200 多万条与药物有关的记录，涉及药效学、药代动力学、药物和潜在药物的作用和用途、药物的临床和实验研究、药物的副作用和不良反应等内容。

二、EMBase 的字段

EMBase 中用于限定检索和显示的字段共有 43 个，但每条文摘记录中显示的字段数不等，通常为 20 个左右。表 3-2-1 列出了该数据库中的常用字段。

表 3-2-1　EMBase 的常用字段

标识符	字段名称	中文名称	说明
AB	Abstract	文摘	文摘全由著者撰写
AD	Address of Author	著者地址	第一作者的工作单位和地址
AU	Author（s）	著者	最多列 20 个著者
BT	Book Title	图书名称	
CD	Conference Detail	会议细节	会议的时间和地点
CF	Conference Name	会议名称	
CO	CODEN	期刊代号	期刊代号为 5 位数
CP*	Country of Publication	出版国	
CPT	Conference Proceedings Title	会议录篇名	
DEM	Major Medical Descriptors	主要医学叙词	文章涉及的主要主题词
DER	Minor Medical Descriptors	次要医学叙词	文章涉及的次要主题词
DM	Device Manufacturers Names	仪器制造商名	
DRM	Major Drug Descriptors	主要药物叙词	
DRR	Minor Drug Descriptors	次要药物叙词	

续表

标识符	字段名称	中文名称	说明
DT	Document Type	文献类型	文献类型包括：article; conference – paper; letter; editorial; erratum; note; review; short – survey
EC	EMCLAS Classification	EM 分类号	纸质 EM 分册名及代号
ED	Editors	编者	多著者图书和会议汇编的编者
EML	E – mail Address	作者的 e – mail	只显示，不能用于检索
LA *	Language of Article	文献语种	
LS *	Language of Summary	原文摘要语种	
MN	Manufacturer Name	药物制造商名	
MS	Molecular Sequence	分子序列	列出分子序列来源的数据库和分子序列号。数据库名称前有 *，表示文章中提到了分子序列号
BP	Book Publisher	图书出版商	
PI	Publisher Item Identifier	出版文献标识符	
PT *	Publication Type	出版物类型	共有四种：book, conference – proceeding, Journal, report
PY *	Publication Year	出版年	
RF	Number of References	参考文献数	
RN	CAS Registry Number	化学物质登记号	
RP *	Report Number	报告号	
SO	Source	文献来源	包括刊名缩写与全称，卷期，页码，出版时间
SU	Subjects	主题	用于字段限定，同时检索 DEM, DER, DRM, DRR 四个字段。记录显示不出现该字段。

续表

标识符	字段名称	中文名称	说明
EC	EMTAGS Code	EM 特征词代号	共 200 多个，如 1 为 review，14 为 infant
TI	Title	篇名	用于限定检索原文为英文的篇名
TN	Trade Names	药物商品名	文章中提到药物商品名时才出现
OT	Original Title	原文篇名	部分非英语的文章列出原文篇名
TS	Titles	复合题名	
XID	ADONIS Record Number *	文献索取号	

表中带有 * 的为限定字段，不带 * 的为非限定字段。限定字段（limit field）是一类必须用字段限定才能检索到的字段，如 English in la 或 la = English。EMB 在不同的检索系统中，其字段标识未必相同。

三、EMBase 的主题词和副主题词

（一）主题词

EMBase 中的主题词称叙词（escriptor），或称为优先词（Preferred term），由主题词表 EMTREE 控制。EMTREE 现有 4.6 万个医学叙词和药物叙词，另有 20 万个同义词。1991 年以后，EM 才正式使用树状词表（EMTREE）。此前，EM 的检索用词是非规范的关键词。所谓主题词的规范化处理是把文章题名、摘要或全文中提取的医学术语转化成符合《医学标引词总表》（MALIMET）中的规定词或词组。

EM：Drug & Phamacology 的主题词可分为医学主题词和药物主题词。检索时点击"THESAURUS"功能按钮即可进入轮排主题词表进行选词检索。选词时应注意以下几点：词组采用自然语序，不倒置，而 MEDLINE 是倒置的；要用单数名词，不用复数；单词采用美式拼写法；希腊字母应当用罗马字母拼音转换；一般不用缩略词；不使用标点符号，连字符用于精确检索。

EMBASE 的特征词分为器官、实验动物、研究类型、年龄组、地理名称、给药途径等，每个特征词均有数字代码，特征词代码可以在 TG 字段进行限定检索。特征词可以在 EM 字段限定检索，也可以在主题词表中选词检索。

（二）副主题词

EMBase 中的副主题词又称连接词（Link term）。检索时，选定主题词后可以在疾病和药物关联词的菜单中选择恰当的关联词进行概念限定，起到类似 MEDLINE 的副主题词的作用。EMBase 设有疾病连接词 14 个、药物连接词 17 个、给药途径连接词 47 个（2000 年新增）。

(1) 14 个疾病关联词：Complication（并发症），Congenital disorder（先天性异常），Diagnosis（诊断），Disease management（疾病处理），Drug resistance（抗药性），Drug therapy（药物治疗），Epidemiology（流行病学），Etiology（病因学），Prevention（预防），Radiotherapy（放射疗法），Rehabilitation（康复），Side effect（不良反应），Surgery（外科手术），Therapy（治疗）。

(2) 17 个药物关联词：Adverse drug reaction（药物副作用），Clinical trial（临床试验），drug administration（投药方式），drug analysis（药物分析），drug combination（药物联用），drug comparison（药物对比），drug concentration（药物浓度），drug development（药物开发），drug dose（药物剂量），drug interaction（药物的相互作用），drug therapy（药物治疗），drug toxicity（药物毒性），pharmaceutics（药剂学），endogenous compound（内源性化合物），pharmacoeconomics（药物经济学），pharmacokinetics（药代动力学），Pharmacology（药理学）。

(3) 47 个给药方式连接词，如：Intracardiac drug administration（心脏内给药），intragastric drug administration（胃内给药），Oral drug administration（口服给药）等。

四、EM：Drug & Phamacology 的检索方法

国内引进的 EMBase 光盘数据库主要是美国银盘公司的 EMBase：Drug & Phamacology。美国银盘公司的 EMBase 光盘数据库与 MEDLINE 光盘数据库使用同一检索软件，其检索界面、命令菜单、功能按钮、检索运算符和检索方法等与 MEDLINE 基本相同。也可以进行自由词检索、主题词检索、索引词检索等。

（一）基本检索方式（Search Forms）

1. 快速检索（Quick Search）

在检索框内输入检索词、词组（需加单、双引号）或检索式，通过精确选定检索词，结合布尔逻辑运算符、截词符控制检索词之间的相关性。

2. 高级检索（Advanced Search）

用户可根据高级检索中的其他选项来进行组合检索，以限制选项内容的

广泛。

3. 字段检索（Field Search）

在特定的字段中任选一种或多种进行检索，如期刊名称（JT）、作者名称（AU）、文章题目（TI）、出版物类型（IT）等22种字段。

4. 药物检索（Drug Search）

通过药物的化学名称、商品名称和制造商名称检索。同时还提供17个药物连接词（Drug Links），47个给药方式连接词，增强索引的深度。如药物副作用反应、临床试验或药物分析等。

5. 疾病检索（Disease Search）

通过疾病名称查找文献是该数据库独有的特征之一。可通过文献的研究重点（人类或动物、成人或儿童、性别）等进行限制检索，同时提供14个疾病连接词（Disease Links），更精确地检索疾病的某一类或几类分支的相关文献，提高相关性，如疾病恢复、疾病副作用、外科手术、疾病治疗等。其作用是缩小文献范围，提高查准率。

6. 文章检索（Article Search）

已知线索可通过文章进行检索。检索字段包括作者、期刊卷、期号及文章首页数或是出版日期、期刊名称及其缩写号码及ISSN等。

7. 出版物检索（Journals）

通过利用出版物名称浏览文献，也可根据期刊的学科主题或期刊的出版商信息浏览期刊进行检索。

8. 作者检索（Authors）

输入作者的姓名进入检索，可获得该作者发表的文章。有时当作者名称较长或不确定时，可检索前半部分主要词根，以获得更多的检索结果。

（二）EMBase主题词表检索（EMTREE keywords）

EMBase提供不同于MEDLINE的独立主题词表系统（EMTREE）。EMTREE词库是EMBase最强大的检索工具之一，是一种比较先进的分类表和可控词汇表，是EMBase和MEDLINE间同时检索的辞典，可优化学科检索的相关性和精确性，特别是在疾病与药理学方面。用EMTREE提供的主题词检索，可用适当的连接词组配，进行限定检索，以提高文献的查准率和查全率。

（三）检索的处理

根据以上检索过程，获得文献的检索结果，如需阅读文章，可单击文章的标题，以所提供的最为合适的格式来阅读文章。与所有数据库一样，每条检索记录均包括题名、作者、刊名、出处、全文链接标识等信息。点击每条记录序号前的复选框可标记文献，将其选定。下载方式包括：打印、存盘和 E – mail。

EMDOCS 是今年爱尔泽维科学出版社和 UnCover 公司合作开展的全文复制服务，可以提供全世界 7000 种高质量的物理学、工程技术科学、生物医学、药理学的原始文献。可以通过电子邮件 emdocs @ mail. uncover. com 提交申请，获得全文。

五、http：// www. embase. com 简介

随着网络技术的发展，Elsevier Science 在 2003 年推出了 Web 版的荷兰医学文摘。http：// www. embase. com 收录药学和生物医学 1700 多万条，囊括了荷兰医学文摘数据库 1974 年至今和 Medline 数据库 1966 年至今的记录。

（一）检索途径

http：// www. embase. com 的检索途径有：药物检索、疾病检索、字段检索、主题词检索、著者检索、期刊检索、特定文章检索等。

（二）http：// www. embase. com 的优点

1. 用 Web 界面检索，易学易用。

2. 部分文献提供全文链接：http：// www. embase. com 近十年的记录中有一半可以链接到原文。

3. 可以同步检索 EMBase 和 Medline，检索记录不重复。

4. 检索记录中有可供检索的主题词和著者链接。

5. 有定题快报功能，即可定期将预先定制的最新文献自动发送到用户的电子邮箱中。

第三节 SpringerLingk

SpringerLink（http：//www. springerlink. com/）信息服务系统是由德国施普林格（Springer）出版集团开发的产品。该集团是由德国科技出版集团施普林格（Springer – Verlag）和荷兰著名学术出版商（Kluwer Academic Publishers）合并而成的。德国施普林格是世界上著名的科技出版集团，具有 150 多年的历史，该集团以编辑高质量的学术性出版物而闻名于世，通过 Springer Link 系统发行电子图书并提供学术期刊检索服务，其检索系统名称为 Link。目前共出版有530余种期刊（近400种为英文期刊），其中498种已有电子版，按学科分为：生命科学、医学、数学、化学、计算机科学、经济、法律、工程学、环境科学、地球科学、物理学与天文学。

http：//www.springerlink.com 信息服务系统提供原Springer和原Kluwer出版的全文期刊、图书、科技丛书和参考书的在线服务。截止到2007年8月，Springer信息服务系统共提供1885种全文电子期刊、18713种电子图书，816种电子丛书，其中有200多种期刊优先以电子方式出版。SpringerLink（http：//www.springerlink.com）通过国内的清华大学镜像站点和德国站点提供服务，数据同步更新。

一、SpringerLink 的收录范围

SpringerLink是居全球领先地位的、高质量的科学技术和医学类全文数据库，该数据库包括各类期刊、丛书、图书、参考工具书以及回溯文档。目前SpringerLink按学科分为13种，并由此构成了13个全文电子图书"在线图书馆"，这些学科主要涉及社科与人文、科技与工程、医学与生命科学三大领域。收录的大部分期刊是被SCI、SSCI和EI收录的核心期刊，目前SpringerLink所提供全文电子出版物的学科范围及种数（括号内数字）如下：

建筑和设计（460）

行为科学（57,896）

生物医学和生命科学（731,872）

商业和经济（76,691）

化学和材料科学（472,1741）

计算机科学（255,863）

地球和环境科学（156,382）

工程学（135,884）

人文、社科和法律（142,011）

数学和统计学（234,130）

医学（605,833）

物理和天文学（408,309）

计算机职业技术与专业计算机应用（3,796）

SpringerLink收录的生物医学和生命科学的文献量最大，其次为医学。SpringerLink服务系统实现了与重要的二次文献检索数据库的全文链接，目前已经与SCI、EI建立了从二次文献直接到SpringerLink全文的链接。

二、SpringerLink 的检索规则

1. 字段限定检索

检索时的格式为"字段名：（检索词）"。字段有 ti（标题或篇名），su（摘要），au（作者），issn（国际标准连续出版物号），isbn（国际标准书号），doi（数字对象唯一标志）等。

2. 词组检索运算

使用英文双引号（""）作为词组检索运算符，在检索时将英文双引号中的几个词当作一个词组，这样可精确检索范围。

3. 主要检索算符

主要检索符包括布尔逻辑运算符（AND，OR，NOT），截词符（"＊"和"＊＊"），位置算符（near），见表 3-3-1。

表 3-3-1 检索算符说明

算符	表示方法	含义	举例
逻辑算符	and	两个检索词必须同时出现	education and college
	or	两个检索词任一出现即可	education or college
	not	只可出现第一个检索词	education not college
截词符	＊	＊代表一个字符串，检索与输入词起始部分一致的词	Key ＊ = key, keying, keyhole, keyboardd 等
	＊＊	在某个动词后加＊＊，将检索出该动词的所有形态	Break ＊＊ = break, breaking, broke, broken
位置算符	near	按两词位置接近度排序	输入 pain near morphine，检索结果按 pain 和 morphine 两词的位置按近度进行排序

4. 禁用词

禁用词包括 the，is 等，在执行检索前搜索引擎就会将它们排除在外，但是系统不会将 and 作为禁用词。

5. 特殊符号

如果检索短语中包含标点符号或连词符号等特殊符号，系统会将这些特殊符号识别为空格，检索出包含和不包含标点符号、连词符的记录。

第三章 常用外文医药文献检索数据库

三、SpringerLink 的界面

SpringerLink 的首页可以划分为三个功能区域：检索区域、浏览区域和个性化服务区域（图 3-3-1）。并且提供中文简体、中文繁体、英语、日语、德语等语言的界面。

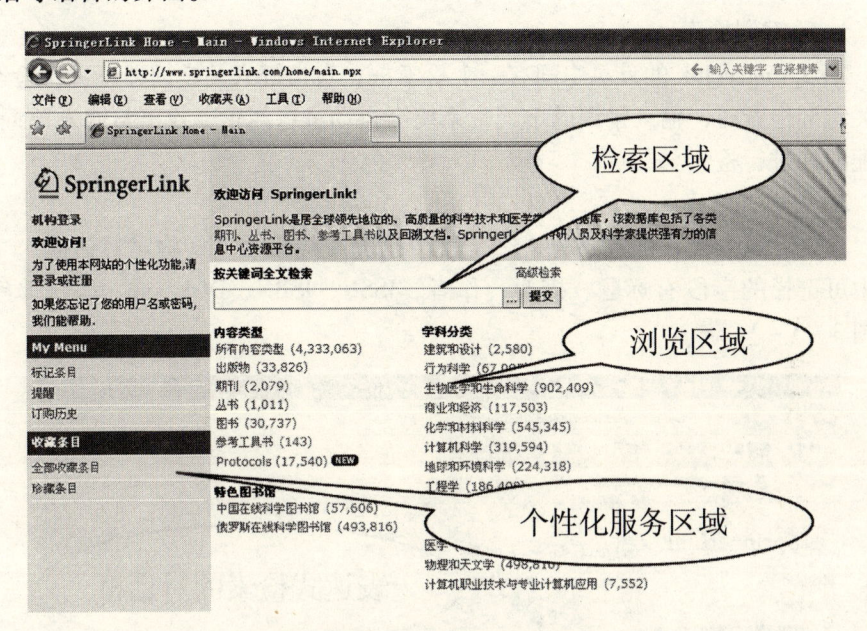

图 3-3-1 SpringerLink 的界面

1. 检索区域

首页中的检索方式是按照关键词检索，直接输入关键词查找文献；也可以点击检索区域的"…"使用检索表达式构建对话框来定制检索表达式；还可以点击"高级检索"进行精确检索。

2. 浏览区域

浏览区域有内容类型、学科分类和特色图书馆三种浏览方式。每种细目分类后都有一个数字标记收录文献的数量。

3. 个性化服务区域

个性化的服务包括保存标记过的条目、电子邮件提醒用户有符合所保存的检索条件的新内容、保存收藏的文献和检索结果列表。

注册能使您方便地使用和管理 SpringerLink 的个性化功能。已获得 SpringerLink 授权的用户，经验证通过后即可自动登陆数据库并可获取全文。未获授

权的用户以访客的身份进入数据库,免费获得资源的目次及文摘。

四、SpringerLink 的检索

(一) 检索方式

在检索区域有 3 种检索方式,即关键词检索、表达式检索、高级检索。

1. 关键词检索

在 SpringerLink 的首页中间有一个检索框,直接键入关键词即可进行检索。在关键词检索时,输入错误的单词,系统会自动进行纠正,找出与输入单词最匹配的词进行检索。

2. 表达式检索

点击首页中检索框右侧的"…"就会出现"检索表达式构建对话框",在框中可选择的字段有标题、摘要、作者、ISSN、ISBN、DOI、或、与、非等。如图 3-3-2。

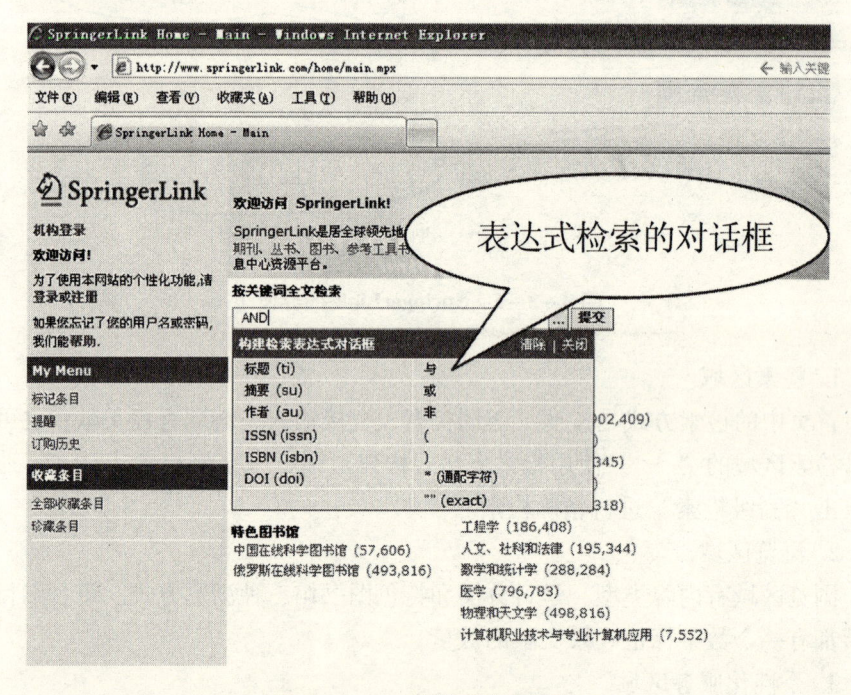

图 3-3-2 表达式检索界面

3. 高级检索

点击首页中关键词检索框右上方的"高级检索"便可进行高级检索。高级检索为多项检索条件的组合检索,同时满足多个检索条件、达到精确检索目

第三章 常用外文医药文献检索数据库

的，多个检索条件之间的关系为"与（AND）"。

（二）浏览方式

以特色图书馆的浏览为例：

1. 点击"中国在线科学图书馆"进入浏览界面。

右侧的检索导航区域可进一步缩小范围，提高检索速度。可以用关键词检索、表达式检索和高级检索在"中国在线科学图书馆"范围内进行检索。还可以用"起始字母"、"内容发行量"、"SpringerLink Date"、"内容类型"、"学科"、"版权"和"作者"等来缩小范围进行浏览。

2. 还可以点击"详细列表"浏览文献的更多信息。

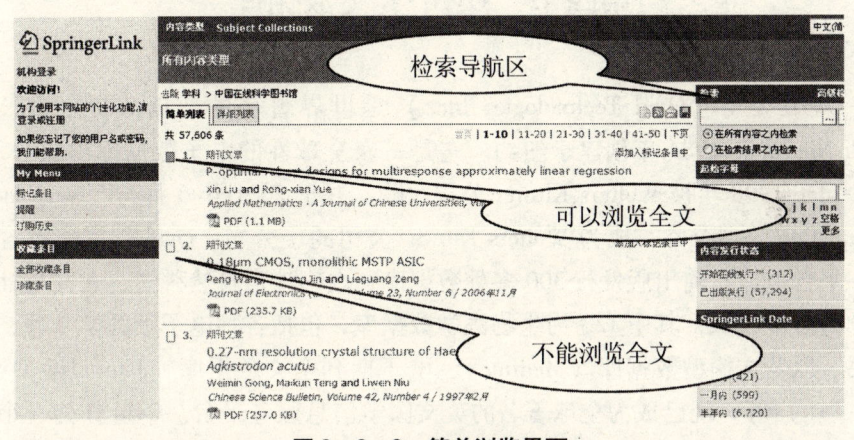

图 3-3-3 简单浏览界面

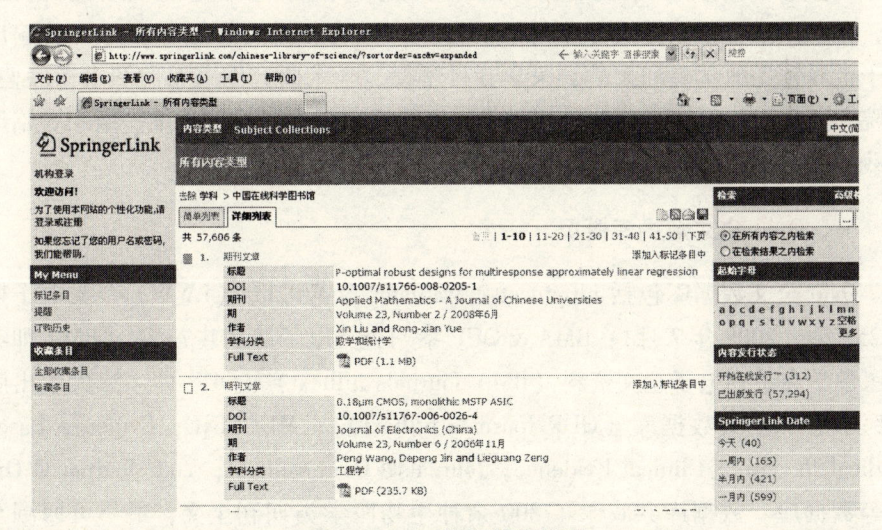

图 3-3-4 详细浏览界面

（三）检索结果的显示和处理

检索的结果既可以用简单列表显示也可以用详细列表来显示。详细列表可以显示每篇文献的标题、期刊名、卷期、作者和学科分类等。

用户可对所需的检索结果进行标记。标记过的记录，可以暂时保存在系统中，也可以通过个性化服务功能进行永久保存。检索结果可以通过多种方式输出，保存在磁盘上，或通过 E-mail 发送到邮箱中。能获取全文的文献可在线阅读全文，也可以用"PDF"格式下载到计算机中。

第四节 Ovid 全文数据库

OVID 公司（Ovid Technologies Inc.）是世界著名的数据库提供商，由 Mark Nelson 于 1984 年创建于纽约。它是一家全球性的电子数据库出版公司。该公司于 1998 年被 Wolters Kluwer 公司收购，并于 2001 年 6 月与 Silverp latter Information 公司合并，成为 Wolters Kluwer 公司的子公司。Ovid 将资源整合在单一平台上，目前出版发行 300 多种数据库，内容涉及自然科学、人文与社会科学等各个领域，其中 1/3 为生物医学数据库，包括各种电子版医学专著、教科书、以及文摘型数据库（Medline）、电子期刊全文数据库（Journals@ OVID Full Text）等，现已成为全球著名的英文医学信息服务平台。Ovid 作为一个全球性的信息解决方案的提供商，为临床医生、专业人员、学生和研究员在医学，科学和学术领域提供专业的解决方案、内容、工具和服务。Ovid 普遍应用于世界领先的学院和大学、医学专科学校、学术研究图书馆和图书馆联盟、医院和卫生保健系统、制药、工程学与生物工艺学公司、卫生维护组织、临床实践等。

一、Ovid 全文数据库概况

Ovid 全文数据库包括 Lippincott；Williams & Wilkins（LWW）全文电子期刊 251 种（2008 年 7 月）；BMA & OUP 系列全文电子期刊共 73 种（BMA 即英国医学学会系列电子全文资料（BMA Journals fulltext）（OUP 即牛津大学出版社医学电子全文数据库（OUP Journals fulltext））；MEDLINE；Evidence Based Medical Reviews；Clinical Evidence；Journals@ Ovid Fulltext；Your Journals@ Ovid 等数据库。数据库共收录了 300 余种生物医学类期刊全文，最早可回溯至 1993 年。

传统的 Ovid 检索平台采用图形用户界面，提供步骤指引及下拉式菜单，直观易学，使用方便。在检索过程中还可随意进行检索策略调整和保存，对检索结果进行合并、删除及去重等操作，在检索结果处理时，可采用多种文件格式和多种输出方式进行结果输出。数据库更新后，Ovid 的 SDI 服务可自动将更新数据发送到用户的电子信箱。Ovid 具有强大的兼容性，可在 DOS、Windows、Unix、Netware 等操作系统上及 Java 虚拟电脑装置平台上安装使用。此外，Ovid 提供的 Linksolver 技术可链接各种资源，使馆藏资源或免费网络期刊能整合至 Ovid 平台，进行多库同时检索，为用户提供更多的原文超链接服务。Ovid 公司在整合 Ovid Gateway 和 Silver Platter 这两个平台的各自优势基础上，于 2007 年 10 月推出新的检索平台 OvidSP。

新的 OvidSP 检索平台具有以下特色：

1. 多样化的检索方式：可选择多种检索类型，从基础检索（支持自然语言的检索）到 Ovid 或银盘语法检索（支持命令队列语法检索）。

2. 提供自然语言检索：在基础检索里键入日常用语（随意的文字），OvidSP 能够通过相关性排序，使检索结果更精确。

3. 直观的界面设计：OvidSP 的检索界面具有舒适的、现代化的外观和感观。整个检索过程中，使用检索工具显得十分重要。

4. 多内容的交叉检索：可同时快捷和轻松地检索电子书、期刊和数据库。

5. 更精确的检索结果：能够缩小或扩大最初的检索结果，使检索更快捷、准确。

6. 改良的检索结果显示：新的工具包括成行的文摘、功能性注解、经由 RSS 提交的电子目录图表、通过区域分类和重新分类的结果记录等。

由于全文数据库价格昂贵，Ovid 供应商一般通过专线租用或在国内建立镜像站的方式提供服务。因此，该库存在并发用户数限制的问题，即在同一时间内只允许一定数量的用户访问某一数据库。为避免虚占数据库，全文数据库一般都设有超时自动退出功能。全文数据库多采用 IP 地址控制使用权限，用户只有在授权的网段范围内（如校园网），才能免费检索和下载全文。

二、Ovid 的主要数据库

OVID 目前出版发行 300 多种数据库，内容涉及自然科学、人文及社会科学的众多方面，其中 1/3 为生物医学数据库。Ovid 的生物医学数据库主要有四大类：

1. Books@Ovid，OVID 医学电子书库，收录了 Lippincott Williams & Wilkins

出版的内科、外科、肿瘤、妇产科等各类英文医学权威图书 50 种，可进行检索、浏览。参考文献可链接电子期刊全文。还收录了 OUP、BMA 所出版的医学、护理、药学等方面的教科书。

2. Journals@ Ovid Full Text，OVID 电子期刊全文数据库，简称 OVFT，收录多家出版商和协会出版的 1000 余种科技及医学期刊的全文，其中被 SCI 收录的 300 多种，最早可回溯检索至 1993 年。

3. Clineguide@ Ovid，Ovid 临床指南平台，包括：Clineguide Evidence - Based Guidelines，临床诊断与治疗指南，提供综合全面的诊断，操作及治疗的可行方案及事实的快速问答；EBMR Articles，循证医学综述文献数据库；Facts and Comparisons Drug Information，药物事实与比较。全面的药物信息指南包括 22000 种品牌药物和 6000 种通用处方药物，并以通俗易懂的图表格式进行药物对比，每月更新；MEDLINE 1996 ~ present，美国国家医学图书馆（NLM）提供的权威性的临床医学文摘数据库；National Guideline，美国国立指南库，由美国卫生健康研究与质量机构、美国卫生和人服部资助，与美国医学、美国健康计划协会合作收集整理，提供摘要和全文，并可进行关键词搜索，也可按疾病或治疗进行内容浏览。

4. EBM Reviews，循证医学综述文献数据库，由医药界人士及医学相关研究人员研发的一套数据库，收录了临床循证的基础资料。循证医学文献作为临床决策、研究的基础，供临床医生、研究者使用，可节省阅读大量医学文献报告的时间。除总库 All EBM Reviews 外，可分别检索七个子数据库和一个全文库。

5. BIOSIS Preview，美国《生物学文摘》，生命科学领域最重要的文摘数据库之一，完整收录生物学和生物化学领域的研究文献，包括植物学、动物学、微生物学等传统生物学范畴，也包括实验、临床和兽医、生物技术、环境研究、农业等研究领域，并涉及生物化学、生物物理学、生物工程等交叉学科。文献来自 6500 多种期刊的研究论文、会议论文、综述、技术信件和注释、会议报告、软件和图书等。

6. Medline，由美国国立医学图书馆（NLM）创建。该库收录了 1950 年以来世界上 70 多个国家和地区出版的生物医学及其相关学科期刊 4800 余种，涉及 43 种语种，其中 90% 左右为英文刊物，78% 有英文摘要，数据每日更新。OVID 将这些文献按年份划分为四个子库。

MEDLINE In - Process & Other Non - Indexed Citations（规范化处理中的最新文献和非 MEDLINE 收录的医学相关期刊文献数据库）。

7. EMBASE Drugs & Pharmacology (EMDP), 荷兰《医学文摘》的一个药物学分册。其中收录了 1980 年以来世界范围内的 3500 多种药物与药理学期刊, 内容涉及: 药物及潜在药物的作用和用途、药理学、药物动力学和药效学的临床和实验研究, 如副作用和不良反应等。

三、Ovid 全文数据库的检索

(一) Ovid 系统的检索规则

1. 逻辑检索

支持布尔逻辑运算符 (AND, OR, NOT) 检索。

2. 字段限定检索

字段限定符为". 字段名缩写"。例: adiponectin. ti, 检索题名中出现 adiponectin (脂联素) 的文献; adiponectin. ti, nm, 检索题名或物质名字段出现 adiponectin 的文献。

3. 短语检索

输入多个单词以空格分隔, 系统默认为词组检索。词组检索运算可精确检索范围。如果输入的短语中含有禁用词 (是指那些在 Web of science 中出现频率多的语法词、缩写名词及其他虚词等, 如: and, or, not, . ti 等), 必须用半角的双引号括起短语, 否则系统将把 and 作为逻辑运算符处理, 例: "acute and chronic low back pain"。

4. 特殊字符检索

用半角的双引号 (") 括起特殊字符串。例: "3" . vo (检索卷号为 3 的文献)。

5. 邻近检索

邻近算符为 adjn, 两个检索词之间最多允许插入 n-1 个单词, 且词序可互换。例: physician adjn relationship 可以检出 physician patient relationship, patient physician relationship relationship of the physician to the patient 等。

6. 截词符/通配符检索

无限截词符 $, 用于单词词尾, 可替代任意多个字符, 例: radiolog $, 可检索出 radiological, radiologist, radiology 等以 radiolog 开头的单词。有限截词符 $ n, 用于单词词尾, 可替代 n 个字符, 例: dog $ 1, 只检索出 doge, dogs 等以 dog 开头并只含有一个尾字母的单词。

通配符分为强制通配符#和可选通配符?。强制通配符#, 可用于单词的词中或词尾, 替代一个字符, 并且此位置必须出现字符。例: wom#n, 可检索出

woman, women。可选通配符?，可用于单词的词中或词尾，替代一个字符，此位置可以出现或不出现字符。例：colo? r，可检索出 color，colour。

7. 词频限制检索

系统允许限定检索词在指定字段中的出现的次数（即频率 frequency），限定方法为"检索词. 字段名缩写. /freq = n"。例：blood. ti. /freq = 3，可检出篇名中 blood 至少出现 3 次的文献，检出文献如：Simian blood groups three "new" blood factors of chimpanzee blood。

（二）Ovid 主要检索途径

Ovid 系统为用户提供了以下主要检索途径：

1. 关键词途径（Keyword）

这是系统默认的一种检索方式。这里所说的关键词包括了篇名词、文摘词、文本词等。使用关键词途径检索文献，检索范围广泛、全面，且不易漏检，并且简单实用，检索时只需在检索框内输入关键词即可。Ovid 系统也支持命令（Commands）检索，通过输入检索算符进行检索。其操作运算符有布尔逻辑算符（AND、OR、NOT）、截词算符（＄）和位置算符（ADJ）。

2. 著者途径（Author）

点击"Author"图标之后即刻进入著者检索界面。著者途径检索要求：姓在前，名在后；姓用全称，名用缩写。按此规则在著者检索框中输入需要检索著者的姓名，便可查询出著者所写的文章。

3. 篇名词途径（Title）

如果需要检索位于文献标题中的词汇，可点击"Title"图标进入篇名词检索界面。用户在篇名词检索框中输入篇名词便可检索出所需文献。

4. 期刊名途径（Journal）

点击"Journal"图标之后便可进入期刊名检索界面。用户在期刊名检索框内输入需要检索的期刊名称（全部或部分，但不能用缩写），然后点击"perform search"（执行检索），即刻出现按字顺排列的刊名列表，最后点击所选中的期刊名便会出现期刊中的全部文章。

5. 期刊浏览途径

期刊浏览方式向用户提供按刊名首字母顺序和主题分类两种浏览检索方式来浏览期刊信息。Ovid 系统将收录的全部期刊分为临床医学（Clinical Medicine）、行为与社会科学（Behavioral & Social Science）、生命科学（Life Science）、护理（Nursing）、物理学与工程（Physical Science & Engineering）等许多大类，大类之下又细分为若干个小类。用户只要点击任何一个类目的链接，

第三章 常用外文医药文献检索数据库

不仅可以获知某一学科期刊的收录情况，还获得期刊目录及期刊全文。检索后首先显示的是检索式，包括检索式序号，输入的检索式和命中结果数目，页面下方则显示检索结果的题录，包括每篇文章的作者、篇名、刊名、卷期、出版日期，并提供该记录文摘、全字段原文及馆藏信息的链接。

（三）OvidSP 的检索方式

Ovid Gateway 和 Silver Platter，这两个平台都是美国 Ovid 技术公司产品。在整合这两个平台的各自优势基础上，Ovid 技术公司于 2007 年 10 月 25 日推出新的检索平台 OvidSP 并提供全球用户试用，至 2008 年 2 月 4 日正式启用 OvidSP，同时全面停用 Ovid Gateway，预计到 2009 年 1 月 Silver Platter 也将停用。

登陆 Ovid 公司提供的链接 http://ovidsp.ovid.com，出现 OvidSP 欢迎页面，输入账号和密码，登录到 Ovid 以后，选择相关数据库，选择数据库子文档，如图 3-4-1。可以点击库名直接进入检索主页面；也可以选择多个数据库子文档，进行跨库检索。OvidSP 检索的选项和默认的设置每个用户都不太一样。关于默认的信息由用户设置，可联系网管进行设置。

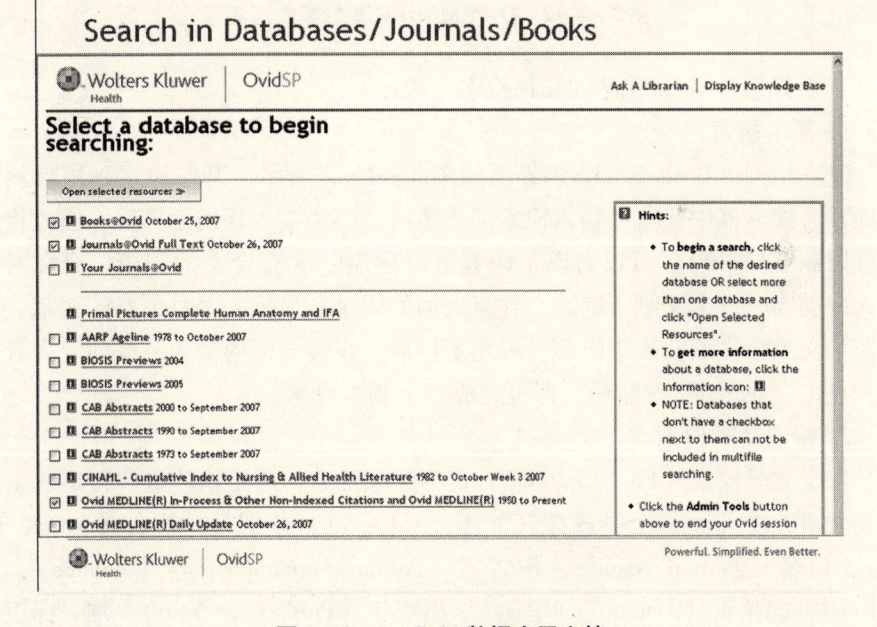

图 3-4-1 Ovid 数据库子文档

用户选择数据库后，进入检索主页面。下面以 Ovid MEDLINE 为例，介绍检索主页面，如图 3-4-2。页面上方是额外资源，用户可以在其他数据库、期刊和书籍中进行转换。右侧"Saved Searches/Alerts"可以运行，编辑和继续检索先前保存的检索结果和快讯。"Current："显示当前检索选择的数据库。下面的检索栏中，有基本检索（Basic Search）、特定文献检索（Find Citation）、检索工具（Search Tools）、字段检索（Search Field）、高级检索（Advanced Ovid Search）等几种检索方式可供选择。

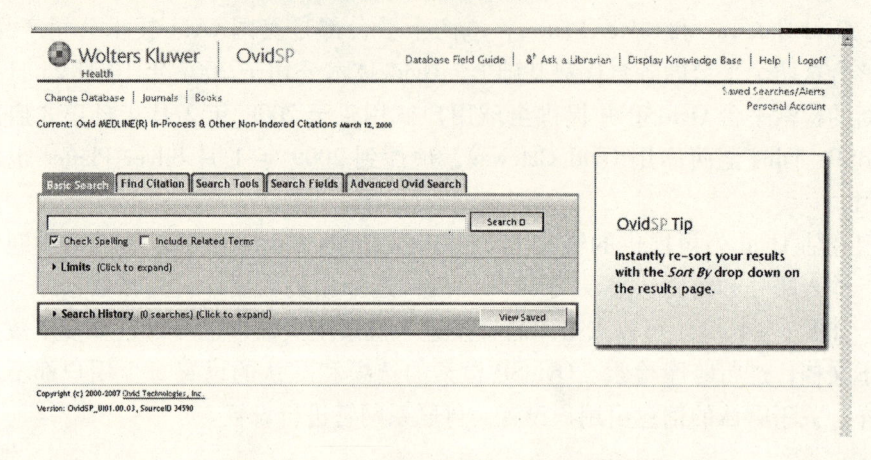

图 3-4-2　Ovid MEDLINE 检索主页面

下面分别介绍 OvidSP 的几种检索方式：

1. 基本检索

基本检索（Basic Search）界面如图 3-4-2 所示。基本检索采用自然语言检索，搜索框中只允许输入检索词或短语，不能输入任何运算符。通过检索条件限制（Limits），可以对以下内容进行限制：含有全文的记录、研究对象为人或动物、英文文献、综述、含有文摘的记录、最近一个月更新的文献、循证医学文献、文献发表年限等。限定条件后，在搜索框内输入关键词或著者姓名并点击"search"按钮后，即可完成一个基本检索。

2. 特定文献检索

特定文献检索（Find Citation），也称题录检索，用于快速查找特定线索的期刊文章，输入框 9 个供选择（如图 3-4-3），分别是：篇名（Article Title）、刊名（Journal Name）、作者姓（Author Surname）、卷（Volume）、期（Issue）、起始页（Article First Page）、出版年（Publication Year）、唯一标识符（Unique Identifer）、数字对象标识符（DOI）。刊名必须输入全称，如拼写不全可输入刊名起始部分，并选择"Truncation"截词。著者输入必须姓全称在前，名首字母在后，并选择"Truncation"截词。

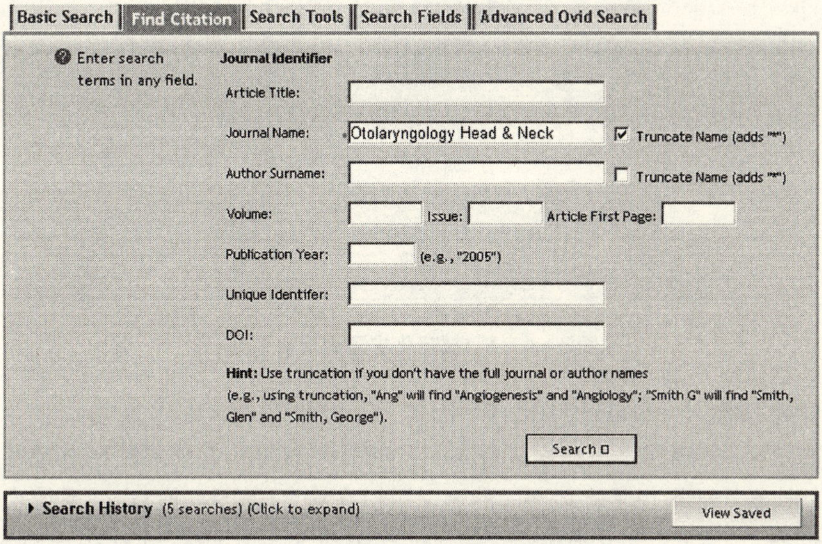

图3-4-3 特定文献检索

3. 规范化主题词检索工具

规范化主题词检索工具"Search Tools"（如图3-4-4）能帮助用户找出某一主题词以外，更能有效地查询与主题词相关的所有其他主题词。它包含以下几个项目：

①配对（Map Term）：把术语与数据库中规范化主题词进行匹配。

②树状图（Tree）：按学科属性排列成树状结构的规范化主题词表。

③词典（Thesaurus）：按字母顺序排列规范化主题词表。

④轮排索引（Permuted Index）：只需输入一个字即可查询，提供按学科属性组织的树状图（Tree），便于用户通过学科属性了解词与词之间的关系。

⑤范围注释（Scope Notes）：提供简单的主题词定义及如何应用，帮助用户快速浏览主题词定义。

⑥下位词扩展（Explode）：自动将所有下位词用布尔逻辑算符"or"连接并执行检索。

⑦副主题词（Subheadings）：由系统规范词表控制的、用于限定主题词某一方面内容的规范化检索用词。

⑧分类号（Classification Codes）：分级浏览数据库的具体分类显示的主题词。

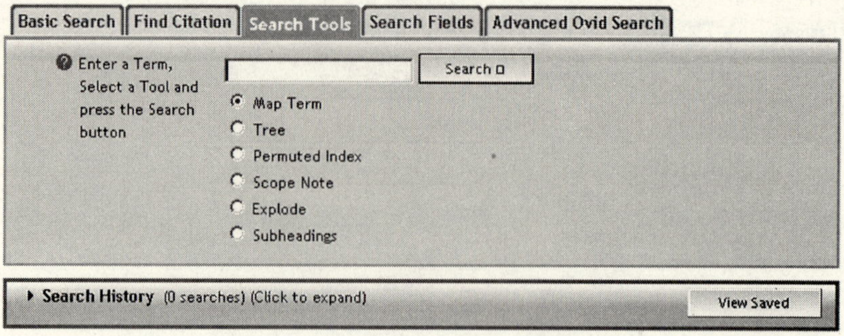

图 3-4-4 规范化主题词检索工具

4. 字段检索（Search Field）

如图 3-4-5，字段检索（Search Field）可以将检索词限制在选定的字段中进行检索。如果想了解某字段的定义可以在该字段全称处点击，系统会弹出窗口供查看，检索表达式遵循传统的语法检索，默认在所有字段（of All Fields）中检索。

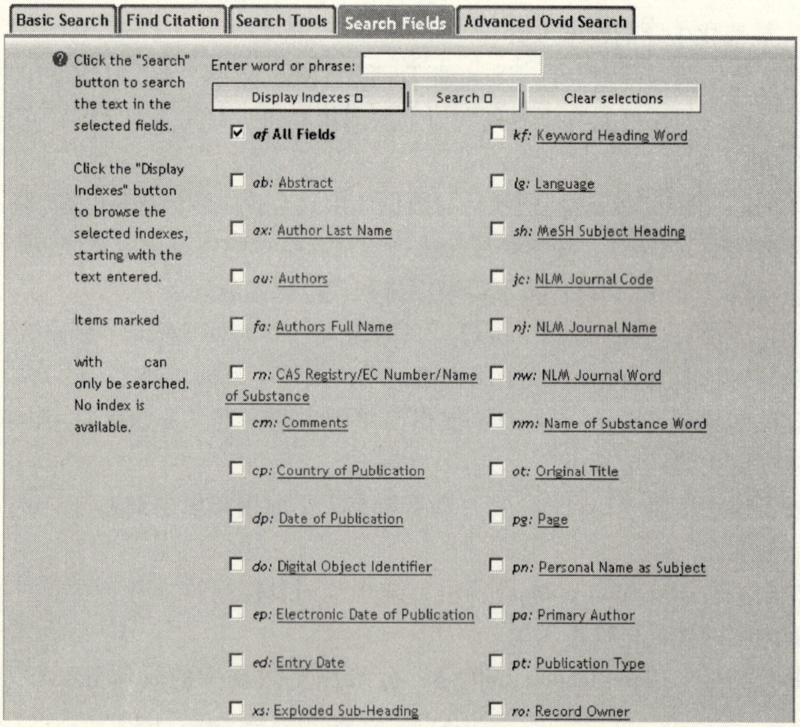

图 3-4-5 字段检索

5. 高级检索（Advanced Ovid Search）

如图3-4-6，在高级检索的检索框内可输入关键词（Keyword）、著者（Author）、篇名（Title）、期刊名（Joural）等任一检索字段进行检索。

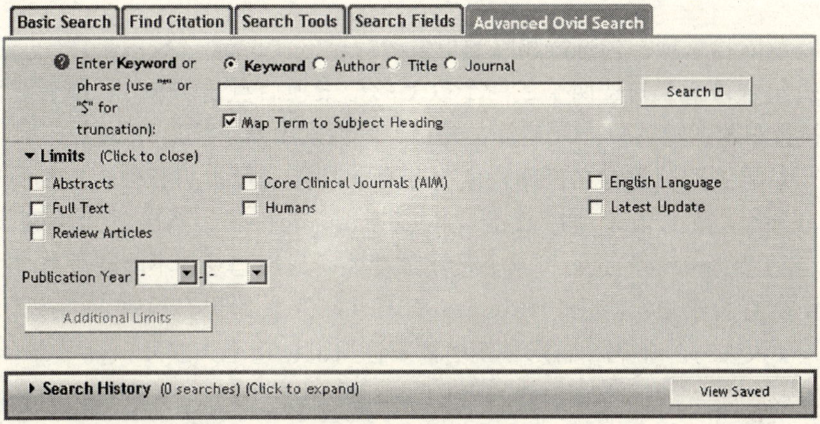

图3-4-6 高级检索

（四）限制检索条件和检索历史栏的使用

使用"Limits"可以进一步限制检索条件，限定项（如图3-4-7所示）包括：文摘（Abstracts）、临床核心期刊（core clinical journals（AIM））、英文文献（English Language）、全文文献（Full Text）、以人为实验对象的文献、最近更新文献（Latest Update）、综述（Review Articles）等。在检索结果显示后，"Additional Limits"按钮将加亮，如需进一步限定其他条件，可以点击该按钮，选定所需限定的检索式编号后作相应选择。

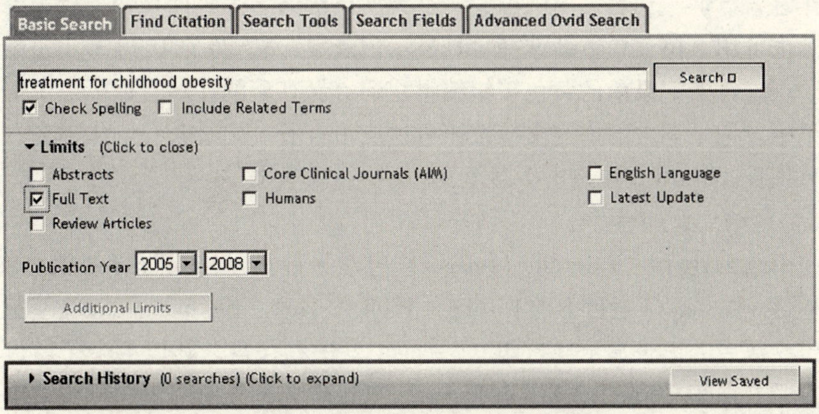

图3-4-7 基本检索限定选项

在检索历史栏中（Search History）中，可以显示所有执行过的检索项，包括其检索序号（#）、检索策略（Searches）、检索结果数（Results）和检索结果显示按钮（Display），默认为隐藏状态，有需要时点击查看。该栏的功能有：

1. 删除检索项：勾选欲删除的检索项后点击"Remove Selected"。

2. 组合检索：勾选两个或两个以上的检索项后点击"And"或者"Or"，系统执行布尔逻辑 And、Or 运算，并把新的检索项列于检索历史栏。

3. 结果去重：只有在跨库检索时才有此功能，可去除各数据库的重复记录。勾选欲去重的检索项后点击"Remove Duplicates"，系统进行重新设定，最后点击"Continue"进行去重。使用该功能时最高纪录数不能超过6000篇。

4. 保存检索史：点击"Save Search History"按钮保存检索史，按系统要求输入个人账号、密码，首次使用时需要注册以创建个人账号，就可将检索史设定为永久保存、临时保存或自动到 E‐mail。

5. RSS feed（新闻订阅）：点击订阅源后，该检索史的 URL 会自动添加到"常见源列表"中，源的更新信息会自动下载到计算机，通过 Internet Explorer 及其他程序可以查看到这些信息。

四、检索结果的处理

（一）结果显示栏

点击检索历史栏的"Display"便可显示结果显示栏（Customize Display）。简单检索模式下的结果显示按相关度分数排序，其他检索模式下则按出版时间排序，默认每页显示 10 条记录。使用下拉菜单可以重新选择结果排序方式，包括作者、ISSN、刊名、出版国、文献类型、价格、主题词、分类号、出版时间等。也可用下拉菜单重新选择每页显示记录数：5、25、50、100。使用注解工具，点击每条记录前的黄色按钮编辑注解，保存后的注解会被标记出来显示在结果中。记录下方的内嵌文摘按钮可供点击查看。记录若有全文则在右方显示"Full Text"，可直接点击下载全文。

（二）结果处理栏

使用结果处理栏（Results Manager）可对当前显示结果进行处理，共有5个子栏目。Action 子栏目中的 Display、Print Preview、E‐mail 和 Save 按钮分别为设定参数后的记录显示、打印、E‐mail 发送和存盘。其他 4 个子栏目为参数设定栏 Results、Fields、Result Format、Sort Keys，分别用于选择要输出的记录，设定显示字段、输出格式和排序方式。

第五节　HighWire Press

一、HighWire 概况

HighWire Press 是提供免费全文的、全球最大的学术文献出版商之一，于 1995 年由美国斯坦福大学图书馆创立。最初仅出版著名的周刊"Journal of Biological Chemistry"。

从 1995 年开始，随着生物化学杂志的发行到上百种享有声望的期刊的连续在线产品，像科学杂志、新英格兰医学杂志、美国科学院院报 PNAS（Proeeedings of the National Aeademy of Seienee of the United State of Ameriea）和美国医学协会杂志 JAMA（The Journal of the Amerrican Medieal Association）。Highwire 在对帮助在网络上发布重要科学信息方面已经建立了显著的声誉。

2003 年 Highwire 获得了"非盈利出版服务"ALPSPA ward 奖。

截至 2009 年初已收录期刊 1223 种，文章总数已达 5，503，240 多篇，其中超过 1，807，890 篇文章可免费获得全文。23 个提供免费试用文献的期刊（Free trial period），43 个提供完全免费文献的期刊（Free site），254 个提供免费过刊的期刊（Free back issues，时间从 3 个月前到两年前，各刊不一），1117 个站点是有偿提供参考文献的期刊，这些数据仍在不断增加。通过该界面还可以检索 Medline 收录的 4500 种期刊中的 1200 多万篇文章，可看到文摘题录。

HighWire 网站主要负责开发和维护生物医学和其他学科重要期刊的网络版，内容涉及生命科学、医学、物理科学以及少量社会科学方面的期刊及一些非期刊性质的网络出版物。其中，生命科学和医学领域的免费全文数量规模巨大，并以极快的速度增长。

目前，Highwire 出版社将其高品质的学术期刊集成为"Highwire 优质学术期刊数据库"（HighWire Premium Collection）。包括 145 种期刊，由 37 个非营利的科学（协）会和大学出版社出版。学科范围涉及自然科学、医学、社会科学和人文领域。其中被 SCI 收录的期刊有 83 种，被 SSCI 收录的期刊有 16 种，被 A&HCI 收录的期刊有 17 种，总共被 SCI/SSCI/A&HCI 收录的期刊有 107 种，占出版期刊总数的 73.8%。

HighWire Press 网址：http：//highwire.stanford.edu/，http：//intl. highwire. org/

HighWire Press 所有期刊列表网址：http：//intl. highwire org/lists/all-sites. dtl

HighWire Press 免费电子期刊列表网址：http：//intl. highwire. org/ lists/freeart. dtl

Highwire 优质学术期刊数据库网址：http：//china. highwire. org

二、HighWire 的特点

（一）HighWire 的网页特点

点击 http：//www. highwire. org 即可进入 HighWire 主页。首页右栏是一个注册登陆窗口，可以通过电子邮件注册让用户创设一个免费账号，输入邮箱地址与密码实现登陆。登陆后，点击主菜单的 My Highwire 可以看到 My Favorite Journals, My Sitebar, My email Alerts and PDA channels 和 My Access 四项。用户可以通过 My Favorite Journals 入口定制自己感兴趣的期刊列表；订购 E‐mail Alerts，可以跟踪期刊出版情况及匹配读者所关注的主题、作者、文献被引情况的信息，具有超链接免费全文的参考文献的功能，可从1篇文献入手研究完整主题。

我们现在看到的是 2005 年 9 月后新版的 HighWire，除在旧版的基础上增加了免费文献的信息量之外，主要还改进信息版面，强化了"快速搜索"的功能，简化了"高级检索"，并且安排了更多直觉搜索的领域，简化了搜索的细节，隐藏了不必要的搜索工具的功能，增加了搜索页面的清晰度。HighWire 的界面友好，提供检索和浏览 2 大基本功能，每个页面都有快速检索窗口和高级检索的链接，在任何页面下均可进行检索。

（二）HighWire 数据库的特点

1. 更新速度快，报道文献量大：

HighWire 的数据更新速度快，为加快报道速度，把尚未经标引加工的最新记录供用户检索。

2. 检索功能强大，方式灵活多样：

HighWire 系统除了提供自由词检索外，还提供主题词检索，使检索结果更加准确全面，另外还有自动词语匹配、精确检索等功能，提供全方位的检索服务。

3. 检索结果提供丰富的资源链接：

①链接到相关文献：在显示检索结果时，每条记录均有"Find more like

this"超链接，便于进一步查找课题的更多相关文献；

②链接到其他数据库：PubMed 等；

③链接到外部资源：如 Google scholar；

④链接到免费的期刊全文和网络站点。

4. 三种提供免费文献的方式：

Free back issues：可以免费获得过刊的全文，时间从 3 个月前到两年前，各刊不一；

Free trial period：可以在试用期内获得全文；

Free site：可以获得该刊的所有全文。

三、HighWire 的界面概述

HighWire 的主页面，如图 3-5-1。

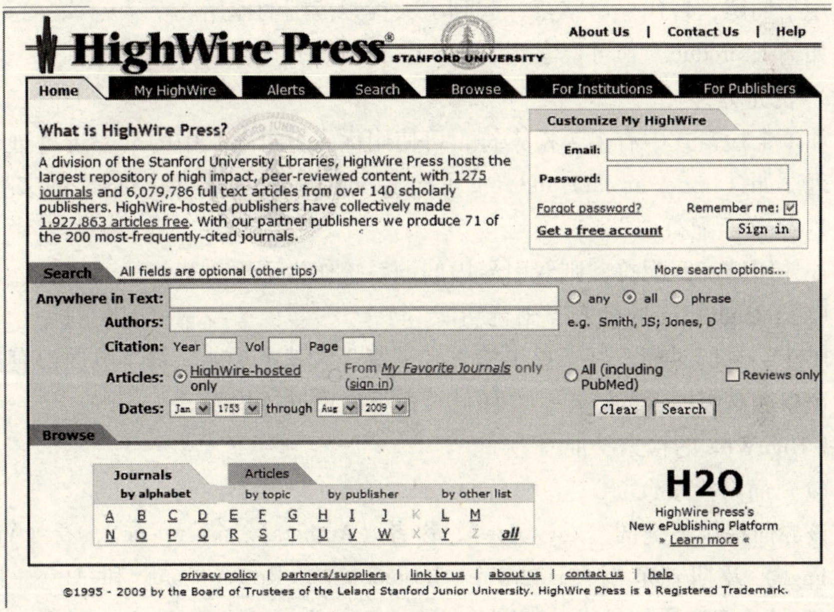

图 3-5-1　HighWire 主界面

HighWire 主页面分为五个部分：标题栏、highWire 现状说明区、个人帐户登录区、检索区、快速浏览区。

标题栏在 highWire 主页的上方，显示七个功能键，从左到右依次是 Home、My Highwire、Alerts、Search、Browse、For Institutions 和 For Publishers 等。

四、HighWire 的检索途径和方法

HighWire Press 的主页设有检索框，可输入著者名、关键词进行检索，并进行年份、卷及页码限定，同时，在主页下方可按字母、主题等顺序逐刊浏览全文。

HighWire 的检索支持布尔逻辑符、截词符"＊"、优先算符（）、精确匹配符""等。

（一）检索技巧

1. 布尔逻辑符

在检索式中可默认逻辑与（and）、逻辑或（or）及逻辑非（not），通过在检索词间加入逻辑符，对检索范围进行限制。

2. 截词符"＊"

用于词尾，替代一串字符，起到扩大检索范围的作用。

如输入 produc＊，可检索到 product，produced，productiong 等。

3. 优先算符（）

如 1 个检索式中有多个检索符，可使用优先算符对其中的某一运算进行优先处理。如（ribber or cat）and dog 可检出 dog 和 ribber 或 dog 和 cat 的文献。

4. 精确匹配符""

如使用精确匹配符，则双引号内的词系统作为词组对待。

（二）HighWire 的检索、浏览功能

HighWire 的界面友好，提供检索和浏览 2 大基本功能，每个页面都有快速检索窗口和高级检索的链接，在任何页面下均可进行检索。

1 HighWire 的检索功能

（1）简易检索页面

该界面提供关键词（keywords）、作者（Authors）、年（year）、卷（Vol）、页（Page）及期刊范围（Highwire—hosted only、Reviews only 和 All）、日期（Date）等检索字段的检索。如图 3－5－2。

① 关键词检索：

在关键词字段可输入文章题目、摘要、或者全文中出现的任意词。例如，输入 heart disease，点击 search，系统将检索出文章或标题中既包含 heart 或 disease，又包含 heart disease 的文献；输入 heart and disease，将检索同样结果的文献。如果要执行精确检索 heart disease，需将关键词加双引号，系统会检索出与 heart disease 一词完全匹配的文献。

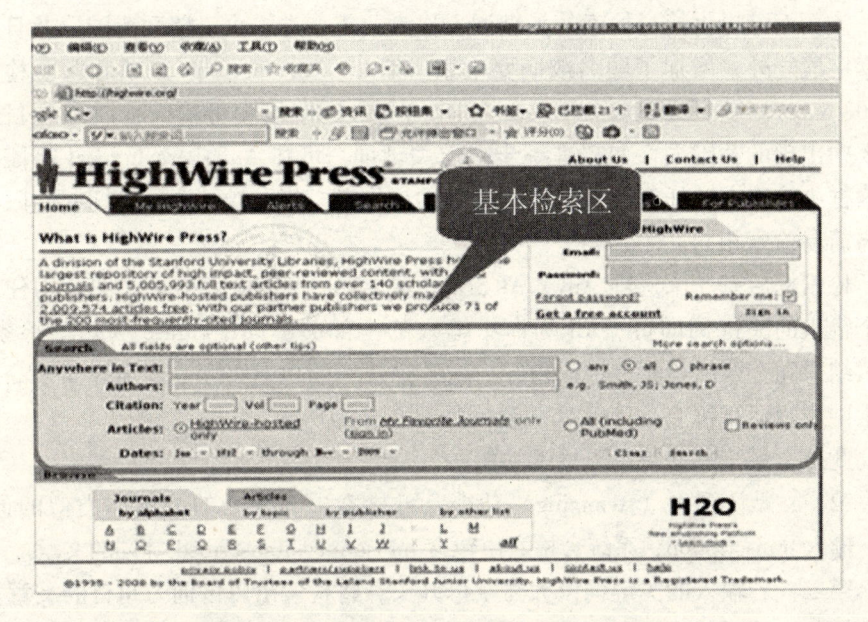

图 3-5-2　Highwire 基本（简易）检索区

② 作者检索：

在作者后的文本框中输入姓名，姓在前，用全称，名在后，用缩写，"例如 Smith, J. S 或 Smith, J"。有些复合姓名，检索时中间应加连字符，例如 Von—Landenberg。

③ 引言（Citation）检索：

每篇文章的年、卷、起始页应该是不同于该刊其他文章的唯一标识，如果已在 year 字段中输入了准确的信息，可不必使用其他字段。

④ 期刊范围检索：

分为 HighWire-hosted only 或 All 或 Reviews only：可以选择只在 HighWire Press 所有的期刊范围内检索，Highwire hosted only, From My Favorite Journals only 是在个人定制了 My Favorite Journals 的情况下，从 My Favorite Journals 列表的期刊中进行搜索；或者可以选择全部可利用的期刊 All，即包括 HighWire Press 所有的期刊范围加上全部的 pubMed（这是美国国家医学图书馆（NLM）下属的国家生物技术信息中心开发的、基于 www 的查询系统）数据库资源；或选择只看综述或评论文章（Reviews only）。

（2）高级检索界面

点击页面上的 More Options 或点击标题栏的 Search 功能键进入高级检索界

面。该页面除提供简易检索的关键词、作者、年、卷、页、期刊范围以及日期检索字段之外,增加了题名或摘要检索(Title& Abstraet only)项和题名检索(Title only)。题名或摘要(Title& Abstraet only)字段中可输入在文献题目或摘要中出现的关键词,如需进一步限定关键词,可在 Anywhere in Text 字段的检索框中输入文章任意位置出现的关键词。作者、年、卷、页及日期起始限定项与简易检索相同。

检索框后有3个选项 Any、All、phrase。Any 代表检索结果,即命中任何一个输入的关键词即可;All 为命中输入的全部关键词;Phrase 为短语检索,检索结果完全匹配检索框中的内容。这3个选项的功能实际上分别等同于简易检索中逻辑运算符 Or、And 和关键词加双引号的功能。

此外,系统还支持以下检索功能:

第一,默认派生(stemming)功能,可检索出与输入的关键词类似的词,如,输入 transcription,系统会检索出包含 transcript、transcribed 等词的文章。

第二,若输入的关键词以大写字母开头,将检索出以该词为句首的文章。

第三,该系统支持通配符*,即截词检索。例如,输入 phospha*,则会找出以 phospha 为字首的字如:phosphatase、phosphate。

2. HighWire 的浏览功能

(1)浏览方式

在 HighWire 的主页中,可以看到 Search 下方的 Browse 一栏中的几种浏览方式:字母顺序排列的期刊(Journals by alphabet),文章(Articles)可用主题(by topics)、出版商(by publisher)、其他目录方式(by other list)浏览。字母顺序排列的期刊可通过刊名首字母 A—Z 的顺序依主题、出版商、其他目录方式的浏览所有 HighWire 协助出版的期刊。如图 3-5-3。

(2)主题浏览(BrowseJournalsbytopie)

主页提供4大主题内容,即生物学、医学、物理学和社会科学,用户可通过系统的树形结构,按期刊类别依次浏览,直至得到文献题录或全文。通过点击进入任一主题,主题下又包含多个主题分支,再次点击即可浏览到相关的文献题录。在期刊名称后的第一列中,有 info 标注,点击 info。将出现一个介绍该期刊的页面,包括入站时间、站点是否免费,提供文献方式和时间范围、该期刊的简介等。在期刊名称后的第二列中,有 Free ISSUES 和 Free SITE 标注,FreeISSUES 表示在某个时间之前的所有文献全文为免费提供;Free SITE 表示该期刊的所有文献全文均为免费提供;此列为空白的期刊属于非免费或尚未加入该网站的期刊,这些期刊只对一般用户提供文摘,有的

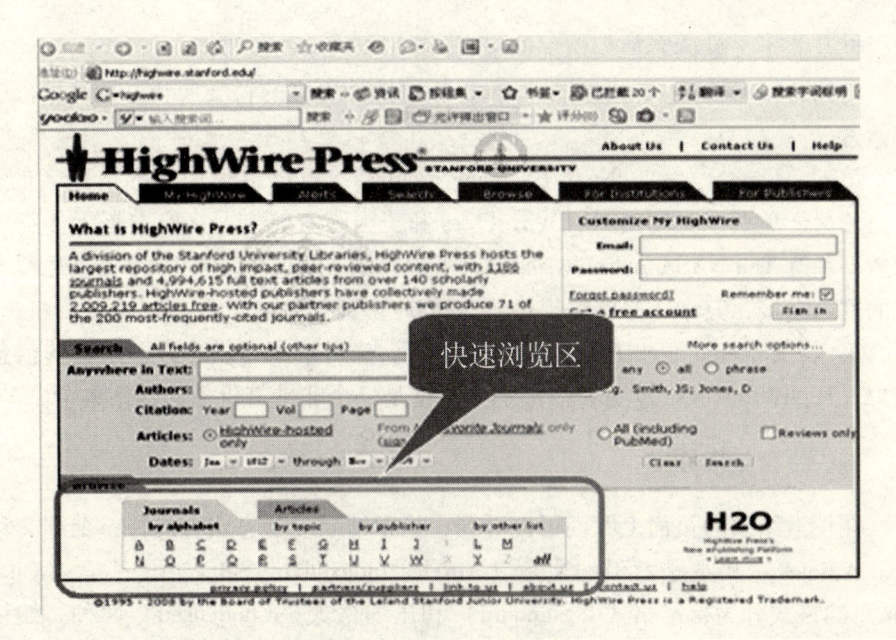

第三章　常用外文医药文献检索数据库

图3-5-3　浏览区界面

还提供该篇文献被引用情况及引用文献的链接。点击任一刊名，可链接期刊主页进行检索和免费浏览全文。有的文献只能看到文摘，标有 Full Text 或 PDF 的才可看到全文。

(3) 出版商浏览（Browse Journals by publishers）

出版商浏览也按字母顺序 A—Z 以树型结构列出了各个出版商旗下所有的期刊名称。其中需要注意的是，有些期刊在 info 一列中，会出现 soon 的标注，soon 表示该期刊即将加入，或者近期很快出现该期刊的简介及预计此期刊加入的时间；在 Free SITE 一列中，也会有 Free TRIAL 的标注，Free TRIAL 表示在限定时间内的此期刊的文献全文免费提供。

(4) 其他目录浏览（by other List）

其他目录浏览中列出了 14 个链接项目，对于一些专业研究人员和科学家来说，这是一种快捷系统的浏览途径。其中，有较大参考价值的有以下几种：

第一，Journals with free full—textarticles，列出免费提供全文的期刊，并将免费期限按 Free back issues、Free trial period、Free site 3 种标注详细说明。

第二，Pay—per—viewsites 列出非免费期刊的单篇付费和期刊付费的标准，按小时（hours）或天数（days）计算。

第三，Journals with usage statistics online，列出最经常被阅读和被引用的文

105

献，以及关于文献读者使用情况的报告。

第四，Links to more science journals，可链接更多的科学期刊主页并进行全文检索。

第五，Largest free full—text seience archives，可链接目前世界上最大的2个自然科学免费全文网站 HighWire Press 和美国国家航空及太空总署天体物理学数据系统 The NASA Astrophysics Data System（NADS）以及17个提供免费全文的网站链接，其中 NADS 可提供约 300000 多篇免费全文。

第六，Selected Web Pertals for Scientists，为科学家提供了许多学科的信息门户（HighWire Press 也在其中）链接，这是一个非常有价值的网站集合。

五、检索结果输出

在检索结果的页面上我们可以看到，检索结果显示方式有两种：全部文章（All Articles）和主题索引的文章（Artieles Indexed by Subjeet）。引言（Citation）的格式分为标准格式（Standard）和压缩格式（Condensed）两种。如果选择 All Artieles 和引言（Citation）的 standard 格式，则所有检索到的文章会以标准完整引言的形式显示出来，如果选择压缩格式（Condensed），则所有检索结果和每篇文章的引言会以更简单明了的方式显示出来。

这两种格式 Standard 和 Condensed 又分别包括每页显示文章数，文章排序方式等选项。文献排序方式（Sort by）有2个选项，Best Match 以相关性显示结果，满足检索条件最多和检索词出现频率最高的文章排在最前面；Newest First 则按时间顺序显示结果，最近的文章排在最前。

以上所有字段均为任选项，在执行检索完毕后，检索结果页面显示的命中文献题录均带有期刊主页链接图标，只有图标下有 Free 字样的才能免费浏览摘要及全文（Full text 和 PDF 格式）。有 Abstract 标识的可免费浏览摘要，全文则需订购，有的直接在期刊主页链接图标上标明了使用该篇文章所需的费用。如图 3-5-4。

以下检索工具是在检索结果产生才出现的功能，协助做进一步扩充或精练的查询。

1. RePhrase Your Search

检索结果页面上方中间，选取 RePhrase Search 选项，会进入高级检索页面，并保留前次的检索字段，以便修正前次的检索查询，重新做检索。如图14。

2. Seareh History

检索结果页面上方中间，选取 Search History 选项，会显示之前2小时内

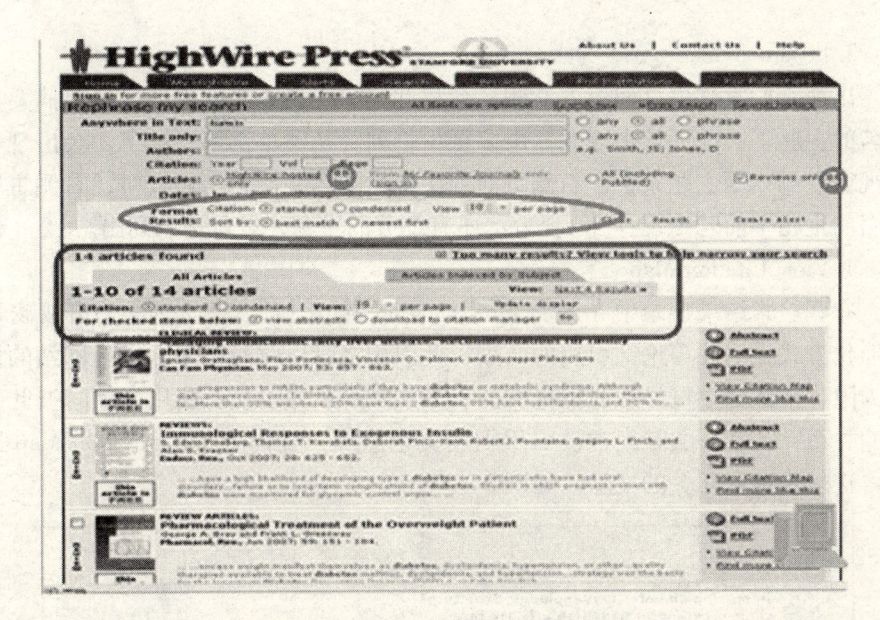

图3-5-4 检索结果版式选择界面

的检索查询记录（最多可保留至100条），于此浏览之前的检索记录，点击Resubmit重新显示此次结果，或选择点击RePhrase修正前次的检索，重新进行检索。如图3-5-5。

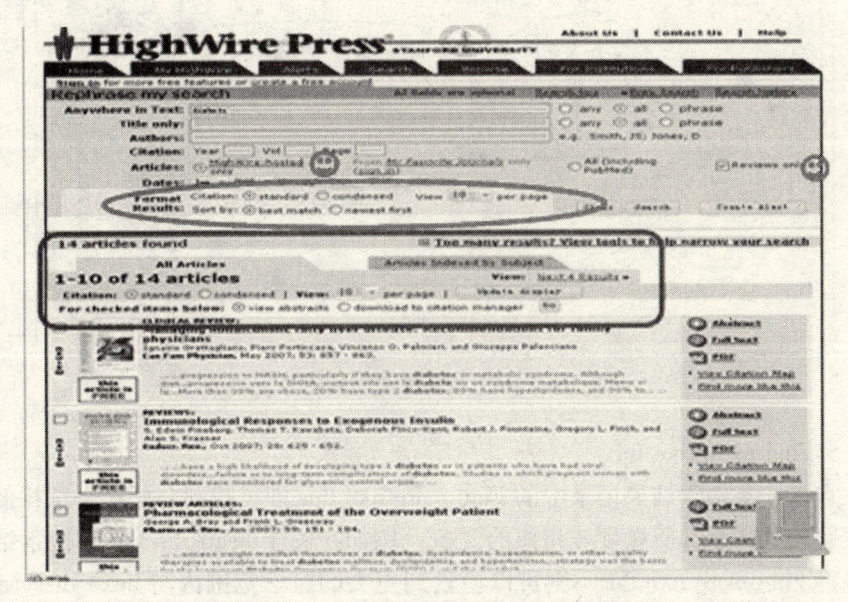

图3-5-5 重新检索和检索历史界面

3. Instant Index

出现于检索结果页面上方右侧,会将此前 500 条查询结果内出现在摘要及篇名的主题、关键词依出现次数由多至少排列,从清单选取主题字,会出现另一视窗左侧列原主题索引,右侧页面列出含此主题字论文书目资料,右侧主题索引的主题字前若出现〔+〕,表示还有细分的主题,可再选取列出。

4. View Citation Map

有些检索结果记录中亦提供 View Citation Map 选项,此选项会另开视窗以圆形化方式显示此篇论文引用的文献,此引用文献以收录于 Highwire 网站的期刊为限,从此圆中可显示此篇论文的引用文献外,亦可显示引用文献间彼此引用的关系,若某一文献经常被引用则用黄色涂满,查询者从此 Citation Map 即可再进一步选取相关的文献。如图 3-5-6。

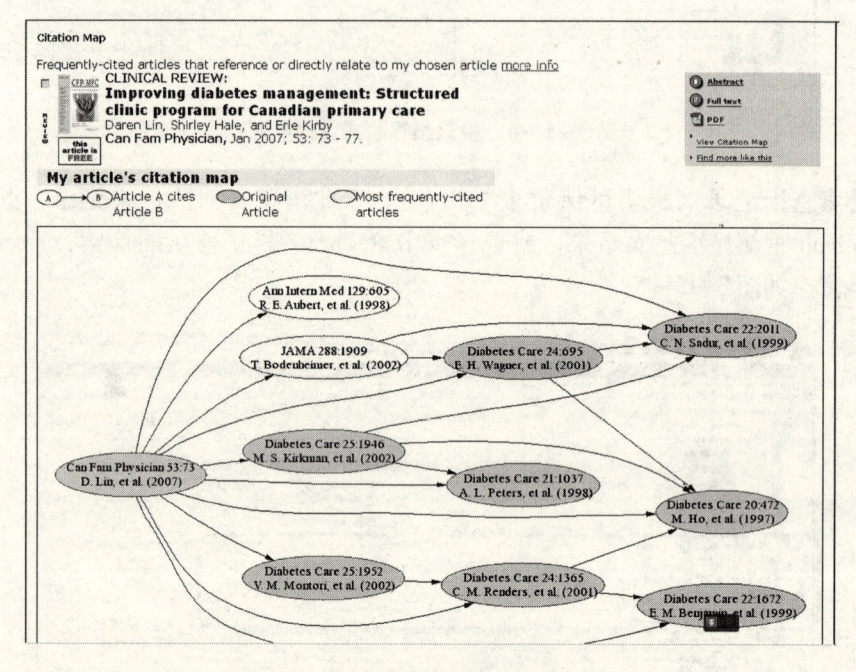

图 3-5-6 相关文献结构图界面

5. Find more like this

点击一条检索结果记录中的 Find more like this 即可找到与此篇文章相似或者主题相关甚至其所属领域相似的文章,例如在关于 heart disease 的检索结果中选择 Find more like this,则可以检索到更大的医学范围内与 heart disease 相关联的研究文章。

六、HighWire 近况

HighWire Press 目前已经与中国教育科研网（CERNET）建立了直接的 Internet 网络连接，此举意味着用户在本地主机上通过中国教育部授权并支持的宽带网便可访问 HighWire 数据库中的 1223 种期刊。大量文章无需订购即可免费获得全文。由于获得了这条访问 HighWire 期刊库的途径，我国学术机构的读者可以免费进入 HighWire 在线访问那些影响力较大的期刊及其全文，进行查找和发现某些重要内容。

通过这条直接访问信道，HighWire 相关的出版商们加强了各成员之间、与作者之间以及与不断增长的中国读者之间的联系。同时由于改进了当今用户在线获取高质量期刊内容的途径以及简化了从 HighWire 获得不断增加的免费资源的途径，CERNE 在打破知识传播障碍的道路上也跨上了一个新的台阶。

第六节　TOXNET（Toxicology Data Network）

1967 年，美国国家医学图书馆根据 1966 年美国总统科学咨询委员会编写的"毒理学信息处理"报告建立了毒理学信息规划。规划的目的是建立毒理学数据库和提供毒理学信息和数据服务。毒理学信息规划提供联机查询服务、组织出版物，满足美国政府其他部门的信息需求。毒理学信息规划通过毒理学信息规划委员会（即顾问委员会），与毒理学团体、机构保持联系。委员会的成员由美国的一些知名毒理学家组成，其中许多人也积极参与毒理学活动和其他专业活动，他们能够密切跟踪毒理学和有关领域信息的发展和需求。较新和迅速发展的毒理学数据网（TOXNET）是毒理学信息规划的重要组成部分，它主要提供化学品的鉴别、安全、处理、环境转归的实际数据。

TOXNET（Toxicology Data Network）是由美国国立医学图书馆（NLM）开发建立的一个化合物毒性相关数据库系列，其数据的收集、提取、加工、处理等工作采取招标形式，由投标公司提供本公司的状况，包括公司人员、技术水平、实施步骤、经费预算等，最后择优，其内容包括毒理学和有害化学物质及其相关领域的信息，所有内容均可免费获得。TOXNET 主要集中了 9 种与毒理学相关的数据库，包括 HSDB、IRIS、GENE – TOX、CCRIS、TOXLINE、DART/ETIC、TRI、ChemIDplus 和 ITER 数据库。TOXNET 检索途径多、标引较规范、收录毒理学内容广、交互性好，能为毒理学工作人员更好地利用网上资源、了解本学科发展动态提供参考。

一、TOXNET 数据库主页面

TOXNET 数据库网址为 http://toxnet.nlm.nih.gov，主页面包括三个组成部分：中栏为检索所有数据库区域；左栏为各数据库列表；右栏为其他 NLM 资源及帮助信息。

（一）选择所有数据库进行检索

在询问框中键入一个或几个能描述检索题目的关键词。该词可以是任意包括化学文摘登录号在内的单词的组合、化学名或数字。在询问框中添入检索词后点击"search"按钮进行检索，点击记录数直接跳转到该数据库检索结果页。

（二）左栏数据库

点击栏中任一数据库名，可直接跳转到该选中数据库的检索界面，点击"Multi-Database"可同时检索 HSDB、IRIS、GENE—TOX、ITER 和 CCRIS 数据库。点击紧接于每个数据库的图标，可浏览该数据库简介。

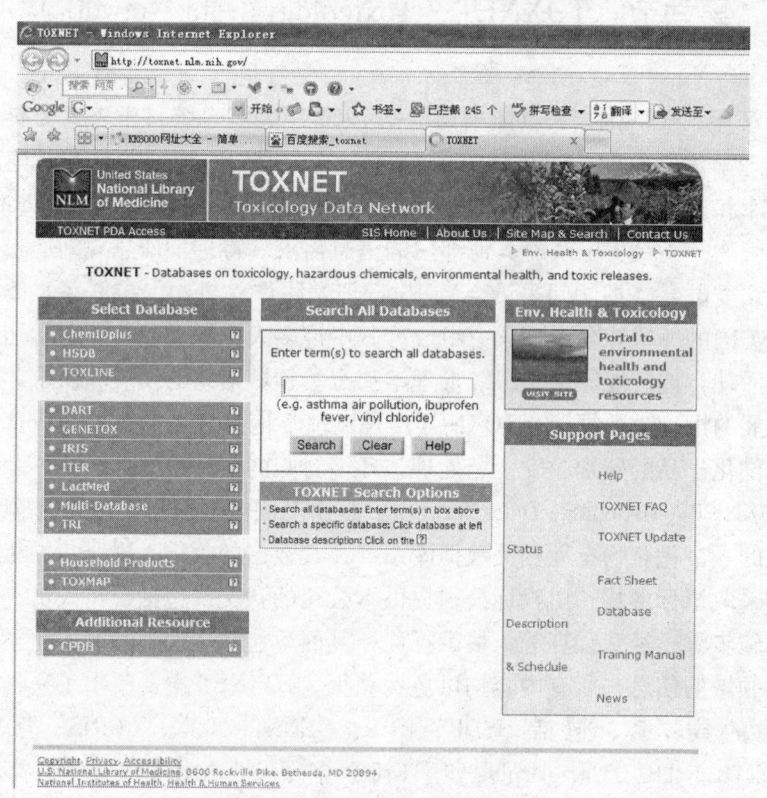

图 3-6-1　TOXNET 主页

（三）右栏 NLM 数据资源

可访问 NLM 基于网络环境下的数据资源。包括 DIRLINE（健康科学组织目录）、Tox Web Links（链接到其他毒理学网站）、MEDLINE PLUS TOX/ENV HEALTH（毒理学及环境健康信息）、PUBMED（生物医学文献）、NLM GATEWAY（多 NLM 数据库检索）、LOCATORPLUS（NLM 图书在线编目、视听教具和期刊）等。

二、TOXNET 各数据库简介

（一）HSDB（Hazardous Substances Data Bank）数据库

HSDB 是潜在有害化学物质的毒理学事实型数据库，具体包括有害化学物质对人的危害、工业卫生、紧急事故处理程序、环境灾难、控制条件、检测方法、有关法规等内容，主要集中在潜在有害物质的毒理学方面。其全部数据选自相关核心图书、政府文献、科技报告及经选择的一次期刊文献。它把每一种涉及的有关的文献内容摘录下来汇集在一起，目前它记录有 4700 种物质，每一种化学物质都含有大约 150 个方面的数据。HSDB 均由科学评论专门小组即精通 HSDB 主要学科的专家委员会审评。HSDB 中的每条数据记录均由以下审阅质量标准来评价："Peer Reviewed" 代表数据经由科学评论专门小组或其他高水平评论组审核；"QC Reviewed" 代表数据已经过质量控制检查，但还没经科学评论专门小组审核；"unreviewed" 代表不能迅速交送给科学评论组的数据。

（二）IRIS（Integrated Risk Information System）数据库

IRIS 是由美国环境保护局（EPA）编辑的事实型数据库，共有 500 多种化学物质的记录和有关 EPA 的规定信息，其内容包括有关人类健康风险评定方面的数据。该数据库主要侧重于危险物质鉴定和剂量依赖性评价、EPA 致癌剂分类、个体危险、口服参考剂量和吸入参考浓度，这些数据由 EPA 的科学家及其有关代表评论，代表 EPA 的意见，并由有关的领域来扩大这些数据。

（三）GENE-TOX（Genetic Toxicology）数据库

GENE-TOX 是由美国环境保护局（EPA）创建，内容包括对 3000 多种化学物质的物质描述、这些化学物质的遗传毒理学（致畸性）试验数据和管理信息，数据包括：（1）物质名、CAS 号、别名、化学分类；（2）致突变研究：种/细胞类型、性别、结果、测试类型/代码、代谢活性、剂量反应、文献/专家报告，这些数据已在公开的科学文献上获得了专家的严格评定和认可。该数据库可用于选择评价和综述科学文献数据的分析系统，并为这些系统推荐正确的试验协议和评价程序。

（四）CCRIS（Chemical Carcinogenesis Research Information System）数据库

CCRIS 是美国国立癌症研究院（NCI）开发和维护的一个科学评价和完全参考数据的存储库，包含大约 8000 条化学物质的致癌、致畸、促进肿瘤和抑制肿瘤的试验结果。数据来源于原始期刊论文、当前知道的工具、NCI 报告和其他特殊资源。数据通过化学物质记录来组织，即每条记录包括一种化学品的信息和这种化学物质的致癌作用、致突变作用、肿瘤促进作用和肿瘤抑制作用研究，数据库含数千种化学物质。数据项包括 CCRIS 号、更新日期、记录长度、物质名、CAS 号、主要用途分类、数据类型、致癌作用研究、肿瘤促进作用研究、致突变作用研究、肿瘤抑制作用研究。致癌作用研究有以下数据：种、品系、性别、途径、肿瘤位置、损害类型、结果、文献。肿瘤促进作用研究有以下数据：种、品系、性别、途径（促进剂、致癌物）、剂量、靶组织、损害类型、文献。致突变作用研究包括以下数据：试验系统、品系/指示剂、代谢活性、方法、剂量范围、结果、文献。肿瘤抑制作用研究有以下数据：种、试验动物数目、品系、性别、抑制剂、致癌剂、促进剂、靶组织、损伤类型、端点（发生率）、端点（多重性）、端点（潜伏性）、注释、文献。试验数据由致癌和致突变专家来审核。

（五）TOXLINE（Toxicology Information Online）数据库

TOXLINE 是一种文献型数据库，内容涉及药物及其他化学品的生物化学、药理学、生理学和毒理学效应，是进行毒理学和环境卫生研究的重要参考信息源。目前，该库收录了 1990 年以来的 300 余万条书目记录，每条记录几乎都有文摘、标引词和化学文摘社登记号。数据收自各种类型的文献，主要有 TOXLINE 核心文献（TOXLINE Core）与 TOXLINE 特种文献（TOXLINE Special）两大类。前者是 PubMed 中收录的毒理学期刊文献，它是生物医学文献数据库 MEDLINE 的较大分支。通过选择 PubMed 系统 "毒理学" 选项亦可检索，应用 PubMed 强大的检索引擎能提供 MESH 主题词及存储检索策略，后者是由 16 个数据库的所有记录或部分记录合并而成，是 PubMed 中未收录的各种类型的文献，包括专业期刊与其他科学文献、科技报告与科研课题、档案资料等，是对 TOXLINE Core 的必要补充。

（六）DART/ETIC（Developmental and Reproductive Toxicology /Environmental Teratology Information Center）数据库

DART/ETIC 是书目型数据库，内容涉及畸胎学与发育及生殖毒理学，包含记录 10 万余条。由美国环境保护局、国家环境卫生学研究所、国家毒理学研究中心和国立医学研究所共同资助。其中 ETIC 包括了 1950~1988 年发表的 49,000 篇文献，也有少量为 1950 年以前的文献，由文献题目、作者、关键词、化学名和 CAS 登记号等组成的内容。DART 继承了 ETIC 的内容，包括从 1989 年至今能导致生育问题的化学、物理和生物制剂的相关文献，记录包括文献题目、文摘、医学主题词、化学名、化学文摘社登记号等，每年约增加 3600 条记录。这些记录的 60% 来源于 MEDLINE。其余记录选自 MEDLINE 未索引的杂志、报告和会议文摘等。

（七）TRI（EPA's Toxic Chemical Release Inventory）数据库

TRI 是由 EPA 创建的年度编辑的系列性数据库，包括 1995~1999 年的有毒化学物质排放调查报告，这些数据库由 EPA 收集，共同组成 TOXNET 的有毒物质排放库。该库包括了通过工业释放进入空气、水、陆地上的 300 多种有毒化学品信息。数据包括生产、加工、使用化学品的工厂和工场名称，地址、场地贮存的最大量、估计排入空气（点和非点排放）的量、排入水体、注入地下水、释放到陆地上的量、废弃物处理使用的方法、处理率，场外转移等数据，还包括有关资源减少、回收与再利用方面的数据。此外，设备名称检索框中可输入 TRI 报道的设备的名称；设备位置检索框可以选择检索的地区（州、城市、县、邮编等）信息，还可以输入检索词"GREAT - ER THAN"下拉列表框可用来限制检索的化学物质释放到空气、水、陆地、地下的量或总环境释放量的范围。

（八）ChemIDplus 数据库

ChemIDplus 是一个基于 web 的免费检索系统，用于检索化学物质的结构及权威性术语文档，以便化学物质的鉴定。此外，通过 ChemIDplus 可以直接链接美国国立医学图书馆及因特网上有关化学物质的许多生物医学资源。该库收录了 36.8 万多条化学物质记录，其中 20.6 万条含有化学结构，并可通过物质名称、同义词、化学文摘社登记号、分子式、分类号、位置码和分子结构等途径进行检索。

（九）ITER（International Toxicity Estimates For Risk）数据库

ITER 含 600 多种有毒化学物质鉴别和剂量反应评估信息，数据来源于 EPA，美国毒物与疾病登记局（ATSDR），加拿大卫生部，荷兰公共卫生与环境研究所等世界权威机构。

以上的有关数据库可以通过联机检索，除联机检索外，由于激光光盘技术的迅速发展，有许多库也被制成光盘，国内用户根据自己的专业范围，可以选择性地购买激光光盘数据库。因为美国毒理学信息工作开展较早，专业性强，具有权威性，使我们能迅速准确获取有关的信息。

三、TOXNET 检索方法

（一）检索全部数据库数据库

1. 对检索词的要求

检索词可以是一个词、词组或号码（包括化学物质名称和化学文摘社登记号等），例如 acetone，67 - 64 - 1，dna adducts，aflatoxin b1 等。但 a，an，for，the 和 it 不作为检索词使用。检索词的单复数形式均可，系统可自动予以查全。此外，可以使用截词符"*"。两个以上单词组成的词组或短语，应该用双引号引起，否则，系统将按两个词分别检索，并用逻辑运算符"AND"进行检索。

2. 检索方法

在检索式输入框中键入词、号码或布尔逻辑运算式，点击"Search"键，执行检索，点击"Clear"键，清空检索式输入框。

3. 检索结果的显示

执行检索后，系统显示检索结果概览页。该页显示从每个数据库检到的记录数。点击蓝色的记录数，直接进入相应数据库的检索结果显示页。

（二）检索多个数据库

点击 TOXNET 检索页左栏中的"Multi - Databases"，进入多个数据库（HSDB，IRIS，GENE - TOX，ITER 和 CCRIS）的初始检索页。

1. 对检索词的要求

2. 检索方法

与检索全部数据库相同。此外，系统默认（单选按钮"Yes"处于被选状态）检索同义词和化学文摘登记号。如果选择"No"，系统只检索输入的检索词或号码，不检索其同义词和化学文摘登记号。在该页，可以在以上 5 个数据库中进行选择，如果不进行选择，系统默认同时检索这 5 个数据库。

3. "Browse the Index"键

用于浏览索引词。点击该键，进入"Browse Multiple Databases"页面，在该页的检索词输入框中键入词或号码，在"All Words"，"CAS Registry Numbers"和"Chemical Name"之间单选，然后点击"Search"键进入索引词浏览页。

点击相关词的"Check to Select"选择框，然后点击"Select"键，系统即可执行检索。直接点击"Index Term"栏中的蓝色数字，系统显示相应数据库的检索结果。

4. 检索结果的显示

检索结果显示页分为检索结果概览、功能键和检索结果列表3个部分。检索结果概览显示数据库的名称及检索到的结果数；功能键用于保存选中的记录，按化学物质名称的字母顺序升序或降序排列记录，查看检索策略和检索史，下载、修改检索式，返回初始检索页，浏览索引等；在检索结果列表中点击呈蓝色的化学物质名称，进入该条记录的详细信息页。该页的左栏用于该条记录信息内容的选择，可选择"FULL RECORD"显示整条记录的内容，也可选择其中部分内容进行显示。

（三）检索单个数据库

检索单个数据库 IRIS，GENE－TOX，ITER，CCRIS 的检索方法与检索 HSDB 的方法相同，DART/ETIC 的检索方法与 TOXLINE 的检索方法基本相同。所以重点介绍 HSDB，TOXLINE，TRI 与 ChemIDplus 的检索。

1. HSDB 的检索

用鼠标点击 TOXNET 全部数据库检索页左栏中的"HSDB"，进入该库的检索页。检索时，通过化学名、化学名片断、化学文摘物质登录号及主题词进行检索。用户可以选择性地显示精确的匹配记录，或者通过以下主要数据任意组合的数据：人类健康、急救医学处理方法、动物毒理学研究、新陈代谢药物动力学、药理学、环境发展、化学/物理性质、化学药品安全、职业暴露标准、制造业、实验方法、类似物及鉴别、管理信息。

HSDB 对检索词的要求、检索过程、"Browse the Index"键的用法等，与上述"检索多个数据库"的内容相同，不同之处在于检索 HSDB 可以使用"条件限定"（Limits）。在 HSDB 检索页上点击"Limits"键，进入条件限定选择页。条件限定包括"Search"，"Search records with"和"Search in fields"3种。在"Search"后选择"exact words"，要求系统严格按你在检索输入框中键入的检索词的形式进行检索；选"singular & pluralforms"，按检索词的单数和复数形式检索；选"word variants"，按检索词的不同拼写形式检索。在"Search records with"后选择"the phrase"，要求系统把检索词作为一个短语，检索那些含有该短语的记录；选"all words"，要求检索那些同时含有检索词中的全部单词的记录；选"any words"，要求检索那些含有检索词中的任何一个单词的记录；"Search in fields"用于限定检索字段，不予选择时，系统默认在全部字段中进行检索。

检查结果显示化学物质的名称及它们的登记号的列表，其中化学物质名称加下划线并以蓝色显示,在列表的最前面显示与输入的检索词最相关的记录,以后为一个含有该检索词的化学物质的列表。

2. TOXLINE 的检索

用鼠标点击 TOXNET 全部数据库检索页左栏中的"TOXLINE",进入该库的检索页。该数据库对检索词的要求和检索过程与上述"检索全部数据库"相同。其检索特点如下,其一是"Browse the Index"键的用法与上述"同时检索多个数据库"中的内容基本相同。用户可以在检索词后面加上字段标识以限定检索字段,如"neoplasms [mh]","dnavaccine [ti]"等。其二是可以同时或分别检索 TOXLINE 核心文献(TOXLINE Core)和 TOXLINE 特种文献(TOXLINE Special)库。特种文献可在该页直接检索,检索结果的显示与上述"检索多个数据库"中的内容基本相同,检索核心文献时则自动调用 PubMed 系统。其三是设有条件限定"Limits"键,点击该键进入条件限定页,该页列有 10 项不同类型的条件供选择,其内容与 3.3.1 中已叙述过的条件限定相同或相似。而且还可在"TOXLINE Components"框中选择构成 TOXLINE 的各个数据库分别检索,此外还可对检索结果的最大显示量,发表时间和语言进行限制。

检索结果页面以简单书目信息形式显示,包括 Title(标题)、Author(作者)、Source of Publication(来源出版物)及 Year of Publication(出版年)等。记录按照相关性排序算法由大到小顺序排列。除简单书目信息外,还包括作者地址、摘要、Mesh 主题词/关键词、物质名称(CAS 登记号)、语种、ISSN 号、文献类型、基金及赞助情况、期刊标题代码、刊名缩写、出版年、最后修改时间等内容,其中在这些信息中检索词以红色显示,作者、Mesh 主题词/关键词和 CAS 登记号以蓝色显示,加下划线链接到相关文献。

3. TRI 的检索

点击 TOXNET 全部数据库检索页左栏中的"TRI",进入该库的检索页。检索过程、"Browse the Index"键的用法及检索结果的显示等,与上述"检索多个数据库"的内容基本相同。

该库的检索特点,一是"Chemical Name or CAS Registry Number"输入框用于键入化学物质的名称或化学文摘登记号,以命令系统检索某种化学物质的排放量。该框也可以空着不填。如果不填,则必须要在"Facility Names"输入框和/或"Facility Location"输入框中键入企业的名称和/或地址,以命令系统检索某某企业/或某某地域的化学物质的排放量。二是年份选择用于确定要检索的文档年限,单选或复选均可。要检索其他年份的数据,应到 EPA 的 web

检索界面，其网址是 http://www.epa.gov/triexplorer/chemical.htm。三是 "Facility Names" 输入框用于键入企业名称，键入多个名称时，名称之间用逗号隔开。不予键入时，系统默认检索所有企业的化学物质排放量。四是 "Facility Location" 输入框用于键入企业所在地名或邮递区号。若键入了地名或邮递区号，应在 "state"、"city/state"、"county/state"、"zip code" 中选择对应项，如键入 "Chicago"，应选 "city/state"；键入 "Canada"，应选 "county/state"。不键入地名或邮递区号时，系统默认检索各地的化学物质排放量。五是 "Greater Than… or" 下拉菜单用于选择向环境（包括空气、水、土壤、地下或总体环境）排放的化学物质的数量（大于××磅）。若不予选择，系统默认检索向总体环境排放的化学物质总量。

检索结果按相关程度排序，但也可以按物质名、城市名等排序。检索后显示命中记录号、公司机构名及物质名称。

4. ChemIDplus 的检索

点击 TOXNET 全部数据库检索页左栏中的 "ChemIDplus"，进入该库的检索页。

检索 ChemIDplus 数据库中化学物质的三维结构图，需要使用 Chime 软件（用于显示二维和三维结构图）和 ISIS/Draw 软件（用于绘制二维结构图），或使用 Chemsymphony 软件。Chime 和 ISIS/Draw 软件可以从 MDL（Molecular Design Limited）网站免费下载，其网址是 http://www.mdli.com/downloads/free.html。ChemIDplus 的检索页分为左、中、右 3 部分，下面以使用 Chemsymphony（Java for Chemistry）软件为例予以说明：左边包括数据检索类型（Data Search Type）和位置码（LocatorCode）下拉框。数据库类型用于输入要检索的化学物质的名称或其同义词、化学文摘登记号、分子式（带有连字符的，如 C13 – H13 – N3 – O5 – S2）、分类号和定位。位置码下拉框用于选择要检索的数据库。不予选择时，默认检索 ChemIDplus 数据库；中间为绘图区，用于绘制或粘贴化学物质的二维分子结构图，以便按分子结构进行检索；右边包括结构检索类型（Structure Search Type）下拉框，检索结果显示数量下拉框、化学结构显示软件变更键、检索键、清除键和帮助键。在检索页的左边部分选择及键入词或号码，或者在中间部分的绘图区绘制化学结构的二维图后，点击右边的 "Search" 键，系统执行检索并显示检索结果。

该页的左栏为 "File Locator"，用于链接其他数据库的检索页并同时进行检索。该页上方的蓝色键为功能键，用于显示检索结果的不同内容或全部内容。点击该页右上角的 "Enlarge Structure"，显示二维结构图。点击该图下方的"Display3D Model"单选框，显示三维结构图。用鼠标左键点中该图后移动鼠标，可以变换三维结构图的视角。

点击 TOXNET 全部数据库检索页左栏中的"IRIS"，进入该库的检索页，可以选择性地显示明确的匹配记录，或者通过以下主要数据任意组合的数据、非致癌作用的慢性健康危险评价、长期接触的致癌性评价、口服参考剂量、吸入参考浓度、致癌性评价参考。检索结果包括化学物质登记号、参考书目（口服参考剂量、吸入参考浓度、致癌性评价参考）。

5. CCRIS 的检索

点击 TOXNET 全部数据库检索页左栏中的"CCRIS"，进入该库的检索页面。可以选择性地显示精确的匹配记录，或者通过以下主要数据任意组合的数据：致癌性研究、肿瘤生长研究、诱变性研究、肿瘤抑制研究。

6. ITER 的检索

点击 TOXNET 全部数据库检索页左栏中的"ITER"，进入该库的检索页面。检索结果包括毒性化学物质的鉴别和剂量反应的评估。

7. Gene—Tox 的检索

点击 TOXNET 全部数据库检索页左栏中的"DART/ETIC"，进入该库的检索页面。检索结果包括：①物质鉴定方面：化学分类、分类学名称及测定。②诱变性研究方面：研究对象、测定类型。

8. DART/ETIC 的检索

点击 TOXNET 全部数据库检索页左栏中的"DART/ETIC"，进入该库的检索页面。其检索结果按检索相关程度排列，但可以按出版日期、作者及题名排序得出清单、设备详细目录。检索结果显示命中记录号，命中文献出处。

第七节 美国《工程索引》(The Engineering Index，EI)

一、概述

美国《工程索引》(The Engineering Index，EI) 创刊于 1884 年，由美国工程信息公司编辑出版，报道世界各国工程与技术领域文献信息，现已成为全球工程技术领域最著名的检索系统，同时也是世界引文分析和文献评价的四大检索工具之一。

1995 年以来 EI 公司开发了称为"Village"的一系列产品，Engineering

Village 2 就是其中的主要产品之一,可以在该平台上检索 Compendex、USPTO Patents、esp@cenet、Scirus。

Engineering Village 2 的核心数据库 Compendex 是 EI 的网络版,是目前全球最全面的工程领域二次文献数据库。它收录了 7,000,000 多篇论文的参考文献和摘要,这些论文出自 5,000 多种工程类期刊、会议论文集和技术报告,其范围涵盖了工程和应用科学领域的各学科,涉及机械工程、土木工程、环境工程、电气工程、结构工程、材料科学、固体物理、超导体、生物工程、能源、化学和工艺工程、照明和光学技术、空气和水污染、固体废弃物的处理、道路交通、运输安全、控制工程、工程管理、农业工程和食品技术、计算机和数据处理、电子和通信、石油、宇航、汽车工程以及这些领域的子学科和其他主要的工程领域。用户在网上可检索到 1970 年至今的文献。数据库每年增加选自 175 个学科和工程专业的大约 250,000 条新记录。Compendex 的数据每周更新,以确保用户掌握其所在领域的最新进展。

Engineering Village 2 将分散的文献、专利、网络资源整合在同一个界面。除可以检索 Compendex 数据库外,还可检索 USPTO Patents、esp@cenet 及 Scirus 数据库。USPTO Patents 为美国专利和商标局(The United States Patent and Trademark Office,USPTO)的全文专利数据库,在此可以查找到 1790 年以来的专利全文。USPTO Patents 每周更新数据。用户可通过访问:http://www.uspto.gov/patft/index.html 得到关于此数据库的更详细信息。esp@cenet 提供在欧洲各国家专利局及欧洲专利局(European Patent Office,EPO)、世界知识产权组织(WIPO)和日本所登记的专利。关于 esp@cenet 数据库的帮助文件,用户可访问网站:http://ep.espacenet.com。Scirus 是迄今为止因特网上最全面的科技专用搜索引擎。它采用最新的搜索引擎技术,为科研工作者、学生等用户提供精确查找科技信息、确定大学网址、简单快速查找所需文献或报告等服务。Scirus 覆盖了 1.05 亿个以上与科技相关的网页,其中包括:4300 万个 edu 站点、580 万个 org 站点、570 万个 ac.uk 站点、450 万个 com 站点及 200 万个 gov 站点。

二、Engineering Village 2 的检索方法

(一)检索方法

Engineering Village 2 的检索方式:快速检索(Quick Search)、高级检索(Expert Search)及浏览索引检索(Browse Indexes)。

进入 Engineering Village 2 检索系统,可见其默认的检索界面 Quick Search。

如图 3-7-1。

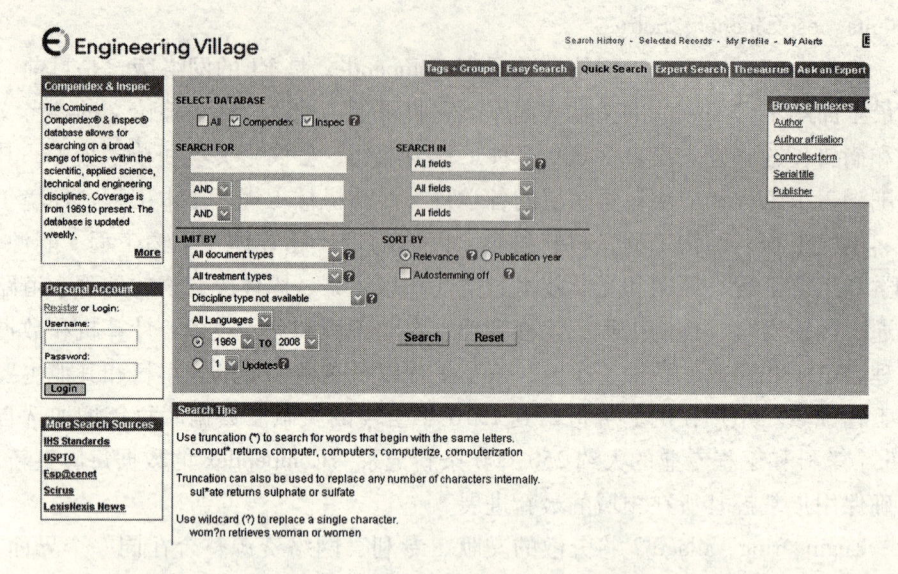

图 3-7-1 Engineering Village 主界面

1. 快速检索（Quick Search）

快速检索界面分数据库选择（SELECT DATABASE）、检索词输入框（SEARCH FOR）、字段选择（SEARCH IN）、检索限定区（LIMIR BY）及检索结果排序区（SORT BY）。

检索时，在检索词输入框内输入检索词，在字段选择区选择检索字段，再选择逻辑运算符，用以表示各输入框内检索词之间的逻辑关系。如需对文献类型（Document type）、处理类型（Treatment Type）、语言（Language）、时间以及检索结果的排列顺序等条件进行限制，可点击相应的选择区予以选择。最后点击 Search 按钮，开始检索。

2. 高级检索（Expert Search）

点击界面右上方的 Expert Search 按钮，即进入 Expert Search 界面，如图 3-7-2。

高级检索提供更强大而灵活的功能，与快速检索相比，用户可使用更复杂的布尔（Boolean）逻辑，该检索方式包含更多的检索选项。

在高级检索界面检索词输入框（ENTER SEARCH TERMS BELOW）内可输入检索词，以及用各种运算符连接的检索表达式，从而进行更灵活、更准确地检索。如字段限定符"within"（简写 wn），可将检索词限定在某一特定字段或全部字段中，另外，还可使用逻辑运算符，使用括号"（）"对检索词简

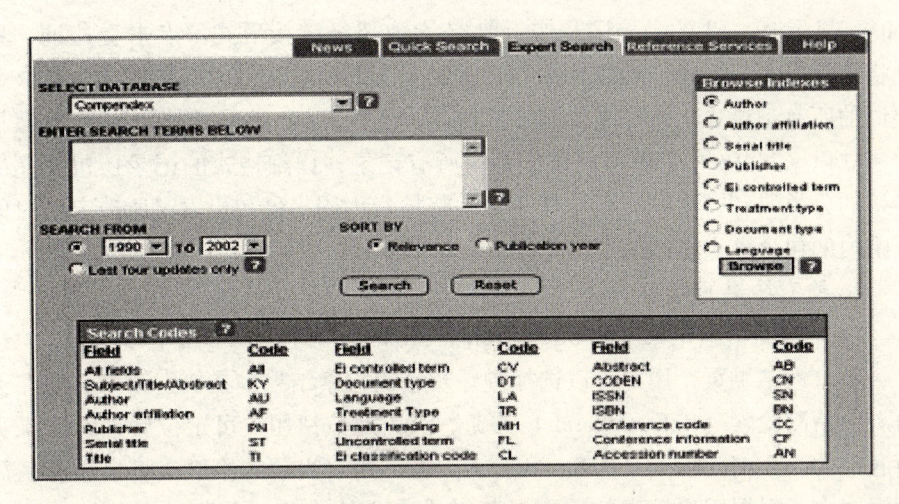

图 3-7-2 高级检索

单逻辑分组，使用位置算符 NEAR 进行检索词间的位置限定，使用截词符（*）和词根符（$）进行检索词的扩展检索，以及使用 ｛｝或""进行精确检索。

3. 浏览索引检索（Browse Indexes）

快速界面下提供了 5 种索引列表：作者（Author）、作者单位（Author affiliation）、出版商（Publisher）、刊名（Serial title）和 Ei 受控词（Ei Controlled Term）。高级检索除了提供上述 5 种索引列表外还有文献类型（Document type）、处理类型（Treatment Type）和语种（Language）。

该检索功能可提供两种选词方式，即检索者在选择了某一索引后，一是可以在 Search For 后的检索框内输入拟检词或其前部的字段，点击 Find 进行选词定位，另外也可选检索框下的相应首字母进行浏览选词。

(二) 检索结果的显示和处理

1. 检索结果的显示

检索结果最初以引文的格式列出，这种格式可提供足够的信息以确定文献的来源。如果用户想浏览摘要格式或详细格式的记录，可点击每个单独引文下边的超级链接 Abstract/Links 或 Detailed Record/Links。用户如果想 E-mail、下载或保存某个单独引文、摘要或详细记录，可在每个单独的记录边做标记，然后，选择一种格式，再选择一输出选项。关于输出记录的更详细信息，请参考选定记录的处理（Working with Selected Records）。

当记录以摘要格式或详细格式（Individual Abstract and Detailed record formats）显示时，EI 的受控词及作者姓名均为超级链接形式。点击受控词，系统将检索出 Compendex 数据库中用户最初检索时所选定的时间范围内含有该受控词的所有记录；点击作者姓名，系统将检索出 Compendex 数据库中，自数据库建立以来（1969 或 1970）该作者的所有记录；详细格式的记录还包括超级链接的分类码和自由词；点击任一个，将检索出用户最初检索时所选定的时间范围内的包含该点击项的所有记录。

2. 检索结果的处理

（1）精简检索结果（Refining Your Search）

在检索结果页，用户可以选择进一步精简检索结果。在检索结果页的左上角有一精简检索（Refine Search）按钮，点击此按钮用户可定位到检索结果页面底部的一个精简检索（Refine Search）框。用户当前的检索式将出现在精简检索框中，根据用户检索的需要对其做进一步的改动，再点击检索（Search）按钮即可。

（2）删除重复记录（Remove duplicate records）

要删除 Compendex 数据库中检索的重复记录，首先检索 Compendex 数据库，选择蓝色状态条中两个圆按钮中的任何一个按钮，选择用户想要从中删除重复记录的数据库，然后点击黄色删除重复记录（Remove Duplicates）按钮。系统会删除前 200 个搜索结果中的重复记录。占位符显示出所删除重复记录的确切位置。其在搜索结果中的排列序号仍然保留。检索记录被删除后，用户点击 de‐duplicated search results 上方蓝色状态条中的黄色 Recall Duplicates 按钮可容易地恢复所删除的记录。

（3）选定记录的处理（Working with Selected Records）

● 选择记录（Selecting Records）

如果想选择某条记录，可以采取下列三种方法之一：可以在每个单独记录框旁边的复选框做标记；可以点击超级链接短语"Select all on page"（将选中一页中的 25 条记录）；输入要选择记录段的第一条记录和最后一条记录的序号，然后点击 GO 按钮。所选择的记录将传送到选定记录（Selected Records）页面，选定记录（Selected Records）页面可容纳多达 400 条记录。点击工具条上的选定记录（Selected Records）图标将切换到选定记录（Selected Records）页面。

● 选择输出格式（Selecting an Output Format）

选定所需要的记录以后，用户需要选择要浏览的格式 citation（引文）abstract（摘要）或 detailed records（详细格式），然后就可选择选定内容的输出方式 view selections（查看）、E-mail（电子邮件）、print（打印）、download（下载）、save（保存）。

● 查看选定的记录（View Selected Records）

在输出选择项中选定浏览选项（View Selections），允许用户直接以所选定的格式浏览选定的记录〔citation（引文）、abstract（摘要）或 detailed records（详细格式）〕。

● E-mail 选定的记录（E-mail Selected Records）

点击电子邮件（E-mail）输出选项，用户可以将其检索结果用电子邮件（E-mail）发送给自己或他人，此时将弹出一个电子邮件（E-mail）编辑框，用户可以输入电子邮件接收者的 E-mail 地址（电子邮件）以及用户想发送的任何信息。

● 打印选定的记录（Print Selected Records）

点击打印（print）按钮将对选择记录（Selected Records）页面重新排版，使其变为适合打印的格式。记录中与全文和本地的链接信息将被自动删除，使得出现在新窗口中的记录更便于打印。点击新窗口中的打印（Print）图标，开始打印。

● 下载选定的记录（Download Selected Records）

选择下载（download）后，将弹出一对话框，让用户选择所希望的下载格式。有两种格式可供选择（RIS 格式和 ASCII 格式）。RIS 格式与大多数目录系统应用程序兼容，如 EndNote，ProCite 和 Reference Manager，但是用户的计算机必须安装一种相应的软件，以便将选择的记录输入到应用程序。

● 保存选定的记录（Save Selected Records）

启用个人账户功能，可以创建一个文件夹保存用户的检索结果。如果点击保存到文件夹（Save to Folder）按钮，将弹出一对话框，要求用户输入其账号和密码。如果用户无个人账户，可创建一个，详细操作请参考注册个人账号（Registering for a Personal Account）。如果用户已经注册了其个人账号，并已经登陆，就可选择一个文件夹保存其检索结果，或创建一个新的文件夹。用户最多可创建三个文件夹，每个文件夹最多可容纳 50 条记录。

3. 获取全文（Accessing full text）

（1）CrossRef 服务

只有有摘要和标有详细的 ISSN 号、卷、期和页码的记录才显示电子全文的超级链接，而且，只有出版商已经将其文献或期刊上网，并且 CrossRef 对此出版商提供链接服务，才有超级链接。即使所有上述条件均满足，只有用户所在的单位获得授权后，才可获取这些文献。加入 CrossRef 服务的出版商和期刊的列表可由下面网址查找到：http://www.crossref.org/。所得到的全文将出现在一个新的浏览窗口中。

（2）链接本地 Holdings（Link to Local Holdings）

一般图书馆都可选择链接到在线公众接入目录和其他图书馆的内部网。如果用户所在的图书馆加入了此项服务，在蓝条下将出现一个称为 Full – text and Local Holdings 的链接。

（3）Linda Hall 图书馆文件递送服务（Linda Hall Library Document Delivery Service）

Linda Hall 图书馆存有大多数 Compendex 数据库中文献的全文。用户可以点击在摘要格式或详细格式中 Full – text 和 Local Holdings 链接选项下的"Linda Hall Library document delivery service"链接。接下来的操作取决于用户的单位是否在 Linda Hall 图书馆有储蓄账户以及该账户的类型。个人用户可通过其信用卡来订阅。

第四章 网络医药信息资源检索

第一节 Internet 概述

Internet 是全世界成千上万计算机组成的巨大全球性信息互联网络。从通讯技术角度看，Internet 是一个理想的信息交流媒介，是目前仅次于全球电话网的第二大通讯手段。计算机网络是计算机技术和通信技术相结合的产物，通过计算机来处理各种数据，再通过各种通信线路实现数据的传输。利用 Internet E-mail（电子邮件）能够快捷、经济、安全、高效地传递文字、图像、声音以及各种信息。就组织结构而言，计算机网络是通过外围设备和连线，将分布在相同或不同地域的多台计算机连接在一起所形成的集合。从应用角度来说，只要将具有独立功能的多台计算机连接在一起，能够实现计算机间的信息交换，并可共享计算机资源的系统便可称为网络。将世界各地的计算机连接起来彼此相互通信的一个超级计算机网络系统就称为国际互联网，即 Internet。

组成 Internet 的计算机网络包括小规模的局域网（LAN）、城市规模的区域网（MAN）以及大规模的广域网（WAN）。这些网络通过普通电话线、高速率专用线路、卫星、微波和光缆把不同国家的大学、公司、科研部门以及军事和政府等组织连接起来。Internet 能将不同类型的网络互联起来，而不论其网络规模的大小、主机数量的多少、地理位置的异同，构成一个统一的整体。

一、Internet 的起源和发展

Internet 起源于美国 1969 年开始实现的 Arpanet 计划，是美国国防部高级计划局研制的 ARPA 网的前身，1972 年由 50 所大学和科研机构参与的连接是 Internet 最早的模型。发展到 1975 年，已将 100 台不同型号的大型计算机分布式资源实验室和大学的计算机相连，到 1980 年 Arpanet 成为最早主干，2 个著名的科学教育网 Csnet 和 Bitnet 又先后建立。1984 年美国国家科学基金会 NSF 规划建立了 13 个国家超级计算机中心及国家教育科技网，替代了 Arpanet 的骨

干地位。1994年克林顿正式提出了"信息高速公路"的设想，将HPCCI计划的范围扩大到一切有美国人生活和居住的地方，包括公司、机关、中小学校和家庭。与此同时，由于一个叫做"莫赛克"（Mosaic）浏览器的加盟，"ARPA Net"开始跨越国界，进入了常规的发展。1993年2月，美国伊利诺斯大学国家超级电脑中心的马克·安德森开发出一个名为Mosaic的浏览器并免费提供给全世界的用户使用。由于Mosaic浏览器的优良品质，吸引了许多人士纷纷上网，ARPA Net从此开始以惊人的速度迅速扩展，大量的商用网络也加入其中，这样又吸引了更多的使用者加盟。到1995年初，ARPA Net已逐步发展成为将世界范围内各种计算机系统和局域网络连接在一起的"网际网"，每天的使用者在高峰时超过了一亿人次，因此它具有"国际互联网"的概念，人们开始把它称为Internet。

目前Internet已经从早期的研究原型成长为覆盖世界上所有国家的全球通信系统，变成今天连接了180多个国家，数千万个网点，几亿台计算机的"信息高速公路"。在全球范围内，Internet以一种不可阻挡的势头迅猛发展着。到2001年底，Internet已成为超过1 000万个网络和数亿台计算机相连接的巨型媒介，有将近20亿个用户在网上漫游、交流和工作。网上的信息流量也经常超过50万亿bt/h，Internet已成为连接当今世界必不可少的纽带和桥梁，以Internet为标志的信息时代已经向我们走来。

二、Internet在中国的发展

我国正式加入Internet的历史较短，但发展十分迅速。早在1986年，中国科学院等部门就开始努力将Internet引入中国，但是最早建成的学术网络只是和国际Internet作电子邮件交换。到1994年5月19日，中国科学院高能物理所成为第一个正式接入Internet的中国内地机构，随后在中国科学院高能物理所的基础上建成了中国科学院系统的Internet网。目前，我国已建成5个全国性的骨干网：中国公用计算机互联网（Chinanet）、中国金桥信息网（CHINAGBN）、中国教育科研网（CERnet）、中国科技网（CSTnet）和中国网通高速互联网（CNCNET）。

三、Internet提供的主要服务

（一）电子邮件（E-mail）

电子邮件（E-mail）是通过计算机网络与其他用户进行联系的现代化信息手段，也是Internet提供的最早服务之一，它通过计算机终端和通信网络进行文字、声音、图像等信息的传递。与传统邮件相比，电子邮件主要的优势是速度快，特别是相距较远的两地之间通信，更能够显示它的优势。

（二）WWW 服务

WWW（World Wide Web）也称 Web 或 3W，中文翻译为万维网或环球网，是目前计算机网络上使用最广泛的服务。它是基于超文本的信息查询工具，把 Internet 上不同地点的文字、图形、动画、声音、数据库以及软件等信息有机的组织起来，供用户方便地浏览与查询。WWW 的用户界面非常友好，我们常常通过 Internet Explore、Netscape Communicator 等著名的 WWW 浏览器来访问 Internet 上的信息。WWW 将计算机技术、多媒体技术和互联网技术结合起来，使 Internet 开始向多媒体和交互式发展。

（三）文件传输服务（FTP） FTP 即文件传输协议（File Transfer Protocol）

它允许 Internet 上的用户将一台计算机上的文件传送至另一台计算机上。建立了 FTP 服务器，其他的联网计算机就可以从这台计算机上下载文件或者上载文件，这样不但可以节省用户的时间和费用，而且可以从容地处理和阅读传送的文件。从文件类型看，FTP 传输的文件包括文本文件、二进制可执行文件、图像文件、声音文件、数据压缩文件等。

（四）远程登陆（Telnet）

远程登陆（Telnet）是 Internet 提供的另一个传统服务。它在网络通信协议 Telnet 的支持下，使用户的计算机暂时成为计算机的仿真终端，可以实时访问和运行该远程计算机的对外开放的程序和信息、功能和资源。现在一般的计算机不再提供这种功能，因为当今的计算机性能已经很强，不需要利用别的性能更强的计算机来为本机完成复杂的工作。同时它对远程的计算机存在一个极大的安全隐患；此外它利用网络传输信息，额外地占用了线路的带宽。因此，目前 Telnet 主要用来登录交换机、路由器、防火墙等不带显示器的设备，从而对其进行配置。

（五）网上交流

网上交流有 BBS 和网上论坛两种。BBS（Bulletin Board System）是人们利用 Internet 开展的一种实时、交互式的通信服务，交流时可通过键盘交谈、麦克风通话，以及绘制共享白版、进行可视对话、发送文本邮件及传输文件等。

网络新闻组论坛，就是在互联网上提供一块园地，为对某个主题感兴趣的人提供交互式电子论坛，可进行提问、回答、讨论新闻和发表评论，以及其他信息交流。目前互联网上已经有几万个新闻组论坛，涉及日常工作和生活的各个方面。

(六) 电子出版物

互联网上有各种各样的电子形式出版物,一般包括电子期刊和电子图书。这些书刊有免费的,也有收费的;有的网站零星提供,有的网站集中提供。它为我们的科研与学习带来了极大的便利。国内著名的有万方数据库系统、清华同方电子期刊系统、超星数字图书馆等。

(七) 娱乐与聊天

娱乐与聊天作为互联网上的一项新的服务,近几年来发展很快,受到青少年的普遍欢迎。OICQ 和腾讯 QQ 是大家常用的即时聊天工具。联网游戏能够通过主服务器把分散的客户端的用户联在一起共同按照游戏的规则来体验虚拟世界的乐趣。

第二节 通用搜索引擎简介

目前 Internet 上的信息数以亿计,要在浩瀚的 Internet 信息世界中获取自己所需要的医药信息资源,必须借助各种搜索工具进行检索。搜索引擎是网络的门户,通过输入相应的主题词及相关信息,可以快速找到我们所需要的站点或网页,也可以通过主题分类目录,点击层层链接来完成。搜索引擎按医药科研人员的需求划分可以分为通用搜索引擎和医药专业搜索引擎。目前通用搜索引擎在 Internet 上较多,本节重点介绍 Google、Google 学术搜索中文版和 Yahoo!。

一、Google

(一) 简介

Google(http://www.google.com)由 2 位斯坦福大学的博士生 Larry Page 和 Sergey Brin 在 1998 年创立,Google Inc. 于 1999 年创立。2000 年 7 月,Google 替代 Inktomi 成为 Yahoo 公司的搜索引擎,同年 9 月份,Google 成为中国网易公司的搜索引擎。1998 年至今,Google 已经获得 30 多项业界大奖,并开发了世界上最大的搜索引擎,提供了最便捷的网上信息查询方法。

通过对 20 多亿网页进行整理,Google 可为世界各地的用户提供所需的搜索结果,而且搜索时间短暂,通常不到半秒。它的优点不仅仅在于其信息量大,Google 以其复杂而全自动的搜索方法排除了任何人为因素对搜索结果的影响,网页的排名客观公正,从而保证方便、客观地在网上找到有价值的资料,独具一格的网页快照为搜索者提供了当网页的服务器暂时出现故障时仍可浏览该网页内容的功能，以解燃眉之急。Google 支持多语种言，使用者可以根据自己的爱好来设定不同语言的检索界面，并且可以进行中文简体、全部中文及全部网页或网站查询的切换。另外，Google 还提供了免费工具箱，安装后工具箱将位于 Internet Explorer 的工具列内，以便在任何网页上，随时使用 Google 的强力搜索，而不需要每次造访 Google 的首页。

（二）特点

1. 中英文界面整合一体。
2. 可检索 PDF 和 PPT 等多种文件类型。
3. 独特的"网页快照"。
4. 检索响应速度极快，搜索时间通常不超过 5 秒。
5. 特有的网页级别技术（PageRank）。
6. 收集 4 亿多幅图像，最好的图像搜索工具。
7. 界面语言设置有中文简体，跨越语种障碍。

（三）检索规则

1. 默认检索：AND 匹配，检索框输入检索词以 10 个为限。
2. 逻辑"或"检索：用大写的 OR 连接多个检索词。
3. 逻辑"非"检索：检索词前加减号如：Leukemia – child。
4. 短语检索：精确短语匹配（The Exact Phrase）。
5. 文件类型限定：加文件名缩写如：filetype：ppt。
6. 禁用词（stop word）：诸如"的"、"是"、"of"等。

（四）检索途径

1. 基本检索（Google Search）

在主页检索框内直接输入查询内容，点击下方的"Google Search"即可检出相关的网站。Google 的基本搜索语法包括："+"、"-"、"OR"，Google 无需用"+"来表示逻辑"与"操作，只要空格即可。Google 用减号"-"表示逻辑"非"操作。注意：这里的"+"和"-"号，是英文字符，而不是中文字符的"+"和"-"。此外，操作符与关键字之间不能有空格。Google 不支持关键字为中文的逻辑"或"查询，但支持英文关键字的"或"操作，语法是大写的"OR"。

2. 辅助搜索

Google 不支持通配符，如"*"、"?"等，只能做精确查询，关键字后面的"*"或者"?"会被忽略掉，Google 对英文字符大小写不敏感。Google 的关键字可以是词组（中间没有空格），也可以是句子（中间有空格），但是，用句子做关键字，必须加英文引号。注意：Google 对中文句子做智能化处理，会自动把句子分割成词语作为关键词。Google 对一些网络上出现频率极高的词（主要是英文单词），如"I"、"com"以及一些符号如"*"、"."等，做忽略处理，如果用户必须要求关键字中包含这些常用词，就要用强制语法"+"。

3. 高级搜索

Google 高级检索界面设置了多项选项，包括搜索结果的选择、语言选择、更新日期、返回检索结果字词出现位置限定等。Google 的常用高级搜索语法有：site、link、inurl、allinurl、intitle、allintitle 等。

4. 其他

（1）目录服务：如果不想搜索网页，而是想寻找某些专题网站，可以访问 Google 的分类目录"http：//directory.google.com/"，中文目录是"http：//directory.google.com/Top/World/Chinese_Simplified/"。

（2）工具条：为了方便搜索者，Google 提供了工具条，集成于浏览器中，用户无需打开 Google 主页就可以在工具条内输入关键字进行搜索。此外，工具条还提供了其他许多功能，如显示页面 Page Rank 等。

（五）检索实例

Google 中文简体界面的主页上提供所有网站（Web）、图片（Images）、资讯（Information）、论坛（Groups）、目录（Directory）五大检索入口。除网页目录外，其他检索途径均有简单与高级两种检索途径。

1. 基本检索

Google 各检索入口首先显示基本检索页面，可直接输入检索词或检索式。

所有网站（Web）检索，3 种检索范围可供选择：搜索所有网页、搜索所有中文网页、搜索简体中文网页。

"手气不错"（I'm Feeling lucky）按钮。

WEB 基本检索举例：

【例】用基本检索途径查找"Ⅱ型糖尿病国外病人眼部并发症研究"的相关网页。

检索步骤：http：//www.google.com（中文简体主页）→ 输入：diabetes 2 OR type 2 diabetes eye complications →点击选择：搜索所有网页→ 点击：Google 搜索→ 显示相关网页的链接。

2. 高级检索（Advanced Search）

"所有网站"的高级检索：

包括"搜索结果"、"查询设置"和"搜索特定网页"3 个区域。

搜索结果区中的 4 种匹配方式依次表示 and、精确短语检索、or、not。每个检索框只能输入检索词，不能输入运算符。

WEB 高级检索（Advanced Search）举例：

【例】1 已知美国重要医药网站美国医药会的网址为 www.ama-assn.org，搜索与其类似的其他重要医药机构网站。

检索步骤：http://www.google.com（中文简体主页）→搜索所有网页的高级搜索→在类似网页输入框中键入 www.ama-assn.org →点"搜索"按钮（不能点击上方的 Google 搜索）→得到包括 AMA 以及相关的医药机构网站。

【例】2 关键词检索查找有关成人和儿童的氨苄西林钠静脉滴注的日最高剂量。

检索步骤：http://www.google.com（中文简体主页）→关键词检索窗口输入：氨苄西林钠 静脉滴注 最高剂量→选"中文简体网页"→点"Google 搜索"→点击检索到的网页链接→点击 IE 浏览器的"编辑"菜单→"查找"→输入"最高剂量"→"查找"→查看相关信息。

3. 图片检索举例

【例】通过图像检索查找 aspirin 的化学结构式。

检索步骤：http://www.google.com（中文简体主页）→图片→搜索图片→得到 aspirin 的化学结构式以及相关图片。

二、Google 学术搜索中文版

2006 年 1 月 11 日，Google 公司宣布将 Google 学术搜索（Google Scholar）扩展至中文学术文献领域。Google 学术搜索是一项免费服务，可以帮助快速寻找学术资料，如专家评审文献、论文、书籍、预印本、摘要以及技术报告。Google 学术搜索在索引中涵盖了来自多方面的信息，信息来源包括万方数据资源系统、维普资讯、主要大学出版的学术期刊、公开的学术期刊、中国大学的论文以及网上可以搜索到的各类文章。Google Scholar 同时提供了中文版界面。（http://scholar.google.com），供中国用户更方便地搜索全球的学术科研信息。

全球范围的信息搜索对师生的学术研究至关重要，我们可以学习世界各地的研究成果，并在此基础上进行改进。Google 公司杰出工程师 Anurag Acharya 说："我们不知道下一个重要的突破会来自哪里，但我们相信，通过使各地的研究者更轻松地了解在全球范围内已取得的研究成果，我们可以对他们有所帮助。"

【例】1 一名正在写有关信息技术论文的学生，只需要在 Google Scholar 搜索框中输入"信息技术"就可以获得与信息技术相关的原始研究文献、文章以及书籍的列表。

检索步骤：http：//scholar.google.com→输入：信息技术→点击搜索→显示相关网页链接。

【例】2 利用 google 学术搜索查找杨锡强主编《儿科学》（卫生部统编教材，北京：人民卫生出版社，2004 年）被引用次数，并摘录 3 篇引用题录。

检索步骤：http：//scholar.google.com→输入：杨锡强 儿科学 2004→点击搜索→显示相关网页链接。

Google 学术搜索的主要优点包括：

（一）相关性

与 Google 网页搜索一样，Google 学术搜索根据相关性对搜索结果进行排序，最相关的信息显示在页面上方。这一排序同时考虑到每篇文章的全文内容、作者、发表该文章的刊物，以及该文章被其他学术著作引用的次数等要素。

（二）全文搜索

在可能的情况下，Google 会搜索全文，而不仅仅只是摘要部分，给予用户对学术内容最为全面深入的搜索，与此同时也加强了搜索结果的相关性。

（三）非在线文章搜索

Google 学术搜索涵盖了各方面的学术著作，包括还没有在线发布的学术研究结果。比如爱因斯坦的很多著作并未在线发布，但却被众多学者引用。Google 学术搜索通过提供这些引用信息使搜索者了解到重要的未在线论文和书籍。

目前，Google 学术搜索可搜索到用西欧语言、中文和巴西葡萄牙语撰写的文章。如果希望了解关于 Google 学术搜索的更多信息，请访问 http：//scholar.google.com。

三、Yahoo！

（一）简介

Yahoo！（http：//www.yahoo.com）是 Internet 最早的分类搜索引擎之一，也是目前重要的搜索服务网站。由美国斯坦福大学电机工程系费罗和杨致远博士于 1994 年 4 月创建，在全球共有 24 个网站，12 种语言版本，其总部设在美国加州圣克拉克市（Santa Clara），在欧洲、亚太区、拉丁美洲、加拿大及美国均设有办事处。除主站（Mother Yahoo）外，还设有美国都会城市分站（Yahoo Cities，如芝加哥分站）、国别分站（如雅虎中国）和国际地区分站（如 Yahoo Asia）。其中雅虎中国网站于 1999 年 9 月正式开通，它是 Yahoo 在全球开通的第 20 个网站。

Yahoo！属于目录索引类搜索引擎，可以通过 2 种方式在上面查找信息：一是通常的关键词搜索，一是按分类目录逐层查找。以关键词搜索时，网站排列基于分类目录及网站信息与关键字串的相关程度，包含关键词的目录及该目录下的匹配网站排在最前面；以目录检索时，网站排列则按字母顺序。

Yahoo！主要通过目录浏览查询，设有简单和高级 2 种查询界面。

（二）检索途径

1. 简单查询

根据分类目录浏览查询，先用鼠标点击所选类目，如"Science"下"Biology"后，出现下位类目。类目后标有数字，表示此类目所含的网址数量；类目后标有"@"，表示此类目同时分属于不同的大类下。再用鼠标点击"Cell Biology"，便出现有关 Cell Biology 的网址。逐层点击，便可获得所需内容。

Yahoo！简单查询也提供检索框，供用户键入检索词或短语，进行自由查询。其检索规则与 AltaVista 简单查询方法类似，如短语必须加引号（""），检索词前冠有"+"或"-"，分别表示检出结果必须包括或去除该词。点击检索框旁 Advanced Search 链接，还可进入高级查询界面。

2. 高级查询

提供检索框供用户键入检索词或短语进行自由查询，并备有界面直观的菜单提示，方便用户使用，提高检索效果。该菜单涉及的选项有如下几种。

选择信息类型：Yahoo！或 Usenet。

选择检索方式：智能查询、精确匹配、AND、OR 组配检索。

选择检索区域：Yahoo！分类目录检索、Web 网址检索。

选择检索年限。

选择每屏显示的篇数。

Yahoo！输出结果不按相关性高低排序，而是分别列于所从属的各级分类目录下。

（三）检索实例

1. Web（网页检索）

【例】用 Web 简单检索查找美国 FDA 有关标签注明抗生素抗药性的法规。

http：//search. yahoo. com →输入：fda antibiotic resistance rule →点击：Search the web →点击其中一条检索结果：A Publishes Final Rule to Require Labeling About antibiotic resistance →点击该条新闻结尾处的全文链接。

2. Directory（目录查询）

【例】1 通过主题分类目录查找"贫血的自我保健"方面的信息。

检索步骤：http：//search. yahoo. com→Directory→health 类 →disease 子类 →Diseases and Conditions → Anemia@ →在 Site Listings（网站列表）中点击 Anemia：Medical Self – Care，进入此网站，可获得这方面的详细内容。

【例】2 用 Advanced Directory Search 查找有关癌症临床试验的相关网站和网页。

检索步骤：http：//search. yahoo. com→Directory→Advanced Search→在 all of these words 框内输入 cancer→在 the exact phrase 框内输入 clinical trials →在 Category 中选 health→点击 yahoo search 显示检出的相关网站→点击导航条上的 Web 链接得到更多的相关网页链接。

第三节 医药专业搜索引擎简介

由于通用引擎没有针对医药专业进行优化，因此，检索得来的信息不能充分满足医药用户的查询需求。20 世纪 90 年代中期，专门用于搜索网络医药信息资源的医药专业引擎、指南系统应运而生，如 Medical Matrix、HealthWeb、CliniWeb 等。这类医药专业搜索引擎把数据库技术、Web 技术、传统医药信息组织的有关理论和方法有机地结合起来，成为目前查询 Internet 医药信息资源的主要工具。一般搜索引擎也可用于检索或浏览 Internet 上的医药信息资源的站点，只是医药主题指南和引擎检索或浏览网上医药信息资源更加专业和更具权威性。以下介绍几种著名的生物医药信息搜索引擎。

一、医源

（一）简介

医源（Medical Matrix，http：// www. Medmatrix. org）是由美国医药信息学会主办，1994 年由堪萨斯大学创建，现有美国 Medical Matrix LLC 主持。医源是目前最重要的医药专业搜索引擎，其目标是建成"21 世纪的多媒体临床医药数据库"。

医源是一个可免费进入的 Internet 临床医药数据库，包括 4,600 多个医药网址，分为八大类：专业（Specialties）、疾病种类（Diseases）、临床实践（Clinical Practice）、文献（Literature）、教育（Education）、卫生保健和职业（Healthcare and Professionals）、医药计算机和互联网技术（Medical Computing, Internet and Technology）以及市场（Marketplace），其中第一类最主要，资源最丰富。每一大类下再根据内容的性质分为新闻（News）、全文和多媒体（Full Text/MultiMedia）、摘要（Abstracts）、参考书（Textbooks）、主要网址（Major Sites/Home Pages）、操作手册（Procedures）、实用指南（Practice Guidelines/FAQS）、病例（Cases）、临床和病理图像（Images、Path/Clinical）、患者教育（Patient Education）、教学资料（Educational Materials）等亚类。对链接的网址按 1~5 个星进行分级，并且附有简明扼要的评论，便于使用者事先决定是否进入其网页进一步阅读，以节省时间。另外，还提供免费的 mailing list（发送文件清单），定期发布网上医药资源变化情况的通知。

首次进入医源主页见图 4-1。需申请（免费），单击"Click Here To Register"按钮进入注册页面，填完表格 Submit（服从）后即进入分类及检索页面进行浏览和查询。

（二）检索途径

医源提供关键词检索和分类检索。

1. 关键词检索

在 Search Medical Matrix 框内，允许输入包括美国国立医药图书馆主题词在内的关键词，从而获得相应信息。检索反馈的结果包括网站标题、简略介绍。根据各网点的利用率和编辑部定期评价，各网点按星级数评为 6 级，五星最佳，无星最差。

2. 分类检索

从分类目录中选择类目，直至所需内容。有的大类如"专业"进一步分为 50 多个小类，在每个小类下，根据资源的组织形式及具体情况又分为新闻、文摘、综述、主要资源、参考文献等子项。通过逐层浏览查找，用户就可以找到特定专题、特定类型的临床医药信息资源。

Medical Matrix 检索及网址虽不算最多，但由于美国医药信息学协会（American Medical Informatic Association）支持评价精选网点，它具有收录丰富、重视质量、分类明确规范、检索智能化、反馈结果简明的特点，是临床工作者重要的网上资源导航系统。

民族医药文献检索与利用

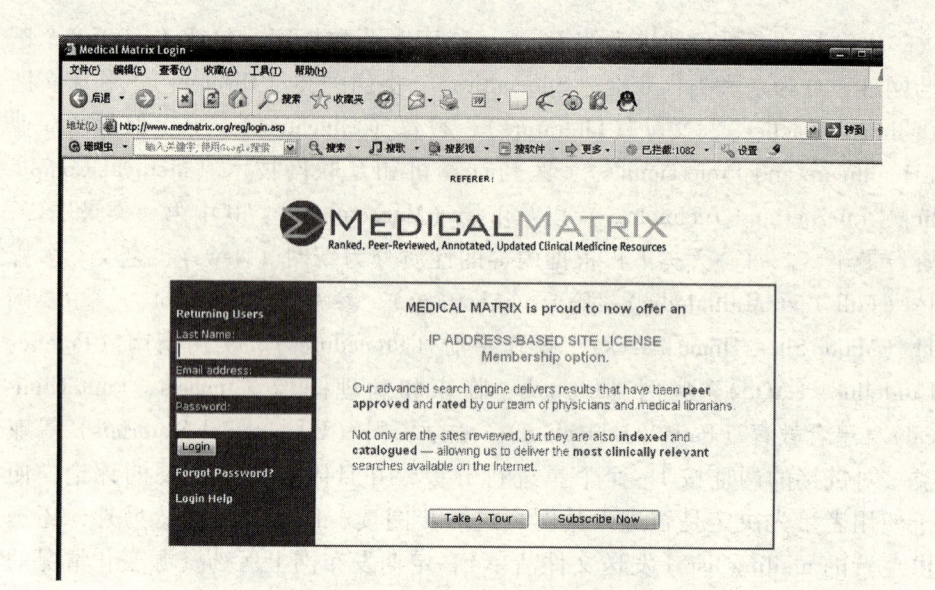

图 4-1 Medical Matrix 检索界面

（三）信息采集方式

采用用户提交和利用机器人自动搜索的方式采集信息，用户注册提交 URL 和电子邮件地址，机器人会自动根据访问到的信息创建文摘，确立关键词和说明。

（四）特点

1. 资源类型多样；

2. 结果显示分类明确，信息详尽；

3. 由专家对网站质量进行评级。评价指标：获奖情况、可信度、利用率等。最好的站点授予五颗星（★★★★★）。"医源"属收费网站。

（五）检索实例

1. 分类选择检索

分类目录搜索是它的主要特色，按各种医药信息分为 8 个大类，每个大类下面按英文字顺序列出若干亚类，亚类下面按类别和体裁列出具体网站。这种资源分类方法类似于 MeSH 的主题词和副主题词结构。

【例】用分类选择检索查找有关肾脏学的重要网络检索工具、全文网站、电子期刊和重要网站。

检索步骤：Medical Matrix（医源）主页→ 点击 Specialist（专科医生）→ Nephrology（肾炎）→依次点击 Searches（搜索）、Full Text（全文）、Journals

（期刊）、Major Sites（重要网站）资源类型，标有5星为医药获奖网站，4星为学科重要网站。

2. 关键词检索

主页上方为关键词简单检索区域，检索输入框允许输入单个或多个单词，提供 Exact Phrase（精确短语）、AND、OR 3种匹配方式，有新闻、图像等6种资源类型选项。

Advanced Searching Options（高级检索选项）可选择同时进行检索词的缩写检索，有19种资源类型可供选择。

【例】用 Advanced Searching Options 查找有关临床药理学的教科书及教学资料。

检索步骤：Medical Matrix（医源）主页→ Advanced Searching Options →输入 clinical pharmacology→选 Exact Phrase →资源类型选 educational materials、textbooks →Search the Resources。

（六）评价

Medical Matrix 所收录的内容侧重于临床，且检索速度快、检索方法简便，检索结果可靠，可直接输入自由词进行检索，对临床科研人员来讲，是首选的医药搜索引擎。

二、医景

（一）简介

医景（Medscape, http://www.medscape.com）系美国 Medscape 公司1994年研制，1995年6月投入使用，由功能强大的通用搜索引擎 AltaVista 支持，可检索图像、声频、视频资料，至今共收藏了近20个临床学科25,000多篇全文文献，拥有会员50多万人，临床医生12万人。它是 Web 上最大的免费提供临床医药全文文献和继续医药教育资源（CME）的网点，可选择 Fulltext、Medline、DrugInfo、AIDSLine、Toxline、Whole、Web、News、Medical Images、Dictionary、Bookstore 等10多种数据库进行检索，还可浏览每日医药新闻，免费获取 CME 各种资源，免费获取"Medpulse"，同时网上查找医药词典和回答用户咨询，提供根据疾病名称、所属学科和内容性质（会议报告、杂志文章的全文或摘要等）的英文按26个字母顺序进行分类检索（The Medscape Index）。

Medscape 上数据库检索与一般医药数据库检索方法大同小异，且网上提示明确，从 Medscape 进入相应的数据库，按相应数据库检索规则进行。

（二）检索途径

Medscape 自身数据库的检索方法包括简单检索和高级检索。

1. 简单检索

用于关键词检索或词组检索，检索引擎检索含有键入词组严格完全一致的内容。但输入单词间不可用连字符，词组前后要用双引号。

2. 高级检索

使用布尔逻辑运算符 AND、OR、NOT 进行逻辑组合检索，也可使用邻近位置运算符 Near、Sentence、Paragraph 与圆括号，圆括号内的词或命令优先执行。同时也允许使用截词检索。

三、卫生网

（一）简介

这是由美国中西部各医药中心的医药信息专家管理的一个免费全文搜索引擎，始建于 1994 年，是一个基于分类目录的医药专业搜索引擎。它所提供的主题分类类目较为详细，目的是为健康工作者和健康消费者提供各种医药信息资源，现有会员馆 22 个，提供免费 Medline 数据库及其他数据库检索、网络资源评价及 Internet 检索。它根据疾病所属学科的首字母进行排列，同时提供了各种医药专业搜索引擎如 MedExporer、MedFinder、Med-Hunt、MedicalWorld Search 和各种通用搜索引擎如 AltaVista Excite HotBot Infoseek Lycos 的链接，以及对 Internet 上的医药信息进行评估的网址，采用五星评价系统。会员馆根据其特长和专业特色，分工合作，分管卫生学领域的某些主题，查找和评价网络资源，对网络资源进行组织、管理和提供检索，参与发现网上新信息并对网站进行维护。Health Web 提供了网络信息资源评价方法和评选标准，确保信息的新颖、网站的有效链接，使提供的信息准确、质量高。关键词检索时大小写无区别，可精细检索，检索结果按相关性排序。

美国医药搜索引擎 HealthWeb（http：// www. healthweb. org）见图 4 - 2。

（二）检索实例

【例】在 HealthWeb（www. healthweb. org）中，查找有关药物（pharmacy，pharmacology，pharmaceutics……）生物技术（Biotechnology）的相关网站。

检索步骤：进入 HealthWeb（www. healthweb. org）主页→在关键词检索框输入 biotechnology and pharmacy →"search"→显示检索结果。

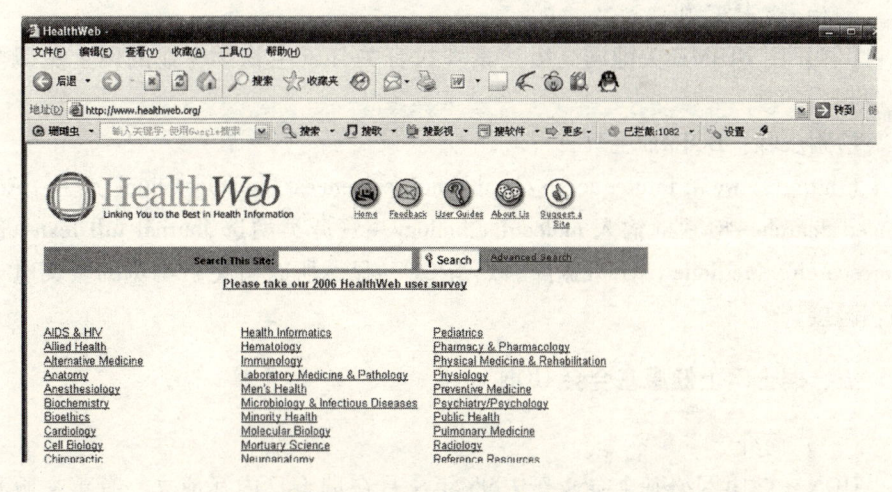

图 4-2　HealthWeb 检索界面

四、英国医药搜索引擎 BIOME

（一）简介

英国诺丁汉大学（University of Notingham）建立的生物医药网络资源目录，为生物医药专业人员提供高质量的专业网络信息查询。BIOME 收录网站 6000 多个，5 个专业搜索引擎，8 个专题目录，提供 Browse（分类主题浏览）与 Search（关键词检索）两种查询途径和学科分类与主题索引两种检索体系，见图 4-3。

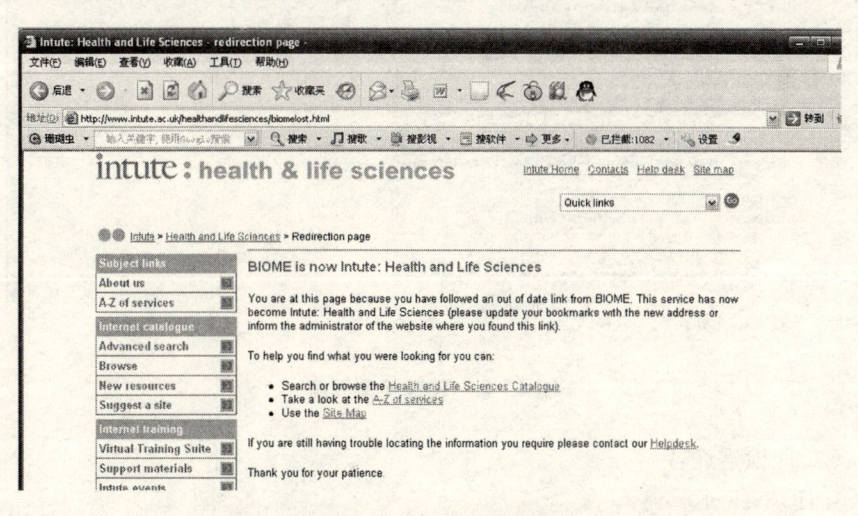

图 4-3　BIOME 检索界面

（二）检索实例

【例】用 BOIME 关键词高级检索查找有关分子生物学专业的网上免费全文期刊。

检索步骤：BOIME 主页

（http：//www.intute.ac.uk/healthandlifesciences/biomelost.html）→ Advanced Search→检索框输入 molecular biology→资源类型选 Journal full text→选 Bioresearch、Medicne 两个数据库→点击 GO→显示所有可免费浏览的全文电子期刊链接。

五、瑞士网上健康基金会 HON

（一）简介

HON（健康网络基金会）于 1995 年 9 月在瑞士日内瓦成立，有英文版和法文版，统一的网址是：http：//www.hon.ch。除 HONcode 之外，该基金会还建立了医药搜索引擎，由 HONselect Medhunt Conference & Events HONmedia 四大模块构成，见图 4-4。

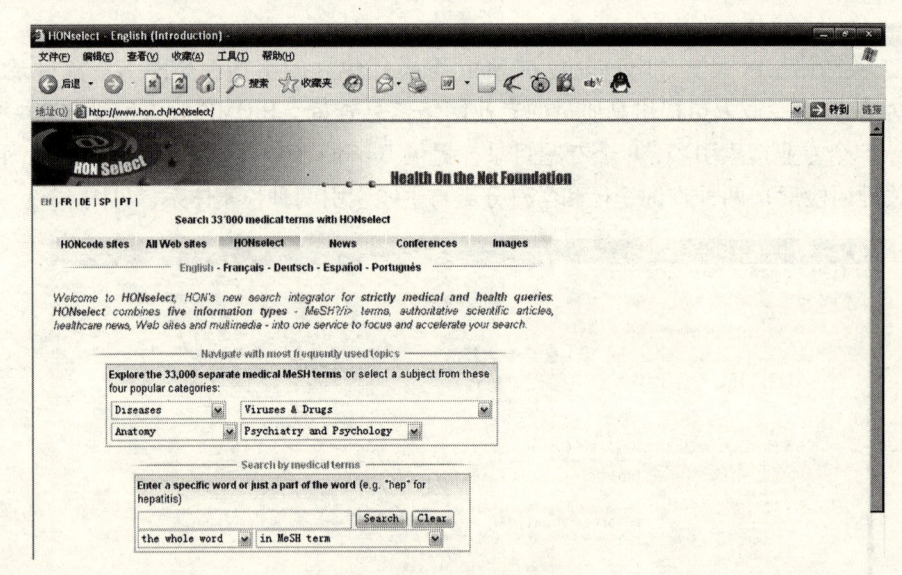

图 4-4 HON 检索界面

（二）检索途径

1. HONselect

HONselect 收集英文、法文、德文、西班牙文和葡萄牙文 5 个语种由专家精选的可信赖网络医药资源,提供以 33,000 个 Mesh 词为检索入口,整合 Pubmed、网页、图像、新闻等各种资源类型于一体的网站目录,有分类浏览与主题词检索两种途径。

【例】用 HONselect 主题词检索查找有关"脑干"研究的 Web 资源。

检索步骤:HON 主页(http://www.hon.ch)→HONselect→主题词检索框内输入 brain stem→选"the word","in MESH term description"→点击 Search →可浏览主题词结构表、MEDLINE 中相关论文、Web 网站、图像等。

2. Medhunt 60,000 余个文档的医药全文搜索引擎。

3. Conference & Events 提供国际论文信息查询。

4. HONmedia 提供 1,400 多个主题的图片搜索。

六、其他

(一) 医药世界检索

(MEDICAL WORLD SEARCH, http://www.mwsearch.com)

由美国 The Polytechnic Research Institute 于 1997 年建立的一个医药专业搜索引擎,收集了数以千计的医药网点及近 10 万个 Web 页面。它采用了 NLM 研制的一体化医药语言系统,可以使用 540,000 多个医药主题词,包括各种同义词进行检索,在检索时可根据词表扩大或缩小检索范围,搜索的准确性很高。同时还提供扩展检索、精细检索功能,大小写无差别,免费全文检索,结果进行相关排序。为使该搜索引擎适合其他搜索引擎的检索要求,还通过 PubMed 免费检索 Medline,提供 HotBot、infoseek、AltaVista \ Webcrawler 的检索。对注册的用户能自动记住最近的 10 次检索和最近通过 Medical world Search 进入的 10 个网页,以供随时调用。

(二) 国际临床网

(CliniWeb International, http://www.ohsu.edu/cliniweb)

美国 Oregon Health Sciences University(OHSU)1995 年研制开发,这是一个基于分类目录的临床医药引擎,分为解剖学(Anatomy)、微生物学(Organisms)、疾病(Disease)、化学和药理学(Chemicals and Drugs)、诊断和治疗技术及仪器(Analytical Diagnostic and Therapeutic Techniques and Equipment)、心理学(Psychiatry and Psychology)、生物科学(Biological)七大类,可以同时用英语、法语、德语、西班牙语和葡萄牙语进行检索,内含的 Saphire International 98 是一个用于查找 UMLS 术语的搜索引擎,为从主题分类途径检索提供较合适的入口。还可以直接链接到美国国立医药图书馆 PubMed 系统的免费

Medline 检索。Cliniweb Intenational 共链接了 10,000 多个临床网页，它的疾病和解剖学部分采用的是医药主题词分类（Medical Subject Headings，MeSH），检索到的信息针对性强。由于国际临床网是一个实验性搜索引擎，数据库收集的临床信息不够完整和全面，故还提供了 Medical Matrix、Yahoo Health、MedWeb 的检索连接。

（三）医药猎手（Medhunt，http://www.hon.ch/MedHunt）

这是瑞士日内瓦的非盈利性组织"健康网络基金会"1996 年建立的一个免费全文医药搜索引擎，专为医药工作者使用。其在网址上提供了完整的医药主题词表（MeSH）供使用，同时提供国际上即将举行的医药会议的详细信息。该搜索引擎提供了 2 个独立的数据库 Honoured database 和 Auto-Indeced datdbase，检索结果按各自的数据库检出的内容分别显示，关键词检索时大小写无别，可精细检索，结果按相关性进行排序。

（四）Health A to Z（http://www.healthatoz.com）

1994 年由美国 Medical Network 公司开发，是一个功能强大的 Internet 上免费全文医药信息资源搜寻器，可对医药信息进行准确、有效的搜索，为医药工作者和健康消费者提供搜索医药信息的网站。它提供了 50,000 多个 Internet 上的健康和医药相关网址，可根据主题词或疾病名的首个字母进行检索。它收录的信息均经医药专业人员手工编排，保证了搜索的准确性及方便性，收集的内容每周更新，可按分类及关键词检索，关键词检索时大小写无区别，结果按相关性排序，并通过"Related Categories"实现相似性检索。它可分类浏览疾病与状态（按字母顺序排列）、卫生与福利、卫生学主题（字顺排列）、卫生学快报、卫生新闻等，还提供了免费检索 Medline。简单注册后可进一步获得全文、药学数据库的检索服务，此外还可了解其他计划和服务。

（五）MedFinder（http://www.netmedicine.com/medfinder.htm）

1996 年由 Triple Star System 公司研制，是一个由专家手工编制的免费全文医药专业搜索引擎，提供了数千个医药网址，可按主题词进行检索，短语直接输入，词间加空格。其特点是影像学方面的内容特别丰富，该网站提供了大量的病理切片、ECG、CT、MRI、核医药、超声医药方面的内容，其形式包括各种图片、照片、视频和动画，还提供免费 Medline 的网上检索。收录同一网站的网页数量较多，站点有重复。检索页面可进行限制以实现精细检索，如通过下拉式菜单选择简评、链接指南、病人信息、模拟、Web 站点、实践指南、原始研究、新闻论文等类目，也可将检索页限制在某一具体图像如 CT 扫描、MRIS、超声、X 射线片、声频和视频等方面。

第四节 网上医药专利文献检索

专利是国家专利局给发明人在一定期限内授予专利权,即发明人对其发明有独占制造、使用和销售的权利。专利权是指国家专利管理机关按专利法授予专利申请人对某项发明创造在法定期限内所享有的独占实施权,它受国家法律的保护。也就是说发明人在专利法保护下,在法律规定的时间和区域内,对专利这一技术商品所拥有的财产权。受专利权保护的技术内容包括发明、实用新型及外观设计3项。

专利权除了有时间的限制外,还有区域、空间的限制。一个国家或地区所授专利权,仅在该国或该地区有效,对其他国家没有任何法律约束力,其他国家或地区可任意使用。一件发明若要在许多国家得到法律保护,必须分别在这些国家申请专利。本节主要介绍网上中外专利信息检索。

一、网上中国医药专利信息检索

(一) 中国专利数据库(http://www.cpo.cn.net)

由国家知识产权局主办,收集自1985年到1999年12月国内外在华申请专利275 065条,分中、英文2个版本。1996年以来的专利附有专利说明书全文。中国专利数据库包括"SIPO"、"要闻"、"为您服务"、"服务网站"等栏目。

(二) 中国专利文摘数据库(http://www.exin.net/patent)

1986年北京市经济信息中心与北京市专利局合作在"北京市经济信息网"推出了《中国专利文摘数据库》查询服务。这是国内首家通过Internet提供《中国专利文摘数据库》查询的网站。它收录了中国专利局自1985年公布的发明专利和实用新型专利的申请,总计100多万件。该数据库内容有摘要和主权项等,每一件申请均有发明名称、摘要、申请(专利权)人、申请日、申请(专利)号、分类号、主权项、优先权、说明书光盘号、法律状态等21个描述字段。用户可对库内所有内容进行检索。检索途径有专利名称、文摘、权利要求申请人等。

(三) 中国知识产权网(http://www.cnipr.com/)

该专利检索系统由国家知识产权局知识产权出版社创建,分基本检索和高级检索2种类型。基本检索是免费的,设有专利号、公告号、专利名称、摘要、申请人等8个检索选项，可以进行单字段检索，也可以进行多个字段间组合检索。高级检索需付费，与基本检索相比检索方式更加便利快捷。该检索系统的特点是专利信息更新速度快，按法定公开日每周更新。

（四）中国专利信息网（http://www.patent.com.cn）

收集了1985年以来所有的发明专利和实用新型专利。该检索系统为全文检索，使用简单、方便、查全率高。其检索结果首先列出专利的申请号和专利名称，单击该条记录，则可获得该项专利的申请号、公告号、专利名称、申请人、文摘等23项信息。该网站除了提供中国专利检索外，还提供许多与专利有关的信息，如世界各国专利局网址、专利技术转让等，可作为有益的参考。

（五）中国期刊网专利数据库（http://www.cnki.net）

该数据库是中国知识基础设施工程（CNKI）的重要组成部分，于2000年1月1日正式开通，可查询从1985~1999年国家专利局公布的所有专利数据。检索该数据库需要输入"用户名"和"口令字"进行登录。该检索系统的突出特点是可以在第一次检索结果的基础上进行二次检索，提高查准率。同时该系统的分类总目录可进行各类别（A–K部）的浏览性检索，适合全面了解各类专利的情况。

（六）万方数据库的专利数据库

（http://scitechinfo.wanfangdata.com.cn/kjcgzl.asp）

该数据库由北京市专利管理局提供，由《中国发明专利数据库》、《中国实用新型专利数据库》、《中国外观设计专利数据库》、《失效专利数据库》组成。前3种数据库收录有1985年至今受理的全部专利数据信息，包含专利公开（公告）日、公开（公告）号、申请（专利）号、申请日、优先权等数据项。《失效专利数据库》专利收录时间截至1997年末，总共有21万件以上，均为已经失效的专利。该数据库有全文、专利名称、发明人、申请人等7个检索选项。检索结果首先列出符合提问要求的记录条数，单击其中任意一条，即可列出该项专利名称、文摘等20余项详细信息。

二、网上国外医药专利信息检索

（一）IBM专利数据库（http://www.patents.ibm.com/）

是IBM公司1997年1月推出的专利服务系统。它收录1971~1973年的部分专利和1974年以后美国专利商标局公布的专利，总计200多万条。该系统提供4种检索方式：①关键词检索，找出相关专利号、专利分类号；

②专利号检索，利用专利号提取专利摘要和专利全文；③布尔检索，从专利摘要、权利要求、发明人等项目中选取 2 个关键词进行"与"或"非"操作；④高级检索，可以对专利名称、专利摘要、权利要求、发明人、专利权人、代理人等项目分别进行限定检索。该数据库检索功能强大，帮助信息详细而完备。

（二）美国专利文献数据库（http：//www.uspto.gov/patft）

是美国专利商标局推出的专利书目型数据库及全文型数据库服务系统。它收录 1976 年至现在的所有美国专利数据，用户可以检索到专利题目、专利文摘、专利所有者、专利号、申请国家、批准号等信息。每隔一定时间，新的专利就被加入进去。该系统提供 3 种检索方式：布尔检索、高级检索和专利号检索。

布尔检索在美国专利数据库中的使用同其他数据库一样，该数据库检索结果的查准率高，可检索字段多达 20 多个，每一个检索词可以任意选择字段进行检索，也可以在所有字段中检索，但是在此检索方式下只能进行单一字段的检索。而手工检索（manual search）和高级检索（advanced search）可以进行多种字段的组合，进行多字段组合检索时，必须注明字段代号。布尔检索和高级检索都支持布尔逻辑运算和相似页面检索，即根据这一次检索的结果，在检索范围不变的情况下，对这一次的检索式进行精确检索，检索词不区分大小写，用户操作方便。

（三）日本专利数据库

（http：//www.ipdl.jpo-miti.go.jp/homepge.ipdl）

由日本专利局提供，收录自 1994 年至今公开的日本专利的英文题录和摘要。

（四）欧洲及欧洲各国专利数据库

（http：//www.european-patent-office.org/espacenet/info/access.htm）

该网站由欧洲专利办公室提供，可用于检索欧盟、欧洲各国、世界专利组织、日本及世界其他一些国家的专利文献。另外，欧洲 19 国也提供检索本国专利文献的网站，其相应的网址及支持语言均有详细的列表。

（五）PCT（《专利合作条约》）国际专利

（http：//pctgazette.wipo.int/）

由世界知识产权组织（WIPO）提供，收录了 1997 年 1 月 1 日至今的 PCT 国际专利，仅提供专利题录、文摘和图形。提供免费账号申请，申请成功后立即可以开始进行浏览和查询。

（六）世界知识产权组织的知识产权电子图书馆（IPDL）（http：//ipdl.wipo.int/）

由世界知识产权组织下属的知识产权电子图书馆创建，提供世界各国专利数据库检索服务，其中包括：PCT国际专利数据库、中国专利英文数据库、印度专利数据库、美国专利数据库、加拿大专利数据库、欧洲专利数据库、法国专利数据库等。

第五章 重要医药信息网站

第一节 政府机构网站

一、美国国立卫生研究院

（一）简介

美国国立卫生研究院（National Institutes of Health，简称 NIH；http://www.nih.gov）是世界一流的生物医学研究中心，其网上医学信息资源丰富多样。NIH 建于 1887 年，目前有 27 个研究所和中心，包括著名的国立癌症研究所（National Cancer Institute，NCI）、国立人类基因组研究所（National Human Genome Research Institute，NHGRI）、国立医学图书馆（National Library of Medicine，NLM）。NIH 的任务是：从事 NIH 院内科学研究，资助私立大学、医学院、医院和研究机构的医学科学研究，资助研究人员培训，促进生物医学信息的传播。

（二）栏目信息

NIH 主页上的主要栏目有：Health Information（卫生信息）、Grants & Information（科研资助）、News & Events（新闻与事件）、Research Tranning & Scientific at NIH（研究培训和科学资源），Institutes（下属机构），About NIH（关于 NIH）等（见图 5-1-1）。

1. 卫生信息（Health Information）

此部分的信息和数据库有 A to Z Health Topics（卫生专题）、Clinical Trials（临床试验数据库）、Medlineplus 数据库和 Health Hotlines 等。提供字顺和分类两种途径查找卫生信息资源，并提供与重要的医学数据库、卫生机构等链接。

A to Z Health Topics（卫生专题）

此专题下汇集了大量医学知识普及性文章，按字顺排列医学卫生专题信息，提供按字母顺序查找相关医学信息，也可在"Search Health Topic"检索

图 5-1-1 美国国立卫生研究院主页

框直接输入关键词查找。例如，通过人体部位检索"脑卒中"方面的文章，检索路径是：http://health.nih.gov→Health Topics 部分的 Body Location/Systems 下的 Brain and Nervous System→Stoke→得到有关脑卒中的普及性文章。

Browse Categories（分类浏览）

将相关医学卫生信息分为 3 类：Body Location/System（身体部位和系统）、Conditions/Diseases（状态/疾病）、Health and Wellness（卫生和健康）。通过逐层点击可获取相关医学信息，如检索有关"心力衰竭"（Heart Failure）方面的信息，检索路径为：http://www.nih.gov→Health Information→Body Location/Systems 下的 Heart and Circulation→Heart Failure，即可获得"心力衰竭"方面的相关信息。

Clinical Trials（临床试验数据库）

临床试验是通过对自愿接受试验病人的临床研究，观测新的药物、诊断方法、疫苗和其他治疗方法是否安全和有效。"临床试验数据库"是向病人、病人家属、公众和医务人员提供美国国内临床试验研究信息的数据库，由 NIH 下属的美国国立医学图书馆开发。数据库收录了由 NIH、美国其他联邦机构和制药公司资助的 10,000 多条临床试验信息。数据库中数据内容定期更新。每条临床试验信息的内容包括：试验名称、试验主持单位、试验目的、试验内容、参加试验病人的标准、试验的地点、试验是否继续招收病人、参加试验与谁联系、试验起始日期等。直接进入 Clinical Trials 数据库的网址为 http://clinicaltrials.gov。

ClinicalTrials.gov 的检索途径有 Basic Search 和 Advanced Search 两种。

Basic Search

在 Search 检索框内直接输入检索词或短语，然后按 Search 按钮。检索词之间用空格表示词组关系，即检索词在记录中紧相邻。检索词间用逗号，表示为 and（逻辑与）关系。如检索 NCI 主持的白血病治疗方面的临床试验，在检索框内应输入 leukemia, treatment, nci, 然后点击 Search 按钮。显示的记录中，临床试验标题左面的 recruiting 表示是正在招募病人的试验，Active not recruiting 是已不再招募病人的试验。

Advanced Search

Advanced Search 高级检索，也可称为"聚焦检索"或"精细检索"。在 Search Terms 检索框内输入疾病名或症状名；在 Study Type 可选择研究类型；在 Study Results 复选框供选择临床试验的不同阶段；在 Location 框内输入试验所在的机构、城市、州名、国家；Additional Criteria 复选框供选择研究对象的年龄段，若不选视为所有年龄段；在 Study IDs 框内输入临床试验项目的代码。

Studies by Topic

Studies by Topic 分 Condition（疾病浏览）、Browse（研究单位浏览）、Drug Interventions 和 Locations 四部分。在 Conditions 中，可直接按字顺 Alphabetic（A–Z）查到疾病名，也可先点击 By Category 得到疾病分类名（共23个），再从某一分类中查具体的疾病名。例如，肝疾病（Liver Disease）方面的信息，可按以下链接路径进行：ClinicalTrials.gov 主页上的 Studies by Topic→Condition→By Category→Digestive System Diseases→Liver Disease，然后点击其中感兴趣的试验名称，即可得到有关肝疾病有关方面的详细信息。

在 Drug Interventions 中按照字顺 Alphabetic（A–Z）列出药物研究机构的名字，也按照分类给出药物研究机构的名字。

在 Sponsor 中，也提供字顺 Alphabetic（A–Z）查找方法；在 By Category 中有6个选项，它们是：Clinical Research Network（临床研究机构），Government, excluding U.S. Federal（政府机构），Industry（制药公司等企业），National Institutes of Health（国立卫生研究院下属的单位），U.S. Federal Agency, excluding NIH（联邦政府下的其他机构），University/Organization（大学和其他

组织）。继续点击，可从具体的机构名称得到该机构主持研究的临床试验项目信息。

在 Locations 部分按照地区字顺给出全世界不同地区的研究结果，也可以按照 11 个大的分区进行检索不同的机构。

临床试验数据库不仅是病家寻求治病机会的信息窗口，也是临床医生和药物开发研究人员重要的信息来源。这些信息虽然缺少研究结论，但信息快且新，对临床医生和临床试验设计者具有一定的参考启示作用。

2. Grants & Information（科研资助）

提供 NIH 科研基金资助的研究项目、资助政策、经费资助申请、科研合同签订指导、院内院外科研培训机会和专家审批程序等内容。

3. News & Events（新闻与事件）

这部分内容包括：最新的基础及临床科研成果、卫生保健知识、科研信息、讲座、研讨会和讨论会等学术教育活动的日程，特别报道、任命事项、招聘信息等。

4. Research Tranning & Scientific at NIH（研究培训和科学资源）

本栏目内容有 NIH 培训研究情况、热点科研专题资源、胚胎干细胞研究、AIDS 试剂项目、辐射安全、实验信息、NIH 及下属单位图书馆目录查询（包括 NLM 的馆藏目录 Locator Plus）、NIH 实验室信息和计算机资源信息等。

科学资源中一部分内容只对 NIH 院内开放，如 Online Journals, NIH Library Databases 等，我们无法通过这些链接阅读电子期刊全文和使用 NIH 图书馆的数据库。

5. Institutes（下属机构）

这部分提供了 NIH27 个研究所、中心、办公室和网站链接，如国立癌症研究所（National Cancer Institute, NCI）、国立人类基因组研究所（National Human Genome Research In – stitute, NHGRI）、国立医学图书馆（National Library of Medicine, NLM）等。

在 NIH 下属单位网站中，蕴藏着丰富的各专业医学信息资源，例如，相关专业数据库、最新研究成果新闻、研究项目、本专业基本知识、研究经费资助、工作和培训岗位招聘、统计数据、学术会议、继续教育、临床实验信息、出版物、相关链接等。

6. About NIH（关于 NIH）

这部分内容包括：NIH 职员的 E – mail 和电话名录、NIH 交通及示意图、招聘信息、NIH 的历史、为来访者提供的各类信息、NIH 对公众开放的活动、

第五章 重要医药信息网站

NIH 的教育活动、NIH 的公共关系办公室、有关 NIH 的问答等。

NIH 网上信息资源十分庞大，除了按照以上分类进行浏览查询外，还可通过屏幕右上角的 Search 和 Advanced Search 进行直接的输词检索。

二、美国国立医学图书馆

（一）简介

坐落于国立卫生研究院院内的美国国立医学图书馆（NLM；http://www.nlm.nih.gov）是世界上最大、最著名的生物医学图书馆之一。NLM 馆藏文献 700 多万册，网上医学信息资源丰富多样，包括 Medline 在内的几十种数据库供因特网用户免费使用（见图 5-1-2）。

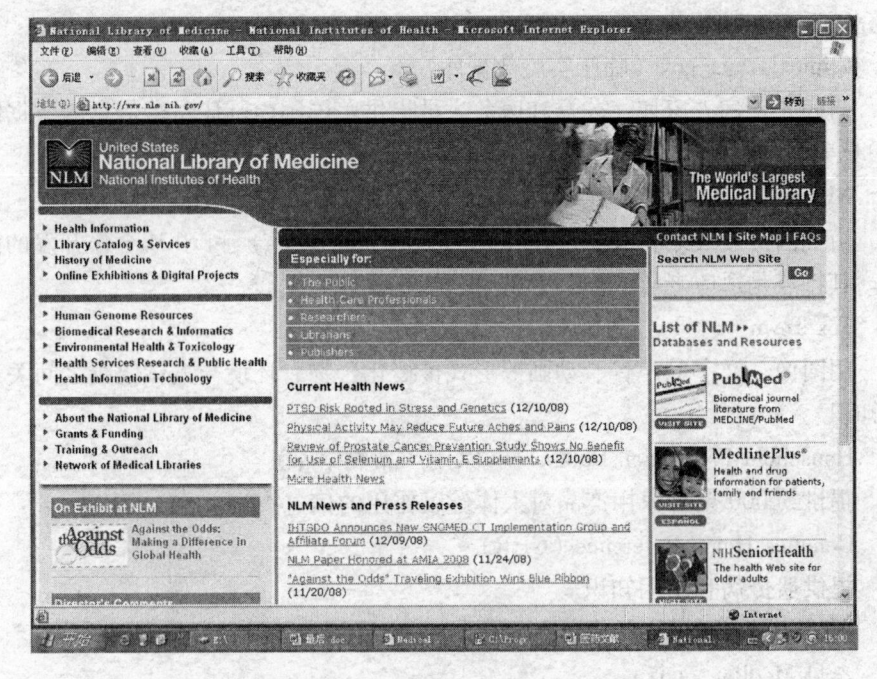

图 5-1-2 美国国立医学图书馆主页

（二）以下介绍几个重要的栏目：

1. Health Information（卫生信息）

"卫生信息"部分集中了以下最常用的医学数据库。

MEDLINEplus

MEDLINEplus 由 NLM 的参考咨询部（Reference Section）开发研制，目的在于向大众解答各种医疗卫生问题的事实型数据库。NLM 馆长 Donald

151

A. B. Linberg 把 MEDLINEplus 描述为来自世界最大医学图书馆日益更新的有质量的卫生保健信息的金矿。从 MEDLINEplus 中可以获得以下信息：卫生专题信息、药物信息、医学百科全书、医学词典、最近一个月的新闻、医生和医院名录、医疗机构组织、地区图书馆等。

MEDLINEplus 中的 Health Topics 部分现有卫生专题 570 多个。查询可从专题名称的字顺点入，也可进行专题的分类浏览。MEDLINEplus 的专题分类共有 34 个一级类目，以下细分成几百个专题。例如，通过 Bones, Joints and Muscles 类目进入到 Back Pain 专题，得到背痛方面如下信息：有关背痛的新闻、概述、解剖学生理学、临床试验、诊断与症状、背痛处理、预防与检查、康复、研究、治疗、机构组织、儿童背痛、妇女背痛，以及 MEDLINE 中对背痛研究的近期文献等。

ClinicalTrials. gov（临床实验数据库）

向病人、病人家属、公众和医务人员提供美国国内临床试验信息的数据库（参见美国国立卫生研究院章节）。

NIHSenior Health（老年卫生）网站

由美国国立衰老研究所（National Institute of Aging）和 NLM 合作开发的网站。其特点是适应老年人需要，以易读格式设计开发。

Tox Town

用图像、文字、声音、动画等形式传授化合物、环境与人体健康之间关系的知识。

Household Production Database（家用产品数据库）

提供 5,000 余种家用产品对人体健康作用的信息查询。

Genetics Home Reference（GHR）

提供遗传病和基因知识。

Medline/Pubmed

参见 Medline 章节。

AIDSinfo（艾滋病信息库）

提供艾滋病最新临床实验信息。

2. Library Catalog & Services

提供 NLM 馆藏图书、期刊、视听资料目录查询、数据库检索、文献传递服务、NLM 出版物信息的参考咨询服务。

3. Human Genome Resources（人类基因组资源）

汇集了生物信息资源的链接，包括基因知识、基因数据库、序列数据库、

第五章 重要医药信息网站

基因图谱、细胞遗传学和比较基因学等信息，与著名的分子生物信息学 Entrez 检索平台链接，Entrez 检索平台由美国国家生物技术信息中心（NCBI）创建，可根据用户的体温进行跨库检索。该系统主要包括生物医学文献数据库、核酸序列数据库、蛋白质序列数据库、蛋白质结构数据库、基因组数据库、系统分类等数据库。

4. Biomedical Research & Information（生物医学研究和生物医学信息学）

主要提供以下生物信息资源：

Medline/Pubmed（参见 Medline）。

Pubmed Central（参见 Pubmed）。

NLM Gateway（http：//gateway.n1m.nih.gov/gw/Cmd）

NLM Gateway，是跨库检索系统，目前可检索 NLM23 个数据库，提供统一检索界面（见图 5-1-3）。

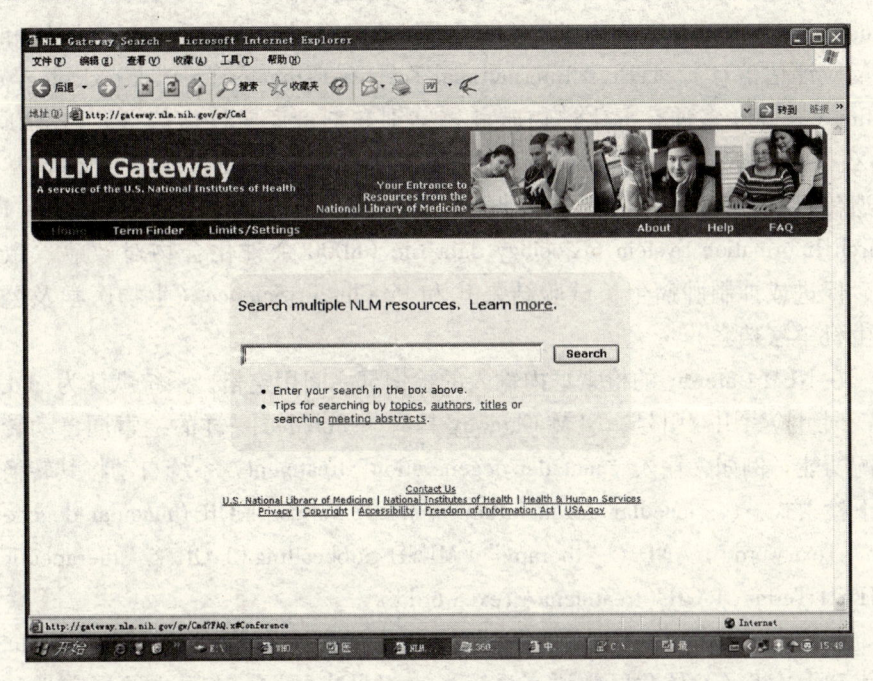

图 5-1-3 NLM Gateway 检索主页

NLM Gateway 目前供检索 23 种数据库，具体数据库如下：

Bibliographic Resources

Bibliographic Resources 包括 MEDLINE/PubMed、NLM Catalog（NLM 馆藏图书、期刊、视听资料目录）、Bookshelf 生物医学全文图书）、TOXLINE（毒理

153

学参考文献)、DART：Developmental and Reproductive Toxicology（生殖毒理学文献）和 Meeting Abstracts。

②Consumer Health Resources

Consumer Health Resources 包括 MedlinePlus Health Topics、MedlinePlus Drug Information、MedlinePlus Medical Encyclopedia、MedlinePlus Current Health News、MedlinePlus Other Resources、ClinicalTrials.Gov、DIRLINE（卫生组织名录）、Genetics Home Reference 和 Household Products Database。

Other Information Resources

Other Information Resources 包括 HSRProj（卫生服务研究项目数据库）、OMIM：Online Mendelian Inheritance in Man catalog of human genes（孟德尔人类遗传联机数据库）、HSDB：Hazardous Substances Data Bank toxicology data file（提供潜在有害化合物毒理学方面信息的事实型数据库）、IRIS：Integrated Risk Information System toxicology data file（提供 500 多种化学物质的危害鉴定和剂量反应评估信息）、ITER：International Toxicity Estimates for Risk toxicology data file（含 600 多种有毒化学物质危害鉴别和剂量反应评估信息）、GENE-TOX：Genetic Toxicology（Mutagenicity）toxicology data file（3000 余种化学物质遗传毒理学试验的事实型数据库）、CCRIS：Chemical Carcinogenesis Research Information System toxicology data file（8000 余种化合物对致癌、致突变、促进或抑制肿瘤生长试验结果）和 Profiles in Science（生物医学及公共卫生科学家档案）。

在 NLM Gateway 的检索框内输入的检索词之间用空格，系统默认为 and 运算；词组检索用双引号。NLM Gateway 具有与 PubMed 一样的检索词自动转换匹配功能。例如，输入 "macular degeneration" treatment，系统自动将其转换成以下检索式：（"macular degeneration" [MeSH Terms]）OR（macular degeneration [Text word]）AND（"therapy" [MESH Subheading]）OR（"therapeutics" [MESH Terms]）OR（treatment [Text word]）

在检索提问下的 "Find Terms" 按钮能提供主题词检索，即通过 McSH 词表和 UMLS（一体化医学语言系统）来引见主题词，查看主题词定义、下位词的扩展检索、副主题词的限定检索；"Limits/Settings" 按钮提供检索范围、出版日期、输出等限定检索；"Search Details" 按钮提供每个数据库的详细检索策略；"History" 用于查看检索史；"Locker" 供存放检索结果，以便集中打印或下载。NLM Gateway 的检索返回结果分成以下 5 项分开显示（见图 5-1-4）。

继续点击"Display Results"按钮，得到相应的文献记录。"Search Details"供查看系统实际采用的检索式。

检索提问框下的 Find Terms 用于主题词检索，即通过 MESH 词表和 UMLS 来引见主题词、查看主题词定义、进行下位词扩检、用副主题词限定检索；Limits 按钮提供检索范围、出版日期等的检索限定；History 用于查看检索史；Locker 供存放检索结果，以便集中打印或下载；Preferences 用来设定检索参数。

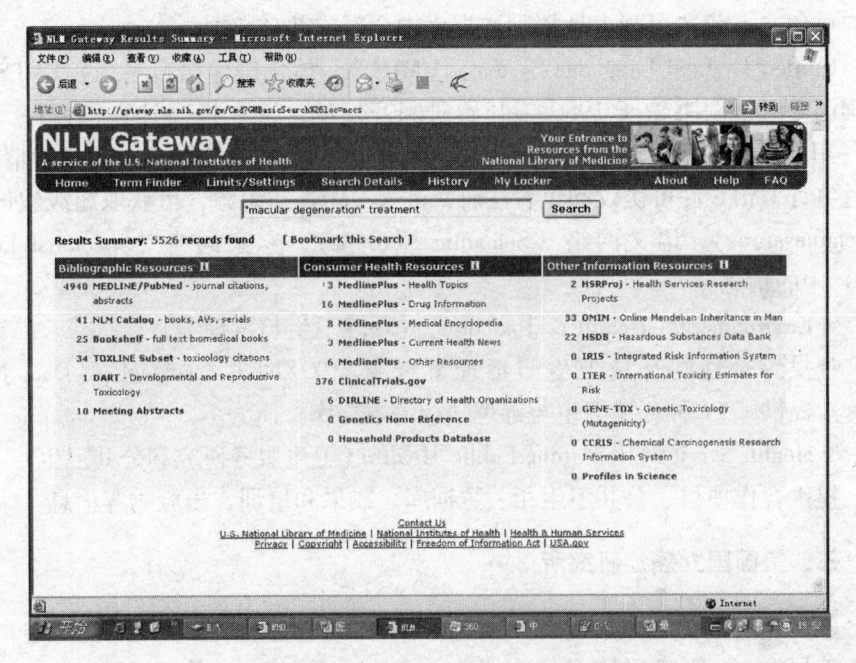

图 5-1-4　NLMGateway 检索结果返回页面

Computational Molecular Biology（计算机分子生物学）

提供分析基因序列和蛋白质结构的数据库和系统，链接到 NCBI（国家生物技术信息中心）检索界面。

Visible Human Project（可视人计划）

"可视人计划"是美国国立医学图书馆（NLM）于 1986 年开始规划的一项长时间的研究项目。1991 年 NLM 与 Colorado 大学签约，通过 CT、MRI 和冰冻切片记录下一男一女人体三维解剖图像的数据集。男尸横断面图像的间隔为 1 mm，共计 1 871 幅；女尸的横断面图像间隔 1/3 mm，共有 5000 幅。

155

网上所能见到的"可视人计划"中的图像为样品。使用完整的"可视人计划"图像数据集须获得 NLM 的许可。先从网上下载许可协议书一式两份（http：//www.nlm.nih.gov/research/visible/getting_data.html→text file 或 Word-Perfect），填写使用目的等相关内容后，由单位领导签字，然后邮寄到 NLM 的"可视人计划"办公室。协议书中的一份由 NLM 签字认可后寄回用户，同时用户会得到进入"可视人计划"FTP 站点（nlmpubs.nlm.nih.gov）的"用户名"和"密码"，以及购买"可视人计划"数据磁带的有关信息。获得许可的用户可免费下载"可视人计划"数据库中全部或部分数据。

Unified Medical Language System（UMLS，一体化医学语言系统）UMLS 是美国国立医学图书馆于 1986 年开始研制开发的，旨在提高计算机程序"理解"用户提问中生物医学词汇的能力，帮助用户检索和获取相关的机读情报。通过签订 UMLS 许可协议和免费注册，进入 UMLS 知识源，可获取超级叙词表（Metathesaurus）、语义网络（Semantic Network）、专家词典（Specialist Lexicon）中的信息。

5. Environmental Health & Toxicology（环境卫生与毒理学）

提供综合性的环境卫生与毒理学资源。TOXNET（Toxicology Data Network）提供了 17 种环境卫生与毒理学相关数据库。

6. Health Services Research&Public Health（卫生服务研究和公共卫生）

提供合作项目、公共卫生相关数据库、成果和培训、出版物等信息。

三、美国国立癌症研究所

（一）简介

美国国立癌症研究所（National Cancer Institute，简称 NCI；http：//www.cancer.gov）创建于 1937 年，隶属于美国国立卫生研究院 NIH，是联邦政府下癌症研究培训和癌症信息传播最主要的机构。NCI 网站主要栏目包括：Cancer Topics（癌症专题）、Clinical Trials（临床试验）、Cancer Statistics（统计数据）、Research &. Funding（研究经费申请）、News（新闻）、About NCI（NCI 介绍）等，通过"Quick Links"可快速查找癌症术语词典、药物词典、NCI 出版物、NIH 大事表、基金等，提供有关癌症临床试验、统计数据、癌症研究与培训、科研基金申请、癌症最新消息、癌症名词术语解释等信息（见图 5-1-5）。

第五章 重要医药信息网站

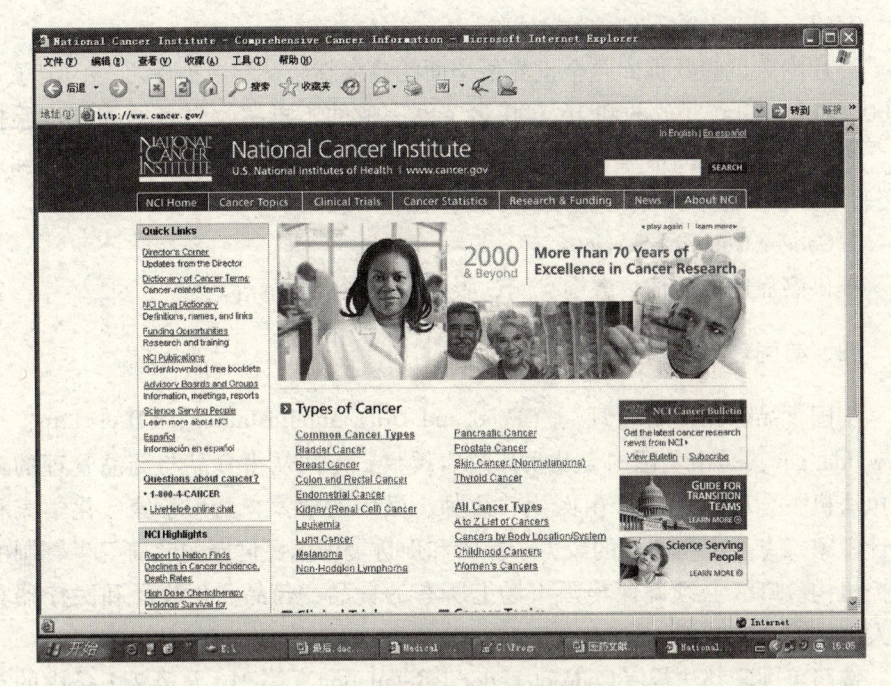

图 5-1-5 美国国立癌症研究所主页

（二）重要栏目信息

现着重介绍"Cancer Topics"（癌症专题）栏目下的"医生数据咨询库"：
"医生数据咨询库"（Physician Data Query, PDQ）是 NCI 综合性事实型癌症数据库，主要提供癌症研究的信息摘要、临床试验信息及卫生机构人员名录等。PDQ 由以下 3 部分组成：

1. Cancer Information Summaries（癌症信息摘要）

癌症信息摘要类似综述文献，原始材料来源于 70 多种生物医学期刊，由 6 个专家编辑组（adult treatment, pediatric treatment, supportive care, screening and prevention, genetics, complementary and alternative medicine）的肿瘤专家每月根据癌症的最新研究进展评价、分析和综合而成。癌症信息摘要分为 7 类，即 Adult Treatment Summaries, Pediatric Treatment Summaries, Supportive and Palliative Care Summaries, Screening/Detection（Testing for Cancer）Summaries, Prevention Summaries, Genetics Summaries, Complementary and Alternative Medicine Summaries，每一类下按癌症名称字顺排列。每条摘要有两种阅读形式，"Patients"以非专业术语形式专门提供给病人及公众阅读，"HealthProfessionals"，则供医生和专家阅读。

157

2. Clinical Trials（疾病临床试验）

癌症临床试验数据库是全世界最全面的癌症临床试验数据库之一，记录了5,000多个对患者开放的和16,000多个已完成的不再招收患者的临床试验摘要，内容包括癌症的治疗、遗传学、诊断、支持疗法、预防、普查、生物标记/实验室分析、组织采集与保存、方法进展等信息。

3. Cancer Genetics Services

提供癌症遗传评估、咨询、测试服务专业人员名录等。

四、美国食品与药品管理局

美国食品药品监督管理局（Food and Drug Administration，FDA；http://www.fda.gov）是由美国国会及联邦政府授权，专门从事食品与药品管理的最高执法机关。FDA是一个由医生、律师、微生物学家、药理学家、化学家和统计学家等专业人士组成的致力于保障和促进美国国民健康的政府卫生管制的监控机构。FDA必须确保美国市场上所有的食品、药品、化妆品和医疗器具对人体是安全有效的。

按照美国联邦法规（Code of Federal Regulation）第210及第211条中的有关规定，任何进入美国市场的药品（包括原料药）都需要首先获得FDA的批准，而且所有有关药物的生产加工、包装均应严格符合美国cGMP的要求。

对于原料药来说，通过FDA批准主要有两个阶段，一是DMF文件的递交，该文件是由FDA的药物评价及研究中心（Center for Drug Evaluation and Research，CDER）来审核。二是当DMF文件的登记已经完成，而且在原料药终端用户提出了申请以后，FDA官员对原料药物的生产厂家进行GMP符合性现场检查，通过对药品生产全过程的生产管理和质量管理状况的全面考察，做出该原料药生产企业的生产和质量管理能否确保所生产药品的质量的判断。FDA在现场检查的基础上做出是否批准该原料药品在美国市场上市的决定。

美国食品药品监督管理局网站的主页上提供最新的食品、药品、医疗器械、生物制剂、动物饲料、化妆品等医药信息。

五、美国疾病预防与控制中心

美国疾病预防与控制中心（The Centers for Diseases Control and Prevention，CDC；http://www.cdc.gov），是保障人们的健康和安全的主要联邦机构，它隶属于美国卫生与人类服务部。

CDC的任务是，通过对疾病、伤害和残疾的预防和控制增进健康并提高人们的生活质量。为了实现这个任务，CDC 要与全国及国外的合作伙伴一起，监测和研究健康问题，从事保健方面的研究，制定和宣传公共卫生政策，实施预防战略，培养安全健康的环境并提供指导和培训。

CDC 现有员工 8500 名左右，他们分别属于 170 多个公共健康方面的专业领域。CDC 的总部设在亚特兰大，6000 多名员工在总部工作，还有 2000 多名员工在 47 个州立卫生保健部门工作，还有约 120 名员被派到国外。CDC 下设 12 个中心、研究所和办公室，其中包括全国传染病中心（NCID），流行病学项目办公室等。

对于传染性疾病，如艾滋病、结核病等对个人的生命、社会的资源乃至国家都是很大的威胁。在当今的全球化世界中，由于人们的流动性增加，新的疾病可能会在几天甚至几个小时之内传播到世界各地。新病的监测、预防和控制是 CDC 的一个重要任务。1994 年，CDC 提出了提高国家预防传染病的能力的第一阶段的工作。这项工作有四大目标：（1）加强对疾病的监控和发病后的应对能力；（2）支持有关新传染病威胁的认识和对抗的研究；（3）通过疾病控制计划的实施和公共健康信息的交流来预防传染病；（4）改造用于传染病控制的公共卫生基础设施。现在 CDC 已经在上述四个领域取得了很大进步。

网站主页主要提供美国国内卫生信息，包括卫生专题、疾病统计数据、培训与招聘、卫生出版物、会议和事件等。

第二节 医药学（协）会、组织网站

一、世界卫生组织

（一）简介

世界卫生组织（World Health Organization，简称 WHO；http：//www.who.int）是指导协调国际卫生工作的专门机构。1946 年 7 月，世界卫生组织在纽约成立筹备会，并通过世界卫生组织法。1948 年 4 月 7 日，该法得到 26 个联合国会员国的批准并生效。同年 6 月 24 日，世界卫生组织在日内瓦召开的第一届世界卫生大会上正式成立，总部设在瑞士的日内瓦，另设非洲、美洲、东地中海、欧洲、东南亚和西太平洋 6 个地区办公室。WHO 的任务是：促进技术合作，帮助所需政府加强卫生工作，在紧急情况下向所需政府提供适当的技术援助，促进和加速流行病、地方病和其他疾病的预防控制，必要时与其他专业机构合作，促进营养、住房、卫生、娱乐、经济和工作条件，以及环境卫生其他方面的改善，促进协调生物医学和卫生服务研究，提高医学卫生和相关专业教育培训的标准，制定与促进制定食品、生物制品、药品和类似产品的国际标准，促使诊断方法的标准化，促进精神卫生领域的活动，尤其是那些影响人际关系和睦的活动。截至2008年12月，世卫组织共有193个成员国。

中国是该组织的创始国之一。1972年第25届世界卫生大会恢复了中国的合法席位后，中国出席了该组织历届大会和地区委员会会议。

WHO网站资源特色主要体现在预防医学、世界卫生事业、重大疾病防治、全球卫生统计数据等方面，并提供阿拉伯文、中文、英文、法文、俄文和西班牙文6种文字的版本，主要栏目有：Countries（国家）、Health Topics（健康主题）、Publications（出版物）、Research Tools（研究工具）、WHO Sites（世界卫生组织网上资源）。（见图5-2-1）

图5-2-1 世界卫生组织网站主页

（二）重要栏目信息

1. Countries（国家）

列出193个WHO成员国的国名。通过国家名链接，可以提供各个成员国国情、卫生支出、卫生系统组织管理、综合衡量指标、特定疾病、医务人员资源量、卫生状况、疫苗接种情况以及统计情况等信息。

2. Health Topics（健康主题）

按字母顺序列出了200多个卫生专题。提供某一专题有关的活动、新闻、报告、疾病分布地图、研究机构、统计信息、专题基本知识、疾病暴发情况、相关链接等。

3. Publications（出版物）

Publications（出版物）主要包括以下内容：

网上书店

提供在线信息产品目录、出版物新闻、目录、订阅信息等。

WHO图书馆数据库（WHO Library database，WHOLIS）

收录了自1948年以来所有WHO出版物及WHO编印的杂志文章以及1985年至今的技术文件的索引。可通过图书馆检索系统进行检索，检索项包括关键词、著者、题名、主题、刊名、ISBN号、ISSN号等，可对语种、出版时间、文献类型、馆藏机构进行限定检索。

WHO出版物链接

WHO网上提供的电子刊物主要有以下5种：Bulletin of the World Health Organization（世界卫生组织简报）；Eastern Mediterranean Health Journal（东地中海卫生杂志）；Pan American Journal of Public Health（泛美公共卫生杂志）；Weekly Epidemiological Record（疫情周报）；WHO Drug Information（世卫生组织药物信息）。

其中，《世界卫生组织简报》创刊至今已60周年，是一份很有影响的国际性公共卫生杂志。该刊为月刊，以公共卫生领域研究发现和有关卫生政策讨论为报道重点。

The World Health Report（世界卫生报告）

WH Report每年出版一次，反映前几年世界卫生状况和卫生工作状况，展望未来世界卫生工作。2008年世界卫生报告的题目是"Primary Health Care - Now More Than Ever"，共141页。报告阐述了为何要重振初级卫生保健？为何现在比以往任何时候都更需要重振？直接的回答是：各成员国明确要求重振初级卫生保健——这种需求不仅来自于卫生专业人士，还来自于政治界人士。全球化正使许多国家的社会凝聚力面临着挑战，作为当代社会机构中重要组成部门的卫生系统很明显未能较好地履行其自身职能和发挥其应有作用。由于卫生保健服务无法实现全国范围内的各级覆盖以满足人们特定的和不断变化的需求，加之服务提供的方式未能满足人们的期望，使得人们对卫生系统愈加失去耐心。无可否认，面对不断变化的世界所带来的挑战，卫生系统必须更好更快地去应对。初级卫生保健即可实现这个目标。

2002年起，WHO开始用6种工作文字（包括中文）刊登"世界卫生报告"的摘要。WHO还把"世界卫生报告"全文翻译成英文之外的5种文字刊登在网上。

4. Search Tools

世卫组织统计信息系统（WHO Statistical Information System，WHOSIS）

WHOSIS提供全球范围内流行病学信息和卫生统计数据等信息，包括卫生统计数字和卫生信息系统，世界卫生组织卫生统计信息系统，疾病负担统计数字，世界卫生组织死亡率数据库，《世界卫生报告》统计附件，按疾病或状况分类的统计数字，卫生人员全球地图集，WHO全球在线信息库，与卫生有关的统计信息的外部来源等。

WHO国际分类家族包括国际疾病统计分类，国际功能、残疾和健康分类，残疾评定列表Ⅱ（WHODAS Ⅱ）等。

地理信息工具包括公共卫生地理信息系统（GIS），全球传染病地图集，泛美卫生组织/美洲区域办事处流行病学和公共卫生地理信息系统等。

5. WHO Sites（WHO站点）

WHO站点提供按题名字顺提供WHO网上数据库、主要文件的链接，供浏览查询WHO的信息资源。

二、美国医学院协会

美国医学院协会（Association of American Medical College，AAMC；http://www.aamc.org），由美国132所医学院，加拿大17所医学院，400多个医学院及94个学术机构和专业性社团，10多万名专业人员组成。AAMC网站主要提供协会出版物、医学教育、医学研究、医学院校链接、教学医院、医疗保健、会议信息、学生专栏等信息。

三、中华医学会

（一）简介

中华医学会（http://www.cma.org.cn）是中国医学科学技术工作者自愿组成并依法登记成立的学术性、公益性、非营利性法人社团，是党和国家联系医学科技工作者的桥梁和纽带，是发展中国医学科学技术事业的重要社会力量。中华医学会（Chinese Medical Association）成立于 1915 年。现有 82 个专科分会，43 万余名会员，设有办事机构 15 个，建有医学图书馆 1 个，法人实体机构 2 个，是我国医学科学技术事业的重要社会力量。

中华医学会的主要业务包括：开展医学学术交流；编辑出版 150 多种医学、科普等各类期刊及音像制品；开展继续医学教育；开展国际学术交流；开展医学科技项目的评价、评审和医学科学技术决策论证；评选和奖励优秀医学科技成果（包括学术论文和科普作品等）；开展专科医师的培训和考核；发现、推荐和培养优秀医学科技人才；宣传、奖励医德高尚、业务精良的医务人员；承担政府委托职能及承办委托任务；组织医疗事故技术鉴定工作；推动医学科研成果的转化和应用；向党和政府反映医学科技工作者的意见和要求。

（二）重要栏目信息

中华医学会的网页内容以学术交流信息为主，设置的专栏有：医学新闻、学术活动、会议会讯、培训通知、学会动态、中华医学会部分分会链接、中华医学系列杂志检索与全文浏览等。

1. 关于协会对学会的历史沿革、章程、中华医学会工作委员会职责等进行了介绍。

2. 对中华医学会专科会员条例（讨论稿）、中华医学会会员分类等进行介绍。

3. 定期发布国家级继续医学教育项目的通知。

4. 发布最新的与医学相关的学术活动通知。

5. 对医学相关的科研课题进行评审。

6. 介绍中华医学会的 3 个杂志系列（中华医学系列、国外系列杂志、中国系列杂志），总共 150 多种杂志，中华医学系列有 115 种杂志，国外系列杂志有 24 种杂志，中国系列杂志包含 13 种杂志。

四、国家食品药品监督管理局

国家食品药品监督管理局（http://www.sfda.gov.cn）是国务院综合监督食品、保健品、化妆品安全管理和主管药品监管的直属机构，负责对药品（包括中药材、中药饮片、中成药、化学原料机器制剂、抗生素、生化药品、生物制品、诊断药品、放射性药品、麻醉药品、毒性药品、精神药品、医疗器械、卫生材料、医药包装材料等）的研究、生产、流通、使用进行行政监督和技术监督；负责食品、保健品、化妆品安全管理的综合监督、组织协调和依法组织开展对重大事故查处；负责保健品的审批。网站设有机构介绍、工作动态、法规文件、公告通告、数据查询、办事指南及在线服务等栏目,是查找我国食品、药品法律法规等相关信息的主要网站。

第三节 医药综合信息网站

一、常用综合性医药卫生网站

(一)、中国医学生物信息网(http://cmbi.bjmu.edu.cn)

中国医学生物信息网简称CMBI,是由北京大学心血管研究所、北京大学人类疾病基因研究中心和北京大学医学部信息中心协作、赞助和开发建设的非商业化、非盈利性医学生物信息网,主要提供有关国际医学和生物学的研究信息。主要的栏目与链接有:医学新闻、最新文献、特别报道、导航系统、专题网页、今日临床、网络资源以及常用数据库链接等。

(二)、中国医院信息网(http://www.drpacific.com)

中国医院信息网由跨国医药信息咨询企业太平洋医信科技有限公司开发建设,重点提供医院管理方面的信息。该网站的专栏与链接有:医界动态、医院管理、资本运作、医院与法律、医疗机构、产品咨询。在医疗信息化专栏中,有培训与交流、医院信息管理、网络医学、医学影像系统等子栏目。

(三)、中国医药信息网(http://www.cpi.gov.cn)

1. 简介

中国医药信息网是由国家食品药品监督管理局信息中心主办的医药行业专业网站。网站主要依托中国药学文摘数据库、全国药品生产企业数据库、国外药讯数据库、中国药品专利文献数据库、中药保护品种数据库、药品行政保护数据库、全国药品经营企业数据库、中国医疗卫生机构数据库、制药机械企业及产品数据库、医药市场研究与分析数据库、全国药品价格数据库、国产药品品种数据库、进口药品品种数据库、保健食品及生产企业数据库、国产及进口诊断试剂品种数据库、国产原料药品种及生产企业数据库、国内药物研发信息总览数据库、医药生物制品信息数据库、制药原料及中间体信息数据库等20多个专业数据库为医药管理部门、医药企事业单位、科研院所、医疗机构等相关单位提供医药政策法规、科技、经济、市场等信息检索服务。

2. 主要栏目

网站主要栏目有:政策法规、数据库检索、药市行情等。通过网站可以查

第五章　重要医药信息网站

询每日更新的药政管理、科研、生产、市场经营等实时信息，并能随时检索到20余种医药信息数据库（见图5-3-1）。

图5-3-1　中国医药信息网主页

（四）中国中医药信息网（http://www.cintcm.com）

中国中医药信息网由国家中医药管理局中国中医药文献检索中心建立，主要提供有关中医药方面的信息资源。网站设有数据库查询、专题论坛、科学研究、中医药百科、寻医问药、循证医学等栏目。

数据库查询：可查询检索中国中医药期刊文献数据库、疾病诊疗数据库、中医临床诊疗术语国家标准数据库、中医疾病分类与代码数据库、中医证候分类与代码数据库、中国中药数据库、中国藏药数据库、中国方剂数据库、方剂现代应用数据库、中国中药药对数据库、中药成方制剂标准数据库、中国藏药药品标准数据库、中药新药品种数据库、中国中药非处方药数据库、国家基本药物数据库、中国医药产品数据库、中国中药化学成分数据库、中国中药企业年度报表数据库、中国中成药主要产品产量数据库、中国药品企业年度报表数据库、中国GMP认证企业数据库、中国医药企业数据库、中国中医药新闻数据库、福建中医学院台湾地区系列数据库（共20个）、国外传统医学机构数据库、国外植物药生产经营机构数据库等50多个中医药方面的数据库。

循证医学：可查找中医药循证医学相关信息，其中循证中医药文献数据库收录了中国内地公开出版的 800 余种生物医学期刊中有关中医药系统评价、Meta 分析、随机对照试验等方面的循证中医药文献题录。

（五）好医生网站（http：//www.haoyisheng.com）

1. 简介

好医生网站由北京健康在线技术开发有限公司于 2000 年建立，主要为医护人员提供医药卫生专业信息及远程教育服务，是卫生部批准的医学专业信息网站，药监局批准的经营性医药网站，也是目前卫生部批准的国内第一家可以进行网上远程医学教育，并有权授予国家一类继续教育学分的医学教育网站。网站已有 120 万注册会员，主要设有医学资讯、医学文献、继续教育、医院课堂、护理中心、药品频道、学习园地、考试培训、好医生论坛等栏目。

2. 主要栏目介绍

医学资讯

以新闻动态、政策法规、会议信息、诊治指南、精华要览等专题介绍相关医学信息。

医学文丛

会员可检索查询网站收集的 200 多种中外文期刊，并可在付费后向网站索取期刊原文。

学习园地

"好医生学习园地"以疾病为出发点，有机地将学术前沿进展与医生需求结合起来，每期围绕一个主题设立众多版块，从不同角度进行系统而深入地阐述，以利于学员更全面、更深刻地掌握知识点。

继续教育

用户注册、登录继续教育网站后即可选择相关课程学习，考试通过后可向网站申请继续教育证书。

考试培训

本栏目开设各种执业医师资格考试辅导、护理资格考试辅导、主治医师考试辅导等。

好医生论坛

本栏目设置各种临床疾病论坛，医护人员可在论坛发表自己的见解。

（六）其他常用综合性医药卫生网站网址

1. 中国疾病预防控制中心网：http：//www.chinacdc.cn；

2. 中国金药网：http://www.gm.net.cn；
3. 医学空间网：http://www.medcyber.com；
4. 37℃医学网：http://www.37c.com.cn；
5. 复旦大学医科图书馆网：http://202.120.76.225；
6. 39健康网：http://www.39.net；
7. 生物谷：http://www.bioon.com。

二、主要基础医学网站

（一）Gross Anatomy Guides at Tufts（Tufts 大学人体解剖学指导）

Tuft 大学人体解剖学指导（http://iris3.med.tufts.edu/medgross/images-tst.htm）由位于美国波士顿的 Tufts 大学医学院解剖学与细胞生物学系主办。该网站提供有关解剖学的站点链接，其中包含丰富的参考资料。主要内容有：

1. 该大学解剖学系头部解剖学课程内容

按头颈部的具体部位分骨学、咽部、颈部三角等 6 部分，各部分均包括详细的文字介绍及解剖学图示。

2. 断面解剖学

列出身体各部位的链接，如上肢、下肢、胸腔、腹部、头颈部等，各具体部位包括二维、三维断面解剖学彩色图像。其图像均来源于美国国立医学图书馆（National Library of Medi–cine，NLM），有些还具备动画效果。此外，主页中还单独列出 MRI（核磁共振）及 CT 图像的直接入口。

3. 该大学解剖学系人体解剖过程指导

包括各部位解剖过程及相应图像，重点在于口腔颌面部位的解剖过程。

4. 用于临床影像学诊断的人体解剖学联机图谱

该网页由瑞士洛桑市影像诊断中心制作，每日更新，含有身体各部位的 CT 及 MRI 图像及图示。

5. 世界各国解剖学相关网址

列有美国、加拿大、欧洲等知名的网址链接。目前共 55 个网站，其他链接还包括：美国国立医学图书馆，哈佛大学医学院附属 Brigham & Woman 医院放射科提供的教育研究资料，美国阿肯色州大学（Arkansas State University）医学院人体解剖学教育资料，美国印第安纳大学（Indiana University）医学院提供的头部、颈部解剖学课程讲稿等。

（二）The American Association of Anatomists（美国解剖学家协会，AAA）

1. 简介

美国解剖学家协会（http：//www.anatomy.org）是美国最大的解剖协会，1888年始建于美国华盛顿，初始目的在于促进解剖科学的进展。其成员来自世界各国的相关专业，包括医学基础教育、医学图像工作、显微镜工作、组织学、神经科学、细胞生物、自然人类学、遗传、分子发育、内分泌学、法学等。目前它已成为那些致力于解剖学形态、功能的研究及教育人员的家园。

主页中的中心位置为"Anatomy links"，列出重要消息，例如：与解剖学相关的最新学术进展，各有关协会即将召开的会议摘要，相关机构最新动态，最新推荐的免费论文全文，AAA出版期刊中近年免费版的某一期，最新研究课题及资助项目信息，为解剖学者发布网上课程提供的入口，Wiley解剖网，会员信息查询等等。

2. 主要栏目介绍

主页左侧菜单栏中提供的主要栏目有：About AAA（关于美国解剖学会）、Awards/Grants（奖励和基金）、Meetings（会议）、Membership（会员）、Public Policy（公共政策）、Resources（资源）、Education & Teaching Tools（教育与教学工具）等。其中Resources栏目比较有情报检索价值，包括了工资和培训调查、求职中心、出版物、资源链接和Web档案等内容。例如，其中的Publications（出版物）栏目就提供AAA主办的机关刊物，主要包括：

（1）Anatomical Record（解剖学记录）AAA的机关刊物之一，创刊于1906年，由John Wiley & Sons公司出版，主要刊载解剖学领域的研究报告、评论、通讯和书评，侧重于生物结构及其功能等。AAA的会员及杂志订户可在网上阅读1997年以来的文献全文，普通用户可免费浏览1986年以来该刊发表的文献摘要。

（2）AAA Newsletter（AAA时事通讯）每年出版4期，刊登提供该协会的最新政策、基金资助、会员新闻、网站推荐等内容。用户可免费阅览1996年以来出版的各期。

点击相应的链接可以找到相应期刊的网站，会员可免费阅读，非会员可免费阅读部分期刊的论文全文、摘要等信息。

Resource Links（资源链接）提供将近200个解剖学相关网址的链接，包括：世界知名政府机关，如美国疾病控制和预防中心（CDC），美国甲立医学图书馆（NLM）等；学术机构，如国家生物技术信息中心（NCBI）等；各相关协会，如美国临床解剖学家协会、美国生理学会等；教育项目，如可见人体计划、生物学计划、网上解剖学教程、图谱、专著等；相关重要期刊，如（Annals of Anatomy）（解剖学纪事）、（Journal of Anatomy）（解剖学杂志）、（Journal of Biological Chemistry）（生物化学杂志）、（Developmental Biology）（发育生物学）等。还包括科技产品介绍、奖项介绍、公共政策等网址的链接。

综上所述，该网站的特点是：更新快，向用户迅速提供最新学术信息；提供的出版物为该学科的核心期刊，应用价值大；提供快速检索入口；提供丰富的解剖学相关网站及重要出版物的链接，是解剖学专业人员在网上查询的很好的起点。

（三）The American Physiological Society（美国生理学会，APS）

1. 简介

美国生理学会（http：//www.the-aps.org）成立于1887年，旨在通过提供最新的有价值的生理学信息来促进科学信息交流及科学研究与教育的迅速发展。其中最重要的栏目是 Publications（出版物）。

2. Publications（出版物）栏目介绍

该栏目介绍 APS 的出版物，包括该学会出版的期刊、图书信息及投稿须知等。APS 出版的期刊共有 8 种，分别是：

The American Journal of Physiology（生理学杂志）

参见 The American Journal of Physiology（美国生理学杂志，AJP）。

Journal of Applied Physiology（应用生理学杂志）

应用生理学杂志（http：//jap.physiology.org）亦由美国生理学会主办，创刊于 1984 年，每年出版 12 期，刊载应用生理学方面的研究论文，主要包括：适应生理学，研究发育过程、年龄增长、病理状态下的体内反应；人体对训练、失重、缺氧、气压偏高或偏低、高温等外界环境的反应；综合生理学：器官、系统生理学的横向综合；从分子、细胞到器官各组织水平的纵向综合研究。APS 会员和订户可网上检索或阅读该刊 1996 年 10 月以来的论文全文。此外，该刊出版一年后向普通网络用户开放，可网上免费阅读论文全文。

Journal of Neurophysiology（神经生理学杂志）

神经生理学杂志（http：//jn.physiology.org）亦由美国生理学会主办，创刊于 1938 年，每年出版 12 期，是神经生理学方面较完整、系统的一种学术刊物。主要刊登有关神经系统功能各组织水平的实验和理论研究的高质量论文。APS 会员和订户可网上阅读该刊 1997 年以来的论文全文。此外，该刊出版一年后向普通网络用户开放，可网上免费阅读论文全文。

Physiological Reviews（生理学评论）

生理学评论（http：//physrev. physiology. org）是美国生理学会主办的一种综述性刊物，创刊于 1921 年，每年出版 4 期，刊载世界知名科学家撰写的有关生理学及相关的生物化学、营养学、普通生理学、生物物理学和神经科学等方面的综述性论文。APS 会员和订户可网上阅读该刊 1998 年以来的论文全文。此外，该刊出版一年后向普通网络用户开放，可网上免费阅读论文全文。

Physiological Genomics（生理学基因组学）

生理学基因组学（http：//physiolgenomics. physiology. org）亦由美国生理学会主办，创刊于 1999 年，刊载利用基因及生理学相关的技术探讨从原核细胞到真核细胞信息模式系统相关问题的论文，主要包括基因与细胞繁殖、发育、代谢、信号传导、组织和器官功能、整个机体功能关系等方面的研究。该刊自 1999 年创刊以来各期全文均可网上免费阅读。

APS Journal Legacy Content（APS 传统生理学）

传统生理学（http：//ajplegacy. physiology. org）是唯一可以在网上单独购买的杂志。这一遗产的内容对传统生理学委员是免费的。读者可以访问从 1898 年到 1996 年至 1998 年的所有传统生理学期刊。

Advances in Physiology Education（生理学教育进展）

生理学教育进展（http：//advan. physiology. org）以促进生理学教育和学习为宗旨，刊载新的教学方法、教育研究报告、对教育实践的评论、会议报告及来源于其他期刊的相关论文摘要等，还推荐教科书、计算机软件等。目前 1997 年至今的论文均可免费阅读。

The Physiologist（生理学者）

生理学者是 APS 的时事通讯，刊登学会最新信息、会议消息、会议论文等。1996 年至今的各期均可免费阅读。

APS 出版的图书共分为 5 类：Handbooks of Physiology（生理学手册）、Methods in Physiology Series（生理学方法系列图书）、Clinical Physiology Series（临床生理学系列图书）、History Publications（注理学历史系列图书）、People and Ideas Series（生理学人物及思想系列图书）。该栏目只是 APS 出版图书的宣传介绍栏目，不提供图书全文。

另一个比较重要的栏目是 Sites of Interest（重要网站）栏目：列出 4 类网站的链接，包括美国各大学的生理学系及其教育资料；其他国家各大学的生理学系及其教育资料，如澳大利亚、奥地利、比利时、加拿大、捷克斯洛伐克、丹麦、德国、乔治亚共和国、南非、西班牙、瑞士、英国等；其他信息资源，包括 30 多个相关网站的链接，如美国医学院协会、国际医院联盟、生理学模拟图书馆、相关的各国期刊等；还提供 20 多个各国相关学会链接。

此外，还包括 Awards（奖励介绍）、Chapters（州级生理学会）、Meetings（会议消息）、New Archives（最新消息库）、Press Room（最新学科进展通告）等栏目。

该网站的检索价值在于，它提供 APS 主办的生理学核心期刊，大多在出版一年后提供免费的文献全文，有利于促进学科交流及发展；提供丰富的网站链接，尤其各大学的生理学系、学会等；提供各层次教育信息及其资源，充分体现其教育的宗旨。

（四）The American Journal of Physiology（美国生理学杂志，AJP）

美国生理学杂志（http：//ajpcon. physiology. org）由美国生理学会（APS）主办并出版，1898 年创刊，现分 7 个分册出版。该 7 个分册既共同组成 AJP，又分别是单独的期刊。

1. AJP – Cell Physiology（美国生理学杂志：细胞生理学）（http：//ajpcell. physiology. org）主要刊登细胞和分子水平的生理学研究论文，涉及细胞膜结构和功能、收缩系统、细胞器、细胞功能的调节、异常状态细胞功能改变、生理学与其他学科交叉的相关问题等。

2. AJP – Endocrinology and Metabolism（美国生理学杂志：内分泌学与代谢）（http：//ajpendo. physiology. org）刊载人类和动物内分泌与代谢系统从分子、亚细胞、细胞直至整体研究水平的论文。

3. AJP – Gastrointestinal and Liver Physiology（美国生理学杂志：胃肠与肝生理学）（http：//ajpgi. physiology. org）刊登有关胃肠道、肝胆系统、胰腺正常与异常生理学功能的研究论文。

4. Heart and Circulatory Physiology（美国生理学杂志：心脏与循环生理学）（http：//ajpheart. physiology. org）发表有关心脏、血管、淋巴腺的实验与理论研究论文。

5. AJP – Lung Cellular and Molecular Physiology（美国生理学杂志：肺部细胞与分子生理学）（http：//ajplung. physiology. org）刊登有关呼吸系统细胞及各组成部分正常与异常功能的研究论文，如鼻和鼻窦、呼吸通道、肺循环、肺部内分泌及上皮细胞、胸膜、肺部神经内分泌及免疫细胞、与呼吸相关的神经细胞、横膈及胸肌细胞等方面的论文。

6. AJP – Regulatory，Integrative and Comparative Physiology（美国生理学杂志：调节、综合与比较生理学）（http：//ajpregu. physiology. org）刊登从分子、细胞直至整体各研究水平正常及异常生理学功能的调节、综合与比较方面的论文，也包括临床研究。

7. AJP – Renal Physiology（美国生理学杂志：肾脏生理学）（http：//ajprenal. physiology. org）刊登有关肾、尿道及其细胞、脉管系统、体液量及成分调节的研究论文。

订户及会员可免费检索或浏览这些杂志1997年以来的文献全文，普通用户可免费检索或浏览该刊1997年至距今12个月以前发表的论文全文。

（五）College of American Pathologists（美国病理医师学会，CAP）

美国病理医师学会（http：//www. cap. org/apps/cap. portal）是世界上最大的病理医师学会，包括世界各国1500多个会员及实验室团体。

学会网站的主要内容包括：

1. In the News（最新发布）：CAP定期发布的最新信息，内容多来自CAP主办的期刊，这些期刊包括：（1）《Archives of Pathology & Laboratory Medicine》（病理学和实验室医学文献）。（2）《CAP Today》（当今CAP）：每月发布一次CAP的最新信息、相关文献介绍、论文摘要等；（3）《News letter》：每周发布一次来自网络的病理学信息；（4）《STATLINE》：每两周报告一次与病理学相关的政府事件。

2. Reference Resource and Publictions：介绍CAP出版物和参考书籍、期刊等。

3. Accreditation and Laboratory Improvement（认证和实验室发展）：有关实验室建设与改善的事宜。

4. Education Programs（教育）：包括相关的学术年会、讨论会信息及会议论文介绍、相关的培训指南、教育项目、疾病诊断实例等。

5. Members（成员）：提供CAP所有成员的名单。

6. Practicing Pathology（病理实践）：包括各方面实践指导、保险信息、各州病理学会等。

此外，该网站上一个很有参考价值的栏目是Links to Related Sites（相关网站链接）。其中意有大量病理学相关站点的链接，涉及解剖病理、临床病理、基础医学、综合医学、世界各国病理学系、病理学培训、搜索引擎、参考书目、书店、组织机构、政府部门、基金项目等。

（六）American Society for Biochemistry and Molecular Biology（美国生物化学与分子生物学会，ASBMB）

美国生物化学与分子生物学会（http：//www.asbmb.org）成立于1906年，是一个非营利性的科学与教育组织，拥有来自学院、大学、政府研究室等研究机构的会员10,000多人。学会的目标是通过出版物、学术会议和人才培养来促进生物化学与分子生物学的发展。

该网页的内容主要包括：

1. Membership（成员信息）：包括成员权利、加入与恢复资格、成员常见问题解答及成员的地址变更等信息。

2. Publications（出版物）：列出了由ASBMB出版发行的出版物，包括Journal of Biological Chemistry（http：//www.jbc.org），网上可免费浏览检索该刊1980年以来的文献摘要。该刊出版1个月以后对网络用户开放，普通用户可免费阅读文献全文）。Molecular and Celluar Proteomics（http：//www.mcponline.org），2002年新创办的杂志，可免费试用，网上阅读文献全文。Journal of Lipid Research（http：//www.jlr.org，可免费检索阅读该刊1997年至距今12个月以前发表的论文全文）。ASBMB Today（近两年的学会新闻通报）等。

3. Meetings（会议）：包括ASBMB年会、常务会议、FASEB会议信息。

4. Carriers & Education（教育）：包括教育与专业人员发展委员会成员、大学生课程、毕业调查、兴趣站点、职业手册等情况的介绍。

5. Minority Affairs（其他各类）：包括有关少数民族事务委员会的情况，如其任务、最新项目等内容。

（七）Journal of Pharmacology and Experimental Therapeutics（药理学与实验治疗学杂志，JPET）

药理学与实验治疗学杂志（http：//jpet.aspetjournals.org）由美国药理学与实验治疗学会（American Society for Pharmacology and Experimental Therapeutics，ASPET）主办，其联机版本（JP online）由斯坦福大学图书馆的HighWire出版社出版。该刊主要刊载药理学、毒理学和生物化学等方面的实验与临床研究论文。除了与印刷本相同的栏目之外，电子版的期刊还有其特色服务，包括：电子追踪、电子目录、多期刊检索、期刊链接。

通过该网站可免费浏览检索1965－1974年间的文献目次，1975年以来该刊发表的文献摘要。订户可以网上阅读1997年以来的文献全文。普通用户可免费阅读1997以来距今12个月前发表的文献全文。北美以外的国家也可以通过 http：//intl-jpet. aspet-journals. org 进入到该杂志。

三、主要临床医学网站

（一）Internal MDLinx（内科医学网）

1. 简介

Internal MDLinx（内科医学网）由近 40 个专业网站组合而成，Internal MDLinx（http：//www. mdlinx. com/internalmdlinx）只是其中的一个关于内科学的网站。该网站由内科临床医师自发组织创建，其目的是为内科医师提供一次到位的全面的服务，提供最集中的信息资源。该网站的主要功能是为内科医生提供关于各种内科疾病的诊断、治疗等临床信息。其主要读者对象为临床医师、护士。该网页定期更新，用户可在网页左侧的目录中选择所需内容来查看最新的消息、文摘或全文（部分全文免费），同时还可输入关键词进行检索。

2. 主要栏目介绍

Internal MDLinx（内科医学网）的主要栏目包括：

Topics in Internal Med（重要内科学文献）

每日提供最新医学文献，这些文献多选自诸如《New England Journal of Medicine》、《Journal of American Medical Association》等世界著名医学杂志。如 2002 年 1 月 4 日该网站的最新信息提供的文献几乎全部选自（Annals of Internal Medicine）。读者可免费阅读文摘，部分文献提供免费的全文阅读。该网站将所有信息分为医学教育、青春期医学、变态反应/免疫学、基础医学/遗传学、心脏病学、临床药理学、急救医学、内分泌/糖尿病、胃肠病学、传染病、肺病、血管疾病等 30 个大类。此外，该网站最受欢迎的特色是将每日的最新信息以 E-mail 的方式免费发送给用户。点击"Newsletters"注册此功能（免费），用户可选择需要接收信息的类别（该类别同上述 30 类），以后会定期在邮件中接收该类的最新信息。

Resource center（资源中心）提供多种疾病相关资源的链接，包括：炭疽、糖尿病、高血压、老年痴呆、运动医学、慢性阻塞性肺疾病、勃起功能障碍、乳腺癌、疼痛治疗、变态反应、感冒、胃食管反流性疾病、疱疹、健康保险等。如点击"Diabetes"，可链接到美国糖尿病协会（American Diabetes Association）、全国糖尿病信息中心（National Diabetes Information Clearinghouse，NDIC）、国际糖尿病联合会（The International Diabetes Federation）等多个关于糖尿病的网站。

（二）American College of Physicians – American Society of Internal Medicine（美国内科医师学会—美国内科学会，ACP – ASIM）

1. 简介

美国内科医师学会 – 美国内科学会（http：//www. acponline. org）是国际影响最大的科学团体，其使命是通过提供优秀的、专业的内科学临床诊疗服务来提高医疗水平。

2. 主要栏目介绍

美国内科医师学会 – 美国内科学会的主要读者对象为内科医生和内科各专业的医务人员，包括心血管学、胃肠病学、肾病学、肺病学、内分泌学、血液学、风湿病学、神经学、肿瘤学、传染病学、变态反应和免疫疾病老年病学等学科。该网站提供的服务很多，内容涉及临床、科研和教育各方面，主要栏目有：

Clinical Information（临床信息）

包括 ACP – ASIM 的 3 种刊物：

《Annals of Internal Medicine》半月刊，该刊的主要目的是促进内科及其密切相关学科的临床实践，主要刊登原始论文、综述、评论、来指导临床医师、临床研究人员、管理人员及其他相关人员的临床实践并为他们提供医学信息、网上提供 1994 年至今的文献，其 1994 年至 1998 年的文献可以免费阅读全文，其余仅可免费阅读文摘。

用户可在 Current Table of Contents 及 Past Issues 栏下查找相应的文献进行浏览，Search 由栏目提供关键词检索及限制性检索，限制性检索主要包括输入著者姓名、刊名中的某一个或几个词、发表时间等来进行检索。此外，其 Index 栏目提供著者索引。

《ACP Journal Club》1991 年创刊，为双月刊，其宗旨是为关注内科学最新进展的内科医师收集报告原始研究的论文和系统性综述文献。该刊文章选自 100 多种期刊，所有文献都有严格的选择标准，一般由临床专家推荐。网上提供 1991 年以来的文献，读者可免费阅读文摘及专家对该文章的评论。此外，还可输入关键词进行检索。

《Effective Clinical Practice》发表有关内科疾病的研究和临床实践方面的原始论文和病例报告。网上提供 1998 年 8 月至今的文献，可免费阅读全文和 PDF 格式的文件。

CME（内科医师继续医学教育）

CME（内科医师继续医学教育）是 Education & Recertification（教育和认

证）栏目下的一个子栏目，从这一栏目我们可以了解到 ACP – ASIM 年会的有关内容、美国内科学会研究生教育计划与课程摘要、ACP – ASIM 的教育服务项目和开发的产品，如医学知识自我测试程序、住院医师数据库、内科学研究生教育、临床技巧训练等。

Patient Care & Eduction（患者护理和教育）

提供出版物、教育项目以及能帮助医师达到最佳医疗效果的服务，如临床实践指南（Clinical Practice Guideline）、临床技巧指导（Clinical Skill Modules）以及相关的书、刊、音像材料、讨论组等。在此栏目中我们可以了解到 1994 年以来 ACP – ASIM 发表的关于各种内科疾病的官方诊疗指南，如 ACP – ASIM 关于正确使用抗炎药的原则等。所有诊疗指南均可免费阅读全文和 PDF 格式的文件。

Career Connection（工作与就业）

为大众及开业医师提供就业机会。

（三）The Merck Manual of Diagnosis and Therapy（Merck 诊疗手册）

Merck 诊疗手册（http：//www.merck.com/pubs/mmanual/sections.htm）是非常著名的疾病诊断和治疗手册。从 1899 年第一版至今已超过百年历史，目前的新版 – 17 版作者超过 290 名，均为各科的专家。该书的主要读者对象为内科医生、医学生、实习医生、住院医生、护士、药剂师和其他医学专业人员。在内容上，该书包括全部的内科学疾病，此外，还包括儿科、妇产科、眼科、耳鼻喉科、皮肤科、精神病学等诸多学科。内科学疾病在该书中所占篇幅非常大，且内容权威。

该书共 23 部分，308 章，内容包括营养疾病、内分泌/代谢病、胃肠疾病、肝胆疾病、肌肉骨骼结缔组织疾病、呼吸疾病、耳鼻咽喉疾病、眼病、口腔疾病、皮肤病、血液和肿瘤、免疫学/变态反应性疾病、传染病、神经疾病、精神疾病、心血管疾病、泌尿生殖系疾病、妇产科疾病、儿科学、物理因素引起的疾病、特殊疾病、临床药理学、中毒等。以呼吸疾病为例，该书介绍各种呼吸疾病的诊断治疗方法，包括肺功能检查、呼吸衰竭、成人呼吸窘迫综合征、急性支气管炎、支气管扩张等 19 章内容，读者可免费阅读全文。此外，还可输入关键词对该书进行检索。

（四）American College of Cardiology（美国心脏病学会，ACC）

美国心脏病学会网站（http：//www.acc.org）的主要功能是为心血管专业人员提供高质量的继续教育机会，并为心血管疾病的治疗提供权威的临床实践指南、治疗标准和最新信息，以促进心血管疾病的基础和临床研究。ACC

第五章 重要医药信息网站

最初作为教育机构于 1949 年成立，1977 年会址定于马里兰州贝塞斯达（Bethesda）市，现拥有会员 26,000 多名。其使命是通过对医务人员的专业教育、鼓励专业人员进行科学研究、制定心血管疾病的诊疗标准和指南、开展大众健康规划等措施来为心血管系统疾病提供最佳治疗和预防手段。

该网站提供的主要服务包括三个方面，即临床实践、继续教育和信息服务。

在临床实践方面，该网站提供很多临床信息和医疗指南，如在其 Clinical Statement/Guidelines，栏目下有许多心血管疾病的临床指南、ACC/AHA 两大学会 20 世纪 90 年代以来一直实行的心血管病诊治、药物反应、仪器使用的许多标准和准则，如：ACC/AHA practice guidelines for the management of patients with Acute myocardial infarction 等。

ACC 网站的教育资源也非常丰富，其 Continue Education 栏目向专业人员推荐了许多心血管内科领域重要的学习资料、论文、病历研究、心电图及超声心动图知识、会议论文、临床试验摘要、专家对心血管病最新研究进展的看法等。这些诊疗指南被世界很多医疗机构奉为临床工作的标准。

在信息资源方面，用户可链接到并免费阅读 ACC 的两大刊物：《Journal of the American College of Cardiology（JACC）》（美国心脏学会杂志）和《ACC Current Journal Review》（美国心脏学会当代期刊评论）。由于 ACC 与欧洲心脏病学会、Elsevier 科学会共同创建了 Cardio source 网站，故由此可链接到 Cardiosource 网站上。

JACC 为月刊，发表优秀的有关心血管疾病的临床和实验研究论文、会议录、临床综述、编者述评、通信等类型的文献，内容涉及冠状动脉和瓣膜病、冠心病、血管外科疾病、心肌病、药物治疗、新诊断设备的应用、实验室研究等。《ACC Current Journal Review》为双月刊。网上可免费阅读两种刊物 1995 年以来发表的文献摘要，会员可阅读文献全文。

（五）National Heart, Lung, and Blood Institute（美国心肺血液研究所, NHLBI）

美国心肺血液研究所（http://www.nhlbi.nih.gov）是美国国立卫生研究院的下属机构之一，是世界最大的心肺血液研究机构。其使命是为心脏、血管、肺、血液和血液资源、睡眠障碍方面的研究提供可靠的、权威的信息，内容涉及基础研究、临床研究和临床试验、观察资料以及医学教育等。NHLBI 提供的信息资源包括会议消息、临床诊疗指南、临床试验病例、最新信息、. NHLBI 下属各实验室的科研情况等。其 Health Information 栏目分别为患者和专业人员提供关于心血管病、肺病、血液病和睡眠障碍的信息；通过 Studies Seeking Patients 栏目可检索两大临床试验数据库：ClinicalTrials.gov（NLM 提供大约包含 5,500 个临床试验的数据库）和 NHLBI Clinical Trails Database；通过 Research Funding 栏目可以了解到 1972 年以来 NHLBI 资助的科研项目的摘要、NHLBI 科研项目的招标条件等信息。此外该网站还提供下载或阅读很多图书的 PDF 格式文件和纯文本文件。

（六）The Society of Thoracic Surgeons（胸外科医师学会，STS）

胸外科医师学会（http://www.sts.org）是胸外科专业领域里的老牌学会，在促进学科发展上起着举足轻重的作用。为适应用户需求，该主页无论从技术上还是内容上都做出了很大的努力。

其主要栏目如下：

1. Annal Meeting（年会）主要介绍 STS 的年度会议和其他一些会议和工作的议程。

2. Education（教育资源）此栏目下可以了解更多即将举行的会议、教育活动以及继续医学教育信贷等信息。如可以了解 2006 年 Endografting 研讨会的网上直播、ACCME 标准的商业支持、STS 教育信息披露政策等信息。

3. STS National Database（数据库）STS 按专题收集其相关数据，如手术成功率，辅助检查指标等，并进行分析、汇总，建立成各种数据库。临床方面的主要有 Adult Cardiac Surgery（成人心脏外科）、Congenital Surgery（先心病外科）、General Thoracic Surgery（普通胸外科）等；技术方面的主要是 Data Managers Section（数据库维护部分）。

该栏目下还有其他几个数据库，如 Publication & Research（出版物和科学研究）、Reginal Database Activities（地方性数据库）等。

4. Resource（资源）这部分主要是期刊、图书和相关资源的链接。

另外还有一些常规的栏目，如 Patient Information（患者求医指南）、About STS（STS 介绍）、Member Services（会员服务）等。

（七）American Association for Thoracic Surgery（美国胸外科协会，AATS）

美国胸外科协会（http://www.aats.org）重视其教育职能，举办的年会、学会等在专业领域内有享有较高声誉。在网站首页上提供了此方面的大量信息，如：在华盛顿举行的第 82 届、81 届年会网络出版物、2001 年度报告等。在第 81 届年会出版物中设 7 个专题列出相关文献，即成人心脏外科、先心病、胸外科总论、科技全会、住院医师论坛、急症抢救与技术论坛和争鸣等。

该协会的网页设计比较简洁，主要栏目如下：

1. Publication（出版物）

介绍 AATS 的主要出版物及其他新闻，如：第82届年会信息、第81届年会出版物中视频资料推荐、重要机关刊物推荐等。AATS 的两种刊物《The Journal of Thoracic and Cardiovascular Surgery》（胸心血管外科杂志）和《Ctdigest》（心胸外科文摘）在该网站都有链接。

2. Members（协会成员介绍）

该栏目介绍主要介绍协会成员指南和委员会成员名单。

3. CME Meetings and Programs（协会和继续医学教育项目）

此外还有 Annual Meeting（年度会议）、Related Societies（相关社团）等栏目。

第四节　医药学术信息的开放存取

一、学术信息资源利用概述

Internet 上的信息资源被人们誉为"世界上最大的图书馆"，原因在于人们可以通过开放模式获取大量的免费学术信息资源。这些免费的学术资源与图书馆等机构购买后提供使用的有偿数据库相比，无论在数量上还是学科的涵盖面上都有过之而无不及的作用，其中用户比较关注的资源类型有电子图书、期刊论文、科技报告、报纸、多媒体资源等，都能找到海量的免费资源，其学术价值不可低估。对网络免费学术资源的高度关注是当今信息利用模式的最基本特征，是数字化、网络化时代信息价值取向的必然选择，同时也是代价昂贵的有偿学术资源的合乎情理的视线转移和资源替代。

（一）开放存取的概述

网络免费资源信息主要分布在各类数字图书馆、公共和高校图书馆以及专业信息机构网站、专业或行业信息网、免费网络文献数据库或数据库服务商的免费站点等，另外还有一些个人网站和博客也提供各自搜集的网上免费资源。搜寻免费网络资源可以通过搜索引擎、学科门户、图书情报机构网站、行业或专业论坛、邮件列表、BBS、个人博客等，而近年来迅速发展的"开放获取"为专业研究人员提供了重要的共享学术信息资源，是获取网络免费学术资源的一种新模式。

1. 开放存取的定义

开放存取，也称为开放获取（Open Access，OA），是将经过同行评论的学术文献，以免费的方式通过网络提供给读者或机构取用，其具体表述在不同的专业性学会、学术出版机构、政府机构等之间尚不统一，就目前来说，较为准确、全面，且为人们广泛使用的定义有以下两个。

2. 布达佩斯开放获取计划

2002年2月发布的《布达佩斯开放获取计划》（BOAI）对开放存取作了如下定义：对某文献的"开放获取"即意味着它在因特网公共领域中可以被免费获取，并允许任何用户阅读、下载、复制、传递、打印、搜索、超链接，也允许用户将其编辑并为之建立索引，用作软件的输入数据或其他任何合法用途。用户在使用该文献时不受经济、法律或技术的限制，而只需在获取时保持文献的完整性，对其复制和传递的唯一限制，或者说在此领域内版权的唯一作用，是作者有权控制其作品的完整性，并确保作品被正确接受和引用。

3. 百思达开放获取式出版宣言

2003年6月在美国马里兰州百思达（Bethesda）签署的《百思达开放获取式出版宣言》提出了"开放获取式出版"必须满足的两个条件：一是作者或著作权人授权世界范围内的所有用户，在承认作者身份的前提下，为了任何负责任的目的而在任何数字媒体上免费、无条件地获取其作品，允许用户公开复制、利用、扩散、传递和演示，并制作和发行基于这些文献的新作品，用户可为个人使用打印出少量复本；二是作品的完整版本、所有附件和上述授权声明要以适当的标准电子格式，存储在至少一个网络数据库中，这些数据库由某些研究机构、学术团体、政府部门或其他知名组织采用适当的技术标准建立和维护，旨在将其建设成为开放获取的、传播不受限制的、可互操作的、长期保存的档案。

（二）开放获取的基本特征

开放获取的核心是学术文献的免费及无限制的合理使用，它代表着未来学术信息交流的发展方向，意味着学术回到其最根本的价值——学术信息的自由交换。学术观点、学术思想间的交流和碰撞这一过程本身就是知识的创造过程，在当今这个网络化的小小地球村里，开放意味着更好地合作，意味着快速高效地发展。

开放获取具有以下基本特征：

1. 在信息内容方面：开放获取提供学术交流平台，对具体交流的信息只有质量上的控制，而没有内容和形式上的严格限制，可以是期刊论文、会议论文、图书，也可以是专利文献、研究报告；可以是文本文件，也可以是多媒体文件。

2. 在获取途径方面：强调开放传播，为此要使同一文献可以通过多种途径检索与阅览，交流范围覆盖整个互联网，各系统间具有良好的互操作性，以免费或收取少量费用的方式减少获取障碍。

3. 在文献的使用权限方面：极大地扩充了读者对学术文献的使用权限，可以为教学、研究、学习等任何合理的目的公开复制、打印、利用、扩散、传递和演示。

4. 在交流方式与交流效率方面：重视提高信源、信宿交流的直接性和交互性，可以实现作者、读者、编辑之间一对一、一对多、多对多的交互模式，重视提高学术交流的时效性，增进文献处理自动化程度，缩短出版周期。

（三）开放获取的途径

有关开放获取的实现途径，BOAI 提出了两种模式：一是创办开放获取期刊，二是建立开放获取仓储。

1. 开放获取期刊（Open Access Journals）。开放获取期刊是一种网络化的免费期刊，其中的论文都经过同行评审，而读者从此类期刊上获取学术信息时没有价格及权限的限制，编辑评审、出版及资源维护的费用不是由用户，而是由作者本人或其他机构承担。

开放获取期刊包括新创办的开放获取电子期刊和由传统期刊转变而来的开放获取的电子期刊，它与传统期刊的区别不在于期刊的载体是纸本还是电子版，而在于对期刊的访问方式和访问权限。传统期刊（包括印本期刊和电子期刊）采用用户付费的商业模式，但开放获取期刊提倡的是用户利用互联网可以不受限制地访问期刊论文全文。

开放获取期刊的优势及意义在于：提高论文被引频次，加快科学研究速度；调查发现，开放获取论文的平均被引次数为非开放获取论文的 2 倍以上；提高学术研究机构、科研基金的影响力和美誉度降低获取科研文献门槛，有利于发展中国家缩小和发达国家在科学研究上的差距，促进科学研究在整体上进步，增加公众对科学的理解；杜绝学术抄袭，防止学术腐败，提高科学研究整体效率；提高教育质量，缩小学习与实践的距离。

2. 开放获取仓储（Open Access Repository）。开放获取仓储是一种基于网络的免费在线资源库，库中的内容是通过"自存档"（Self-Archiving）形式存入的，即由作者自行将数字文档存储在一个可公共获取的网站上。开放获取仓储一般由一个机构（特别是大学）或者一个学术组织建立，用户可以免费在库中检索和下载文章，也可以对文章发表自己的看法。

开放获取仓储可以包括电子文档（e-Print）、论文、课程资料、数据文件、声像文件、机构记录及任何种类的数字文档。电子文档是以数字形式存储的研究性文章，包括两种：一种是预印本（Preprint），指论文原稿完成后送至期刊出版社等待发表的文献，或是已投稿但未被审核接受的文章，也可以是未投稿至任何期刊的论文；另一种是印后本（Postprint），指经过同行评议，多次校对并已经正式发表的文章。开放获取仓储包括学科仓储和机构仓储。学科仓储是按照学科领域进行组织的开放存取仓储，以物理学领域内有相当高知名度和权威性的学科为代表。学科仓储集中了相关学科的大量开放获取资源，由于各个学科研究人员接触网络的时间迟早和使用网络的熟练程度的不同，早期学科仓储往往只限于自然科学领域（比如天文学、物理学、计算机科学、化学及数学等），最近几年社会科学和人文科学领域的学科仓储已经开始出现。机构仓储是由研究机构建立和管理的网上文档库，用来保存机构成员出版的论文，以佛罗里达州立大学的 D-Scholarship 为代表。由于学术机构是学术内容的最大出产来源，研究人员发表的论文、报告等都是重要的学术资源，由机构仓储集中所有研究成果统一保存并提供免费访问，可以显示其研究成果，提高机构的声望和地位，实现资源共享。

二、开放获取期刊

（一）开放获取的主要网站

1. Socolar

简介

Socolar 平台（http://www.socolar.com）由中国教育图书进出口公司历时近四年开发成功，于2007年7月面向社会公开测试。这是国内首个面向公众的开放获取资源集成平台，截至2008年12月17日已收录8341种 OA 期刊，包含文章11,400,130篇，另外它还收录了1007个 OA 仓储中的4535694篇文章，资源总数达到15,935,824篇。无论就其资源数量还是检索功能来说，Socolar 均可称为当今最大的开放资源集成平台。Socolar 是目前全球唯一的同时集成开放获取刊物及机构仓储资源的开放获取平台，而且它收录的所有资源都可以通过一个统一的界面进行完全检索，在开放获取资源的发布方面是一个较大的进步。Socolar 采用中文显示及非常简洁的引擎化界面，在按刊物学科主题进行浏览的同时还提供了国内较为通行的《中图法》导航，这些本地化的特色将会推动国内对开放获取资源的充分挖掘和使用。（见图 5-4-1）

图 5-4-1 Socolar 网站主页

检索方法

Socolar 提供三种论文查阅方式，即简单检索、高级检索和刊物浏览。进入网站首页，即是一个简洁的简单检索界面，输入所关注课题的主题词，单击"文章检索"或者按 Enter 键，系统即开始查询资料并很快返回结果。单击"高级检索"按钮即可进入高级检索界面，它提供三个输入框，并提供篇名、作者、摘要、关键词、刊名、ISSN、出版社等多种字段，还可以选择论文发表起止年份（必须在 1800 年和 2100 年的范围之内）及刊物所属学科范围的限制。Socolar 支持布尔逻辑检索，包括 AND，OR 和 NOT。在简单检索中可以在输入框中直接使用这几种逻辑符号进行组配，而在高级检索中则通过选择输入框后面的逻辑组配设置来实现，同时 Socolar 也支持使用英文的圆括号来改变逻辑运算的优先级别。Socolar 以"＊"作为截词符、"？"作为通配符，另外还以"＄"作为截断符，表示仅需检索具有该拼写特点的文献，而不需要自动进行模糊匹配查询。

浏览方式仅支持对刊物的浏览，可按学科和字顺方式浏览。在使用学科浏览方式的同时，系统提供三级《中图法》目录，在各个学科或类别后面都以括号数字的方式标明了当前学科的刊物数，点开即可获得刊物信息，包括刊物名称及是否同行评议等，单击刊物名称即可浏览该刊物刊载的所有文章。

2. Directory of Open Access Journal

Directory of Open Access Journal（DOAJ，http：//www.doaj.org）是由瑞典隆德大学图书馆（Lund Univ Library）与"学术出版与学术资源联盟"（The Scholarly Publishing and Academic Resources Coalition，SPARC）在"开放社会协会"（The Open Society Institute，OSI）支持下联合创建，其宗旨是增加开放存取学术期刊的透明性、可用性、易用性，提高期刊的使用率，扩大学术成果的影响力。截至2008年5月已经收录3,401种OA期刊中的188,061篇OA论文。

DOAJ收录的期刊涵盖农业和食物科学、生物和生命科学、化学、历史和考古学、法律和政治学、语言和文献等17类学科主题领域，一般都是经过同行评审的学术性、研究性期刊，或者有编辑做质量控制的期刊，其中大多数是由传统期刊转变为以期刊的，具有免费、全文、自由存取、高质量的特点，对学术研究有很高的参考价值（见图5-4-2）。

DOAJ可以按刊名或学科来浏览期刊，收录的每一种期刊提供刊名、ISSN号、学科范畴、出版商、语种、关键词和创刊年等信息，还提供刊名和学科的相关链接，单击刊名可访问该刊的网站，单击学科则列出该学科领域下所有的OA期刊。DOAJ可以对收录的期刊和期刊所刊载的论文进行检索。期刊检索只有一个检索框，人物刊名关键词即可检索。论文检索设置两个检索框，提供标题、刊名、ISSN、作者、关键词、摘要等检索字段，并支持布尔逻辑检索，包括AND，OR和NOT。

3. PubMed Central

PubMed Central（简称PMC，http：//www.pubmedcentral.nih.gov）由美国卫生研究院（NIH）和美国国立医学图书馆（NLM）联合建立的生命科学和生物医学期刊文献的免费存档系统，凡是由NIH资助的研究者发表的学术论文必须在PubMed Central上保存一份数字拷贝，以供同行永久开放存取。截至2008年2月14日共收录期刊约395种。该系统收录期刊的所有文献都可以进行关键词检索，检索规则与PubMed相同。系统同时提供刊名字顺列表，可浏览所有期刊或查找特定期刊。

4. BioMed Central

BioMed Central（简称BMC，www.biomedcentral.com）BMC是一家独立的

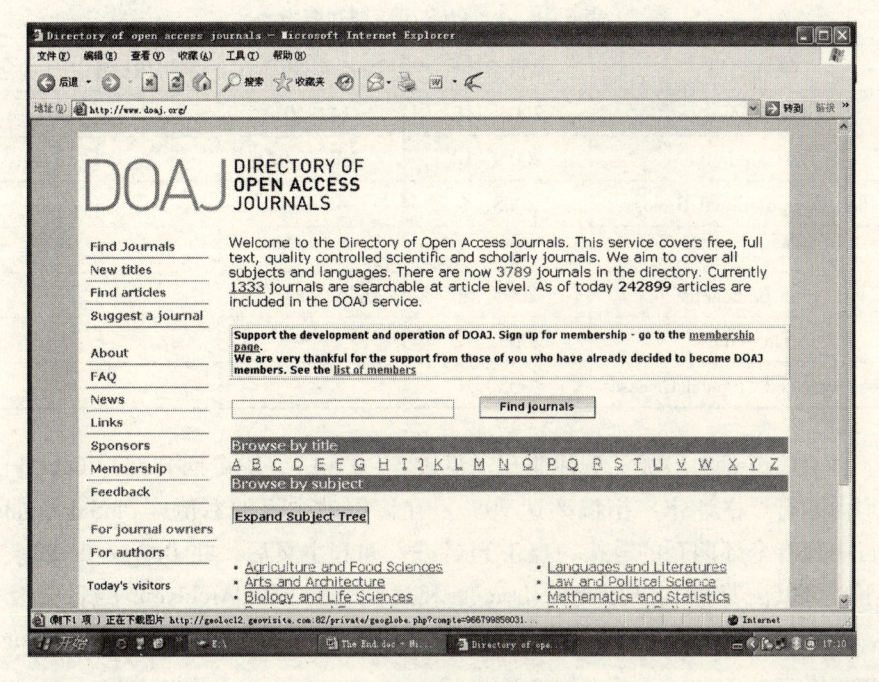

图 5-4-2 DOAJ 网站主页

非营利性学术出版机构，致力于提供生物医学文献的开放获取，共出版202种生物医学OA期刊，并在不断出版新的期刊，期刊涵盖了生物医学所有主要领域，且所有期刊都经同行评审。

在网站主页上，点击"Journals A to Z"链接可以按字顺浏览全部期刊，点击"Subject Areas"，可以按学科主题浏览期刊。如果要对期刊文献进行检索，必须先点击主页右上角的"Log on/register"链接免费注册，然后才可以使用Advanced Search功能。

除此之外，BMC还提供生物医学类开放获取机构库（Open Repository）、著名学者个人开放存档（PeoplesArchive）、生物学图库（Biology Image Library）的查询。

5. PLoS Journal

PLoS（The Public Library of Science）（www.plos.org）成立于2000年，致力于推动全球科技和医学领域文献的免费获取。2002年成立期刊编辑部，成为非营利性组织出版商，其目标是创办与Science，Nature，Cell等相媲美的国际顶级水平的高质量知名科学OA期刊。

185

表 5-4-1 PloS 出版期刊概况

期刊名称	创刊时间	2006 影响因子	学科内影响因子排名
PloS Biology	2003.10	14.101	1
PloS Medicine	2004.10	13.7502	1
PloS Computational Biology	2005.6	4.914	1
PloS Genetics	2005.7	7.671	12
PloS Pathogens	2005.9	6.056	1
PloS One	2005.12	--	--
PloS Neglected Tropical Diseases	2005.10	--	--

目前该组织共出版了 7 种期刊（见表 5-4-1），所有期刊都是 OA 期刊，且均由同行严格评审，拒稿率达 90%。在该网站主页的右侧"PloS Journals"栏目中列有全部期刊的链接，点击刊名进入期刊主页后，在 Browse Articles 链接下，可以浏览现刊（Current Issue）和过刊（Journal Archive）的目录及全文，在期刊主页的右上角的检索输入框可以检索该刊的文献，并有 Advanced Search 功能。

（二）电子印本检索

电子印本（e-Print）是指以电子方式复制印刷本的学术文献，包括预印本（preprints）和后印本（postprints）。预印本是研究人员在正式出版物上发表研究成果之前，以非正式形式印制论文单行本向同行散发、交流的方式，电子预印本就是在互联网上发布的预印本。电子后印本则是在正式发表学术成果后在网上发布的印本。随着电子印本的迅速增长，出现了一些电子印本档案库（e-Print Archive），供研究人员在该网站上发布电子印本，并把征集到的电子印本整理后供他人浏览或订阅。生物医学相关电子印本的检索主要有以下途径。

1. E-Print Network（www.osti.gov/eprints）

E-Print Network 由美国能源部科技信息局建立的电子印本搜索引擎，可检索存放在学术机构、政府研究实验室、私人研究组织以及研究人员个人网站上的电子印本资源。点击主页的"Search"链接可以检索该网站收录的所有电子印本文献，点击"Browse by Discipine"可以按学科浏览电子印本；点击"Find Scientific Scieties"可以搜索各学科的学会和专业协会。

2. 中国科技论文在线（http://www.paper.edu.cn）

中国科技论文在线由教育部科技发展中心建立的电子印本系统，在该网站首页的"首发论文"栏目中包含了39个学科的预印本文献，其中生物学首发论文691篇，医学首发论文936篇。在该网站上发布文献的电子印本必须先进行免费注册。

3. 奇迹文库（http：//www.giji.cn）

奇迹文库由一群年轻的中国科学、教育与技术工作者于2003年创建，是国内最早的中文预印本服务器，主要收录中文科研文章、综述、学位论文、讲义及专著的预印本，涉及自然科学、工程与技术、人文与社会科学等学科，其中生命科学文献202篇，疾病与医学文献171篇。

4. 中国预印本服务系统（http：//prep.nstl.gov.cn）

中国预印本服务系统由中国科学技术信息研究所与国家科学技术图书馆文献中心（NSTL）联合主办，提供中国预印本文献的发布、浏览、检索的平台。共有生物学文献191篇，医学文献40篇。

（三）开放获取机构库检索

开放获取机构库是学术机构为保存本机构的智力成果而建立的数字资源仓储，存储本机构研究人员的论文、图书、研究报告、学位论文、演示文稿等全文资料，并以开放获取的方式提供免费存取。与生物医学相关的开放获取机构库主要有以下几种。

1. MIT机构库（http：//dspace.mit.edu）

MIT机构库收录麻省理工学院教学科研人员和研究生提交的论文、会议论文、预印本、学位论文、研究与技术报告、工作论文和演示文稿等学术资料全文，可以按院系、题名、作者、发布时间浏览，也对所有资料进行简单检索或高级检索。

2. 剑桥大学机构库（http：//www.dspace.cam.ac.uk）

剑桥大学机构库收录该校各机构的研究资料全文，包括多媒体、交互式课件、数据集、数据库等形式。

3. 香港科技大学图书馆机构库（http：//repository.ust.hk/dspace）

香港科技大学图书馆机构库收录该校研究人员和研究生提交的各类研究资料全文。

（四）开放获取课件检索

1. Supercourses（http：//www.supercourse.cn）

Supercourses网站是基于互联网的，有关流行病学、公共卫生及全球卫生信息的学术平台。最早由美国匹兹堡大学医学院的Ronald E. LaPorte教授发起，其目的在于收集、整理会员所提供的有关流行病学，互联网和全球卫生的讲稿，并利用互联网在全球范围内共享这些资源，以促进各国尤其是发展中国家流行病学和公共卫生的教学、科研和应用。目前在全球 174 个国家拥有会员 42,500 余人，他们中的大部分都是医学和公共卫生领域的专业人士，还包括 6 位诺贝尔奖得主，美国 NIH 主任等。近年来，各国会员在互联网上共享了涉及 26 种语言载体的 ppt 讲稿 3,232 篇。2004 年，Supercourse China（SCC）团队成立，并建设了 Supercourse 中国镜像站。

2. World Lecture Hall（http://www.utexas.edu/world/lecture）

World Lecture Hall 网站由美国 Texas 大学建立，收录各学科课程，包括公共卫生、医学等学科的课程进度表、视频、注释、作业、参考书目等教学资料。

3. 中国开放教育资源协会（http://www.core.org.cn）

中国开放教育资源协会提供国外开放课程中国国家级、省市级和学校级精品课程的导航。国外开放课程包括约翰霍普金斯大学、麻省理工学院、东京大学等众多知名高校的开放课件。中国精品课程中包含医学课程 100 多门。

第六章　特种信息资源检索

特种文献是一类比较特殊的，较难获取的文献资源，一般包括专利文献、会议资料、学位论文、科技报告、标准文献、政府出版物、产品说明书等。这些文献资料科技含量高，报道内容新，可利用价值高。如会议文献专业性强，内容新颖丰富，学术水平高；学位论文是高等院校本科毕业生或研究生在获取学位时必须提交的论文，它具有科研论文的科学性、学术性、逻辑性、规范性等特点；标准文献是具有较强权威性的技术规范；科技报告理论性强、数据可靠，是了解某一领域科研进展状况、发展动态的重要文献。

第一节　循证医学信息检索

一、循证医学概况

（一）概念

随着医学科学的发展，各种各样新的诊断和治疗方法层出不穷，对同一临床问题提出的解决方法可能迥然不同，有时甚至截然相反。无论是病人还是医生，在这样纷繁复杂的现象面前，都不免惘然若失。如何从散乱的现象中找出真正有效的治疗方法，如何评判不同疗法和处理之间的优劣，这是今天的医生所必须解决的问题，也是患者最为关心的问题。

循证医学（Evidence–Based Medicine，EBM）又称"证据医学"、"实证医学"、"求证医学"，正是在上述这样一种背景之下悄然兴起的，本质上讲这是一种全新的医学观和医学方法学。现阶段对循证医学已经出现了很多定义，其中最为经典的当属循证医学的创立者之一，加拿大临床流行病学家David Sackett 所提出的定义 "Evidence based medicine is the conscientious, explicit, and judicious use of current best evidence in making decisions about the care of individual patients."，另一个更为简洁的定义同样出自 Sackett 教授在 2000 年新版《怎样实践和讲授循证医学》中："Evidence–based medicine （EBM） is the integration of best research evidence with clinical expertise and patient values",即"慎重、准确和明智地应用当前所能获得的最好的研究依据,同时结合医生的个人专业技能和多年临床经验,考虑病人的价值和愿望,将三者完美地结合制定出病人的治疗措施"。后者较前者更明确地提出了最佳证据与其对患者的意义,并提出将患者的价值与之整合,因此,可以认为这一定义是对循证医学准确而严密的概括。

其核心思想是:任何医疗决策都应该建立在客观的科学研究证据的基础上。医生应尽可能以客观研究成果为依据来进行医疗决策,在临床医疗实践中,对患者的诊疗决策都应建立在最新的科学依据(论据)基础之上,意味着临床医生的专业技能应该与现代系统研究所获得的最佳成果(证据)有机地结合,用以指导临床实践诊治。循证医学并不排斥临床经验,它要求将最佳的研究证据与临床经验和病人的需求相结合。目前,循证医学的具体概念已被医学界的主流思潮、病人和各国政府广为接受,并被认为是"21世纪的临床医学"。循证医学是20世纪80年代发展起来的新型医学科学,也是近年来国际临床医学界倡导的学科发展方向之一。

EBM在实践层面的所指不仅仅是对最佳证据在一般意义上的收集和应用,还包括对这些证据的生成、推广以及即时的后效评价。

综上所述,循证医学意为"遵循证据的临床医学"。循证医学包括以下三个要素:临床专业技能;可利用的最适宜的科学证据;患者的价值观及其期待。

进行循证医学意味着通过系统的研究,将能够得到的最好的外部临床证据和个人临床专长结合在一起。个人临床专长是指临床医师通过临床经验和实践所得到的医疗熟练程度和判断能力。临床专长反映在很多方面,特别反映在能更有效地和经济地诊断疾病,以及在对患者治疗,进行决策时能周到地、同情地识别和考虑患者的困境、权利和意愿。

能得到最好外部临床证据是指临床相关的研究:如基础研究等,但最有用的研究是诊断方法的准确性和精确性,预后指标的有效性,以及治疗、康复、预防方案的效率和安全。外部临床证据会使过去的无效诊断方法和治疗手段被更好、更准、更有效并较安全的新方法和治疗手段所取代。好的医生将个人临床专长和外部临床证据结合起来,缺一不可。没有临床专长,再好的外部临床证据也不能很好地应用于具体患者或者应用不当;没有外部临床证据,医师的实践很快过时、也不利于患者。

上述这一段话说明循证医学并不陈旧,也不只是理论不能实践。有人认为医师每日实践都在做循证医学工作，这也不符合目前实际情况。世界上目前有大量文稿和信息，医师自己没有时间去广泛阅读，而用循证医学方法有助于医师来解决这个困难。

循证医学要解决的核心问题是：如何在浩瀚的信息和文献海洋中筛选出对临床医师所面临的临床问题的最恰当和最优证据。循证医学对获取临床证据的真实性和实用性评价，根据文献检索范围甄别其是否具有临床使用价值循证医学具有指导意义，同时医学文献检索的内涵中更多地注入循证医学的内容，使得医学文献教学更具现代性。

（二）循证医学产生的背景

循证医学的产生和发展是历史、社会、科技以及经济发展的结果。严格来说，循证医学并非是现今才有的，行医治病，从古代的郎中，到今日的医生，均在自觉不自觉地循证。历代医家将自己的经验写成医书、医案，供后人参考；而现在临床日常工作中的诊断依据、治疗依据也是循证。过去的循证主要是建立在经验的基础上，临床疗效观察的病例大多只有几十或几百例，观察周期也很短，数周至数月，此类临床观察的研究，往往缺乏严格的科研设计，不够科学严谨，结论多带有一定的偏倚，而循证医学强调的是运用现有的最佳证据。

现代循证医学的产生与发展与以下几方面密切关系：

1. 信息与网络的迅猛发展

随着现代科学技术的迅猛发展，医学科学也有了长足进步，各种各样新的诊断和治疗方法层出不穷，对同一临床问题提出的解决方法可能迥然不同，有时甚至截然相反。据统计每年有 200 多万篇医学文献发表在 2 万种杂志上，年增长率为 6－7%。一个内科医生需要每天不间断阅读 19 篇专业文献才能基本掌握本学科的新进展、新研究成果。无论是病人还是医生，在这样纷繁复杂的现象面前，都不免惘然若失。如何从散乱的现象中找出真正有效的治疗方法，如何评判不同疗法和处理之间的优劣，这是今天的医生所必须解决的问题，也是患者最为关心的问题。如何使医生能从繁忙的临床工作中解放出来，及时有效地检索自己需要的医学信息，使大量重要的研究成果能及时为临床医师了解与接受并转换为效益。如何在浩如烟海、良莠不齐的文献中选择与评价自己需要的资料，是临床医师面临的严重挑战。

2. 人类疾病谱发生变化

随着人类社会的进步和科学力量的发展，一些曾经严重威胁人类健康和生命的爆发性传染性疾病、寄生虫等已经基本上得到了有效控制和消灭。然而，从上个世纪 50 年代开始，人类的疾病谱已经发生了巨大变化，如癌症、心脑血管疾病等慢性及非传染性疾病已成了威胁人类健康的主要疾病。由于人类的社会性、人体的复杂性和独特性，人们不得不重新审视经验医学方法的体外实验或动物实验的结果，在探索人类的疾病和健康的问题时，不能单纯从生物学范畴去寻找答案。现在威胁人类健康的疾病大多是由于多种因素综合作用引起的，这类多因素引起的疾病的诊断治疗比单因素疾病要复杂得多，往往又不能在经验医学中寻找到很好的解决办法。循证医学的出现为临床医生提供了帮助。

3. 传统方法的局限

一般认为，医学在 20 世纪 80 年代以前基本上是以经验医学为主的，也可以这样说，传统医学以个人经验为主，医生根据自己的实践经验、高年资医师的指导、教科书和医学期刊上零散的研究报告为依据来处理患者的疾病。这种实践的结果是：一些真正有效的疗法因为不为公众所了解而长期没有被临床采用；一些实际无效甚至有害疗法，因从理论上推断可能有效而长期、广泛使用。经验医学阶段当然也有研究，但我们会发现，许多研究缺乏科学性的设计，临床观察病例数少，许多研究不进行严格的随机分组。经验医学模式的临床研究因没有严谨的科研方法保证，所以结论常有一定的偏倚，有的时候甚至出现来源于专家、文献、个人经验、讲座的意见不一致或出现严重的分歧，医生可能会轻信某位权威专家的意见，而出现严重错误的临床决策。

临床随机对照试验（randomized controlled trial，RCT）和 Meta 分析的结果，使得临床医生不得不承认，单靠推理、病理生理学来指导临床行为有时是不可靠的。从理论上认为有效的疗法，在临床实践中不一定真正有效。

4. 临床科研方法学的兴起

许多学者认为随机对照试验（RCT）在医学上的广泛开展可与显微镜的发明相媲美，根据临床研究结果来处理病人的观点已经形成。大样本、多中心的随机对照试验（RCT）取代了以前分散的个别的观察性研究以及临床经验总结。随机对照试验（RCT）的出现是临床医学研究新纪元的里程碑，它出现不久就成为药物干预的评价基准。临床医学研究方法的显著进步已导致临床实践的巨大变化。

随机对照试验（RCT）是用正规的随机化方法将研究的病人分组，使每一位对象都有同等机会进入治疗组和对照组，然后治疗组给予需要评价的干预措施，对照组则不给予，并尽量使其他所有的非干预因素（如年龄、性别、种族及对干预因素可能有影响的因素）均等可比。再比较两组结果的差别，从而得出该干预措施是否有效的结论。这样做可以排除病例分配中存在的选择偏倚，平均两组已知和未知的预后因素，使两组在治疗前有可比性。大样本使统计检验的有效性得以保证，因此其论证强度最高，结果最可信。在临床试验结果测定的评价中，不仅需要考虑治疗的中间结果，例如血压下降程度、HBeAg阴转率、血糖控制程度、溃疡愈合率等，还应考虑到病残率、死亡率、生活质量、功能状态等健康指标。某些药物临床观察对症状和化验指标有改善，但最终并不能延长生命，甚至缩短生命。因此要确定药物的有效性，除了观察短期疗效外，还应随访其长期生存率和生活质量的优劣。

另外，各种统计应用软件、数据库的开发利用使得复杂的评价方法变得相对简单易用。

5. 临床经济学的发展对临床医疗实践提出新的要求

由于人口增长、年龄老化、新技术和新药物的应用、人类健康需求层次的增高，医疗费用已高于国民生产总值的速度增长，已超过了社会经济的承受能力。而高新技术、高档设备、高价药品层出不穷，更加剧了有限资源与无限增长的卫生需求之间的矛盾。

6. 制药业的蓬勃发展给临床决策带来困惑

有些没有经过临床严格验证的药品及医疗器械进入医疗市场，给医生的医疗决策和用药带来了困难。

7. 临床证据的出现

如果没有最好、最新的证据，则我们可能采用过时或有害的治疗诊断措施。以往我们常将教科书上的意见或某位专家的意见作为指导意见。实际上许多教科书上的意见已经过时，而专家的个人意见也并不一定正确。例如用溶栓疗法治疗急性心肌梗塞。早在 20 世纪 70 年代已有大量临床随机对照试验证明此方法在降低患者死亡率上优于对照组，但一直未被推广应用，教科书直到 10 年后才推荐该方法。也有些已有多篇研究证明是有害的方法由于缺乏人总结指出，一直还用于病人。

(三) 循证医学发展简史

1. 在国外的发展

20 世纪 70 年代初，由于经济的压力，需求和资源的矛盾，发达国家经过多年对医疗卫生领域的大量投资之后开始反思投入和产出的问题，提高效率受到重视。著名英国流行病学家、内科医生 Archie Cochrane 于 1972 年在其专著《疗效与效益：对健康服务的随想》中指出"由于资源终将有限，因此应该使用已被证明的、有明显效果的医疗保健措施"；并特别强调"应用随机对照试验证据之所以重要，是因为它比其他任何证据更为可靠"。首次讨论了医疗服务中如何才能做到既有疗效、又有效益的问题。70 年代后期，日益发展和完善的临床流行病学同时也促进了临床医学信息科学的发展和循证医学实践。

80 年代，在欧美发达国家，临床医生越来越注重临床科研方法问题，随机对照试验（RCT）在这些国家开始得到临床医生的广泛认可，并开展了大量多中心随机对照试验（RCT）临床试验。许多人体大样本随机对照试验结果发现，一些理论上应该有效的治疗方案实际上无效或害大于利。而另一些似乎无效的治疗方案却被证实利大于害，应该推广。例如：心血管领域的临床试验证实，利多卡因虽纠正心律失常但增加死亡率。而 β 阻滞剂在理论上纠正心律失常不及利多卡因，但实际上显著降低心肌梗塞的死亡和再发。1984 年，加拿大 McMaster 大学临床流行病及生物统计学部制定并提出一套医学文献的评价原则，指导临床医生怎样正确地分析和评价医学文献；怎样将文献研究结果应用于临床实践；怎样寻找最好的临床证据。1987 年 Cochrane 等根据妊娠和分娩长达 20 年以上的随机对照试验以及卫生评价方面的随机对照试验结果而撰写的系统评价（systematic reviews，SR），成为随机对照试验和卫生评价方面的一个真正里程碑，为临床治疗实践提供可靠依据，并对临床医学产生了广泛和深远的影响。

90 年代以来，随着临床医学、临床研究方法学、医学统计学、临床流行病学、计算机、互联网、信息通信等技术的进步，可靠的临床研究依据，特别是高质量随机对照试验结果迅速增多，以及各国医疗制度改革及病人对有效、安全、价有所值医疗服务的需求，循证医学得到迅猛发展。

1992 年，加拿大 McMaster 大学的著名临床流行病学创始人之一，国际著名内科学家 Dr. David L. Sackett 领导的循证医学工作组在长期的临床流行病学实践的基础上首先正式提出了循证医学的概念；在 JAMA 等杂志上发表"循证医学"系列总结性文章，受到了临床医学界的广泛关注；创办了符合内科医生需要的杂志：美国内科医师学院杂志俱乐部（ACPJournal Club）。同年在英国牛津成立了以已故 Archie Cochrane 博士姓氏命名的英国 Cochrane 中心，旨在收集世界范围的 RCT，并对其进行 Meta 分析，即将各专业的 RCT 集中起来进行 Meta 分析，向世界各国临床医生提供临床决策的最佳证据。

1993 年在英国牛津正式成立国际 Cochrane 协作网，目的是制作、保存、传播和更新医学各领域的 SR，为循证医学实践提供最佳证据。主要产品是 Cochrane 图书馆，以光盘形式一年四期向全世界发行，成为公认有关临床疗效证据最佳二次加工信息源。Cochrane 协作网迅速在全世界引起热烈的响应。目前

第六章 特种信息资源检索

全世界已成立了 13 个 Cochrane 中心。

90 年代中后期,循证医学在发达国家得到了前所未有的高度重视和日益普遍的应用。有关文章度迅速增长,从 1992 年在 JAMA 杂志上发表第一篇循证医学文章到 1998 年已达 1000 余篇。并有 6 种循证医学杂志相继创刊,翻译成 6 种语言,发行量超过 175,000 份。1995 年 Dr. Sackett 受聘于英国牛津大学。建立了英国循证医学中心(Evidence – Based Medicine Centre),相继出版了循证医学专著"怎样教授和实践循证医学"以及由英国医学杂志和美国内科医师学院联合主办的"循证医学杂志"。这些杂志根据已在临床中实践过的有效信息,筛选出与临床实践有关的内容,帮助临床医生及时获取准确、可靠和最新的医学信息。自 1999 年起,还相继出版了"Clinical Evidence","Evidence – basedMedicine Review"等证据的文字和电子资源库,以促进实践循证医学。

《British Medical Journal》编辑部在 2000 年初出版了《Best Clinical Evidence》(《最佳临床证据》)。这本书主要介绍当前根据临床试验或系统评价所取得的最新的临床证据,每半年更新一次。

美国医学会和《British Medical Journal》联合创办了《Evidence—based Medicine》杂志,这是 EBM 发展的又一里程碑。

不到 10 年,循证医学的理论体系、技术体系已逐渐形成,其实践应用更是随着国际 Cochrane 协作网的建设和微机网络技术的突飞猛进而不断完善。目前世界上与循证医学有关的组织包括临床流行病学(CE)网、循证医学中心或循证实践中心、Cochrane 协作网、临床试验中心、卫生技术评估机构等。

在英国、澳大利亚、美国等发达国家,循证医学(EBM)普遍应用到临床实践,越来越多的临床决策开始从基于专家意见,转向基于临床证据。

循证医学(EBM)与医学各个领域相结合,产生了循证医疗(Evidence – based health care)、循证诊断(Evidence – based diagnosis)、循证决策(Evidence – based decision – making)、循证医疗卫生服务购买(Evidence – based purchashing)等分支领域。

EBM 与临床各专业结合,产生了循证外科(Evidence – based surgery)、循证内科(Evidence – based internal)、循证妇产科(Evidence – based Gynecoogy & obstetrtcs)、循证儿科(Evidence – based pediatrics)、循证护理(Evidence – based nursing)等分支学科。

2. 中国循证医学进展与现状

我国于 1996 年在四川大学华西医院(原华西医科大学附属第一医院)引

进循证医学和 Cochrane 系统评价，创建了中国循证医学/Cochrane 中心，于 1997 年 7 月获卫生部正式批准，1999 年 3 月正式注册成为国际 Cochrane 协作网的第 14 个成员国之一，也是亚洲和中国的第一个中心。

作为国际 Cochrane 协作网的成员之一和中国与国际协作网的唯一接口，中心的主要任务是：①负责收集、翻译本地区发表的和未发表的临床试验报告，建立中国循证医学临床试验资料库，并提交国际临床试验资料库，为中国和世界各国提供中国的临床研究信息。②开展系统评价，并为撰写系统评价的中国协作者提供支持和帮助，为临床医生、临床科研和教学、政府的卫生决策提供可靠依据。③培训循证医学骨干，提供高质量、全方位的骨干人才，推动循证医学在中国的发展。翻译循证医学知识、宣传循证医学学术思想，使之成为一个卫生技术评价、临床研究及教育的中心。组织开展高质量的随机对照试验及其他临床研究，并进行相应的方法学研究，提供培训咨询、指导和服务，促进临床医学研究方法学的改善和质量的提高。

从 1996 年上海医科大学中山医院王吉耀教授发表在《临床》杂志 1996 年 1 期上国内第一篇介绍循证医学的文章"循证医学的临床实践"，迄今，我国学者在 60 种医学杂志上已发表相关的循证医学文章达 200 余篇。循证医学专著、循证医学普及读物、循证医学杂志、循证医学信息、循证医学网页等传播载体相继问世或创刊，为循证医学在中国的迅速发展起到了重要的推动作用。从 1997 年四川大学华西医院神经内科医生刘鸣教授在 Cochrane 图书馆发表第一篇 Cochrane 系统评价"循证医学最好的证据"以来，据不完全统计，通过接受中国中心的培训，目前已有 34 人在 14 个专业，如：心血管、口腔、肝胆外科、中风、中医治疗肝病等向国际 Cochrane 协作网系统评价小组申请注册，制作系统评价。其中，8 篇系统评价已完成，并发表在 Cochrane 图书馆，为循证实践提供了最好的物质基础。近年来中国循证医学中心进行了系统的循证医学研究、培训和传播普及工作。

目前在北京、广州等地建立了地区性循证医学中心，2001 年 10 月成立中国循证医学香港分中心。中国循证医学中心集国外多个循证医学相关机构的功能为一体，正在继续进行循证医学系统研究、教学和医疗实践。通过该中心的网址 http://www.chinacochrane.org 可连接到世界各地 Cochrane 中心并获取 Cochrane 协作网和循证医学信息。

我国循证医学的发展虽然在短期内取得了令国内外瞩目的成绩，循证医学思想已在我国临床医学界广为接受，但尚处于初级阶段，与发达国家相比还有较大差距。主要为：国内临床医学模式仍停留在传统的经验医学模式，多数医疗单位的临床研究仍停留在叙述性临床病例总结的水平，临床研究方法十分混乱，许多先进的方法不会用，不了解，只能总结临床经验；临床研究因为方法学的落后，研究水平很难跟基础研究相比；能使用的较高质量的研究证据多来自国外，国内研究证据质量高的不多，难以满足临床和政府决策的需要；能进行高质量研究的技术人才缺乏；保证开展高质量的临床研究的资源缺乏，且有限的研究资源投入分散，不利于重点突破；国内虽有一些地区性的循证医学机构，但缺乏整体协调，各自为政，造成低效的重复性工作；国内外最新研究信息和研究证据尚难快速达到使用者。

2000年初以来，国内众多医学杂志，包括中华医学系列杂志，开始大力宣传EBM思想，并结合临床各科的临床实践，纷纷以述评的方式在杂志上发表专家论文，引导临床医生接受EBM思想。但就目前国内的总体现状来看，EBM还是一个新领域，特别是在如何提供证据、产生证据方面，所开展的临床科研工作远不能满足EBM方法学的要求。

在全世界5000多位各专业的卫生工作者的努力下，Cochrane协作网取得了巨大的成就：截止2001年9月，已经完成了1147篇高质量的系统评价，已经发表并正在进行中的系统评价研究计划915个，建立了一个包含311,024篇临床对照试验的数据库；越来越多的系统评价结论开始在各国卫生服务体系中发挥重要影响。随着循证医学观念的不断深入人心，有越来越多的国家和组织认识到了这一思想的重要性，并积极参与其中。在这一过程中，循证医学及其Cochrane协作网也得到越来越多的认同和赞扬。

2000年，为表彰Iain Chalmers对英国国家卫生服务的卓越贡献，女王伊丽莎白二世授予他爵士勋位；同年，澳大利亚Cochrane中心主任Chris Silay和Cochrane协作网急性呼吸道感染组主任Bob Duglas也因其研究工作为澳大利亚卫生服务体系的杰出贡献而被授予澳大利亚国家勋章。

（四）循证医学实践的目的

循证医学的目的是解决临床问题，包括发病与危险因素→认识与预防疾病；疾病的早期诊断→提高诊断的准确性；疾病的正确合理治疗→应用有疗效的措施；疾病预后的判断→改善预后，提高生存质量。合理用药和促进卫生管理及决策科学化。

循证医学对临床医学的影响主要表现在：促进临床医疗决策科学化与临床医学发展；促进临床医生业务素质的提高，紧跟科学发展水平；发展临床难题，促进临床与临床流行病学科学研究；促进临床教学培训水平的提高，培训素质良好的人才；提供可靠的科学信息，有利于卫生政策决策科学化；有利于患者本身的信息检索，监督医疗、保障自身权益。

循证医学的实践包括三个步骤：首先是提出问题，即决定找什么样的证据；其次是寻找证据，即如何检索有关证据；最后是利用证据解决问题，包括评价证据并如何用于解决临床问题。

（五）循证医学证据的级别

循证医学中的证据主要指临床人体研究的证据，包括病因、诊断、预防、治疗、康复和预后等方面的研究。

治疗研究依据质量和可靠程度大体可分为以下五级：

一级：按照特定病种的特定疗法收集所有质量可靠的随机对照试验后所作的系统评价或 Meta 分析。

二级：单个的样本量足够的随机对照试验结果。

三级：设有对照组但未用随机方法分组的研究。

四级：无对照的系列病例观察，其可靠性较上述两种降低。

五级：专家意见。

非治疗性的研究依据（病因、诊断和预后等）则不一定强调随机对照试验。

（六）循证医学的资源类型

循证医学资源主要有系统评价数据库（Systematic Reviews）、临床实践指南数据库（Practioce Guideline）、循证医学期刊及其他相关数据库等。

系统评价是针对某一具体的临床问题，系统全面地检索文献，用统一的科学评价标准，筛选出符合标准、质量好的文献，通过综合分析和统计学处理，得出可靠的结论，用于指导临床实践。同时随着新的临床研究结果的出现及时更新。

临床实践指南是以系统评价为依据，经专家讨论后由各国循证医学中心等机构编辑出版的以提供循证医学证据为主要内容的连续出版物。

（七）循证医学信息的检索特点

1. 资源丰富。有关循证医学的网站、数据库、电子期刊等收录有丰富的循证医学信息，从常用的医学光盘数据库中如 CBMDisc、Medline、EMBASE，或网络数据库如 PubMed、NLM Gateway、ClinicalTrials.Gov 等也可获得大量有关 EBM 的信息。

2. 来源广泛。从其来源可将循证医学证据分为三类：提供原始证据的为一级来源，如 CBMDisc、Medline/PubMed 等常用检索数据库；对原始研究证据进行了处理的数据库、期刊或指南为二级来源，如 Cochrane 图书馆、循证医学杂志（EBM）等；与一、二级来源有方便链接的综合性检索数据库，如 TRIP、SUMSearch 等为三级来源。

3. 方法灵活多样，不同的数据库和系统有不同的检索途径和界面，不能只局限在某一种或几种检索方法。

二、Cochrane 协作网和 Cochrane 图书馆

（一）Cochrane 协作网（http：//www.cochrane.org/）

Cochrane 协作网（Cochrane Collaboration，CC）是一个国际性非营利的民间学术团体，旨在通过制作、保存、传播和不断更新医疗卫生各领域防治措施的系统评价，提高医疗保健干预措施的效率，帮助人们制定循证的医疗决策。（见图 6-1-1）

1992 年底，由已故英国著名流行病学家和内科医师 Archie Cochrane（1909-1988）的学生 Iain Chalmers 博士领导，在英国国家卫生服务部（NHS）资助下，成立了以 Cochrane 姓氏命名的世界上第一个 Cochrane 中心。1993 年在牛津召开了第一届世界 Cochrane 年会，正式成立 Cochrane 协作网（Cochrane Collaboration，CC），确定每年召开一次国际 Cochrane 年会。

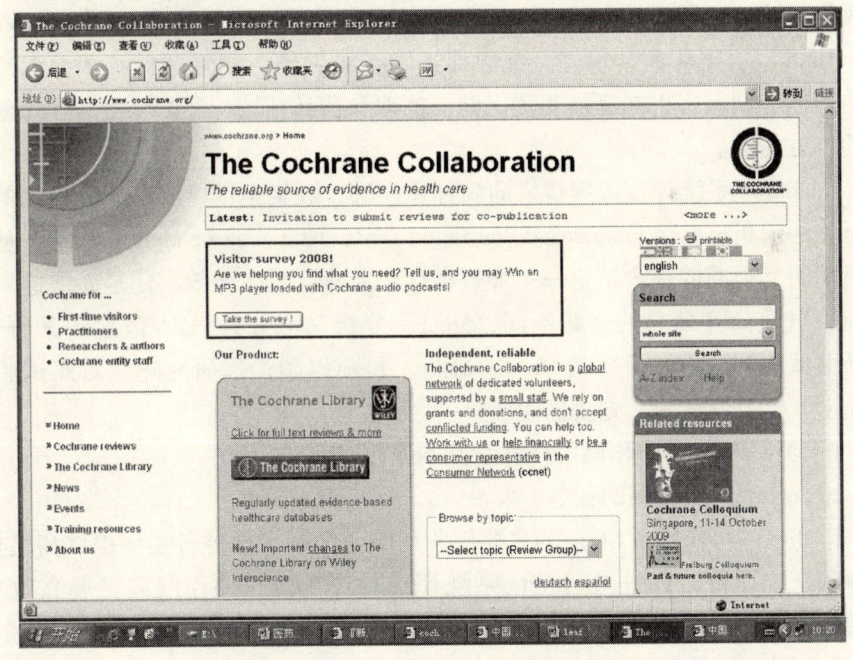

图 6-1-1 Cochrane 协作网主页

目前全世界已有英国、美国、荷兰、法国、意大利、挪威、加拿大、澳大利亚、巴西、南非、西班牙、德国和中国13个国家建立了13个Cochrane中心，工作人员5000多人，绝大多数是志愿者。从1992～1997年，Cochrane协作网（CC）的主要任务是收集、整理研究依据，尤其是临床治疗的证据，建立资料库——Cochrane图书馆（The Cochrane Library，CL），以光盘形式一年四期向全世界发行。Cochrane图书馆（CL）已成为公认有关临床疗效证据最好的二次加工信息源，是循证医学实践的可靠证据来源之一。从1998年起，Cochrane协作网（CC）同时更加深入地进行方法学研究，以提高研究依据的质量，将研究依据应用于临床实践及医疗决策。目前Cochrane协作网（CC）正在加强与循证医学、卫生技术评估、上市药物后效评价等组织和研究项目的合作与相互渗透，更注重Cochrane系统评价对临床实践、政府卫生决策产生的影响，因而对循证医学的作用已更加深入广泛。

Cochrane协作网（CC）内部最核心的实体是48个系统评价小组，即按照对人类健康影响最大、研究基础相对较好，且共同感兴趣的大病种成立的系统评价小组（systematic review groups，SRG），例如中风组、传染病组、性传播疾病组，肿瘤组等。其次是按照疾病发生、发展的规律，将相关SRG组合成更大的实体——即领域和网络，如现已有肿瘤网络、补充医学（Complementary medicine）、老年医学保健、健康促进、初级保健、康复医疗及相关治疗和疫苗等7个领域，正在筹措儿童保健、护理和药品领域，逐渐涵盖医疗保健领域的方方面面。

Cochrane系统评价按照特定的病种和疗法，收集全世界所有能收集到的质量可靠的随机试验（randomized controlled trial，RCT）进行Meta-分析，从而得出简明、扼要的综合结论——即这种疗法究竟有效、无效、还是尚需进一步研究。根据CSR研究的立题不同，Meta-分析又可分为病因/危险因素研究、诊断性试验和防治性研究的Meta-分析。目前以防治性研究随机对照试验的Meta-分析为最常用，方法最为成熟。

（二）Cochrane协作网的任务和基本原则

1. Cochrane协作网的任务

Cochrane协作网（CC）的主要任务是保证为医疗保健各领域提供高质量、最新的系统评价；促进Cochrane系统评价的产生；在协作网内发展高效率、高透明度的组织机构和管理机制；争取协作网之间的相互理解与合作。

2. Cochrane协作网的原则

Cochrane协作网（CC）内部的每一个中心和每一个成员，都共同遵守10

项原则，即：相互合作：鼓励对内、对外的充分交流，公开决策和团队工作；热心奉献：吸收和支持具有不同技能和背景的人员参与合作，立足于每个参与者的热情和奉献精神；避免重复：通过良好的管理和协调，最大限度地提高工作效率；减少偏倚：通过各种方法，如严谨的科学设计，确保广泛的参与及避免因利益对结果产生的偏倚；随时更新：通过约定，确保 Cochrane 系统评价随着有关新研究依据的出现而不断更新；力求相关：开展与病人利益和临床实践相关的研究；推动发展：通过广泛传播 Cochrane 协作网的研究成果，发挥联合策略的优势，采用适当的价格、内容和媒体以满足全球用户的需求；保证质量：采用先进的方法学和开发能改进质量的支持系统，以不断提高系统评价的质量；可持续性：确保对评价、编辑处理和主要功能的管理和更新；广泛参与：促进不同阶层、语言、文化、种族、地区、经济和技术水平的国家和人民的合作与广泛参与。大家共同努力，保证为医疗保健各领域提供高质量、最新的 Cochrane 系统评价（Cochrane systematic review，CSR），促进 Cochrane 系统评价（CSR）的生产、传播和使用。

（三）Cochrane 协作网在循证医学中的作用

Cochrane 协作网（CC）提供的证据使健康服务或医疗决策得到正确导向，有利于提高医疗质量，最终造福于病人。协作网完成的第一篇关于早产孕妇使用激素类药物氢化可的松治疗的随机对照试验的系统评价结论，推广这一科学结论挽救了许多早产婴儿的生命，就是一个很好的例证。其二是促使临床科学研究的方法学规范化，减少无效或效能不高的研究，提高研究质量，避免重复已有结论的研究，促使广大医生建立以证据为基础的医疗行为模式。这种行为模式与个人临床智慧和经验相结合，应当成为 21 世纪高级临床医生的职业素质的特征。此外，有利于合理利用卫生资源，提高医疗服务的成本—效果，改善目前医疗费用上涨失控的局面，让有限的经费用在经过循证医学验证有效的"刀刃"上。这一点在实施医疗保险制度之后显得特别重要。

（四）Cochrane 图书馆（http：//www.thecochranelibrary.com/）

Cochrane 图书馆（Cochrane Library，CL）是 Cochrane 协作网（CC）的主要产品。SR 主要借助 Cochrane 图书馆（CL）以光盘（CD‐ROM）形式一年四期向全世界发行。旨在为临床实践和医疗决策提供可靠的科学依据和最新信息。在众多的临床医学数据库中，Cochrane 图书馆（CL）之所以被认为是循证医学的重要资料库，则因为它是目前得到日益广泛关注和重视的最全面的系统评价资料库；是卫生保健疗效可靠证据最好的和唯一的来源；是易于不断得

到更新和接受评论,修改错误,从而保证质量、增强结论的可靠性的电子杂志。可免费获取部分系统综述摘要。(见图6-1-2)

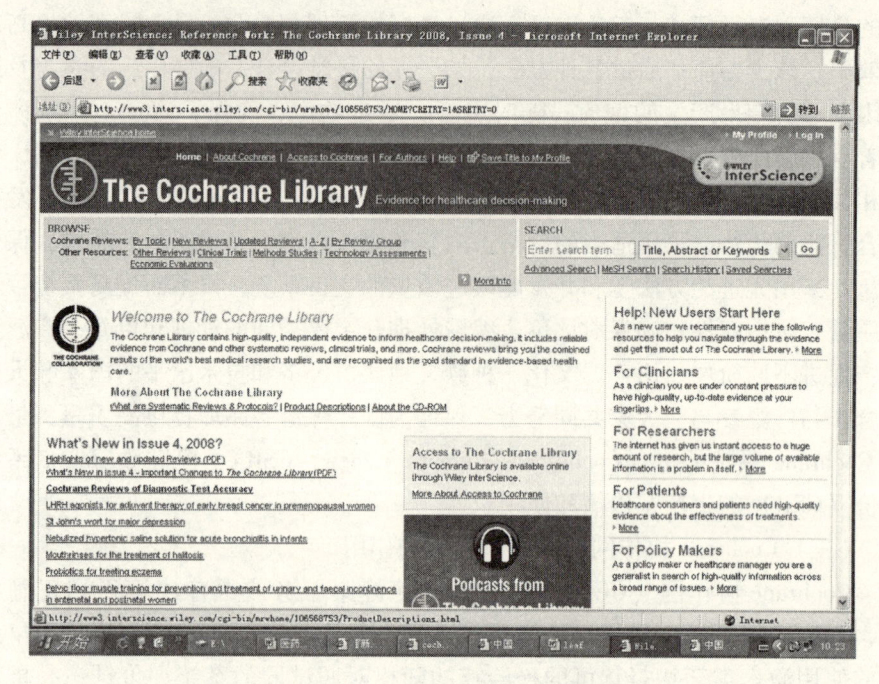

图6-1-2 Cochrane图书馆的主页

Cochrane图书馆(CL)适用于临床医生、临床科研和教学工作者,医疗卫生行政部门等有关人员。它主要包括以下内容:

1. Cochrane Database of Systematic Review,CDSR(Cochrane协作网系统评价资料库)

该库收录由Cochrane协作网系统综述专业组在统一工作手册指导下完成的系统综述,包括系统综述全文(Completed Review)和研究方案(Protocols)。还包括评论与批评系统,以确保用户有助于改进Cochrane系统评价的质量。目前主要是根据随机对照试验完成的系统评价,并将随着新的临床试验的出现不断补充、更新。Cochrane现有系统综述专业组50余个,几乎涵盖临床医学各专业。

2. Database of Abstracts of Reviews of Effectiveness,DARE(疗效评价文摘库)

该库包括非Cochrane系统评价(非Cochrane协作网成员发表的普通系统评价)的摘要和目录,是对Cochrane系统评价的补充,由英国York大学国家卫生服务系统(NHS)评价与传播中心建立的疗效综述文摘数据库。它提供结构式摘要，即对以往发表的高质的系统综述所作的概括性摘要，还提供系统综述参考文献的索引。DARE 的特点是其系统评价的摘要包括了作者对系统评价质量的评估。与 CDSR 不同的是它只收集了评论性摘要、题目及出处，而没有全文。

3. Cochrane Controlled Trials Register/CENTRAL（Cochrane 临床对照试验资料库和 CENTRAL 管理资料库）

该库资料来源于各 CSR 小组和其他组织的专业临床试验资料库以及在 MEDLINE 上被检索出的临床试验报告。还包括全世界 Cochrane 协作网成员从有关医学杂志会议论文集和其他来源中收集到的临床试验报告。

4. Cochrane Review Methodology Database，CRMD（Cochrane 系统评价方法学数据库）

该库包括方法学组制作的 Cochrane 方法学研究的方案和评价。

5. Cochrane Methodology Database，CMD（Cochrane 方法学数据库）

该库包括用于系统评价所有发表的方法学研究报告，以及与系统评价直接相关的临床试验方法学研究。如：随机对照试验中的研究方法与偏倚之间的联系。Cochrane 图书馆还包括怎样制作 Cochrane 系统评价，即 Cochrane 手册的链接。

6. About Cochrane collaboration（Cochrane 协作网）

该库涉及 Cochrane 协作网方方面面的信息，包括协作网各实体组织，如系统评价小组、各 Cochrane 中心的简介和联系信息等。

7. Health Technology Assessment Database，HTA（健康技术评价数据库）

该库提供卫生技术评价信息。

8. The NHS Economic Evaluation Database，EED（国家卫生服务系统经济评价数据库）

三、循证医学检索系统及数据库

（一）Cochrane 图书馆（http://www.thecochranelibrary.com/）

Cochrane 图书馆的检索是对 Cochrane 图书馆所有数据库的检索。Cochrane 图书馆有光盘检索和网络检索两种版本。下面主要介绍网络检索的检索方法。Cochrane 图书馆的网络检索主要有以下 3 种途径：Search（简单检索）、Advanced Search（高级检索）和 MeSH Search（主题词检索）。

1. 进入检索 Cochrane 图书馆

打开 http://www.thecochranelibrary.com 或打开 cochrane 协作网点击网页

上的"Crick here the Cochrane Library"图标，点击该图标即可进入 Cochrane 图书馆，在右上角可以看到"Search"检索框。（见图 6-1-2）

2. Search（简单检索）

Search 检索将对数据库的各文本字段进行检索，例如 title，abstract，author，citations，keywords 等字段。只要有检索词出现在这些字段中，该记录即被命中。输入检索词并执行检索指令，屏幕将回到索引窗口，如有记录被命中，命中记录数将用红色显示。（见图 6-1-3）

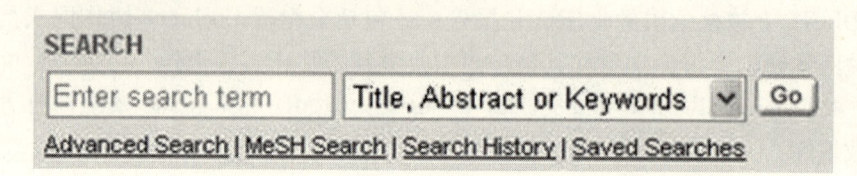

图 6-1-3　Cochrane 图书馆简单检索界面

如果用多个检索词进行检索，Cochrane Library 将忽略这些词的词序，并且词与词之间自动用"AND"逻辑运算符相连。检索词必须≥3 个字母，但≥16 个字母的词将被截段进行检索；数字将忽略不检，检索年份可在高级检索中进行限定检索；杂志名和主题词可用连字符保持检索词的整体性。如果检索者熟悉主题词检索，可在简单检索模式中输入主题词后加西文冒号，并加"ME"（表示主题词 MeSH 的缩写），如 shock：ME。

可使用逻辑运算符"AND"、"OR"和"NOT"在对多个检索词进行检索时，词与词之间自动用"AND"组配，因此对词组进行检索时应给词组加上双引号，如："blood pressure"。

还可进行短语检索、NEAR 的相邻检索。

3. Advanced Search（高级检索）

高级检索允许检索者建立更复杂的检索式，该模式能对每一步检索结果进行储存，赋予该检索结果检索序号，并能通过选择位于屏幕左侧的逻辑运算将按钮 AND、OR 或 NOT 建立更复杂的检索式。高级检索模式可限定字段进行检索，可进行限定检索的字段有 Title，Author，Abstract，Keyword，Source。（见图 6-1-4）

4. MeSH Search（主题词检索）

主题词采用美国国立医学图书馆编制的医学主题词表（MeSH）。输入检索词后点击"Go To MeSH Trees"或"Theraurus"可以检索该词是否为主题词。找到主题词后，点击该主题词，可以点击"View Results"按钮进行主题

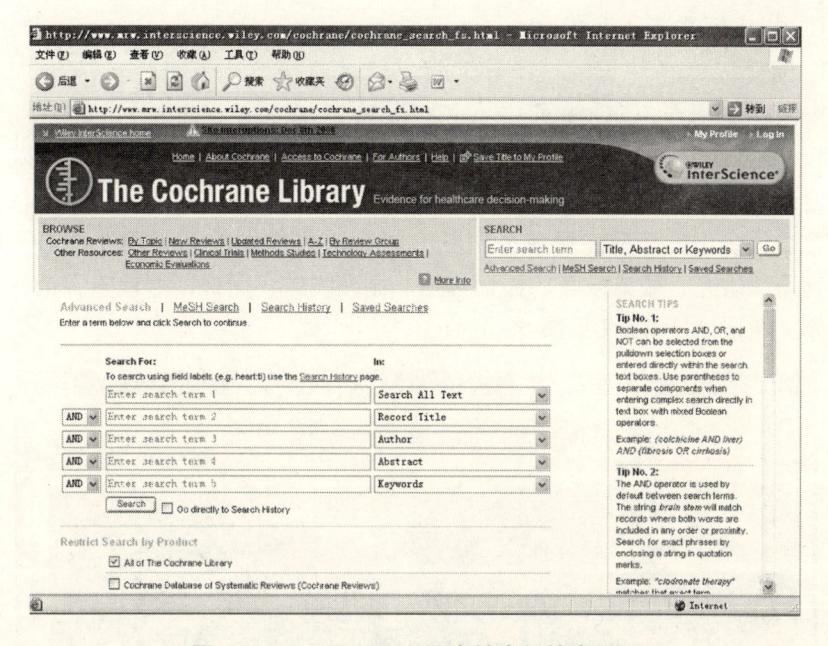

图 6-1-4　Cochrane 图书馆高级检索界面

词检索。(见图 6-1-5)

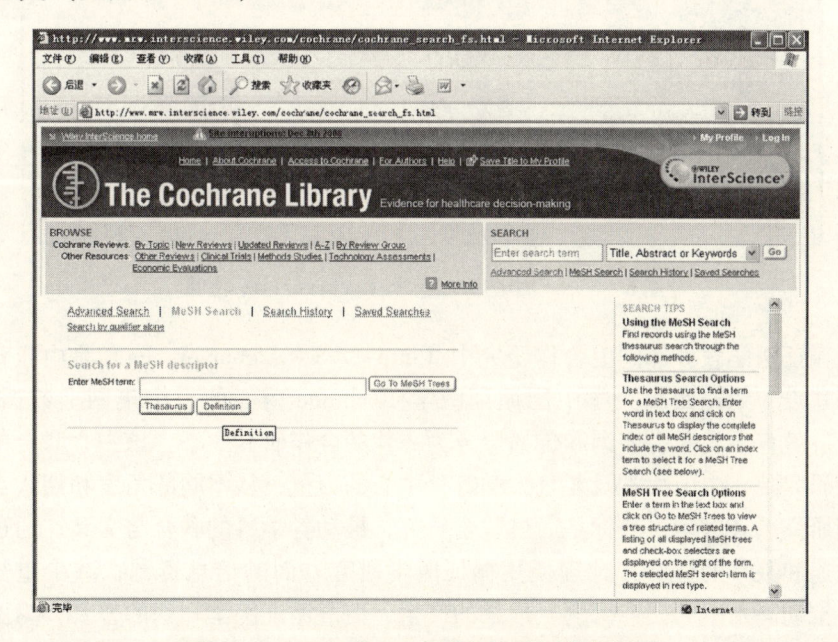

图 6-1-5　Cochrane 图书馆主题词检索界面

(二) 中国循证医学/Cochrane 中心

1. 简介

中国循证医学/Cochrane（http://www.hxyx.com/cochrane_new/）中心自 1996 年 7 月正式在四川大学华西医院（原华西医科大学附属第一医院）开始筹建，1997 年 7 月获卫生部认可，1999 年 3 月 31 日，经国际 Cochrane 协作网指导委员会正式批准注册成为国际 Cochrane 协作网的第十四个中心。网站栏目有循证研究、循证教育、循证传播、循证临床、循证证据检索咨询、循证数据库、循证论坛等。（见图 6-1-6）

图 6-1-6　中国循证医学/Cochrane 中心主页

循证医学教育部网上合作研究中（http://www.ebm.org.cn）是由教育部资助建设，依托四川大学中国循证医学/Cochrane 中心的一个集网上数据库、研究、教育、实践、咨询和传播服务为一体的合作研究中心。该中心联合中国中医研究院、中山大学及复旦大学等分中心的力量，从不同的角度和切入点来共同研究循证医学。目标是通过联合研究，推动各学科的联合与交叉；通过网络快速和共享的优势，合理使用循证医学研究方面的信息资源，减少重复投资，推动高水平的研究课题及成果的产生，促进循证医学知识的普及，为医疗决策机构和临床医师提供最佳依据，为广大患者和可能接受医疗服务的人群提

第六章 特种信息资源检索

供有效的参考指南。

2. 中国循证医学中心的主要任务

作为国际 Cochrane 协作网的成员之一和中国与国际协作网的唯一接口，中国循证医学中心的主要任务是：负责收集、翻译本地区发表的和未发表的临床试验报告，建立中国循证医学临床试验资料库，并提交国际临床试验资料库，为中国和世界各国提供中国的临床研究信息。开展系统评价，并为撰写系统评价的中国协作者提供支持和帮助，为临床医生、临床科研和教学、政府的卫生决策提供可靠依据。培训循证医学骨干，提供高质量、全方位的骨干人才，推动循证医学在中国的发展。翻译循证医学知识、宣传循证医学学术思想，使之成为一个卫生技术评价、临床研究及教育的中心。组织开展高质量的随机对照试验及其他临床研究，并进行相应的方法学研究，提供培训咨询、指导和服务，促进临床医学研究方法学的改善和质量的提高。

（三）循证医学期刊——《EBM》（http://ebm.bmj.com/）

《EBM》是最早介绍循证医学的权威医学期刊，有英国 BMJ（BMJ）和美国内科医师协会联合主办，双月刊，为医疗卫生工作者在大量的国际性医学杂志中筛选和提供全科、外科、儿科、妇产科方面的证据，在网上免费使用。（见图 6-1-7）

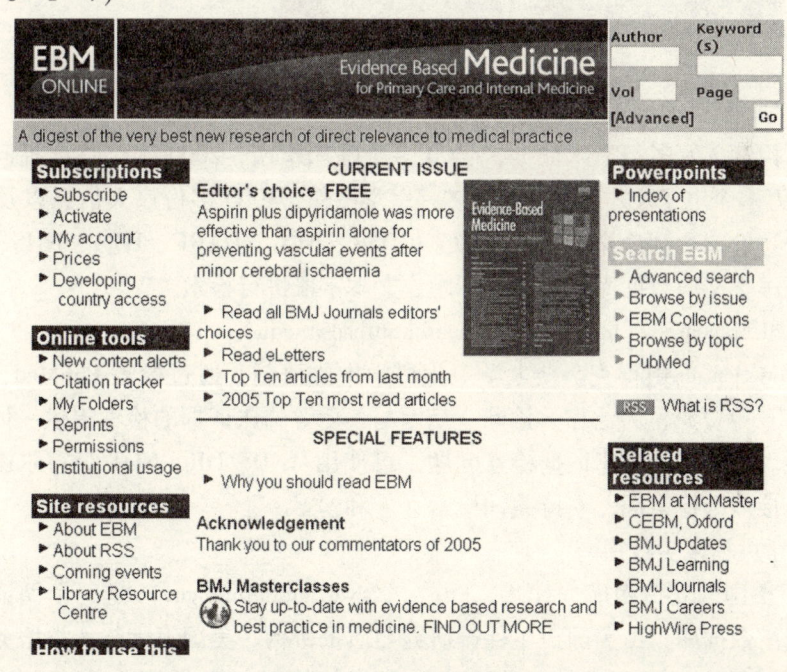

图 6-1-7 EBM 主页

（四）循证医学元搜索引擎

1. TRIP（http://www.tripdatabase.com）

TRIP 创建于 1997 年，主要为用户提供高质量的临床证据摘要。（见图 6-1-8）

图 6-1-8　TRIP 主页

可检索 2 万多条临床证据，4000 多个临床指南，2000 多个临床提问与解答，1 万多个电子文本论文、8 万多幅医学图像，4000 多份病人信息以及 1300 万篇经评价的期刊论文。可同时检索 CDSR、NGC、DARE、HTA、NHS、EED 等循证医学文摘数据库。可通过标题、文本字段进行检索。

2. SUM Search（http://sum search.uthscsa.edu）

SUM Search 由得克萨斯大学卫生科学中心研制，通过检索 PubMed，NGC 和 DARE 等资源，为治疗、诊断、病因与预后等临床证据的检索提供一体化检索途径。帮助解决临床证据检索问题。可使用 AND、OR、NOT 等布尔逻辑运算符连接多个检索词，支持截词检索（*和?）。

（五）临床实践指南

1. 美国国立指南库（NGC，http://www.guideline.gov）是一个循证临床实践指南数据库，由美国卫生保健研究与质量机构、美国卫生与人类服务部的先导计划项目。NGC 提供了临床实践指南的检索（包括简单检索与详细检索)、浏览与比较。

2. 新西兰临床实践指南 (http://www.nzgg.org.nz) 由新西兰国家卫生委员会创建于 1996 年,该指南数据库详细介绍如何建立和评价指南,精选了因特网上循证医学教育的各种数据库、软件及信息资源。

四、循证医学信息资源的检索方法

(一) 首选循证医学图书馆检索系统评价

目前可用于系统评价的中英文循证医学图书馆数据库均已研制成功,Cochrane Library 和循证医学图书馆(中文光盘版)可用于查找各种不同类型的临床证据。这些数据库是临床医务工作者查找证据的首要选择。

(二) 书目文献数据库用于查找原始研究类证据

在检索临床证据时,要想获得全面的检索结果,除利用系统评价数据库检索外,还必须综合运用书目文献数据库进行检索,如 PubMed、EI、CA、BP、SCI、CBMDisc、CMCC、CNKI、万方资源数据库、中文科技期刊数据库等进行检索,只有这样才能保证检索到的证据全面。

(三) 循证医学元搜索引擎可综合查找临床证据

循证医学元搜索引擎主要有 TRIP, SUM Search,这些元搜索引擎可用于查找循证医学文献,由于它们可同时检索系统评价文摘和来自书目数据库中的临床证据,因此可节省查找时间。

(四) 使用多种不同的搜索引擎查找临床证据

搜索引擎是查找各类网络资源的工具,当然也可用来查找临床证据资源,这些资源可能是循证医学网站和网页,也可能是循证医学文本文件,还可能是相关的图像。为确保临床证据收集全面,可应用综合性搜索引擎如 Google、百度,专业性搜索引擎如 Medical Matrix、Medical World Search 等检索循证医学网络资源。

第二节 医学会议文献和会议消息检索

随着科学技术的迅速发展,各个国家的学会、协会、研究机构及国际性学术组织越来越多,为了加强科学工作者之间的信息交流,各学术组织每年都定期或不定期的召开学术会议。据美国科学情报所统计,全世界每年召开的学术会议约 1 万次,正式发行的各种专业会议文献 5,000 多种。因此,会议文献是传递和获取科技信息的一种重要途径。

会议文献（conference literature）一般是指各种学术会议上发表的学术报告、会议录和论文集。

会议文献具有学术水平高、专业性强；内容新颖、及时；信息传递快；可靠性高；学术价值高；出版形式多种多样的特点。

一、医学会议文献的传统检索

（一）会议论文索引（Conference Papers Index）

1973年创刊，原名"Current Programs"，1978年改为现名，由英国剑桥科学文摘社编辑出版。报道时差5－9个月，年报道文献量7万多条。报道内容涉及12个学科，查医学会议及其论文，可查该刊的"临床医学"、"生物化学"、"药理学"、"实验医学"、"环境科学"部分。

该刊每期期末有著者索引和主题索引。主题索引实际上是篇名中的关键词轮排索引。另外每年还有年索引。

（二）生物学文摘/报告、评论、会议文献（BA/RRM）

《生物学文摘/报告、评论、会议文献》的英文全程为Biological Abstracts/Reports·Reviews·Meetings，简称BA/RRM，是《生物学文摘》（BA）的补充刊，它收录《生物学文摘》（BA）未收录的生物学研究报告、会议文献、学位论文、评论期刊、图书等。BA/RRM的前身是1964年创刊的《生物研究索引》（Bioresearch Index），1980年该为BA/RRM。

自1985年起，BA/RRM中专门开辟有"Meetings"专栏。欲查找生物医学会议文献，首先按会议名称的字顺来查，然后按照所指示的页次找到该会议的简介及在该会议上发表的论文题录。

（三）科技会议录索引（Index to Scientific and Technical Proceedings，简称ISTP）

1978年创刊，月刊。它是一种反映科技会议录的索引刊物，不仅报道会议录的出版情况，而且还介绍包括在会议录里的各个会议论文，由美国科学情报研究所编辑。报道的内容有：生命科学、生物学和环境科学、临床医学、物理学和化学、工程技术和应用科学等各个学科领域的会议录。其中生物、医学部分占整个报道内容的54%。科技会议录索引（ISTP）包括正文（会议录存贮库）和索引两部分。正文部分刊载了有关会议录和会议论文的全部题录信息，可以通过类目索引、主办者索引、著者、编者索引、会议地点索引、团体索引、丛书索引、轮排主题索引来查找正文部分。并有年度累积索引可回溯检索。

（四）会议文献出版指南—科学、工程、医学、技术（Directory of Published Proceedings Serirs：SEMT – Science /Engineering /Medicine/ Technology）

1965 年创刊，由 InterDok Corporation 编辑出版。每年 10 期，并编有年度累积索引。本刊为待印及已出版的 各种会议录的书目指南，报道科学、工程、医学、技术等会议的名称、地点、日期、主办者、会议文献题录及出版形式、价格等项内容。内容编排有正文部分和索引部分。可通过编者索引、会议地点索引、主题索引、主办者索引查得正文部分的有关会议及会议录的题录信息。

（五）中国学术会议文献通报

1982 年创刊，原名为《国内学术会议文献通报》，1982 – 1984 年为季刊，1985 年为双月刊，1986 年起改为月刊。1986 年前刊名，由中国科技情报研究所、中国农业大学主办，科技文献出版社出版。

《中国学术会议文献通报》是报道我国各类专业学术会议的检索性刊物，内容涉及数理科学和化学、医药卫生、农业科学、工业技术、交通运输、航天航空、环境科学及管理科学。《中国学术会议文献通报》报道方式以题录为主，兼有简介和文摘。每期报道 1500 – 2000 条，论文按会议名称集中排列。每期附有《会议名称分类索引》，该索引按《中国图书资料分类法》编排。自 1990 年起将每期的主题索引改为年度索引，在每年的最后一期中报道。《中国学术会议文献通报》可通过分类和主题途径检索。

二、检索国内会议文献的数据库

（一）中国学术会议论文数据库（CACP）

1. 简介

万方数据资源系统（http：//www.wanfangdata.com.cn）的会议论文库是国内收集学科较全面、数量较多的会议论文数据库，属国家重点数据库（详见第二章第九节）。收录由中国科技信息研究所提供的国家级学会、协会、研究会组织召开的各种学术会议论文，每年涉及上千个重要的学术会议（见图 6 – 2 – 1）。

万方数据资源系统的会议论文库是目前国内收集学科最全、数量最多的会议论文数据库，记录总数达到 90 万余条，专业范围覆盖自然科学、工程技术、农林、医学、社会科学等领域，内容包括：数据库名、文献题名、文献类型、馆藏信息、馆藏号、分类号、作者、出版地、出版单位、出版日期、会议信息、会议名称、主办单位、会议地点、会议时间、会议届次、母体文献、卷期、主题词、文摘、馆藏单位等。

数据库采用受控语言进行主题标引，以《汉语主题词表》为主题标引语言，以《中图法》为分类标引语言，30%的记录附有论文摘要，提供会议时间、会议名称、主要内容、会议地点、规模、主办单位、承办单位等项目，每周更新。

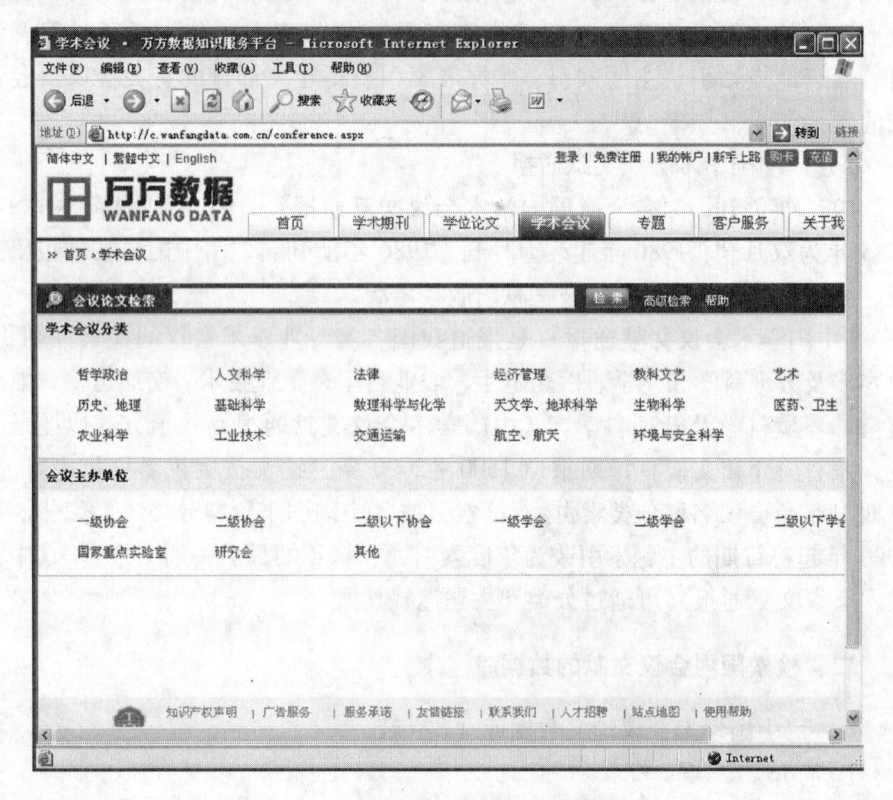

图6-2-1 万方数据学术会议检索界面

会议论文数据库既可以从会议信息，也可以从论文信息进行查找，为用户提供最全面、详尽的会议信息，是了解国内学术会议动态、科学技术水平、进行科学研究必不可少的工具。

论文的检索结果按学科、论文的类型、论文发表的日期进行分类，让您能从众多的检索结果中快速筛选出您要找的论文。

2. 检索界面及检索方法

学术会议主要包括的功能有：会议论文的简单检索、高级检索、经典检索、专业检索四种检索方式,以及学科分类导航和会议主办单位分类导航两种浏览方式。在万方数据资源系统首页中点击导航条中的"会议论文"链接,进入会议论文首页。

会议论文简单检索

在输入框输入检索表达式,点击"检索",系统自动检索文献。在检索词前面加上检索字段,可以检索在检索字段中出现检索词的论文。

导航检索

通过导航可以实现会议论文快捷的浏览和查找。(见图6-2-2)

学术会议分类导航检索将会议论文按照学科进行分类,选择某一分类后,系统自动列出该分类下的会议论文。

会议主办单位导航检索将会议主办单位进行了分类,选择一级分类以后显示该分类下的会议主办单位,点击某一单位,则系统将自动检索出属于该单位主办的会议的论文。

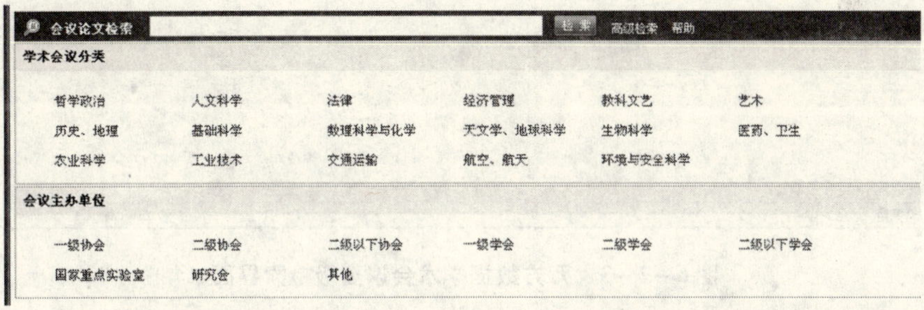

图6-2-2 万方数据学术会议分类导航检索界面

会议论文高级检索

高级检索的功能是在指定的范围内,通过增加检索条件满足用户复杂的检索要求,检索到满意的信息。(见图6-2-3)

高级检索可以检索标题、作者、会议名称、主办单位、关键词、摘要等检索信息,填写的检索信息越详细检索得到的结果就会越准确。

选择时间范围:通过选择年份,使其在限定的年份范围内检索。

排序:高级检索区域为你提供了三种排序方式:经典论文优先、最新论文优先和相关度优先。

选择显示条数:可以选择在检索结果页面每页显示的文章数。

执行检索:当所有的检索信息都填写完毕后,点击"检索"按钮,执行检索。

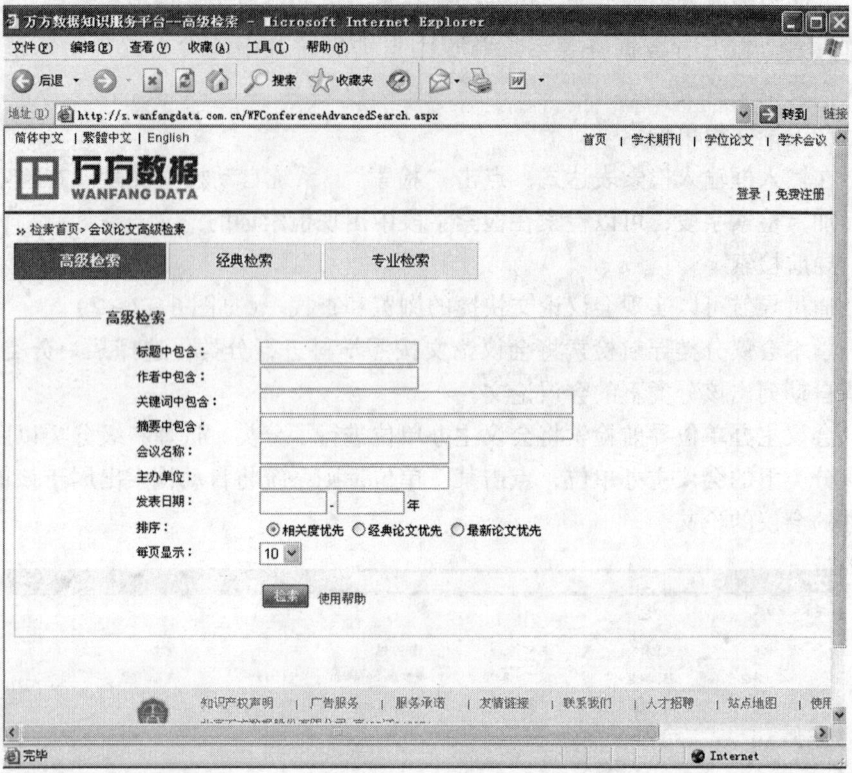

图6-2-3 万方数据学术会议高级检索界面

会议论文经典检索

经典高级检索提供了五组检索条件,这些检索条件是"并且"的关系(见图6-2-4)。选择检索字段:点击检索项的下拉列表,选择按哪一个字段(如:标题、关键词、作者等)来检索。在检索表达式框中直接输入检索式。

执行检索:当检索信息填写完毕后,点击"检索"按钮,执行检索。

会议论文专业检索

专业检索比高级检索功能更强大,但需要检索人员根据系统的检索语法编制检索式进行检索。适用于熟练掌握CQL检索语言的专业检索人员。(见图6-2-5)

可以在检索表达式框中直接输入检索式。

执行检索:当检索信息填写完毕后,点击"检索"按钮,执行检索。

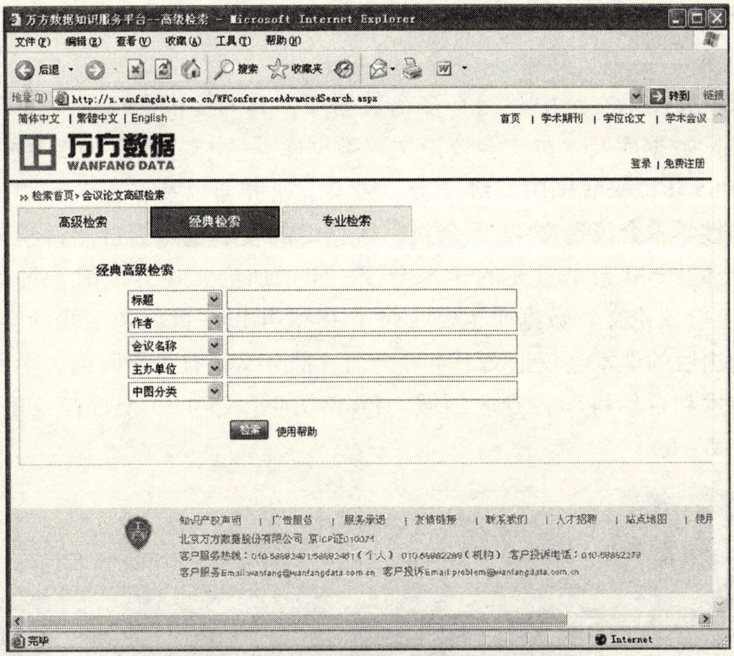

图6-2-4　万方数据学术会议经典检索界面

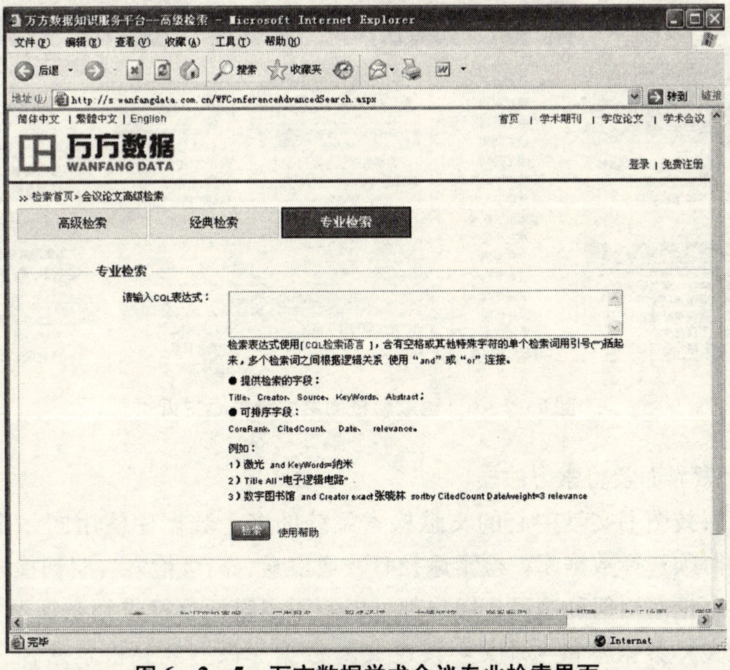

图6-2-5　万方数据学术会议专业检索界面

（二）国家科技图书文献中心（NSTL）（http://www.nstl.gov.cn/）

1. 简介

国家科技图书文献中心拥有多个数据库，其中提供会议信息的有《中文会议论文》数据库及《外文会议论文》数据库。《中文会议论文》数据库主要收录了1985年以来我国国家级学会、协会、研究会以及各省、部委等组织召开的全国性学术会议论文43万余篇。数据库的收藏重点为自然科学各专业领域，每年涉及600余个重要的学术会议，年增加论文4万余篇，每季或月更新。《外文会议论文》数据库主要收录了1985年以来世界各主要学会、协会、出版机构出版的学术会议论文194万余篇，部分文献有少量回溯。学科范围涉及工程技术和自然科学各专业领域。每年增加论文约20余万篇，每周更新。（见图6-2-6）

图6-2-6 国家科技图书文献中心主页

2. 检索界面及检索方法

国家科技图书文献中心的文献检索系统的多个数据库使用同一个检索界面，使用时须选择数据库。检索途径有普通检索、高级检索、期刊检索、分类检索等。不论使用何种途径，用户都可以使用逻辑运算符进行逻辑运算。《中文会议论文》数据库和《外文会议论文》数据库没有期刊检索途径，可以使用其中的普通检索、高级检索、分类检索三种检索途径。

普通检索

在国家科技图书文献中心主页的文献检索栏目中点击相应的《中文会议》或《外文会议》,即进入普通检索界面。(见图6-2-7)

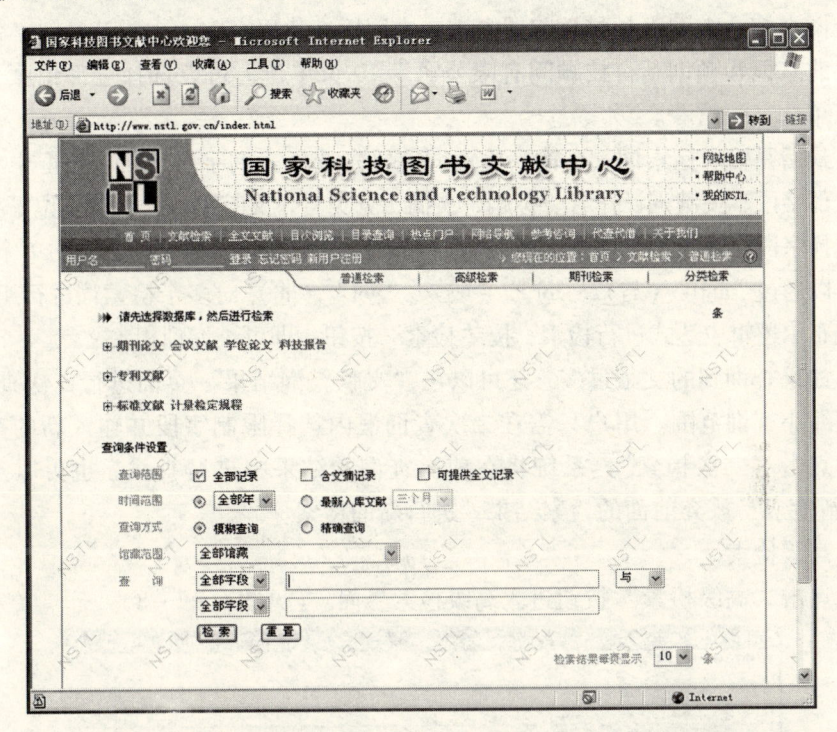

图6-2-7 国家科技图书文献中心文献检索的普通检索界面

首先是数据库的选择,可以单选,也可以多选或部分全选,但是不可以不选。系统可在多个数据库中同时检索文献。

接下来是查询条件的设置,包括设置查询范围、时间范围、查询方式、馆藏范围等。

查询范围包括全部记录、含文摘记录和可提供全文记录三种,在检索时可以选择其中一种。全部记录指在选中数据库的所有记录中查询。含文摘记录指在选中数据库中含有文摘的记录中查询。可提供全文记录指在选中数据库中可提供全文请求的记录中查询。

时间范围的设置,是指通过时间选择框确定查询文献的出版时间范围。或者通过最新入库文献框限定查询文献的入库时间(一月、三月、六月)。

查询方式包括模糊查询和精确查询两种形式。精确查询指检索结果完全等同或包含与检索词完全相同的词语;模糊查询是指区别于精确查询的查询方

民族医药文献检索与利用

式,即检索结果包含检索词或检索词中的词素。

馆藏范围包括中国科学院文献情报中心、中国科学技术信息研究所、机械工业信息研究所、冶金工业信息标准研究所、中国化工信息中心、中国农业科学院图书馆、中国医学科学院图书馆、中国标准化研究院、中国计量科学研究院、北京恒和顿创新科技顾问有限公司等10家单位。可以选择全部馆藏,也可以单选某一馆藏。

最后是输入检索词。在输入检索词前要先选择查询字段。在下拉框中列出的全部字段、关键词、作者、标题、文摘、分类号、文献出处、馆藏单位等字段中选择字段,然后输入要查询的内容。可以输入与查询主题密切相关的单个词,也可以通过"and"(与)、"or"(或)、"not"(非)对多个检索词进行组配,构成布尔逻辑表达式进行检索,按"检索"按钮,即可查询到相关文献。

如果查询到的文献过多,还可以在"文献查询结果"页面进行二次查询,以便缩小查询范围。用户只需在二次查询框内选择限制字段并输入新的查询词,点击"二次检索",系统将在前次查询的结果中进行查找。也可以点击"重新检索"放弃前面的检索结果,进行新的检索。

高级检索

点击"高级检索"按钮进入高级检索界面。(见图6-2-8)

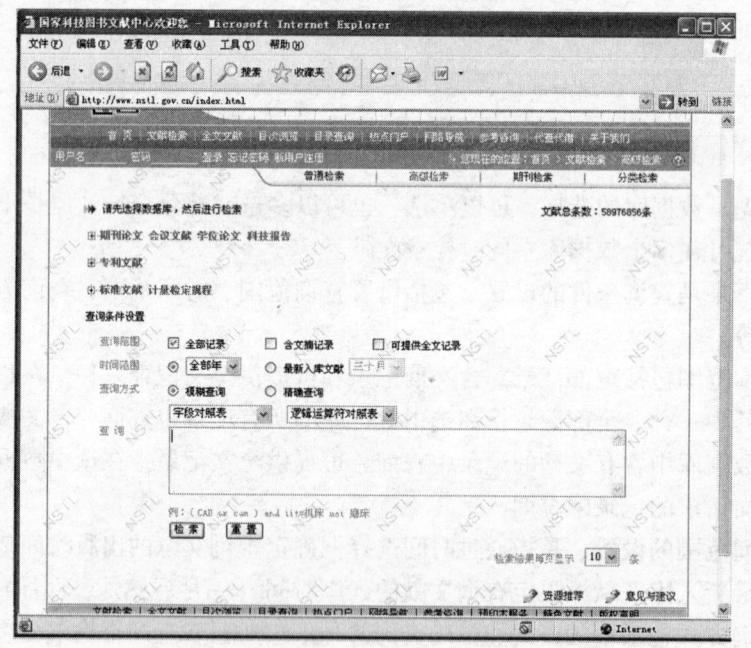

图6-2-8 国家科技图书文献中心文献检索的高级检索界面

高级检索是为专业检索人员或熟悉检索技术的人员提供的一种检索服务。数据库的选择、查询条件设置与普通检索相同。

与普通检索不同的主要是查询表达式的编制。查询表达式的编制可以利用系统提供的数据库"字段对照表"和"逻辑运算符对照表",再通过输入查询词和小括号"()"的限定(半角符号),在文本框中便可组织用户定制的查询表达式,若不用"字段对照表"选择字段而直接输入查询内容,表示在全部字段中查询。特别注意:逻辑运算符的前后一定有半字空格。

3. 分类检索

点击"分类检索"按钮进入分类检索界面。(见图 6-2-9)

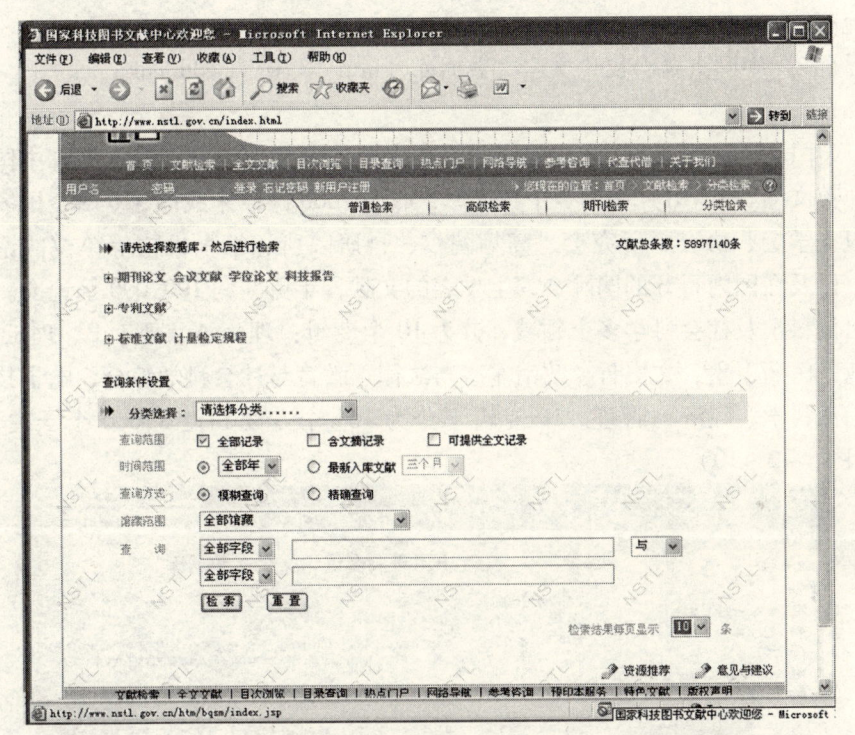

图 6-2-9 国家科技图书文献中心文献检索的分类检索界面

分类检索提供了按学科分类进行辅助检索的功能。分类选择在一个学科类目下最多选择不超过 5 个子类别,若超过 5 个,按大类查询。检索界面提供的数据库选择、查询条件设置等检索方法同普通检索功能。

4. 结果处理

注册用户在查询过程中可以单击"保存检索策略"按钮将有意义的检索策略保存到"我的图书馆"栏目中的"我的检索策略"中。

民族医药文献检索与利用

检索到结果以后,需要查看具体检索结果。在"查询结果"页面,每页默认显示10条文献题录。如果查询结果多于10条,系统将分页显示。在检索界面可以选择每页显示的结果的题录条数,可以根据自己的检索需要选择每页显示10、20、30、40、50条题录。

点击文章标题,可直接浏览该文章的详细信息。点击作者,可继续查询该作者发表的其他文章。对于外文期刊文献,可以点击文章出处,可连接到该文章所在期刊的卷期列表,进而可浏览相关期次的目次页。

通过多选框,可以一次选择多篇文献查看其详细内容,注册用户还可以进行"加入购物车"或"加入我的书架"操作。"加入购物车"操作进入全文订购流程。

(三)中国重要会议论文全文数据库(http://www.edu.cnki.net)

1. 简介

《中国重要会议论文全文数据库》是中国知识基础设施工程(简称中国知网,英文缩写CNKI)中的一个数据库,收录2000年以来我国320多个国家二级以上学会、协会、研究会、高等院校、科研院所、学术机构等单位的论文集,以及在国内召开的国际会议上发表的文献,年更新约100,000篇论文。涉及自然科学及社会科学多个领域,分为10个专辑:理工A、理工B、理工C、农业、医药卫生、文史哲、政治军事与法律、教育与社会科学综合、电子技术与信息科学、经济与管理。10专辑下分为168个专题和近3,600个子栏目。(见图6-2-10)

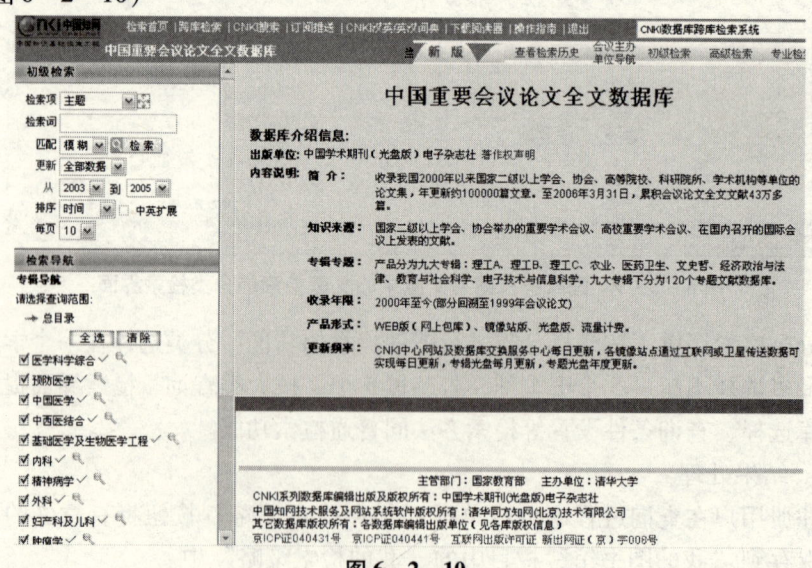

图6-2-10

目前已收录了上千本论文集，每年增加 300 本论文集，CNKI 中心网站及数据库交换服务中心每日更新，各镜像站点通过互联网或卫星传送数据可实现每日更新，专辑光盘每月更新。至 2006 年 12 月 31 日，累积会议论文全文文献近 58 万篇。

2. 检索方法

《中国重要会议论文全文数据库》同其他 CNKI 的数据库采用同一个检索系统，有初级检索、高级检索、专业检索三个检索界面。（详见第二章第一节）

基本检索界面提供论文主题、题名、关键词、摘要、论文作者、第一责任人、作者机构、会议名称、会议录名称、参考文献、全文、年、基金、中图分类号、主办单位、学会、主编、编者、出版单位、会议地点、ISSN、统一书刊号、ISBN、网络出版投稿时间、网络出版投稿人等 25 个检索入口。使用前根据检索内容选择专辑，检出的结果按更新日期或相关度排序。

高级检索界面可使用布尔逻辑运算符连接多个不同的检索内容进行复杂检索。

专业检索比高级检索功能更强大，需要检索人员根据系统的检索语法编制检索式进行检索。适用于熟练掌握检索技术的专业检索人员。

会议主办单位导航可以根据会议主办单位的名称进行浏览检索。

三、检索国外会议文献的数据库

（一）ISI Proceedings

ISI Proceedings 是 ISI（美国科技信息所）著名的学术会议录文献索引——Index to Scientific & Technical Proceedings（r）〔科技会议录索引，简称 ISTP（r）〕和 Index to Social Sciences & Humanities Proceedings（r）〔社会科学与人文会议录索引，简称 ISSHP（r）〕的 Web 版，汇集了世界上最著名的会议、座谈、研究会和专题讨论会等多种学术会议的会议录文献，覆盖学科非常广泛，是目前世界上了解会议文献信息的最主要检索工具。（见图 6-2-11）

ISI Proceedings 覆盖广泛的学科范围。会议录文献对于工程技术、生物科技、化学和物理等学科领域内的研究尤其重要。

ISI Proceedings 有两个版本：科技版（即 ISTP 版）和社科与人文版（即 ISSHP 版），共涵盖约 250 个不同的学科，其中包括：农业科学、生物化学、生物技术、化学、计算机科学、工程技术、环境科学、临床医学、分子生物学、物理学等等。

民族医药文献检索与利用

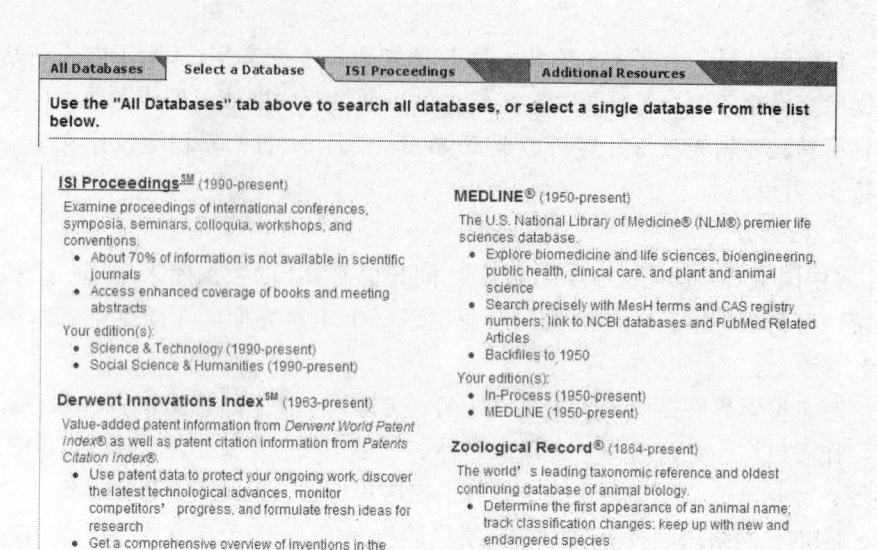

```
All Databases | Select a Database | ISI Proceedings | Additional Resources

Use the "All Databases" tab above to search all databases, or select a single database from the list below.

ISI Proceedings℠ (1990-present)
Examine proceedings of international conferences, symposia, seminars, colloquia, workshops, and conventions.
• About 70% of information is not available in scientific journals
• Access enhanced coverage of books and meeting abstracts
Your edition(s):
• Science & Technology (1990-present)
• Social Science & Humanities (1990-present)

Derwent Innovations Index℠ (1963-present)
Value-added patent information from Derwent World Patent Index® as well as patent citation information from Patents Citation Index®.
• Use patent data to protect your ongoing work, discover the latest technological advances, monitor competitors' progress, and formulate fresh ideas for research
• Get a comprehensive overview of inventions in the global marketplace in all categories: chemical,

MEDLINE® (1950-present)
The U.S. National Library of Medicine® (NLM®) premier life sciences database.
• Explore biomedicine and life sciences, bioengineering, public health, clinical care, and plant and animal science
• Search precisely with MeSH terms and CAS registry numbers; link to NCBI databases and PubMed Related Articles
• Backfiles to 1950
Your edition(s):
• In-Process (1950-present)
• MEDLINE (1950-present)

Zoological Record® (1864-present)
The world's leading taxonomic reference and oldest continuing database of animal biology.
• Determine the first appearance of an animal name; track classification changes; keep up with new and endangered species
• Backfiles available to 1864
```

图 6 – 2 – 11　ISI Proceedings 主页

每周更新，每年收录 12,000 多个会议的内容。

ISI Proceedings 的检索界面与 ISI Web of Science 的相同，有多种检索途径：可以通过主题、会议录名称和作者地址等进行检索；也可以通过会议名称、主办机构、会议召开地点、召开日期等进行检索；还可以根据作者或编辑的姓名进行作者检索。

检索结果按会议名称排序，可看到某一会议有多少篇相关的会议录文献。

（二）BIOSIS Previews

(http//：www.biosis.com/products_services/records/bp – meeting.html)

BIOSIS Previews 数据库，简称 BP，由美国生物科学信息服务社（BIOSIS）出版，是目前世界上最大的有关生命科学的文摘和索引数据库。该数据库是《生物学文摘》（Biological Abstracts，BA）、《生物学文摘—综述、报告、会议》（Biological Abstracts/RRM）和《生物研究索引》（BioResearch Index）的机读版，它目前收录了世界上 100 多个国家和地区的 5500 多种期刊和 1650 多个会议的会议录和报告，每年大约增加 56 万条记录。（见图 6 – 2 – 12）

BP 报道的学科范围广泛，涵盖所有生命科学内容，其中包括：空间生物学、农业、解剖学、细菌学、行为科学（Behavioral Sciences）、生物化学、生物工程、生物物理、生物技术、植物学、细胞生物学、临床医学、环境生物学、实验医学、遗传学、免疫学、微生物学、营养学、职业健康、寄生虫学、

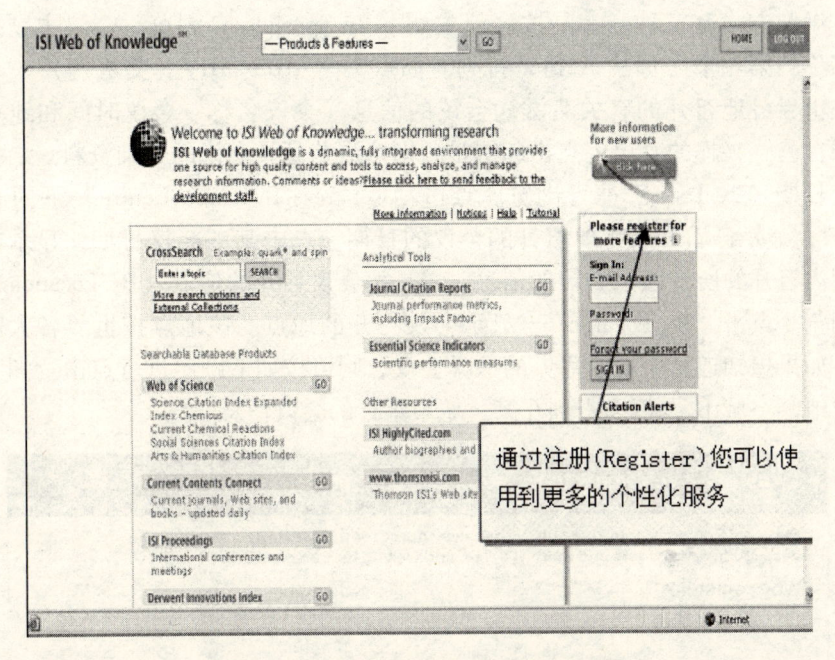

图 6-2-12　BIOSIS Previews 检索界面

病理学、药理学、生理学、公共健康、放射生物学、系统生物学、毒理学、兽医学、病毒学、动物学。BP 数据库中 95% 的资料含有摘要，内容偏重于基础和理论方法的研究。

检索途径包括快速检索（Quick Search）、一般检索（General Search）、主题检索（TOPIC）等。可以通过会议名称、会议地点、会议时间等信息进行检索。

四、医学会议消息预报的检索

（一）Doctor's Guide to Internet（http：//www.docguide.com）

1. 简介

Doctor's Guide to Internet 简称 DGI，是 P\S\L Consulting Group Inc. 公司创建的优秀的医学网站，其会议资源中心（Congress Resource Centre）提供 83 个国家和地区举办的 5000 余条医学会议信息。

2. 检索界面及检索方法

会议资源中心主页中提供多种检索途径，用户可在其主页点击"explore"下的"View Congress Resource Centre（CRC）"，可以进行有关的会议内容检索和浏览。（见图 6-2-13）

民族医药文献检索与利用

浏览方式有三种，一是按会议主题（By Specialty）浏览。会议主题按疾病名称的第一个字母从 A 到 Z 排列。如点击"AIDS/ HIV（艾滋病）"，可获得在世界各地召开的有关艾滋病会议的信息（会议名称、会议时间和地点）。选择自己感兴趣的会议，点击超链接，即可浏览到该会议的详细资料。二是按会议日期（By Date）进行浏览。点击"Congress Resource Centre"下的"By Date"，显示已召开或将要召开的会议的日期。点击某一会议日期，显示在该日期内召开的所有医学会议的信息。三是按会议召开的地点（By Location）进行浏览。点击"By Location"，显示会议召开的地点。该地点按世界各大区列表，如果想知道某个城市举办的医学会议，则可按如下顺序进行点击：洲→国家或地区→城市，可以查到在某一城市举行的会议信息。

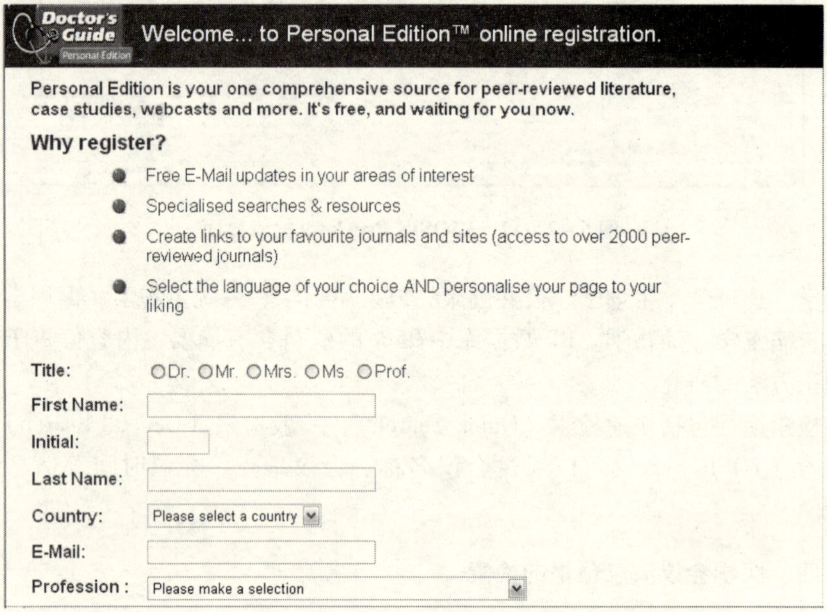

图 6-2-13　Doctor's Guide to Internet 会议资源中心界面

检索分为一般检索和高级检索。在"View Congress Resource Centre"界面中提供了"SEARCH CRC"的检索框，在检索框中输入任一词，如疾病名称、日期、地点等，可进行一般检索和高级检索。一般检索，在检索框中输入检索词，点击"GO"。高级检索，用鼠标左键点击"ADVANCED SEARCH"，弹出高级检索窗口。在"Searchfor the followingword（s）"下的输入框中输入检索词。

此外，还提供了对所收录会议信息的全文检索功能，包括基本检索以及运用逻辑运算符进行逻辑运算的高级检索。检索结果主要包括会议名称、开会日期、会议地点、联系人、电话和 E-mail 地址。

（二）Medical Conferences（http://www.medicalconferences.com/）

Medical Conferences 是由英国医学会议公司（Medical Conferences Comp.）创建，可预报世界多个国家的 7000 多个医学会议，每日更新。点击主页面上的"SEARCH"图标可进入会议检索页面，用户可使用关键词、会议名称、会议地点及开会时间检索会议信息。如需会议详细信息，用户须免费注册，向会议组织者提交个人信息后方可获得。（见图 6-2-14）

图 6-2-14 Medical Conferences 主页

（三）37℃医学网（http://www.37c.com.cn）

37℃医学网是由第四军医大学与长城网络公司合作推出的大型医学综合性网站，可为医学专业人员及病人提供全方位的医学信息。该网站在其主页的"医学资讯"栏目中设有"展会信息"内容，点击后进入医学资讯页面。该页面主要报道在我国召开的医学会议信息和继续教育学习班的消息，还设有行业动态、医药前沿、海外动态等内容。不仅可浏览医学会议的内容，还可浏览医学会议的内容，还可从不同途径，如会议名称、主办单位、学科分类、开会地点、时间等快速检索有关会议的信息。

（四）中国医学会议网（http://www.ok120.com/index.asp）

中国医学会议网创建于 2000 年，是专门的医学行业性网站，其宗旨是致力于国内外医学学术会议、医学展览培训等信息的资讯服务，努力为广大会议组织者和参与者搭建一个信息传播沟通的网络平台。

中国医学会议网通过几年的发展，与各网络媒体、医疗企事业单位等建立了长期友好的协作关系。

中国医学会议网访问人群多为医学专业工作者、医学类大中专院校的教师、学生以及相关专业从业人员及行业机构。

第三节 学位论文检索

学位论文（Thesis Dissertation）是指高等院校或研究机构毕业生或研究生为获得学位资格而撰写的学术性研究论文，一般是在导师指导下完成的。

学位论文具有科学性、学术性、新颖性，绝大多数不公开发表或出版。对科学研究有较高的参考价值。按学位级别可划分为博士论文、硕士论文、学士论文，由于学士学位论文数量庞大，且论文质量与博士论文、硕士论文质量差距很大，一般数据库都不收录，学位论文的检索一般意义上是指对博士论文、硕士论文的检索。

一、学位论文的传统检索

（一）中国学位论文通报

《中国学位论文通报》是我国自然科学类学位论文的权威性检索工具。《中国学位论文通报》由中国科技信息研究所编辑，科技文献出版社出版。它报道了该研究所收藏的我国高等院校和科研机构在自然科学领域的博士、硕士学位论文，形式有题录、简介和文摘等。1985年创刊，季刊，1986年改为双月刊，每期内容包括分类目录、文摘和索引，分类目录按《中国图书馆图书分类法》（简称"中图法"）分类；文摘按"中图法"编排；索引有机构索引和年度分类索引。

文摘款目的著录内容是：分类号、顺序号、论文题目、学位名称、文种、著者姓名、学位授予单位、总页数、发表年月、文摘、图表及中国科学技术情报研究所馆藏资料索取号等。

检索者可按分类途径查找所需文献，按馆藏索取号向中国科学技术情报研究所借阅。对过去未曾报道的论文，补收在《中国博士硕士学位论文通报》中。

（二）中国博士学位论文提要

由国家图书馆编纂的《中国博士学位论文提要（人文与社会科学部分）

2005》由北京图书馆出版社出版。

博士学位论文具有内容专深、学科广泛、选题现实等特点，因而具有较高的学术研究价值，是备受读者关注和青睐的重要文献，世界各国的文献信息机构都极为重视对博士学位论文的收集与利用。

国家图书馆作为国务院学位委员会指定的全国唯一负责全面收藏和整理我国学位论文的专门机构，20多年来，已入藏博士论文12万种，收缴率在95%以上。

（三）国际学位论文摘要

DAI 由美国 UMI（University Microfilms International）公司出版。UMI（现名为 ProQuest）公司创建于1935年，是美国一个专门从事学位论文报道和检索等业务服务的商业公司，几十年来，在学位论文摘要、缩微制品、光盘数据库、网络数据库等方面一直处于世界领先的地位。

DAI 创刊于1938年，为月刊。1966年起，DAI 分 A、B 两辑，A 辑报道美国、加拿大450余所大学和研究机构提供的人文和社会科学方面的博士论文的摘要；B 辑报道美、加450余所大学和研究机构提供的自然科学和工程技术方面的博士论文的摘要，1969年起，DAI 的 A、B 两辑增收了欧洲20余所大学的博士论文的摘要。随着欧洲学位论文的增加，DAI 于1977年起，新增了 C 辑，专门报道欧洲博士学位论文的摘要，为季刊。1989年起 C 辑收录范围由欧洲扩展到世界各地，成为除了美、加之外世界各国著名大学和研究机构的博士学位论文摘要集萃之地，现在每年 DAI 三个分册收录美国、加拿大和世界各国550多所大学和研究机构的博士学位论文的摘要约45000篇，每篇摘要350个词左右，包括分类名称、论文题目、作者、授予单位、授予时间、导师、UMI 原文订购号及文摘正文。每期 DAI 的后面还有关键词索引和作者索引，便于检索。

二、检索国内学位论文的数据库

（一）《中国博士学位论文全文数据库》（http://www.edu.cnki.net）

1. 简介

《中国博士学位论文全文数据库》是 CNKI 的系列产品之一（详见第二章第一节），是目前国内相关资源最完备、高质量、连续动态更新的中国博硕士学位论文全文数据库，收录1999年至今420家博士培养单位的博士学位论文，至2006年12月31日，累积博士学位论文全文文献近5万多篇。

产品分为10大专辑：理工 A、理工 B、理工 C、农业、医药卫生、文史哲、政治军事与法律、教育与社会科学综合、电子技术与信息科学、经济与管理。10 专辑下分为 168 个专题和近 3600 个子栏目。

CNKI 中心网站及各镜像站点每日更新，专辑光盘每月更新。

2. 检索界面及检索方法

《中国博士学位论文全文数据库》同其他 CNKI 的数据库采用同一个检索系统，有学位授予单位导航检索、初级检索、高级检索、专业检索四种检索途径。（见图 6-3-1）

提供论文主题、题名、关键词、摘要、作者、作者单位、导师、第一导师、导师单位、网络出版投稿人、论文级别、学科专业名称、学位授予单位、学位授予单位代码、目录、参考文献、全文、中图分类号、学位年度、论文提交日期、网络出版投稿时间等 21 个检索入口。使用前根据检索内容选择专辑，检出的结果按更新日期或相关度排序。

高级检索界面可使用布尔逻辑运算符连接多个不同的检索内容进行复杂检索。

专业检索比高级检索功能更强大，需要检索人员根据系统的检索语法编制检索式进行检索。适用于熟练掌握检索技术的专业检索人员。

学位授予单位导航学位论文授予单位名称进行浏览检索。

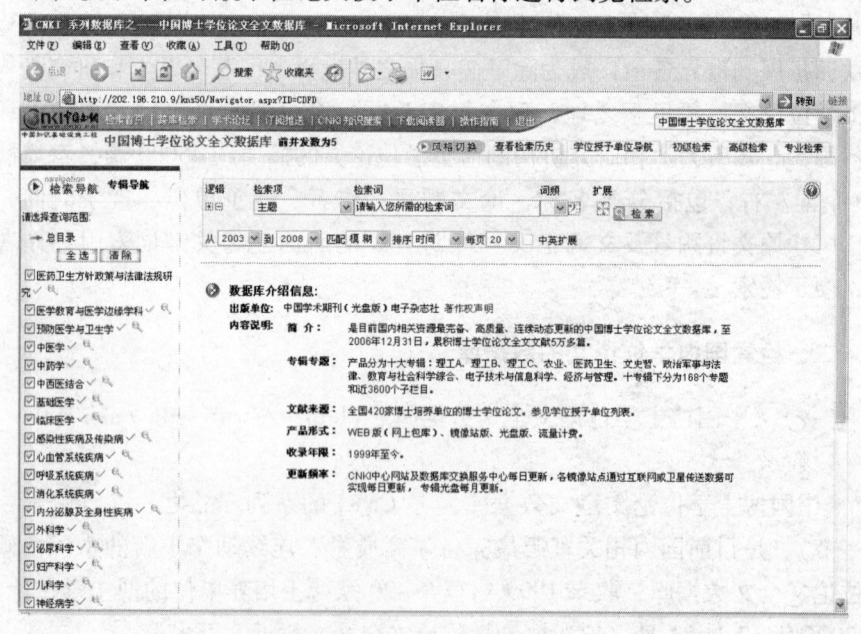

图 6-3-1 中国博士学位论文全文数据库初级检索界面

(二)《中国优秀硕士学位论文全文数据库》(http://www.edu.cnki.net)

《中国优秀硕士学位论文全文数据库》是 CNKI 的系列产品之一（详见第二章第一节），收录 1999 年至今全国 652 家硕士培养单位的优秀硕士学位论文。至 2006 年 12 月 31 日，累积硕士学位论文全文文献 37 万多篇。

产品分为 10 大专辑：理工 A、理工 B、理工 C、农业、医药卫生、文史哲、政治军事与法律、教育与社会科学综合、电子技术与信息科学、经济与管理。10 专辑下分为 168 个专题文献数据库。

CNKI 中心网站及各镜像站点每日更新，专辑光盘每月更新。

《中国优秀硕士学位论文全文数据库》同其他 CNKI 的数据库采用同一个检索系统，与《中国博士学位论文全文数据库》的检索方法相同。

(三)《中国学位论文全文数据库》(www.wanfangdata.com.cn)

《中国学位论文全文数据库》资源由国家法定学位论文收藏机构中国科技信息研究所提供，并委托万方数据加工建库。(详见第二章第九节)

《中国学位论文全文数据库》始建于 1985 年，是国内最早、最全的学位论文数据库，收录超过 120 万篇学位论文的相关信息，学科覆盖理、工、农、医、生物、人文社科，内容包括：论文题名、作者、专业、授予学位、导师姓名、授予学位单位、馆藏号、分类号、论文页数、出版时间、主题词、文摘等字段信息。每周更新。

万方数据资源系统首页中点击导航条中的"学位论文"链接，进入学位论文首页。系统提供了学科专业分类导航检索、学校所在地导航检索、简单检索、高级检索、经典检索和专业检索。具体的检索原理和检索操作与《学术会议论文》的相同。

(四)国家科技图书文献中心—中文学位论文库(www.nstl.gov.cn)

国家科技图书文献中心的《中文学位论文数据库》主要收录了 1984 年至今我国高等院校、研究生院及研究院所发布的硕士、博士和博士后的论文。学科范围涉及社会科学、人文科学和自然科学各专业领域，每年增加论文 6 万余篇。每季度更新。

20 多年来，国家图书馆收藏博士论文近 12 万种。此外，该中心还收藏部分院校的硕士学位论文，台湾博士学位论文和部分海外华人华侨学位论文。

国家图书馆学位论文收藏中心是国务院学位委员会指定的全国唯一负责全面收藏和整理我国学位论文的专门机构；也是人事部专家司确定的唯一负责全面入藏博士后研究报告的专门机构。

国家科技图书文献中心的文献检索使用统一的检索界面，学位论文数据库检索和会议文献数据库的检索相同。

三、检索国外学位论文的数据库

(一) ProQuest 博硕士学位论文库

1. 简介

ProQuest 公司是世界上最早及最大的博硕士论文收藏和供应商，该公司的学位论文文摘数据库（ProQuest Dissertations & Theses，简称 PQDT）收录欧美地区 1,000 余所大学文、理、工、农、医等领域的 250 万多篇博、硕士学位论文的题录和文摘。包括了从 1861 年美国首篇毕业论文到最近论文的题录，1980 年以后的博士论文增加了由作者写的 350 字文摘，1988 年以后的硕士论文增加了 150 字文摘。其中 100 多万篇论文可获纸张或缩微形式的全文。1997 年以后的论文可在网上看到前 24 页（PDF 格式）及获取电子形式全文。

2. 检索界面及检索方法

ProQuest 公司的的数据库使用统一的检索界面，有基本检索（Basic）、高级检索（Advanced）、按学科或按位置浏览检索。（见图 6-3-2）

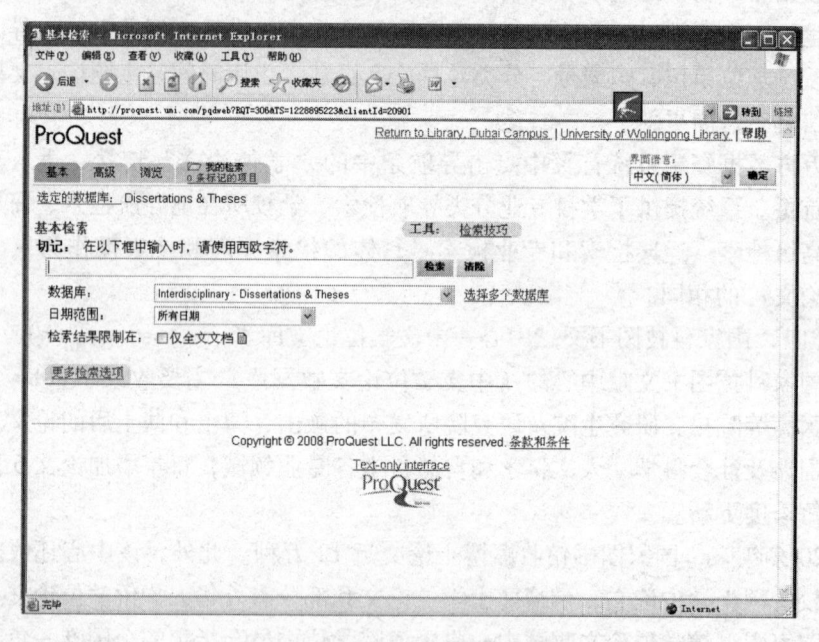

图 6-3-2　PQDT 基本检索界面

基本检索

首先在检索输入框输入词或词组，然后进行限定。在限定中可以进行日期范围的限定，还可以点击"更多检索限定"可进行更多限定。具体有：文档题名、作者、学校、主题、文档语种、手稿类型、结果排序方式。其中作者、学校、学科可通过浏览列表加以确定。

高级检索

点击"高级"按钮即可进入高级检索。高级检索允许在多个检索字段中同时检索。默认检索框的数目为3个，可以通过"添加一行"增加检索框的数目，最多可同时在7个检索字段中检索。增加的检索框也可通过"删除一行"进行删减。

首先，在检索框中输入检索词，并限定出现的检索字段。可检索字段有：引文和摘要、摘要、导师、作者、学位、文档ID、文档语言、文档标题、索引短语（关键字）、ISBN、出版物/订单标号、学校名称/代码、学科名/代码、卷/期（DVI）。

如果有多个检索词要同时输入，可重复上述操作。

然后，选择各检索项间的逻辑关系，可选逻辑关系有：AND，OR，AND NOT，WITHIN 3，PRE/1。

最后，进行限定（与简单检索相同）。

出版物检索

点击"出版物"按钮即可进入出版物检索界面。提供"按学科"、"按地点"两种方式查看各学校的论文目录。

3. 检索结果

浏览检索结果

点击检索结果列表中的题名结果都可以展开全记录，每条记录下还提供"摘要"、"24页预览"、"订购"三个选项。

点击"摘要"查看该记录的全部内容。

如果是1997年以后的论文，还可以点击"24页预览"查看前24页内容。

如果需要该篇文献全文，可点击"订购"，通过在线支付获得文献全文。

做标记每条检索结果前都有选择框，可选中该框为该条结果做标记。也可以点击"标记所有"将所有检索结果都做上标记。

Email 检索结果

点击检索结果列表上方的"以电子邮件发送"，可将标记过的检索结果发送到指定的电子邮箱中。

将检索结果以指定引文格式导出

点击检索结果列表上方的"引文"，可将标记过的检索结果以指定引文格式导出。可选择的格式有：ProQuest Standard（显示在 ProQuest 界面中的引文）、AMA（推荐用于医药、健康和生物科学）、APA（推荐用于心理学、教育和社会科学）、Chicago/Turabian/Harvard：Author – Date（省略了作者姓名及日期的参考列表）、hicago/Turabian：Humanities（使用脚注、尾注和作者全名的书目）、MLA（推荐用于文学、艺术和人文学科）、Vancouver（用于提交给生物医学杂志的原始文稿）。可选择的导出操作有：Email、保存、打印。

导出兼容各文献管理工具的结果列表

点击检索结果列表上方的"导出"，可直接将做过标记的检索结果以兼容 ProCite、EndNote、Reference Manager、RefWorks 的格式下载。

（二）国家科技图书文献中心—外文学位论文库（www.nstl.gov.cn）

国家科技图书文献中心的《外文学位论文数据库》收录了美国 ProQuest 公司博硕士论文资料库中 2001 年以来的优秀博士论文。学科范围涉及自然科学各专业领域，并兼顾社会科学和人文科学。该数据库将每年递增约 2 万篇最新博士论文，更新时间为每年年底。

国家科技图书文献中心的文献检索使用统一的检索界面，学位论文数据库检索和会议文献数据库的检索相同。

第四节 标准文献检索

一、概述

标准是对重复性事物和概念所作的统一规定，它以科学、技术和实践经验的综合成果为基础，经有关方面协商一致，由主管机构批准，以特定形式发布，作为共同遵守的准则和依据（GB3935 – 1 – 83）标准文献包括一整套，在特定活动领域必须执行的规格、定额、规划、要求等方面的技术文献。

（一）标准

标准化对提高劳动生产率、扩大技术交流和贸易交流和重要作用，标准化活动正在广阔的范围内影响和推动生产发展，社会和科技进步、标准化的成果是各种标准。

标准化是沟通国际贸易和国际技术合作的技术纽带。通过标准化能够很好地解决商品交换中的质量、安全、可靠性和互换性配套等问题。标准化的程度直接影响到贸易中技术壁垒的形成和消除。因此，世界贸易组织贸易技术壁垒协议（WTO/TBT）中指出："国际标准和符合性评定体系能为提高生产效率和便利国际贸易做出重大贡献。"据我国的国家标准 GB 3935－1－83 中对标准所作的定义是：标准是对重复性事物和概念所作的统一规定，它以科学、技术和实践经验的综合成果为基础，经有关方面协商一致，由主管机构批准，以特定形式发布，作为共同遵守的准则和依据。标准不仅是从事生产、建设工作的共同依据，而且是国际贸易合作，商品质量检验的依据。

我国从 1956 年开始制定标准，1978 年 5 月国家标准总局成立，9 月中国标准化协会加入国际标准化组织（ISO）。《中华人民共和国标准化法》自 1989 年 4 月 1 日起施行。

（二）技术标准战略的意义

近年来，我国在外贸出口中受国外技术壁垒的限制日益严重，而由于我国技术标准大多引用国际标准，对进口产品却几乎无技术壁垒可言。据有关调查，近几年我国有 60% 的出口企业遇到国外技术壁垒，技术壁垒对我国出口的影响每年超过 450 亿美元。

技术壁垒是建立在技术创新能力的基础上的，其实质是国家之间技术实力的较量，这种较量在很多领域里体现为技术标准的竞争。在经济全球化、国际竞争日益激烈的今天，技术标准是技术创新链条中的重要一环，是技术成果的规范化、标准化，是产业竞争的制高点。在一定程度上说，技术标准甚至比技术本身更为重要。为了争夺技术壁垒优势，发达国家利用其科技优势，最大限度地控制国际标准化组织（ISO）和国际电工委员会（IEC）的技术领导权，尽可能将本国的技术法规、标准及检测技术纳入国际标准。

目前，技术标准是我国的薄弱环节，整体水平低，并与研究脱节，环保和安全领域对技术标准的要求十分迫切；标准的国际化水平低，运用标准作为竞争手段的能力更低。

（三）标准的类型

标准的分类可按其使用范围、内容和性质、成熟程度来划分。按其适用范围可以分为不同层次，即通常听说标准的级别。包括国际标准、区域标准、国家标准、行业或专业标准，地区标准、企业标准。

1. 按标准的使用范围划分

国际标准

国际标准是指国际通用的标准，如国际标准化组织（ISO）标准、国际电工委员会（IEC）标准等。

区域标准

区域标准是指世界某一地区通过的标准，如全欧标准（EN）等。

国家标准

国家标准是对一个国家的经济技术和社会发展有重大意义的，必须在全国范围内统一和实施的标准。如我国国家标准（GB）、美国国家标准（ANSI）。我国国家标准由各专业（行业）标准化技术委员会或国务院有关主管部门提出草案，由国家标准化主管机构批准发布。主要包括：有关通用术语、互换配合等方面的标准；有关安全、卫生和环境保护方面的标准；有关广大人民生活，跨部门生产的重要工农业产品标准；基本原料、材料；通用零部件、元器件、配件和工具、量具标准；通用的试验方法和检验方法标准等。

行业标准

行业标准是由行业标准化主管部门或行业标准化组织批准、发布，是某行业范围内统一的标准。如美国石油学会标准（API）。

企业标准

企业标准是由企业批准发布的标准。如美国波音飞机公司标准（BAC）。

地方标准。如上海标准（SH）。

地方标准是由省、自治区、直辖市标准化主管部门发布，在当地范围内统一的标准。

2. 按标准的内容及性质划分

按内容及性质分为技术标准、工作标准和管理标准。基础标准是具有广泛指导意义的最基本的标准，如对专业名词、术语、符号、计量单位等所作的统一规定；技术标准是为科研、设计、工艺、检测等技术工作及产品和工程的质量而制订的标准，它们还可以细分为产品标准（对品种、检验方法、技术要求、包装、运输、储存等所作的统一规定）和方法标准（对检查、分析、抽样、统计等所作的统一规定）。通常所说的标准大多是指基础标准和技术标准。

按标准化对象的特征又可分为基础标准、产品标准、方法标准、安全与环境保护标准。

3. 按标准的成熟程度划分

法定标准。具有法律性质且必须遵守的标准。

推荐标准。是制定和颁布标准的机构建议优先遵循的标准。

试行标准。指内容不够成熟，尚有待在使用实践中进一步修订、完善的标准。

4. 按标准的约束效力大小划分

按的约束效力大小可以把标准分为强制性标准和推荐性标准两类。

强制性标准是法律发生性的技术文件,即在该法律生效的地区或国家必须遵守的文件。它包括三个方面,即保障人体健康的标准、保障人身和财产安全的标准、法律和行政法规强制执行的标准。

推荐性标准是建议性的技术文件,即推荐给企业、团体、机构或个人使用的技术文件。

(四) 标准的编号

1. 国际标准化组织(ISO)的标准编号

ISO 负责制定和批准除电工与电子技术领域以外的各种技术标准。

国际标准和技术报告的代号、编号:

ISO　　　　　　＊＊＊＊：＊＊＊＊

国际标准化组织标准代号　国际标准发布顺序号　国际标准发布年代号

ISO/TR　　　　　　＊＊＊＊：＊＊＊＊

国际标准化组织技术报告代号　发布顺序号　发布年代号

IEC　　　　　　＊＊＊＊：＊＊＊＊

国际电工委员会标准代号　发布顺序号　发布年代号

ISO/IEC　＊＊＊＊：＊＊＊＊（表示国际标准化组织和国际电工委员会联合发布的标准）;

ISO/DIS　＊＊＊＊：＊＊＊＊或 ISO/IEC DIS（表示国际标准草案）。

2. 中国标准的编号

我国国家标准分为强制性标准和推荐性标准,《标准化法》规定:保障人体健康,人身、财产安全的标准和法律、行政法规规定强制执行的标准是强制性标准,其他标准是推荐性标准强制性国家标准的代号为 GB,推荐性国家标准的代号为 GB/T,国家指导性标准用 GB/Z。

国家标准的编号由国家标准的代号、标准发布顺序号和标准发布代号

组成,格式为 GB×××-×××　GB/T×××-×××

除了 GB、GB/T 之外,尚有军用、卫生标准等给出了专门标准代号:

GB.n　　　国家内部标准

GB.j　　　国家工程建议标准

GB.w　　　国家卫生标准

GJB　　　国家军用标准

GSB　　　国家实物标准

3. 行业标准的代号、编号

行业标准也分为强制性标准和推荐性标准

行业标准的编号由行业标准代号、标准发布顺序号和标准发布年代号组成，行业标准的代号由2位拼音字母组成，例如：

JY	教育行业
CY	新闻出版行业
WH	文化行业
TY	体育行业
HG	化工行业

行业标准编号中组成为：

××　　　　××××-××××
××/T　　　××××-××××

企业标准代号以 Q 为代表，以企业名称的代码为字母表示，在 Q 前冠以省市自治区的简称汉字，如：京 Q/JBI—9 是北京机械工业局1989年颁布的企业标准。

（五）标准的分类

标准文献的分类主要采用《中国标准文献分类法》、国际标准分类法（ICS）、国际十进分类法（UDC）等分类系统。

《国际十进分类法》（UDC）和《国际标准分类法》（ICS）全部由数字组成。

1.《国际标准分类法》（ICS）

《国际标准分类法》（International classification for standards，简称 ICS）用作国际、区域性和国家以及其他标准文献的分类。

国际标准化组织（ISO）发布的标准1994年以前使用《国际十进分类法》（UDC），1994年以后改用 ICS 分类。在1994年以前根据制定标准的技术委员会（TC）的类目名称进行分类，其类号由字母数字组成。

《国际标准分类法》（ICS）由三级类构成。一级类包含标准化领域的40个大类，每一大类号以两位数字表示。二级类号由一级类号和被一个全隔开的三位数字组成。全部40个大类分为335个二级类，335个二级类中的124个被进一步分成三级类。三级类的类号由二级类的类号和被一个被点隔开的两位数组成。（见表6-4-1）

236

表 6-4-1　ICS 一级类目表

类号	类名	类号	类名
01	综合，术语，标准化，文献	49	航空与航天工程
03	社会学，服务，公司组织和管理，行政，运输	53	材料储运设备
07	数学，自然科学	55	货物的包装和分发
11	医疗，卫生技术	59	纺织和皮革技术
13	环境和保健，安全	61	服装行业
17	计量学和测量，物理现象	65	农业
19	试验	67	食品技术
21	机械系统和通用部件	71	化工技术
23	流体系统和通用部件		
73	采矿和矿产	25	制造工程
75	石油及有关技术		
27	能源和传热工程	77	冶金
29	电工技术	79	木材技术
31	电子学	81	玻璃和陶瓷工业
33	电信	83	橡胶和塑料工业
35	信息技术，办公设备	85	造纸技术
37	成像技术	87	涂料和颜料工业
39	精密机械，珠宝	91	建筑材料和建筑物
43	道路车辆工程	93	民用工程
45	铁路工程	95	军事工程
47	造船和船用设备	97	服务性工作，文娱，体育

我国自 1995 年底发布的国家标准也将《国际十进分类法》（UDC）改用《国际标准分类法》（ICS）分类。

2. 中国标准文献分类法

《中国标准文献分类法》是 1984 年国家标准局编制的用于分类除军工标准外的各级标准和有关标准文献的分类法，是目前国内用于标准文献管理的一部工具书、该分类法由二十四个一级大类目组成，用英文字母表示，每个一级类目下分 100 个二级类目，二级类目用两位数字表示。（见表 6-4-2）

表6-4-2 中国标准文献分类法一级类目表

类号	类名	类号	类名
A	综合	N	仪器、仪表
B	农业、林业	P	工程建设
C	医药、卫生、劳动保护	Q	建材
D	矿业	R	公路、水路运输
E	石油	S	铁路
F	能源、核技术	T	车辆
G	化工	U	船舶
H	冶金	V	航空、航天
J	机械	W	纺织
K	电工	X	食品
L	电子元器件与信息技术	Y	轻工、文化与生活用品
M	通信、广播	Z	环境

（六）标准文献的特点

标准文献是科技文献的重要组成部分，是科技信息的重要来源之一，但其又有着不同于一般的科技文献的某些特性。

1. 标准具有规范性，其编写有统一的格式要求，我国执行 GB/T 1.1-2000《标准件工作导则第1部分：标准的结构和编写规则》，而国际标准由《ISO/IEC 导则第3部分：国际标准的结构和起草规则》（1997年英文版）规定。

2. 标准具有替代性，其内容会不断随着技术进步和社会发展而作出修改，经修改后的新标准将代替原有的旧标准，而少数与实际要求不符、又没有修改价值的标准则会被废止。

3. 标准具有趋同性，即随着国际经济贸易和科技文化交流的扩大，各国纷纷将本国标准制订成国际标准，或者将国际标准转化成本国标准，使得相当数量的标准在内容上相同或相似。

二、标准文献的传统检索

中国标准分为国家标准、行业标准、地方标准和企业标准四级。对需要在全国范畴内统一的技术要求制订国家标准；对没有国家标准而又需要在全国某个行业范围内统一的技术要求制订行业标准；对没有国家标准和行业标准而又需要在省、自治区、直辖市范围内统一的工业产品的安全、卫生要求制订地方标准；对企业生产的产品没有国家标准、行业标准和地方标准的制订相应的企业标准；另外，对于技术尚在发展中，需要有相应的标准文件引导其发展或具有标准化价值、尚不能制定为标准的项目，以及采用国际标准化组织、国际电工委员会及其他国际组织的技术报告的项目，制订国家标准化指导性技术文件。

中国标准分为强制性标准和推荐性标准两类性质的标准。保障人体健康，人身、财产安全的标准和法律、行政法规规定强制执行的标准是强制性标准，其他标准是推荐性标准。

中国标准文献的编号由标准代码、顺序号和年代号构成，其中顺序号表示各类标准发布的先后次序；年代号为四位数字表示的标准发布或修改年代，而标准代码根据标准类型的不同有各自的规定，其中国家标准冠以"GB"，地方标准冠以"DB"，企业地方标准冠以 Q..，行业标准的代号详见 http：//www.sac.gov.cn/cnmng/index5.asp。标准代码中有"T"字样的，表示是推荐性标准。

中国标准文献的管理一般采用分类的方法，其分类依据为《中国标准文献分类法》，这部分类法共设置 24 个一级类目，分别是：A－综合；B－农业、林业；C－医药、卫生、劳动保护；D－矿业；E－石油；F－能源、核技术；G－化工；H－冶金；J－机械；K－电工；L－电子元器件与信息技术；M－通信、广播；N－仪器、仪表；P－工程建设；Q－建材；R－公路、水路运输；S－铁路；T－车辆；U－船舶；V－航空、航天；W－纺织；X－食品；Y－轻工、文化与生活用品；Z－环境保护。

查找标准文献的检索工具有三类：一是通过印刷版检索工具检索，如《中华人民共和国国家标准目录及信息总汇》、《中国标准化》期刊、《国际标准化组织目录》等；二是利用计算机通过光盘数据库或网络数据库检索，如中国标准全文数据库；三是利用计算机通过专业网站检索。

(一) 国内标准文献的传统检索

传统检索标准文献主要是利用标准目录。标准目录编排方式大致相同，主要有分类、主题和标准号（顺序号）三种途径。检索国内各类标准的工具主要有：《中国标准化年鉴》、《中国国家标准汇编》、《国家标准和行业标准目录》、《标准化通讯》、《轻工业国内标准目录》、《中国食品标准资料汇编）、《中华人民共和国工农业产品国家标准和部标准目录》、《中华人民共和国机械、电工产品国家标准，部标准目录》、《中华人民共和国国家标准和部标准目录》等。

1.《中华人民共和国国家标准目录及信息总汇》

《中华人民共和国国家标准目录及信息总汇》1995 年 2 月出版，中国标准出版社出版，收录了强制性国家标准，推荐性国家标准和降为行业标准的原国家标准共 19,000 多项，以专业分类顺序编排，书末附有标准顺序号索引。

2.《中国标准化年鉴》

《中国标准化年鉴》国家技术监督局编，中国标准出版社出版。每年出版一卷，主要内容是阐述前一年标准化工作的全面情况包括标准化事业的发展情况、管理机构、法规建设以及科学研究工作的现状；一年内发布的新国家标准目录等。所附的国家标准目录分为两种：标准号顺序目录、分类目录。分类目录按《中国标准文献分类法》分类排列，在同一类中按标准顺序号排列。

3.《中国标准导报》

《中国标准导报》由中国标准出版社主办，双月刊 1992 年 6 月 1 日创刊，导报除刊载标准化学术论述、报导标准化动态、普及标准化知识外还提供标准审批、发布、出版等信息，所以通过此报及时了解新发布的标准情况。

4.《中国标准汇编》

《中国标准汇编》，该汇编自 1983 年起陆续出版，到 1995 年已出版到 195 册；《中华人民共和国工农业产品国家标准和部标准目录》以及机械、电工等分类标准汇编。

（二）国外标准文献的手工检索

国际标准是指由国际标准化组织（ISO）、国际电工委员会（IEC）和国际电信联盟（ITU）所制订的标准，以及 ISO 确认并公布的国际组织所制订的标准。ISO、IEC 和 ITU 并称三大国际标准化机构，在国际标准化活动中占主导地位。

1. ISO 标准

国际标准化组织（International Organization for Standardization，简称 ISO）成立于 1947 年，是目前世界上最大、最有权威性的非政府性国际标准化专门机构。国际标准化组织（ISO）成立的目的和宗旨是："在全世界范围内促进标准化工作的开展，以便于国际物资交流和服务，并扩大在知识、科学、技术和经济方面的合作。"其主要活动是制定国际标准，协调世界范围的标准化工作，组织各成员国和技术委员会进行情报交流，以及与其他国际组织进行合作，共同研究有关标准化的问题。

国际标准化组织（ISO）的技术工作由技术管理局领导，其下按专业领域设立不同的技术委员会（TC），负责审查相应的 ISO 国际标准，在 TC 内还可根据需要设置分技术委员会（SC），ISO 现有 203 个 TC，分别缩写为 TC_1，TC_2，……，等，而 TC_3，TC_7，TC_9 等 39 个 TC 已解散。目前已有 157 个国家加入国际标准化组织（ISO），我国于 1978 年加入国际标准化组织（ISO）。

其检索工具为《国际标准化组织目录》年刊，收录上一年的全部现行国际标准。它采用国际标准分类表编排，包括主题分类目录、字顺索引、标准号索引、技术委员会序号索引和废弃目录 5 个部分。其对应的中文版是《国际标准目录》。

《ISO Catalogue》年刊，每年 2 月分英、法 2 种文字出版，报道 ISO 全部现行标准。ISO 目录分为 4 个部分：

①分类目录（International standard List in Technical）

ISO 标准的分类按制定标准的技术委员会（TC）的名称设立类目。分类号由字母加数字组成如 TC55，这些技术委员会的部分名称和编号如下：

TC1 螺纹　　　　　　　　　　　　TC47 化学
TC2 紧固件　　　　　　　　　　　TC83 体育和娱乐器械
TC10 技术制图、产品定义和相关文献　TC136 家具
TC19 优先数　　　　　　　　　　　TC145 图形符号
TC29 小工具　　　　　　　　　　　TC146 空气质量

1993 年以后，ISO catalogue 使用国际标准分类表 ICS。

②主题索引（subject Index）该索引采用文中关键词排检；

③标准序号目录（list in Numerical Order）包括标准号、TC 号；

④技术委员会序号索引（list in Technical Committee Order）按 TC 号可检索到标准号和标准在分类目录中的页码；

⑤废弃目录（withdrawals）包括废弃的标准号，废弃年以及替代标准号《国际标准草案目录》（ISO Draft International standards）该目录主要用于检索标准草案。

2. IEC 标准

国际电工委员会（International Electrotechnical Commission，简称 IEC）是一个非政府性国际组织，是联合国社会经济理事会的甲级咨询机构。国际电工委员会（IEC）正式成立于 1906 年，是世界上成立最早的专门国际标准化机构。国际电工委员会（IEC）的成员包括了世界上绝大多数工业发达国家及一部分发展中国家，共有 67 个成员国，另有 69 个以非正式成员的身份加入到其分支机构。国际电工委员会（IEC）主要负责有关电气工程和电子工程领域中

的国际标准化工作，其宗旨是促进电气、电子工程领域中标准化及有关问题的国际合作，增进国际间的相互了解。目前 IEC 的工作领域已由单纯研究电气设备、电机的名词术语和功率等问题扩展到电子、电力、微电子及其应用、通信、视听、机器人、信息技术、新型医疗器械和核仪表等电工技术的各个方面，其标准已涉及了世界市场中约 50% 的产品。

IEC 标准的主要检索工具是《IEC 出版物目录》年刊，由标准号目录和主题索引组成，其对应的中文版是《国际电工标准目录》。

《国家电工委员会出版物目录》（catalogue of IEC publications）该目录由 IEC 每年年初以英、法对照文本形成编辑出版。这由两大部分组成：标准序号目录（Numerical list of IEC publications）和主题索引（Subject Index），另该目录正文之前有目录表，按 TC 顺序排列，TC 号后列出标准名称和页码。利用主题索引可由主题词先查出 IEC 标准号，再利用 IEC 出版物序号表查出标准的名称和内容。《IEC catalogue》的中该本是《国际电工标准目录》

《国际电工委员会年鉴》（IEC Yearbook），该年鉴按 TC 号大小顺序排列，著录项目有标准号与标准名称。

3. ICS 标准

国际电信联盟（ITU）是联合国的一个专门机构，也是联合国机构中历史最长的一个国际组织，其实质性工作由三大部门承担，分别是：电信标准化部门（ITU-TSS）、无线电通信部门（ITU-RS）和电信发展部门（ITU-TDS）。其中 TSS 由原来的国际电报电话咨询委员会（CCITT）和国际无线电咨询委员会（CCIR）的标准化工作部门合并而成，主要职责是完成 Pfl 有关电信标准化的目标，促进全世界的电信标准化。

国际标准的分类通常采用《国际标准分类法》（International Classification for Standards, ICS），它分 40 个大类（一级类目）。

查找国外先进标准，主要指一些发达国家的标准例如美国国家标准 ANSI、英国标准 BS、日本工业标准 JIS 可利用相应的标准目录如《ANSI Catalogue》、《BSI Catalogue》、《JIS 标准总目录》和《JIS 标准年鉴》等。

三、检索国内标准文献的网站及数据库

（一）中国标准服务网（http://www.cssn.net.cn）

1. 简介

中国标准服务网是世界标准服务网在中国的网站，由中国标准研究中心主办。中国标准服务网有着丰富的信息资源，目前开放的第一批数据库有中国国

家标准数据库、中国行业标准数据库、中国国家建设标准数据库等18种。(见图6-4-1)

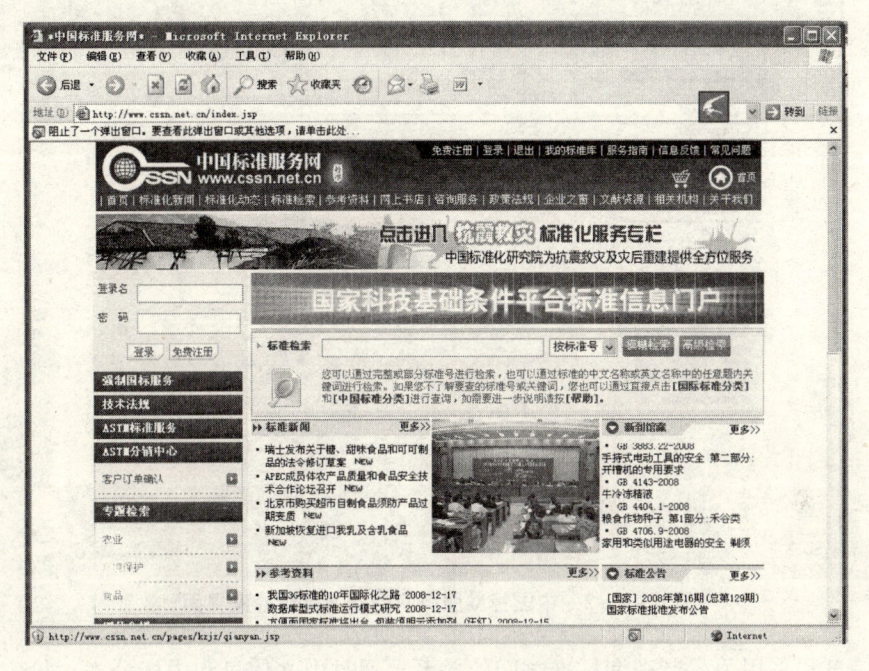

图6-4-1 中国标准服务网主页

用户经注册成为会员后，可免费检索到相关的题录信息，但要获取全文还需缴纳一定的费用。

2. 检索界面及检索方法

中国标准服务网的标准检索系统拥有标准高级检索、标准分类检索、地方标准检索、电子资源检索以及期刊检索和图书检索等检索途径。

中国标准服务网检索系统提供的检索人入口有：标准号、中文标题、英文标题、中文关键词、英文关键词、被代替标准、采用关系、中文标准分类号、国际分类号等。在这些检索项中输入检索词时默认为"前后模糊匹配"。提供"逻辑与"、"逻辑或"的查询方式，"逻辑与"用符号"＊"表示，"逻辑或"用符号"＋"表示。

在中国标准服务网的主页"标准检索"按钮，进入标准检索界面，系统默认标准高级检索。(见图6-4-2)

标准高级检索可以通过标准号查询某个标准的最新情况、通过中文信息检索某类标准（可以使用"中文标题"和"中文关键词"等检索项）、通过中

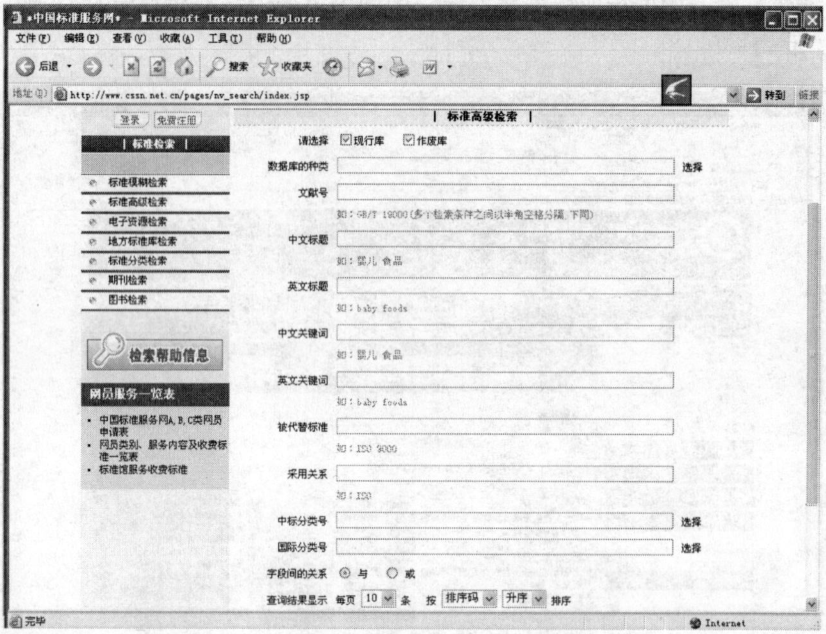

图 6-4-2　中国标准服务网的标准高级检索界面

文信息和采用关系，查询标准之间的关系、通过中文信息和中标分类，检索某一类标准、通过中文信息和国际分类，检索某一类标准等。

如果您想了解中国国家标准采用国际标准或其他发达国家的标准的情况，首先在数据库种类中选择"中国国家标准"，然后在"采用关系"中输入相应的代码：日本（JIS）、俄罗斯（GOST）、德国（DIN）、英国（BS）、法国（NF）、美国（ANSI）、国际电工委员会（IEC）、国际标准化组织（ISO）。

标准分类检索

标准分类检索分为"ICS 分类"和"中国标准分类"，点击相应的类别会显示当前类别下的明细分类，直到显示该类下的所有标准。

电子资源检索

电子资源检索可以通过标准号查询某个标准的最新情况、通过英文信息检索某类标准等。

地方标准检索

地方标准检索可以通过中文信息检索某类标准、通过中文信息和采用关系，查询标准之间的关系、通过中文信息和中标分类，检索某一类标准等。

第六章 特种信息资源检索

期刊检索

期刊检索可以通过中文信息进行检索，可以使用的字段有：中英文标题、中英文关键词和文摘。

图书检索

图书检索是中国标准服务网网上书店的图书检索系统，提供国内外标准类图书的检索服务。

如果您想检索与计算机有关的图书，可以通过下面方法实现：

通过"书名"检索

通过"书名"与"出版社"联合使用进行检索。

（二）中国标准咨询网（http：//www.chinastandard.com.cn）

1. 简介

中国标准咨询网是由中国技术监督情报协会、北京超星公司、北京中工技术开发公司合作建立。提供 ISO 标准、IEC 标准、ANSI 标准、ASTM 标准、ASME 标准、SAE 标准、UL 标准、BS 标准、DIN 标准、JIS 标准、AFNOR 标准、GB 标准、HB 标准和 DR 标准的检索。检索入口有中英文标准名称、发布日期、发布单位、实施日期、采用关系、标准号、中国标准文献分类号。（见图 6-4-3）

图 6-4-3　中国标准咨询网主页

245

用户可免费浏览到相关的题录信息,但要获取全文则需缴纳一定的费用。

2. 检索界面及检索方法

中国标准咨询网标准检索分为初级检索和高级检索两种方式。初级检索在检索框内输入检索词即可；高级检索提供各单独字段的模糊检索、精确检索及字段间的"逻辑或"、"逻辑与"的运算。（见图6-4-4）

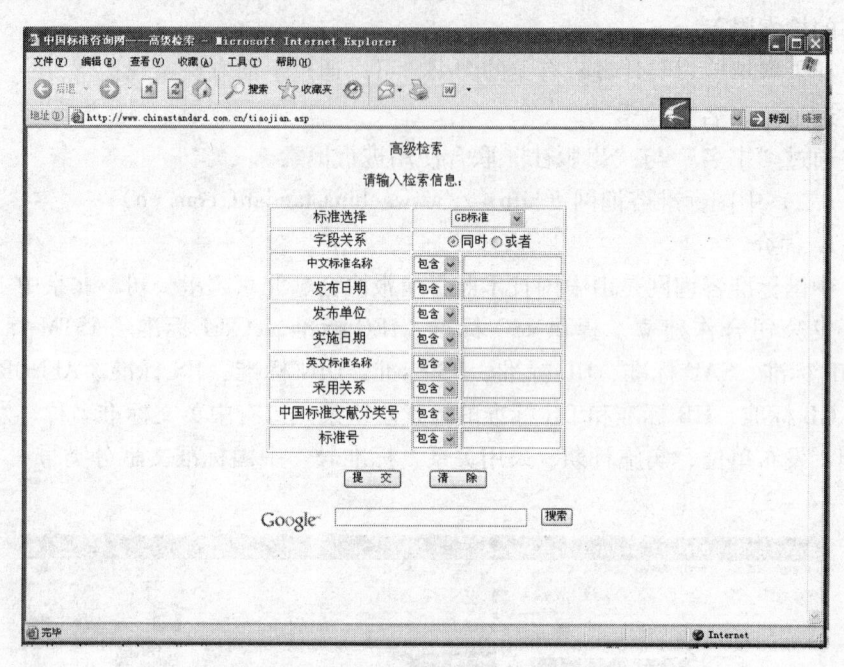

图6-4-4 中国标准咨询网高级检索界面

（三）中国标准全文数据库、中外标准文摘数据库（http：//new.wanfangdata.com.cn）

1. 简介

万方数据（详见第二章第九节）标准全文数据库是国内收录标准最全的全文数据库。《中国标准全文》数据库是北京万方数据有限公司2002年在原有的《中外标准数据库》的国内标准的基础上建成的。《中国标准全文》数据库按照《中国标准文献分类体系》的分类原则，收录了24个一级类，226个二级类目的文献，从1997年至今2008年3月共收录各类标准80,453件，其中国家标准40,614件，行业及企业标准39,839件，涵盖了现行的所有国家标准及大部分行业标准和企业标准。内容涉及综合、农林、医药卫生、劳动保护、矿业、石油、能源、化工、冶金、机械、电子、通信、建筑、仪器仪表、交通运输、轻工、食品、环境保护、航空航天等类目。

2. 检索方法

《中国标准全文》数据库的检索界面与"万方数据"中的其他板块类似，检索字段根据标准文献的特点设置了标准编号、标准名称、关键词、中国标准分类号、国际标准分类号及发布单位、实施日期等 11 个，系统默认在全部字段中检索。全文阅读采用国际通用的文件格式－PDF 格式，使用国际通用阅览器 Adobe Reader 可以方便阅读和下载，同时支持 OCR 识别，可转换成文本文件，方便读者使用。

（四）《中国标准数据库》（http://www.edu.cnki.net/）

《中国标准数据库》是 CNKI（详见第二章第一节）的系列产品之一，它收录了 1957 年至今所有的国家标准（GB）、国家建设标准（GBJ）、中国行业标准的题录信息，共计标准约 8 万条，标准的内容来源于中国标准化研究院标准馆，相关的文献、成果等信息来源于 CNKI 各大数据库。可以通过标准号、中文标题、英文标题、中文关键词、英文关键词、发布单位、摘要、被代替标准、采用关系等检索项进行检索。《中国标准数据库》采用国际标准分类法（ICS 分类）和中国标准分类法（CCS 分类）。用户可以根据各级分类导航浏览。数据每月更新。

与通常的标准库相比，CNKI－《中国标准数据库》每条标准的知网节集成了与该标准相关的最新文献、科技成果、专利等信息，可以完整地展现该标准产生的背景、最新发展动态、相关领域的发展趋势，可以浏览发布单位更多的论述以及在各种出版物上发表的信息。

《中国标准数据库》同其他 CNKI 的数据库采用同一个检索系统，检索方法基本相同。

（五）中国国家标准数据库（NSTL）

中国国家标准数据库是国家科技图书文献中心文献检索的一个子库。中国国家标准数据库收录中国国家标准（标脚代码为 GB 或 GB/T）20,496 件，内容涉及科学研究、社会管理及工农业生产的各个领域。中国国家标准的颁布以国家质量监督检验检疫总局批准，标准化管理委员会发布为准，中国国家标准分为强制性标准和推荐性标准。

国家科技图书文献中心的文献检索使用统一的检索界面，中国国家标准数据库与其他数据库的检索相同。

另外，提供标准文献检索的网站还有中国质量信息网（http://www.cqi.gov.cn）、中国 ISO（http://www.chinaiso.com）、中国标准化与信息分类编码所（http：//www.csicci.gov.cn）、中国国家标准咨询服务网（http：//www.chinagb.org）、中国标准出版社（http：//www.bzcbs.com）、中国标准网（http：//www.zgbzw.gov）等。

值得一提的是，上述这些网站通常只提供标准文献的简单题录信息，要了解详细情况和获取原文用户需要缴纳一定的费用。

四、检索国外标准文献的网站及数据库

进入21世纪后，国际标准化组织及发达国家纷纷加强了标准化发展战略研究，制定出了相关战略和政策。欧、美、日等发达国家将标准化作为通向新技术与市场的工具，各国纷纷向国际标准化组织靠拢，或将国际标准规定为国内标准，共同参与国际市场竞争。

（一）ISO标准（http：//www.iso.org）

1. 简介

ISO是来自世界157个国家的国家标准委员会组成的世界性联盟，任务是促进标准的开发及有关活动，在全球实现交流和合作。ISO标准网站介绍了ISO组织、ISO9000/ISO标准系列、各成员国、产品与服务等信息，提供ISO标准的检索。（见图6-4-5）

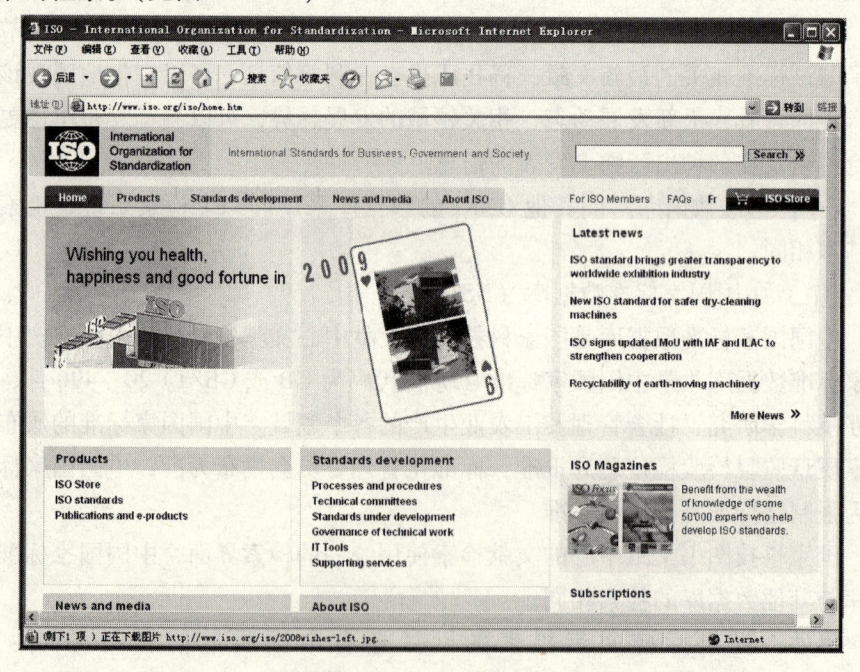

图6-4-5 ISO主页

第六章 特种信息资源检索

ISO 国际标准数据库收录有关基础科学、社会科学、自然科学、农业、医学、土木工程、环境工程等方面的国际标准 3 万余件，包括已发布的 ISO 标准、ISO 作废标准和其他 ISO 出版物，并专设"ISO9000/ISO14000"栏目介绍基于 ISO9000 系列的质量管理和质量认证标准，以及基于系列的环境管理标准。

2. 检索方法

ISO 国际标准数据库有"基本检索"和"高级检索"两种方式，在 ISO 主页上部单击即可进入"基本检索"界面，其中设置了一个检索框，可按待检标准的主题进行检索。

"高级检索"界面设置了若干检索字段，用户既可进行单一字段检索，也可进行多字段组合检索，此时系统默认在字段间作"与"运算。

关键词或词组（Keyword or Phrase）

该字段供用户输入单词或词组进行检索，而词组必须置于双引号（""）中；如果在该字段中一次输入两个或以上检索词，系统默认各词之间以"OR"算符相连；若希望检索结果中同时含有所输入的全部检索词，应在检索词之间加上"AND"，例如：copper AND "w'ing"；如果在输入的某个检索词上使用了"NOT"算符，则检索结果中不会出现含有这个检索词的记录。

该字段支持截词检索，如果用"?"为截词符，例如：输入 electroplat*，可检出含有 electroplated，electroplating 等词的标准文献。

勾选本字段下方"Titles"，"Abstracts"或"Full text of standards"，可限定在标准名称、摘要或全文中进行检索。

标准号（ISO Number，ISO part number）

ISO 标准的编号由"ISO 标准顺序号 + 制订或修改年份"构成，如：ISO9011—2000《质量管理体系—要求》。

按标准号检索时，输入标准顺序号即可，如检索前述标准只需输入9001。若检索标准中的某一部分，例如 ISO90〔N〕第 4 部分，可在 ISO Number 后输入 9000，再在 ISO part num − 后输入 4，也可直接在 ISO Number 后输入 9000 − 4 −．需要一次检出多项标准时，应分别处理：如果待检标准号是连续的，可输入起、止标准号，中间以"："相连，例如 1：400；如果标准号是间断的，应将待检标准号分别输入，中间以"，"分隔，例如9000，14001；如果标准号既有连续的，又有间断的，则应将上述方法结合使用，例如 1：400，9000，14004。

单击该字段的下拉菜单，可以选择检索的文献类型，如：International Standard（标准）、Guide（指南）、Technical Specification（技术准则）、Technical Corrigendum（勘误表）、Amendment（修正案）等。

国际标准分类号（ICS）

在该字段中输入 ICS 分类号，可检索出相应类别的标准。采用在标准号字段检索时相似的方法，可一次检出多个类别的标准，如：87.020，87.060，87.100。

阶段代码（Stage code, Date current stage reached）

该字段供用户使用"阶段代码"进行检索。有关阶段代码的详细信息，可参阅以下网址：http://www.iso.org/iso/en/widepages/stagetable.him

技术委员会（Committee，Subcommittee）

该字段供用户按技术委员会分类进行检索。单击该字段的下拉菜单，选择需要检索的技术委员会的英文代码，如 TC107（金属和其他无机覆盖层技术委员会），便可检索出该技术委员会所在学科领域的全部标准。若对某技术委员会下设的分技术委员会进行检索，应先选定技术委员会代码，然后输入分技术委员会的编号，如：先在 Committee 下拉菜单中选定，再在 Subcommittee 中输入 5"执行检索后，系统将反馈检索结果的清单，包括标准号、标准名称、ICS、发布者、发布日期等，单击标准号则会显示标准的订购信息，在其中点选文献的语种（英文或法文）及 PDF（电子文档）或 Paper（印刷文本），便可获得所需标准。

（二）IEC 国际电工委员会（http://www.iec.ch）

IEC 国际电工委员会网站提供的内容丰富翔实，具体介绍了 IEC 的组织情况、IEC 的最新动态、IEC 数据库的查询、IEC 新颁布的标准、客服务、常见问题与反馈等。在主页下单击"Search"开始检索，检索入口有标准名称、标准号、标准分类号、制定委员会、全文等，提供多字段间的逻辑检索。（见图 6-4-6）

（三）CNKI《国外标准数据库》

《国外标准数据库》是 CNKI 的系列产品之一，它收录了 1919 年至今国际标准（ISO）、国际电工标准（IEC）、欧洲标准（EN）、德国标准（DIN）、英国标准（BS）、法国标准（NF）、日本工业标准（JIS）、美国标准（ANSI）、美国部分学协会标准（如 ASTM，IEEE，UL，ASME）等题录信息，共计标准约 19 万条，标准的内容来源于中国标准化研究院标准馆，相关的文献、成果等信息来源于 CNKI 各大数据库。可以通过标准号、中文标题、英文标题、中

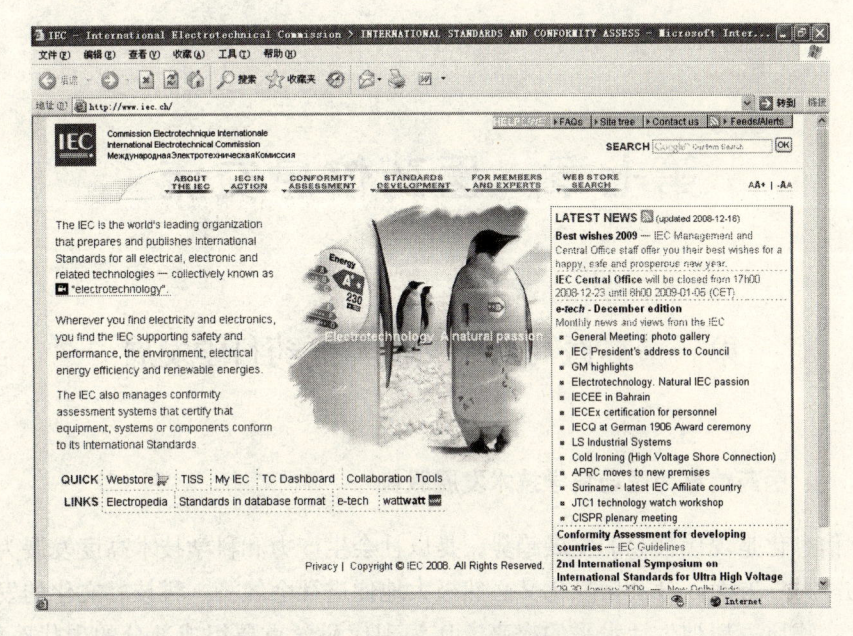

图 6-4-6 IEC 国际电工委员会主页

文关键词、英文关键词、发布单位、摘要、被代替标准、采用关系等检索项进行检索。每月更新。

《中国标准数据库》同其他 CNKI 的数据库采用同一个检索系统,检索方法基本相同。

(四)《国外标准数据库》

《国外标准数据库》是国家科技图书文献中心文献检索的一个子库。国外标准数据库包含国际标准化组织数据库(标准代码为 ISO),国际电工委员会标准数据库(标准代码为 IEC),英国标准学会标准数据库(标准代码为 BS),德国标准化学会标准数据库(标准代码为 DIN),法国标准化协会数据库(标准代码为 NF),日本工业标准数据库(标准代码为 JIS),美国机械工程师协会标准数据库(标准代码为 ASME),美国电气电子工程师学会标准数据库(标准代码为 IEEE),美国机动工程师协会标准数据库(标准代码为 SAE),美国保险商实验室标准数据库(标准代码为 UL)。《国外标准数据库》共收录标准文献 115,65 件。

国家科技图书文献中心的文献检索使用统一的检索界面,中国国家标准数据库与其他数据库的检索相同。

第七章 医药信息交流

第一节 医药信息交流与医药科学发展

一、医药信息为医药科学技术发展服务

信息化是现代社会的发展趋势，是以社会生产力和科学技术高度发展为前提的。另一方面，社会信息化又必然极大地促进社会经济、科技、文化的发展和社会物质、精神生活水平的提高。作为现代科学重要组成部分的现代医药，医药信息必将对它的发展产生深远的影响，医药实践及科研的传统行为模式必将受到来自医药信息的冲击。研究医药信息对现代医药的影响，如何利用它更好地为医药服务，是目前医药信息界和医药界迫切需要解决的共同问题。

（一）社会信息化的内涵分析

现代社会发展的"信息化"机制由社会内部因素所决定。纵观中西方学者对当代社会发展状况以及社会发展中的信息作用机理作出的科学分析，可以发现，现代社会的发展呈现以下一些趋势：

1. 科学技术作为当代经济发展中最活跃的因素，其迅速发展导致了科技—经济一体化模式的形成和信息经济的高速增长。

2. 信息技术已成为当代社会的核心技术，经济发展中起主导作用的已由构成工业体系的技术基础向构成现代经济的技术基础转移。

3. 就产业结构而论，科学研究与开发以及信息行业的比例愈来愈高，从事研究开发、管理和信息服务的人员不断增加增多。

4. 随着现代社会的发展，在社会分工高度专业化的同时，人们愈来愈依赖于行业内及行业之间的合作与交往，由此而引起信息交流方式的根本变化。

5. 社会信息量的激增与流通加速并存，由此提出了信息资源的社会化开发与利用问题，必然引起社会信息服务机制的深层变革。

6. 信息活动已成为从事各种职业的关键，从宏观上看，非信息职业活动与

信息职业工作的界限日趋模糊，人们的信息活动与职业活动呈现出整体化趋势。

以上趋势充分显示了社会发展的新特征，即在现代社会机制的变革中，社会经济的发展愈来愈依赖于科学技术和信息资源的社会化开发与利用，体现了社会运行机制的信息化变革。这便是社会信息化的实质。

在社会信息化发展过程中，科学技术和信息资源对社会发展起着决定性作用，信息经济的发展从整体上改变了社会的经济结构和状态，因而是社会进步的必然结果，是社会整体信息化的必然结果。

（二）信息化中的科技生产力与信息生产力

马克思在论述资本大发展时，明确指出生产力中也包括科学，提出了"社会劳动生产力，首先是科学力量"的精辟论断。按照马克思的观点，科学技术作为知识，是人类认识、改造自然的产物，一旦科学进入生产过程，这种知识形态的生产力便转化成为社会劳动生产力的极大提高。恩格斯在评价马克思发现了人类历史的发展规律及现代资本主义生产方式和它所产生的资产阶级社会的特殊的运动规律时指出："在马克思看来，科学是一种在历史上起推动作用的革命的力量。"马克思、恩格斯对科学活动的认识和对科学生产力发展规律的揭示，构成了马克思主义产生与发展的一个重要基础。

在我国社会主义现代化建设中，在国际信息环境和科学技术发生深刻变化的时代，邓小平同志始终坚持马克思主义生产力学说的思想。20世纪70年代末，他重申了"科学技术是生产力"这个马克思主义的观点；20世纪80年代末，他根据现代社会的发展，科学地提出："马克思讲过科学技术是生产力，这是非常正确的，现在看来这样说可能不够，恐怕是第一生产力。"

邓小平同志对马克思主义关于科学技术生产力学说的继承和发展，为现代科学技术的发展和信息化建设奠定了科学的理论基础，指导着新时期我国的科技工作和经济工作。

《现代科学技术基础知识》一书总结了当前的研究结果，将现代科学技术与生产力诸要素的关系作了如下定量表达：

生产力 = 科学技术 × （劳动力 + 劳动工具 + 劳动对象 + 生产管理）

从这关系式不难看出，现代科学技术的发展已全面作用于劳动者、劳动工具、劳动对象和生产管理，已成为社会生产力发展中的最基本的要素，它扩大了生产力各要素，因而上升到第一位置。

科学技术第一生产力的发展体现在现代科学技术进步之中。从科学技术对经济发展的作用来看，呈现出工农业产业的高科技化、产品科技含量的密集化（技术密集型）、科技活动的信息化和管理的智能化发展趋势。这说明，我们可以在更广的范围内研究在科学技术的推动下，信息生产力这一具有普遍意义的问题。

认识社会信息生产力，首先必须在理论上明确信息生产力的基本要素和构成。对此，应从马克思主义基本原理出发对构成生产力的三要素（即劳动者、劳动对象、劳动工具）进行分析，以认识信息生产力的构成机制。

事实上，关于社会生产力形成和发展中的信息作用和交往因素，马克思和恩格斯已经作出了精辟的分析。马克思和恩格斯在研究德意志意识形态时指出："某一个地方创造出来的生产力，特别是发明，在以后的发展中是否会失传，取决于交往扩展的情况。"这里，有两个问题已经明确：科学研究和发明创造生产力，依赖于信息活动的社会交往关系到生产力的发展。据此我们认为，信息生产力具备生产力的三个结构要素，是一种基本的社会生产力。在信息生产力构成中，信息劳动者包括信息业中的从业人员和非信息业中从事信息职业的人员，信息劳动对象按信息职业活动的内容区别为知识、信息和信息物质技术产品等，信息劳动工具可以区别为自然产生的工具和由社会文明创造的受信息劳动支配的信息处理、加工及流通工具。

随着社会的信息化发展，现代生产力的总体构成已经发生了深刻的变化，以科技、教育、管理和信息服务为基础的生产力已成为起主导作用的社会生产力，其中科学技术、经济、文化与信息服务的互动机制已成为决定社会信息化发展的关键因素。

从综合角度看，信息生产力的发展不仅推动着信息经济的变革，而且决定着整个社会生产力的发展水平。具体说来，信息生产力对社会的作用主要表现在：使社会生产力要素的组合发生质的变化；使劳动者、劳动对象和劳动工具三要素之间的作用方式不断优化；使社会产业结构随生产力的发展不断变革，在协调发展中使社会不断进步。

（三）信息化中科学技术的发展特征

信息化中生产力的发展体现了科学技术对社会的全面作用，而在社会发展新的互动机制中，科学技术呈现出新的发展特征。就目前情况而论，其主要特征如下：

1. 科学技术以前所未有的速度迅速发展

信息化社会的一个重要标志是包括科学技术信息在内的社会活动信息大量化。一方面，科技进步导致科技知识量积累和信息量增长，促进经济高速增长；另一方面，经济增长和信息的充分利用又促使科学技术以更快的高速向前发展，从而确定了第一生产力的地位。

第七章　医药信息交流

从信息化角度看，当今社会比以往任何历史阶段都更加重视科学技术的发展，这一现象是社会信息化发展中的一大特点。有人做过这样的估计：过去30年人类所积累的物理学、化学、生物学和工程方面的知识已占这些领域全部知识的大半。20世纪60年代科学知识平均增长率为9.5%，20世纪80年代已达12.5%。相应的，科技知识倍增的时间从8年起缩短到6年以下，而且科学技术成果应用的周期日益缩短，技术老化速度加快。西方发达国家中，其专利有60%以上在4年内得到应用，新技术发展的半衰期已缩短至5年。

科学技术如此迅速发展，是因为社会对科学技术具有更大的需求，一个医务技术人员必须在10年内更新专业知识的80%以上才能适应其工作。上世纪50年代以来，世界科学研究人员不断增长，美国大约10年翻一番，欧盟发达国家约15年翻一番。目前，科学技术发展与社会信息化的互动机制已经形成，从而确保了科学技术更加迅速地发展。

2. 科学技术发展的综合化

现代科学技术的发展，不仅使科学研究各领域相互渗透和综合，而且使科学与技术更加密切结合，形成一体化发展趋势。

从总体上看，信息化中的技术发明愈来愈依赖于科学发现，就新领域而言，二者的关系更是密不可分。一方面，现代技术完全建立在科学理论的基础之上，另一方面，现代科学又装备了复杂的技术设施，为科学的发展奠定了新的技术基础。这说明，科学技术化和技术科学化已成为现代科学技术发展的又一基本特征；越是新技术，包含的科学知识就越密集，科学技术之间的界限就越模糊。这种科学与技术的综合已成为目前高新技术领域发展的主流。

当代科学技术的综合还体现在各科学技术领域关系的变化上。科学技术的发展导致各学科之间产生了密切的联系，学科之间的广泛渗透，使得科学研究从小科学组织发展到大科学协调的新阶段。在研究中，表现为综合化、整体化趋势的加强，但这一趋势又是在科学研究专门化基础之上产生的，即愈来愈深的研究迫切需要愈来愈广的多学科知识。因此，要想取得某一项研究的成功必然要进行多方面合作，注重多学科相关成果的利用。

在科学领域相互渗透形成大学科的同时，科学的社会形象也在发生变化。科学不但与技术，而且与人文社会科学相结合，体现了自然科学、技术科学和社会科学各主要部门广泛合作、综合发展的特征。作为社会组织的科学研究机构体制也在发生变化，由此形成了科学技术发展的新机制。

3. 科学技术已成为经济发展的最主要的驱动力

在世界范围内，"科学技术"已成为信息经济的主体成分，由此决定了现代经济的发展。科学技术成为现代经济发展的主要驱动力，其主要特征是：科学技术成果应用于生产的周期迅速缩短、高科技产业迅速崛起、产品的科技含量日益增高和科学技术发展日益社会化。

科学技术对社会的作用结果也使得科学技术愈来愈依赖于社会，这是科学技术与社会互动的必然规律。从科学对社会的依赖看，小科学发展到大科学，研究项目的耗资愈来愈大，涉及的科学技术门类愈来愈多，要取得理想的研究成果必须改变原有的科研与开发组织形式，实现项目的协调组织。

总之，科学技术发展与信息化的作用，已迅速影响到社会各部门，从而为社会进步和经济增长提供了良好的条件。科学技术以其独特的方式作用于社会，其结果为：劳动节约化，以满足人们解除繁重体力劳动、脑力劳动及缩短劳动时间的需要；知识占有平均化，以适应人们共享科学技术知识成果的需要；经济民主化，以协调社会经济竞争；生活高质化，以极大提高社会文化、生活水平。

（四）现代科技革命推动医药进入现代医药时代

20世纪70年代以来的现代科技革命推动了医药进入现代医药时代，促使人们对以往传统的、单纯以生物医药知识和个人临床经验为基础的临床医药模式进行了重新认识。特别是随着医药科学技术的不断进步，以传染性疾病等为主的单因素疾病正在逐年减少，而以肿瘤、心血管疾病等为主的多因素疾病逐年增多。传统的医药模式已不能满足于多因素疾病治疗的需要，使医药界面临着新一轮的巨大挑战。通过不断的医药实践和总结，在现代科技革命的理论和技术的支持下，近十年来形成了以临床科研为依据的、基于科学的最佳证据为临床指导的现代医药模式——现代医药。现代医药既是一门新兴的学科也是一种系统的医药模式，既是一种临床科研手段也是一种临床思维方法。现代科学技术的革命促进了现代医药的诞生和发展，现代医药发展也促进了现代科学技术的不断进步。

1. 现代科技革命促进现代医药的诞生

医药科学的发展是一个由认识到实践，再由实践到认识，不断认识和实践的过程。以分子生物学、新型材料学、系统科学、电子计算机技术、微电子信息技术及互联网技术等为代表的现代科学技术的革命促进了基础医药、临床诊断医药、临床治疗学、药学、社会医药、医药信息学、医药科研方法等的飞速发展，从而促使人们对医药模式的认识发生改变。

在医药模式上，单纯以生物医药知识和个人临床经验为指导的传统医药模式已不能满足于现代医药发展的要求，随着现代医药科技手段在现代医药中的不断应用，以及对疾病的更深入的认识，人们就更认识到了人类疾病的复杂性。如肺癌疾病，表现出病因的多样性、临床表现的多样性、疾病生物学行为的多样性及疾病过程与社会的相关性，很难用单一医药理论来解释疾病的病理和病理生理过程，常常表现为相同的病理诊断，相同的病理分期，或相同的基因诊断结果，相同的治疗措施，但最后的演进过程、转归和预后均不尽相同。再加上现代科技革命促进了各种诊断手段层出不穷，检查技术日新月异，各种新的治疗药物不断应用于临床，新的治疗技术和手段不断地创新。这就使医务工作者面临着非常繁杂的医药新理论、新技术和医药新结论，如何正确的掌握和应用，而最终给病人带来最大的诊断和治疗益处。针对这一问题，20世纪90年代Sackett和Fletcher在临床研究和医疗实践中，创造性地将流行病学和医药统计学的原理和方法有机地与临床医药结合起来，提出了"现代医药"的概念，就是倡导临床医师慎重、准确而明智地应用目前最佳的研究证据为具体病人作出临床决策。随着计算机技术、医药信息技术和互联网技术的迅猛发展，现代医药概念更加系统化，从而现代科技革命促进了"现代医药"这一全新的医药模式的诞生和逐步成熟。

2. 现代科技革命为现代医药的发展提供技术平台

现代医药包括科学的求证和用证两方面的涵义。"求证"就是要求医务工作者针对面临的医药问题进行科学的临床研究，所得资料经过统计学分析，取得解决这一问题的科学的最佳证据；或针对医药实际问题进行系统的文献检索，搜集发表或未发表的具有某一可比性的文献，应用特定的统计学软件进行统计学分析，结合相关医药问题研究的最新进展，通过综合评价，获得指导解决问题的科学的最佳证据。"用证"就是将最先进的生物医药知识、个人的实践经验和从外部获得的科学的最佳证据相结合，慎重、明智而科学地制定医疗决策的过程。针对医药问题的最科学、最可靠及最佳的证据往往来源于设计严谨的、合理的、多中心的、大样本量的随机对比研究方案，但设计研究方案前的资料的检索和对研究所获得的庞大计量和计数资料的统计学分析，应用人工方法，需耗费巨大的人力和财力，同时还存在着资料检索不全面和统计学结果计算失误的可能。现代科学技术的计算机网络技术和软件技术，为研究方案设计的严谨性、可靠性和科学性提供了保证，特别是各种统计学软件的开发和应用，对所取得的大量的计量和计数资料的统计学处理提供了先进的和处理功能强大的手段，保证了统计学计算结果具有极高的正确性和计算过程简便易行。

随着现代医药科学技术的飞速发展，大量的医药研究成果汇集在各种医药

民族医药文献检索与利用

期刊和医药会议汇编中,据统计,全世界每年在4万多种生物医学杂志上约有200多万篇医药论文发表,Medline每年就新增40万条新文献,还不包括收集在各种医药会议汇编中的未发表文献。如何从浩瀚的医药文献海洋中,较全面地获取解决特定问题的文献,如何进行统计学分析和评价所检索到的大量医药文献,而从中获取解决医药问题的最科学、最可靠及最佳的证据。现代科学技术的计算机技术、通信技术、互联网技术及软件的开发和应用使这一难题迎刃而解。特别是当前所开发的Meta分析和Pooled分析软件的广泛应用,使得对大量特定文献报道的研究结果合并分析或对大量特定文献原始资料合并分析所取得的医药证据更具可靠性和指导性。1992年成立于英国伦敦,并以已故流行病学家Cochrane名字命名的Cochrane中心协作网,就是应用现代互联网技术、信息通信技术和现代开发的软件技术获取和推介最佳医药证据的应用典范。它是通过收集全世界范围内各专业的随机对比研究的医药文献,应用Meta分析和Pooled分析等软件进行系统的分析、评价和综述,将结果通过电子杂志、光盘、因特网为全世界各地临床医师、病人和医疗卫生决策者提供科学的最佳证据。同样,获得的最佳证据在应用过程中必须与最先进的现代医药知识相结合,如与分子生物学知识、免疫学、遗传学、新型材料技术,新型药物知识等相结合,才能作出正确的最佳的诊断决策、治疗决策、预后判断等。由此可见,现代科技革命所创造的先进的技术和知识为现代医药的求证和用证创造了强大的技术平台,在深度上有力地促进了现代医药的发展。

3. 现代科技革命拓展了现代医药的研究和应用范畴

近十余年来,现代医药作为一种新的医药模式,在临床应用中与现代信息学有机结合,为临床医师提供了行之有效的临床研究方法、获取解决临床问题最佳证据的有效手段和指导临床实践的科学理论依据,有力地推动了现代医药的发展。随着现代科技革命所创造的电子计算机技术、医药信息通信技术、互联网技术、自动化技术、统计学软件开发等技术日新月异的发展,使得现代医药这一科研手段和思维方式的应用,已不单局限于解决临床医药问题上,已被广泛应用于去解决我们所面临的与医药卫生相关的学科和范畴中的问题,主要有:由于全世界都存在着医疗费用上涨而医疗资源相对不足这一问题,如何以最小的医疗费用花费而获得最大的治疗效果,或如何以最低的医疗资源和费用消耗而获得最佳的全民保健的卫生经济学中的成本—效益比;如何保证以最少的医疗投入资金而获得最大的全民健康问题的医疗保险;如何制定规范临床工作中的诊断和治疗行为的有关指南;政府卫生部门如何制定科学的、行之有效的预防保健决策的人类健康学;如何应用基因芯片技术和蛋白质芯片技术帮助明确诊断方案，制订治疗方案，强化预警疾病的风险度及判断预后的分子生物学的微观研究问题。此外还包括生活质量的评价、社会卫生状况综合评价，预防保健措施和卫生服务评价、环境医药状况综合评价等。

正是以现代科技革命为强大的操作技术平台，使现代医药的研究和应用范围不断拓展，从广度上促进了现代医药的发展，现代科技革命已经或正在改变现代医药的面貌，正在不断增强现代医药求证和用证的功能。随着信息技术和通信技术的迅猛发展、人工智能，光子和生物计算机的成功研制和应用、各种先进的计算机软件技术的开发及因特网信息高速公路的建设完成，现代医药这种医药模式将会在医药领域中发挥着更大的作用，为现代医药的快速发展注入了新的动力，促进了现代医药科学技术的健康发展。

二、医药信息为提高临床医药质量服务

在科学技术日新月异的今天，不断提出最新的医药理论创意，不断思索最新的医药方法，不断探究最新的医疗技术，将其中能够紧密结合临床的部分应用于实践，以提高临床医药质量。随着因特网在医药领域的普及和广泛应用，它对推动和促进医药事业发展的巨大价值也日益体现。因特网为医药科研人员和临床工作者提供了基础性的网络环境，各种检索工具及大量的数据信息资源。

（一）临床医药信息交流的特点

1. 迅捷性。临床医药信息交流的迅捷性在于：（1）由于和电信的结合，网络传递信息的速度更快，经网络发布的信息能更方便、更迅速地为更多的人或特定的人所知；（2）信息发表更简便、更快捷。

2. 灵活性。临床医药信息交流的灵活性是指其交流形式灵活多样。既可以进行直接的网上交谈，也可以通过电子邮件进行交流，还能多人一起通过新闻组进行专题讨论，或是建立网页给所有网络用户发布信息，甚至在网络上发表论文、出版专著。

3. 互动性。临床医药信息交流在影响力上将独领风骚的一个特征是：临床医药信息交流能够互动。互动性文件能够直接把作者与读者、读者与其他读者连在一起。尤其是网络和媒体技术利用声音、动画和图像的配合，实现了载体的多样化和综合化，能进行友好的交互方式的工作。

4. 经济性。所谓临床医药信息交流的经济性是指借助现代化网络技术交流的临床医药信息成本较低。

（二）临床医药信息交流的方法

1. 局域网交流

局域网络是将小区域内的各种通信设备互联在一起组成的通信网络。医院局域网主要由医院信息系统等组成，提供最基本的病人健康档案信息等。在局域网络上利用传输介质共享资源完成信息交流，主要用于临床实践活动的信息传输，把最有保留价值的资料、重要临床医药技术操作中比较细腻的关键环节、随机出现的素材等，制作成多媒体教学光盘，在网上交流，利于保存，反复使用。上级指令性的网上作业、同行业务磋商和信息搜索也可在计算机局域网络系统完成。

2. 广域网交流

广域网是包括电话网、分组数据网、卫星网等大型全国以至全世界范围内的网络系统。局域网和国际互联网连接，可以了解国内外临床医药动态，获取图书、影像、报刊、杂志、电视、广播等多种形式传播的大众媒体信息，也可以直接登录各大图书馆、科研实验单位，下载最新、最权威的资料。信息的来源广，传播速度快，内容丰富。

3. 临床医药专题网

主要是指由团体或个人主办的专题性的临床医药信息网站。这类网站的特点是文献丰富、信息集中、专指性强。例如：Medical Matrix（美国医药搜索引擎，全称是"MEDICAL MATRIX – Ranked, Peer – Reviewed, Annotated, Updated Clinical Medical Resources"，经过分级和专家评价、有注释的最新临床医药资源。（网址：http://www.medmatrix.org）、ALL Health Net（美国医药搜索引擎，网址：http://www.allhealthnet.com）、Internal MDLinx（内科医药网，网址：http://www.internalmdlinx.com）、American College of physicians – American Society of Internal Medicine（美国内科医师学会—美国内科学会，ACP—ASIM，网址：http://www.acponline.org）、The Merck Manual of Diagnosis and Therapy（Merck 诊疗手册，网址：http://www.merck.com/pubs/mmanual/sections.htm）、American College of Cardiology（美国心脏病学会，ACC，网址：http://www.acc.org）、The Society of Thoracic Surgeons（胸外科医师学会，STS，http://www.sts.org）等。

4. 临床医药新闻组

因特网上各种专题讨论组是网上众多形式和名称各异的通讯组的统称，是重要的信息资源。这些通讯组实际上是由网上对某一专题有共同兴趣的一组用户组成的交流论坛。临床医师从这些专题讨论组中可以得到相关的最新的信息，但这类信息存在着系统性、可靠性和权威性不强等缺点。

5. 学术交流与合作

加强医药信息工作者与临床医药人员的联系与信息交流，定期向医疗单位和医务人员提供有关疾病谱和死亡谱变化以及各类疾病防治工作的信息，大力倡导并加强多学科联合攻关，经常组织以加强临床医药为主要内容的多学科、跨专业、跨行业（卫生、农业、质检、环保等）的国内外学术交流、成果报告及相互参观学习活动。

（三）临床医药信息交流的内容

1. 新技术的推广及应用

利用计算机网络信息传输的方法，及时传播、推广临床上新治疗技术、病例资料、新发展趋势等。新技术一直是临床医药重视的内容，是提高临床医药质量、更好地服务于患者的必修课，最有实效。但在临床实际应用过程中，可能会遇到各种各样的具体问题，需要及时磋商，这时利用网络可视系统进行临床实际操作演示和答疑，增强了信息交流的适时性和有效性。

2. 网上挂号的尝试

网上挂号是一种交互式的网络医药信息交流过程，其基本要求是医院有自己的网站，并在其上提供各种挂号信息，如门诊分类、专家/专业门诊介绍、出诊时间、出诊数量等。医院应在自己的网站登出各种挂号信息，为网上挂号打下基础。

3. 临床医药科研信息介绍

临床医药科研课题的交流比较困难，而且是迫切需要交流的内容。利用网络完成交流过程，主研人可直接将课题的目的、意义、目标、技术路线、实验方法与步骤、国际国内相关研究的最新动态、目前存在的困难等用多媒体技术进行详细的介绍，通过可视、对话系统进行课题讨论，集思广益完善课题。还可对动物实验和临床病例观察的全过程在局域网上进行现场观摩或制成软盘资料保存，随时调出使用。各种检验结果、影像检查和组织学镜下变化等实验资料都可调出在屏幕上显示，把理性认识和感性认识紧密地结合在一起，实验过程中所需各种参考数据随时调入，供综合分析，遇到新问题可及时进行对话商磋或听取专家在线指导，实验和工作两不误。

4. 危重病人临床医药会诊与讨论

局域网现场介绍病情及临床医药情况，解决危重病人临床医药中的问题，各种检验结果，临床数据都可及时调用，遇到疑难问题通过广域网搜索收集有关信息，远程会诊也为我们开辟了获取信息的新领域，是网络信息交流不可低估的功能，通过对一个危重病人的会诊和病例讨论，全体临床医药人员受益。

5. 临床医药管理信息的交流

主要在科室与机关之间的网络运行，便于上传下达。主要包括临床医药质量的检查与反馈，质量分析与解决问题的方法，各种临床医药管理信息，例如临床医药人员及排班情况、差错上报、各种临床医药活动的安排、训练考核成绩、病人流动与转归；危重病人比例、临床医药效果及临床医药部下达的临床医药要求等，都可随时在网上调出，方便、快捷。

（四）临床医药信息交流的意义

1. 计算机网络系统推广可促进临床医药学学科发展

计算机网络系统的建立是临床医药专业向高科技发展的需要，是临床医药最好的支持系统，具有很高的科学性和实用价值。未来医疗卫生的竞争是高科技信息化的竞争，以病人为中心，不仅要求我们做好基础临床医药和常规临床医药，还要灵活运用多元文化，多学科知识和领先的技术去解释认识和解决临床医药问题，真正达到有效的整体临床医药效果。这就需要我们丰富网上信息的探索、传递、整理和利用。

2. 网络开发应用前景乐观

网络资源共享，交互性强，充分运用其超文本功能，调用内容方便，以减少中间环节造成的信息丢失和失真。既节约了资金，又永久性保存了资料，一次投入长期受益。此外，计算机网络系统不仅可以在临床医药信息交流中应用，还可支持临床的专业教学、外语训练、临床医药查房、网上测验等一系列临床医药活动的进行。

3. 网上交流效果好

常规的交流方法是大家在一个平面上进行，视线模糊，空间差距大，环境不稳定，影响交流的效果。计算机网上信息交流是以核心站或网站分站为中心的多层面交流，准确、直观、形象、规范、标准、视野清晰、重点突出、即时性强。网上交流是动态的传输，异地指导，各取所需，适时交流与对话，更能随时抓住机会进行多学科、多层次、多渠道的交流，有针对性地深入内容的本质，指导临床。中国医药信息网的全面开通与完善，为临床医药信息的获得与利用创造了更便利的条件，医院局域网与广域网连接获取更高层、更广泛、更可靠的信息，通过多媒体网络技术的图文与声像、传输与存储、双向可视的功能可以获得直观、立体、动态、真实的效果。在医院，计算机网络技术的开发与运用是科室与机关办公自动化连接的有效途径，许多工作都可在办公室、工作间、病房通过网络相互联系，在有限的时间内完成更多的工作，提高了工作

4. 医药网络人才的培养

现代医药是一个信息密集的领域。网络的迅猛发展使医药网络已经形成了一个新兴的边缘学科，并已经取得了成功。与此同时，需要一批既要熟悉医药专业又要懂得计算机网络信息处理的专家、学者。面对时代的挑战，我们更应该重视这方面人才的培养。要求他们具有较高的专业素质、开阔的视野、超前的意识，在这个新的领域中去探索、去研究，方能在激烈的医药竞争中立于不败之地。

三、医药信息为提高卫生工作质量服务

21世纪，世界进入信息时代，信息化建设成为关系每个国家的大事。在卫生医疗工作中蕴藏着丰富的信息资源，信息的高速传递、利用和资源共享是卫生工作向科学化、规范化、标准化发展的基础。卫生工作的科学管理需要建立和完善卫生信息系统。卫生信息管理系统（Health Information Management Sys2tem，HIMS）是为卫生信息相关数据进行采集、处理、存储、管理、检索和传输，并能向卫生部门提供有用的信息，以及使用必要的信息来改善卫生服务各个层次的管理水平，进而提高卫生服务的效果和效率而建立的人工系统，也是不断输入和输出信息的开放系统。我国已经使用的卫生信息管理系统有医院信息系统、妇幼卫生信息管理系统、卫生防疫管理系统等，目前国家正在组织研制新型农村合作医疗信息管理与信息系统、社区卫生服务信息管理与信息系统、卫生适宜技术推广示范信息管理与信息系统等。

（一）医院信息系统的结构、功能和发展趋势

1. 医院信息系统的结构和功能

医院信息系统（hospital information system HIS）是面向医院通用的系统。它涉及面广，覆盖了医院主要管理职能和患者在医院就诊的各个环节。它是一个将先进的医院管理思想、各个部门的业务工作与计算机完美结合的体系。医院信息系统在医院的应用，不但带来了明显的经济效益与社会效益，为患者提供规范化服务，减少漏费、欠费，合理利用了卫生资源，并且将对医院管理产生可持续的影响。在医疗卫生领域，信息化概念的引入，尤其是医院信息系统的应用，大大改变了医院管理模式和工作流程，信息技术在医院日常工作得到广泛应用，对提高医院的管理水平、质量水平、经济效益和社会效益起到了巨大的促进作用。

HIS包括医院管理信息系统（hospital management infonnation system,

HMIS）和临床医疗信息系统（hospital clinical information system，HCIS）。医院管理信息系统的主要目标是支持医院的行政管理与日常事务处理业务，减轻事务处理人员的劳动强度，辅助医院管理，辅助高层领导决策，提高医院的工作效率，从而使医院能够以较少的投入获得更好的社会效益与经济效益，如财务系统、人事系统、住院患者管理系统、药品库存管理系统等属于 HMIS 的范围。而临床医疗信息系统的主要目标是支持医院医护人员的临床活动，收集和处理患者的临床医疗信息，丰富和积累临床医药知识，并提供临床咨询、辅助诊疗、辅助临床决策，提高医护人员的工作效率，为患者提供更多、更快、更好的服务，如医嘱处理系统、患者床边系统、医生工作站室系统、实验室系统、药物咨询系统、远程医疗信息系统等属于 HCIS 范围。

当前医院信息系统中存在的主要问题。目前影响我国医院信息系统发展的制约因素主要有以下几个方面：①医疗信息标准不统一。医疗信息标准的不统一主要是由于医疗信息具有复杂性、困难性、不精确性等特点决定的。要解决医院信息标准化问题，需要统一 HIS 数据字典内部编码和实现接口的标准化。②软件开发不成熟、专业细化程度不够。医院信息化建设还处在初期阶段，国内医药卫生单位在 IT 上的投入不足，而且医院信息系统是当前开发难度最大、最复杂的项目之一，使得国内 HIS 软件开发缓慢、专业化程度不高。③人才培训有待加强。医院信息化建设的发展需要一批计算机工程设计、信息组织管理和信息需求利用等三类专业人才，现有的专业人才无论从数量上还是技术上都不能满足医院信息化发展的需要。④管理制度滞后。这里所指的制度，一方面指院内实施 HIS 时必须的一些制度，如系统管理员制度、网络工作站管理制度、系统维护制度、硬件维修登记制度等。目前，各层次医疗单位即使有制度也没有约束力；另一方面，如病房、药房、财务的人员编制与实施 HIS 以后的人员编制不完全适应。

2. 医院信息系统的发展趋势

当前医院信息系统的发展趋势是：（1）建立多媒体计算机网络系统。多媒体技术不但对医药基础教学和临床教学起了极大的促进作用，而且多媒体技术的引入使静态与动态的医药图像信息的存储、检索、处理、传送等管理成为可能。若用光缆把多媒体工作站（终端）联结成多媒体计算机网络系统，那么医院信息系统的建设将会取得重大的突破性进展。（2）加快信息高速公路建设。信息高速公路是指建设一个贯通社会各部门以及普通家庭的电子通信网它将提高我国医疗水平和科研、教学水平，而且将成为现代医药研究包括临床研究、预防保健、教学等的必要技术支撑环境和基础设施。（3）发展电子病案管理系统。电子病案信息系统是以磁性材料为信息载体,具有信息传送迅捷、存储容量大、成本低廉、信息共享性能好、信息检索功能强、信息保管方便等手工信息系统无法比拟的优点。(4)加强远程医疗网络建设。目前国内的远程医疗主要采用程控电话通信方式进行异地可视会诊。程控电话可联通县级以上医院,且费用便宜,易于推广普及,但尚不能传送动态医药图像,且传输速度慢。光纤通信不但传输速度快而且能传送动态的图像,将是发展远程医疗近期可以采用的通信方式。卫星通信质量高,辐射面更广,可进行国际间的远程医疗,但是费用昂贵,是今后远程医疗发展的方向。

(二)妇幼卫生管理信息系统

妇幼卫生管理信息系统(MCHMIS)以完成妇幼卫生总体任务为目标,提供满足各级领导和妇幼卫生工作者从事妇幼卫生管理所需要的信息为内容,并有一个集中的数据库系统和指标体系的系统。

1. 妇幼卫生管理信息系统的特点

妇幼卫生管理信息系统(MCHMIS)主要具有以下特点:①数据来源及利用具有开放性。妇幼卫生的主要数据不仅来源于卫生系统内部,而且来源于卫生系统外部,如:人口、经济、文化和计划生育等资料主要来源于统计和计划生育等部门;妇幼卫生的信息不仅服务于妇幼卫生工作,同时服务于全社会,如:婴儿、孕产妇死亡率的高低不仅仅是表示了一个国家在妇幼卫生工作方面所存在的问题,同样是反映了一个国家的综合国力,即经济、文化的发展水平。②信息具有动态性。由于建立了完整的登记报告制度,数据收集是完整的,由于指标定义是一致的,不同年之间的数据又是可比的,因此反映的信息为动态的。③可以预测未来 HCHMIS 通过对连续性数据的分析,帮助决策者预测未来本部门在人、财、物方面的需求和及时调整当前执行的计划。④数据质量控制容易实现。⑤对妇幼卫生工作可进行督导。

2. 我国妇幼卫生管理信息系统的研究现状

20 世纪 90 年代以来,我国对 MCHMIS 的研究主要集中在对信息采集及信息管理存在的主要问题的探讨。南京医科大学卫生统计教研室陆志刚等指出我国的 MCHMIS 还存在着不足,信息系统存在着信息采集不可靠、信息采集不完整、信息不规范、信息缺乏统一标准、信息发布延缓等问题。中国疾病预防控制中心妇幼保健中心汤学军进一步论述了在我国建立妇幼卫生信息数据交换标准的重要性。浙江大学医药院附属妇产科医院邱丽倩等和湖南省妇幼保健院杜其云等分别对浙江、湖南的妇幼卫生数据漏报原因进行了分析,发现各级统计人员对监测数据不重视、原始登记册登记不规范、对监测信息定义不统一、劳动报酬低、管理制度及政策原因等是数据漏报的主要原因。吉林大学医药院预防医药统计教研室刘钢从妇幼卫生信息管理系统管理模式的角度对年报表中妇幼卫生信息数据质量产生的地点进行了分析，发现年报资料的质量问题主要产生在资料收集、填报阶段，并且指出妇幼卫生信息质量的改进重点应该放在县、乡、村3级信息系统。北京大学公共卫生学院妇幼卫生学系王燕等通过对"综合性妇幼卫生项目"（卫生VI项目）覆盖的广西、陕西、四川、重庆、云南、甘肃、青海、江西和内蒙古9个省/市/区的4级（省级、县级、乡级、村级）共112名妇幼卫生信息管理员的现场访谈发现信息系统存在以下问题：①信息系统的网底急需巩固。村级信息员对信息工作热情不高，致使数据呈报规范性差。②信息系统还需要加大硬件投入。目前不少市级信息系统硬件设施落后，多数乡村级信息系统设施匮乏，尤其在西部地区表现突出。③信息管理人员素质参差不齐。基层信息管理人员的业务素质较差。④信息利用不足。主要是由于各层信息人员缺乏信息分析和利用的能力所造成。

（三）卫生防疫管理信息系统

卫生防疫系统具有丰富的信息资源。卫生防疫网管理系统应用体系主要分为两大部分：一是Internet系统：其功能是与国际Internet联结，使用Internet资源，为卫生防疫站建立一条国际交流的快速信息通道。这一通道将在促进卫生防疫的业务工作和科研水平的提高等方面发挥巨大的作用。二是卫生防疫网的管理信息系统。其功能是充分组织及利用好卫生防疫机构的人、财、物和信息资源，促进卫生防疫站的内部管理，取得令人满意的社会、经济综合效益。

1. 现有的防疫管理信息子系统

根据卫生防疫工作的不同，卫生防疫信息管理系统主要有以下几种子系统：（1）疫情管理信息系统，主要完成整个卫生防疫系统对流行病的各项管理工作，主要涉及法定传染病管理、传染病监测管理、传染病个案管理信息、死因分析管理等几个模块；（2）消毒监测管理信息系统，应用范围主要包括医疗机构、托幼机构、医院污水、卫生用品等消毒监测对象的监督监测工作；(3) 计划免疫管理信息系统，以实现计划免疫信息的自动化、网络化、科学化管理；（4）食品卫生管理信息系统，该系统主要由业务管理、综合查询、系统维护三大模块组成；（5）办证管理信息系统，如进行健康证等的系统管理；（6）档案管理信息系统，引进计算机技术和网络技术以实现档案的现代化管理；（7）卫生检验管理信息系统，促进检验科室的信息交流。

2. 加强防疫网信息管理系统建设的措施

加强防疫机构信息化建设应从以下几个方面着手：（1）领导高度重视；

(2) 培训信息化专业人才；(3) 加快计算机普及，提高应用计算机的能力；(4) 提高业务工作规范化；(5) 加强防疫信息网络安全及实用软件开发；(6) 加强行业内部合作和交流；(7) 促进 GIS（地理信息系统）在流行病研究及控制的应用。

3. 加强卫生信息管理系统建设的措施

目前我国卫生信息管理信息系统建设已经取得了长足进步，在国内发达地区和内地大城市已经具有初步规模，相比之下，中西部地区特别是广大农村地区尚处于起步阶段。今后主要的工作应着重在以下几个方面：(1) 各级卫生医疗机构的领导应进一步转变观念，充分认识和高度重视信息系统在加速我国医疗卫生改革和规范化建设中的重要意义和作用；(2) 各级卫生机构应该加大卫生信息系统硬件的投入；(3) 加强卫生管理信息系统人才队伍的培训和业务能力提高；(4) 考虑到卫生信息系统内容尚不完善，应该在诸如新型农村合作医疗、社区卫生服务、卫生适宜技术的推广与应用、计划生育与生殖健康等方面加大研制和开发信息系统的力度；(5) 加强各类卫生信息系统规范化、标准化建设；(6) 加强卫生信息系统的国际交流以及与国际接轨的速度，引进先进的信息管理思想与管理技术，建立具有中国特色的卫生信息系统。

四、医药信息为突发公共卫生事件服务

近年来，我国认真贯彻"预防为主"的卫生工作方针，不断增加投入，初步建立起三级卫生防疫网络，针对我国当前公共卫生体系现状，国务院颁布了《突发公共卫生事件应急条例》（2003 年 5 月 12 日中华人民共和国国务院令第 376 号发布），为我国如何建立强有力的组织指挥系统和科学的应急救援网络，树立急救新理念，尽快与国际接轨，实现城市救助网络一体化、标准化、规范化，急救资源共享与合理分配等提供了有力的政策保障。

（一）我国突发公共卫生事件应急工作的基本情况

为做好突发事件应急工作，国家、省、市、县、镇五级政府都成立了突发事件应急协调小组，调整完善了防治预案。各级卫生机构设立了综合监测点，配备微机，建立了传染病疫情和突发公共卫生事件监测系统，加强了发热门诊规范化建设，组织了综合模拟演练。各级卫生防疫站作为突发公共卫生事件应急工作的技术指导中心和主要执行机构，加大投入，提高应急能力。

1. 健全组织制度，制定各项预案。各级卫生防疫机构调整充实了突发事件应急领导小组、防治专家组和技术指导小组，设立了流行病学调查、消毒处理、病原学检测、食品及公共场所、学校、厂矿督导专业组，宣传培训、信息管理、后勤保障、综合协调组、立足实战，强化培训，组织演练。

2. 加强对突发事件监测、预警体系的指导监管，健全了网络直报系统。坚持24小时值班，随时收集、分析、报告突发事件信息。

3. 加强了食品卫生、职业卫生安全的执法监督。完善了执法责任制和过错责任追究制，建立了行业准入制度，提高了设施条件，强化了危害因素监测，坚持经常性监督管理。

4. 多方筹措资金，强化物质、技术储备。改建、扩建实验室，新购、更新了一大部分检测检验仪器，并按高标准配备了防护用品、消杀药械和检验试剂，提高了应急检测、监控能力。同时，各级卫生防疫站领导带班制度，始终处于备战状态，随时处置突发公共卫生事件。

（二）我国突发公共卫生事件体系存在的问题和薄弱环节

当前我国食物中毒、职业中毒、不明原因的群体性疾病时制定应急处理物资管理制度有发生，而救灾防病、紧急疫情和突发公共卫生事件的应急处理能力相对薄弱。特别是对照国务院《突发公共卫生事件应条例》、卫生部《全国县级疾控机构编制标准、装备标准》和有关法律、法规要求，我国卫生防疫工作和卫生防疫体系建设存在不少问题和薄弱环节。

1. 基础设施落后

近年来，我国许多地方的卫生防疫机构未能列入当地重点建设或专项投入项目，业务用房、仪器设备明显陈旧和不足。各级卫生防疫站业务用房面积偏少，大多低于国家的规定标准；预防接种门诊用房达不到国家级示范化要求，预防性健康体检和职业病检查也受到了明显限制。不少县、镇卫生院卫生防疫业务用房，多已年久失修，缺乏必要的设备，难以满足检测、隔离、治疗工作需要。对照《全国县级疾控机构编制标准、装备标准》，实验室仪器及其他设备缺口较大，尚未建立百级净化实验室、艾滋病初筛实验室。

2. 经费不足

在当前市场经济条件下，经费不足已成为事业发展的制约因素。各级卫生防疫站20世纪90年代前后定为差额事业单位。按《全国县级疾病控制机构编制标准、装备标准》缺口装备资金较大。不少卫生防保站财政资金拨付不到位，人员工资难以保证，影响了卫生防疫事业的发展。

3. 人员技术结构不合理

全国现有卫生防疫人员1,232,920人，非专业人员过多，学历偏低。随着疾病控制体制改革和职业病防治工作的进一步展开，我国镇、村两级防疫技术力量更为缺乏，防疫站检验、临床、法学、计算机管理等专业人员不足的问题已日趋突出。

4. 职业病危害防治难以到位

随着工业化进程的加快，职业中毒、职业病的危害在不断加重。目前，我国存在职业危害因素的行业有冶金、机械、纺织、化工、涂料、采矿、建筑材料业、轻工业等，由于部分单位负责人认识不足，没有成立相应的组织制度，加之部门监管没有形成合力，工业企业项目预防性审查、职业病健康检查、职业危害因素监测、治理没有得到有效落实。

5. 学校卫生防病工作难度加大

学校人群集中，极易引发传染病疫情爆发和群体性食物中毒。多年来，我国教育、卫生部门密切配合，加强了对学校卫生防病工作的规划和管理。学生体检率大幅增高，学校食堂卫生状况也得到改善。但是，由于法律责任不够明确，学校卫生工作仍需靠协调进行，学生常见病、传染病防治工作难度加大。有的学校食堂多家分包，场所狭小，卫生设施缺乏，管理不力，存在较大的食品安全隐患。

6. 预监制度难以落实

预防性卫生监督、卫生许可证制度是我国实行卫生监督制度的重要内容，有利于把有损质量安全、有害健康的因素消除在项目建成使用之前。但是，在实际工作中，有的招商引资项目厂房、设备不到位，达不到卫生标准要求；有的企业以招商引资为由，提前办理卫生许可证后，拒不改造基础卫生设施，不进行从业人员健康检查和产品、场所卫生检测；新建大型公共场所、食品生产、工业企业的选址、设计、施工、竣工验收等环节的卫生审查更是难以开展，公共卫生秩序有待进一步规范。

7. 卫生行政处罚案件执行难

由于卫生执法缺乏强制手段，执法力度和社会认可度较低，卫生行政处罚案件难以自觉履行。申请强制执行后，因时间、人员、任务等因素影响，结案率较低，卫生法律的强制性、权威性难以体现。

（三）加强我国公共卫生防疫体系建设的建议

面对新的形势和任务，我们必须从实践"三个代表"重要思想的高度出发，用发展的办法解决卫生防疫体系建设中遇到的困难和问题。

1. 强化公共卫生责任意识

提供良好的公共卫生服务，是社会全面发展进步的一个重要标志；完善公共卫生服务体系，对于预防社会人群疾病流行，保护社会生产力具有重要意义。要强化各级对公共卫生和预防保健工作的责任意识，加强预防保健机构的建设。各级各部门要牢固树立"卫生安全也是生产力"的观念，建立领导责任制和责任追究制，明确职责，协调配合，努力营造政府重视、部门配合、社会参与的公共卫生服务良好氛围。

2. 加大对卫生防疫工作的资金投入

各级地方政府贯彻落实财政部、国家计委、卫生部《关于农村卫生事业补助政策的若干意见》，调整财政支出和基础设施建设投资结构，增加对卫生防疫事业的投入。有条件的地方要将卫生防疫站转为全额事业单位，人员经费和基本业务经费由财政预算安排。设立公共卫生专项基金，增加对公共卫生基础设施、技术设备的投入。确保在 2~3 年内，使县、市级以上疾病控制机构实验室及信息系统装备达到国家标准，保证卫生防疫工作正常有效的运转。

3. 加强对卫生防疫工作的宏观调控

加大政府督察协调力度，严格卫生审查和市场准入，强化源头治理，完善监管体制。以贯彻执行《中华人民共和国行政许可法》为契机，建立工业企业、食品、公共场所、集中式供水以及放射性场所新建工程项目的相关部门联合审批制度，确保各项卫生设施"三同时"的真正落实。结合贯彻落实《突发公共卫生事件应急条例》，加快卫生监督体系和技术保障体系的建设，健全公共卫生安全监督信息网络；强化卫生防疫机构职能，加强对相关部门实施食品放心工程、应对突发公共卫生事件、学校卫生防疫与食品卫生安全等工作的协调、调度，促进部门协作，形成合力，共同做好卫生防疫工作。

4. 强化人才储备和用人机制改革

健全用人竞争机制和激励机制，制定必要的人员编制，引进高学历人才，控制非专业人员的流入，改善人才结构。一方面通过专业培训，使现有人员达到上岗的要求；一方面通过社会招考，按规定条件、程序从医药院校大、中专毕业生中每年择优录用，力争到 2010 年，使我国县、镇两级专业人员结构达到规定标准，保证卫生监督与疾病控制工作的健康发展。

5. 强化公众对卫生防疫工作的参与度

大力宣传卫生法律、法规在预防传染病、职业病、食源性疾病等方面，保护人民健康所发挥的医药信息，动员社会各界积极参与支持卫生防疫事业。政府、部门、企业和消费者群策群力，发挥优势，尽快建立卫生防疫长效机制，有效应对突发公共卫生事件，保障我国人民身体健康和生命安全，推动我国经济快速发展。

第二节　医药信息交流的基础

在医药科学研究活动中不断产生新的医药知识和医药信息，同时也需要不断地投入、加工和处理医药信息。随着医药科学技术的发展，医药信息正在成为一种特殊的战略资源。这种战略资源是医药科学研究活动中不可缺少的。然而，医药信息是以各种状态存在的，并且在时间、空间上的分布是异常分散的。因此，为了有效地开展医药信息交流，为医药科学发展提供医药信息保障，一项关键性的工作就是医药信息的搜集和生产。

一、医药信息的搜集和生产

（一）医药信息

通俗地讲，医药信息是指具有新内容、新知识的医药消息（包括文字、数据、情报、信号、指令等）；具体而言，医药信息是标志事物存在及其关系的属性，是认识主体收到的，可以消除对事物认识不确定性的医药新知识、新内容。在医药信息论中医药信息是指系统确定的程度（组织结构或有序程度）或者是系统不确定的消除程度的标记。

从医药信息这种界定可以看出：第一，医药信息不能离开物质而独立存在。医药信息的产生、传递和贮存，都需要特定的物质作为载体；第二，医药信息的作用和价值往往受到接收者主观因素的制约和影响，医药信息能否消除对事物认识的不确定性，取决于接收者原有知识的状况；第三，医药信息不但具有可识别性、可传输性、可存贮性，更重要的是，医药信息具有可分享性。这是物质、能量所不具备的。

医药信息是控制的基础。控制过程总是同对系统中的医药信息进行比较、判断和处理联系在一起。不论是自动机器，还是动物体，在实现特定目的性行为的过程中，都毫无例外地依靠三个部件：首先是效应部件，它根据指令执行特定任务；其次是感受部件，负责收集当前环境以及自身实现目标状况的医药信息；第三是决策部件，从事对医药信息的加工、选择及其评价，以此为基础，对自身进一步行为进行决策。可以看出，控制系统就是医药信息系统，控制过程就是医药信息运动的过程，是通过决策部件对从各子系统得到的医药信息进行分析、比较，并做出判断而执行的过程。在这个过程中，目的、医药信息、反馈和控制不可分割地交织在一起。

（二）医药信息量

所谓医药信息量，是指"医药信息不确定程度减少的量"，或者是"医药新知识增加的量"。这个定义正如温度对热力学的意义，对医药信息论的发展起着决定性作用。信息量是"两次不定性之差"，也就是不确定性减少或消除的量，而不确定性，在数学上是以概率来计量的。概率 $P=0$，表示消除不确定性最小，即可能性最小或者是不可能，没有信息值。

近年来，网络应用日益广泛，因特网为医药领域提供了强大的信息资源。随着生命科学的高度发展，引起医药信息数量上的急剧变化。因特网上的生物医药信息资源异常丰富，内容广泛，时效性强，例如有关人类基因组研究的大型数据库或网站就有13个，其数据记录量已达上亿条。网上海量的医药信息资源使研究人员和医药工作者应用网络获取信息的需求日益增长，这促使国内愈来愈多的医药图书馆和医药情报机构在信息服务、日常管理和决策等环节上应用网络信息技术为用户服务，指导用户在网络环境中寻找所需的医药信息资源。

（三）医药信息搜集

1. 搜集医药信息范围的定位

医药信息中心是承担一定地区和专业的相关信息的发布，其服务对象是本地区医疗院所及大专院校的相关人士。由于人员上、资金上的限制，不可能大范围地进行医药信息的收集，只能局限于当地的医疗单位、科研院所及医药院校的相关内容，着力收集学科发展的最新动态，跟踪报道重点科系的重点科研项目，尽可能地把最代表本地区学科发展水平的内容采集到。

2. 医药信息收集的策略

计算机技术和通讯网络技术的普及和应用，人们克服以往不可想象的时间和空间的阻隔，从而极大地开阔了人们获取知识的范围，丰富了文献信息资源。但网上的信息内容繁多、复杂，多数信息缺乏特色，内容雷同，实用性差，大多数信息机构的生产、服务仅停留在"复制"水平，许多网民抱怨上网查到的有用的内容太少了，如何解决这种状况，有效地满足人们的需要，是摆在信息传递工作者面前的主要任务。

（1）医药信息的选择。重点采集动态医药信息，对内容新颖，反映了本学科研究领域的前沿动态及教学开发中的热点问题；对学科设定的重点科系及科研立项的课题进行及时的跟踪报道；对博士研究生、硕士研究生的毕业论文进行采集、报道，以此反映本地区学科学术发展的最高水平。

(2) 医药信息的鉴别。对信息的真实性、先进性、科学性的判断可以实地调研，与学科专家交流、讨论，取得第一手材料，应用计算机光盘检索便可知晓国内、国际本学科的发展水平、发展动向，从而把采集到的陈旧的信息删除，把内容新颖应用前景广泛的信息发布出来，以此保证信息的真实性和先进性，使信息每天都是新的落到实处。当然，对于具有较长时间的使用价值且没有相应新的内容补充进来的信息，应做适当的保留。

3. 医药信息搜集的基本原则：

①全面性和系统性

医药科学研究信息需求是十分广泛而复杂的，涉及医药学科众多专业领域和各种形态的信息。医药基础研究所依据的是已有的原理、定理、实验数据、观测记录以及各种科学设想等。医药应用研究和开发研究，除了依据基本理论外，还要依靠设计方法、技术数据、技术构思、经济指标、材料性能、技术情报和其他有关数据等。对记录着上述各种信息的医药情报资料，应该全面搜集。"系统性"则要求搜集的资料能够反映特定的医药研究领域的发展状况，特别是对一些关键性的、连续性较强的资料，要组织专人系统搜集，切勿间断。同时考虑到医药学科知识的交叉渗透，还必须注意搜集相关知识领域的信息。

②针对性和适应性

当今科学技术规模的空前扩大，学科的交叉，技术发展的高度综合化以及技术的多构思、多方案、高淘汰率的发展趋势，带来了科技信息的激增任何个人和机构都不可能将爆炸般增长的信息收罗无遗。因而，所谓信息搜集的全面性和系统性是有条件的。由于医药科学研究活动一般是围绕着科研课题或技术项目展开的，所以，医药信息的搜集必须针对课题或项目的实际需要，筛选出适用、对口的信息资料，要在适用的前提下追求信息搜集的全面和系统。

③新颖性和可靠性

在医药科学研究领域，知识更新的速度很快，尤其是在技术领域、新技术、新产品、新工艺取代旧技术、老产品和过时工艺，不仅是不以人的意志为转移的客观规律，而且这种更新的周期越来越短。因此，医药信息的搜集，必须特别注意信息的新颖性和可靠性。要灵敏地捕捉有关课题和项目的新理论、新动态、新技术，及时获取准确、可靠的资料、数据，以便在有关课题或项目的实施中充分利用最新的研究成果，以达到加快研究进程，提高研究水平的目的。

(四) 医药信息生产

1. 医药信息是脑力劳动的成果

医药信息生产是精神生产，是由物质生产决定的。在发达的工业社会里，医药信息生产与物质生产互为条件，相互促进。

医药信息生产的规模受多方面因素的制约：首先是社会的物质生产；其次是医药信息机构的数量和规模，包括教育、科学、管理和文化机构等；再次是医药信息生产、加工、分配的队伍的人数和质量；最后是医药信息生产手段、医药信息技术。

需求刺激生产的发展，而流通是生产与需求之间的桥梁。医药信息交流工作对促进医药信息生产和满足、刺激医药信息需求有很大的作用。

医药信息生产的规律表现为无序性、离散性及相对的集中性。科学家、技术和管理人员、记者、学会、研究机构、报刊编辑部、通讯社、出版社、政府部门、各种会议，都大量生产着医药信息。医药信息加工和消费部门也在生产医药信息。这些都可看作医药信息源，它们每日每时输出大量的医药信息流，供人选用。

目前还难以用统一的单位计算所生产的医药信息量。一般用若干卷、册、字数、用纸吨数来计量，也可以用通讯、邮电部门传输的数量来比较各国家或地区间的医药信息量。比特（bit）是医药信息计量的基本单位，2进制的1位包含的医药信息量称为1比特。而"字节"（byte）则是计算机作为一个单位来处理的一串2进制数位，例如1字节=8比特。1字节可用来记录一个字母，1个汉字要用2字节来记录。

医药信息生产的数量与质量，在不同地方不同时间有很大差别。

2. 医药信息的加工和处理

信息采集人员通过对动态信息和静态信息（报刊、杂志）的大量的实地采集，取得了数量巨大、来源复杂、内容广泛的信息资料。这些庞杂的信息不可能完全都发布在网站上，必须科学地集思广益，要求信息与思维耦合，对其加以集中或区分地进行整理，把有关的内容进行去粗取精、去伪存真，即经过编采人员的再创造，把有用的、新的信息分门别类地编辑加工，以待在网上发布。只有这样，才能省时、省力地利用这些信息，服务于社会、服务于人类，实现其价值。

3. 网上医药信息的建设和发布

网络上医药信息的发布离不开其服务站点，把经过筛选和加工好的、质量高、条理性强的信息登录在网页上。网页主要分五部分：（1）凭借信息中心或图书馆大量的中外文现刊、过刊等资源优势，建立一个静态信息发布室。向医药卫生工作者介绍现有馆藏的中外文期刊种类、名称；新到书、刊的目录，便于医药卫生工作者抓紧时间来馆阅读，在此发布的信息只提供目录，想知晓文献的全文必须亲自到服务中心查阅。(2) 动态医药信息发布室。采集到的信息，经过加工、整理后分类发布在此。内容涉及临床、科研、教学等各个方面，按内、外、妇、儿等大科分类排列。医药卫生工作者可根据所从事的专业按需点击提示图标，一步步到达目的地，查阅信息内容，此处披露的信息内容全面、完整，并可下载，得到的服务方便、快捷。(3) 精品推荐室。在这里发布编采人员跟踪报道的学科重点研究项目的信息。通过对这里的查阅，你可以足不出户，就可掌握到本地区、本学科的市、局、院的重点科研项目的研究进展及结果，为医务工作者的临床、科研起到参谋、借鉴的作用。(4) 焦点讨论室。在此留有空间给医药卫生工作者，就有关信息存在的问题，进行讨论，发表各自的看法。(5) 信息反馈室。对医药卫生工作者的意见请专家讨论后的答复结果。

通过以上几个部分，基本上把医药卫生工作者关心的焦点、热点信息随时随地地发布出来，对讨论的问题也有一个满意的答复。

4. 网络医药信息检索方式

大量丰富的动、静态医药信息如何快速、简捷地查阅到，医药信息中心或图书馆要提供多种检索方式，供医药卫生工作者选用。例如以单位名称检索医药信息，输入区域内任何一个医疗院所的单位名称就可以查阅到此单位参与的所有信息内容；以作者的名字检索医药信息，输入作者的名字就可检索到所有此作者参与研究的信息内容；以主题词、关键词检索，输入相应的主题词或关键词，相应的文献内容显现无遗。

通过以上几种检索方式，可以满足医药卫生工作者的多方面要求，在很短时间里得到满意的答复。

二、医药信息的需求和流动

(一) 医药信息的需求

医药信息需求方，即医药信息交流对象、吸收者。

各种不同的人群对医药信息的选择，表示了不同的需求，一般浏览、娱乐与研究参考、解决特定问题，在目的性上有差异。

医药信息的种类可分为：生命医药信息、经济医药信息、商品医药信息、外贸医药信息、技术医药信息、科学医药信息、教育医药信息、文化医药信息、社会医药信息、政治医药信息和军事医药信息等。

广大人群、青少年及儿童对医药信息的需求，与特定医药卫生工作者、用户的需求是不同的。应该研究医药信息需求规律和心理特点，社会应对医药信息需求加以组织和引导，医药信息交流服务机构负有组织和分配医药信息的责任，以满足人们对医药信息的需求。

（二）医药信息的流动

医药信息从生产者到接受者之间存在诸多种流动形式：单向流动或多向流动，直接交流或间接交流。

单向流动——将医药信息给事先确定的接受人的传递。如将某期刊论文提供给一位此课题的研究人员。

多向流动——将医药信息向四面八方传播，供很多人选择使用。如报刊的发行、图书的目录。

直接交流——医药信息发出者直接传递给接受者。如交谈、讲座。

间接交流——接受者通过"中间人"获得发出者创造的医药信息的过程。如从图书馆、档案馆、情报所获得医药信息。

作为医药信息交流的"中介"，其传递还有主动传递与被动传递之分，即主动向医药卫生工作者提供某种情报或根据用户的要求来提供医药信息。

三、医药信息传播的途径

随着医药信息生产与需求的多样化及医药信息传播手段的多样化，社会分工进一步细化，医药信息传输行业出现了许多不同的部门。按医药信息传播的途径，主要可分为大众传播系统和文献交流系统。

大众传播系统——报刊、通讯社、电台、电视台、电影院等大众传播媒介。

文献交流系统——出版社、书店、图书馆、博物馆、档案馆、情报所等文献传播媒介和实物陈列。

这两大传播途径有相似之处，也各有特点。前者速度快，接受者多，影响大，已成为人们生活的一部分。后者不那么方便，但便于学习系统的知识，可用来作终身教育，又便于有目的地索取，能自主地选择适合各自需要的知识情报，用于生产、教育和科研。

图书馆、情报所与书店、出版社又有很大不同：利用不必纳费，可以获得经过加工和组织的医药信息，并可得到工作人员的辅导帮助。并且，通过这里的电子计算机联机系统，可检索到全国、全世界的医药信息资料。

这两大传播系统都还有赖于邮电通讯系统。各种医药信息交流工具互为补充，形成统一的医药信息交流网络系统，多渠道吸收、传播和分配医药信息，才能满足社会和医药卫生工作者多种多样的需要。

四、医药信息交流系统

20世纪40年代产生的系统论、信息论、控制论,20世纪60-70年代出现的耗散结构理论、协同学、超循环理论和突变理论,以及80年代之后提出的自组织理论、混沌理论和分形学等,都是对客体组织性、复杂性和不确定性研究的成果,都拥有一个共同的研究对象—"系统",它们共同构成了系统科学这一新的学科体系。系统科学已经成为现代科学技术体系中的重要组成部分,它是以系统存在和发展为研究对象的科学体系,其中系统论、信息论和控制论研究了系统存在的规律,而耗散结构理论、协同学等则侧重于研究系统发展和深化的规律。正是这些系统科学的研究,为科学技术研究提供了综合性的手段和方法,使得研究组织性、复杂性和不确定性成为现当代科学研究的主题之一。

人们在生产、工作、学习和生活中,不断产生着社会医药信息,同时又都需要各种医药信息。医药信息的生产、需求和流通的发展,推动了医药信息交流系统的建立和发展。

医药信息交流系统是由医药信息的生产和需求、医药信息载体、医药信息传输技术和医药信息传播机构所组成的。

(一)从系统思想到系统观

人们对系统的认识可追溯到古代。古希腊朴素辩证法奠基人赫拉克利特在《论自然界》一书中说过,世界是包括一切的整体。古原子论的创始人德谟克利特著的《世界大系统》一书是最早采用"系统"这个词的著作。而古希腊哲学思想集大成者亚里士多德就提出过整体大于它的各部分总和的观点。

在中国,古代儒家的最高典籍《周易》中,以阴、阳排列组合构成八卦,八卦进而重叠演变为六十四卦,并由此比照解释外在世界的状态及变化,体现了系统整体层次结构诸要素交互作用的思想和系统整体动态发展的思想。道家不仅利用系统整体论的思想来解释既成事物的存在状态,而且更紧密地同事物的发生、发展过程结合了起来,认为自然界是自发运动、自我组织的,且这种运动具有内在的规律性。

中国古代人们不仅自发地用系统概念考虑自然现象,而且还用系统方法去改造自然,对系统科学具有独特的贡献。宋代沈括在《梦溪笔谈》中记载了一个"一举现三役济"的故事,就是系统思想运用的例证。北宋皇宫被焚,皇帝令大臣丁谓限期重建。丁谓经过实地勘察,把工程作为一个整体来加以计划,提出最优方案。依据方案,在皇城前大道上挖土烧砖备料,形成河道后引进汴水;然后用船把建筑材料运入工地;皇宫建好后,用工程遗留下的碎砖废土填塞河道,修复原来的大道。三个环节环环相扣、缺一不可。

(二)一般系统论的形成

一般系统论或普通系统论,主要是由美籍奥地利生物学家贝塔朗菲(L. V. Bertalanffy, 1901~1971)创立的。贝塔朗菲认为,存在着适用于综合系统或子系统的模式、原则和规律。普通系统论的目的就是确立适用于系统的一般原则。

系统论的建立是缘起于贝塔朗菲在理论生物学研究中关于系统的理论探讨。由于牛顿力学的巨大成功,机械自然观在近代生物学领域也取得支配地位。但到19世纪末20世纪初,人们逐渐认识到机械论观点内在的局限性,并在更高层次上重新发现了机体论的价值。贝塔朗菲的系统论正是来自他对机体论意义的再认识,在1928年的《现代发展理论》和1932年的《理论生物学》中,他都强调生物的整体性、动态性、能动性和组织等级,以展示机体论的具体内容。他认为,有机体是具有高度主动性的活动中心,而且是与环境不断进行各种交换的开放系统。然而在当时他的这些思想未能得到重视。此后贝塔朗菲试图对其机体论思想从哲学方法论的高度进行总结,并于1937年明确提出一般系统论原理。但贝塔朗菲系统论的真正问世是以1948年《生命问题》的出版为标志的,该书描述了系统思想在哲学史上的发展,明确了系统论的任务,并从系统这一中心词汇的定义出发,引出描述有组织整体的一般概念,如总体、整体性、有序性、层次性、动态开放性、目的性等,以此为基础,贝塔朗菲进而刻划了系统论的基本原则。1968年贝塔朗菲又出版了《一般系统论:基础、发展和应用》一书,全面总结了他40年来的工作,进一步阐述了他的思想,该书成为一般系统论的代表著作。

一般系统论产生的另一个重要原因是具有巨大实践意义的系统分析和系统工程方法的提出。同系统思想一样,系统工程方法在古代人类实践活动中便已有所体现,中国战国时代李冰父子主持修建的都江堰水利工程和前文提到的丁谓重修皇宫的计划,都反映了把工程看作一个整体统筹安排的思想。但对系统工程方法从理论上加以概括和阐述,却发生在20世纪。进入20世纪以来,人们的生产和生活方式发生了巨大变化,生产规模逐渐扩大,生产技术日趋复杂,也产生了各组成部分紧密联系、相互协同并相互制约的高度综合的管理系统,要认识这类复杂对象和解决这些高度综合的组织和管理问题,就需要寻找能够体现事物普遍联系的新的研究方法,系统分析和系统工程方法正是在这样的背景下产生的。美国工程师泰勒(T. W. Taylor, 1985~1915)首先从合理安

第七章　医药信息交流

排工序以提高工作效率出发，建立了具有系统思想的管理制度，其后，贝尔电话公司在设计巨大工程项目时，按照时间顺序把工作划分成规划、研究、发展、发展期间的研究和通用工程等五个阶段，并在 40 年代明确使用了"系统工程"的概念。

第二次世界大战期间，为了解决武器系统配套使用、飞机队形排列、资源合理分配、运输路线选择、高效捕捉敌人飞机和舰艇及组织后勤供应等问题，人们开始比较广泛地自觉创造和使用系统方法，这大大地推动了系统工程的发展，并产生了运筹学这一应用数学分支。战后，著名的运筹学研究组织——美国兰德公司倡导了"系统分析"方法，该方法通过系统的途径，考察决策者面临的全部问题，提出不同的解决目标和方案，比较它们的结果，组织专家参加论证，以此帮助决策者选择最佳行动方案。以此方法为指导，出现了协调组织庞大系统中各部门工作的具体技术——计划评价技术（简称 PERT），该技术把总体任务按照先后的时间次序和内在的逻辑关系分解为若干子任务和工序，由此确定科学和工作流程图，合理地调配人力、物质及其他资源。这种技术在"北极星导弹"的研制过程中，发挥了重要作用。60 年代，霍尔（A. D. Hall, 1924 ~ ）提出系统工程三维结构思想，从时间、逻辑和知识三个维度对系统工程方法进行了概括。这是对系统工程方法比较全面的总结。60 年代后期，系统工程的应用逐渐超出传统工程的观念，开始被推广到经济系统和社会系统，系统工程也发展到研究解决各种复杂的社会——技术系统和社会——经济系统的最优控制和管理阶段。1969 年阿波罗登月计划的成功，被公认为系统工程实践成功的典型例证，从而引起人们对系统工程的广泛关注和重视，这种情况则反过来引导人们从方法论上对系统工程作更深入的理论总结，这对于具有方法论意义的一般系统论的发展是非常重要的促进，由此，系统论真正确立了其科学理论的地位。

（三）一般系统论概述

系统论以"系统"为研究对象，这决定了"系统"以及与之紧密相关的"结构"、"功能"等必然是该理论中的基本概念和范畴，准确理这些概念是把握系统理论的基础。

1. 系统的概念

"系统"这个词人们经常提到，但由于认识角度、思维目的不同，对这一概念的理解存在着差异。贝塔朗菲认为，"系统"即是相互作用的元素的综合体，韦氏大词典对系统的解释是，有组织的或被组织化的整体；结合着的整体所形成的各种概念和原理的综合；由有规划的相互作用、相互依存的形式组成的诸多要素的集合。还有的学者主张，系统不仅是其构成要素的汇集，而且是一种指导观点。实现一个系统，必须在详细了解每个要素的同时，了解能把全体综合进来的观点及其实现的认识方法和技术。我国著名科学家钱学森认为，系统就是相互作用和相互联系若干组成部分结合而成的具有特定功能的整体。综合以上观点，系统是指存在于一定环境中，由若干具有不同功能的相互联系、相互作用的许多要素所构成的一个具有特定功能的整体。是否具有加和性，是系统与非系统的基本区别。与系统概念相对应，要素指的是构成系统的组成部分，要素是相对于系统而言的，是系统存在的基础。离开要素就无所谓系统，而要素也只有作为系统整体的组成部分时，才能发挥其应有的作用，要素如果脱离了系统，离开了与其他部分的相互联系，它的性质和特点就会发生根本变化。

2. 系统的形态

从外延看，系统客观存在的形态仍然是千差万别、复杂多样的，要进一步研究系统各自的特点，还需要区分系统的不同类型。根据不同的需要和研究目的，可以将系统划分为以下不同类型：

（1）按其形成的过程与要素的性质，可分为自然系统、人工系统和复合系统。自然系统指以自然物质作为要素而构成的系统，他们是在自然界发展进化过程中自发形成的。例如天体系统、气象系统、生态系统等。人工系统是人们为了达到某种目的而建造起来的系统，它们具有"自为目的"，有两种情况：凡是以实物或物理方式存在的要素构成的系统是实体系统，如汽车或建筑物等；凡是以实物体实体反映的概念、原理、原则、方法、制度和顺序等要素构成的系统是概念系统或虚拟系统。复合系统是指由人工系统和自然系统共同组成的系统，客观世界中的大多数系统都具有这个特点，如气象预报系统、导航系统与广播系统等都是由人—机组合而成的。

（2）按照在时空中存在状态，分为动态系统和静态系统、稳态系统和非稳态系统。动态系统与静态系统的区分以系统状态同时间的关系为参照：动态系统是指系统的状态变量是时间的函数，即系统的状态变量随着时间的变化而变化；静态系统则指表征系统运动规律的数学模型不包含时间的因素，系统的状态不因时间变化而变化。稳态与非稳态的区别以系统状态同外部干扰的关系为参照：稳态系统在特定范围内具有保持某种平衡状态的恒定性，即在外部干扰作用下，能够从初始偏离目标状态恢复到平衡状态。而非稳态系统受到干扰时，便会发生目标偏离而无法恢复常态，这时，系统既可能趋于新的稳态，也可能趋于瓦解。

（3）按照与外部环境的关系，分为开放系统和封闭系统。凡是能够与外部环境进行物质、能量和医药信息交换的系统就是开放系统，开放系统的外部特征是存在不断的输入和输出，内部特征是不断进行着自身物质组分的组建和破坏，因此这种系统与外界的交换制约着系统的结构、功能和发展。相反，与环境没有物质、能量交换的系统被称作封闭系统，客观世界并不存在绝对的封闭系统，但它可以作为开放系统开放度微弱到相对于一定目的可以忽略不计程度的系统的一种理论抽象，因此封闭系统是开放系统的一种特殊表现。

3. 系统的特征

一般而言，系统具有以下四个特征：

①集合性。系统是一个有组织的或复杂的整体，是由相互区别的各要素组合而成的集合。

②整体性。系统是由两个或两个以上要素构成，与单纯的集合不同，系统表现出与单个要素不同的整体功能，而且整体的功能大于部分功能之和。

③关联性。系统内各要素之间是有机联系的，相互作用、相互依存的。一个要素结构功能的变化会引起其他要素和整体结构和功能的变化，甚至系统的转化。

④适应性。绝对封闭的系统是不存在的，系统与外部环境之间存在着相互的联系与作用，系统在与外部环境作用的过程中不断改变以适应外部环境的变化，同时也在作用的过程中能动地改变着环境。

4. 系统的结构与功能

系统由要素组成，但却具有要素所不具备的新的性质，因为系统内部各要素之间存在着非线性的相互作用，也就是说，系统总是结构与功能的统一体。研究系统的结构与功能是人们认识系统规律的重要环节。

所谓系统结构，指的是系统内部各要素之间相互联系和相互作用的方式。它表现为各要素在时间和空间上的组合形式，即系统结构是系统内部要素的秩序。系统的功能指的是系统在与外部环境相互联系和相互作用过程中所具有的行为、能力和功效。可以这样讲，系统的结构提示了系统内部各要素的秩序，系统的功能则体现了系统对外部作用的过程的秩序，体现了系统与环境之间的物质、能量和医药信息的输入与输出的变换关系。

系统的结构与功能是相互依存的。一方面，结构是功能的基础。如乌合之众不可能具有训练有素的军队的战斗力一样，没有系统要素并按一定的方式组织起来，系统不可能具有特定的功能。另一方面，功能是结构的表现。系统的功能既取决于组成系统的要素，也取决于系统的结构，因此系统的功能既反映要素的特点，也反映结构的状况。系统的结构是否合理，总是通过特定的功能来得以体现。结构蕴藏于内，功能表现于外；结构是相对稳定的，功能则易于变化。结构与功能也是相互制约的，结构决定功能，功能对结构又具有能动的反作用。由于外部环境各种因素的影响，往往使系统的功能不断发生变化，这种变化作用于系统，就会造成系统结构的改变。系统与结构之间的这种辩证关系，具有多种不同的表现形式。

（1）结构虽然相同，但由于组成的要素不同，系统表现出不同的功能。如灯泡原先用碳作灯丝的材料，只能连续照明40小时，后来人们改用钨丝，就使灯泡的寿命大大延长。可见改变系统内部的要素，就使系统的功能得到显著提高。

（2）要素相同，但结构不同，系统的功能也不同。乙醇和甲醚，都包含6个H原子、2个C原子和1个O原子，分子式都是C_2H_6O，但由于这些原子之间排列顺序不同，结构方式不同，因而两个化合物的性质具有很大差别。前者是液体，可以任何比例与水混合；而后者是气体，几乎不溶于水。

（3）要素和结构都不相同，但却具有相同的功能。如电子钟表、机械钟表与古代的滴漏都具有计时的功能，但它们的要素以及要素的组成方式即结构方式都是完全不同的。由于不同系统之间存在着这种异构同功的现象，所以人们可以利用功能模拟的方法，来达到目的，如计算机模拟人脑，模拟自然生态系统以构建人工农业生态系统等。

结构与功能之间的辩证关系，为人们认识世界和改造世界提供重要的原则和方法。人们可以根据已知对象的内部结构来推测和预见对象的功能，也可以根据已知对象的功能来推测和预见对象的结构，从而根据人们的需要，进行系统的结构及功能的改变，或者对系统的结构和功能进行模拟，达到对自然的充分利用和改造。

5. 系统论的基本原则

贝塔朗菲的一般系统论主要包括开放系统理论、动态系统理论和等级系统理论、生命系统理论，它们都反映了系统论的基本原则。

（1）整体性原则。即系统是由各个组成部分构成的有机整体。这是因为，系统中各个要素相互作用产生各要素单独存在或简单相加时所不曾具有的整体效应，系统的总体功能不仅取决于组成要素的状况，而且取决于要素之间的关联。在利用系统观点研究问题时，就不能立足于某个部分，而必须立足于系统整体。从系统的整体性原则出发，既不能将整体与部分混同起来，也不能使整体和部分分割开来，整体是部分的有机统一，同时，在整体统帅部分的前提下，部分的作用也不容忽视，特别是关键性的部分，有时可以影响系统整体功能的基本状况。

(2) 层次性原则。这一原则指的是，构成系统的要素本身也是由其组成部分按照特定联系和作用方式结合而成，因此作为综合整体的系统便表现出特有的层次性。贝塔朗菲指出：层次结构是系统的"部分的秩序"。系统的层次性在客观世界中有多种多样的表现形式，如在生物系统中，就包含七个结构层次：亚细胞、细胞、器官、机体、群体种、群落、生物圈。七个层次，每个层次都自成系统，但同时又是上一个层次的要素。不同层次通过物质、能量、医药信息上的传输和反馈，相互联系。需要指出的是，系统层次结构划分是相对的，系统的结构和要素是相对系统的等级而言的，因此需要作具体而辩证的考察，不能绝对化。

(3) 有序性原则。系统的有序性包括系统结构层次的有序性、时间排列的有序性和系统发展的有序性。系统的性质在很大程度上取决于系统内部要素的作用方式，而这种方式本身就体现了系统的有序性。系统的有序联系保障着系统结构的稳定性，系统有序性的降低意味着系统稳定结构的削弱或瓦解，研究系统的有序性是研究系统运动规律的重要途径。

(4) 开放性原则。客观世界的系统都是开放的，在考察系统时，不能忽视环境的特殊作用。系统的功能是通过与环境相互作用而表现的，而且系统的性质和状况受制于它与环境之间物质、能量和医药信息的交换，所以要全面把握系统，就必须立足于系统与环境的辩证关系，坚持开放性原则。这样，只有认识了开放状态下系统的进化，才能用动态的观点来看待系统。当然坚持开放性原则，除注意环境对系统的作用外，还必须看到系统对环境的反作用，系统并不是被动地适应环境，系统在运行过程中，还会对环境起能动的改造作用。

(四) 医药信息交流系统

医药信息交流可以是人与人面对面的直接交谈或通信，但为了把医药信息传给更多的人，为了传之久远，社会就让一部分人组织起专门的机构，从事医药信息的收集、贮存、整理、传递工作医药信息机构是医药科学发展过程中必然的产物，而医药信息机构的出现和发展，又大大推动了医药科学的进步。

1. 医药信息交流系统概述

对于医药信息交流系统，以前的情报交流系统即正式交流与非正式交流还可以延续用过来。网络环境中的医药信息交流只是非网络环境中医药信息交流模式的一种延伸和发展。因为传统的医药信息交流模式是以用户是否使用文章系统来划分的，这里的文献主要指以纸质为载体的，随着"数字革命"的实现与普及，医药信息的传输技术有了质的飞跃，人类以 0 和 1 两个简单的数字，便开始了文明发展的崭新时代。人们所熟知的联机检索、CD – ROM、INTERNET 以及信息高速公路，这些技术的实现拓宽了人们进行医药信息交流的方式。在网络环境中，人们使用国际互联网络和共同的软件进行会话、交谈、会议、信件往来等纯私人的或集团性的交流。包括医药科学家所进行的同行之间的信息交换和学生们之间的聊天之中信息传播方式是比较流动的，即时的和变化的，选择性和针对性较强，传递速度快，反馈及时。这些特性正是非正式交流所具备的。人们也可以通过社会集团所控制的、各类社会组织所提供的、比较制度化的网络传播方式交流医药信息，包括在 www 等网络上各种社会组织（政府、医科大学、医药研究机构、医药图书馆）所提供上网的各类机构的医药信息，对印刷文献进行数字化以后提供上网的各种医药信息资源，研究团体或其他组织运营的网络医药杂志，各种联机检索系统（盈利的非盈利的）在网上提供的各种医药数据库检索，医药图书馆在网上提供的 OPAC 目录等。这种交流方式可以看成是非网络环境下的印刷信息传播制度即正式交流（出版、发行、医药图书馆、医药信息机构）在网络上的延伸。因此整个医药信息交流系统仍可以认为是由正式交流和非正式交流两种方式构成。

2. 非正式医药信息交流系统

非正式方式医药信息交流系统具有以下特点：

（1）所传递的医药信息大多是未经记录整理的尚未进入医药信息资源系统的最新医药知识，常以交谈、书信和现场考察的形式进行，较为直接、迅速、生动，但相对于正式交流过程来说，交流的医药信息安全性不高。

（2）具有高度的选择性和针对性，直接从信息的创造者那里获得所需的医药信息，较之去查找数以百计的相关资料显然要容易得多。但从交流的信息内容来看，信息的精度和准确度不可靠。

（3）过程反馈迅速，人们通过直接交谈或交换信件获取医药信息，可以随时了解、校正和解答问题，但从对信息的保存方式来讲，无论是网络环境还是非网络环境，信息的存取途径较多，不固定。

（4）通过非正式交流得到的医药信息生、直观、易于理解、易于接受，电脑不便于使用计算机来处理。

3. 正式医药信息交流系统

正式医药信息交流过程的特点与非正式医药信息交流过程的特点相对应存在，但随着计算机技术、多媒体技术、通讯技术、网络技术的发展，使得正式医药信息交流也具有非正式医药信息交流的许多优点，如在网络环境中医药信息交流过程也具有最短信息间隔时间,高度的选择性和针对性,交流的医药信息直接、迅速、生动、反馈快、易于理解、易于接受。

采用正式医药信息交流方式进行医药交流具有以下特点:

(1) 过程传递的医药信息要通过一定的社会集团来控制,有一定的机构运营,相对来说,医药信息资源的提供比较安定。

(2) 从医药信息内容上讲,一般流通的是一次、二次和三次信息,是经过一定的加工和处理的医药信息,相对非正式医药信息交流来说,医药信息的精度和准确度是可以信赖的。

(3) 虽然网络医药信息资源的存取和利用较非网络环境中的医药信息的存取和利用的方式多,在非网络环境中文献资料存取和利用相对比较单一,但是在这两种环境中,信息的存取途径和首付比较稳定,可以重复操作。

(4) 便于计算机处理,特别是电子医药信息资源。

第三节 医药信息交流的特点

一、医药信息交流的条件

医药科学研究是一项涉及面很广的创造性工作,在研究与开发活动中用户的医药信息需求是全方位的。就用户获取、利用或对外交流的医药信息而论,它包括三种基本类型:①知识型。医药科学研究知识型信息主要包括科学发现、技术发明、理论研究与实践成果信息以及科学研究管理知识信息。知识信息的利用是从事研究与开发活动的必备条件和投入。②数据、资料型。数据、资料型信息系指自然常数、统计分析数据、观测记录数据、实验数据以及其他资料,这些信息在医药科学研究中具有实际的参考利用价值,对于具体一问题的解决是不可少的。③事件型。事件型信息是指反映医药科学研究活动的消息及相关事件发生的消息,包括各种动态、项目进展报道、市场情况和其他动态信息,其作用是在用户决策过程中消除对事物认识的不确定性。

如果我们将用户的医药信息需求看成最终需求的话,那么医药信息需求包括了对医药信息客体的需求以及为了满足这一需求而产生的对医药信息检索工具、系统的需求和对医药信息服务的需求。

(一) 用户对医药信息客体的需求

用户对医药信息客体的需求,按医药信息载体区分,有以下三类:

1. 医药文献信息

医药文献信息需求是医药科学研究中的最主要的信息需求，既包括对传统的印刷型、手抄型的文献的需求，又包括对声、像和电子型文献的需求；按来源状况，它又区分为非出版文献信息和出版文献信息两类。医药科学研究中的非出版文献信息资源包括专业人员的原始实验记录、手稿、草图、研究方案、书信及其他记录品，在研究活动中起这交流成果、传递研究信息的作用。医药科学研究中的出版文献信息需求是指对图书、期刊、政府出版物等正式出版的文献的需求，这是一种正式的文献信息需求，在文献信息利用中起着交流成果的主体作用。

2. 医药实物信息

医药实物信息是指固化在实物中的信息，医药科学研究活动中人们创造的新产品、新材料、样机、改进后的研究设施和其他人工创造的实物都包含着反映创造性成果的信息。实物信息源作为人类研究与生产活动的产物，具有内隐性，其内涵为加工工艺、新设计思想、化学成分、技术参数、外观状态等，这类信息的利用只有通过分析研究才能解决。在实验开发中，实物信息作为文献信息的重要补充，具有真实、可靠、内容丰富、认识直观、易于开发利用的特点，是用户进行医药科学研究中不可缺少的知识资源。

3. 医药交往信息

交往信息是指人们进行各种交流活动所产生的信息，科学研究与开发交往信息主要有学术演讲、技术讨论、新闻介绍、信息发布以及研究与开发人员相互合作和竞争行为等。在研究与开发中，交往信息在同行或当事人之间产生，传递、反馈及时，针对性强，有着特殊的作用，鉴于某些交往信息的重要性，在利用中它又由用户将其记录转化为其他形式。

在医药科学研究中，以上三种信息都是必不可少的，它们往往按需相互转化，构成用户医药信息需求的完整客体。

（二）用户对医药信息检索与传递工具和系统的需求

用户对医药信息检索与传递工具和系统的需求是一种中间需求，其目的是通过检索工具或系统查询包含在工具或系统中的信息。具体说来，用户对检索工具与系统的需求包括对各种文献通报、目录、文摘、题录、索引和各种检索系统与网络的需求。

用户对医药信息检索与传递工具和系统的需求源于用户在医药科学研究活动中的对外交往需求，按用户所需传递信息的内容，包括语言传递工具、数字传递工具、图像传递工具、文件传递工具及其传递网络的需求。对这些工具和系统需求的目的是对外发布与传递信息，因此也是一种中介信息需求。

（三）用户对医药信息服务的需求

为了满足对医药信息的需求，用户还必须求助于多种信息服务，于是产生了对医药信息服务的需求。用户对医药信息服务的需求直接表现为信息需求的表达和陈述，然而主动的信息保障服务则是直接由客观信息需求引出的，它由医药信息服务人员主动组织。

用户对医药信息服务的需求是多方面的，包括：原始信息提供服务，如文献借阅、复制、数据提供、信息报道等；信息发布与传递服务；信息加工服务，如针对用户需求编制信息检索工具、开发信息系统等；信息分析与咨询服务；其他专项富翁，如课题论证、查新服务、业务代理等。

二、医药信息交流的特点

由于医药信息不断产生，在医药科技领域里不断流通和利用，因而我们将其视为一种有源头的"流"。医药信息交流动受医药科技业内部控制，其规律受医药科技业机制的制约。医药信息交流具有动态涵义，它是一种定向运动着的信息所形成的流，存在于信息用户、信息环境和信息载体所构成的相互联系与制约的有机体（社会）之中，既有一定的因果关系，又有一定的随机性。

医药信息在人类社会和自然界中是普遍存在的，是物质形态及其运动形式的体现，出现在自然、社会和人类思维活动之中。医药科学研究与开发医药信息保障是一种医药信息保障。用户利用、发布和传递的信息属于社会信息的范畴，由此形成的信息流是一种医药信息交流。由于存在这种信息流，医药科学研究与开发活动得以进行。

医药信息交流具有以下基本特性：

（一）社会性

人类活动中的医药信息交流是一种社会流，通过医药信息交流，人们发生社会合作、竞争、冲突与调适关系，进行有组织的医药科学研究与开发活动，促进医药科技与社会进步。正是医药信息的社会流动，信息才可能实现其价值。医药信息交流的社会性决定了它受制于社会政策、法律，由社会运行机制决定，这便是我们组织医药科学研究与开发医药信息交流的出发点。

（二）知识性

医药科学研究与开发中的信息流是一种"知识"流，通过医药信息交流，医药知识得以传递并产生实质性作用，这是它区别于自然信息流的一个重要特征。在科学研究与开发活动中，人们只有在具备一定知识储备的情况下才能认知所需的信息，通过交流获取知识，引起思维，继而吸收利用它；另一方面，医药科学研究与开发的认知性又决定了由此产生的医药信息交流的知识性。

（三）伴随性

医药科学研究与开发中的医药信息交流伴随着研究、开发活动而产生，没有主体的研究开发活动，也就不存在相应的信息流。一方面，信息流的产生并不是最终目的，而有效地开展研究与开发工作及发展科技生产力才是最终目的，显然医药信息交流依附于主体的研究与开发活动；另一方面，反映研究与开发活动的信息伴随着主体活动自然产生，这是不以人的意志为转移的客观规律，然而其信息流向和利用可以受主体控制。

（四）双向性

医药信息具有双向流动性：其一，某一信息往往由信息提供者通过一定的途径传给一定的使用者（用户），而具有"指向性"。其二，使用者（用户）对接受信息的反应、意见、利用情况或在利用基础上所创造的新知识信息，又往往反馈给原信息提供者，而具有"反馈性"。研究与开发工作的社会互助决定了这种双向信息流的普遍性，它集中反映了科学与技术活动中的各种关联关系。

（五）复杂性

就流通量和范围而言，信息流远大于物质流。例如，刚问世不久的某一新产品，其流通范围是十分有限的，而关于该产品的信息却通过广告、用户传递等通道不胫而走，其范围与流量远大于产品本身，同时由于传递的片面性和某些失真，有可能导致用户对该新产品的错误认识，从而使问题复杂化。信息流的复杂性由社会环境、信息提供者动机、流通手段和各种人为因素所决定。

（六）分离性

信息可以与其载体分离进行传递，如文献信息可以脱离文献通过口传、电传方式流通；某一信息在传递中可以从一个渠道扩展到多个渠道分别向多用户传递，从而脱离原载体。信息流的分离特性决定了信息的多方向传递和实现信息资源共享的可行性，这在医药科学研究与开发中是十分重要的。

三、一般人群交流的特点

一般人群是指各种非住院医疗的、能够独立完成日常工作、学习和生活的个体集合。随着健康观和医药模式的转变，人们对健康的需求日益增加，医药信息交流工作不应只考虑疾病的有无，还应从心理、社会等方面对一般人群的健康状况提供有用信息。一般人群的医药信息交流具有以下特点：

第七章 医药信息交流

(一) 以承认和维护信誉为基础

交流要求承认和维护信誉在认识活动中，交流是人与人之间传递或力图传递信息的过程。其方法和手段都受经济报偿的制约，这一问题尚未得到普遍的重视。一般人群的医药信息交流显然是一个相互受益的过程。以共享方式获取信息比亲自 denovo（法文，意思是：从头干起），不辞劳苦地探询、查找、开发必需的信息要容易、便宜、方便得多。要想从他人的陈述得到收益，我们必须：1. 认真听他们讲话；2. 解释他们的话（解码）；3. 给他们以认识信誉（cognitive credit）。这些步骤当然不会没有成本。每一步都要我们付出资源，如时间、气力、注意力和冒犯错误的风险。获取信息的全过程听、看、读、等等都需要某种支出。支出能否得到保证取决于关联利益尤其包括所得信息的认识收益。

有交流的团体就是市场，其中有信息发出者，也有信息接受者，有出售者，也有购买者。只有相信别人，我们才能按照信息的表面价值接受他们的陈述。交流需要根据这些原则：1. 承认这一前提：别人的言论（话语）是精确的，直到时间证明他们不值得信任；2. 在交流活动中，除非另有证明，承认别人是坦率的、讲真话的、准确的，等等。这种认识程序原则的逻辑基础基本上或全部是经济的。因为同在别处一样，我们仍然以成本效应报偿为基础来确定应在多大程度上相信别人。

从别人的话语中得到信息需要依靠一些未经证实但却有效的假定：1. 人们说话没有言外之意；2. 人们相信自己讲的话；3. 人们有相信的根据。

同样的理由必需贯彻始终：除非我们接受交流的种种前提，不然就没有机会从别人的话语中得到信息。以此为依据（举个例子），除非另有证据，我们就应当认为他们的话语具有认识论的真实性，这才是明智之举。因为这才是最有成本-效应的做法。交流程序的动机和理由在于追求利润，从信息的相互传递中获取最大收益。

故而，交流的基础是承认和维护信誉。交流也是一个商品系统。信誉可以给予，授予，或扩大。交流信誉与金融信誉很相似，除非别人首先给予一定的信誉，一个人无法自己建立信誉（证明自己有信誉价值）。要得到信誉，就得有一个先决条件：某人有信誉价值。显然，"除非证明无辜否则必然有罪"的前提（例如，除非另有证明否则必曾犯错）是站不住脚的；一个人当然可以证明自己没有信誉价值或不值得相信。但开始时人们必须授予他信誉。这里的核心原则是成本效益的估价原则。交流活动背后的标准前提绝不可当作事实来证明。但是作为实践活动，它们有明确的经济理由，代表了最有效、最经济的办事方法。如果我们对别人的话一点儿都不相信，那么，我们就会失去从他们那儿获得信息利益的机会，进而，也就无法得到可能很有用途的资源收益。经验使我们很快明白，在一般情况下，即便是对家庭之外的陌生人，信任他们、给他们以信誉所带来的好处也胜于潜在的风险。

总之，我们奉行的策略是，只要没有相反的证据，就相信别人。因为这样做符合我们的利益，就获取信息的目的或目标而言。

（二）相互受益的过程

医药信息交流有其成本效应。如果过于看重安全，我们就会无限期地推迟决断。但是，这不符合我们的利益，因为安全并不至上。我们一开始就采用信任策略，因为它是达到目的的、前景光明的通途大道。我们这样做时就会发现，它虽非总是成功，永不失败，却具有最高的成本效应。作为共同获益活动的交流以合作原则为基础的信息交换是一个互利过程。在建立大家都可以利用的信息库时，每人都采用一种对自己最有利的操作系统，以便维持成本和收益的最佳平衡。

假定有两个由交流者组成的虚构的社团，一群是撒谎者，一群是欺骗者。撒谎者总是想的与说的不一样。明明天气晴朗，他们却说："今天的天气真坏。"天气不好时他们则说好。欺骗者的行为总是不可靠：他们随随便便，把公认的正确与错误混淆在一起。撒谎者可以与我们和其他人顺利地交流。一旦有人上当，这个人可以知道事物的真相，并同撒谎者们辩论。但是，欺骗者的情况则不同。人们永远也搞不清楚怎么同他们打交道。更糟糕的是，连欺骗者们都搞不清相互之间怎么打交道，他们之间根本无法交流。即便第一代欺骗者来到世上时有现成的语言（也就是说，当初传授他们那种语言的人也是正常的交流者，后来全体一起变成了欺骗者），他们也无法把语言传授给后代。一天，父母们指着一只狗对孩子说，"那是一只狮子"；下一次则说，"那是一只猫"；再下一次则说，"那是一头大象"。于是可怜的孩子完全懵了。

再比较两个社团：信任者社团和不信任者社团。信任者社团的行动原则是：自己要坦诚，相信别人的话是真诚的任何场合都不会有相反的意思。不信任者的行动原则是：凡事都要当心，他们以同样的态度对待别人的言谈以防上当受骗：即使人们显得很真诚，他们也不过是在诱你上当，让你产生虚假的安全感。不信任者们的策略显然会破坏交流。如果信息交流的目的是增进知识，不信任的扩散会起巨大的破坏作用。不论偶尔越规有什么好处，最有用的策略仍然是真诚、正确地使用语言，不破坏一般操作规程。

在交流中把维护信誉当作一种资产，在某种程度上，它是交流活动能否成功的必要条件。交流活动的基本格言是：维护你的信誉，对规则不要掉以轻心，保护你在交流团体中的地位。

从信息发出者的角度看，发出信息要花费时间、气力、精力等。明智的商人承担花费是因为预见到收益一种报偿（哪怕只是尊敬或感激），一种互惠，或一种 quidproquo（拉丁文，意为：补偿）。这个问题很简单，但却有深远的意义。我们需要信息，以便确定我们在世界上的位置（在纯粹意义和实践意义上），组成交流者的团体具有极高的价值。交流渠道对所有的人开放是明智的，为实现这一目的做些花费也是值得的。

（三）交流成本收益的协调

从医药信息接受者角度看，一般人群的医药信息交流活动中，他们在接收、加工和储存医药信息时也要消耗资源。显然，只要能有合理的收益预期，不论是信息回报还是金钱回报，明智的听者都会承担这笔开销。一般说来，这种预期是有充分理由的。

格莱斯（H. P. Grice）曾就交流实践问题做过颇有影响的解释，回顾一下他的意见很有益处。格莱斯主要分析了说话人的意向。说话人的目的是诱使听话人接受他的观点，使他认识到说话人想要做什么。就此而言，这是正确的。但是听话人在交流过程中也要承受同样的负担，而格莱斯对此只做了轻描淡写。可以说，除非听话人相信会有预期收益，否则他就不会做交流接触。如果他认为说话人不会传递有用的信息，比如，他把说话人嘴唇的动作看作是睡着的狗的腿在抽动，他就不会注意聆听。此外，听话人得根据说话人的口气、姿态尽量揣测他的意思。不论说话人的意愿如何，唯一被真正传递的信息是听话人接受的信息。总的说来，听话人与说话人之间存在一种结构关系，不论说话人用无声的动作还是有声的话语，听话人只取其所需，这种结构关系才有最简单和最高的成本－效应。

就信息传递的影响而言，只有当听话人现在或未来按说话人期望的方向行动时，说话人才能在交流活动中受益。传递受阻对信息发出者的损害不亚于对接受者的损害。在信息交流中，听者他是自愿参与交易的一方，想从说话人的言语中得到最大收益（如果能解答他的问题），他会尽力保护说话人的信誉。这是当事双方都感兴趣的问题，因为（听话人认为）说话人一旦丧失可信性，作为信息的来源，他的用途就被毁掉了。所以，说话人与听话人在维护说话人的信誉方面具有共同的利益。

一般人群中有效的医药信息交流从头到尾都要保持成本收益的协调。它受下述原则的制约：

说话要慎重，保护自己的信誉，但不要说得太少，不然人们会把你看作一个没有用的信息源。

认真斟酌字句，避免被人误解，但不要掺杂过多的细节，过于讲究精确，不然听众会厌倦，不再听你讲。

交流的信息既不要太长，也不要太短，要把观点说清，不要浪费大家的时间、精力，不要让人不耐烦。

内容要充实，即使不太专心的听者也能得知要点，但不要充实得过头，以免使听者厌烦或气恼，更不要污辱听者。

紧扣中心，但不要过于枯燥、乏味。

四、循证医药与医药信息交流

循证医药（Evidence B ased M edicine，EBM）即遵循依据的医药，是近年来国际医药界倡导的一种新的现代医药模式，EBM 创始人之一 Sackett DL 在原有 EBM 概念的基础上，重新将 EBM 定义为"谨慎准确和明确地应用当前所能获得的最好的证据，同时结合医生个人专业技能和多年临床经验，考虑患者的意愿和价值，将三者完美地结合，制定出患者的处理措施"。它改变了传统的以经验为基础的临床医药模式，注重客观的临床研究证据，强调任何医疗决策的制定都应建立在科学的临床研究证据基础上，提倡将个人的临床实践经验与从外部得到的最可信的科学研究证据结合起来。为病人的诊治做出最佳决策，近十年来，EBM 的发展十分迅速，已深入临床和医药继续教育中。EBM 研究的热潮给医药信息交流工作带来了大好机遇，同时也使医药信息交流工作面临新的挑战。

（一）循证医药给医药信息交流工作带来的机遇

1. 医药信息交流工作的发展空间更广泛

EBM 实践既重视个人临床经验又强调现有的最好的研究依据，二者缺一不可。开展 EBM 是为了寻找更好的证据用于临床实践，这种证据来自多年大量的文献积累，这类文献是系统的，不是零散的；是有序的，不是杂乱的；是经过科学的临床对照检验及综合评价证明有效的，而不是个别人的经验总结。医药信息交流工作的主要任务就是服务于临床教学科研，利用各种信息技术，查找当前最新最全的文献证据，整理分析，及时提供给用户，所以说 EBM 将为医药信息交流工作提供更广泛的发展空间。

2. 医药信息交流工作更受重视

随着 EBM 的普及与推广，用户的证据意识、信息意识也随之增强，这将使医药信息交流工作的重视程度大大地提高。临床医生确定治疗方案,医药专家制订临床实践指南,以及卫生机构制定医疗决策,都将更多地依赖医药信息部门检索到的证据来行事,医药信息交流工作的重要作用日渐显露,人们将重新看待为他人做嫁衣的医药信息交流工作。

3. 医药信息资源建设进一步完善

EBM 指导临床实践时,最关键的内容就是根据临床所面临的实际问题,进行系统的信息检索,了解相关临床问题的研究进展,并对相关研究结果进行科学评价,以获取最佳证据。在寻求和评价证据时,人们会借助于各种各样的信息资源,信息资源包括纸质文献、电子版的图书期刊、光盘数据库以及网络数据库和网上相关站点。医药信息资源的数量、质量及基础设施和使用条件直接影响 EBM 的研究和实践,而 EBM 的发展对医药信息资源的建设会产生极大的促进作用,随着 EBM 的开展,医药信息资源建设将进一步加强和完善,特别是数据库建设和网上信息资源开发,近些年已取得一定成绩。

4. 医药信息的研究更深入

信息技术的迅猛发展为 EBM 寻求证据提供了可行的途径,然而,据统计,当前在国际范围内已拥有生物医药杂志 25000 余种,年发表的论著达 200 余万篇。如此浩瀚的文献,都去阅读是不可能的,手工检索也不现实。近年来,随着计算机与网络技术的发展,医药信息的存贮与传播变得越来越便捷和普及,但目前在获取信息方面仍有困难,用户很难找到既全面又精确的信息,主要是由于在医药术语标准化、信息交换标准化和异构数据库检索以及网络搜索技术等方面还存在许多的问题,这将吸引更多的专家和学者来研究和探索这些领域,使医药信息的研究更深入。

(二)循证医药给医药信息交流工作带来的挑战

1. 缺乏有效的循证医药信息检索系统支持

(1)EBM 信息资源的可得性差,目前通过 Medline 检索到的文章大部分只能看到文摘,不易获得原文,中文生物医药光盘数据库(CBMdisc)需到专门的医药图书信息机构付费检索,而且数据库只提供部分文章的摘要,目前中国循证医药中心所做的文献评价均是通过手工检索核心期刊获得有关数据的。

(2)检索临床试验信息的准确性不高。检索的准确性受检索者的检索水平限制,但客观上的影响因素是文献标引问题,以往大部分临床试验文献的标引没有给予特别的标识,致使查找检索时造成困难,从而影响证据的获取、评估,美国国立医药图书馆(NLM)正在对临床试验性文献进行重新标引,CBM disc 如今也面临同样的问题。三是检索系统的易用性,PubMed 的 Clinical

Query 提供临床病因、治疗、诊断、预后四个方面的临床试验性文献检索内置式过滤器，方便易用，但目前 CBMdisc 还未提供这种便捷的检索方式。

2. 医药信息交流工作者的知识结构不尽合理

为了满足临床医师使用最好的 EBM 证据，医药信息人员要能够收集、鉴别、筛选、评价和合成文献，并且速度要快，结果全面准确，所以医药信息交流工作者需要具备良好的专业知识，具有强烈的信息服务意识，掌握熟练的信息技术，还需有医药基础知识，了解 EBM 的实践原则和方法学原理，这样才能为 EBM 实践提供及时、优质、全方位的服务。

3. 临床医师信息意识和技能较差

临床医师必须具备文献检索和分析的能力，掌握现代信息技术，才能从浩瀚的医药信息海洋中，有效、合理地收集医药文献，并进行科学的评价，归纳出自己需要的最好证据。据调查，很多临床医生不知道怎样省时省力查找自己需要的可靠证据，不懂或不能接近光盘或网上检索，接近光盘或上网进行系统检索的能力不足。另外，医药文献在不断增长，医药文献数据库也在随着不断变化，要掌握最新的"证据"，就需要有良好的信息意识，保持对文献和数据库进行不断的跟踪。

4. 一般人群尚不了解循证医药

EBM 用户的重要方面和 EBM 的最终受益者——非医药的一般人群，尚不了解 EBM 的价值和意义，更谈不上参与 EBM 实践。我国幅员辽阔、人口众多、平均文化教育水平不高，为一般人群的 EBM 知识宣传普及带来极大的难度和极大的财力需求。

（三）加强 EBM 宣传，促进医药信息交流工作的开展

1. 宣传、普及和推广 EBM，指导临床医生正确利用信息资源

医药信息交流工作者应先学习 EBM 的原理和方法，了解 EBM 的一般知识，参加 EBM 的各种专项培训和研究，然后利用各种途径和方法开展 EBM 普及知识教育，以使临床医务人员达到提高认识、更新观念的目的；还可将所获得的最新的 EBM 培训班信息及时提供给临床，使一线的医务人员得到不同层次的培训，促进 EBM 在临床医疗中的普及。另一方面，应加强对医生的文献检索技能的培训，使他们了解文献检索知识并提高文献检索技能，以适应 EBM 发展的需要。

2. 面向社会，开展多层次服务

EBM 是最好的研究证据。医师的临床实践和患者的价值三者之间的有机结合，随着人民生活水平的不断提高，公众的自我保健意识越来越强，希望对

自身疾病及治疗方案有一个系统的、详尽的了解，医药信息交流工作的服务对象除了常规的医药学科研、临床、教学、管理等专业人员外，广泛分布在社区的从事医疗卫生服务和卫生执法监督的预防医药、全科医药、保健医药、康复医药及医药心理学等学科专业的人员，各种疾病患者，特种人群，直至社区人群，均可视为医药信息的显在用户和潜在用户。因此，信息机构要针对不同层次用户个性化需求的特点，提供学术性及普及性等多层次的信息服务。

3. 深入临床第一线，积极参与循证医药

随着 EBM 的全面开展，医药临床、科研、教育机构对文献信息的需求量越来越大。医药信息人员应冲破传统观念，改进服务方式，变被动为主动。深入临床第一线，随时了解临床 EBM 实践中遇到的问题、临床研究的动向及其对信息的需求，把握问题关键，及时检索结果，作出回复。另外，医药信息机构可以开发、利用网络医药学信息资源，收集最佳的科学研究证据，在 Meta 分析的基础上，为临床医生提供某一专题、某一领域的系统评价（SR）。为临床各科室开展诸如循证外科、循证内科、循证儿科、循证护理等实践提供有力证据。

4. 充分利用信息技术，提供最好证据

EBM 研究的基础工作是有效地搜集、处理、分析以及存贮信息等医药信息交流。工作人员理应成为 EBM 信息源的应用和开发工作的主力军。医药信息人员利用自身优势并结合现代计算机技术、网络技术、通讯技术、数据库技术，可以更好、更快、更全面地收集到相关信息，并充分运用这些医药信息研究的技术和方法来整理、加工、处理、分析医药信息资料，从而更好地满足临床信息需求，使临床信息需求有了良好的保障。信息人员充分利用网络信息技术和各种数据库分析与检索等技术，才能全面、快速、准确地找到临床医师所需的最佳证据。

5. 终身学习，搞好医药信息交流工作

随着医药科学的迅速发展，医疗实践也以十分迅猛的速度在不断进步，EBM 要求临床医师不断进行知识更新，而医药信息人员也应充分认识到医药科学发展速度快，新技术、新方法层出不穷，必须树立终身教育观，通过主动学习，不断增加新知识，提高自身素质，才能更好地做好医药信息交流工作，推进 EBM 在临床中的实践应用。EBM 在我国仍处在推进阶段，为了更好地配合 EBM 的发展，更好地为医药临床、教学、科研等工作提供优质的服务，医药信息人员应抓住机遇，开拓进取，充分发挥自身优势，积极参与 EBM，推进 EBM 和医药信息交流工作不断向前发展。

第四节 医药信息交流的形式

一、医药信息交流的过程

医药信息交流，英文是 communication，有通信、交通、传达、联络之意。美国生物学家威尔逊指出："什么是交流？交流是信号与反应之间的关系，即一个动物发出信号，而另一个动物做出反响。"医药信息交流是人类社会最基本的活动，是信息运动的方式和形态，医药信息交流从本质上讲不同于信息传递或信息传播，是相互影响的双向性信息传递或信息传播，是使原为一个人或少数人所独有的化为两个人或更多人所共有的过程，是信息在时间和空间中的移动和变化。医药信息交流是社会活动中信息借助于某种符号系统，利用某种传递通道而实现的信息发送者和信息接收者之间的传输和交换行为。在传统的医药信息交流基本模式的探索中，研究的中心过多的偏重于信息渠道的剖析，然而在信息时代的今天，继报刊、电视和广播三种公共媒体之后的互联网的兴起，其快速、便捷、超时空性的特点给医药信息交流模式带来了新的变化，网络医药信息交流系统集信息的发布、组织（整序）、传递和服务为一体，大大简化了信息的交流过程，使信息的生产者和接受者在虚拟的网络系统中直接沟通，进行双向互动式的医药信息交流。网络环境下的医药医药信息交流过程呈现出如下特点。

（一）正式交流与非正式交流的界限打破

在传统的信息交流理论中，H.门泽尔从载体的角度对信息交流过程进行了系统的研究，提出了著名的正式过程和非正式过程交流论。网络环境下，网络载体有着独特的性能优势，给传统医药信息交流中文献载体的主导地位造成了巨大的冲击，网络交流使信息文献载体这一概念模糊起来，从而使得正式过程和非正式过程变得越来越难以区分。以典型的科学交流为例，在门泽尔的理论中，科学研究者彼此间的对话、书信及出版物预印本的交换等，因不以正规的科学文献为媒介进行交流而被排斥在"正式"之外。然而，网络环境下科学研究者通过因特网进行的"非正式"交流已变得非常普遍、充分，而且其中某些形式已具备正式交流的元素。在这种情况下，它打破了正式交流与非正式交流的藩篱。

第七章　医药信息交流

（二）主动与被动、单向和多向交流的统一

在传统医药信息交流理论中，按照信息源与信息利用者在信息传递过程中的相互关系，以主动、被动和单向、多向为标准，可以将信息传递模式分为多向主动、单向主动、多向被动、单向被动四种模式。我们很容易发现，这四种传递模式从某种程度上说是静态的。在主动传递中，信息源具有绝对控制力，信息接收者的作用微乎其微；在被动传递中，信息源的不确定性，使得与信息接收者之间缺乏沟通和反馈的机制。网络环境下交流具有动态交互性的特征。交互性是指因特网条件下信息多方交流与交流中的相互促进这两种情形的融合与交替。网络的这种交互性使得信息源与信息接收者在交流过程中的作用均有所拓展，传授双方在传输过程中动态的创造新的信息。传统交流中，信息源进行的是点对点或点对面的单向传播，以线性传播为主，是将信息"推"给用户，网络环境下信息源可以通过接收反馈按照不同的信息主题、时间梯度、媒介形式发布信息，实现对信息用户需求的有向"拉动"。对接收者而言，传统的交流中信息接收者对信息的控制力较弱，接收者实现选择和控制的渠道不够通畅。在基于网络的医药信息交流中，信息接收者增强了对信息选择的主动性和自由度，接收者可以自己决定接收信息的内容和方式，还可以通过自己发布信息参与到主流的医药信息交流系统中。这些都突破了传统交流的单向传播模式，从而实现了灵活的双向交互式传播。

（三）时空界限不复存在

在传统的医药信息交流过程中，时空因素是影响医药信息交流效果的主要原因之一，传统的信息载体，或是偏倚时间，或是偏倚空间，信息的传递都需要经过一定的时滞，或是经过载体的转换，甚至二者同时进行，这会对医药信息交流的顺利进行产生难以避免的影响。随着技术的进步，网络的普及，互联网走进了千家万户，它依托于现代高新技术，只需要一"鸡"（计算机）、一"猫"（调制解调器），交流双方可以通过网络直接进行即时的信息传递和交流，从而使时空界限的困扰不复存在。

二、医药信息交流的形式

医药信息交流形式大致分为三类：人际医药信息交流，组织医药信息交流，大众医药信息交流。这三种方式都可以用于用户之间的信息直接传递和间接传递。

（一）人际医药信息交流

人际医药信息交流是社会中个人和个人之间的双向信息传递与作用过

程，医药信息交流中的人际医药信息交流如在 Internet 上的通信与反馈、个人之间的学术研讨、项目进行中的成果交流和情况通报等。人际医药信息交流的信息流通范围较小，往往限于有着某种关系的个人之间的信息流通；人际医药信息交流具有信息反馈及时、灵活性强、内容生动、针对性强的特点，用户可以在较短的时间内达到信息共享的目的；人际医药信息交流可能存在的问题是信息经多人多次交流传递以后可能产生信息失真，其原因是缺乏一定的社会监督与规范。对于信息医药交流中的人际医药信息交流，应力求避免这一情况发生，其方法是将人际医药信息交流纳入信息保障的轨道进行组织。

(二) 组织医药信息交流

组织医药信息交流是指组织内各成员之间、组织与组织之间和组织与成员之间的医药信息交流。组织医药信息交流和流通是否有效，与组织活力和功能关系甚大。一个医药工作者只有保持与学术团体、国家管理部门、应用部门、生产部门和行业的联系，按需进行有效的对外医药信息交流和内部成员之间的信息沟通，才能获得理想的研究与开发效果。组织内部的医药信息交流包括自上而下、自下而上和横向交流，其交流的组织由组织管理机制决定；组织之间的医药信息交流主要有两种方式，即通过正式文献、文件或指令进行的交流和组织之间的人际医药信息交流（某一组织的某个人代表组织与另组织的代表人物进行医药信息交流）。在医药科学研究活动的组织中，组织医药信息交流是必不可少的，是研究与开发得以进行的又一基本保障。

(三) 大众医药信息交流

大众医药信息交流的主要功能是向公众传播医药信息，在达到众多社会成员共享信息的基础上获取反馈信息，以达到组织或进行某一工作的预定目标。例如，某一医药科研机构通过新闻传媒向外发布研究成果通报、某一科技成果成果的转让广告等就属于大众传播与医药信息交流。大众医药信息交流中的信息向大众是集中的、多向的，信息发送的效率很高，传播后的大众医药信息反馈往往是零散的、延缓的。医药科学研究组织利用"大众"方式的医药信息交流主要是为了沟通社会联系、促进社会合作、扩大社会影响、推出研究与开发成果。这些活动的社会影响面大，引导性强，需要一定的社会保障与监督。

医药科学研究中的医药信息的三种交流方式在功能上相互补充，在使用上相互协调，在社会医药信息交流系统中发挥着各自的作用。

三、传统交流和现代交流

（一）信息发布

传统的文献医药信息交流存在时滞问题，据统计，一本书从生成到出版需要 2 年~3 年，期刊论文从收稿到发稿大约需 8 到 12 个月，在信息社会，如此长的时滞足可以使一部分有价值的图书在与读者见面之时就失去其使用价值，网络时代信息发布机构不仅将完全承担起信息的发布职能，而且还将部分承担起传统医药信息交流模式下其他环节所执行的某些医药信息交流职能，如信息的组织、传递和服务等职能。众所周知，绝大多数的网络出版物，如中国期刊网等，都包括了相应的信息组织和检索软件，通过这些软件可以高效地组织管理数据库中的大量信息，并可同时向用户提供多种途径的信息检索服务，用户通过远程登录和文件传输等方式就可以从世界各地的网站中获得自己所需要的信息。也就是说，在这些网络版电子出版物的出版过程中，出版机构不仅完成了信息的发布职能，还同时在实现着信息的组织和提供服务等其他的医药信息交流职能，信息传递时滞几乎缩小到"零"，文献的价值可以以最快的速度得以实现，信息发布呈现扁平化趋势。

（二）信息组织

在纸型载体环境下，信息的组织是医药信息交流过程中的一个很重要的独立环节。而在网络环境下，信息组织环节的独立性将会受到一定的影响，医药信息交流中的信息组织职能将会逐步分化，除图书情报机构继续承担这一职能外，网络信息发布机构也将部分担负起这一职能，同时，软件商开发的各种信息组织和检索软件同样也具有信息组织的功能。

（三）信息传递

在传统医药信息交流环境下，信息是以"实物送达"的方式进行传递的，这一职能主要是由发行机构、邮政和图书情报机构来共同完成的。在网络环境下，由于信息彻底摆脱了实物载体的束缚，以数字的形式在虚拟的网络空间中传递，这就促使传统的信息传递方式也发生相应的变化，就是说，信息的传递将逐步趋于虚拟化。在这种情况下，发行机构、邮政和图书情报机构等的传递职能逐步弱化。网络载体出现之后，它以下两个方面的特征使得信息机构的虚拟化终将成为可能。一是网络载体本身的虚拟化；二是网络信息的分布式存贮。正是由于这两个特征使得信息机构在无须占有载体的前提下便可以利用信息，从而彻底改变了载体与信息之间的"形影不离"的对应关系结构，为信息机构的虚拟化清除了技术上的障碍，为信息机构从实体化走向虚拟化提供技术上的可能。当然，从目前的情况来看，信息机构的虚拟化还只是成为技术上的可能，要真正实现完全虚拟化仍需要解决很多问题，尽管如此，信息机构的虚拟化已初现端倪。此外，按信息源与信息接收者的对应数目，信息传递可分为一对一、一对多、多对一、多对多四种模式。网络环境下，借助现代信息技术这些传递方式在很大程度上不再受到物理实体、时间空间的限制，可以实现跨越时空的多种模式传递。以图书馆信息服务为例，传统的信息传播过程中，图书馆是进行1对1或1对n的传递，并且这些过程一般是互相排斥的，即信息源在某一时间占用其有限信息资源对某一用户进行服务时，其他用户要同时获得相同的服务几乎是不可能的。在网络环境下，通过源信息的电子复制或网络信息资源，图书馆可以解决信息资源冲突问题，以实现1对1或1对n信息传递的同步。此外，图书馆还可利用网络平台提供n对1的信息传递模式 即n个资源集散点共同的对应着一个用户。这些都表明，医药信息交流在信息的传递过程中有着扁平化的特征。

（四）信息服务

信息服务在传统医药信息交流环境下，由于图书情报机构拥有丰富的馆藏文献资源，掌握着文献信息服务的专业知识，并集中了大量图书情报专业人员，因此，医药信息交流中信息服务的职能主要由专门的图书情报机构来承担。然而，在网络载体环境下，只要掌握了一定的网络信息资源利用方法，任何人都可以方便快捷地从互联网上获得自己所需要的信息，从这个意义上讲，传统的图书情报机构虽然"拥有"大量信息或文献，但是它丰富的信息资源优势并不能成为其继续垄断信息服务的资本。与此同时，随着网络的迅速普及，网络信息资源检索和利用软件功能不断改善，从而"导致传统图书情报工作中的技术内涵和智力内涵的相对下降"。这就使传统载体条件下仅仅由图书情报机构所掌握的专门的信息服务技术能被广大信息用户所掌握，进而成为用户"自助"式信息服务的重要基础。正是在这种条件下，传统医药信息交流中信息服务的职能将不再由图书情报机构所垄断，用户的"自助便捷"式信息服务将成为信息服务的一个重要组成部分。

（五）医药信息交流的控制

在交流日益全球化的今天，在医药信息交流体系中信息控制问题引起人们的诸多关注。众所周知，传统的大众传播体系实行一种"沙漏式"传播模式，在医药信息交流过程中"把关者"（如大众医药传媒的编辑和记者）控制着信息的生产与传播，使其认为有用的信息经过"漏口"传递出去，不能传递的就被"封杀"。在网络条件下，这种医药信息交流控制模式有了很大的改观。

首先，互联网结的骨干网络通过不收费的"对等"协议进行信息交换。依据此类协议，各网络供应方同意让对方的信息在自己的网络实现转口传递。这种"对等"协议模式为因特网信息的开放性交流奠定了基础。其次，在网络时代，受众拥有前所未有的权力：不仅可以自由选取自己感兴趣的信息，而且可以在网上自由地发布信息；信息的重要与否，不再完全由传播者决定，而是可以由受众自己决定。所以我们说网络交流在开放性方面对传统医药信息交流体系形成巨大的冲击。网络时代医药信息交流在信息发布、组织、传递、服务和控制方面都进行了简化，实现了便捷、快速的信息传递和交流，简化率是人类社会发展的一个普遍规律，追求简化是现代科技发展的永恒追求，医药信息交流的扁平化是网络时代医药信息交流过程的必然趋势，也许未来的医药信息交流仅需要信息传者和受者就能够实现。

四、科学交流和日常生活交流

在日常生活交流中，我们最关心的是保护自己的信誉，我们认为安全的价值高于获取信息。所以，不严格、不精确的消息也能为人接受。反之，在科学中，我们认为通用和精确的价值高于安全。自然科学毕竟不会满足于这样的表述：总的说来，较大的物体比较重；或者，多数用铅做成的东西会在摄氏330度熔化。在科学中我们讲求准确和精确：我们想知道这种或那种物质是如何运动的，注重的是通用、精确和细节。在科学讨论中，我们优先关注科学理论尚未涵盖的因素。

处于探索前沿的自然科学有一个特点，它总是高度概括地、精细入微地、准确地描述自然过程，描述它们在任何时间和空间上的运作方式。技术科学拒不承认含混不清的概括、类比或近似。诸如"通常"、"往往"、"代表"之类的修饰词没有意义。它的试金石是通用和准确。因而，科学描述的不是在某种情况下会经常出现的这种或那种现象，而是在准确的条件下准确出现的现象。在科学中我们追求最高的通用性、精确性和准确性。科学法则容不得非此即彼、模棱两可、不完整和例外：它讲求严格、准确、明白、无例外、不遮掩。"铅的熔点是摄氏327.7度"，在做这句科学表述时，我们的意思是一切（纯）铅在这一准确的温度下都会熔化。我们的意思当然不是 大多数（纯）铅可能会在这一温度左右熔化。科学论断若不能通用、不够精确，就会受到苛责。我们知道，今天，处于前沿的自然科学有许多绝对论断，在时间的走廊里，所有的绝对论断 都不绝对。在科学中，我们为通用和精确付出的代价是易遭苛责的。

人们对精确性的要求越低，对正确判断的信心就越强。我们判断树的高度是 25 英尺。我们有把握树的高度是 25 ± 5 英尺。我们确信树的高度是 25 ± 10 英尺。我们可以绝对地说树的高度在 1 英寸到 100 码之间。我们完全相信最后一个判断，因为我们有绝对把握，一点疑虑都没有，就像相信世界上必有东西存在一样，把握大到可以拿生命打赌的地步，等等。不论什么判断，证据的可靠性与内容的明确性之间永远存在着一种相互替代关系。

在追求明确性时，可靠性越低，失准度就越高，它们就像钱币的两面一样不可拆分。科在科学中，追求信息要冒出错的风险。它的论断可能是不可靠的。毫无疑问，科学的进步有可能降低 c 的价值，但是这种互补关系不会从根本上改变。信息理论的不确定原理使我们得不到理想的信息。

技术科学要求论断准确，虽然我们殚精竭虑地验证论断的真实性，但它们仍有可能受到苛责。

就信息而言，科学与日常生活的处理方法完全不同。多数人吃桃子时，会有一种愉快的体验。通常，我们说桃子的味道好，这种说法同我们的体验没有什么差别。诸如或多或少、一般情况下、总的说来、通常、如果大家都平等之类的话，都是安全可靠的。它们与科学法则完全不同，只用手指做量度标准，只需经验，无需科学、严格的标准。这反而使人们得到了可靠性，因为模糊之中有安全：符合事实的话总是因为不准确才可靠。比如这样的话：世界上有石头，狗会叫。要说日常生活中诸如此类的话有错误，那就未免过于荒唐。它们之所以可靠，就是因为不明确、含混。要是认为生活中的话行不通，那就太不现实、太有悖常识了。它们的准确性很低，但是要把这类话全都推翻，那也太不可思议。这样的话符合具体环境的需要，因为日常生活中的交流是一种实践行为，以社会环境为背景。它注重的信条是：即使牺牲明确性，也要具有可靠性；保护你的信誉；避免误导别人。

当人们把维护信誉看得至高无上时，比如在日常生活中就会尽力把话讲得安全、可靠，于是，他们求助于模糊和含混。反之，创造性和与众不同在科学中至高无上，人们以雄辩的、使人惊奇的方式讲话，承担通用要求和精确要求等招至的风险。其道理似乎是，认识策略恰当与否取决于人们需要什么。

日常生活谈话以实用为目的，主要与人际关系和人们为公益事业所从事的活动有关。在这种情况下，我们的首要目的是信誉和被人接受：建立和维护可靠、可信的良好名声。在日常生活对话中，我们的出发点与科学的出发点不同。两种领域里的行为定位很不一样。在日常生活中，我们采取满足现时需要的态度：我们不用艰深、复杂的语言也能满足现时需要。而在科学中，我们以理论探讨为目的，受制于客观探索的目标。故而我们认为知识的通用性、准确性和精确性是至高无上的。在科学中，我们愿意承担较大的风险，因为我们要做较深的探索。我们故意追求风险，以便获得最大的明确性，进而获取最多的知识，并尽可能对它们加以检验。亚里士多德认为，地貌学研究的是地壳的正常变化，以及长期以来海浪运动留下的痕迹。现代自然科学理论对普遍发生的情况关心甚少，他们企图找到在任何时间，任何地点，任何情况都起作用的、严格通用的规律来做解释工作。结果，我们别无选择，只能承认 我们的科学论断有问题，在可靠性明确性的交替互补规律面前不能两全。

在日常生活中，人们在医药信息交流中的活动，其状态与科学形成鲜明的对照。科学主要以理论为目标，只能以无限的通用性和极端的精确性为基础，严格理解游戏的名称。

最近，一位研究科学过程的学生说："它（科学的方法）不是研究自然世界时自动生成的结果，而是领袖人物行为模式的构成成分……它的出现是无法得到保证的……而是取决于历史上的偶然事件，取决于和人们活动相适应的社会和文化环境。"

但是，这种观点所描述的情况很有问题。人们是否致力于某项工作确实是一个社会问题。但是，他们一旦这样做，一旦严肃地献身于这一工作及其内在的目的论（inherent teleology）任务的内在机制就会迫使他们采取与目标相适应的成本效益手段。于是，他们的行为模式就没有什么偶然性，只要他们用理智和奉献精神承担风险，理性选择最终会毫不手软地改变他们的行动方式，进入到可用经济报偿解释的行为模式中。

五、网络医药信息交流

网络技术的发展使传统医药信息交流方式发生了根本的变化。INTERNET为医药信息的正式和非正式交流提供了十分便捷的途径。

（一）网上医药交流

1. 因特网上打长途电话

在因特网上进行医药交流的方式很多，其中主要的一种是打上网电话。当然没有因特网或者不上因特网也可打国际或国内长途电话。但是打上网电话是很便宜的，特别是打国际长途电话。因特网上电话可让你与全世界的人进行交谈，而开销仍然只是上网的费用加上市内的电话费。许多电话软件都是免费提供的，这样进行网络医药研究时，可以花费较低廉的费用就能进行较详细的医药交流。另外打电话上网还是一种相当简易的方法，具体的电话操作如下：

首先在 Windows98/XP 的"开始"菜单中选"程序\附件\通讯\电话拨号程序"。然后就可以进行电话拨号了。电话拨号程序提供了因特网网上的实时声音通信，即网上打电话。它可以在任何 TCP/IP 的局域网络或者广域网上实现实时通话。电话拨号程序提供了具有电话品质的实时声音通信。并将麦克风输入的声音进行 G M（数字通）压缩后传送到远程用户，并在接收端进行相应的 GSM 解压。如果安装了支持全双工的声卡，电话拨号程序可以提供真正的全双工声音通信，使对话的双方可以同时进行交谈。如果声卡不是全双工的，电话拨号程序将以半双工方式进行操作，在这种情况下，在任何时间只能有一个人说话。说话的人说完话，要说"OVER"（完了），对方才可以开始说话。电话拨号程序可使用户同时进行多达 4 条线路的呼叫。即使所有的线路都在使用，正在呼叫的用户仍可以利用你的应答机，留下声音邮件信息，即如果被呼叫的用户没有应答或者他的所有的线路很忙，那么可以通过他的应答机留下语音邮件信息。

每个接收的语音邮件是由呼叫者的全名、E-mail 地址和 IP 地址、收到的日期、时间和信息持续时间等信息来标识的。一般利用因特网打长途电话，最好是双方都是在因特网上。当然，你的对方不在因特网上也可以，这时你必须安装一个软件，例如 NET2PHONE。NET2PHONE 是美国 IDT 公司在因特网上发展的一种数字电信业务，要求是拥有声卡并在 IDT 注册的因特网用户。如果你是这样的用户，你就可以得到实时的、不间断的、全双工的电话服务。无论你在何处，电话打到何地，都可使你的国际长途话费降到最低限度。

2. 通过 WWW 浏览医药信息

FEEDME 是一个非赢利性组织，它向大家提供了用 WWW 浏览新闻组的服务。你只要连到网址：http：//www.feedme.org/，就可以按照你的兴趣爱好逐步选择你感兴趣的组。点击此新闻组，你就可以得到所有此新闻组的文章目录。然后点击任意一篇你感兴趣的文章就可以得到详细内容。当然这不是主要的，主要的是通过它还可以发布你的医药问题、论点及评论与大家讨论。

3. 通过 E-MAIL 交流网络医药研究信息

E-MAIL 是因特网上交流网络医药研究信息最快捷、方便、简单、有效的工具。关于 E-MAIL 应用和操作已在组织 e 网中已经作了详细介绍。在此建议医务人员等的是在平时要注意收集有用的 E-MAIL 地址 E-MAIL 不仅是作为网上医药通讯用，还可以后用来收集医药新闻。另外还可以发信 agora@kamakura.mass.co.jp，一封 E-MAIL，在信件中填 sendnews：medicine。那么就会收到此新闻组的有关医药文章的清单。

(二) 在网上如何找同行或医药专家

在因特网上找同行、找专家，可以看作是在网络医药研究中为自己建立了一个活的数据库、思想库，一个可免费咨询的机构。在当今的世界，还有哪一个思想活跃的学者不在因特网上留下自己的痕迹？至少也要有一个 E-mail 地址。有些学者早已建立了自己的网页。要找到他们及其相关网页可以通过网上医员来找到：

http：//www.nease.net/~orange988/e-mail.htm 在这个地址上有"网上医员 E-mail 大观"，说是"为了促进教、研的快速发展，本网页特开设网上医员 Email 大观，旨在收集医科相关人员（医生，医科生，研究生，医科教学与研究人员等等）的 Email 地址，其目的有：1. 促进医务人员之间的交流；2. 医务人员宣传自我；3. 架起医患之间的桥梁，为医务人员提高医技，患者及家属求医问药提供便利"。为了找同行、找医药专家，不妨经常到这个网页去看看。"到这个网页去看看"，这话说起来容易，可是在敲入一个地址后，却常常出现 "404ServerNotFound"，"The server does not have a DNS entry" 等这样的信息在电脑屏幕上。这样倒只觉得浪费了宝贵的上网时间。更有时要找的同行、专家所在的企业或机关网址已经模糊不清。这种情况下，使用网址域名搜索的引擎来帮助达到目的。

WebSitez 和 WebFinder 就是这样一些搜索工具。基本的服务内容是帮助查找在寻找记不完全的域名地址，例如只知道一个公司的名称，或是忘记了要访问站点的域名地址，只记得一个关键词等等，只要输入一个关键词，就会很快返回所要找的信息。WebSitez 的搜索可能超过百万个以上的域名地址。WebSitez 的地址为：http：//www.websitez.com 目前可以搜索以 com，net 和 edu 结尾的域名地址。WebSitez 的缺点是只能按一个关键词来查询，若关键词不十分明确，则反馈回来的信息十分庞大。WebFinder 搜集了全部的注册域名信息，支持几个关键词的同时搜索，因数据库庞大，所以搜索的速度嫌慢了一点。用 WebSitez 找不到的域名地址不妨来试试这个。WebFinde 的地址为：

http：//www.internic.net/cool/WebFinder.html

在这个网页可以按着下面的项目去找你的同行和医药专家：

Search：People | Business | ReverseTel | Category

Services：AddListing | LinktoAnyWho | AnyWho

Information：Help | Privacy | AboutUs | JobsSearchTips（搜索的技巧）下面介绍的搜索方法是从这个网页上摘录下来的，虽然是英文，但比较简单，从事网络医药研究的读者都会看得懂，所以没有译成中文。

305

还有几个可用来找人的小软件再介绍一下。IPHONE 和 CHAT 是两个登录到服务主机上后，可用来在用户名单中寻找同行或专家的软件。通常在因特网上找人可以发个 Email 或是在对方常去的某个 BBS 上留言。但是有时找的人没去查收 Email，或是没上 BBS，那就算白等了。如果用一个叫 CICQP5 的简体中文版的软件，就好多了。它可以在线呼叫找人，OnlineAlert 有上线通知的功能。可设定上线通知名单（在 CICQMenu→名单→上线通知名单），只要名单上的用户上网联机使用 CICQ，系统将自动通知您（此名单之成员，必须先为通讯录名单中之成员）。当别的用户将你加入到他的通讯录名单时，你就可以查阅他的通讯资料与基本资料（收到系统讯息时按下对话框上方的通讯资料与基本资料）。CICQ 的名称自称为"网络手提电话"。

要想详细了解使用说明，可到地址 http：//www.cicq.net/help/去查看。有什么问题可到地址 http：//www.cicq.net/faq/去找答案，特别是如何安装 CICQ 软件。

早于 OICQ 出现的是 ICQ，它是英文"ISeekYou"的连读音缩写，通称为"网上寻呼机"。这两个程序都能使你知道你要找的人何时在网上，并随时保持和他（她）的联系。两个程序都支持因特网上的对话。只要服务器支持 ICQ 安装程序，并且你在网上进行了 ICQ 的注册申请，就很容易被其他的同行或专家找到，增加与其他学者联系的机会。

注册申请成功后，ICQ 一般的显示是个长方形窗口，里面显示的是你朋友的名单，不在线上的颜色为红色，在线的为蓝色。点击左下角的"ICQ"可以激活菜单。点击菜单中的"Preference（优先选择）"即可进行各项选择，一般可以直接选用默认值。在这个窗口中，可以添入新的同行、专家的名字以及 E–MAIL地址，特别是他们每个人的 UIN 号。这个号是 ICQ 帮你找人的依据。

通过 ICQ 找人时，先在姓名表中找到他（她）的名字，用鼠标右键点击，在出现的菜单中再点击"MESSAGE"然后输入给对方简短的留言（可输入中文）。譬如，可以通知他（她）参加某某人"2000 年 × 月 × 日网络医药研究讨论会"等等。

通过这种方式，不但可以找别人，别人也可以找自己。如果有什么人通过 ICQ 给你发来信息，你一上网就会有一个声音叫你，并且在名单中叫你的那个人的名字处有信息（MESSAGE）图标闪烁。用鼠标去点击这个图标，就可看到发来的信息。看完来的"信息"后，你要立即答复他（她）就请马上点击"REPLY（答复）"，另外，也可以到网上找知名专家。

第七章 医药信息交流

(三) 如何参加医药研讨会

在因特网上要参加医药讨论会,有两种方法。一是参加别人举办的医药讨论会;二是自己组织一个讨论会。要参加他人组织的医药讨论会,就要找到有开医药讨论会的网页或 BBS 公告板。要找到这些医药讨论组,可以进入"搜狐"的 SEARCH,在其中输入"医药讨论组",就可以给你找出一大堆的地址。另一站点 http://server.com 也提供有医药讨论组服务。

(四) 自己如何组织一个医药讨论会

自己组织一个医药讨论会,没有因特网是很难设想的。不要说是一个个人,就是一个小单位也很难做到。现在有了因特网就容易得多了,在因特网上组织医药讨论会的难易程度,要看你的电脑设备,也要看你想组织的会议规模。

最简单的医药讨论会是用贴大字报的方法,哪怕你的电脑是一台 386 的机器,只要你找到一个 BBS 站,在上面贴个帖子,说明你的医药问题是什么。插起招军旗就有吃粮人。不过你要做好思想准备,也许会有极少数人开些善意或恶意的玩笑,他们贴的帖子看了后,会叫你哭笑不得。

还有一个简单的办法,那就是发 Email。通过 Email 来讨论医药问题是很方便的。你可以将你要讨论的医药问题写成一封信。然后就能同时发给所有你希望参加讨论的人,当然得事先知道他们的 Email 地址。用这种办法开医药讨论会,有一件事你要注意,那就是当有人原封不动地将你的 Email 退回来,说明这个人不是对你的医药问题不感兴趣就是有其他的原因不想参加讨论。为了礼貌问题,以后你就不要再给此人发这种 Email 了。

ThePalace 为设计、运行及使用图形会谈室建立了一个虚拟的会话室。可以从 (www.thepalace.com) 下载这个查看器,并可以无限制地免费访问 TheePalace 的所有会谈网点,包括 CapitolRecords、HotWired 的 MalicePalace 和 HouseofBlues。可以使用 ThePalace 为 25 人召开主会议或称虚拟会议。ThePalace 可以作为一个基于 TCP/IP 的软件界面用来设计自己的会谈室,该会谈室可以运行在一台 486 或是更高档的 PC 上,需要一个至少 14.4kbps 的 Modem。设计自己的会谈室时要交少量的费用。如果想设置一个用于 100 到 2500 个用户的会谈室,则注册及软件费用将显著增加。ThePalace 的服务器允许设计人员把 Shockwave 动画片断嵌入到他们的会谈网点中。客户机和服务器软件包都包含在一张光盘上。

(五) 如何参加国际会议

要参加国际会议,当然首先就得知道什么时间在什么地点召开什么样的会

307

议。一般地说在专业杂志，特别是国外的专业杂志，通常在关键词页的后面列有相应专业的会议录。可是国外的专业杂志到达都比较晚，当看到时，希望去参加的那个国际会议不是会议已经结束，就是征稿日期已过。现在从事网络医药研究的人可就方便多了，你只要登上因特网将地址 http：//www.iinchina.net/yyws/neet/neet-titlel.html 输入浏览器，按一下回车键，一会儿就会进入"国讯医卫"的国际医药会议的网页在这个网页上，你会很快地找到你要去参加的国际会议。这个网页实在清爽，一目了然。在这个网页还可以按时间、城市、主题和名称来查询你所要参加的国际会议。

除了上面的"国讯网络"的国际医药会议网页以外，还有许多其他的网址也可查询，例如：

国际医药会讯（GB）www.iinchina.net

国际医药会讯可以让你方便的查询2004年、2005年、2006年的国际医疗会议。同时，为了方便用户参加会议，该网页还可以代你向会议组织者联系，让你可以静候佳音。

大卫医药与健康（GB）www.zg169.net

大卫医药与健康主页有以下内容：文献检索，医药网址，医药，健康，医药图书馆，图书馆，医药期刊，医药杂志题录，医科大学，网上医院，医药研究所，协会，实验室，特种医药，地方医药——（赵代伟，医药硕士，外）Sat，23Jan199917：28：30GMT

国科会补助出席国际会议论文摘要（BIG5）sticnet.stic.gov.tw

这是提供1991~1997/09国科会补助出席国际会议论文摘要查询与连接——Tuesday，20-Oct-9803：29：51GMT

视讯会议系统（BIG5）www.protoncomm.com.tw

这是视讯会议系统，可提供通话双方或多方，影像，声音，文件，程式共享等，多功能，即时之沟通。另有公司简介、产品介绍、相关报道、人力资源、客户服务…等——Mon，14Sep199803：12：12GMT

医药信息频道（GB）morris.yeah.net

一个全新的网上医药信息资源的综合站点将提供各种医药信息——（morris）Friday，18-Dec-9802：25：42GMT

（六）如何在因特网上建立一个自己的网页

一个因特网的用户如何建立自己的网页呢？首先要熟悉HTML的规范，然后把自己建立的网页放到互联网络上。要放到因特网上必须享有一种支持TCP/IP协议的服务器所提供的服务。譬如，你的网页可以放在HTTP服务器

第七章 医药信息交流

的目录上，或者放在 FTP 服务器的目录上。如果你拥有足够的权限，自己便可以在互联网络的站点上建立这样的服务器。www 网页的作者还需知道页中每一处所引用信息的出处和获取手段。也就是 URL（UniformResourceLocator），在因特网的 www 服务程序上用于指定信息位置的表示方法。URL 通常包括三部分：①信息存放的互联网站点（通常是一个 IP 地址或域名）；②建立连接所需的通信协议；③连接建立后存取信息的指令。例如，http：//www. imi-cams. ac. cn/internet Med. html，就是指示浏览器使用 HTTP 协议，在 www. imi-cams. ac. cn 这个互联网的站址中取得 internetMed. html 网页。

已经知道 www 网也称万维网，web 即网页，是 www 网信息组织的基本单位。用浏览器 NETSCAPE 或 IE40 从 www 网取回并显示出来的就是一个网页。在 www 网的运作过程中，首先取得一个网页，看完后可以根据自己的需要转到其他网页上。所谓超文本，指的是一类文档，其中相关的部分不是按一般书本中的线性方式编排的，而是按一种复杂的语义关系链连接起来的。在 www 网上这种连接可由一段文字或一个词语而触发，一旦用户选择了这样的文字或词语，语义链就把用户带到了另外的网页上或同一网页的其他地方。www 网的连接是用 URL 来实现的。因特网的网页是连接全球网站的一个"大超文本"。

WWW 网可以使用不同的数据传输协议获取信息。当浏览器与 www 网服务器连接时，它们就是使用 www 网本身的超文本传输协议 HTTP（HyperText-TransferProtocol）。

在因特网上存放信息的基本单位是页面（Page）。页面是用一种称为超文本语言 HTML（HyperTextMarkupLanguage）来描述的，HTML 语言是编制 www 页面的基础。HTML 是由欧洲粒子物理实验室提出的 www 页面描述语言，设计 www 页面时要使用这类语言。它是 SGML（StandardGeneralizedMarkupLanguage）标准通用语言的一个简化版本。HTML 语言是使用标记（Tag）来说明信息的排列输出格式，指出需要显示的图像和超文本链接（Link）等。Netscape 和 IE40 等浏览器，根据标记来显示每一种文本类型，以获得当初设计时的屏幕显示效果。因为不同的浏览器支持的标记并不尽相同，因此同一 HTML 文件在不同浏览器下的显示效果也许不一定相同，因此有些标记只具有相对意义。我们要建立一个自己的网页，对 HTML 超文本语言要有一点了解。

HTML 文件的基本结构是这样：

"< HTML >

309

<HEAD>
　　<TITLE>页面标题</TITLE>
　　</HEAD>
　　<BODY>
　　…<！——HTML 文件的主体——>
　　</BODY>
　　</HTML>"

　　其中，两个尖括号"<"和">"以及其中的英文字符，就是标记 Tag。浏览器（例如 Mosaic、IE40、Netscape Navigator 等）依照不同的标记，产生许多不同的显示效果。<HTML>...</HTML>用来指出文件的起始和结束。

　　<BODY>...</BODY>用来指出文件实际内容的起始和结束。这要事先设计好主页布局图，并要准备一本 HTML 语言参考书。先根据图纸上的设计在参考书中查出最适宜的标记，工作确定它的格式和参数，然后在 Notepad 中编辑对应的 HTML 代码。由于此时并不知道代码是否正确，必须先将文件存盘，然后再用 Navigator 打开这个文件，观看页面的实际显示效果。如果发现显示的页面和预想中的不符，就回到 Nottepad 中检查代码，修改后再到 Navigator 中去观察。如此往复循环，因为 HTML 文件是普通的纯文本文件，除了可以使用 Notepad 外，也可使用 Write 文字编辑器来编辑 HTML 文件。如果用 Bidet、HTML、HotDog 等专用编辑器更好，因为它们提供了模板等编辑工具，比普通编辑器更加方便。

　　用 FrontPage2002 创建一个具有专业水准的 Web 站点十分方便。以往的 FrontPage 版本使用了许多已预制好、但较难改动的模板设计，而最新的版本可以任意对 Web 站点的结构进行创意，从而具有更大的灵活性。

　　除了 FrontPage2002 还有许多"所见即所得"（WYSIWYG）的 HTML 编辑器，只要使用鼠标选取输入内容就可以了，减少了输入的工作量，有的还提供 HTML 格式检查功能。另外，还有许多文档格式的转换工具，可以把一个非 HTML 文档转换成 HTML 文档。目前可以处理的文档类型计有：Microsoft Word、WordPerfect、FrameMader、LaTex、BibTex、TexInfo、Troff、QuarkX-Press、PageMaker 何等等。

　　制作 HTML 的试用软件的下载地址：

　　（1）可以从 www.macromedia.com 下载 DreamWeaver30 天的试用版，大小为 5.1M。这个软件能够通过拖拽从头到尾制作动态的 HTML 动画，并支持动态 HTML 的设计，使得其页面没有插件程序也能够在 Netscape 和 IE4.0 正确地显示页面的动画。它还提供自动更新页面信息的功能。

（2）可以从 http：//www.symantes.com/trialware/dlvp11.html 下载 Symantec 的 VisualPage30 天的试用版。这个软件比较容易使用，功能也较齐全。

（3）可从 http：//www.claris.com/software/highlights/clarispagetrial.html 下载 ClarisHomePage 试用版。这个软件集成了 FileMaker 数据库，增强了站点的管理特性。

（4）Allaire 的 HomeSite 下载地址是 http：//www.homesite-now.com/。这个软件是最好的原码 HTML 编辑器，有丰富的帮助，支持公共网关接口（Common GatewayInterface，CGI）和公用支援系统（CommonSupportSystem，CSS），并能完全控制你制作的页面的进程。

第五节 医药信息交流与社会进步

恩格斯说："由于拼音文字的发明及其应用于文献记录而过渡到文明社会。"

信息是社会有机体的一个要素，它又是教育活动的基础。在社会生活中，信息无处不在。

医药信息交流是社会文明进步的阶梯。人的智力、人的认识能力，也就是人生产和吸收信息的能力。正是人类智慧的发展，人们的信息交流，促进了社会的进步。人类社会文明进步的历史就是信息、知识和科学的交流、积累和扩展的过程。

要推动社会进步，增强人民体质，国家民族要走向繁荣富强，必须重视智力的发展，必须大力促进各种信息交流。

一、医药信息的特性

既必须依附于某种介质，又具有独立意义。
既可生产，又可消失。
既可传递，又可封锁。
既可记录，又可贮存。
既可搜集，又可扩散。
既可浓缩，又可延伸。
既可永久，又可失效。

既可共享，又可独占。

既可消费，又可增殖。

既可免费使用，有可成为商品。

正是以上特性，才出现了医药信息交流工作及信息行业，使信息工作具有多方面的内容、方式和手段，并且不断扩大和发展。

二、医药信息与人类健康

医药信息的发展和人类健康问题关系到我国改革开放和现代化的发展。世界医药信息发达国家的经验表明，高效的医药信息服务体系是医药科技进步和提高人类健康的关键环节。如何从我国国情出发，借鉴发达国家的经验，加快建立和健全具有中国特色的高效医药信息咨询服务体系的步伐，是当前我国加强医药信息的发展、努力提高人类的健康水平需要解决的课题。美国咨询服务体系的建立和发展给了我们有益的启示，建立适合我国医药信息的服务体系迫在眉睫。

（一）美国咨询业的起源和现状

美国的咨询业起源于19世纪中期，二战后，随着经济的迅猛发展，咨询业的发展速度也随之加快。1992年，美国咨询业产值已经达到2030亿美元，占国民生产总值的20%，占全球总咨询产值的27%，咨询业发展上升势头强劲，现已占全球咨询份额的60%~70%。美国的咨询活动涉及范围广泛，包括医疗卫生、科技、经济、教育、外交、军事、体育等几乎社会生活的各个领域。

美国2002年有咨询公司1万余家、"智囊团"的综合机构500余家，咨询服务中心和服务站数以万计，其中60%为盈利性质。美国咨询业有一批实力雄厚的大型公司，咨询机构庞大、人才集中、经费充足，能担负起全局性、战略性、综合性的研究课题，具有很强的国际竞争力，效益非常好。如：兰德公司1977年收入达4200万美元；斯坦福国际咨询研究所有专职人员3000多名，约2000人在工程、管理、社会科学等100个学科方面各有专长，每年完成国内咨询1200多件，每年接受国际的咨询合同约2000余件，与世界65个国家300多家公司保持联系，每年收入达数亿美元。

（二）美国咨询服务体系的建立和发展

制定相应法规，为科技中介的发展创造良好氛围。为围绕技术转移和商业化，美国在1980年通过的《贝尔-多尔法案》，规定大学、非营利机构和小企业在联邦政府经费的支持下研制的发明，拥有权归自己，并给予政府拥有和

第七章 医药信息交流

运营的实验室排他性转让其专利技术的权利。同年，美国国会又通过了《史蒂文森－威德勒技术创新法》，明确了联邦政府有关部门和机构及其下属的联邦实验室的技术转让职责。1986年，美国国会又推出《联邦技术转让法》对《史蒂文森－威德勒技术创新法》进行了补充。1988年《综合贸易与竞争法》提出加强技术转让是提高企业竞争力的一项重要措施。以后，美国对技术转让法进行了多次修改，相继出台了适合经济竞争的法规，如1995年的《国家技术转让与促进法》、1997年《联邦技术转让商业化法》和2000年《技术转让商业化法》等。通过立法，加强了联邦政府及研究机构对技术转让的责任，去除了制约技术转让的不合理因素，加速了技术成果的转移，提升了美国经济的竞争能力。

一个体系，两个层次，给予非营利科技中介机构政策优惠。美国的科技咨询服务主要是为创新和产业化提供信息咨询和技术支撑服务，主要类型包括技术咨询或经纪机构、大学和研究机构的技术转移办公室、孵化器、技术评估组织、技术测试与示范机关等。有非营利的国家或民间设立的科技中介机构，还有营利的中介公司，比如孵化器、技术咨询公司等。从管理体制来看，美国对咨询业的管理实行政府宏观调控，行业协会微观约束的体制。主要分为二个层次，地方级的咨询服务中心和国家级的咨询服务中心。两个层次的服务职责明晰，互相补充，运转协调，构成一个遍布全国的高效率咨询服务体系。在美国，国家设置的科技中介机构数量较少但规模和作用较大，大多数非营利的科技中介机构属于民间设立的机构。国家设立的非营利机构有专门的法律支持，机构的职能、业务范围、经费来源均由该项法律规定。

直接资助建立国家科技中介中心，政府通过补贴法对咨询机构进行补贴，咨询机构则按补贴法规定公正服务，并在经济上独立。美国对科技信息传播和技术标准制定非常重视，

认为科技信息传播是公共性的事业，能使全社会受益，同时其直接商业价值不明显，需要政府的大力推动，这个角色非政府莫属。

美国咨询服务机构和政府保持着密切的联系，但它们不隶属于政府部门和企业集团。无论是各政府部门，还是研究机构或企业公司需要咨询服务时，一般均采用招标方式，委托咨询服务机构自主进行，咨询人员或机构不受任何社会力量和利害关系左右，而是站在独立立场上，凭借自己智力和信息处理、加工分析手段及相应的职业准则提供服务，确保行业的独立性和超脱性，保证了服务结果的客观性和科学性。对于商业性科技中介机构采取自由放任的市场经济政策，基本上不采取任何干预或扶持，管理上依靠法律和法规手段，创造公

平公正的竞争环境。对非营利的科技中介机构政府给予补贴，在加强非营利咨询机构的能力建设方面，政府对科技中介机构的支持更多地是以计划为载体进行的，通过计划的实施，在全国范围内建立各类的科技中介机构组织网络，从整体上提高中介服务的能力。

充分发挥协会的作用。美国的咨询行业协会起着辅助政府管理的职能，在政府和咨询机构之间起着中介作用。行业协会一方面代表咨询机构和咨询者个人的利益，负责同政府及

有关团体联系；另一方面将政府的法规、政策化为具体的制度和方法，约束会员行为，对行业实施自律性管理。很多协会支持并从事合作研究和开发活动，目的为了提高效率，降低成本，促进标准的建立或分享竞争前技术研究成果等。近年来，美国政府通过修改法案和金融激励措施鼓励企业联盟的建立，直接投资支持研究联盟的成立，如 SEMATECH 就是在联邦政府直接投资下建立的。

良好的社会基础和环境。美国是西方市场经济高度发达的国家，充满了激烈的竞争，经济生活和社会生活方面很难全面掌握正确决策的知识和信息，这使咨询服务成为一种客观需要。咨询业号称"脑库"、"思想库"，靠咨询人员的知识、技术、经济、智力为用户进行咨询服务。在咨询人才方面，美国重视对咨询人员的培养，对从业人员资格要求严格，不但要求从业人员有较高的专业知识，还要能通晓有关法律、心理、社会及相关科学知识。为培养咨询业具有高素质人才，大学在高年级、硕士研究生和博士生中开设咨询选修课，还派学生到咨询公司实习，费用由咨询公司支付，有的咨询公司本身还设有研究生院，从事咨询人员的专门培训工作。在美国从工程咨询、决策咨询、管理咨询到会计、法律、医药等，从政府决策、企业活动到个人生活，都能找到相应的咨询公司提供服务。随着分工的细化，咨询专业化程度越来越高，为咨询业的发展提供了良好的社会基础和环境。

（三）建立我国医药咨询体系

完善的法规与法律是建立我国医药咨询体系发展的基础，是保证医药咨询体系健康发展的制度条件。在我国，发展医药图书馆应当从完善法律与政策入手。加强和促进医药图书馆信息咨询体系的发展，要加强政策和法律体系的建设，制定符合我国国情的政策研究和立法规划，积极推动政策法律的制定和立法工作，适应医药图书馆信息咨询服务体系的发展及 WTO 规则框架的要求。通过政策法规明确医药图书馆信息咨询体系的法律地位、权利关系、管理体制和行为规范，形成法律定位清晰、政策扶持到位、监督管理严格和平等竞争的

良好环境。

建立健全医药信息服务体系，必须重视体制创新，高度重视医药信息工作者、医院和医药图书馆在医药信息咨询中的主导作用。美国咨询业发展的经验证明，非盈利机构必须走综合型的业务发展道路，融科技、信息、人才、金融等服务一体，才能给企业提供最有效、最低成本的服务，自身才能长足发展。在我国建立医药信息咨询体系，必须打破目前管理的条块分割限制，建议仿效企业改革的模式，实行真正的"政事分离"。规范医药信息系统要通过体制创新，统筹规划，以建立直接面向医药工作者、全方位为医药基础、临床和教学科研服务，大力扶持医院、医药院校和医药图书馆信息服务体系为主要目标，充分发挥医药图书馆在医药信息服务组织建设和管理的主导作用。

加强政府的扶持力度，把发展医药信息服务业作为发展信息服务业的重要任务之一。根据美国咨询业发展经验，美国咨询业的发展得益于政府的扶持和引导。咨询业在我国还是一个幼稚产业，需要政府在政策、财税、信贷、资金和法律等诸多方面的扶持。在政策上，要把咨询业纳入第三产业发展的总体规划，确立信息咨询产业的行业地位；在财税上，规定咨询费用纳入成本，不计征所得税，鼓励医院、制药业和其他相关产业利用咨询服务，适当减免一些税收；在信贷和资金上，一方面政府大力支持，另一方面金融机构给予适量的低息贷款；在法律上明确咨询业的地位，在严格经营范围和人员素质标准前提下，简化审批、登记、注册手续，鼓励社会团体和个人创办咨询公司。提倡和鼓励专业信息咨询队伍与私营医疗机构相结合，大力支持省、市、县各级医院、医药图书馆等开展医药信息咨询服务。

医药信息咨询服务既要做好推广医药新技术、新理论、新成果服务，也要把普及医药知识作为重要服务内容。为医药提供信息咨询服务的目的，是增强医药科研和教育的能力。在医药信息服务过程中，要克服在医药科技推广过程中对医药知识的接纳、吸收和脱节现象，对一般咨询者提出了解医药信息、进行对症治疗以及医院特色、新药、专家、新技术等的要求，也应列为医药信息服务的重要内容之一。医药图书馆应该完全对社会开放，这样才能对医药信息咨询服务的内涵和本质有深刻的认识。把医药信息咨询服务仅仅定位于医药领域内科学技术的推广是片面的，在效果上容易导致医药科学技术推广与大众健康的需求相脱节。加强医药教育投入，促进医药信息咨询服务与终身教育相结合，提高医生对新技术和理论知识的吸收能力。针对我国目前医药信息咨询人才短缺的情况，应该进一步深化医药教育体制改革，大力调整医药教育结构。首先采取有效的措施，从相关行业、科研机构、大专院校或管理机构引进专家、学者，以解燃眉之急；其次，在医药高校开设的信息管理专业中增设咨询业方面的课程，有条件的学校可以筹办咨询专业；三是选派有发展潜力的人才到国外去学习。确定医药教育和医药人才资源开发的立足点，不断造就出能适应知识经济和新的医药革命挑战的新一代医药基础专家、医药临床专家和高素质的医药咨询专家。

三、医药信息贮存的手段和方式

医药信息要传播和交流，首先要记录和贮存。

人类迄今为止记录和贮存信息的办法有三种：大脑贮存、文献贮存和实物贮存。

（一）大脑贮存

大脑是接受和创造信息的器官，也是最原始的存贮信息的器官，至今仍是最有效的贮存、积累、加工信息的高级物质。人脑能指挥人发出声音语言、写字作画、制造产品，用以输出所存贮的知识。人脑是认识的主体，人是信息的活的源泉。一定的信息只有传递给有关的人，才能使信息活化，加工出新的信息和创造财富。

（二）文献贮存

人类贮存信息最大量使用的手段是文献。构成文献的元素是：信息内容、符号系统、记录技术和介质材料。由于人类智慧的发展，信息内容日益繁杂，用以记录信息的符号、技术和材料的不断发展，文献的类型和形式也越来越多样化。

（三）实物贮存

实物使信息凝固于其中，通过实物，人可以了解信息，得到有关的知识情报，可以设法分析、解剖、研究，探得其奥秘，并可设法创造。所以实物也可以是贮存和传递信息的方式之一。

四、医药信息交流与新技术革命

医药信息交流与技术进步、经济社会发展相互促进，这是中国和世界发展的大趋势。社会主义市场经济建设，实现我国全面建设小康社会的总目标，对内搞活经济及对外实行开放的政策，发展科学和教育，提高人类生命健康的质量，都需要极大地发展医药信息交流。我国正在进入信息与人才、技术相结合而发展经济、推进社会进步的时期。

正在世界范围内兴起的新技术革命中，信息是极为重要的因素，也就是说，在"信息社会"里，知识、智力是最主要的因素。所谓"信息社会"，是建立在工业社会基础之上的，是工业化社会的历史发展。在"信息社会"里，占很大比例的人在从事创造、处理和分配信息的工作。"信息社会"指知识、信息、点击计算机在社会生活中成为非常普遍的渗透于一切方面的因素，也就是人类高度自觉地生产、交流和利用信息，用以大规模高速地发展经济和教育、科学技术与文化的新的社会阶段。国外认为50%以上的劳动者从事信息的生产、加工、传输及其相关的行业，这就进入了信息社会。

科学技术作为生产力，并作为综合国力的基础，已不断被世界所认识和重视，知识的作用日益重要，新的科学成果和尖端科技广泛应用于医药的各个领域，给医药带来了巨大的进步。现代医药的发展与科学技术革命息息相关。科学革命是指自然科学理论的重大突破，或对自然界规律的重大发现，也即是说人类对客观世界（主要是自然界）认识的飞跃。技术革命是指人类在改造自然的手段和方法方面的重大发明和变革，也即是人类改造客观世界（主要指自然界）的飞跃。从科学技术发展的历史来看，科学技术革命始终推动着医药的发展。随着国民经济的发展和科学的进步，近20～30年现代医药有了飞速发展，分科越来越细。现代医药信息学作为医药的一部分，也毫不例外地受到现代科学技术革命的深刻影响。

现代医药信息学的发展与科学技术革命密不可分，在科学技术革命的推动之下，现代医药信息学正发生前所未有的巨大变化。

（一）科学技术革命为现代医药信息学的发展提供了新的手段和方法

医药是应用科学，它的发展除了具有它自身特殊的方法论外，还必须借用和移植其他学科的方法，及时地吸收和消化科学技术革命中涌现的新方法。随着社会的进步与科学技术的发展，大量先进的仪器设备、药品、医疗技术的生产和应用，为实现医药目的提供了强大的物质基础，现代医药中高新技术的使用、药物换代、设备更新、实验和检验方式的改变，不断为医药的发展提供充分的条件。

由于分子生物学、免疫学、细胞生物学等基础学科的发展，使产前能诊断的疾病不断增加，如地中海贫血、苯丙酮酸尿症、血友病、肾上腺皮质增生症等，诊断后可及早作出防治措施。有些疾病在婴儿出生后经过筛查也能作出早期诊断，对苯丙酮酸尿症和甲状腺功能低下症如早在患者期开始治疗，可使智力发育不受或少受损害。患者RH溶血病在1960年前病死率达50%以上，近年抗RhD球蛋白的预防使用，使大部分Rh阴性的孕妇免于产生同种免疫抗体，使本病的病死率降至极低，患者乙型肝炎的垂直传播随乙型肝炎疫苗和高价免疫球蛋白的研制成功和使用,使该病的预防疫苗和高价免疫球蛋白的研制成功和使用,使该病的预防取得良好效果。分子生物学和免疫学的发展,还提供了许多快速诊断法,如(PCR)。

生物医药工程的发展促进了现代医药信息学的进步。有些疾病临床症状不典型,不易明确诊断,医务人员很需要了解患者各脏器组织变化信息,生物医药工程为此提供了条件,如头颅B超、多普勒超声心动图、电子计算机断层扫描(CT)、磁共振、诱发电位测定仪等,能得出人体内部结构及其功能的改变,大大促进了现代医药信息学的发展,患者颅内出血过去诊断正确率不到50%,而现在准确率可达90%以上,还可追踪检查病变的转归。先天性心脏病的多普超声心动图可看出心脏缺损部位和血液动力学改变,有助于诊断先天性心脏病。监护仪应用更是现代医药信息学中的一大进展,对危重病患者可从监护仪显示心电图、呼吸图形、体温、心率、血压等,发现危象及时急救。在危重症监护中(NICU)呼吸管理是呼吸衰竭的重要问题,包括各种供氧方式如鼻塞呼吸、面罩呼吸、持续气道正压呼吸(CPAP)等,不少病例需要人工呼吸机,因此,呼吸机的正确使用和呼吸管理已成为治疗中的一个专业分支。

总之,随着分子生物学、免疫学、细胞生物学等基础学科的发展,一些新技术的应用、新疾病的发现和新疗法的推广,现代医药与科学技术交汇融合,使得患者疾病的基础与临床研究发展日渐迅速,并且在科学技术革命的过程中,新科学方法的产生和形成加速了本门学科的发展。

(二)科学技术革命推动着医药理论的发展

医药理论是整个医药学科的重要组成部分,在医药中占有极其重要的位置。影响医药理论发展的因素虽然很多,但科学技术革命是重要因素,科学史上的每一次科学技术革命,常常对医药理论的发展产生深远的影响,并推动医药理论的发展,指导医药科学研究,为医药假说向医药理论转化提供条件,从而促使医药新理论的创立。从20世纪60年代起,生命科学的研究水平不断进展,已达到了分子水平,进入20世纪70年代以来,人类已经能在细胞和分子水平上直接操纵生命。近年来,随着基因载体的发现及其人工构建的成功,生命融合技术的进一步发展与完善,分子生物学技术已经从分子生物学家神秘莫测的实验室步入了医药的殿堂,并向临床过渡,DNA技术在临床诊断和治疗上的应用已经成为可能,这一发展深深影响着现代医药包括现代医药信息学的很多方面,在此基础上必将引起临床上许多疾病诊断及治疗的理论指导及路线上的重大变革,新的理论不断产生,新的医药假说不断得到证实和完善,并转化为科学的理论,使得疾病的防治形势发生了巨大的变化。如对患者窒息的现代复苏提倡A、B、C、D、E方案，强调A尽量吸尽呼吸道黏液，建立通畅呼吸道是根本，B建立呼吸，保证通气是关键，废除呼吸兴奋剂、高渗糖、阿托品、葡萄糖酸钙等旧式复苏药物的使用。

随着科学技术革命的发展，医药科学研究的方法和手段也越来越复杂化、综合化和现代化。在医药新技术的应用过程中，会不断突破传统医药观念的局限，形成新的思维模式，如电脑网络的广泛应用促使一种新的就诊方式——远程医疗出现；在许多学科协同作战的过程中，经验思维已日益暴露出它的局限性，理论思维却日益显示出重要作用，在现代医药的研究过程中不仅显示了辨证思维的重要作用，也显示了假说和理论的重要性。

（三）现代科学技术革命还促进医药观念和目的的更新

医药科学同其他的科学技术一样，是人类实践的结果，在长期与疾病抗争的实践中，人类从以简单的医疗手段来达到医治伤痛的目的，到不断总结经验、改进医疗方法，使医药逐步发展成为一门科学，人们征服疾病的能力逐步提高，对医药及其目的的认识亦在提高。随着科学技术的发展和社会的进步，物质的丰富改变了人们的生活方式、分配方式，人们对健康概念的认识不仅仅局限与身体上的无疾病，社会、心理因素受到越来越大重视，既往的"生物医药模式"即重视疾病的病因和人体对疾病的反应，曾经是近代医药的标志，为人类健康医药发展作出了贡献，但是，随着自然科学的迅速发展，基础医药得到了很大的发展，新医药理论的发现和产生使人们认识到把医药仅仅看成是自然科学是不妥当的，只有从"生物—心理—社会医药模式"来观察思考才能全面认识医药中的各种问题，长期相对稳定的"生物医药模式"远远不能适应形势发展的需要，从"生物医药"模式转变为"生物—心理—社会模式"的改变势在必行。对健康的理解不单是体格的强壮，而是体格、心理和品德的全面发展。结婚前应考虑遗传因素，避免近亲婚配，考虑遗传性疾病对后代的影响，一旦怀孕重视母亲疾病防治，合理营养、精神愉快。婴儿出生后提倡母乳喂养，母婴同室，使患者获得感情上的满足，同时重视患者行为和智力的发展，近来尤重视对患者的抚触，以促进母婴情感交流和婴儿体格和神经系统的全面发展。这正是科学技术革命更新医药观念，正确运用生物—心理—社会医药模式的典范。

医药作为一门科学是非常严谨的，在医药活动中，医药科学技术发挥着促进医药全面发展、解除病痛、延长人类生命的正面作用，另一方面，由于受到技术主义和经济利益因素的影响，医药技术的发展也带来了一些不可忽视的负面效应，例如，对技术的过分依赖，使医疗过程过于简单化，依赖仪器诊断，

民族医药文献检索与利用

忽视医患之间的情感交流，忽视疾病形成中的社会、心理因素等；重视仪器设备、轻视疾病的综合分析，使医药过程简化成为一种技艺；受市场经济因素的影响，对保健投入过大，在高新医药技术引进中，争相购置，重点装备配置失衡，医疗费用增长过快，使医药技术成为追求经济效益的主要途径，不仅未能带来好的社会和经济效益，反而成为社会、医院、病人的负担，阻碍医药的发展。现代自然科学不仅研究既成事物，而且研究医药的新领域，包括诊断、治疗、预防等重大问题，极大地推动了医药科学的进展，目前医药与科学技术的结合速度在日益加快，所取得的效果也越来越显著，并向着快速、精确、高效、轻便、无损伤等目标前进，而现代现代医药信息学亦是如此。

医药是生命科学的重要组成部分，是一个应用科学，在科技文化、经济、社会、发展中具有重要的作用，又与社会所有成员密切相关，最受人们关注。长期以来医药就是许多科学和技术学科实验的场所，医药也正是在各学科的推动下发展。自然科学和技术科学将更大规模、更加普遍地向医药渗透，将来的医药决不是医药家的一统天下，而是一个跨学科、跨行业、人才密集的学科，是生物、数字、物理、化学、工程、计算机、心理社会等多学科专家的共同天下。对未来医药科研和临床队伍的知识结构和人员配备必须有全新的观念。作为从事患者专业临床和科研工作的人员应该充分认识到，只有与新科技紧密结合，才能发挥医药研究的优势及潜能，才能使疾病的基础和临床研究得到迅猛发展并迈入世界先进行列；面对着疑难疾病及众多的医药难题，只有充分利用现代科学技术的巨大潜能，才能获得新的突破和新的进展，才能以最快速度促进现代现代医药信息学的发展，为降低患者死亡率和患病率，为人口的优生优育和人类健康作出贡献。

第八章 医药卫生科技查新

第一节 科技项目信息查新的产生与发展

一、科学研究的特点

人类社会的科学研究活动具有很强的探索性和创造性。创造性,即科学研究表现为前人从未实现或者从未达到的工作,因此可利用的基准和标杆问题永远是不充分的。探索性,即科学研究有很多的未知因素存在,具有很大的不确定性,因而不能像对工业生产那样完全用常规、定性的方法来管理。科学研究活动的对象非常复杂,既包括自然界,也包括人类社会自身,大自然物质世界的复杂,人类自身精神世界和社会发展的复杂,使科学研究具有复杂性和综合性的特点;科学研究从研究内容和层次上分为基础研究、应用研究与发展研究等不同但相互衔接的技术阶段,体现较强的专业性和阶段性——科学研究越来越表现为各个学科相互渗透、互为所用的共同进步的综合性特征。因此,科学研究活动的过程也是非常复杂,充满了由各种不确定性带来的风险。

科学研究的产出具有多样性、特殊性的特征,科研成果可以是新的科学技术理论、新的工艺方法以及作为新知识的载体而出现的各种新产品或样机。科学研究结果除了表现形式多样外,其效果和影响的表现形式也非常复杂,既对科学发展本身产生影响,也会对经济、政治、军事、社会、文化、教育产生影响,而这些影响的程度和影响的方式也不同。从以上对科学研究特点的分析中可以初步分析出影响科研评价标准选择的几个因素。

(一)科学研究的层次

基础研究、应用研究与试验发展等不同层次的研究活动就要求不同的评价标准。例如,基础研究相对于应用研究,其内在探索自然现象而不是开发新产品、工艺或服务的特征以及基础研究成果所能带来的绩效是有时间滞后的特点等等使评价标准要因研究内容、层次而定。

(二) 科学研究的过程

处于不同阶段的科学研究活动要求有不同的评价标准，例如，科学研究的立项阶段、实施阶段和完成后，评价内容、重点和标准不同，立项阶段通常关注的是科研项目的目标、技术路线和资源投入，过程评价关注的是项目的进度与质量，而验收评价关注的主要是目标的实现程度等，因此评价的内容和作出判断的标准也不同。

(三) 科学研究的结果

不同的科学研究结果需要不同的评价方法，对科学界影响的标准不同于对经济、社会影响的判断标准。对科学界的影响通常要看对学科发展的贡献，科学共同体的承认程度（例如论文被引用的情况），而对经济发展的影响常常要看产生的经济效益等。

近年来国际科技界又提出了"大科学"的新概念，目前尚无统一的定义，但就其研究特点来看，主要表现为：投资强度大、多学科交叉、需要昂贵且复杂的实验设备、研究目标宏大等。根据大型装置和项目目标的特点，我们可以将大科学研究分为两类，第一类是需要巨额投资建造、运行和维护大型研究设施的"工程式"的大科学研究，又称"大科学工程"，其中包括预研、设计、建设、运行、维护等一系列研究开发活动。如国际空间站计划、欧洲核子研究中心的大型强子对撞机计划（LHC）、Cassini 卫星探测计划、Gemini 望远镜计划等，这些大型设备是许多学科领域开展创新研究不可缺少的技术和手段支撑。同时，大科学工程本身又是科学技术高度发展的综合体现，是各国科技实力的重要标志。第二类是需要跨学科合作的大规模、大尺度的前沿性科学研究项目，通常是围绕一个总体研究目标，由众多科学家有组织、有分工、有协作、相对分散开展研究，如人类基因图谱研究、全球变化研究等即属于这类"分布式"的大科学研究。

从运行模式来看，大科学研究国际合作主要分为三个层次：科学家个人之间的合作、科研机构或大学之间的对等合作（一般有协议书）、政府间的合作（有国家级协议，如国际热核聚变实验研究 ITER、欧洲核子研究中心的强子对撞机 LHC 等）。其中，各国政府组织的大科学研究国际合作占主导地位。其合作方式主要有：人员互访、专题研讨会、代培研究生、学术进修、合作研究、技术转移、设备维护与运行等，其中，合作研究与专题研讨受到更多重视。

随着基础研究在科学前沿全方位拓展以及在微观和宏观层面的深入发展，许多科学问题的范围、规模、成本和复杂性远远超出一个国家的能力，必须开展双边和多边的科技合作，组织或参与国际大科学研究计划以及耗资巨大的大科学工程成为进入国际科学前沿和提高本国基础研究实力和水平的重要途径。

20世纪90年代以来,各国政府和国际性组织在各科学领域组织实施的具有代表性的大科学国际合作研究计划大约有51项,我国作为合作成员参加的约有21项,占总数的41.2%,主要集中在全球变化、生态、环境、生物和地学领域,并且大多以发达国家为主。在核聚变、空间科学与空间天文学、地面天文学领域的大科学国际合作计划中,我国的参与存在空白。在高能物理与核物理领域,以参加CERN的LHC计划合作建造两个探测器为标志,表明我国在参与高能物理领域重大国际合作研究计划方面有了一个良好的开端。

二、查新的作用和意义

查新是科技查新的简称,是指查新机构根据查新委托人提供的需要查证其新颖性的科学技术内容,通过检索手段收集国内外相关文献,结合必要的调查研究及对有价值的文献信息进行综合分析,并与课题查新点对比,对其新颖性作出结论并出具查新报告。查新能为科研立项、科研成果鉴定、申报奖励、申请专利、技术咨询等提供客观依据,也能为科技人员进行研究开发提供快捷、可靠、丰富的信息。

查新工作在科技研究开发、科研管理和国民经济建设中发挥着十分重要的作用。具体说来,表现在以下几个方面。

(一)为科研立项提供客观依据

科研课题在论点、研究开发目标、技术路线、技术内容、技术指标、技术水平等方面是否具有新颖性,在正式立项前,首要的工作是全面、准确地掌握国内外的有关情报,查清该课题在国内外是否已有人研究开发过。通过查新可以了解国内外有关科学技术的发展水平、研究开发方向;是否已研究开发或正在研究开发;研究开发的深度及广度;已解决和尚未解决的问题等等,对所选课题是否具有新颖性的判断提供客观依据。这样可防止重复研究开发而造成人力、财力、物力的浪费和损失。

过去对新上项目、重点项目的选择不注意查新,导致重复研究。据统计,我国科研项目重复率达40%,而另外60%中部分重复又在20%以上,同时与国外重复也约占30%左右,其中大部分是国外已公开的技术,因而造成了人力、物力、财力的严重浪费。

(二)为科技成果的鉴定、评估、验收、转化、奖励等提供客观依据

查新可以为科技成果的鉴定、评估、验收、转化、奖励等提供客观的文献依据。例如某企业为成果鉴定,要求通过查新确认他们的"轻烃燃气灶具"

项目为国内首创，经查新证实，国内已有此灶具的报道，从而否定了"国内首创"的评价。该企业十分后悔在立项时未经项目查新而造成的人力、物力和财力的损失。

查新还能保证科技成果鉴定、评估、验收、转化、奖励等的科学性和可靠性。在这些工作中，若无查新部门提供可靠的查新报告作为文献依据，只凭专家小组的专业知识和经验，难免会有不公正之处，可能会得不出确切的结论。这样既不利于调动科技人员的积极性，又妨碍成果的推广应用。高质量的查新，结合专家丰富的专业知识，便可防止上述现象的发生，从而保证鉴定、评估、验收、转化、奖励等的权威性和科学性。

（三）为科技人员进行研究开发提供可靠而丰富的信息

随着科学技术的不断发展，学科分类越来越细，信息源于不同的载体已成为普遍现象，这给获取信息带来了一定的难度。有关研究表明，技术人员查阅文献所花的时间，约占其工作量的50%，若通过专业查新人员查新，则可以大量节省科研人员查阅文献的时间。查新机构一般具有丰富的信息资源和完善的计算机检索系统，能提供从一次文献到二次文献的全面服务，如通过国际联机情报检索系统提供世界著名的 SCI（科学引文索引）、CA（化学文摘）、EI（工程索引）、NTIS（美国政府报告）、WPI（世界专利索引）等近千个科技、经济、商业等资料的数据库，内容涉及各种学术会议和期刊的论文、技术报告、专利、标准和规范、报纸、通告等，收藏的数据最早可追溯到19世纪，最新可查到几分钟前公布的信息。据有关资料统计，这些系统包含了世界上98%以上的机读文献，基本能满足科研工作的信息需求。

三、查新工作贯穿科研工作的全过程

为了提高科技立项和成果、专利发明等的评价水平，避免科研项目立题的盲目性和成果、专利发明等鉴定评价的失误现象，促进科技管理工作的科学化、民主化，我国已将科技查新咨询工作纳入科研管理的规范和程序之中，查新工作贯穿科研工作的全过程。

查新工作作为一种新型科技情报服务工作，在我国开始于1985年。在这之前，对科技成果的评价方法主要采取两种，即同行专家评议和实践检验，这两种方法都属于"经验评价"的范畴，都有各自的局限性，往往使得被评议的课题和成果，不能得到客观、公正、准确的评价。人们试图改变这种状况，当时卫生系统专家鉴于我国医学科研工作的低水平重复带有一定的普遍性，而评审专家在现代科技迅猛发展的情况下，对具体项目所处水平也就很难准确全

第八章 医药卫生科技查新

面了解，于是呼吁成果鉴定前要提交图书情报部门提供的文献查新报告，确保成果评价准确与公正。1985年全国医药卫生科技工作会议之后，卫生部决定把部级招标项目交给中国医学科学院情报所进行查新预审，拉开了全国医药卫生专业查新的序幕。

随卫生系统之后，国防科工委也规定：凡申报国家发明奖与科技一、二等奖的项目，在评审之前必须经过指定授权的情报单位进行文献查新。国家科委1987年10月颁布了《科学技术成果鉴定办法》、1988年8月又颁布了《科学技术成果鉴定办法若干问题的说明》、1990年国家科委公布第一批国家级科技查新单位11家、1991年颁布《国家科技情报查新咨询工作管理办法》（征求意见稿），相继制定了关于查新咨询工作的各种规定，赋之于法律效力，将查新工作纳入自己的管理体系，使之成为整个科技管理链条中的一个必不可少的环节。1994年10月国家科委颁布的《科学技术成果鉴定办法》明确规定科技成果申请鉴定必须持有"经国家科委或者省、自治区、直辖市科学委员会或者国务院有关部门认定的科技信息机构出具的查新结论报告"。2000年12月8日，科技部颁布了《科技查新机构管理办法》和《科技查新规范》，并从2001年1月1日正式实施，从此使科技查新咨询工作走上规范化、健康发展有法可依的道路。

可以说，查新咨询工作开始于20世纪的80年代，发展于90年代，稳步走向21世纪。

我们以万方数据科技查新、信息咨询服务的几个成功案例来探讨查新工作不仅体现着优质的服务，而且贯穿科研的全过程。

山东大学生命学院发酵工程教研室、微生物技术国家重点实验室发酵工程研究室许平教授于2001年9月委托中国科学技术信息研究所对"谷氨酰胺生物发酵"、"精氨酸微生物发酵"和"具有嗜热耐有机溶剂等功能的极端微生物处理石油废水技术"3个项目进行查新。检索中，查新工作人员以本单位丰富的检索资源为依托，从项目的核心内容入手，对有关研究领域进行了全面、深入文献调研，通过对比分析，做出了客观公正的查新结论。查新报告不仅为该研究室成功申请国家级项目起到积极促进作用，而且使许平教授及时捕捉到国外同类研究的新动向，激发了灵感，为拓展研究领域搜集了可靠而丰富的信息。

此后，许平教授将自己的查新经历介绍给山东大学机械工程学院王威强博士及山东大学化学与化工学院杜爱玲教授等，使王博士和杜教授通过中信所的查新工作对各自研究领域获益匪浅，并成为中信所查新部门的稳定用户。

深圳市赛科尔科技有限公司总经理王文阁先生,早年经历了军人和政府机关干部的职业生涯,后经过大学深造进入科研领域并成为颇有成就的企业家。1999年底,王先生通过深圳市科技情报所与中信所查新部门联系,就"节能空调器"一题进行查新,工作人员通过电话、传真等方式同王先生针对查新课题的创新点、相关领域的研究现状、检索结果进行了充分的讨论,最后提交了一份实事求是、客观公正的查新报告。王文阁先生为查新工作人员严谨的工作态度、扎实求实的工作作风所感染,同时也为发现了一个丰富的信息宝藏兴奋不已。此后,又多次委托中信所查新部门就所关心的领域进行科技发展动态的跟踪检索,并积极为中信所查新部门的发展献计献策,成为本部门工作人员专业知识上的参谋和值得信赖的朋友。

北京磁通设备制造有限公司于2002年1月下旬委托万方数据进行关于"列车轮对检测"有关的3个项目的查新。检索结果发现,从文字表述来看,某些文献报道与查新要求有类似之处,为此,他们请教了长沙铁道学院的李克明教授,李教授不仅帮助我们分析了检索结果,而且就查新课题所涉及的专业知识作了深入浅出的介绍。最后,李教授说,他从事了一辈子科研工作,接触过不少情报服务单位,但是像中信所查新工作人员这样谦虚、严谨的工作态度和用户至上的服务理念还是第一次遇到。李教授表示很高兴能成为支持查新工作的专家队伍中的一员。

北京大学口腔医学院的曾祥龙教授、施晓健博士、张磊博士、王祖华医师等都曾来中信所查新部进行科技查新或论文收录、引用情况的查证,无不得到满意的服务。在曾祥龙教授工作繁忙、无法脱身的情况下,万方数据工作人员亲自将查新报告送到曾教授工作的地方。

中国科学院物理研究所常有因申请国家杰出青年基金、申报院士等需要进行论文收录、引用情况查证的课题,由于与万方数据建立了良好的关系,该所的联系人只需将欲检索的论文清单传真过来,次日即可拿到证明,既节省了交通开支,又免除了往返劳顿及由此带来的各方面损失和不便。

四、信息技术的发展为查新创造了条件

INTERNET的快速发展,在INTERNET上有用的文献信息、数据库迅速丰富起来,成为世界上最大的信息载体,以它丰富的信息资源和便捷的交流方式促进了科技的进步和经济的发展,也给科技查新咨询工作带来新的机遇。

INTERNET上信息资源具有信息的时效性、内容的广泛性、访问的快捷性、搜索的网络性和资源的动态性等特点。正是基于这些特点,INTERNET资源为查新咨询工作提供强有力的补充。

（一）弥补了专门数据库的"时差"问题

国内的查新都是通过国际或国内联机检索以及光盘数据库检索，辅之以手工检索，但这些都是基于二次文献的检索，不可避免由于二次文献本身带来的时差问题。INTERNET 资源有效弥补了这个时差，在 INTERNET 上可以获得最新信息、最新的动态。

（二）提高了查新咨询的文献保障率

文献资源的保障是科技查新必备的物质保障。INTERNET 的快速发展从检索工具和一次文献资源两方面提高了查新咨询中文献资源的保障率。在 INTERNET 上我们可以利用 Telnet、Ftp、Gopher、WWW、搜索引擎等检索工具进行词语检索、截词检索、字段检索、概念检索、布尔检索等，这就极大地弥补了查新咨询机构检索工具不全的弊端。在 INTERNET 上还能够方便获取专利、期刊以及产品等的一次文献信息，如在 http：//www.uspto.gov/main/patents.htm 上能够检索到自 1790 年到 2001 年 5 月的美国专利全文文本信息和全文图像信息。INTERNET 上丰富的一次文献资源极大的满足了查新咨询对一次文献的需求，提高了文献的保障率。

但是，INTERNET 信息资源还存在着查准率差、检索结果分辨率低和文献权威性模糊等问题。我们的查新工作还不能完全依赖于 INTERNET 信息资源，而应当把它当作科技查新工作的一个强有力的补充手段。只有把 INTERNET、光盘数据库、传统文献载体有机结合，相互补充，才能有效地为查新工作服务。

第二节 项目申报的信息查新

一、国家自然科学基金项目

国家自然科学基金主要支持具有探索性的基础研究项目，需要有很强创新思路和基础研究能力及条件。在各科研单位和高校是作为国家级项目进行管理的。其中包括：面上项目（目前平均强度为 26 万元）、青年基金（平均强度为 22 万元）、重点项目（平均强度 180 万元）、重大项目（平均强度 500 万元）、国际合作与交流项目（原则上不按研究项目管理）、优秀团队项目（平均 300 万元）。

（一）国家自然科学基金重点项目

国家自然科学基金委员会根据国家经济、社会、科技发展的需要，以及基础研究和应用基础研究的特点与发展趋势，设立国家自然科学基金重点项目（简称重点项目）。

重点项目应瞄准国家目标，把握世界科学前沿，针对我国已有较好基础、接近或达到国际先进水平的研究领域或新学科生长点开展系统、深入的研究工作，特别是：学科布局中关键问题及对学科发展有重要推动作用的学科前沿；对国民经济、社会发展有重要应用前景和带动作用的研究领域；能充分发挥我国资源或自然条件特色的研究领域。

重点项目在五年规划的基础上，每年按计划组织实施。为使承担重点项目的科学家在较高的资助强度支持下，在学科前沿和新生长点上取得重要成果或突破性进展，重点项目强调有限目标、有限规模、重点突出、队伍精干和重视学科的交叉和渗透的原则，但不强调跨部门、跨单位的联合研究。重点项目不设子课题，一般由一个单位承担，确有必要时，合作研究单位不超过三个。项目研究期限为4年左右。

1. 立项

（1）重点项目来源

科学基金委员会发布的重点项目研究领域来源于：

科学基金委员会学科发展战略和优先资助领域；

已获得重要进展，深入研究可望取得突破性成果的科学基金面上项目；

科研人员根据科学技术发展趋势和国内已具优势的工作基础提出的建议。

（2）立项程序

①科研人员可随时向科学基金委员会对口科学部提出重点项目立项建议。

②各科学部根据优先资助领域和科学技术发展趋势，采用同行评议等方式，对收到的立项建议和拟纳入重点项目支持的面上项目进行筛选，并提出次年度重点项目立项计划。

③学科评审组对科学部提出的立项计划进行讨论、审议，差额投票遴选，以无记名投票、超过半数通过的方式，确定次年度受理申请的重点项目研究领域，并拟定相应的指南初稿。

④科学基金委员会委务会议审查批准次年度受理申请的重点项目研究领域，并于年底通过《国家自然科学基金项目指南》向社会发布。

2. 申请

申请重点项目须具备以下条件：

（1）重点项目应有高水平的、活跃在学科前沿的学术带头人；有先进的研究目标，明确的科学问题，创新的学术思想，合理的研究方案以及必要的实验研究条件；有国内领先的工作基础，近期可望取得重要成果或突破性进展。

（2）申请者应符合科学基金面上项目申请条件并具有高级专业技术职务，只有初、中级专业技术职务者不能申请；

申请者及具有高级专业技术职务的项目组主要成员只能申请一项重大或重点项目。在研重大或重点项目的负责人及具有高级专业技术职务的项目组主要成员不得参加新的重点项目的申请；当年结题的可以提前提出申请，但需在所承担项目验收结题后方可承担新的重点项目。

3. 重点项目申请受理时间、申请书填报及软盘录入要求、申请程序等均与面上的自由申请项目相同

4. 申请中需要注意的几个问题

（1）申请前，应认真阅读《国家自然科学基金重点项目管理办法》和本书的重点项目部分内容，特别检查是否具备重点项目的申请条件与资格。

（2）重点项目的申请者应根据当年的《国家自然科学基金项目指南》，定向提出申请，即科学基金委员会只受理针对当年重点项目指南定向提出的申请。申请者如认为应重点支持的研究领域未能纳入当年重点项目指南，可首先向科学基金委员会科学部提出立项建议。

（3）在填报重点项目申请书时，应在封面左上角注明"重点项目"字样，并在项目类别一栏中填"F"。

（4）重点项目指南内容包括领域名称、有关内容与要求、拟资助金额及受理学科等。项目名称、具体研究内容和目标等均由申请者提出。

（5）除项目指南中特别指明可就其部分内容提出申请外，每份申请都应是对该项指南内容的整体申请，否则申请被视为无效。

（6）科学基金委员会鼓励可获得部委、地方政府和产业部门等联合资助的申请，但申请者在申请书中所列的"联合资助经费"，在评审时只能作为参考，不能作为资助与否的依据之一。

（二）国家自然科学基金重大项目

国家自然科学基金委员会根据国家经济、社会、科技发展的需要，以及基础研究和应用基础研究发展的趋势与需求，组织实施重大项目。

重大项目重点选择具有战略意义的重大科学技术问题，组织学科交叉研究和多学科综合研究。主要资助：科学发展中具有战略意义，我国具有优势，可望取得重大突破达到国际先进或领先水平的前沿性基础研究；国家经济发展亟

待解决的重大科技问题、对开拓发展高技术产业具有重要影响或有重大应用前景的基础研究和应用基础研究；围绕国家可持续发展战略目标或为国家重要宏观决策提供依据的基础研究和应用基础研究，以及具有广泛深远影响的科学数据积累等基础研究。

重大项目的组织以"国家中长期科学技术发展纲要"、"国家重点基础研究发展规划"为指导；注意与国家攀登计划、国家高技术研究发展计划及国家科技攻关计划的协调配合；重视发挥国家科学中心、重大科学工程、国家重点试验室、部门开放试验室的作用。

科学基金委员会鼓励高等学校、科研院所、产业部门联合开展研究，并积极争取有关部委、地方政府、企业联合资助重大项目。

重大项目按统一规划，分批立项；指南指导，定向申请；同行评议，逐项论证；动态管理，专家验收等方式组织实施。项目研究期限为4～5年。

1. 立项

（1）科学基金委员会随时接收科学家及有关部委根据国家重点基础研究发展规划、《国家自然科学基金优先资助领域》提出的重大项目建议。

（2）立项领域遴选

重大项目按5年规划，分批遴选立项。科学基金委员会科学部在深入研讨、广泛征询意见的基础上，提出重大项目立项领域建议；

本科学部的立项领域建议，须组织有关专家进行差额遴选，以无记名投票、超过半数通过的方式确定，并经科学基金委员会委务会议审定批准；

跨科学部重大项目的立项领域建议应由两个以上的科学部联合提出，经委务扩大会议（邀请委外科学家和管理专家参加）差额遴选，以无记名投票、超过半数通过的方式批准立项。科学基金委员会鼓励开展跨科学部的学科交叉研究和多学科综合研究。

（3）发布申请指南

科学基金委员会公开向科学界发布《国家自然科学基金重大项目申请指南》。

2. 申请

重大项目采用指南指导，定向申请的方式。科学基金委员会鼓励申请者在《指南》引导下的创新和参与竞争，欢迎具有研究工作基础、条件与能力的科技工作者提出申请；鼓励科学界在开展学术研讨的基础上，联合组织重大项目的申请，同时，也欢迎申请者针对《国家自然科学基金重大项目申请指南》范围内的某一研究方向单独提出课题申请。科学基金委员会将按照"依靠专家，发扬民主，择优支持，公正合理"的原则，对所有申请组织评审，择优给予资助。

《国家自然科学基金重大项目申请指南》中仅含拟资助的研究领域、科学目标和主要研究内容等，申请项目的名称、研究方案、课题设置及具体研究内容和目标均由申请者提出。

申请重大项目须具备以下条件：

有先进、明确的研究目标，创新的学术思想，合理可行的研究方案，国内领先的工作基础和条件，以及近期可望取得重大突破的研究前景；针对一个综合性科学问题，由紧密围绕项目总体目标相互配合、有机联系的课题组成；有学术造诣高、组织能力强、能率领研究队伍开拓创新的学术带头人和相应的研究梯队，形成国家水平的研究队伍；有利于促进人才培养及中青年学术带头人的成长。

申请者应符合科学基金面上项目申请条件并具有高级专业技术职务，只有初、中级专业技术职务者不能申请。

申请者及具有高级专业技术职务的项目组主要成员只能申请一项重大或重点项目。在研重大或重点项目的负责人及具有高级专业技术职务的项目组主要成员不得参加新重大项目的申请；当年结题的可以提前提出申请，但需在所承担的项目验收结题后方可承担新的重大项目。

3. 受理申请时间

科学基金委员会分批发布《国家自然科学基金重大项目申请指南》，受理时间于该指南发布的通告中公布。

4. 申请书

申请者必须填写《国家自然科学基金重大项目联合申请书》及所含课题申请书。课题申请书为《国家自然科学基金申请书》（请见附录二），其填写要求与科学基金面上项目类别相同，只需封面左上角标明"重大项目"字样和所属领域（项目）名称。《国家自然科学基金重大项目联合申请书》封面"投送科学部"栏目，按《国家自然科学基金重大项目申请指南》公布的受理科学部填写。"研究领域"按申请指南公布的研究领域名称填写。联合申请负责人（项目、课题）为一人以上时，须提供所有负责人简历；联合申请书要求项目第一负责人的所在单位签章。

5. 申请中需要注意的几个问题

申请前，认真阅读《国家自然科学基金重大项目管理办法》，特别是申请重大项目须具备的条件、申请资格及项目实施的要求和责任等有关条文。

联合申请时，项目课题之间应有机联系，课题设置不宜过宽，参加单位和人员不宜过多。

（三）国家自然科学基金面上项目

科学基金面上项目包括：自由申请、青年科学基金和地区科学基金三类项目。面上项目是科学基金最基本的资助项目类别，其经费额约占科学基金总额的60%。为适应我国基础研究和应用基础研究发展环境的变化，近年来，科学基金委员会对面上项目提出了"控制规模，提高强度，拉开档次，鼓励创新"的"十六字"资助方针，在年资助项目数基本不变的基础上，将增量经费主要用于资助强度的增加，以保持资助强度每年都有一个适度增长。面对当今基础研究和应用基础研究发展趋势，科学基金委员会强调面上项目应侧重支持瞄准国际科学发展前沿，尤其是我国具有优势的基础研究；或有重要应用前景，围绕我国国民经济和社会发展中的重点、难点和紧迫的科学技术问题开展的应用基础研究。

1. 自由申请项目

为支持科研人员在科学基金资助范围内自由选题，进行探索性科学研究，科学基金委员会设立了自由申请项目。自由申请项目是科学基金资助工作的主体。

（1）申请者条件

对于自由申请项目的申请者（项目主持人），科学基金委员会规定：

凡全国各部门、各地区所属的科研机构、高等院校从事基础研究和应用基础研究且具有高级专业技术职务的科研人员均可作为申请者通过所在单位提出自由申请。优秀的中级专业技术职务的科研人员也可作为申请者提出自由申请，但必须由两名具有高级专业技术职务的同行专家推荐。

申请者和具有高级专业技术职务的项目组主要成员申请（含参加）的项目数，连同在研的科学基金项目数（不含重点项目、重大项目）不超过两项。否则，将视为超项，不予受理。

有稳定的研究队伍，申请者与项目组成员具有较高的研究水平和可靠的时间保证。所在单位能提供基本的研究条件。

在读（含在职）研究生，已离、退休的科研人员不能作为申请者申请科学基金项目；申请单位的兼职科研人员不能作为该单位申请者申请科学基金项目。

国外留学人员，可在回国前按科学基金委员会规定的申请时间通过国内接收单位提出申请。项目获准后，待申请者回国工作，即予资助。保留时间为一年。

外籍客座科研人员以及香港、澳门、台湾地区的科研人员可作为项目组主要成员参加在内地进行的研究工作。

科学基金委员会专职及兼聘人员（兼聘期内）不得申请或参加科学基金项目。

(2) 资助范围

《国家自然科学基金信息指南》第二部分"资助学科及资助的主要范围"中提出的各学科"资助的主要范围"，以及各学科"鼓励研究领域"（请阅每年发布一次的《国家自然科学基金项目指南》一书）均在资助范围内。研究人员申请时，应认真阅读这两部分内容，并结合自己的研究工作积累和所在单位优势，自由选题。

(3) 受理申请时间：每年2月15日开始受理，3月31日截止（若有变化将会提前在当年申请通告中通知）。

(4) 申请程序

申请者应认真阅读《国家自然科学基金面上项目申请办法》、《国家自然科学基金申请指南》和《国家自然科学基金项目指南》，以及当年的申请通告，以了解申请中的有关情况。

申请者必须按规定的格式，认真、实事求是地填写《国家自然科学基金申请书》；为郑重表示参加申请与合作研究，项目组主要成员应在申请书上亲自签名，不得代签；合作者所在单位必须加盖公章。

单位科研管理部门负责对本单位的申请项目严格审查并保证申请书陈述内容的真实性及核对填写内容与软盘录制内容的一致性；学术委员会对研究项目的科学意义，研究特色和创新点、研究方法和技术路线的可行性等进行全面审查并签署具体意见；单位（包括合作单位）领导，对支持该项研究及监督其计划的执行等做出保证。

申请者所在单位按规定的受理时间，将申请书（一式六份）统一报送科学基金委员会对口科学部；将本单位申请项目清单及按规定录制的全部申请书简表内容的软盘报送综合计划局；并同时报送本单位应结题项目的有关材料。

科学部根据申请者的志愿，将申请书分送各学科。

(5) 申请书

自由申请项目填报的申请书为《国家自然科学基金申请书》（附录二），青年科学基金项目、地区科学基金项目填报的申请书格式也均与此相同。

2. 青年科学基金

为促进青年科技工作者成长和优秀青年人才脱颖而出，科学基金委员会在面上项目类别中特设立青年科学基金。

青年科学基金的申请除在申请条件（主要是申请者的年龄）上与自由申请项目有些区别外，其资助范围、申请时间、申请程序以及申请书均与自由申请项目相同。

申请者条件

在满足自由申请项目申请者条件的基础上，科学基金委员会规定：

青年科学基金申请者的年龄在受理申请当年1月1日未满35周岁；

已获得青年科学基金资助的科研人员不得再作为申请者申请青年科学基金，否则，将视为无效申请；

已取得博士学位的申请者无需同行专家推荐，未取得博士学位但具有中级专业技术职务的申请者，仍需有两名具有高级专业技术职务的同行专家推荐。

3. 地区科学基金

为加强对边远地区、少数民族地区等科学研究基础薄弱地区研究工作的支持，促进全民族科学技术水平的提高，科学基金委员会在面上项目类别中特设立地区科学基金。地区科学基金重点支持结合当地条件和特点的研究项目。

地区科学基金的申请除在申请者条件（主要是区域条件）上与自由申请项目有些区别外，其资助范围、申请时间、申请程序以及申请书均与自由申请项目相同。

申请者条件

在满足自由申请项目申请者条件的基础上，科学基金委员会规定地区科学基金只接受内蒙古、宁夏、青海、新疆、西藏、广西、海南、云南、贵州、江西10个省（自治区）以及延边朝鲜族自治州所属单位（以科研机构和高等学校为主）科研人员的申请。上述限定地区内的国务院各部委、中国科学院和中国人民解放军所属单位的科研人员，以及其他地区在上述限定地区兼职的科研人员均不得作为申请项目的负责人提出申请，但可作为合作者参加。

4. 申请中需注意的若干问题

国家自然科学基金面上项目申请办法、评审办法及管理办法是指导面上项目申请的依据。因此，申请者在申请时，一定要认真阅读上述三个办法和《国家自然科学基金项目指南》以及本书，以了解申请的有关情况。这里提请申请者特别注意以下几个问题：

第八章　医药卫生科技查新

(1) 申请者身份

申请者必须符合所报项目类别的相应的条件要求，申请青年科学基金和地区科学基金尤其要特别注意。

申请者执行、完成基金项目情况记录

申请者曾获科学基金资助并应结题的项目应按规定完成。因客观原因不能在规定期限按计划结题并报送《总结报告》的，在项目延期执行期内，项目负责人不能申请新项目，项目组主要成员仍计入限项。

获资助项目不按期结题，又不在规定限期内申请延期者视为无故不结题，自实际结题年起两年内不受理该项目负责人的项目申请。

凡在科学基金申请中弄虚作假者，一经发现并核实后，将取消其当年及次年申请资格；对情节恶劣者，将通报批评，直至永远不受理申请。

限项申请

申请者和具有高级专业技术职务的项目组主要成员申请（含参加）的项目数，连同在研的科学基金项目数（不含重点项目、重大项目）不超过两项。这里在研项目是指申报当年仍在研的项目，当年度将要结题的项目也视为在研项目。但申请者在获得高级专业技术职称前以其他身份作为项目组主要成员参加的项目不计入限项范围，优秀国家重点实验室项目、数学天元基金项目和国家杰出青年科学基金项目也不计入限项范围。

(2) 申请书填报

基本手续必须完备

申请者及项目组主要成员应在申请书上亲笔签名；申请者所在单位学术委员会应签署意见，所在单位领导应对申请人资格进行审查，并在"申请者所在单位领导的审查意见与保证"栏目加盖公章；合作者所在单位是指与申请者不在同一单位的项目组主要成员的所在单位。对项目组主要成员在境外，不能在申请书上亲笔签名、合作单位不能盖章的情况，应附本人同意参加合作研究的信件。

填准项目类别、申报学科名称及代码

申报学科涉及多学科的可填写两个，先填为主学科（即送审学科），代码按本书中公布的学科分类目录及代码填写。

同一项目组研究内容相近的项目，只允许报送一个学部的一个学科

为了避免同一项目组研究内容相近的项目重复申报的问题，新版《申请书》中已进一步明确规定同一项目组研究内容相近的项目，只允许报送一个学部的一个学科。

申请者可提出不宜评议本项目的专家名单，密封于信件中，钉在申请书原件封面，或另专函相关学科，供科学部选择同行评议人时参考。科学部将负责对此信息保密。

负责的前一个已结题项目完成情况的说明

新版《申请书》中增加了一个专门栏目，要求申请者对其负责的前一个已结题科学基金资助项目的完成情况等加以详细说明。近年来，各科学部已采取切实措施，加强新申请项目的评审与已结题项目完成情况挂钩，申请者务必认真如实填写。

在立论依据部分，对基础研究和应用基础研究的申请项目要求有所不同

新版《申请书》对基础研究和应用基础研究的申请项目要求有侧重不同的立论依据阐述，即对基础研究"着重结合国际科学发展趋势，论述项目的科学意义"；对应用基础研究"着重结合科学前沿，围绕国民经济和社会发展中的重要科技问题，论述其应用前景"。相应地，在新版《同行评议意见》中，对基础研究和应用基础研究，着重评价的内容也有所不同，申请者填写时务必注意其侧重点。

对无身份证的申请者，身份证栏的填写规定

对国防科工委、军队系统申请者无身份证的，申请书中身份证号栏目按下列规定填写：

身份证号栏目需填满15位数字。

1~6位 填写军官证、文职干部证前6位号码，不足6位号码的，其余空位填写0。

7~12位 填写出生年月，例如：1959年4月12日出生表示为590412。

13~15位 男性填写881，女性填写882。

新单位"单位代码"的填写如果申请者所在单位还未列入科学基金委员会"单位代码"表，其申请书中单位代码填写方式为单位邮政编码（6位）后填"00"。科学基金委员会信息处在收到申请书录入软盘后，将给予编号，并通知单位科研处。

二、卫生部资助项目

（一）卫生部科研基金

该基金是医药卫生方面的科研基金，主要资助应用基础与应用研究课题。该基金要求有一定的研究基础。平均资助强度为4-5万/项，每三年招标一次，2006年为招标年。（以卫生部文件下达为准）

第八章 医药卫生科技查新

（二）卫生部青年科研基金

该基金主要资助35周岁以下的青年科研人员，平均资助强度为2-3万/项。申报时间为每年3月、4月份。（具体时间以卫生部下达文件为准）

三、教育部资助项目

科学研究是一种从事知识创新、即以解决未知问题为主要目标的知识扩展活动。在知识的传播中，科学研究作为知识创新和扩展人类对世界的认识属于最高层次；教学作为知识的二次创新（即经教师对已有研究成果的消化与理解给后来人以严谨、易于接受的形式加以归纳和总结）对于人才培养在这一途径中具有重要的地位。科学研究项目的设立主要用于支持各学科的科学家或科研人员（包括高等学校的教师）从事科研活动。科学基金制在我国始于上世纪80年代后期，目前已广泛采用。依研究问题主要分为基础研究、应用基础研究和应用研究，与之相应地设立基础研究项目、应用基础研究项目和应用研究项目。在我国，除了国家自然科学基金委员会和科技部管理的基金为跨部门外，还有很多基金为各部、省设立的基金。

教育部资助的科研项目主要有：

（一）高校博士点专项研究基金

平均强度6万元，主要资助博士生导师。

（二）重点科研基金

平均强度15万元。

（三）留学人员回国基金

平均强度3万元，获博士学位者在中国境外连续一年以上。

（四）优秀年轻教师基金

35岁以下高校教师，平均强度8万元。

（五）高校骨干教师基金

12万元/人。

（六）优秀博士论文奖

高校工作奖10万元科研经费/年，共支持5年。

（七）高校优秀教师奖励基金

50万元/人。

（八）跨世纪人才奖励基金

30万元/人。

（九）"长江学者奖励计划"特聘教授

奖给个人 10 万元/人年，共奖励 5 年。这是目前教育部认可最高层次的高校年轻教师人材培养专项计划。

四、新药研究项目

（一）国家药品监督管理局《新药保护和技术转让规定》

国家对新药开发和研究及技术专人能够有明确的规定。国家药品监督管理局《新药保护和技术转让的规定》如下：

第一章　总则

第一条　为了鼓励研究创制新药，保护科研与生产单位研究、开发、生产新药的积极性，避免重复研究和生产，维护药品技术市场的秩序和新药技术转让双方的合法权益，促进我国制药工业的发展，根据《中华人民共和国药品管理法》、《新药审批办法》和国家有关法规，特制定本规定。

第二条　本规定适用于中国境内研究、开发、生产的新药品种，包括化学药品、中药和生物制品。

第三条　国家对新药实行分类保护制度；对已获批准新药的技术转让实行审批制度。

第二章　新药的保护

第四条　新药经国家药品监督管理局批准颁发新药证书后即获得保护。各类新药的保护期分别为：第一类新药 12 年；第二、三类新药 8 年；第四、五类新药 6 年。凡有试产期的新药，其保护期包含试产期。

第五条　在保护期内的新药，未得到新药证书（正本）拥有者的技术转让，任何单位和个人不得仿制生产，药品监督管理部门也不得受理审批。在保护期内的一类新发现中药材，如非原研制单位申报的新药中含有该药材，应按规定进行技术转让后，再申报新药，否则该新药申请不予受理。在非常情况下，为了公共利益的目的，国家药品监督管理局可以作出许可他人生产的决定。

第五类新药在保护期内，其他生产企业不得在同品种药品使用说明书中增加该药新批准的适应症。

第六条　新药的保护期自国家药品监督管理局批准颁发的第一个新药证书之日算起。新药保护期满，新药保护自行终止。

第七条　用进口原料药在国内首次生产的制剂或改变剂型，在保护期内，如国内有研制同一原料药及其制剂的，仍可按规定程序进行新药申报。

第三章　新药保护的撤销

第八条　新药研究单位在取得新药证书后两年内无特殊理由既不生产也不

转让的，经查实后，由国家药品监督管理局撤销对该新药的保护并予以公告，其他单位即可向国家药品监督管理局申请生产该新药。

第九条　若有多家单位分别拥有同一品种的新药证书，在保护期内，只要有一家企业正常生产，则不能撤销对该新药的保护。

第十条　申报已撤销保护的新药应参照申请仿制药品的程序办理。对申报资料的基本要求为：质量标准不得低于原研制药品的质量标准；原料药应符合相应新药的规定要求；国家药品监督管理局在审评中认为有必要时，可增加对某些研究项目的要求。该申请被批准后，生产企业要继续考查药品质量并完成试行质量标准的转正工作。

第四章　新药的技术转让及基本要求

第十一条　新药技术转让，系指新药证书（正本）的拥有者，将新药生产技术转与生产企业。接受新药技术转让的企业不得对该新药进行再次技术转让。

第十二条　国家药品监督管理局根据医疗需求，宏观控制新药技术转让的品种和数量。对已有多家生产，能满足医疗需要的品种，可停止受理转让申请。

第十三条　对于简单改变剂型的新药，原则上不再受理新药技术转让的申请；对其他类别的新药，若申报生产该新药的单位超过3家时，亦不再受理转让的申请。

第十四条　新药技术转让应在新药试行质量标准转正后方可申请。不具备生产条件的科研单位，在新药标准试行期内可申请转让。

第十五条　新药证书（正本）拥有者转让新药时，必须将全部技术及资料无保留地转给受让单位，并保证受让单位独自试制出质量合格的连续3批产品。

第十六条　若干单位联合研究的新药，申请新药技术转让时，其各项转让活动须经新药证书共同署名单位一同提出申请与签订转让合同。

第十七条　接受新药技术转让的生产企业必须取得"药品生产企业许可证"和"药品GMP证书"。

第十八条　新药技术转让应由新药证书（正本）拥有单位申请办理。转让申请最迟应在新药保护期满前6个月提出。

第五章　新药技术转让的申请程序

第十九条　新药证书（正本）拥有单位申请技术转让时，须向所在地省级药品监督管理部门提交以下资料：

（一）申请新药证书（副本）的报告。

（二）新药证书（正本）（复印件）、新药生产证书批件（复印件）、质量标准、说明书。

（三）提供受让单位的"药品生产企业许可证"（复印件）、药品GMP证书（复印件）、双方签订的技术转让协议或合同（原件副本）。以上资料经审查合格后转报国家药品监督管理局，由国家药品监督管理局审核同意后核发给注明受让单位名称的新药证书（副本）。

第二十条 接受技术转让的生产企业，在取得新药证书（副本）后，应在转让单位指导下，完成试制样品的工作；并将申请生产的报告、全套技术资料，试制样品自检报告及新药证书（副本），报至所在地省级药品监督管理部门。

第二十一条 省级药品监督管理部门应对受让单位生产条件、样品试制现场进行考察，填写考察表，并通知省级药品检验所对受让单位现场抽样连续3批样品并进行检验（生物制品的检验由中国药品生物制品检定所负责）。省级药品监督管理部门将审核意见、申请报告、新药证书（副本）（复印件）、试制现场考察报告、检验报告书、该新药通过国家药品监督管理局审评的资料转报至国家药品监督管理局，经审核符合要求的，由国家药品监督管理局核发给批准文号。

第六章 附则

第二十二条 凡已在我国取得专利的新药，按《中华人民共和国专利法》执行。申请中药品种保护的新药，依照《中药品种保护条例》办理。已获得我国药品行政保护的新药，按《药品行政保护条例》执行。

第二十三条 申请麻醉药品、精神药品、戒毒药品、放射性药品及新生物制品的技术转让，除法律、法规和国家药品监督管理局另有规定外，按本规定执行。

第二十四条 凡违反本规定及在新药保护与技术转让过程中弄虚作假，出具伪证的单位或个人，按照《药品管理法》和有关法规的规定处理。

第二十五条 申请新药技术转让的单位，按国家有关规定交纳审批费。

第二十六条 本规定由国家药品监督管理局负责解释。

第二十七条 本规定自1999年5月1日起施行。

（二）国家中医药管理局中药新药开发专项计划

为促进中药科技进步、推动中医药科技成果产业化进程，开发具有较高科技含量和广阔市场前景、能够代表国家水平的新药成果，国家中医药管理局在

2002年8月正式启动新药开发专项课题计划，免疫抑制剂T96胶囊的研究、抗肺纤维化新药SiPi202的研究、抗肿瘤新药TH注射液的研究等70项研究项目被列入计划。

为了使这次新药开发专项计划降低成本、提高效率，国家中医药管理局建立了从开发项目从立项、管理到成果转化全过程市场化运行的新模式，国家中医药管理局还专门成立了"新药开发专项领导小组，国家中医药管理局投入500万元开发经费，委托中国中医药科技开发交流中心对新药开发进行招标并管理经费。这次新药开发专项以政府宏观指导和市场运作相结合，让市场来选择项目，改变了以往开发项目的立项方式，目的是使科研成果和应用紧密结合。

据国家中医药管理局新药开发专项领导小组有关人士介绍：这次新药开发专项从全国招标，通过初审和复审，共确立了70个专项，这次新药专项项目要求具备明确的技术创新和良好的经济效益潜力，主要包括有自主知识产权的中药一、二类新药，具有确切疗效的名老中医经验方，重点专科院内制剂，名优中成药的二次开发。这次中标的70个项目都具有较高的科技含量和市场前景，其中包括中药新品种及其相关新技术、新工艺的开发项目。其中一类新药占8%，二类新药占30%，三类新药占55%。在一类新药的病种分布中心脑血管用药占21%，肿瘤用药占18%，呼吸系统用药占7%，精神心理用药占5%，其它研究项目占49%。在二类新药中，心脑血管用药占26%，肿瘤用药占10%，呼吸系统用药占7%，精神心理用药占妇科用药占7%，其它研究项目占41%。

五、地方项目

在"科教兴国"战略的指引下，国家创新体系正在建立，研究与试验开发经费投入明显增加，技术创新能力逐步提高，科技成果层出不穷，科学技术为社会经济的发展不断做出新的贡献。以2002年为例，全国地方科技成果统计主要结果如下：

（一）地方成果概况

2002年度，由地方登记的科技成果共20,787项，占全国登记总数的77.86%，与2001年相比，增长5.67个百分点；鉴定成果16,494项，占全国鉴定成果总数的82.62%，同比增加4.68个百分点。在地方登记成果中，东部地区的成果共有12,080项，占20,787项地方登记成果总数的58.11%，同比减少1.51个百分点；中部地区5,034项，占地方登记成果的24.22%，增长

1.38个百分点；西部地区3,673项，占17.67%，增长0.13个百分点。

（二）地方成果来源

地方科技成果来源构成中，自选课题和地方计划两种成果来源占有的比例最高，合计超过57%以上；其次为国家计划与部门计划，二者的比例也在20%以上；国家基金、部门基金、地方基金，在地方科技成果来源构成中共占有10%左右的比例。

东部地区的科技成果中，来源于国家计划与国家基金、部门计划与部门基金的项目占24.04%，地方计划与地方基金的项目占33.01%，横向、自选项目占34.56%，其他项目占8.39%。

中部地区的科技成果中，来源于国家计划与国家基金、部门计划与部门基金的项目占27.19%，地方计划与地方基金的项目占32.37%，横向、自选项目占33.85%，其他项目占6.59%。

西部地区的科技成果中，来源于国家计划与国家基金、部门计划与部门基金的项目占31.50%，地方计划与地方基金的项目占31.18%，横向、自选项目占31.54%，其他项目占5.78%。

（三）地方成果水平

东部地区的应用技术成果中，国际领先和国际先进的占27.97%，国内领先和国内先进的占68.77%，其他水平的成果占3.26%。

中部地区的应用技术成果中，国际领先和国际先进的占22.42%，国内领先和国内先进的占74.07%，其他水平的成果占3.51%。

西部地区的应用技术成果中，国际领先和国际先进的占17.67%，国内领先和国内先进的占72.95%，其他水平的成果占9.38%。

可以看出，东部地区成果处于国际领先和国际先进水平的比例，较之其他两个地区要高，中部地区的成果处于国内领先水平的比例最高，西部地区的成果水平表现为国内先进和其他水平的比例比另两个地区要高。

（四）地方应用技术成果按所属高新技术领域分布

2002年全国高新技术成果中，地方成果占79.67%。从地方成果所属高新技术领域的分布看，"生物、医药和医疗器械"（占24.28%）、"农业"（占13.63%）、"电子信息"（占12.22%）、"光机电一体化"（占11.27%），以及"新材料"（占10.46%）五个领域的成果在地方高新技术成果中占有的比例较高。

东部地区，"生物、医药和医疗器械"、"电子信息"、"光机电一体化"、"航天航空"，以及"核应用技术"领域的高新技术成果比例相对其他地区要高。

中部地区的高新技术成果在"新材料"所属领域比例较高，分别比东部和西部地区高 0.16 和 1.89 个百分点。

西部地区在"农业"、"软件"、"新能源与高效节能"、"环境保护"及"地球、空间与海洋"等领域的比例分别高于东部和中部地区。

（五）地方应用技术成果产业分布

对地方的应用技术成果按应用行业进行分类统计，第一产业占有的比例为 16.27%，第二和第三产业分别为 30.67% 和 53.06%。在东部地区的科技成果中，第一产业占 12.85%，第二产业占 32.43%，第三产业占 54.72%；在中部地区的科技成果中，第一产业占 20.73%，第二产业占 30.82%，第三产业占 48.45%；在西部地区的科技成果中，第一产业占 22.22%，分别高于东部和中部地区 9.37 和 1.49 个百分点，第二、三产业分别占 24.04% 和 53.74%。

（六）地方成果未应用的原因

2002 年地方 18,693 项应用技术成果中，已应用项目 16,656 项，占 89.1%；未应用项目 2,037 项，占 10.9%。在成果未应用的原因中，同往年一样，资金问题仍是影响成果应用的主要因素，其所占比重，东、中、西部地区分别为 37.17%、39.18%、48.50%。

（七）地方成果的经济效益

据对地方填报了经济效益数据的 6,437 项应用技术成果进行统计，东部、中部、西部地区科技成果投入实际应用后产生经济效益的项目数分别为 3,475、1,944 和 1,018 项，分别占东部、中部、西部地区登记成果总数的 28.77%、38.62% 和 27.72%；三个地区新增产值分别为 3,748.09 亿元、1,307.41 亿元和 1,503.94 亿元；新增利税分别为 1,076.37 亿元、258.74 亿元和 432.55 亿元；产值利税率分别为 28.72%、19.79% 和 28.76%，节约资金分别为 1,084.16 亿元、418.67 亿元和 86.24 亿元。

六、科技成果鉴定查新

为了加强对科技查新（以下简称查新）的管理，规范查新活动，保证查新的公正性、准确性和独立性，维护查新有关各方的合法权益，科技部对科技鉴定查新工作有明确的规范。

科技鉴定查新工作规范由 13 部分组成：

第 1 部分——基本术语，对查新活动中所使用的基本术语进行了定义。

第 2 部分——基本原则，规定了查新活动应当遵循"自愿"、"依法查新"

和"独立、客观、公正"的基本原则。

第3部分——查新委托人，规定了查新委托人的义务、行为规范、权利和法律责任。

第4部分——查新机构，规定了查新机构的受理、行为规范、查新收费以及法律责任。

第5部分——查新合同，规定了订立和履行查新合同的基本原则，查新合同的基本内容、形式与要求。

第6部分——查新人员，规定了查新机构在委派查新员和审核员时应当遵循的回避原则，查新员和审核员应当具备的条件，查新员、审核员的职责和查新人员的责任。

第7部分——查新咨询专家，规定了查新咨询专家应当具备的条件，选择查新咨询专家的原则，查新咨询专家的行为规范、职责与责任。

第8部分——检索，规定了检索年限；介绍了检索方法的选择、检索策略的制定、检索结果的检验和调整。

第9部分——查新报告，规定了查新报告应当包括的内容及要求。

第10部分——查新争议，规定了解决查新合同争议的原则和方法。

第11部分——档案，规定了查新档案应当包括的基本内容；给出了查新档案管理的基本要求。

第12部分——查新程序，规定了处理查新业务的程序：查新委托和受理、检索准备、选择检索工具、确定检索方法和途径、查找、完成查新报告、提交查新报告、文件归档。

第13部分——附则。

建议不了解查新业务流程的读者，先阅读第12部分，再从第1部分开始阅读；熟悉查新工作的读者，可从第2部分开始阅读；对于关注查新机构责任的机构负责人，可重点阅读第4、5、10部分；对于查新委托人，可重点阅读第3、5、10部分；对于从事查新业务的人员，可重点阅读第2、4、5、6、9、12部分；对于查新咨询专家，可重点阅读第7部分；对于查新档案管理人员，可重点阅读第11部分。

1. 基本术语

以下给出的基本术语释义仅适合于查新这一特定领域，特此声明。

1.1 查新

1.1.1 查新　是科技查新的简称，是指查新机构根据查新委托人提供的需要查证其新颖性的科学技术内容，按照本规范操作，并作出结论。

1.1.2 查新机构　是指具有查新业务资质的信息咨询机构。

1.1.3 查新项目　是指被查证（待查证）的科学技术项目。

1.1.4 查新点　是指需要查证的内容要点。

1.1.5 新颖性　是指在查新委托日以前查新项目的科学技术内容部分或者全部没有在国内外出版物上公开发表过。

1.1.6 查新要求　是指查新委托人对查新所提出的具体愿望。一般分为以下四种情况：

（1）希望查新机构通过查新，证明在所查范围内国内外有无相同或者类似研究；

（2）希望查新机构对查新项目分别或者综合进行国内外对比分析；

（3）希望查新机构根据分析对查新项目的新颖性作出判断；

（4）查新委托人提出的其他愿望。

1.1.7 查新委托人　是指提出查新需求的自然人、法人 或者其他组织。

1.1.8 查新人员　是指参与查新工作的人员，包括查新员、审核员及其他工作人员。

1.1.9 查新员　是指具有中级（含）以上专业技术职称和查新资格，负责查新全部过程的查新人员。

1.1.10 审核员　是查新审核员的简称，是指具有高级专业技术职称和查新资格，负责审核查新员所做的查新工作是否规范，并向查新员提出审核意见的查新人员。

1.1.11 查新咨询专家　是指为查新机构提供查新咨询服务的同行专家。

1.1.12 同行专家　是指最接近查新项目所涉及的科学技术内容的专家。

1.1.13 查新合同　是指查新委托人和查新机构约定，由查新机构处理查新委托人的查新事务的合同。

1.1.14 查新合同双方　是指共同订立查新合同的查新委托人和查新机构。

1.1.15 查新报告　是指查新机构用书面的形式就其处理的查新事务和得出的查新结论向查新委托人所做的正式陈述。

1.2 检索

1.2.1 检索　在本规范中，是科技文献检索的简称，是指从众多科技文献中查找并获取所需信息的过程和方法。

1.2.2 检索词　是指用于描述信息系统中的内容特征、外表特征和表达用户信息提问的专门语言的基本成分，是构成检索提问式的最基本的单元。

1.2.3 主题词　是指以规定概念为基准，经过规范化和优先处理，具有组配功能，能够显示词间语义关系动态性的词或词组。主题词是主题词表的基本组成成分，是标引和检索文献的标准依据。在查新检索过程中，主题词是指经过主题词表标引，在检索系统实施检索时，从主题词表中选择的检索词。

1.2.4 关键词　是指出现在文献标题、文摘、正文中，对表征文献主题内容具有实质意义的语词，对揭示和描述文献主题内容是重要的、关键性的语词。

1.2.5 参考检索词　是指查新委托人提供的、仅供查新机构在处理查新事务中参考，而不作为查新合同双方约定的检索词。

1.2.6 检索工具　是指用以报导、存贮和查找文献线索的工具。

1.2.7 检索策略　是指为实现检索目标而制定的全盘计划，是对整个检索过程的谋划和指导。

1.2.8 检索提问式　简称检索式，是指计算机检索中表达用户检索提问的逻辑表达式，由检索词和各种布尔逻辑算符、位置算符以及系统规定的其他连接组配符号组成。

1.2.9 检索方法　是指查找文献信息的具体方法，分为手工检索和计算机检索两种方法。

1.2.10 手工检索　简称手检，是指主要利用手工检索工具来获取信息的检索方法。

1.2.11 计算机检索　简称机检，是指利用计算机来获取信息的检索方法。

1.3 文献

1.3.1 文献　根据中国国家标准《文献著录总则》（GB/T 3792.1－1983），文献是指记录有知识的一切载体；根据《文献情报术语国际标准（草案）》（ISO/DIS5127），文献是指在存贮、检索、利用或者传递记录信息的过程中，可作为一种单元处理的，在载体内、载体上或者依附载体而存贮有信息或数据的载体。在查新中，文献是科技文献的简称，是指通过各种手段（文字、图形、公式、代码、声频、视频、电子等）记录下科学技术信息或知识的载体。

1.3.2 文献信息　是指被文献化了的，以便通过动态系统加以存贮、交流、传播、利用的人类文化、科技等信息，也就是指以文献形式被记录的信息。

1.3.3 参考文献　是指查新委托人列出的与查新项目密切相关的国内外文献（要注明著者、题目、刊名、年、卷、期、页），这些文献仅供查新机构在处理查新事务中参考。

第八章　医药卫生科技查新

1.3.4 相关文献　是指与查新项目主题相关的同类项目的有关文献（要注明著者、题目、刊名、年、卷、期、页）。

1.3.5 同类研究文献　同相关文献。

1.3.6 对比文献　将查新项目的预期（假设）新颖性与检索到的相关文献进行对比，从中筛选出可供查新分析、对比时引用的文献。

1.3.7 可比文献　同对比文献。

1.3.8 密切相关文献　是指这样一种文献，它公开的主题，在实质方面与查新项目的主题最为近似。

1.4 科学技术

1.4.1 科学　是指运用范畴、定理、定律等思维形式反映现实世界各种现象的本质和规律的知识体系。

1.4.2 技术　是指人类在利用自然、改造自然和解决社会问题中，所运用的知识、经验、手段和方法以及生产工具、生产工艺过程的总称。

1.4.3 技术方案　是科技成果完成人（含单位）或者研究开发人员对其要解决的技术问题所采取的技术措施的集合。

1.4.4 技术类型　是指由技术的不同特征所形成的各种技术之间的质的区别。

1.4.5 技术特征　是指用来描述技术工作中一事物区别于其他事物的特别显著征象、标志等。

1.5 成果

1.5.1 科技成果　是指在科学技术研究、开发、试验和应用推广等方面取得的收获。一般地，将科技成果分为：基础理论成果、应用技术成果和软科学成果。

1.5.2 基础理论成果　是指探索自然界各种物质形态及其运动规律，揭示各种自然现象之间的联系而取得的具有一定学术意义的科学理论成果。

1.5.3 应用技术成果　是指为提高生产力水平而进行的科学研究、技术开发、后续试验和应用推广中所产生的具有实用价值的新技术、新产品等。

1.5.4 软科学成果　是指在促进科技与经济、社会协调发展中，对战略、政策、规划、评价、预测、情报、科技决策、科技立法、科技管理，及其他有关管理科学等进行研究所获得的成果。

1.5.5 成果完成人　是指承担科研项目研究、技术开发、试验、应用推广等主要任务，并作出创造性贡献的自然人、法人或者其他组织。

1.5.6 成果使用人　是指使用科技成果的自然人、法人或者其他组织。

1.5.7 科技成果管理机构　是指省、自治区、直辖市科学技术行政部门、国务院有关部门、直属机构、直属事业单位负责科技成果管理的机构。

1.5.8 科技成果转化　根据《中华人民共和国促进科技成果转化法》第二条，科技成果转化是指为提高生产力水平而对科学研究与技术开发所产生的具有实用价值的科技成果所进行后续试验、开发、应用、推广直至形成新产品、新工艺、新材料，发展新产业等活动。

1.6 法律

1.6.1 法律　是指由全国人民代表大会及其常委会制定的规范性文件，在地位和效力上仅次于宪法。

1.6.2 行政法规　是指作为国家最高行政机关的国务院制定的规范性文件，其地位和效力仅次于宪法和法律。

1.6.3 部门规章　是指国务院的组成部门及其直属机构在其职权范围内制定的规范性文件。

1.6.4 法人　是指具有民事权利能力和民事行为能力，依法独立享有民事权利、承担民事义务的组织。根据民法通则，我国法人包括机关法人、事业法人、企业法人和社会团体法人。

1.6.5 机关法人　是国家机关法人的简称，是指国家依法设置的行使国家管理职能的中央和地方权力机关、行政机关、司法机关和军队机关。机关法人不包括机关内部设置的厅、司、处、室等。

1.6.6 事业法人　是事业单位法人的简称，是指经中央或者地方编制委员会办公室批准成立，依靠国家拨款或者自有资金从事非生产经营事业的组织。事业法人不包括事业单位的内部职能机构。

1.6.7 社会团体法人　是指公民根据宪法所赋予的自由结社的权利依法成立的全国性和地方性群众组织。

1.6.8 企业法人　是指独立核算、自负盈亏、自主经营的经济实体。

1.6.9 合同　根据《中华人民共和国合同法》第二条，合同是指平等主体的自然人、法人、其他组织之间设立、变更、终止民事权利关系的协议。

1.6.10 争议　是指合同当事人之间对合同是否成立、是否有效、有无履行、有无违反合同、违法合同的责任由谁承担、承担责任的方式及大小等发生的纠纷。

1.6.11 纠纷　是指争执的事情。

1.6.12 和解　是指当事人本着平等互利的原则进行充分协商，分清是非，明确责任，各自作出一定让步，在彼此可以接受的条件下达成一致的一种活动。

1.6.13 调解 是指当事人对所发生的争议协商不成或者不愿意通过和解解决，自愿将争议交由一定的组织或个人进行居中调和，促使当事人互谅互让，达成协议，从而解决争议的一种活动。

1.6.14 仲裁 是指在合同发生纠纷，当事人自行协商不成时，仲裁机构根据双方当事人的约定或者事后达成的书面仲裁协议，依法作出具有约束力裁决的一种活动。

1.6.15 诉讼 是指当事人就合同争议依法向人民法院起诉，由人民法院通过审判程序解决争议的一种活动。

1.6.16 法律责任 是指行为人因违法行为、违约行为或者法律规定而应当承担的不利的法律后果，分为民事责任、行政责任和刑事责任。

1.6.17 民事责任 是指违反民事法律、违约或者依照民事法律的规定应当承担的法律责任。

1.6.18 行政责任 是指由国家行政机关或者国家授权的有关单位对违法的单位或者个人依法采取的行政制裁。

1.6.19 刑事责任 是指违法，造成严重后果，已触犯国家刑事法律，由国家审判机关依法给予行为人以相应的刑事制裁。

1.7 其他

1.7.1 信息 中国国家标准《情报与文献工作词汇基本术语》（GB/T 4894－1985）中定义：信息是物质存在的一种方式、形态或运动状态，也是事物的一种普遍属性，一般指数据、消息中所包含的意义，可以使消息中所描述事件的不确定性减少。

1.7.2 数据库 是指至少由一个文档组成，并能满足某一特定目的或者某一特定数据处理系统需要的一种数据集合。

1.7.3 新产品 是指采用新技术原理、新设计构思、新方法、新材料研制生产的全新型产品；或者应用新技术原理、新设计构思、新方法、新材料，在结构、材质、工艺等任一方面比老产品有重大改进、显著提高了产品性能或者扩大了使用功能的改进型产品；或者生物、矿产等新品种。

1.7.4 指标 是指为了反映查新项目特征的概念。

1.7.5 国务院有关部门、直属机构、直属事业单位 是指经全国人民代表大会审议批准的国务院组成部门和经国务院审议通过的国务院直属机构、直属事业单位。

九届人大一次会议审议批准的国务院组成部门有：外交部、国防部、国家发展计划委员会、国家经济贸易委员会、教育部、科学技术部、国防科学技术工业委员会、国家民族事务委员会、公安部、国家安全部、监察部、民政部、司法部、财政部、人事部、劳动和社会保障部、国土资源部、建设部、铁道部、交通部、信息产业部、水利部、农业部、对外贸易经济合作部、文化部、卫生部、国家计划生育委员会、中国人民银行、审计署。

1998年国务院第一次全体会议审议通过的国务院直属机构有：海关总署、国家税务总局、国家环境保护总局、中国民用航空总局、国家广播电影电视总局、国家体育总局、国家统计局、国家工商行政管理局、国家新闻出版署、国家林业局、国家质量技术监督局、国家药品监督管理局、国家知识产权局、国家旅游局、国家宗教事务局、国务院参事室、国务院机关事务管理局。

1998年国务院第一次全体会议审议通过的国务院直属事业单位有：新华通讯社、中国科学院、中国社会科学院、中国工程院、国务院发展研究中心、国家行政学院、中国地震局、中国气象局、中国证券监督管理委员会。

国务院组成部门和直属机构、直属事业单位如有调整，以最新调整为准。

2. 基本原则

查新委托人在处理查新委托事务过程中；查新机构在从事查新活动中；查新咨询专家在提供查新咨询服务过程中应当遵循以下基本原则：

2.1 自愿原则

（1）在遵守本规范的前提下，查新委托人有权选择查新机构；查新机构有权接受或者拒绝查新委托。

（2）在遵守本规范的前提下，查新机构有权选择查新咨询专家；专家有权接受或者拒绝担任查新咨询专家。只有在双方自愿和合法的基础上，双方的聘请关系才能真正确立。

2.2 依法查新原则

依法查新是开展查新业务的一项重要原则。从事查新的机构应当是具有查新业务资质的信息咨询机构。未经科学技术部认定或者授权认定，任何单位和个人不得从事面向社会服务的查新活动。查新机构承办的一切查新业务都要以法律、法规为准绳，其所有活动都应当在法律、法规规定的范围内进行。涉及查新有关各方的行为活动应当遵循《科技查新机构管理办法》和本规范。

对于因违法违纪不适宜继续执业的查新人员，查新机构应当按照法律、法规、规章和机构章程予以解聘或除名。

2.3 独立、客观、公正原则

2.3.1 独立原则

查新机构、查新员、查新审核员、查新咨询专家应当是与查新项目无利害关系的第三者。查新机构应当严格按照国家的有关法律、法规，《科技查新机构管理办法》和本规范等的规定，独立处理查新业务；查新咨询专家应当严格按照国家的有关法律、法规和本规范等的规定，独立地向查新机构提供查新咨询意见。查新机构、查新咨询专家从事的具体查新、查新咨询活动不受任何行政部门控制，也不受其他机关、社会团体、企业、个人、查新委托人等的非法干预；查新咨询专家提供查新咨询意见时不受查新机构的非法干预。

如果查新机构、查新咨询专家认为其独立性受到损害，则可以拒绝进行查新、查新咨询，或中止相应的查新、查新咨询活动，或在查新报告、查新咨询专家意见表中声明。

2.3.2 客观原则

查新机构应当依据文献，客观地为查新委托人完成查新事务。查新报告中的任何分析、技术特点描述、每一个结论，都应当以文献为依据，符合实际，不包含任何个人偏见。

2.3.3 公正原则

查新机构在处理查新事务的过程中，应当站在公正的立场上，在遵照《科技查新机构管理办法》和本规范的前提下，公正地为查新委托人完成查新事务。查新机构不可因收取查新费用而偏袒或者迁就查新委托人；查新咨询专家也不能因收取查新咨询费用而迁就查新机构。

3. 查新委托人

查新委托人是指提出查新需求的自然人、法人或者其他组织。

3.1 义务

（1）查新委托人应当据实、完整地向查新机构提供下列查新所必需的资料：①查新项目的科学技术资料；②技术性能指标数据；③查新机构认为查新所必需的其他资料。

（2）查新委托人应当尽可能提供下列查新所需要的资料：①参考检索词，包括中英文对照的查新关键词（含规范词、同义词、缩写词、相关词）、分类号、专利号、化学物质登记号等。关键词应当从查新项目所在专业的文献常用词中选择；②国内外同类科学技术和相关科学技术的背景材料；③参考文献，列出与查新项目密切相关的国内外文献（含著者、题目、刊名、年、卷、期、页），以供查新员在检索时参考。

（3）查新委托人所提交的资料应当真实可靠，用词准确，能够满足完成查新事务的需要。

3.2 行为规范

（1）查新委托人只能选择具有查新业务资质的信息咨询机构。

（2）若查新机构接受查新委托，查新委托人应当与查新机构订立查新合同。

（3）完成查新事务的，查新委托人应当向查新机构支付报酬。因不可归责于查新机构的事由，查新合同解除或者委托的查新事务不能完成的，查新委托人应当向查新机构支付相应的报酬。查新合同双方另有约定的按照其约定。

（4）查新委托人应当保证查新机构的独立性，不得向查新机构施加倾向性影响，不得干涉查新活动。

（5）查新委托人不得弄虚作假、营私舞弊，不得侵犯他人的知识产权。

3.3 权利

（1）查新委托人可以拒绝支付查新合同上商定费用以外的其他一切费用或者有价之物。

（2）查新委托人有权向查新机构推荐查新咨询专家，明示不宜作为查新咨询专家的个人名单或者作为专家来源的组织，供查新机构在选择查新咨询专家时参考，但不得影响查新机构选择查新咨询专家的自主权。

（3）对查新机构不负责任、敷衍了事、丢失科学技术资料、泄露查新项目的科学技术秘密的行为等，查新委托人有权向各级科学技术行政部门反映。因查新机构的过错造成损失的，查新委托人有权依法索取赔偿。

3.4 法律责任

查新委托人提供的资料和有关证明有虚假内容，所产生的一切后果由其承担法律责任。

第三节　专利申报前查新

一、专利概念

由于种种原因，很多人对什么是专利说不清楚。有人说是技术，有人说是专利证书，也有的说是专利公告。那么究竟什么是专利呢？实际上人们通常所说的专利一词就是指专利权，它是专利权的简称。

专利权是指国家专利管理机关依法授予专利申请人及其继受人在一定期间

内实施其发明创造的独占权。

专利权既是工业产权的一部分，同时也是知识产权的一部分。

专利权是一种无形财产权，与有形财产权相比较，有其独特的特点：

（一）专有性也称独占性

是指专利权人对其发明创造所享有的独占性的制造、使用、销售和进口的权利，其他任何单位和个人未经专利权人许可，不得从事以营利为目的而使用专利技术的活动，否则就是侵犯专利权。

（二）地域性

是指一个国家依照本国专利法授予的专利权，仅在该国法律管辖的范围内有效，对其他国家没有任何约束力，外国对其专利权不承担保护的义务。

（三）时间性

是指专利权人对其发明创造所拥有法律赋予的专有权只在法律规定的时间内有效，期限届满后，该发明创造就成了社会的公共财富，任何单位或个人都可以无偿地使用。

目前在中国，专利权包括三种，它们是发明专利、实用新型专利和外现设计专利。

二、药品与化学物质专利

专利是推动科学技术发展与创新的强劲动力之一。美国著名经济学家曼斯菲尔德的研究表明，如果没有专利保护，60%的药品发明难以问世，65%不会被利用；38%的化学发明难以问世，30%不会被利用。

基因工程技术也是如此。从某种意义上说，谁获得了基因专利，谁就能在国际上获得垄断基因产业的"王牌"，谁就拥有今后基因开发的庞大市场。

自20世纪90年代以来，知识产权在国际竞争中的重要性与日俱增，它已不仅仅是传统法律意义上的单位和个人的权利，且已成为国家及产业争取竞争优势的重要手段和具体体现。面对进入WTO的严峻挑战，不仅要对专利这一武器的性能了如指掌，运用自如，更要把武器打造得无比锐利，使其最大限度地发挥效力。生物技术的专利保护，特别是基因技术的专利保护，在某种程度上深刻体现了这种复杂性和紧迫性。

美国是跨国公司，只要在技术上哪怕有"一微米"的进步或改进，就立刻申请专利，抢占地盘，层层设防。生物技术公司、医药公司视专利如命。随便一检索专利就会看到那些大制药公司的名字：葛兰素、史克必成、辉瑞……密密麻麻，占据了大部分专利。

从 70 年代始，不过短短 30 年，科学家迅速掌握了一系列操纵生物遗传进化的关键技术—基因工程技术。从此，人类成为真正的造物主，成为—虽然有时不无惶恐——活着的上帝，并迅速地、几乎是随心所欲地改变地球上的生物世界。在产生深刻社会反响和巨大经济效益的同时，与此相关的知识产权问题也变得无限曲折复杂。

1980 年，美国最高法院以 5:4 的微弱多数，宣布授予第一个生物遗传工程专利———一种用来吞噬泄漏到海洋中的石油的微生物。此前，活的生物是不可以被授予专利的。在这个具有里程碑意义的案例中，法院有一句话被广为引用——"专利法所保护的对象可以是'太阳下的任何人为事物'（anything under the sun that is made by man）"，这是法院大幅度放宽专利法对自然物相关发明要求的最好解释。从此，人们只要对自然物质进行了一定程度的纯化与分离，使其不再处于原来的自然状态，就可以对该物质申请专利权。这一判决顺利地打开了专利法在微生物领域的禁区，接踵而至的便是植物、动物等生物专利甚至人体基因等等，一发而不可收。

具体到基因，美国专利与商标局负责生物技术专利的约翰·多尔来中国时，曾对媒体解释了美国的基因专利保护，他说："基因是复杂的有机分子，当把基因从它所在的染色体上分离并提纯后，它们就符合作为化学化合物申请专利的条件，这也是专利所及的程度，但我们不会给所有的染色体颁发专利。"

基因作为一种遗传物质，属于生物化学物质。在我国，更多地把基因专利看作是一种化学物质专利，国家知识产权局对生物技术专利的审查也是在化学审查部进行。

回顾我国专利法的历史，从 1985 年至 1992 年，专利法对"药品和用化学方法获得的物质"以及"动物和植物品种"均不授予专利权。而且，"转基因动物和植物品种发明"、"微生物及遗传物质发明"、"生物制品发明"、"基因治疗方法发明"均得不到专利保护。1993 年我国专利法首次修订后，化学物质被正式纳入专利保护范围。尽管我国专利法对微生物一直没有作出明确规定，但是依据《中华人民共和国专利法实施细则》第 25 条和"专利审查指南"第 2 部分第 10 章的相关规定，微生物作为"生物材料"的一种属于可授予专利的主题，转基因微生物因而也可以得到专利保护。

对基因遗传物质的专利保护在我国则较为复杂。但业内人士认为，实际上我国专利立法已为保护基因遗传物质打开了通道。就像微生物一样，"遗传物质如基因、DNA、RAN 和染色体等，都属于生物化学物质，因而也可以像其他化学物质一样被授予专利"。

从目前来看，我国人体基因专利申请的形势也相当严峻。中央民族大学法学院柴进认为，在我国专利法已对基因的可专利性作出认可的情况下，在伦理、道德方面也没有实质性障碍的情况下，没有任何理由再对人体基因的专利申请作出限制性规定，但这并不意味着对任何一个人体基因专利申请都可以授予专利权。

近年来，动植物专利成为争夺焦点。

把分离出的萤火虫发光基因，引入烟草植物的遗传密码，烟草的叶子就会熠熠发光；一头叫格雷斯的山羊身价 100 万美元，成为有史以来最昂贵的山羊，因为它携带了与抗癌药物有关的抗体，变成了转基因动物药厂。

转基因动植物因其可以预知的商业前景，成为公司寻求基因专利保护的焦点。到 2000 年，最大的 10 个跨国公司控制了全球种子市场的 31%，并几乎完全拥有基因改造种子市场。

各国的经济发展鼓励的重点不同，因而法律保护与限制的方面也不同。美国对于保护植物新品种，采用的是专利法和特别法两者相结合的办法，植物发明可以被授予普通专利。

在欧洲，动植物新品种只能受到特殊的保护，不再受专利法保护。

在我国，《专利法》规定对"动物和植物品种"不授予专利。即是说，无论是采用传统生物学方法繁殖的动植物新品种，还是利用现代基因 DNA 重组技术获得的转基因动植物新品种，目前在我国均不给予专利保护。然而，对于植物新品种的保护，尽管不可给其授予专利权，但根据 1997 年 10 月 1 日生效的《中华人民共和国植物新品种保护条例》及我国 1999 年加入的《保护植物新品种国际公约》（UPOVC）1978 年文本，在我国，符合条件的植物新品种可以获得类似"专利权"的植物专门立法保护。

我国专利法的这种规定适合中国国情。农民不用多交费用、增加额外负担，也避免中国农业受制于人。

除了保护我国农民和整个农业的利益，像中国这样的基因资源大国，必须防止发达国家的"剽窃"。业内人士认为，仅仅简单地宣布拥有基因资源的主权并不是最终目的，如何参与其中并取得丰硕成果才符合发展中国家的最大利益。把篱笆扎牢、不让别人窃走基因资源固然不易，但最难的还是如何在法律上设计一套相应的制度，确保自己最大限度地分享与此有关的商业利益，这才是真正重大而棘手的问题。

在发达国家，尤其是美国，对基因专利的实用性要求，经历了一个由严到松的历史过程，最初美国根据化学领域的案例在基因技术领域确定了较为严格的实用性标准：对于一般基因序列主张专利权，发明人必须将该基因分离出来，同时要具体说明如何使得该基因序列具有工业实用性。如果只是简单地指出某一基因序列碱基序列，或者走得稍远一些，指出该基因同某一遗传现象的关系，并不能满足专利法对基因序列的实用性要求。

随着美国在全球生物技术领域领先的优势日渐扩大，美国逐渐降低了实用性标准，在世界范围内进行"圈地运动"，排挤竞争对手，扩大竞争优势。欧洲专利局为了充分保护生物技术领域发明人的利益，也常常批准相当宽的权利要求。例如在著名的"哈佛鼠"一案中，就批准了涉及除人类以外包括大象和鲸在内的所有哺乳动物的专利。

美国不仅仅扩大本国专利的保护范围，也非常希望其他国家在新技术保护方面采取宽松的标准。美国官员曾说过："加强其他国家的知识产权保护，不仅可以通过知识产权的转让和许可促进无形贸易出口，而且可以打击冒牌产品，使含有知识产权的美国产品出口大幅度增长，从而扭转货物贸易的逆差。"近年来，美国外贸逆差逐年上升，去年达到2676亿美元，但在知识产权领域却年年顺差，去年盈余达到250亿美元。

与那些生物技术大国来说，我国的总体实力还比较弱。在保护范围的宽窄、实用标准的高低上自然要费一番思量。

很多外国生物技术公司迫切希望在中国申请基因专利。据国家知识产权局统计，截止到1999年底，我国共受理基因工程方面的专利申请1754件，其中来自国外的申请1279件，占72.9%，主要是美国、日本，其次为德、英、瑞士等国。据估计，目前的受理总数已升至4000件左右。而提出申请的则远远超过此数。

因3年期限将至，目前，1998年下半年最初提出基因专利申请的一些单位已经提出了实审要求。进入实审阶段，就要对专利的三性要求，即新颖性、实用性与创造性进行评审，其中对实用性要求的高低、保护范围的宽窄将与国家利益息息相关。

中国社科院知识产权中心副主任李顺德教授说，如果标准低，范围广，那么外国生物技术公司就会如潮水般大量获得中国专利，我国基因研究的领域将会被挤压在"方寸之间"，并且还要被迫支付高额的许可使用费，这对本来就囊中羞涩的中国科研开发无异雪上加霜。

如果通过提高实用性标准，要求技术实施方案也要确知，来严格限定权利范围，虽然表面上对我国极为有利，但实质上却有可能导致我国相关的基因研究成果申请专利困难，而且也不能排除其他国家对我国的基因专利实行"包围"的战略，最后受害的仍然是中国。比较规范、适度从严可能比较有利于我国的利益。另外，我国《专利法》对专利实用性的要求，还规定了其他国家专利法所没有的内容，要求对发明的制造或使用能够产生积极效果。如果认为所申请的专利不会产生积极效果，则不会授予。

新《审查指南》即将出台。据国家知识产权局有关人士透露，有关专利的最新《审查指南》即将出台。由此将展开一场既遵循国际规则又要最大限度地保护国家利益的斗争，有专家推测，其内容可能类似于欧盟《关于生物技术发明的法律保护指令》的条文，比如说，倾向于具备明确功能、可实现产业应用的 cD.A，在申请产品专利的同时授予序列本身专利权，而任何只是简单提纯、分离所得的基因序列将被排除在专利主题范围之外。

截止到今年 5 月，人类已有 1800 条基因被注册了专利。专家预测，到 2005 年，人类的所有基因将会全部被专利覆盖。没有基因专利的公司就等于没有生物经济再生产的核心知识产权。中国遗传学奠基人谈家桢先生曾经说，如果我国没能拿到自己的专利基因，那么下世纪我国生物工程产业，特别是医药行业，将犹如当年的"北洋水师"，经不住冲击。愿我们的专利法将把我国的基因技术打造得"船坚炮利"。

三、医疗器械专利

（一）医疗器械专利的定义

医疗器械产品是指：为下列目的用于人体的，不论是单独使用还是组合使用的，包括使用所需软件在内的任何仪器、设备、器具、材料或者其他物品，这些目的是：

1. 疾病的诊断、预防、监护、治疗或缓解；
2. 损伤或残疾的诊断、监护、治疗、缓解或者补偿；
3. 解剖或生理过程的研究、替代或者调节；
4. 妊娠控制。

其对于人体体表及体内的主要预期作用不是用药理学、免疫学或代谢的手段获得，但可能有这些手段参与并起一定辅助作用。

医疗器械产品分为三类：

第一类是指通过常规管理足以保证安全性、有效性的；

第二类是指产品机理已取得国际国内认可，技术成熟，安全性、有效性必须加以控制的；

第三类是指植入人体，或用于生命支持，或技术结构复杂，对人体可能具有潜在危险，安全性、有效性必须加以严格控制的。

（二）申报资料的一般要求

1. 申报资料应按规定顺序装订成册。

2. 申报资料每项文件的首页右侧贴上提示标签，并标明顺序号。

3. 由企业编写的文件按 A4 规格纸张打印，政府及其他机构出具的文件按原件尺寸提供。

4. 申报资料的复印件应清晰，与原件完全一致。

5. 申报资料中按规定受理的所有外文资料（名称地址除外）均应译为规范的中文，并将译文附在相应的外文资料之后。译文由生产者或生产者委托注册单位加盖单位公章（可以是骑缝章）。

6. 申报资料中同一项目的填写应当一致，不得前后矛盾。

7. 申报资料中的产品名称应使用产品通用名，若有商品名，应标注商品名。通用名和商品名都受注册证管理。

（三）医疗器械专利的审批

国产医疗器械产品涉及的部门包括：设区的市级人民政府药品监督管理部门（一类）、省、自治区、直辖市人民政府药品监督管理部门（二类、三类）、国家药品监督管理局医疗器械司受理办公室、医疗器械注册技术审评中心、医疗器械司注册处、各相关检测中心。

进口医疗器械产品注册涉及的部门包括：国家药品监督管理局医疗器械司受理办公室、医疗器械注册技术审评中心、医疗器械司注册处、各相关检测中心。

四、专利信息查新的意义

专利信息的主要载体是专利文献。专利文献的主动、规范和系统的研究和利用，是专利信息工作的重要组成部分。专利信息是人类的知识宝库，是最新颖、最系统、最完整、最规范的技术信息源。在当今世界，任何企业要制定正确的、科学的企业科技发展战略、经营战略，以加快科学技术发展的进程，推动企业经济的迅速发展，使企业能够在强手如林的国内、国际市场上更具有竞争力，就必须充分开发和正确运用专利信息。

（一）专利信息的特点

1. 信息量大。现在世界上有 170 多个国家和地区建立了专利制度，其中 90 多个国家和地区，用 30 多种文字出版和发行专利文献。据联合国世界知识产权组织统计，专利文献每年以 100 多万件的速度递增，迄今为止，世界各国累计申请的专利文献已达 4000 多万件。

2. 信息速度快。我国和许多国家的专利法都规定，申请专利的发明创造必须具有世界新颖性，为了不丧失新颖性，申请人往往在发明试验成功即去申请专利。世界上较有价值的发明创造，几乎都是首先在专利文献上公开，如雷达、气垫船、胃窥镜等都是在专利文献上公开十几年，甚至二十几年后，才在其他文献上发表。

3. 涉及专业面广。全世界每年公开的专利文献有 450 多万件，涉及所有专业领域，从核反应堆到玩具，一切发明或发现新的和有用的技术方法、产品、物质成分等，都可以申请并获得专利。世界上每年的发明成果 90~95% 可以在专利文献中找到，相当部分在其他科技文献中难以找到

4. 编排结构基本一致。各国的专利说明书都包括说明书扉页、说明书、说明书附图、权利要求书等部分，文献编排结构基本一致。

5. 多文种以便阅读。国外专利，尤其是经济发达、技术先进国家的专利，大多是一项基本专利同时有若干项相同专利，即同一项专利可在其优先权期间，到其他国家申请专利权，并采用该国官方语言。这样一来，读者可根据自己所精通的语言选择相关的专利说明书。

6. 实用性强。专利制度是市场经济的产物，申请专利与否，在市场经济条件下，都有被商业开发的价值，因此专利文献除具有一般科技文献的技术情报外，还具有更强的实用性和市场价值。在某一领域对专利文献进行持续跟踪研究，可以掌握该领域的研发动态。

（二）专利信息的作用

1. 专利文献是重要的技术信息源。专利信息是一个巨大的知识宝库，对于某些技术来讲，专利文献是唯一的来源，如果不经过专利文献的查阅，可能无法获得某些信息。专利信息反映了最新的科技信息，而且经审查的专利内容可靠。它包括：某一技术领域的新发明创造；某一特定技术的发展历史；某一关键技术的解决方案；关于一项申请专利的发明创造所属的技术领域；关于一项申请专利的发明创造的技术主题；关于一项申请专利的发明创造的技术内容提要等。

2. 专利文献是重要的法律信息源。作为官方文献的专利文献，是由各国专利局、世界专利组织依照《专利法》进行批准的，它是一种重要的法律文献。专利文献记录了专利资产获得的全过程。一项发明创造要获得专利必须经过一定的申请程序，这些程序大致包括提出申请请求书、发明或实用新型说明书、附图摘要、有关优先权及其他著录项目的证明文件以及专利审批过程中的

中间文件等，这些作为该专利申请过程中的文献资料，是专利法所要求申请人提交的，具有法律意义。

3. 专利文献是重要的经济信息源。专利文献是一个巨大的宝藏，通过检索专利文献，可以及时了解在本国乃至世界范围内本行业技术的发展情况、发展趋势、市场动向，以及最新进展等信息，可以获得多种经济和商业信息。从而为制定企业的专利战略，为制定企业的发展方向和经营策略服务，以获得较高的利润。

（三）专利信息战略在医药领域中的应用

1. 利用专利信息为医学科学研究服务。专利文献蕴含着丰富的技术情报，对于医学科学研究有着重要的作用。通过专利文献系统可以详细了解某个专业或某一技术领域的最新技术情报。因此当一个研究课题立题时，首先要进行国内外文献调查，了解该课题国内外研究的技术水平。有效地利用专利文献，可以提高科学研究开发的起点和水平，避免人力、物力和财力的巨大浪费。通过查阅专利文献，可以开阔视野，启发思路，了解所开发领域的过去、现状和未来发展趋势，从而确定或正确选择自己的研究方向和产品，达到高起点研究，避免低水平重复和不必要的侵权纠纷的目的。同时，可借鉴别人所采用的方法、技术手段，以弥补自己的不足。

2. 利用专利信息为技术或成果的评价和预测服务。如果把某一专业的一系列专利都找出来，按照优先日期的先后次序排列起来，既能回顾某一专业的历史，又能了解其专业的现有水平，而且可以按照专利文献的内容和数量的变化预测其未来的发展方向。用选择国际专利分类表的几个类的方法，调查其中取得的专利数量，可以看出一个国家在哪一类专利的数量最多，据此可了解各国科研和开发的重点，并可推测哪个国家在哪一技术领域处于领先地位，系统调查某个部门在某一技术领域拥有有效专利数目的多少，可以了解其在某一技术领域的科技实力。

对于成果的评审，传统的办法是进行同行专家的成果鉴定评议。然而由于科学技术发展极其迅速，无论是知识多么渊博的专家，其所掌握的知识都是有限的，另一方面，在信息爆炸的当今世界，文献载体的多样化与文献检索的现代化，使专家对信息的了解受到了一定的局限性，这样，专家的评判就可能出现问题；而专利文献记载着技术发明的详细内容，并具有新颖性、创造性、实用性，为专家评议提供全面的、正确的客观依据，可作为专家评审的决策参考；还可有效提高科研成果评审科学化和规范化水平，提高成果鉴定和奖励的严肃性、公正性、准确性和权威性。

3. 利用专利信息为引进技术服务。企业在发展中必然会遇到引进国内外先进技术和设备的问题，在做这项工作之前，需要了解拟引进技术和设备的有关情况（先进程度、可靠性等），这就离不开查阅专利信息。专利文献又是科技成果的法律保护状态的唯一信息源，专利文献能提供某项专利技术的发明时间、发明人或设计人、受让人和专利持有者及其地址，以及专利有效期和实施情况。这是其他类型的文献所无法提供的重要情报。

4. 利用专利信息为医药的发展规划和市场营销服务专利信息包含有丰富的科技信息和法律信息，它所包含的发明创造成果占世界新技术的 90~95%，通过查阅专利信息不仅可以了解大量的技术信息，同时还可以了解到各个技术领域技术发展的历史和趋势，还可以掌握国内外专利申请、专利权的法律状况，充分利用专利信息，对企业的市场营销和发展规划将会起到积极的促进作用。

5. 利用专利信息为创新药物研制服务。

创新药物可分为原始创新药物和模仿创新药物。原始创新就是提供具有新作用机制、新分子结构类型的发明，是相关基础研究实力的反映；模仿创新，也称快速跟踪创新或"motoo"创新，是在不侵犯他人专利权的基础上，对原始创新药物进行结构改造，旨在发现具有相当或更高药用价值的新的化学实体（New Chemical Entity，NCE），是一条尊重他人知识产权的创制新药的捷径。原始创新是我们努力的目标，模仿创新应成为我们现阶段的创制新药的主要手段。

对于原始创新药物的立项和研究，不仅需要进行非专利文献的检索，更需要专利文献的检索。首先在检索非专利文献的基础上，检索专利文献有利于判断所研制新药的新颖性。其次专利文献所记载都是该领域中最新技术信息，可以获得大致的相关技术信息，这不仅有利于为新药开发提供一些方法学的支持，而且有助于开阔新药创制的研究思路，减少工作当中的失误。再者，通过专利文献检索，可以了解当前国际上相关领域的技术发展状况、需要解决的难题，使新药开发的立足点位于当今技术领域的前沿。

第四节　引进技术查新

引进技术分国家级和自治区级。对于符合国家或自治区产业发展规划并能够产生重大经济效益和社会效益以及生态效益的项目可申请列为重点项目，其他称为一般项目。从项目管理上也可分为专家组织项目、非专家组织项目和农业引智成果示范推广项目。专家组织项目即项目申报单位没有明确的国外专家人选而需外专局通过外国专家组织推荐专家的项目；非专家组织项目即项目单位已有确定的外国专家人选的项目；农业引智成果示范推广项目即经国家或自治区立项、给予一定经费支持引进推广国外农业新品种、新技术的项目。

  以发挥"后发优势"，谋求经济较快发展为目的的技术引进活动在我国有较长的历史，但集中的引进却是伴随我国改革开放政策的出现而发展起来的。资料显示，1979～1998年我国共引技术27,829项，合同总额达1,054.8亿美元。技术进口的项数和合同金额分别是改革开放前30年总和的32.92倍和8.8倍。此外，我国技术引进工作取得的成绩还体现在：技术引进的来源更加广泛；引进方式更加灵活多样；有关法规日臻完善等。与此同时，也涌现出一批引进技术消化吸收成功的企业案例。但我们必须清醒地看到，我们在引进技术消化吸收方面还存在较为严重的缺陷。如：1998年，我国引进技术共6,254项，其中被消化吸收的仅为3项；引进技术合同金额共计1,637,510.45万美元，而消化吸收合同金额只有1,293.23万美元，分别占0.0488%和0.079%。因此，认真查找其中原因，并采取相应的化解对策成为我们的当务之急。

一、引进技术的结构

  据统计，1979年～1998年，在我国大部分引进的合同中，成套设备等硬件占了合同总金额的90%以上，而技术费用仅占合同总额的7%～8%，可见技术进口的结构很不合理。技术费用在引进合同中比例过低是制约引进技术消化吸收的重要因素。因为对引进技术的消化吸收主要是对其技术部分即软技术的消化吸收，而不是对其机器设备等硬技术的消化吸收。另一方面，在发展中国家的技术引进初期，是以通过引进成套设备来获得先进技术，但是，设备的进口并不等同于技术引进；进口的机器设备再先进，也只能引起生产力的单纯增长，却不能促进、甚至不利于其消化吸收水平和整体技术水平的提升，更不会真正促进新兴行业的建立和经济结构的变革。何况我国改革开放及大规模引进技术已经有21年的历史，不再算是引进初期，不应仍然停留在以引进成套设备为主的低引进层次上。解决这一问题应当从如下方面着手：一是加强对企业及有关管理部门关于优化引进技术结构的宣传、引导，使之认识到优化引进结构的意义。二是国家应采取的财政、税收调控政策，鼓励引进软技术，抑制进口成套设备等硬技术。如在用汇限额、关税率等向设计、制造、工艺、管理等技术引进倾斜，适当限制技术性不强的设备进口比重，为优化技术引进结构

第八章　医药卫生科技查新

形成强有力的外在压力和制度环境。

二、消化吸收资金

对引进技术的消化吸收，通常被认为是技术引进企业各自的事情，社会各界及当地政府一般不予过问，自然也无相关基金的支持；而另一方面，企业往往在引进技术及成套设备后，已面临巨大的资金短缺的压力，对于后继的消化吸收资金便常常难以保证；而且，消化吸收所需资金一般较多，并且潜在着高风险。故此，消化吸收的资金短缺是技术引进企业的普遍难题。目前企业用于消化吸收的资金主要源于企业自筹、贷款和技改资金，有些则从生产发展基金、新产品试制费中列支。即使有些企业通过上述渠道获得资金并取得阶段性成果的项目，因该项目所用的关键原材料往往仍需进口，而由于外汇短缺、资金不继等原因，常使消化吸收项目功亏一篑，不得不半途中辍。引进技术的消化吸收风险主要来自于6个方面：技术风险、市场风险、资金风险、组织风险、决策风险和环境风险等。针对消化吸收的高风险特点，我们认为解决其资金不足的一个可选途径是发展风险投资。风险投资是指投资者出资帮助具有技术而无自有资金的技术创业家进行创业的投资；投资者以获取股利和资本利息为目的，并承担风险。运用风险投资，可弥补国家财政投入和商业银行常态融资方式投资不足的缺陷，为企业的技术消化吸收及技术创新提供一个解决资金的途径，从而促进消化吸收工作的开展。为了鼓励资金流向风险投资事业，发达国家政府通常采用的做法是给予税赋上的减免优惠。如在70年代，美国政府为了鼓励风险投资，将资本利得税由49%下调为20%，同时对高科技企业的股份在资本市场上的上市流通，给予政策配合。我国也可借鉴这一做法。

三、宏观管理体制

首先，引进技术与引进技术的消化吸收本来同属一个完整的技术系统，然而我国目前的引进技术与引进技术的消化吸收却由不同的部门或同一部门的不同机构分管，导致了两者的严重脱节，不能从管理上形成统一的管理及监督机制，不能有力地促使引进技术企业对引进技术进行充分的消化吸收。其次，目前我国技术市场管理尚不完善，使潜在的消化吸收企业对创新技术的预期收益大打折扣，从而没能形成一个有效的外在机制，以诱使企业进行消化吸收。有见于此，各级政府必须实行对引进技术与消化吸收工作的统一领导和协调。国家应由外贸部、科技部、计委组成一个全国统一的机构，专事引进技术消化吸收工作的宏观管理、指导和监督。在技术市场管理方面，应规范技术交易行为，维护技术市场秩序。积极建立以国家技术信息库为中心、各地大型技术交易市场为枢纽的国家技术信息主渠道。另外，应加快培养高素质的专、兼职技术经纪人队伍，增强技术市场服务功能，提高技术效率。

四、知识产权保护

引进技术的消化吸收属于模仿性技术创新，而技术创新与知识产权保护关系极大。从技术创新方面来讲，知识产权保护了创新者的经济利益，从而有力地激励了创新活动的深入；从技术扩散方面来讲，知识产权则保证了扩散的有序进行。因此，有无较为完善的知识产权体系直接影响到消化吸收工作的开展。令人遗憾的是目前我国在这方面尚存在着诸多问题：其一，关于知识产权保护的相关法律有待完善，特别是实施力度尚需加大。这方面的问题由于解决得不十分理想，导致了企业模仿性技术创新即引进技术消化吸收的风险增大，通过对引进技术消化吸收所得的创新成果易被他人侵权。其二，企业知识产权意识比较淡薄，知识产权常识不够普及。在以模仿技术创新为基础的技术引进过程中，很多企业只把注意力放在技术是否先进适用，价格是否具有竞争力方面，而对技术的法律属性了解不够，致使侵权和吃亏上当的事情时有发生。这种知识产权意识淡薄的现象还存在于科技领域及生产领域，从而影响科技成果的推广和应用，影响技术和产品的开发与销售。因此，加强企业知识产权保护意识已成为技术创新发展的前提条件，必须予以重视。其三，一些发达国家的厂商企图通过广泛申请和注册专利来占领、垄断国内及国际市场，而我国创新成果保护意识却较为淡薄，企业技术创新的市场占有率处于被动局面，这大大降低了我国企业技术创新的收益率和进一步创新的能力。所以，企业在实施包括消化吸收类创新在内的技术创新战略中，应树立保护自己知识产权尊重他人知识产权的良好意识，以推动技术创新的顺利实施和引进技术消化吸收工作进一步开展。

第五节 查新的步骤

一、查新的概念、种类和年限

（一）查新咨询工作的概念

查新咨询工作的含义有以下三种说法：①认为查新咨询是科研课题或成果

的新颖性审查。②认为查新咨询是科技成果的水平审查。③认为查新咨询是对科研课题或成果新颖性、科学性、实用性的综合性、客观性评价。

上述三种说法从不同角度解释了查新咨询的含义,就"查新咨询"一词的内涵,尚无一个统一的定义。我们认为就"查新咨询"的概念应该包括以下四方面:①查新机构:指科技部、省市科技成果管理机构认定或授权的具有查新业务资质的信息咨询机构;②工作方法:以科技文献为基础,以文献检索、情报调研、综合分析、判读对比等情报学方法手段,以检索结果为依据,对科技项目的新颖性,兼其科学性、实用性做出情报学评价;③查新范围:包括科技立项、成果鉴定、奖励申报和发明申请、新产品开发、技术引进等科技项目的查新论证;④服务对象:为领导、决策部门和评审机构及科技人员提供客观、公正的查新结论。

(二)查新咨询工作的原则

查新咨询是科技管理和科学研究的组成部分和重要环节,是经考核、授权的信息咨询机构所进行的一项新型科技信息检索、科技信息分析研究综合的更深层次的服务工作和严肃认真的科技管理工作。查新委托人在办理查新委托过程中、查新机构在从事查新活动中、查新咨询专家在提供查新咨询服务过程中应当遵循以下基本原则:

1. 自愿原则:查新委托人有权选择查新机构,查新机构有权接收或拒绝查新委托。查新机构有权选择查新咨询专家,专家有权接收或者拒绝担任查新咨询专家。只有在双方自愿和合法的基础上,查新咨询工作才能成立、开展。

2. 依法查新原则:依法查新是开展查新业务的一项重要原则。从事查新的信息咨询机构应当具有查新业务资质。未经科技部认定或授权认定,任何单位和个人都不得从事面向社会服务的查新活动。查新机构承办的一切查新业务都要以法律、法规为准绳,其所有活动都应当在法律、法规规定的范围内进行。

对于因违法违纪不适宜继续执业的查新人员,查新机构应当予以解聘或除名。

3. 独立、客观、公正原则:查新机构、查新员、查新审核员、查新咨询专家应当与查新项目无利害关系。查新机构、查新咨询专家从事的具体查新、查新咨询活动不受任何行政部门控制,也不受其他机关、社会团体、企业、个人、查新委托人等的非法干预;如果查新机构、查新咨询专家认为其独立性受到损害,则可以拒绝进行查新、查新咨询,或中止相应的查新、查新咨询活动,或在查新报告、查新咨询专家意见表中声明。

查新机构应当依据文献,客观地为查新委托人完成查新事务。查新报告中的任何分析、技术特点描述、每一个结论,都应当以文献为依据,符合实际,不包含任何个人偏见。

查新机构在处理查新事务的过程中,应当站在公正的立场上,公正地为查新委托人完成查新事务。查新机构不可因收取查新费用而偏袒或者迁就查新委托人;查新咨询专家也不能因收取查新咨询费用而迁就查新机构。

(三)查新咨询的种类和年限

1. 查新咨询的种类

科技信息机构凭借其丰富的情报信息资源,现代化的检索工具和具有一定水平、经验的情报人员等优势,开展了多种查新咨询服务,概括起来有以下四类:①科研类查新:分为立项查新、成果鉴定查新、申报奖励查新、实施中项目查新;②产品类查新:分为高新技术产品认定查新、开发新产品查新、产品评优查新、申请免税查新、设备引进查新、产品市场行情查新;③技术方法类查新:分为引进技术查新、技术攻关查新、制定标准查新、技术动态查新;④专利类查新:分为申请专利查新、专利有效性查新、专利纠纷查新。

2. 查新检索的年限

为了保证查新质量,规定统一的最低查新检索年限是十分必要的。查新检索文献的年限应当以查新项目所属专业的发展情况和查新目的为依据,一般应从查新委托之日前推10年以上,对于新兴学科、高新技术项目,前推年限可酌情缩短;对于较成熟的技术产品、工艺和专利查新等,前推年限应酌情延长。

二、查新程序

(一)查新委托受理

查新委托人根据待查新项目的专业、科学技术特点、查新目的、查新要求以及需要查证其新颖性的科学技术内容,自主选择查新机构。查新机构确定查新员和审核员,向用户说明该课题的委托步骤和手续,并向用户提供查新委托单,说明委托单的填写要求,完成课题登记。并要初步审查查新委托人提交的资料是否存在缺陷;是否符合查新要求;判断查新委托人提交的资料内容是否真实、准确。若接受查新委托,按照查新规范的关于查新合同的要求与查新委托人订立查新合同。

第八章　医药卫生科技查新

（二）分析课题，确定查新方案

查新员在接待委托用户时，应该向委托人了解查新项目的历史与现状，立项的意图，实验方法，涉及方案，现有技术和技术参数，项目的先进性、创造性、新颖性和实用性所在，提供的主题词和关键词能否反映项目的主要内容。在初步掌握以上情况后，还要进一步精读、研究查新项目的内容，明确查新委托人提出的查新点与查新要求，确定检索文献的类型和检索的专业范围、时间范围，制定周密、科学而具有良好操作性的检索策略。

（三）实施检索

查新检索是查新咨询工作的基础环节，检索工作的好坏直接影响查新结果的质量。可以采用机检为主、手检为辅相结合的手段，提高检索速度并确保查全。在检索过程中检索的概念要少，同类检索词要多。尽量选用反映课题的主要概念、基本概念的同类检索词，少用或步用次要概念。同一概念的有不同的表达形式，应当尽量受齐近义词、同义词、相关词等。另外，要主意分析概念的内涵与外延，对某些概念不能只看表面，应该透过现象看本质，充分理解它的内涵和外延，主意隐含概念的提取。

（四）收集阅读原始文献，综合分析对比

手检、机检完成以后，可得到少则十几篇多则上百篇的相关文献题录或摘要，这就要求我们先看文摘，对密切相关文献要找出原文阅读分析，根据情况需要再决定是否扩大收集原文范围。在阅读原文的基础上，对与查新课题密切相关的内容、技术指标进行分析、综合、对比后，明确它们的不同点，并按密切相关、一般相关文献的顺序列出检索附件。

（五）专家咨询

查新人员不可能精通各门学科，对检索中遇到的疑点、难点或不清楚的地方，应该及时与有关学科专家咨询，听取专家对所查项目的创造性、科学性和实用性的客观评价。

（六）撰写查新报告

查新报告是查新咨询工作的最终体现，应该完整反映查新工作的步骤和内容，供有关人员审查评议。

（七）查新结果审核

查新员完成查新工作后，应将全部材料（检索结果、查新报告初稿等）交给查新审核员做最终审查。审核员应从查新策略、查新手段、查新范围以及分析结论予以严格审查，对查新报告的质量做最后的把关。对审查不合格的查新报告，应该退查新员重查、重写。如查新报告审查通过，则查新员和审核员

在查新报告上签字,加盖"科技查新专用章"。

(八)提交报告,文件归档

查新机构按查新合同规定的时间、方式和份数向查新委托人提交查新报告及其附件。查新员按照档案管理部门的要求,及时将查新项目的资料、查新合同、查新报告及其附件、查新咨询专家的意见、查新员和审核员的工作记录等存档。

三、查新报告的撰写

查新报告是查新咨询工作的最终体现,应该完整反映查新工作的步骤和内容,供有关人员审查评议。

(一)查新报告基本内容

查新报告基本内容应该包括:

1. 查新报告编号,查新项目名称,查新委托人名称,查新委托日期,查新机构的名称、地址、邮政编码、电话、传真和电子信箱,查新员和审核员姓名,查新完成日期;

2. 查新目的、查新项目的科学技术要点、查新点与查新要求、文献检索范围及检索策略、检索结果、查新结论、查新员与审核员声明、附件清单;

3. 查新委托人要求提供的其他内容。

(二)撰写查新报告应该注意的几个问题

撰写查新报告必须在全面掌握大量第一手材料的基础上进行,严把质量关,做到客观、公正、全面准确、清晰地反映查新项目的真实情况,不得误导。撰写过程中必须注意以下几点:

1. 查新报告应当采用描述性写法,使用规范化术语,文字、符号、计量单位应当符合国家现行标准和规范要求;不得使用含意不清、模棱两可的词句;应当包含足够的信息,使得查新报告的使用者能够正确理解。

2. 查新报告中的任何分析、科学技术特点描述、每一个结论,都应以客观事实和文献为依据,完全符合实际,不包含任何个人偏见。

3. "文献检索范围及检索策略"应当列出查新员对查新项目进行分析后所确定的手工检索的工具书、年限、主题词、分类号和计算机检索系统、数据库、文档、年限、检索词等。

4. "检索结果"应当反映出所检数据库和工具书命中的相关文献情况及对相关文献的主要论点进行对比分析的客观情况。对于检索结果为零的查新项目,一般应该再次检索或扩大检索范围。若国内外的确没有同类研究或查不到相关文献，应当客观写明"利用上述关键词及其组配方式，手检机检多少年限的上述检索工具书和数据库，未检到国内外有关本课题研究内容的相关文献报道"。

5. 查新报告中一般不下"水平"结论，因为查新咨询是国内外文献资料的情报调研，主要起公正、客观的证明作用，为鉴定和成果评审及决策提供情报咨询报告，鉴定评级并不是查新员的任务。

第九章 医药综述及学位论文撰写

第一节 医药综述撰写

医学写作（medical writing）是用文字记录医学科学的知识。其主要任务是对医学某一学科、领域创新性发现进行科学论述，对某些医学理论性、实验性或观测性的新知识进行科学记录，对某些原理在实际应用中的新进展、新成果进行科学总结。医学写作是医学信息交流的重要手段，是医学信息研究、利用的一个主要组成部分。

医学文献的体裁种类繁多，结构复杂，单从 MEDLINE 数据库中，就能够看到近百种类型体裁的医学文献。常用的医学文献体裁类型有学术论文（academic thesis）、学位论文（degree thesis；dissertations）、医学综述（medical review）、病例系列分析（case-seriesanalysis）、科学社论（scientific editorials）等。本章主要介绍医学综述和医学学位论文撰写及医学学术论文的投稿与发表。

一、综述文献的定义和特点

（一）综述文献的定义

文献综述是在查阅了医学某一专题在一定时期内的相当数量的文献资料基础上，经过分析研究，选取有关情报信息，进行归纳整理，撰写的一种综合性、描述性学术论文，它是科学文献的一种。文献综述是反映当前某一领域中某分支学科或重要专题的最新进展、学术见解和建议，它往往能反映出有关问题的新动态、新趋势、新水平、新原理和新技术等等。

文献综述简称综述，与动物实验等科研论文不同。科研论文是作者亲自对某一具体课题进行研究后所做的总结。

文献综述是在确定了选题后，在对选题所涉及的研究领域的文献进行广泛阅读和理解的基础上，对该研究领域的研究现状（包括主要学术观点、前人研究成果和研究水平、争论焦点、存在的问题及可能的原因等)、新水平、新动态、新技术和新发现、发展前景等内容进行综合分析、归纳整理和评论,并提出自己的见解和研究思路而写成的一种不同于毕业论文的文体。它要求作者既要对所查阅资料的主要观点进行综合整理、陈述,还要根据自己的理解和认识,对综合整理后的文献进行比较专门的、全面的、深入的、系统的论述和相应的评价,而不仅仅是相关领域学术研究的"堆砌"。

如果文章中加上编写者的观点就变成了述评。述评的特点是"评",即在已有成果的基础上,作进一步的研究和探讨,为读者献计献策。

因此文献综述的重点在"述",只"述"不评,即只对观点、数据、事实等作纯客观的分析和介绍,不作评价、评议。科技述评的重点在"评",又"述"又"评"。

"评"指作者潜在的倾向性。论文作者不应对原始文献进行直述评说、这一点有别于述评。但这不等于作者不能有自己的观点。作者的立场、观点、学术水平主要体现在对原始材料的选择和组织上,即用别人的资料和观点来表明自己的想法。也就是说,要将自己的见解寓意其中,贯穿于内,含而不空。

综述的作用在于它能够对医学科研或临床的研究过程进行全面系统的回顾,并报道反映科研现状、科研发展趋势。综述在文章的篇幅、结构和参考文献等方面都有特别的要求。

(二) 综述文献的特点

1. 选题的新颖性

文献综述的选题和研究原著一样,必须具有先进性,选用的文献必须具有新颖性。选题的先进性和新颖性以引用参考文献的新旧作为判断标准。

所以,文献综述写作过程中,应重点选用近 5 年发表的文献。在叙述研究历史的时候,可以适当引用 5 年以前的文献和研究成果,但绝对不宜过多地罗列年代久远的文献资料。

2. 内容的系统性

文献综述内容的系统性主要表现在所选内容的完整性、全面性和研究成果的代表性。另外,文献综述资料的综合性也决定了其内容的系统性。文献综述也必须全面、系统地介绍某一领域、某一专业、某一问题最新和最高水平的研究成果。只有这样,才能帮助读者利用较短的时间,了解和掌握某一方面较为全面而系统的知识和信息。

3. 理论的再创造性

作者在查阅大量一次文献的基础上,结合自己的理论知识、实践需要等,按照个人的主题思想和学术观点，重新组织文献，进行加工处理，去粗取精，去伪存真，吸取精华，剔除糟粕，最终形成一篇系统而全面的、高度综合的、最具科学性和先进性的专题文献情报资料，通过这样一个过程，实现理论上的再创造。

4. 文章的篇幅较大。

在国外期刊上登载的综述，典型的长达 10～50 页，国内发表的综述的字数以 3,000－6,000 字多见，也有长达 8,000－15,000 字。最近，随着信息的日益剧增，在期刊上出现了一些"短小综述"，被称为"mini－review"，这些综述高度概括现期研究，预测未来，很受读者欢迎。近年来，随着循证医学的发展，一种综述性论文"Meta—分析"文献也正得到广大医学工作者、临床医师的重视。

5. 综述的引文和参考文献较多。

文献综述是大量一次文献的高度概括和总结。撰写综述的主要工作之一就是复习大量文献。综述往往是著者查阅了大量的文献资料，从中选取较有价值的情报信息，浓缩于一文。把这些文献不分主次、不分重点、不加选择地堆积和罗列在一起，这不叫文献综述，它必须按照文献的内容特征和逻辑顺序进行高度概括和总结。因此，文献综述具有资料的高度综合性。在国外期刊上登载的综述，通常要求附百篇以上的引文。国内期刊登载的综述，通常参考文献要求在 15 篇左右。

6. 综述的内容比较丰富，涉及面较广。

相对其他信息产品如目录、文摘等，综述揭示文献信息的程度较深。综述的著者要通过对大量密切相关、实用价值高的参考文献进行归纳、总结、分析研究，作出对既有研究的评价，并能预测和展望未来趋势，在提供回溯文献的思路和途径基础上，介绍某一专题的来龙去脉，使读者对整个课题有全方位、整体的认识。

7. 非研究条件依赖性

既然文献综述是对大量一次文献的高度概括和总结，这就意味着任何人在掌握了大量一次文献的基础上，都有可能撰写出有一定水平、一定深度的综述论文。它突破了研究原著对作者研究和实验条件和环境的局限性，使综述的作者更具有普遍性和广泛的代表性。

（三）综述文献的作用

综述文献在科研中的作用有着重要作用。

在科研伊始阶段。综述为科研人员提供研究课题的历史、现状、当前争论

第九章　医药综述及学位论文撰写

的焦点及发展趋势的情报资料，能够帮助科研人员了解本领域的全面情况，从而选定有意义、有价值的研究课题。

综述能帮助我们有效地进行知识更新。综述能让我们用较少的时间和精力对某种专题的内容、意义、历史、现状及发展趋势等有个较完整、系统、明确的认识。

在检索中的作用：综述文后所附的参考书目可为读者提供已确定课题的许多参考文献，成为一种独特的情报检索系统。利用参考书目采用回溯检索和循环检索的方法，可获得成千上万篇文献资料，并可满足在检索工具缺乏情况下的族性检索。

写作综述不仅是积累科研资料的重要方法，也是了解有关专题的历史现状和发展趋势，培养锻炼组织材料，正确表达思想的有效途径。

（四）综述的类型

综述文献根据不同的分类标准可以分成多种不同的类型。

1. 分类方法一：根据写作目的和收集到的资料情况不同而不同，按照文献综述的内容组成和结构特点，我们把文献综述分为成就型、动态型、简介型和争鸣型。

简介型综述：是对某一尚无定论的专题作一概括性介绍的综述形式。简介型综述按内容特点分别综合介绍原文献所论述的事实、数据、论点等，一般不加评述。它不考虑时间的先后顺序，只按内容特点分段安排。这种类型综述适用于某些学术、技术问题的概要介绍，尤其适用于某些问题刚发现还尚无定论时，适宜使用这一种形式。这类综述，文题往往命名为"……简介"。例如，嗜酸性白细胞增多－肌痛综合征简介、X综合征简介、血清素综合征简介、油毒综合征简介等。

动态型综述：就是对某一领域或某一专题的发展动态，按照其自身的发展阶段，由远及近地介绍其主要进展，一直介绍到目前的发展程度，反映研究工作的进展情况。着重介绍阶段性研究成果，并介绍某一阶段有代表性的文献资料。这种类型最适宜介绍学术、技术的进展。这类综述，文题往往命名为"……研究进展"。例如，原发性骨质疏松症病因病理研究进展。

成就型综述：就是将有关文献汇集分类，把某一方面或某一项目有关的各种内容从原始文献中摘出，不管时序先后，分门别类地进行叙述、这种类型适用于介绍新方法、新技术、新论点和新成就。这类综述实用价值较高，对目前的科研工作有很大的指导意义。这类综述，文题往往命名为"……的研究现状"。例如，慢性疲劳综合征研究现状。

争鸣型综述：就是对某一领域或某一专题学术观点上存在的分歧，进行分类归纳和综合，按不同见解分别叙述。叙述中可表述作者倾向性的意见、这类综述，写作时要注意对所引用的原始论文的论据一定要抓住要害。这类综述对原文的引用要更加严格，"综"与"述"都要以原文的资料和数据为依据。例如，跨世纪的生殖革命——关于人工授精讨论、关于安乐死问题的伦理讨论等。

2. 分类方法二：根据综述的内容不同，又可将文献综述分为：

专题综述，对某一专题对大量原始研究论文中的数据、资料和主要观点进行归纳整理，分析理炼而写成的综述。

文献综述，这类综述的目的是对一定时期内围绕某一专题的论文加以汇集和解释。

回顾性综述，主要是历史的分析某一课题的发展概况，文章的写法可按年代顺序进行组织。

现状综述，是较常见的科技综述类型、其主要目的是对某一发展领域的新知识、新情况迅速进行收集、整理而写成的综述。

二、综述文献的写作要求

（一）资料新颖

文献综述所选资料应该是科学研究的新理论、新成果、新技术、新方法、新经验、新问题，必须对科学实践有重要的指导意义。只有保证资料的新颖性，才能体现论文的先进性。

（二）评价客观

撰写文献综述必须忠实于原始文献，不得随意夸大或贬低他人的成就和贡献，要以实事求是、严肃认真的科学态度，客观公正地评价每一学派和各种学术观点；实事求是地评价自己的贡献和他人的成就。不能把自己的主观愿望强加于人，更不得使用讽刺挖苦的语言。

（三）重点突出

不分主次轻重，抓不住重点和关键，是文献综述写作的大忌。综述的写作不能面面俱到，胡子眉毛一把抓。这样很容易导致顾此失彼，成为大量文献杂乱无章的堆积和罗列，读者阅读后收益不大。综述的主题内容越突出、越集中越好。

（四）叙述简明

综述的内容要高度概括，又要系统全面，重点突出，切忌冗长繁杂，尽量用最少的文字表达最多的、有价值的信息，使读者用最少的时间，获取最大的信息量。资料的选择应尽量少而精，语言表达应尽可能简单明了，深入浅出。只有这样，才能充分发挥文献综述的情报价值。

（五）篇幅适中

文献综述的篇幅长短应根据内容的需要而定，不宜过长，也不能过短。篇幅过长很容易导致文献堆积和罗列，冲淡了文章的主题；篇幅过短又容易导致内容空洞，缺乏实际资料和必要的信息。一般来讲，文献综述应控制在5000字以内。参考文献数量应根据需要而定，不应做明确限制，凡是引用他人的文献资料都应在文后列出参考文献。我们认为，参考文献的数量宜多不宜少。参考文献太少，很难保证综述内容的系统性和全面性。

三、综述文献的结构

综述文献基本由前言（引言）、正文、结论和参考文献四大部分组成。综述的题名要求准确、切题、精炼，如"寄生虫病化学治疗新进展"、"视神经胶质细胞的研究进展"。

（一）前言（引言）部分

前言（引言）内容包括撰写该综述的理由、目的、意义、范围、学术背景、目前状况及争论焦点等。简要介绍所综述的课题，研究目的及意义。说明有关概念，规定综述范围，介绍本课题的基本内容：包括研究的历史、现状、前景和争论焦点等，使读者对全文有一个概括的了解。前言的篇幅一般在100~200字。

前言可以这样架构，先叙述总体学术背景：密切相关的参考信息（不要写成小综述），逐渐缩小至专题背景：研究或观察的基本原理（不包括在正文中报道的数据或结论），再集中到本文综述范围及意义。

（二）正文部分

正文是综述的主体部分，对某专业、学科在某阶段的发展历史和当前实际工作水平、成就和展望，以及有关各种情况都应作详细叙述，还要把同行对该方面的不同看法也写进去，进行分析研究。

综述不同于学术论文写作，综述的主体部分格式比较灵活。综述的组织，要根据综述的内容要求来定。综述主体的常见写法有：列举法、层次法、阶段法、分析综合法、对比法等。如现状列举：关于巨噬细胞的分泌产物在肿瘤发生中的作用的综述，它可以列举：分泌的活性氧在肿瘤发生中的作用、活性花生四烯酸与肿瘤发生的关系、肿瘤坏死因子在肿瘤中的作用等各方面的研究分别进行叙述。又如阶段层次写法，即将课题按科研逻辑过程分阶段进行分析，比如，药物开发的综述文献，可从药物的首次发明、动物实验、临床研究、药物评价分步进行综述。

主体内容的结构，通常取决于专题的类型。一般可分设若干小标题。可以按研究内容分列，如研究的学科、主题或技术方法等，也可参考经典综述文献的框架。

如有关药物不良反应的综述主体部分的次序可从一般到特殊或从局部到整体（细胞作用到器官、系统至全身作用）。有关某种疾病的综述可遵循教科书中的常规次序：病因（etiology）、发病机制（pathogenesis）、临床体征（clinical manifestation）、影像学检查（imag – ings）、实验室检查（laboratory）、临床诊断（diagnosis）、治疗（treatment）、预后（prognosis），有关基础学说如细胞研究则可按形态学、组织学、分子生物学等细胞特征框架。

（三）结论部分

结论是综述的结束语。一般包括研究的结论，本课题研究的意义，存在的分歧，有待解决的问题和发展趋势等。

总结（summary）：当综述篇幅大，内容多时，需采用100~200字的总结，概括主要内容、结论，指出存在分歧和有待解决的问题。这部分内容如在正文中已经涉及，可以不必再写。

（四）参考文献

注明作者所引用的资料，为人们核对或作进一步研究伎用，这些按引用顺序列出。通过参考文献，还可以看出综述的深度和广度。

综述一定程度上是文献的综合叙述。因此，参考文献是综述的重要组成部分，是人们了解综述选用资料的背景和依据，并且也是获取更多文献的线索。参考文献引用要注意以下内容。

1. 精选：只列出综述著者亲自阅读的，直接引用的，具有新颖性、真实性、代表性的文献。只列出公开发表的文献。公开发表是指在国内外公开发行的报刊或书籍上发表。译文、文摘、转载、内部资料一般不列入参考文献。

2. 著录准确：医学文献（包括医学学术论文、综述、学位论文）参考文献的著录可参照的标准如下。

按照国际标准（ISO 690：1987，Documentation – bibliographic references – contentand structure；ISO 690 – 2：1997，Information and documentation – bibliographic references – part 2：Electronic documents or parts thereof，NEQ）《文献工作，文后参考文献内容、格式和结构》。

我国国家标准《文后参考文献著录规则》(GB7714-2005)

《生物医学期刊投稿的统一要求》(温哥华格式 Uniform Requirements for Manuscripts Submitted to Biomedical Journals) http://www.icmje.Org.

由于各种期刊的著录规定稍有区别,参考文献最好的著录参照是在明确投稿的期刊后,按该期刊要求的格式处理。

综述参考文献与学术论文、学位论文采用相同著录标准。

四、综述文献的写作步骤

文献综述与"读书报告"、"文献复习"、"研究进展"等有相似的地方,它们都是从某一方面的专题研究论文或报告中归纳出来的。但是,文献综述既不像"读书报告"、"文献复习"那样,单纯把一级文献客观地归纳报告,也不像"研究进展"那样只讲科学进程,其特点是"综","综"是要求对文献资料进行综合分析、归纳整理,使材料更精练明确、更有逻辑层次;"述"就是要求对综合整理后的文献进行比较专门的、全面的、深入的、系统的论述。总之,文献综述是作者对某一方面问题的历史背景、前人工作、争论焦点、研究现状和发展前景等内容进行评论的科学性论文。

写作文献综述一般有这么几个步骤:选题、搜集资料和阅读文献、拟写提纲(包括归纳、整理、分析)、完成初稿和修改定稿。

(一) 确定选题

选题是文献综述写作的关键环节,选题要突出一个"新"——就是选题新、资料新。综述只有选题新、资料新才具有参考价值,才能引起读者的阅读兴趣。一般综述的选题都是近年来发展较快,进展较大而切合实际需要的课题,适合我国国情,又为本专业科技人员所关注的课题,如对国外某一新技术的综合评价,以探讨在我国的实用性;又如综述某一方法的形成和应用,以供普及和推广。资料新是指引用的文献以近3~5年学术性期刊的论文为主,陈旧性的资料随时间的进展可能被新发表的资料所包含或超越、失去了被归纳综合的意义。

1. 选题的一般情况

选题是写好文献综述的首要条件。选题要从实际出发,具有明确的目的性,在理论或实践上有一定意义。一般综述的定题有三种情况:

为科研作准备,所选题目是与自己科研有关的内容,即与自己的科研方向一致。因此,这种情况常先有一个初步的题目,然后广泛查文献再确定。

反映学科的新动态,结合自己较熟悉的专业,选择某一专题,收集最新研究文献进行综述，为人们提供新的知识；

在日积月累阅读文献中，感到有些问题需要整理提高，这样在已掌握较多文献的前提下，从中选定题目。

2. 选题应该注意的问题

撰写综述可以根据自己的能力和专业熟悉程度自由选题，大到一个领域、一个学科，一种疾病，小到一个方法、一个理论。综述的选题时要注意以下几点。

根据资料调整文章内容范围。

一篇综述文献的题目已经确定，就要根据题目考虑选用的资料主要集中在哪几个方面，重点选用什么范围，都应在定题时进行考虑。

题材选得偏宽偏大，就需要有诸多的内容来充实，过多的内容必然要查找大量的文献，不仅在资料搜集与阅读方面有难度，而且分析综合更不易，虽然尽力而为，但是难免顾此失彼，写出的综述还是空洞无物；而且面面俱到的文稿也难以深入，往往流于空泛及一般化。实践证明题目较小的综述穿透力强，易深入，特别对初学写综述者来说更以写较小题目为宜，从小范围写起，积累经验后再逐渐写较大范围的专题。一般说题目越大越难写，作者必须有丰富的专业知识和一定的文字功夫，才能驾轻就熟，得心应手。而小题目范围小，内容紧凑，也就容易成功。

但是也不能把题目选得过小，内容过于简单，难以达到综述全面分析综合科研情况的目的。

此外，题目还必须与内容相称、贴切，不能小题大作或大题小作，更不能文不对题。

尽量在自己所从事的和自己所熟悉的专业领域选题。这样的选题，作者更了解读者的需求，写起来得心应手，也更容易写出深度。

在研究的热点领域和前沿领域选题，这样的选题能够充分保证文献综述的先进性和论文写作的可行性。

选用资料充分、具有新颖性（且较贴切）的主题。如一个课题的某一方面的新颖性较强、资料充分，可以详写；而课题的相关方面研究资料比较陈旧或研究资料不很充分也不够贴切则可以略写。

突出更具现实意义的主题。

（二）搜集资料和阅读文献

主题确定后，就要有针对性地广泛收集文献资料，在阅读后，根据需要和内容，决定材料和取舍。要保证综述的先进性和资料的新颖性，我们应重点查阅科研价值较大的期刊文献、近期的专利文献和学位论文等，尽量避免过多地选用书籍文献。

1. 搜集资料的方法

搜集资料的方法，主要有两种：一种是手工检索，另一种是基于计算机和网络技术的自动检索。

（1）手工检索是根据自己所选定的题目，查找内容较完善的近期（或由近到远）学术期刊，再按照文献后面的参考文献，去收集原始资料。这样"滚雪球"式的查找文献法就可收集到自己所需要的大量文献。也可以借助于国内外检索刊物进行检索。通过各种检索工具，如文献索引、文摘杂志检索、选择文献时，应由近及远，主要应用近3~5年内的文献，这样才能体现出文献综述的新观点、新水平。

国内常用的检索刊物有：《中文科技资料目录》、《国外科技资料目录》、《中国医学文摘》、《全国报刊索引》等；

国外常用的检索工具有：《科学引文索引》（SCI）、《工程索引》（EI）、《化学文摘》（CA）、《医学索引》（IM）、《生物学文摘》（BA）等。

（2）自动检索是利用计算机和网络技术进行的文献检索，它使文献检索更具有针对性、快捷性和全面性，大大提高了文献检索的效率。

国内常用的计算机检索系统包括：中国学术期刊（光盘版）电子杂志社建立的中国学术期刊网，中国国家科技部的"万方数据科技期刊群"和重庆"维普"等三大主流网站提供的全文检索，还有"中国生物医学文献光盘数据库"，"中文生物医学期刊数据库"等提供的摘要检索。

国外常用的自动检索系统有：SCI及其扩展版、MEDLINE及EI等。

另外，一些大的网站搜索引擎也可以作为文献检索的补充，如http：//www.google.com，http：//www.baidu.com等。此外，还应注意在平时工作学习中，随时积累，做好读书文摘或笔记，以备用时查找，可起到拾遗补缺作用。

选题与搜集资料或互有先后，或齐头并进，它们都是撰写综述必不可少的环节。搜集资料离不开信息检索与文献阅读。

阅读文献应注意以下几点

由点及线再到面的阅读：对初习综述写作的人来讲，可以先看教科书、参考工具书．从课题研究的具体问题即"研究点"上掌握一些名词术语、基本概念和有关事实和数据。进一步再读别人写的有关综述：一来从科研的"线索"中了解课题的来龙去脉；二来可以学习别人的构思与文章的框架，看别人是怎样搜集与利用资料，如何引用文献的，把从别人那里学到的东西融化到自己的综述中去，既丰富了素材，又节省了精力和时间。然后，再从课题研究各个方面阅读期刊论文、会议文献、科技报告等原始文献，从而对所写题材有深入全面的了解。

先读最新发表的论文：综述中应引用最新资料向读者展示某一专题的最新信息和进展情况。为此，在搜集到的资料中要优先阅读最新发表的论文。

先读有权威性、代表性的论文：衡量权威性是看论文著者在该专题领域中确实是声望卓著的专家，他所从事的科研项目在国际或国内处于领先地位，曾在权威性期刊上发表过质量高、数量多的论文并常被引用。所谓代表性论文，是指在搜集到的论文中往往有几篇相关或相近的论文，则选其中科学性、学术性或实用性最强的作为代表性论文先读。

在阅读方法上要粗读、通读与精读相结合

粗读（浏览）：粗读就是粗略地、快速地阅读，以求了解文章的梗概，了解学科研究的概貌、主要的研究动向。比如在写有关蜂毒肽对细胞膜跨膜离子转运的作用这样的综述前，先浏览蜂毒肽在毒理学、药理学一般论述文献；在撰写唾液酸在消化道肿瘤诊断中的应用综述前，先浏览唾液酸在肿瘤诊断中的应用类型的相关文献等等。方法是扫描式地阅读文章的标题，看期刊的目录、跳跃式地选读图书的书名页、序言、目次、有关章节，或论文的题名、著者姓名、摘要、前言、结论与参考文献等。粗读所费精力与时间不多，还可作出是否要通读或精读的决定。

通读（泛读）：通读就是按原文顺序平顺地阅读，读时但求领会，不求甚解，用力不多，费时较少。特别是通读较好的综述，分析文章的总体框架，比较不同写法，可以养成多读、快读的习惯，提高阅读的效率。通过博览群书和广泛涉猎，能够开阔视野，扩大知识面。

精读：精读的对象主要是指那些与自己所从事的专业、科研或工作关系最为密切，且又有较大理论或使用价值的文献资料，阅读论文的详细内容，如"子宫内膜异位症的趋化因子影响、化学诱导、细胞因子影响的研究详细内容"，包括诱导的作用机制、基本理论等，诱导因素如细胞因子等的来源、主要类型和特点等研究方面并进行精读与归类。

（三）提炼主题

提炼主题的过程实际上就是对文献的加工处理过程。通过平时积累、手工检索和自动检索，作者积累了某一专题大量的文献资料，然后对这些文献进行集中阅读和提炼，并进行必要的加工和处理，这是写综述的必要准备过程。按照综述的主题要求，把写下的文摘卡片或笔记进行整理，分类编排，使之系列化、条理化，力争做到论点鲜明而又有确切依据，阐述层次清晰而合乎逻辑。

按分类整理好的资料轮廓，再进行科学的分析。最后结合自己的实践经验，写出自己的观点与体会，这样客观资料中就融入主观资料。

（四）拟写提纲

医学文献综述涉及的内容多而广，所以在写作前应拟写一个写作提纲，以便将主题与材料加以安排和组织，明确中心内容、结构层次、材料安排等，这是写作前的一项重要工作。这样可以使作者的逻辑思维更加趋于完善，既有利于成文，又便于修改，使文章层次清晰，前后照应。拟写提纲决定先写什么，后写什么，哪些应重点阐明，哪些地方融进自己的观点，哪些地方可以省略或几笔带过。重点阐述处应适当加几个小标题。拟写题纲时开始可详细一点，然后边推敲边修改。多一遍思考，就会多一分收获。然后按综述的格式化好前言、主体、总结等部分，列出主体部分每个层次的标题，直到自然段。然后将材料用简短的词语安插在各个层次标题与段落之下，并注明材料出处。

（五）完成初稿

成文和修改：拟好提纲后，明确构思，材料齐全，就可以进一步组织材料、写成文章。在初步形成的文章框架，逐个问题展开阐述，写作中要注意说理透彻，既有论点又有论据，下笔一定要掌握重点，并注意反映作者的观点和倾向性，但对相反观点也应简要。对于某些推理或假说，要考虑到医学界专家所能接受的程度，提出自己的看法，或作为问题提出来讨论，然后阐述存在问题和展望，初稿形成后，按常规修稿方法，反复修改加工。初稿要写得文字通顺，语法准确，至于修辞、精练等问题，留待修改定稿时斟酌。

准备工作完成后，一般应在短期内写出初稿，以免时间拖得太长，造成前后脱节、条理紊乱或文字不畅等。一旦动笔，最好一气呵成，不必在写作过程中过分推敲用词，全文写毕后应逐段认真斟酌、推敲、每次修改后最好放置二、三天后再修改一遍，直至满意为止、必要时也可请指导教师或同行好友阅读提意见，力求完善。

综述还应指出本课题业已发表的综述（尤其是国内已发表的综述），并说明本综述与已经发表的综述的差异。

认真校审，综述写成之后，初写或新涉及该学科领域的人，如研究生或本科生在学或刚毕业者，要请专家审校，从专业和文字方面进一步修改提高。

(六) 修改定稿

同其他文章一样，对写成后的综述草稿要进行多次修改，以期达到完美。修改主要考虑以下几个方面：

内容和主题的修改

内容是文章的灵魂，不能有任何的差错。综述引用了大量的一次文献，稍不注意将会出现差错。文章完成后对综述撰写的目的、意义是否明确，选题是否恰当，信息是否全面，周密等方面再进行检验、查核，并作出必要的修改，做到准确无误。

材料的修改

包括对材料进行增、删或更换，以期综述的材料，突出新颖性，抓住研究热点，丰富综述的内容。重点是对参考文献的修改。参考文献的修改要考虑两个方面，一是核对正文中引用的内容和文后给出的参考文献条目是否一致，二是检查文后参考文献著录的项目是否齐全，格式是否符合所投期刊的要求。

结构的修改

文献综述往往是根据几十篇、甚至上百篇文献撰写而成，初稿往往容易写得过长，这时候就要考虑精简不十分必要的内容。如果自己压缩不到理想的篇幅，不妨找同行从读者需求的角度，提出一些压缩和删减的建议。这会对你综述的修改很有帮助。是使综述的整体突出、层次分明、均衡衔接，同时也使篇幅符合规定要求。

语言和文字的修改

综述文献的语言和文字要求语句准确、精练，所谓"词无浪费、句无虚发、言简意赅，用词恰当"。如何把纷繁复杂的文献资料组织成一篇完整的综述论文，语言表达精练，用词和术语准确，语句通顺、符合逻辑和修辞等就显得特别重要。最后要对错别字和标点符号进行校对和改正。

五、综述文献写作过程中应注意的问题

(一) 综述文献写作过程中应注意的问题

由于综述文献的特点，致使它的写作既不同于"读书笔记""读书报告"，也不同于一般的科研论文。因此，在撰写文献综述时应注意以下几个问题：

1. 搜集文献应尽量全。掌握全面、大量的文献资料是写好综述的前提，否则，随便搜集一点资料就动手撰写是不可能写出好多综述的，甚至写出的文章根本不成为综述。

2. 注意引用文献的代表性、可靠性和科学性。在搜集到的文献中可能出现观点雷同，有的文献在可靠性及科学性方面存在着差异，因此在引用文献时应注意选用代表性、可靠性和科学性较好的文献。

3. 引用文献要忠实文献内容。由于文献综述有作者自己的评论分析，因此在撰写时应分清作者的观点和文献的内容，不能篡改文献的内容。

4. 参考文献不能省略。有的科研论文可以将参考文献省略，但文献综述绝对不能省略，而且应是文中引用过的，能反映主题全貌的并且是作者直接阅读过的文献资料。

还要注意：避免作重复综述；避免选题范围过于宽泛；避免生搬硬套，对知识进行再创造能力和概括性差；避免添枝加叶、各取所需；要把握好详略，突出重点；注意引文资料跨度不要太长；间接和转引文献资料多；规范书写参考文献等。

总之，一篇好的文献综述，应有较完整的文献资料，有评论分析，并能准确地反映主题内容。

（二）学习撰写综述文献的好处

文献综述是对某一方面的专题搜集大量情报资料后经综合分析而写成的一种学术论文，它是科学文献的一种。文献综述是反映当前某一领域中某分支学科或重要专题的最新进展、学术见解和建议的它往往能反映出有关问题的新动态、新趋势、新水平、新原理和新技术等等。

要求同学们学写综述，至少有以下好处：

1. 通过搜集文献资料过程，可进一步熟悉科学文献的查找方法和资料的积累方法；在查找的过程中同时也扩大了知识面；

2. 查找文献资料、写文献综述是科研选题及进行科研的第一步，因此学习文献综述的撰写也是为今后科研活动打基础的过程；

3. 通过综述的写作过程，能提高归纳、分析、综合能力，有利于独立工作能力和科研能力的提高；

4. 文献综述选题范围广，题目可大可小，可难可易。对于毕业设计的课题综述，则要结合课题的性质进行书写。

第二节 医学学位论文撰写

学位论文是科研论文中的一种论文类型，是指高等院校或研究机构毕业生或研究生为获得学位资格而撰写的学术性研究论文，一般是在导师指导下完成的。因而学位论文不仅具有一般科研论文的特点、要求和价值，同时还应能反映相应学位的水平，是一项比较复杂的学习、研究和写作相结合的综合训练和总结。我国大学本科学生、研究生以及在职申请学位人员（包括具有研究生毕业同等学力人员）在完成学业后要申请相应的学位，都必须在规定的期限内向学位授予单位提交申请学位论文，通过学位论文答辩后才能获得相应的学位。

医学学位论文是学位申请人为申请医学学位而提交的医学论述性文章，它反映了申请者从事医学研究所取得的成果和独立从事科研工作的能力，是考核其申请者能否被授予学位的重要依据。需经过考核和答辩，因此无论是论述还是介绍实验装置、实验方法等都需十分详尽。要求既充分表达作者的研究成果，又反映作者获取知识的能力和进行科学研究的能力，因此篇幅较长。

一、撰写医学学位论文的目的和意义

（一）撰写医学学位论文的目的

撰写医学学位论文主要是为了检验作者是否达到一定的学术水平，主要考察作者的学科基本理论与知识、分析问题的水平和能力、实验技术的娴熟程度、文字表达能力等。

（二）医学学位论文的种类

医学学位论文可以按不同的方法来分类，主要可以按学位类别分类、按科研方法分类和按医学学科分类等。

按学位类别分类

我国现行大学实行学士、硕士、博士三级学位授予制。医学学位论文同其他学科一样，分为学士论文、硕士论文和博士论文3个级别。

1. 医学学士论文是高等医学院校大学本科毕业生所写的医学毕业论文。要求论文著者较好地掌握本门学科的基础理论、专门知识和基本技能；具有从事科研工作或担负专门技术工作的初步能力，对某个问题有一定的见解。

2. 医学硕士论文是指攻读硕士学位的研究生所写的毕业论文。根据我国学位条例规定，硕士学位应该达到下列学术水平：在本门学科上掌握坚实的基础理论和系统的专门知识；具有从事科学研究工作或独立担负专门技术工作的能力。也就是说，医学硕士学位论文应具有较高的学术水平，应能反映所掌握的专业知识的广度与深度，对医学某学科的基础问题和重要疑难问题有独到的见解。

3. 医学博士论文是指攻读博士学位的研究生所写的毕业论文。根据我国学位条例规定，博士学位应达到下列学术水平：在本门学科上掌握坚实宽广的基础理论和系统深入的专门知识；具有独立从事科学研究工作的能力；在科学或专门技术上做出创造性的成果。相应的，医学博士论文要求反映对医学某学科所具有的深邃广博的知识，并能熟练地运用这些知识对该学科提出创造性的见解，或对该学科的发展有重要的推动作用，或对该学科的研究有重要的、突破性的发明或发现。

按科研方法分类

医学学位论文按研究方法不同，通常可分为实验研究型、临床研究型和调查研究型三大类。以前，医学研究生教育强调研究能力的培养，故多为实验研究型，临床研究型较少，或在临床研究中也要加入较多的实验研究内容。这种方法培养的临床医学研究生，由于临床实践少，临床能力较差。为了改变这种状况，现在临床医学专门设立了临床型研究生，不再要求一定要进行实验研究。另外，调查研究型较多地用于公共卫生专业，如用流行病学调查的方法进行研究等。

按医学学科分类

医学学位论文按学科不同，可以分为基础医学、临床医学、预防医学3个一级学科大类。每一个大类又可以分成若干个二级学科，如临床医学可以分成外科学、内科学、妇产科学、儿科学、影像学等二级学科。二级学科又可以分为若干个三级学科，如内科学又可以分为心血管病学、血液病学、呼吸病学、消化病学、肾病学等三级学科。不同专业的研究生，他们的科研工作大多与本专业密切相关，因此其学位论文可按学科分类。但是，随着科学的发展，科研工作的学科相互交叉、渗透、融合越来越多，有时很难用某一学科界定其学位论文的归属。

（三）撰写学位论文的意义

1. 作为申请学位的重要依据

学位论文是为了获取相应的学位而撰写的科研论文，是评判是否达到相应学位学术水平的重要依据。目前，除临床医学专业学士学位尚未要求完成学位论文外，其余医学类各个层次的学位均要求要完成相应的学位论文，达到相应的学术水平，方可授予相应学位。而且，随学位层次的提高，不仅对学位论文学术水平的要求越高，而且对学位论文在整个学业中所占的分量也越大。

2. 作为医学信息存贮、交流的手段

医学学位论文是医学文献的重要组成部分，是医学科技信息存贮和交流的良好载体，它们当中的大部分都将会公开发表，这些医学科技信息就可以不受时空的限制，扬播世界，流传后世。目前，世界生物医学期刊每年发表的文献量在200万篇以上，占整个科技文献总量的五分之一以上，我国的情况也大体如此。而这些生物医学文献中，有相当一部分是研究生参与研究工作的，其中不少就是研究生学位论文的内容。由此可见，学位论文特别是研究生的学位论文是有重要学术意义和参考价值的，不少科技信息机构均收藏研究生的学位论文。我国的北京图书馆就公开征集博士生和硕士生的学位论文，作为收藏的重要组成部分。

3. 作为科研成果物化的重要形式

医学生，特别是医学研究生，他们从事医学科学研究，所获得的科研成果如何体现？如何以物质的形式展示出来？其主要方法就是撰写学位论文，把科研成果形诸文字，将其物化，公布于世，以期获得专家的评价；然后公开发表，以求社会的承认，实现它的社会价值。

4. 是实现创新的重要途径

学位论文的写作不是简单、原始地反映科学研究的实践。科学实践所得到的感性认识、第一手材料、原始数据等，还只是一堆"矿石"，必须运用各种创造性的思维方法进行分析、比较、综合、归纳、推理、总结等一系列"冶炼"过程，才能得到含量高的"金属"—科研成果。因此，学位论文的写作是提升学术水平、实现创新的重要途径。

5. 是培养人才的重要方法

医学论文写作是医学工作者专业技能的重要组成部分和不可缺少的基本功；娴熟的写作技能是高级医学人才必需具备的素质。因此，应该把提高医学院校的学生和青年医学工作者的医学写作能力作为一项重要的培养目标，贯穿于医学教育工作之中。

写作是一个人智能的综合反映。坚持写作实践，一可总结工作，深化认识；二可发表成果，得到公认；三可发现不足，及时改进；四可促进学习，不断提高；五可训练思维，帮助记忆。因此，加强医学写作特别是学位论文写作的训练，可使医学生特别是研究生在多方面得到提高，是综合培养医学人才的重要方法之一。

（四）医学学位论文的写作要求

医学学位论文，作为医学论文的一种，其写作要求应该具有与医学论文相同的一面即一般要求，又有与医学论文不同的一面即特殊要求。

医学学位论文写作的一般要求

对医学论文写作的一般要求即共同要求，众说纷纭，但最重要最根本的有

4条：

1. 学术性

学术性是医学论文不同于其他医学文体的重要标志，这可以从前面对医学论文概念的阐述中清楚地看出来。概括地说，医学论文的学术性主要表现在专业性上：一是指内容的专业性，即它表述的是某个医学领域中在理论上或实践上具有创新意义和学术价值的内容，是专业性很强的知识；二是指读者的专业性，即它的读者主要是具有一定学术水平和专业知识的医学和相关学科的科技工作者。医学论文属医学研究类文体中的一种，在学术性这一点上与医学科技应用类文体、医学新闻类文体和医学普及类文体有很大区别。而且，医学论文的学术性在医学研究类文体中是最高的，因而内容更深、更专，读者面也更窄。

2. 科学性

医学论文的科学性是医学各类文体中要求最严的。它包括内容与形式两个方面。从内容上看，其科学性不仅表现在研究结果是否真实、可靠，具有可重复性上；也不仅表现在分析、论证是否实事求是，观点是否明确，是否符合逻辑上；而且，还表现在科研设计是否严密、合理，特别是对照组、试验组的设置是否随机、可信，研究方法是否正确、完善，每个操作步骤是否严格，每种材料、仪器、动物是否合乎质量要求，资料是否充分、确凿，数据处理是否正确等方面上。总之，医学论文从总体上到每个细枝末节，都需要实事求是的科学精神和严肃认真的科学态度，以保证内容的真实性、客观性和准确性。从形式上看，论文写作要做到结构严谨，逻辑严密，格式规范，语言准确，使论文立论客观，论据充足，论证逻辑，具有征服读者的科学力量。

3. 创新性

创新性是医学论文生命力之所在，也是衡量医学论文学术水平高低的基本标志。它表现在两个方面：一是表现在科学研究所取得的成果上，即医学论文必须是报道新发现，总结新规律，阐释新见解，创建新理论，提出新问题；二是表现在医学科研的方法上，或是建立了自己独特的实验方法，或是对原有的程序有所改进，或是对测试的精度有所提高，或是在运用新技术、新仪器方面有了自己的新经验等。总之，医学论文所反映的内容必须具有创新意义，对读者具有新的参考价值。如果不是自己的研究成果，或者没有新发现、新进展，就没有撰写论文的价值。这与其他医学文体的写作有很大不同。

4. 规范性

医学论文写作的规范性是医学各种文体中比较突出的一种，其文体结构已达到标准化、格式化的地步。早在年，一些国际上著名的生物医学期刊的编辑在加拿大的温哥华市集会，制定了统一的投稿指南，即《温哥华格式》。后来，赞同温哥华格式的期刊不断增多，遂成立了国际医学期刊编辑委员会（ICMJE），每年召开会议，不定期地对投稿指南进行修改和充实，到1997年制定了《生物医学期刊对原稿的统一要求》即《温哥华格式》的第5版。我国于1987年由国家标准局颁布了《科学技术报告、学位论文和学术论文的编写格式》（GB7713—87），至今也已有十余年了。国际与国内两个格式虽然有些差别，但基本相同。我国的主要医学期刊基本上都执行《温哥华格式》。各家期刊对格式的要求可能有微小的差别，但无论如何，医学论文一定要按出版者要求的格式撰写，这是不言而喻的。

医学学位论文写作的特殊要求

由于学位论文有申请相应学位的强烈目的性和针对性，由此产生了它自身的一些特殊要求。这里仅在总体上提出3点要求，至于具体要求将在后面有关章节中论述。

应充分体现相应学位的学术水平学位论文是获取相应学位必须完成的主要学业，是反映作者是否具有相应学位学术水平的重要标志。因此，学位论文必须充分体现其学术水平。

要充分反映自己的创见学位论文学术水平的高低、质量的优劣主要取决于论文的理论意义或实用价值是否有自己的创新见解或独到之处。这就要求论文不能只限于罗列实验的结果和数据，满足于记叙遇到了什么问题，观察到什么现象，而是要把这些实验现象、数据、问题和结果上升到理论的高度，作出科学的理论解释。这应该是对医学论文的共同要求，但由于大学生，也包括研究生，没有经验，对这方面的要求缺乏基本的认识和深刻的理解，在撰写论文的过程中往往忽略了这一要求。因此有必要在这里予以强调。此外，根据不同学位论文的不同标准，还要求论文能展现作者独立从事科研或掌握专门技术的能力，这就要把自己通过论文工作所掌握的科研方法和技能以及在研究中的科学思想和智慧充分展现出来。

编写格式的特殊要求医学论文的编写格式有两种：一是期刊论文格式，一是单行本格式。前者主要是根据科技学术期刊登载的要求制定的；后者主要是根据学术专著单独出版发行的要求制定的。由于学位论文的目的是申报相应学位，需提交答辩委员会和学位评定委员会评审，且篇幅一般也较长，因此通常采用单行本格式。

二、医学学位论文的科研选题和设计

学位论文主要是靠科研工作做出来的。因此。要想做出一篇高质量的学位论文，首先要在如何做好科研工作上下功夫。

开展科学研究，第一件事就是要确定研究什么问题，即科研选题；第二件事就是要解决如何进行研究的问题，即科研设计。然后，才是具体的开展科研工作。完成科研工作之后，才能进行论文的写作。

（一）医学学位论文的科研选题的作用

选题是论文写作的第一步，选题是否得当直接关系着论文质量的好坏，甚至关系到论文的成败。

选题合适，则能充分发挥作者专长，激发研究热情，可以将兴趣与科研较好地结合起来。

选题不当，将不得不对作者本身不熟悉及不感兴趣的领域进行研究，容易导致作者身心疲惫，造成写作进度缓慢及质量低下。

科研选题，就是要明确科学研究的目标，即通过科学研究要解决什么问题，它决定后续的科研设计，并指导整个科研工作的全过程。因此，科研选题也是科研工作中起战略决策作用的主要环节，它直接影响到今后科研的成败、水平的优劣和效率的高低。如果选题不当，会对以后的科研工作造成很大的困难，甚至会对整个研究过程带来无可挽救的损失。这就像打井一样，如果井址选择不当，无论你花费多少功夫，采用如何先进的技术也是打不出水来的。特别是从事医学研究工作，其目的是为了探索生老病死的规律，就更加需要以极其严肃、认真的科学态度对待科研选题。

科研设计，就是对科研具体内容和方法的详尽设想及科研进度的计划安排，也就是在科研开始之前，制订一个通盘考虑、周密筹划、科学合理的最佳方案，它对研究对象、研究方法、观测指标的选择、资料处理的方式等都作了规定，是科研工作具体如何进行的依据，是科研结果正确可靠的保证，也是提高科研效率的根基。因此，在科研选题确定之后，要经过充分酝酿，反复思考，把科研设计做好，并最终写出一份详尽、完整的科研设计书，把设计的成果体现出来。

由此可见，科研选题和设计是科研工作者学识水平和科学思维能力的集中体现，是科研能力的重要反映，也是科研人才培养和素质提高的重要途径。因此，无论是指导教师和学生．都要高度重视科研选题和设计，把这项工作做好。

(二）医学学位论文的科研选题的原则

1. 科学研究课题选择的一般原则

科学研究的课题选择一般要有目的性原则、创新性原则、科学性原则和可行性原则。

目的性原则

科研选题必须有明确的目的，必须根据国家经济建设、社会发展和"科教兴国"的需要，选择在医药卫生事业中有重要意义或迫切需要解决的问题，这是科研选题的前提。当然，研究生因受种种条件限制，使其选题受到较大的制约，但目的性原则仍必须遵守。

创新性原则

科研选题必须具有创新性，创新性是科研工作的主要特征，没有创新意义的工作就不能称之为真正意义上的科研工作。做科研要选择前人没有解决或没有完全解决的问题，不能只重复前人做过的工作。坚持创新，就是要善于捕捉有价值的线索，勇于探索，不断深化。创新可分为两种类型：根本性创新和增量性创新。主要是看选题的内容是否开拓新领域，提出新思想，新理论；是否采用了新设计、新工艺、新方法、新材料等。前面已经提到，当今世界，科技迅猛发展，科研的竞争异常激烈和残酷，科研成果只承认第一，第二就是重复劳动，没有多少价值，徒然耗费人力、物力。因此，创新性是科研选题的核心，也是选题先进性的重要体现。然而，创新性是有层次的，有重大的、全局性的、突破性的创新，也有细小的、局部的、渐进性的创新。作为不同层次学位论文的研究工作，首先要符合不同学位的培养目标和学术水平，也即创新的不同要求。但无论如何，创新性是科研工作永恒的追求。

科学性原则

科学性是科研选题的基础，也是选题目的性、创新性能否体现的重要保证。科研选题的科学性原则包括三个方面的含义：其一要求选题必须有依据，其中包括前人的经验总结和个人研究工作的实践，或者它是符合已有的科学理论和客观规律的，或者它是可以得到实践或其他科学手段证实的。这是选题的理论基础。其二科研选题要符合客观规律，违背客观规律的课题就不是实事求是，就没有科学性。其三科研设计必须科学，符合逻辑性。科研设计包括专业设计和统计学设计两个方面。前者主要保证研究结果的先进性和实用性；后者主要保证研究结果的科学性和可重复性。

可行性原则

可行性原则是指科研课题所规定的研究内容、研究方法和观测指标是能够实现的，而且实现起来是有较高效率的，即效能性。也就是说，研究者的主观因素以及所在单位的客观条件（包括仪器设备、试剂、经费以及以往研究工作的经验积累和协作关系等）是否完备。为了确保选题的可行性和效能性，一般在科研选题和设计完成后，应该先做预试验，验证一下有无可行性问题。对研究生来说，可行性还包括时间性。因为研究生（本科生也是如此）完成学业的时间是有限的。拿硕士生来说，通常对论文题目的选择一般不应该迟于第二学年末，确定论文题目一般不应晚于第三学年初，以免定题太晚造成仓促成文，影响质量。因此，选题时课题不宜过大，研究内容不宜过多，观测指标不宜烦琐。

效能性原则

效能性是指科研的投入与预期研究成果的综合效能是否相当。这就需要把在研究过程中所消耗的人力、物力、财力，同预期成果的科学意义、学术水平、社会效益、经济效益、使用价值等进行综合衡量。

以上五项原则系指医学科研选题的主要及基本的原则，而且又互相联系、互相制约。其目的是为最大限度地减少课题的风险，增加科研探索的成功率。

2. 医学学位论文选题的特点

相对一般的科学研究的选题，医学学位论文的选题要突出"小"和"新"两点。

小：即学位论文选题不是广博而是窄小，选取一个特定范围、边界或程度，并具备一定的材料基础的具体对象加以研究。学位论文不应该写成一个广阔的"面"，而是要聚焦到一个足够深入的"点"上。无论是论述个案、概述还是综合，都要求围绕一个具体的焦点性问题去论述，而决不能泛泛而谈。

新：即选题新颖，有创新性。具体有四种含义：

新开拓，前人没有专门研究过或虽已研究但尚无理想的结果，有待进一步的探讨和研究；

新见解，学术界有分歧，有必要深入研究探讨的问题；

新应用，将某种已有论述的理论或技术与实践结合，指导实际工作。

新问题，指现实中正在发生的新现象，前人不可能作。这样的题目容易实现创新，但也容易流于"学术时尚"的展览，而无法实现扎实的开掘。

求新是学位制度的规则所决定的，如果选题过于平凡，则评委很难通过论文。因此，研究生在确定选题之前，需要首先全面查找现有文献资料，直到弄清楚该题目确实还没有人作过，或做的人不多，有继续深入发掘新内容的潜力。

（三）医学学位论文的课题来源

一般来说，学位论文的科研课题常常是导师的研究课题的子课题，因为研究生经常参与导师的科研工作，完成导师所承担科研课题的一部分，一般不存在选题问题。但是，要明确自己所研究的子课题在整个研究项目中所处的地位，以及与其他课题之间的关系，这对完成自己这个子课题乃至对整个课题的顺利进行都是很重要的。

有点研究生导师要求学生参与科研课题的招标和申报工作，也有的研究生导师要求学生自己选题，这对研究生的要求就更高了。如果是研究生自己选题，可以从以下几个方面入手：

1. 从医疗实践和社会需求出发

研究生可以从已有的诊疗技术出发，进行理论上的探索；从已有的基础理论出发，进行新的应用方法的研究；从医疗实践中提出新的问题，探索和解决这些新的问题。

2. 从医学发展的矛盾运动出发

医学发展的矛盾运动包括新的医疗实践与已有的理论、观点的矛盾；对某个医学问题的不同学派、不同观点、不同认识之间的矛盾；医学与其他学科的交叉矛盾，或医学不同学科分支之间的矛盾。

3. 从学科交叉领域中选题

可以从两个学科边缘地带寻找结合点；探索用一门学科的新理论和方法去研究另一门学科的问题；探索综合运用多种学科的理论、知识和方法去研究某个特定的研究对象，建立新的综合性学科分支；医学与社会科学、人文科学的渗透、交叉、融合等。

（四）医学科研课题的选题程序

1. 提出问题

科学问题的提出，本身就意味知识的进展。首先，根据自己的学识，对某个研究领域中有待研究的问题、进展情况和发展趋势的把握，进行发散思维，提出多个观点来；然后，运用收敛思维，经过反复思索、比较和推敲，从中确定一个最理想的观点，形成初始意念。

2. 信息调研

课题研究过程就是提出假说，验证假说，得出结论的过程。而信息调研是建立假说的重要依据。在调研过程中除查阅已发表的文献外，可利用国际互联网 Internet 联机检索、电子邮政等应注意对在研项目及尚未发表文章的信息资料的收集。

3. 确定题目

题目就是课题的名称,是一个涵义明确的短语。有以下几点要求:

要有受试对象、处理因素、效应结果,体现课题组成的三要素。

要概括体现假说的内容,同时附加限定成分,留有余地。

要言简意赅,用词具体,题目字数长短适中,一般规定 25 个汉字左右。题目中不用缩写、化学分子式、标点符号。

4. 提出设计

科研设计就是对科学研究具体内容的设想和计划安排,应包括专业设计、统计学设计两方面的内容。

选题的关键有三:一是形成初始意念;二是提出科学假说;三是确定证实手段。形成初始意念,主要靠创造性思维方法。科学假说是否科学,可用前面讲的科学性原则进行检验。至于证实手段的确定,主要应注意以下几点。

尽量选择简便、实用的证实手段和观测指标。因为科研的水平主要取决于科学假说的水平。高水平的假说加上高精尖的证实手段,固然可以得到高水平的成果;然而高水平的假说加上一般的简便、实用的证实手段,同样能得到高水平的成果;而低水平的假说加上高精尖的证实手段只能得到一般性的成果;低水平的假说加上一般性的证实手段,当然只能出低水平的成果了。

证实手段要力求构思合理,力争构思精巧,这样可以提高科研工作的效率,收到事半功倍的效果。

进行必要的预试验,特别是关键的问题和难点问题,必须经过预试验。这样做可避免走弯路,减少重大失误。

三、医学学位论文的内容要求

(一)具备一定规模与学术性。

学位论文是对学生多年学习和科研能力的检验,要能体现出多年积累的学术科研水平,在保证学术性第一的前提下,论文字数必须达到一定数量,具体要求根据学校及学科不同有所差别。通常本科生论文不少于 1 万字,硕士研究生论文 2~4 万字,博士研究生论文 5 万字以上。

(二)论文观点明确、结构严谨。

学位论文不是概述或一般总结,应当是经过较长时间的资料收集、慎重选题而确定的观点成熟的作品,因此必须能明确体现作者观点,同时通过合理的章节安排、段落层次及上下文衔接体现严谨的思路和文章结构。

(三) 语言规范、措辞得当。

学位论文用语较一般论文更为严格，应使用书面语言，避免出现敏感字眼及过于绝对化的判断。对于数字、标点、编号等，学校均有严格的规定。

(四) 装订及版式的要求。

各个学校对此要求各不相同，有的学校要求页面留出一定的装订空间。

四、医学学位论文写作标准

(一) 厚。

小而新的学位论文，需要以厚实的材料和严谨的分析使其丰厚、沉稳。厚不是指一味堆砌材料，而是指对问题采取多方面的、立体的或层层推进的研究，使人感到由此获得丰厚的洞见和知识。

(二) 面。

面是指论文的"点"可以牵涉宽广的平面。这是说要以论文所论之焦点性问题，带出它所涉及的广阔的文化平面。要想使小的题目不显小气、窄小，就需要注意将焦点置放到宽广的平面上去分析。

(三) 实。

实是指论文要处处求实、实证。必须以丰厚而可靠的学术研究基础、翔实的材料和严实的论证取胜。一方面要求作者有厚实的学术背景或基础，同时也要求每一观点都有来处，都注明出处。否则容易被视为论证不足，甚至"抄袭"。

(四) 透。

透是指说理透彻，分析透辟。学位论文以获取学位为第一目标，切不要一味追求"玄"，而要求透彻、透辟。

五、医学学位论文的格式

根据科学技术报告、学位论文和学术论文的编写格式国家标准 GB7713-87 规定，学位论文由前置部分、主体部分、附录部分与结尾部分组成。

(一) 前置部分

1. 封面和封二

封面是学位论文的外表面，提供应有的信息，并起保护作用。封面的格式及所用的纸张一般由学位授予单位统一规定，通常包括申请学位级别、学校代码与学号、学校名称、题目、院系（所）名称、专业名称、著者姓名、导师姓名及完成日期。如系保密论文，还须在学号下行注明保密级别及保密年份。

2. 题名页

题名页是对学位论文进行著录的依据。通常著录申请学位级别、中英文题名、著者与导师、完成日期外，还应包括参加部分工作的合著者姓名，如导师组成员等。题名页与封面上同时都有的信息，应保持两者一致。

3. 序或前言（必要时）

简要阐明本研究领域的历史与现状，对与本研究有关的文献进行系统全面地阐述，引用该研究领域前人的研究成果，准确指明论文作者的观点或看法。提出该领域某个方面的研究不足或进一步研究的必要性，指出进行该研究的依据，明示本研究的目的、意义，并在此基础上，阐明研究的主要内容和目标。目录标题应当列到二至三级。

4. 目录

目录由论文的篇、章、条、附录等的序号、名称和页码组成。具有检索、报导、导读等功能。

5. 插图和附表清单（必要时）

论文中如图表较多，可以分别列出清单置于目次页之后。图的清单应有序号、图题和页码。表的清单应有序号、表题和页码。

6. 缩略词表（必要时）

符号、标志、缩略词、首字母缩写、计量单位、名词、术语等的注释表符号、标志、缩略词、首字母缩写、计量单位、名词、术语等的注释说明汇集表，应置于图表清单之后。

7. 中英文摘要

摘要是对学位论文的内容不加注释和评论的高度概括的简短陈述。摘要应具有独立性和自含性，即不阅读报告、论文的全文，就能获得必要的信息。摘要一般应说明研究工作目的、实验方法、结果和最终结论等，而重点是结果和终论。为了国际交流，还应有英文摘要。编写摘要时应注意下列事项。

摘要必须在论文全文完稿之后，在遵循论文主题及主要内容的基础上撰写。

应如实、客观反映和高度浓缩、精炼原文的内容，不应成为正文的补充、注释和总结，也不可加进原文内容以外的解释、评价或自我评价。

不要简单重复篇名中已有的信息，不要把本专业领域的常识或过于浅显的内容写进摘要。

一般不用图表、公式、化学结构式、数学方程式、参考文献等，也尽量不用非公认通用的符号、术语、缩略词，如必须使用，应在首次出现时加括号说明。

8. 关键词

关键词是从题目、摘要、前言及结论中提取出能反映论文主要内容的单词或术语，一般列出 3~8 个。选词时可以参考一些规范词表，如《汉语主题词表》、MeSH 词表等。有些较新的概念、尚未有规范词与其匹配的关键词可采用之前使用的自然语言。

关键词以显著的字符另起一行，排在摘要末尾左下方。

9. 中图分类号

可以查阅我国医学高等院校图书馆使用的《中国图书馆分类法》。中图分类号著录于关键词下方，另起一行。

（二）主体部分

主体部分是学位论文的核心组成部分，包括引言、正文、致谢及参考文献等，占论文篇幅的绝大部分。正文部分应全面阐述研究的方法、过程和步骤，列出研究的结果，详细分析讨论结果和得出的结论。主体部分的编写格式可由著者自定，一般由引言（或绪论）开始，实验型医学论文的正文通常由材料和方法、实验结果、讨论、结论 4 部分组成。以下以实验型医学论文为例介绍主体部分的撰写。学位论文在实验材料与设备、研究过程、取得结果、计算程序、推理论证等内容上比学术论文更详尽。

1. 引言（或绪论）

医学学位论文的引言（或绪论）与学术论文的引言相比，在写作要求上基本一致，但更详尽，篇幅更长。包括简要说明研究工作的目的、范围、相关领域的前人工作和知识空白、理论基础和分析、研究设想、研究方法和实验设计、预期结果和意义等。应言简意赅，不要与摘要雷同，不要成为摘要的注释。有关历史回顾和前人工作的综述，可以单独成章，用足够的文字叙述。医学学位论文的综述一般附于文后。

2. 材料和方法

材料和方法是学位论文的基础，是判断论文科学性、创新性的主要依据，对论文质量起着保证作用。

材料与方法主要有以下几个方面的内容：主要仪器、设备的名称、型号和生产厂家、主要性能和技术参数；主要试剂的名称、型号、纯度和生产厂家；材料的制备、加工、纯化和鉴定方法；实验对象，如实验动物的种数、数量、品系、分级、性别、体重、年龄及来源等；实验方法，如动物疾病模型形成的方法、实验组与对照组的分组方法、体内实验方法、体外实验方法、切片方法、染色方法、测试方法、记录方法、统计方法等；实验程序、实验环境条件和其他必须交代清楚的有关实验工作的情况。

这部分内容必须做到可据此重复进行实验，以便引用或验证。故应注意叙述的完整性、客观性与准确性。要把实验的每个程序、步骤，如实、简要地交代清楚，关键的信息不可省略。

3. 实验结果

实验结果是本课题经过研究所取得的成果结晶，是论文的核心内容。讨论由此引发，结论也由此导出，是体现论文学术水平的高低和价值的重要基础。

实验型医学论文的结果包括实验研究观察到的现象，获得的物质，测得的数据、图像，得出的规律和结论等。结果必须是著者的第一手资料，应如实反映研究的具体成果，客观地进行分析与报道，不可随意更改或伪造成果。对于不符合主观设想的数据、资料不可随意舍弃，必须经过科学的处理与严密的逻辑判断方可决定，不要忽视偶发现象和数据，以确保论文的真实性。

4. 讨论

讨论是体现论文主题思想和创新性的关键部分，主要针对"材料和方法"、"结果"这两部分进行综合分析、比较、论证，阐明事物间的内部联系与发展规律，解释现象与本质之间的内在关系，揭示研究结果的理论意义和实用价值，从感性认识上升到理性认识，做到有所发现、有所发明或有所创新。

讨论部分主要内容一般包括以下几个方面：

对实验材料和方法、实验结果的正确性、合理性进行分析和论证，以说明本项研究的理论意义和实用价值。

对实验结果进行理论阐述，以便找出规律性的结论，体现出论文的学术水平。

将本研究与国内外同类研究进行比较，说明异同之处及本研究处于什么地位。

对研究结果中可能出现的误差进行合理的解释，实事求是地评价本研究的优缺点及存在的问题，今后设想及研究方向。

5. 结论

结论又称小结或结语，是文章全部内容推论出的结果。著者在绪言或引言中提出的问题，经过本课题的一系列实验、研究、分析论证之后，要在结论中作一个总结。结论需高度概括说明本文解决的问题，发现的规律，有何创新，有何不足，指出尚待解决、需进一步研究的问题和建议。结论不要简单重复上文的内容，而是要从理论的高度给以明确、简要的总结。但结论并非必要，如果不可能导出应有的结论，也可以没有结论而进行必要的讨论。

6. 致谢

致谢是著者对本课题研究中提供帮助、指导，或仅参加了部分工作的单位和个人表示谢意的一种方式，是对他人劳动的尊重，也是著者应有的礼貌。学位论文的致谢也可置于文末。致谢时要恰如其分，实事求是，不以名人来抬高自己，也不能抹杀他人的劳动成果。以下个人或组织可列为致谢对象：1. 著者的指导老师及在研究工作中提出建议和提供帮助的人；2. 协助完成研究工作和提供便利条件的组织或个人；3. 给予转载和引用权的资料、图片、文献、研究思想和设想的所有者；4. 提供研究基金或给予资助的企业、组织或个人；5 其他应感谢的组织或个人。

7. 参考文献

参考文献是医学学位论文的重要组成部分。要求著者著录在撰写毕业论文过程中曾经借鉴、引用过的，与本论文密切相关的重要文献，以表明研究的科学性与继承性。

参考文献的著录格式有严格的规定，根据国际标准 ISO/DIS 690，即《文献工作文后参考文献—内容、格式和结构》规定可采用顺序编码制、著者—出版年制和引文引注法 3 种体制，并对不同体制的文献著录格式作了明确的规定。国际生物医学期刊编辑委员会制订的《生物医学期刊投稿的统一要求》规定参考文献采用顺序编码制，我国最新的国家标准 GB7714 - 2005《文后参考文献著录规则》规定可采用顺序编码制和著者、出版年制。本书着重介绍目前使用最普遍的顺序编码制的著录格式。

参考文献在正文中的标注方法

按正文中引用的文献出现的先后顺序用阿拉伯数字连续编码，并将序号置于方括号中。

同一处引用多篇文献时，将各篇文献的序号在方括号中全部列出，各序号间用"，"，如"……［5，7，10］"如遇连续序号，可标注起讫号"—"，如"……［2 - 5］"。

同一文献在论著中被引用多次，只编 1 个号，引文页码放在"［ ］"中，文献表中不再重复著录页码。

如文中写出所引文献的著者，则引文编码标在原著者的右上角，如"XXX 等［10］首次报道了……如不出现引文著者名字，则标在该句（段）引文结束的右上角，标点符号之前，如……之间的关系仍然值得进一步研究"。

在文末按正文部分标注的序号依次列出所有的参考文献。

常用著录格式范例。以下为一些常用的参考文献著录格式与实例,其中文献类型标志、引用日期与获取访问路径为电子文献必备项。如系电子文献,还应在注明文献类型标志的同时注明其载体类型。文献类型与电子文献载体类型标志与代号对照表请见表11-2-1和表11-2-2。

表 11-2-1 文献类型与标志代码对照表

参考文献类型	文献类型标志代码	参考文献类型	文献类型标志代码
普通图书	M	报告	R
会议录	C	标准	S
汇编	G	专利	P
报纸	N	数据库	DB
期刊	J	计算机程序	CP
学位论文	D	电子公告	EB

表 11-2-2 电子文献的载体类型与标志代码对照表

电子文献的载体类型	载体类型标志代码
磁带(magnetic tape)	MT
磁盘(disk)	DK
光盘(CD-ROM)	CD
联机网络(online)	OL

著录时注意事项

原则上要求用文献本身的文字著录。

个人著者,其姓全部著录,而名可以缩写为首字母,省略代表省略意义的".",如"Al-bert Einstein"可著录为"EINSTEIN A";如用首字母无法识别该人名时,则用全名。责任者不超过3个时,全部照录。超过3个时,只著录前3个责任者,其后加", 等"或", et al"等与之相应的词。

出版项中附在出版地之后的省名、州名、国名等以及作为限定语的机关团体名称可按国际公认的方法缩写,如"World Health Organization"可缩写为"WHO"。

西文期刊刊名的缩写可参照 ISO 4《信息与文献:出版物题名和标题缩写规则》的规定缩写,缩写点可省略,医学期刊刊名也可参照 MEDLINE 的规范。

8. 文献综述

文献综述是医学学位论文的重要组成部分，按照医学学位论文的写作传统，文献综述通常单独成章，置于正文后。通过学位论文的综述部分，可以考核研究生掌握文献的深度与广度，以及综合文献的能力。

（三）附录部分

附录是医学学位论文主体的补充内容，并非必需项。下列内容可以作为附录编于学位论文之后。

1. 为了整篇报告、论文材料的完整，但编入正文又有损于编排的条理和逻辑性，这一类材料包括比正文更为详尽的信息、研究方法和技术更深入的叙述，建议可以阅读的参考文献题录，对了解正文内容有用的补充信息等。

2. 由于篇幅过大或取材于复制品而不便于编入正文的材料。

3. 不便于编入正文的罕见珍贵资料。

4. 某些重要的原始数据、数学推导、计算程序、框图、结构图、注释、统计表等。

5. 本人在就读学位期间发表的文章、论著及取得的成果等。

（四）结尾部分

学位论文的结尾部分包括封三与封底。封底通常为空白页，通常学校要求封三的内容为独创性声明与使用授权声明。

为了净化学术风气，强化独创意识，防止学术剽窃，目前学位论文的授予单位一般都要求论文著者签署论文独创性声明。复旦大学研究生论文的独创性声明的内容为："本论文是我个人在导师指导下进行的研究及取得的研究成果。论文中除了特别加以标注和致谢的地方外，不包含其他人或其他机构已经或撰写过的研究成果。其他同志对研究的启发和所作的贡献均已在论文中作为明确的声明并表示了谢意。"此声明要求论文著者签署姓名及日期。

为尊重论文著者与导师的智力劳动，保护学位授予单位的权益，根据我国研究生教育制度的特点，研究生应与培养单位签署"学位论文使用授权声明"，通常规定学校有权保留送交论文的复印件，允许论文被查阅和借阅；学校有公布论文内容的权利及采用影印、缩印或其他复制手段保存论文。此声明需由著者与导师共同签署姓名和日期。

不同的学位授予单位在独创性声明与使用授权声明在措辞上会有所不同，但内容大致相同。论文著者要根据要求下载不同的声明并填写。

第三节　学术论文的投稿与发表

医学学术论文（medical scientific paper）是一种医学科研论文。医学科研论文是医学科技人员通过科学思维、概括医学科研过程和反映医学科研成果，按论点和论据所写成的医学科学论证文章。

医学科研论文的种类也很多，按研究性质不同可分为理论性研究论文、实验性研究论文和观测性研究论文；按学科专业性质不同可分为基础医学研究论文、预防医学研究论文、临床医学研究论文等；按论文的体裁不同可分为实验研究论文、调查报告、经验总结、病例分析、疗效观察等；按写作目的又可分为学术论文和学位论文。

医学学术论文是反映医学科学最新成就和最前沿科研水平的科学研究议论文。它与一般发表感想和议论事件的议论文不同，它要依据或运用重要基本的理论，在观察和分析具有医学研究重要价值现象的基础上，剖析医学客观的因果，阐述科学的观点并指导医学科学的实践。同时，它也可用于在学术会议上交流和在学术刊物上发表，促进科学事业的发展。

一、医学学术论文的基本要求

（一）科学性

它是学术论文的最基本要求，也是科研论文的灵魂和生命。学术论文的科学性是指论文的论点客观公允，论据充分可靠，论证严谨周密，有较强的逻辑性。论文的选题、研究方法、搜集的资料、数据的处理及其结论能真实地反映和遵从客观事实，反映事物的本质和规律。医学论文撰写是为了解决医学研究的实际问题，有很强的实践性，而使医学研究可以重复并具再现性，这也是医学科研科学性的鉴别要点之一。

（二）学术性

是指论文不仅对事物的客观现象和外部特征作出一般的描述，更重要的是能够站在一定的理论高度，揭示事物内在本质和变化规律。

（三）创新性

创新性是学术论文的基本特征。创新性是指前人没有进行过的科学研究，如新现象的发现、新方法的建立、新理论的创立等等。创新性是世界各国衡量科研工作水平的重要标准，是决定论文质量高低的主要标准之一，也是反映它自身价值的标志。

（四）规范性

学术论文是一种反映科学研究成果的特殊文献，它能使读者以最高的效率读懂读通论文的实质内容，如基本的观点、方法、结果和结论等。它不同于一般的文学作品，不需冗长的描述与华丽辞藻的修饰、动人的情节、艺术的夸张、浓厚的渲染。它要求写法格式规范、叙述严谨、逻辑清晰、文理通顺、描述准确、简明。

二、医学学术论文内容特点和注意事项

（一）学术论文内容应具有的三个特点：

1. 要有理论支撑，既要有高度，又要有深度。

2. 具有原创性（编辑判断原创性先看摘要和关键词）。

3. 管用和实用（学术论文不是为了原创而原创，要落实到管用和实用上来）。

论文写的既要顶天又要立地。所谓顶天，就是指既要有理论深度又要有理论高度，所谓立地，就是要解决实际问题。

（二）撰写医学学术论文应注意以下问题：

1. 发表学术论文的目的：为了交流和推广，读者是同行。

2. 学术论文不能写成教科书（textbook－编织起来的书）。

3. 学术论文不能写成研究报告。研究报告是旧三段式，即：现状、问题、对策。

三、学术论文的一般格式

医学学术论文与社会科学的论文不同，它有着特殊的统一编写格式。在比较规范统一的格式下，医学科研工作者能够有效地进行医学学术论文的阅读、搜集、存储、检索、交流。

1978年，一些生物医学期刊的编辑在加拿大的温哥华集会，确定了生物医学期刊的投稿格式统一要求。这个投稿要求，在1979年由美国国立医学图书馆第一次公布，以后经过多次修订，被称为温哥华格式，其中包括文后的参考文献著录格式。温哥华集会的小组以后也形成了国际医学期刊编辑委员会（International Committee of Medical Journal EditorsICMJE）。目前世界上大部分的生物医学期刊学术论文的通用格式都采用温哥华格式，2008年的最新版本可通过网上 http://www.icmie.org 查找。

第九章 医药综述及学位论文撰写

我国在 1987 年公布了《科学技术报告、学位论文和学术论文的编写格式》的国家标准（GB7713-87）文件，对中文期刊的投稿也有一定的格式规范和要求。

国际上对医学文稿的格式和要求都有趋同现象，但不同的期刊在某些细节上可能会稍有区别。因此，撰写医学学术论文，最重要的是参考所要投稿的期刊对于论文的格式要求，多数期刊会在每年的第一期，刊出该刊论文及参考文献的格式要求。也有很多电子期刊在网上公布投稿须知，如 British Medical Journal，我国的《中华内科杂志》等。网上公布投稿须知英文写法有：Instruction for Authors，Guide to Contributors，Guide for Authors ofpapers，Advice to contributors 等。

根据国际通用及我国国家标准的一般规定，医学学术论文的一般分为3个部分：前置部分，主体部分和附录部分。

前置部分包括：题名（Title），著者（Authorship）、中英文摘要（Chinese 邑 English）、关键词（Keywords）、中国图书馆分类法分类号（Chinese Library Classification）。

主体部分包括：前言（Introduction）、材料和方法（Material&Methods）或临床资料（Clinical Material）或对象和方法（Subjects & Methods）、结果（Results）、讨论（Discus-sion）、结论（Conclusion）、致谢（Acknowledgements）、参考文献（References）。

附录部分包括（必要时）：插图和表格。

（一）前置部分写法

1. 题名也可称标题、题目或篇名

题名应简明、具体、确切、概括文章的要旨，必须是详尽且能恰如其分地反映研究的对象、手段、方法与达到的程度，并具有一定的逻辑性，符合编制题录、索引和检索的有关原则并有助选择关键词。其修饰要求简明扼要、确切醒目，应该既能够确切地反映论文的内容，又避免过大范围或一般化。如："冠脉内多普勒血流储备与核素心肌显像潘生丁试验的对比研究"。按照我国标准学术论文的中文标题一般为 20 个汉字，尽量不超过 30 个汉字。必要时可加副标题。要有英文题名。避免使用非公知公用的缩略语、字符、代号以及结构方式和公式。

2. 著者署名包括著者的挂名、单位及邮政编码

著者姓名汉语拼音为姓前名后，中间有空格，形式的全部字母为大写，双名之间加连字符，不缩写。注明作者单位、省市及邮政编码，该项用圆括号括

起来。

多位作者姓名之间用逗号分开,右上角加注数字序号,作者单位前加姓名序号。多位作者排名次序按参与工作的重要性排列。根据温哥华格式的要求,著者应该对论文有以下方面的实质贡献:1. 课题的构思与设计,资料的分析、数据采集与解释;2. 文章起草或对重要内容作重大修正;3. 最终完成发表的版本。以上1.,2.,3. 必须全部具备方能列为著者。仅仅参与获取资金或采集数据,不能成为著者。研究组的一般监管,不够著者权。美国《内科学纪事》编者文章指出署名的著者应具备以下5个条件:1. 必须参与过本项研究的设计和开创工作,如在后期参加工作,必须赞同研究的设计;2. 必须参与过观察所见和取得的数据的解释工作;3. 必须参与观察所见和取得数据的解释;并从中得出论文的结论;4. 必须参加过论文的撰写;5 必须阅读过全文并同意发表。凡在科研构思、设计、实验工作及论文撰写中起主要作用者,应排名在前。

3. 摘要

也可称内容提要。它是指对一份文献的内容所做的简略、准确的描述,一般采取直述方式。一篇好的摘要可以提供读者论文的主要内容,避免由于时间、文种、经费等限制而无法了解许多医学学术论文。

目前生物医学学术期刊多数采用结构式摘要。国内期刊与国外期刊的结构式摘要内容不尽相同。国内期刊的结构式摘要,一般分为目的、方法、结果和结论4个部分。可分段也可连续排列,其中结果和结论更为重要。研究的目的:主要说明研究要解决的问题,即突出论文的主题内容,要求简单明了,一般只用一句话。研究的方法:主要说明研究所采用的方法、途径、对象、仪器等,是论文中材料和方法的简化。如果论文主要论述涉及新的方法,这一部分应进行较详细的描写。研究的结果:主要介绍研究所发现的事实、获得的数据、资料,发明的新技术、新方法、取得的新成等。研究者的结论:介绍研究者通过研究,在对结果的分析基础上所得出的观点或看法,提出尚待解决的问题或有争议的问题,这一部分内容,只是涉及当前意见分歧较大的问题时,才在摘要中撰写。英文期刊论文的摘要,不超过200个词;中文期刊论文不超过300个字。一般不分段落一段话即可完成。图表和文献索引一般都不应放入摘要。

撰写摘要时应该尽量少使用引导性和支持性的解释词句。所谓引导性、支持性的解释内容包括:研究历史回顾、文献综述、概念和名词解释。

4. 关键词

关键词是反映文章最主要内容的术语，关键词及分类号便于检索工具和数据库收录文献的计算机处理，也便于读者进行文献检索。

关键词是从题名、摘要、前言及结论中提取出能反映论文主要内容的单词或术语，一般列出 3~8 个，关键词之间用分号隔开。选词时可参考一些规范词表，如《汉语主题词表》、MEDLINE 检索系统中的词表及其中译本（中国生物医学文献数据库电子词表）。有些较新的概念、尚未有规范词与其匹配的关键词可采用当前使用的语言，并且要注意反映关键词的特征性。

5. 分类号

中图分类号为从期刊文献的学科属性实现族性检索并为分类统计创造条件。获得分类号可查阅我国医学高等院校图书馆使用的《中国图书馆分类法》。

6. 脚注

脚注包括收稿日期、基金项目、作者简介等内容。

（二）主体部分写法

1. 引言部分

主要阐述相关领域的前人工作和知识空白、理论基础和分析、研究设想、研究方法和实验设计、预期结果和意义等。其主要作用是使读者了解著者的研究方向、背景知识和为什么要做这项研究。写作要注意：1. 应简要地介绍该论文研究的目的和背景。但不要把背景写成短篇综述。一般教科书已有的知识、显而易见的作用和意义不必重复。2. 注意实事求是地客观评价自己的研究，对"国际国内首次报道"等，必须要有确切的资料和依据。3. 文字精练，篇幅不宜过长。与文中使用的语言要统一。引言的内容结构可以包括：先总体上介绍研究背景；密切相关的参考信息（不要写成小综述），逐渐缩小到立题依据；研究或观察的基本原理（不包括在正文中报道的数据或结论），再集中到研究目的。例如：pHaggarty, effect of B vitamins and genetics on success of in – vitro fertilisation；rospectivecohort study. Lancet 2006，367；1513 – 1519 一文前言结构总体背景：欧洲试管怀孕治疗，试管怀孕和双胞胎的影响因素需要进一步研究，立题背景：低维生素 B 状况与早期怀孕失败、高浓度的叶酸与双胞胎高发有关，研究目的：研究维生素 B 在体内水平，涉及维生素 B 代谢的相关基因变异等。

2. 材料和方法

这部分提供了研究工作中的原始资料，是论文中论据的主要内容。也是主要交代研究是如何进行的一个部分。重点介绍研究的对象、实验材料、方法及研究的基本过程。包括用逻辑顺序，精确地描述新方法，并指明方法借鉴的参考文献，表明采用方法的目的等。这一部分的写作内容实验研究类与临床研究类论述的要点存在区别。

实验研究论文中，论述的要点，通常包括：仪器设备：应说明所用仪器的型号，制造的国别和厂家等详细的参数等。试剂药品：如材料的来源、制备、选择标准、包括普通名、剂量、服用规则等。尽量避免用商标名。实验对象：选用的观察或试验的对象（病人或实验动物，包括对照组）。指明年龄、性别、和其他对象的重要特征如选择标准与特征等。生物体尽量采用科学分类等规范名词，避免用实验室的俗称。涉及人的实验应求得自愿。实验方法：表述要精确，包括观察和记录方法的指标，涉及计量单位的问题，要根据国家最新法定计量和单位的标准进行表达。实验程序、操作要点：包括获得结果的过程。统计方法：描述统计学方法要详细，使读者容易理解，并能依据原始数据证实报告的结果。

临床疗效观察或临床病例分析论文中，材料和方法部分可改为，"临床资料"（clinical material），其论述要点主要包括：病例选择标准（诊断和分型标准）；病例一般资料（病情、病史）；随机分组情况（实验组、对照组）；治疗用药（剂量、剂型、途径）；疗效观察项目（症状、体征、实验室检查等）；疗效标准项目（痊愈、显效、缓解、无效或死亡）。

材料和方法在涉及新的内容时，应详细而便于同行重复、借鉴。常规方法或重复前人的方法则可略或注明文献出处即可。

3. 结果

描述实验所得到的数据与事实结果，是论文的关键部分。应该按科研的逻辑顺序在正文、表格和图中表达研究结果，强调和概述重要的观察结果。这一部分的写法如下：

再一次阅读你的研究课题，针对研究的问题，逐一列出结果。选择代表性数据，进行必要的统计学方法处理。

画出表格和图，要求按国际标准或国家标准规范化，如我国国家标准《科学技术报告、学位论文和学术论文的编写格式》GB7713-57规定：图包括曲线图、构造图、示意图、图解、框图、流程图、记录图、布置图、地图、照片、图版等。表内同一栏的数字必须上下对齐。表内不宜用"同上"、"同左"、"：" 和类似词，一律填入具体数字或文字。表内"空白"代表未测或无此项，"—"或"二"（因"一"可能与代表阴性反应相混）代表未发现，

"0"代表实测结果确为零。

凡能用文字说明的问题，尽量不用图表。如数据已绘成曲线图，可不再列表。不要同时用表和图重复同一数据。表中已有的数据不要再在正文中重复叙述。没有必要，可以不要图表；结论不多，也可以不要图表。

4. 讨论

是全文的精华部分，写作要根据研究结果，结合基础理论和前人成果，应用国际国内最新的学说、理论、见解对该课题进行分析、作出解释，即强调研究课题的创新点和重要性。不要重复文章其他部分已经介绍的详细数据和资料。实验研究要突出主要的发现，与其他相关研究进行对比。它们主要体现在对实验结果受影响的因素进行分析，对意外发现作出解释、建议和设想。注意：突出自己的创新点，要有自己见解，不要大量引用他人资料。分析紧扣主题，不要离题发挥。论证采用已有科学根据的数据，不要以假设证明假设。评价实事求是，认同相关的研究。不重复在前言或结果部分中的详细数据或其他材料。避免不成熟的论断，避免工作尚未完成就提出或暗示要求首创权。理由充分时，可以提出新的假设，但须恰如其分。

5. 结论

结论部分是根据研究结果和讨论所作出的论断。主要指出通过研究解决了什么问题，总结发现的规律，对前人的研究或见解做了哪些修正、补充、发展、证实或否定。写结论部分要求观点鲜明，措辞严谨，评价恰当，文字精练。现在有许多期刊将结论放在文前的摘要内。

6. 致谢

根据温哥华标准，在文章的恰当位置（题名页的脚注或文章的附录中，见各期刊的要求），可以对以下对象表示感谢：对文章有贡献但不属著者，比如部门领导一般支持；对研究进行过技术协助；经济资助和材料支持，等等。对论文有思想贡献而不拥有著者权的对象可以列出姓名，在致谢中可以描述为"科学顾问"、"研究计划的重大评论者"、"数据采集"或，"临床试验参与者"等。必须得到个人的同意才能列出姓名。因为读者可据此推断数据和结论的可靠性。

（三）参考文献

对文中引用他人研究的基本原理、方法、观点等相关文献，要在文中标明，并在文后列出相关文献的来源及出处。文中引用和文后列表都有标准格式和规范。

四、医学学术论文的投稿及投稿技巧

一篇论文从构思到成功发表这一系列过程中，投稿是重要一环，作者应十分重视投稿，掌握投稿要领与技巧，研究投稿策略，使自己的论文投对期刊之门，投其杂志所好。

（一）投稿前的准备工作

1. 完稿的论文是否标准化、规范化：作者应认真学习并掌握国家制定的有关标准，可重点学习和掌握以下标准：GB7713-87、GB3179-82、GB6447-86、GB3860-1995、GB7714-87、GB3100-86、GB3101-86、以及ISO4-1984《文献工作—期刊名缩写的国际规则》等。如有问题及时进行标准化修改。

认真阅读杂志的稿约与投稿须知：按稿约与投稿须知的要求办理。要熟悉所投刊物的"投稿须知"，按照其规定的格式撰写，这能够收到"事半功倍"的效果，由于避免了许多因格式上的错误而导致的反复修改，大大节约了编辑和作者的时间和精力。如果能找到一本拟投刊物进行研究、学习写作是最好的。针对所投刊物具体格式要求写出的文章，相信应该受到编辑和审稿人的欢迎。

对要投稿的科技期刊有所了解。作者撰写论文的目的是能够发表，因而对投寄的期刊必须有所了解，做到"知己知彼"。我国的科技期刊可按期刊的内容、学术水平及期刊的批准单位的级别等分类。

我国科技期刊按照内容可分成综合性期刊、学术性期刊、技术性期刊、检索性期刊及科普性期刊。有时学术类与技术类的论文内容有交叉性，界线不清，故这两类杂志的性质不应绝对分清。

我国政府部门从未对科技期刊做学术上的分级，只是从其主管单位或批准单位的角度将科技期刊分为全国性和地方性两种，但其学术地位和合法性是同等的。

科技期刊学术水平划级是个复杂的系统工程，影响因素较多，目前还不能科学地划分出其学术等级。所谓核心期刊、引文数据库源期刊等，并不是国家政府部门对杂志学术级别的划分，而是为了课题研究和一些管理工作的需要所界定的名词概念。不管怎样说，核心期刊仍然很受重视，因为其发表的大多数论文水平比较高，所以，核心期刊的作用和地位与日俱增。

现在医学科技期刊较多（全国大约有800余种），但每种期刊的办刊宗旨、报道范围及对论文的具体要求各不相同。作者在投稿前应多了解各种期刊

的办刊特色、类别、学术水平、读者范围等，根据论文学术水平的高低及所属范围决定其投向，要根据论文特点、刊物特点投稿，做到投稿"有的放矢"，"有投必中"。

（二）正确选择期刊

选择向何处投稿并如何递送稿件是很重要的。选择容易接收作者稿件的期刊，是医学论文发表的前提。在投寄前应查阅有关杂志所设的栏目和具体要求（如格式、篇幅等），还要查阅省卫生主管部门颁布的《XX省〈评审高级卫生职务任职资格的医药卫生刊物名录〉》，以便发表的论文能用于职称晋升；还要了解医学期刊出版周期（周刊、旬刊、半月刊、月刊、双月刊、季刊、年刊、不定期刊）情况，以便缩短发表周期。主要应从以下方面考虑：

一致性

作者要根据论文的内容，选择本学科的杂志，使其内容与杂志的报道范围、读者对象相适应。为此，作者必须对有关杂志的稿约和投稿须知等认真阅读，了解其办刊宗旨、编辑方针、报道范围、读者对象和栏目设置等，通过浏览分析近期的目录、刊用的文章及报道计划，了解杂志的报道重点、编辑动态，从而保持论文与杂志的一致性。

权威性

作者均希望自己的论文能在知名度高的权威杂志上发表。但知名度高的杂志稿件来源较广，来稿较多，因而选稿较严，要求较高，录用率低。中华医学系列杂志在全国具有极高的威望，中国系列杂志也有很高的知名度，这是事实。如果有几家杂志可供选择，当然应选有权威性、知名度高的杂志，因为其影响较广，更能体现论文的价值。

周期性

多向出版周期短的期刊投稿，其命中率也会较大提高。另外每种期刊每年都有当年的报道重点，作者投稿前如能对所投刊物当年的报道重点有所了解并在其规定的范围内投稿，一来会迎合刊物的报道策略，是对刊物工作的支持；二来对于作者来说，稿件也相对容易发表。在稿件质量相同的情况下，编辑部一定会优先照顾重点报道对象。作者如事先了解所投刊物的报道重点，按其规定范围投稿，往往能收到好的效果。

（三）给自己的论文增加必要的"分量"

多加修改，提高论文的质量。

稿件录取与否，关键在于稿件的质量，即文稿的先进性、科学性和实用性来取胜；其次是以"巧"取胜。"巧"是指文章的逻辑、结构和表达技巧以及文章的严密性、科学性和说服力。这也是论文被录用的关键。

基金资助应注明

很多编辑部对基金论文往往开辟"绿色通道",对于有基金资助的论文会从快处理、优先发表。所以,基金资助论文应注明,最好附上基金证书复印件。

请资深专家审阅推荐

完成的文稿最好请一位资深专家或知名学者审阅,并提出修改意见后进行认真修改能保证论文的质量,易于被刊用。

论著类稿件应进行必要的查新并附上查新证明

对有些国际、国内居于领先地位的论著类稿件,最好到专门的查新工作站或在因特网上进行查新,并附上查新证明,这样无论是编辑部还是审稿人都会对论文目前的"先进性"有个大致的了解,如确实很有"创新性",往往会以最快的速度处理稿件,优先发表。

（四）避免"一稿多投"

"一稿多投"是指同样的文稿或实质内容基本相同的文稿投给两个或两个以上的期刊。"一稿多投"是对作者本人不负责任的表现。编辑部对"一稿多投"深恶痛绝,对于有"一稿多投"行为的作者,各编辑部都有一本自己的"黑名单",上过"黑名单"的作者再投稿时,各编辑部一般都会谨慎处理,轻易不会再受理。故而奉劝作者不要冒险"一稿多投",要为自己的"声誉"负责。但以下情况不属"一稿多投"：1. 已被其他刊物退稿的论文；2. 发表初步报告后再发表完整的论文；3. 无刊号的内部资料再以有刊号的公开发表形式。

（五）联系方式要详细、准确

有时编辑部因稿件修改、索要软盘或稿件质量问题需要和作者商榷,但由于稿件上没有详细、准确的联络方式而联系不到作者,往往失去很好的发表机会,编辑部就会和可以联系上的作者联络,优先发表他们的论文。建议作者一定要留下详细、准确的联络方式,附上联系电话、e-mail 地址,最好留下手机号码。此外,如作者暂时外出,也应在稿件上留下一个"通讯作者",此人在第一作者不在的情况下全权处理稿件事宜。

（六）认真对待编辑部的退修意见

仔细阅读退修单上的说明及审稿人和编辑部的具体意见,逐条修改,逐条落实。对于作者认为确实难以修改或不妥的地方最好另页说明,表明自己的观点和意见。但往往有很多作者不认真阅读退修单上的说明,不按审稿人的意见及编辑部的具体要求修改，如字数没有按规定压缩、软盘未寄送编辑部或未通过 e-mail 发送、审稿人意见未被采纳但也未作出书面说明等等，这些都将影响论文的发表。没有严格按照退修单意见修改将意味着论文的反复修改甚至退稿。

（七）一个刊物一次只投一稿

有的作者一次给同一个刊物投好几篇稿件，但是投稿并不是以量取胜，而是以质取胜。在稿件质量允许的情况下，编辑部往往会优中选优，只挑选其中的一篇发表，况且为了平衡，在短时间内不可能发表一个作者的多篇论文，所以另外几篇往往就会"石沉大海"，在相当长一个时期内没机会发表。

（八）及时了解稿件的处理情况

作者可通过电话、电子邮件等方式及时了解编辑部对稿件的处理情况，及时跟进处理进度，对自己的论文何时退修、何时录用、何时出版做到"心中有数"。

（九）稿件应寄给编辑部，不要寄给个人

有时作者可能会认识编辑部中的某人，投稿时往往时会抱着熟人好办事的心理直接寄给个人，其实这样并不好。有时因个人出差或休假，甚至工作调动，编辑部其他人不会拆封信件，往往会耽误很多时间，有时甚至还会误事。

（十）对需要纸质论文的注意事项

虽然现在大多数编辑部都可以使用 E-MAIL 投稿、设有投稿电子信箱，有些科技期刊还可以在网上进行投稿，但是有些科技期刊因为条件或治学态度的关系，仍然要求作者邮寄打印的纸质稿件，对于这样的稿件，要注意以下几点：

1. 打印要清楚

有些作者的打印机有些故障，墨色深浅不一，有些地方甚至根本打不上去，形成空白的"横条"，编辑人员往往要费劲"猜谜"、猜字，此类文稿往往是不受编辑和审稿人欢迎的。而对那些打印清楚、格式整齐、"赏心悦目"的稿件，编辑和审稿人首先从心理上就有一种认同感，有一种亲和力。所以，千万不要小看这些小事，细节方面的注意往往能收到事半功倍的效果。

2. 稿件要装订，并应仔细检查

有的作者不知什么原因稿件不装订，十几页的稿纸散作一团，这些散页码在处理过程中很容易丢失，给编辑部、作者和审稿人都带来很多不便。还有的作者装订时不仔细检查，页码前后颠倒，甚至丢失其中的某几页，让编辑和审稿人大伤脑筋，往往直接以退稿处理。

所以在投寄前应认真阅读稿约，并分析刊出文章的水平、特点，并与自己的文章相比较，以决定是否投寄。

对于有新理论、新发现、新方法、或引进国内先进技术、或有技术上有重大改进，或临床观察更为深入、标本数量更大、随访观察时间久，有重要的经验教训等，均可积极投稿。投稿应严守稿约，按照稿约的规定整理并投寄。切忌一稿多投。

五、稿件修改和稿件退修

（一）论文修改的必要性

俗话说：刀不磨不快，文章不改不好。修改是论文写作中一个非常重要的环节，从某种意义上可以说是具有决定性作用的环节。认识过程的艰巨性决定了修改的必然性。学术论文是反映作者对客观事物的认识，而客观事物是丰富多彩、曲折复杂的，认识它不容易，反映它更是困难。因为，这种困难一方面来源于客观事物本身的内部矛盾有一个逐渐暴露过程，它的发展是曲折复杂的；另一方面这种困难来源于人的认识要受到各种主客观条件的制约，在认识过程的各个阶段中稍有疏忽，就容易出现片面性和主观性。人们对研究对象的认识有个由现象到本质、由片面到全面、由不够深刻到比较深刻的过程。而且人们对研究成果的反映也有个由不够准确、恰当，到比较准确、恰当的过程。写学术论文就是对研究成果的反映，在从不够准确、恰当到比较准确、恰当的转变过程中就必然有一个修改的环节。

1. 修改是论文写作中贯穿始终的重要环节

修改从形式上看是写作的最后一道工序，是文章的完善阶段，但是从总体来看，修改是贯穿整个写作过程的。写作一般可分为四个阶段，在每一个阶段都应该加强修改功夫。第一阶段，酝酿构思中的修改。论文在动笔之前，要酝酿构思打腹稿。修改就要从这里开始。如确立中心、选择题材、布局谋篇等等，都要经过反复思索，有分析也有综合。这不落笔端的修改，却决定着通篇的成败，腹稿改得好，写起来少走弯路。如果确定了一个严密的提纲，搭起一个好架子，文章结构就不会有大变动。所以动笔前一定要深思熟虑，不要信笔写来再作大改。第二阶段，动笔后的修改。落笔以后就进入细致的思索过程，形象思维与逻辑思维交用，有事理的推断，形象的探索，层次的划分，段落的衔接，句式的选检，词汇的斟酌、推敲。各方面都可能经过反复分析、对比、抉择，在改换取舍一些词语、句式、层次、段落之后完成初稿。这就是边写边改，边改边写的阶段。第三阶段，初稿后的修改。改写完之后，要逐字逐句，逐层逐段的审读，作通盘的修改。在修改中不仅要酌字斟句，还要考虑材料取舍、层次安排、结构组织、中心的表达，等等。第四阶段，在指导老师指导下修改。指导老师审阅后，对草稿的优点给予肯定，并指出全文的不足。作者在听取指导老师的评讲后，要进一步发现自己文中的优缺点，研究要透，领悟要深，然后重新考虑修改。这时候的修改并不是一两次能结束的，修改的难度也比原先增大了。但是，如果改好了，文章水平可以有显著提高。

在这四个阶段中，初稿之后的修改更为重要。因为论文在起草初稿的过程中，作者对每个论点、论据不可能想得很周密，表达则更难做到准确无误。而在草稿写出后，作者的着眼点可以从局部写作转到总体审视，居高临下地检查，推敲中心论点的表达是否突出，各层次、段落的安排是否妥当。另外，作者的立足点可以从撰写者移到读者方面，比较超脱地对论文各个部分进行"评头论足"，"挑三拣四"，更客观和更严格地认真思考，反复推敲，使论文进一步趋于成熟和完美。

2. 修改是提高写作能力的重要途径

修改论文，培养严谨的治学态度和良好学风的需要。写文章是给别人看的，会对社会产生一定的影响。因此，作者必须抱着对读者对社会的高度负责精神认真修改论文。认真修改论文，严格把关，这是一种严谨的科学态度和治学态度。

(二) 如何处理退修稿件

稿件退修是经编辑初审、专家复审、编辑部初定、编委会定稿后进行，退修的目的主要是稿件有刊出价值，但稿件中还存在着一些需要与作者商榷的地方，责任编辑希望通过退修过程使稿件更完美。

在退稿面前不气馁。退稿对投稿人来说是经常的事，尤其是初学者，应有心理准备。在退稿面前不气馁，坚信自己的能力。

1. 分析退稿原因

受到退稿后，应认真分析一下退稿的原因。一般退稿可能是因为：选题过于陈旧，是前人研究过的科研课题；已经有类似文章发表过，多数科技期刊不会重复发表类似的文章；所投期刊与稿件内容不符，这是没有选对期刊，稿件不是该刊收录的范围，当然不会被录用；文章论点不够鲜明、结论不明确、重点不突出。

2. 修稿和另投

最后考虑一下退稿是否有另投的可能性,应如何修改,再投哪家杂志较合适等。

因此,作者应认真阅读退修信,对稿件进行修改补充,重新誊抄或打印后,连同退修信一并按时寄回第二采编部,以便编辑再次加工。如有不同意见,也可用书信、电话反馈给第二采编部。

总之,科研工作、资料处理以及论文的撰写是一项复杂的工作,需要我们不断地实践、不断地总结,以积累经验。只要认真反思,重新修改,成功之路就在你的脚下,成功发表的希望就在你的不懈努力中。

附:中华医学会系列杂志参考文献的著录格式

中华医学会系列杂志有固定的参考文献著录格式,但即便是同一种期刊,不同种类的参考文献的著录格式不相同。下面列出作者经常使用的发表在期刊和书籍中的文献的著录格式。

期刊

1. 期刊(不分卷):只需列出作者、题、刊名、发表年份、期序和起止页如:Turanl, WredmarkFellander – TsalL. Arthroscoplc ankle athrodesls In rheumatoid arthritis. CI. Orthop, 1995, (320): 110~111.

2. 期刊(分卷,连续编页码):除了作者、文题、刊名、发表年份和起止页码外,还要标卷,但无须标期。如:邓伟吾. 走出应用抗菌药物治疗误区. 中华结核和呼吸杂志, 2002, 25: 705~706.

3. 期刊(分卷,单独编页码):需要同时标注卷和期。如:汪国华,马进季适东,等. 急性出血坏死性胰腺炎的手术治疗. 中级医刊, 1995, 30(8): 22~25.

4. 期刊无卷和期:无法标注卷有期,只标年份、如:Browed DA, Lennard T W. Immunologlc status of the cancerPatients and the effects of blood transfu slon on antltUmoryaponses. CurroplnGenSUYg, 1993: 325~333.

5. 卷的增刊:需在卷后标注"增刊"(中文)或"SPPPI"(英文)字样。如:Clyde WA Jr. Clinical overview oftyplcalMycoplasma pneomonlae infections Clin Infect Dis, 1993, 17 Suppl l: 532~536.

6. 期的增刊:需在期后标注"增刊"(中文)或"SUpd"(英文)字样。如 Pnyne DK, Sullivan MD, Massie MJ. Women's psychological reactlons to bfCast cancer. Semin Oncol, 1996, 23 (ISuPPIZ): 89~97.

7. 卷中分部:需在卷后标注分部。如:Ozben T, Nacitarhan S, Tuncer

N. Plasma and unne slallc acid In non Insu lind Cpendent diabetes mellitus Ann Clin-Biochem, 1995, 32 (Pt3): 303~306.

8. 期中分册：需标注分册。如：Poole GH, Mills SM. One hundred consecutive cases of flap lateraDons ofthelegin aging patients. N Z Med J, 1994, 107 (986Ptl): 377~378.

9. 作者未署名：不标作者。如：Cancer insouth Africa Editoriall. S Afr MedJ, 1994, 84: 15.

10. 期刊中译文格式如：He FJ, MacGregor GA. 钾的益处．朱形莹，译．英国医学杂志（中文版）. 2002, 5: 84~87.

书籍

1. 专著：需注明作者、书名、出版社及其地址、出版年份和起止页码等。

例1（中文）：戴自英，刘欲昆，汪复主编，实用抗菌药物学．第2版上海科学技术出版社，1998.76~78.

例2（英文）：Guyatt G, Rennle D. Users'guides to the medical literature - Chicago: AMA PrCss, 2002. 393~400.

3. 专著中析出文献：例1（中文）：蔡映云．湿化治疗与雾化治疗．罗慰慈主编，北京：人民军医出版社，1997, 362~365.

例2（英文）：LIVOTffiofO DM; Williams JD. B - lactamsmode of actionand mechanisms of bacterlal resistance. gill: LOflapV, Cd. Alltiblot1CSifilsbofs - tory medicine. 4th ed. Baltimore: Will。flains&Wilkins, 1996. 502~578.

第十章 专利文献检索与中药、民族药专利申请

第一节 概述

一、专利、专利权和专利文献

(一) 专利的概念

专利（Patent）狭义上是指获得专利权的发明创造。

专利广义上包括三层意思：一是从法律角度，即专利权；二是从技术角度，即狭义上的专利；三是从文献角度，指专利文献。

(二) 专利权

专利权是指国家专利管理机关依法授予专利申请人独占实施其发明创造的权力。

专利权具有三个特点：

1. 专有性（也称独占性或排他性），即专利权人（专利申请人）对其发明创造所享有的独占该项专利产品的制造、使用、销售及对专利方法的使用权利，其他任何单位或个人未经同意不得从事以盈利为目的而使用专利技术的活动。

2. 时间性，是指专利权的保护有一定的法律期限，当某项专利的保护期限届满后，专利权即不存在，该发明创造即成为社会公共财富，任何人均可以无偿使用。我国《专利法》规定专利权期限自申请日算起为：发明专利权的保护期限为 20 年，实用新型专利权和外观设计专利权的保护期限为 10 年。

3. 地域性，是指专利权的有效范围仅限于授予国的领土之内，即一个国家依照本国专利法授予的专利权，仅在该国法律管辖的范围内有效，对其他国家没有约束力，任何国家都没有保护别国专利的义务。

（三）专利文献

专利文献（Patent Literature）是指记录有关发明创造信息的文献，主要指各国专利局的正式出版物，如专利说明书、专利公报、专利索引、专利文摘、专利分类表等。其中专利说明书是专利文献的核心部分，是申请人向政府递交说明其发明创造的书面文件，上面记载着发明的实质性内容及付诸实施的具体方案，并提出专利权范围。

我国出版的专利文献主要包括：发明专利公报、实用新型专利公报和外观设计专利公报；发明专利申请公开说明书、发明专利说明书；实用新型专利说明书；专利年度索引。

专利文献的核心内容是指专利说明书。专利说明书是专利申请人向专利管理机关递交说明其发明创造的书面文件，上面记载着发明的实质性内容及付诸实施的具体方案，并提专利权范围。专利管理机关根据此文件审查、公告征求异议，然后加以批准，编定号码，公开发行，即为专利说明书。

专利说明书由扉页、正文和附图、权利要求书组成。扉页向人们提供有关该说明书所载发明创造的技术、法律等方面的信息。权利要求书提供了该专利申请或专利保护的技术特征范围，是确定专利权范围及判定侵权的依据。正文是对申请专利的发明创造作出清楚说明的文件，包括发明创造的名称、所属技术领域、已有技术水平、目的、技术方案、于背景技术相比所具有的效果、最佳实施方案等。附图是用于补充说明书文字部分的文件，一些国家把附图看成是专利申请文件中的一个独立部分，在我国，附图是专利说明书的一部分。

二、专利的种类

专利的种类，各国专利法规定不尽相同，我国专利法把专利分为发明专利、实用新型专利和外观设计专利三种类型：

（一）发明专利

发明专利指对产品、方法或者其改进所提出的新的技术方案。

（二）实用新型专利

实用新型专利指对产品的形状、构造或者其结合所提出的适于实用的新的技术方案。实用新型专利只保护具备一定形状的物品发明，方法发明及没有一定形状的液体、粉末、材料等类产品发明不属于实用新型专利的保护范围。

（三）外观设计专利

外观设计专利是指对产品的形状、图案或者其结合以及色彩与形状、图案的结合所作出的富有美感并适于工业应用的新设计。外观设计专利的保护对象是产品的装饰性或艺术性外表设计。

三、专利制度

专利制度起源于欧洲，它以向发明创造授予专利权的方式，利用法律于经济的手段来保护、鼓励发明创造的推广应用，进而推动技术进步和社会发展。

专利制度的核心是专利法，它主要从专利权的授予和保护两个方面对专利事物做出规定。

世界上的专利制度至今为止已有300余年的历史。英国于1474年颁布了第一部专利法，美国于1790年、法国于1791年、荷兰于1817年、德国于1877年都先后颁布了自己的专利法。世界上有自己专利制度的国家和地区已有160多个，而且专利法也日益国际化，如1884年生效的《巴黎公约》，1970年签订的《专利合作条约》，1971年签订的《专利国际分类协定》，1973年签订的《欧洲专利条约》，1975年订立的《欧洲共同体专利公约》，1975年签订的《卢森堡公约》以及1977年签订的《非洲专利组织》等。

中国于1979年开始起草中国专利法，1980年成立专利局，1984年正式通过《中华人民共和国专利法》，并于1985年4月1日起正式实施。专利法制定后经历了两次修改。为更好履行我国政府在中美两国达成的知识产权谅解备忘录中的承诺，于1992年9月4日通过了《关于修改＜中华人民共和国专利法＞的决定》，对专利法进行了第一次修改。为了顺应加入世界贸易组织的需要，2000年8月5日又通过了《关于修改＜中华人民共和国专利法＞的决定》，对专利法做了第二次修改。2005年4月，中国知识产权局启动了专利法第三次修改工作的准备工作。2008年1月，专利法第三次修改被列入国务院2008年立法工作计划，预计专利法第三次修改工作将于2009年上半年完成。我国目前实施的是2000年第二次修改过的新专利法。

四、授予专利权的条件

（一）授予专利权的条件

发明创造是对技术问题的一种新的解决方案，然而，并非所有的发明都可以获得专利。授予专利权的发明和实用新型，应当具备新颖性、创造性和实用性。授予专利权的外观设计，应当同申请日以前在国内外出版物上公开发表过或者国内公开使用过的外观设计不相同和不相近似，并不得与他人在先取得的合法权利相冲突。

第十章　专利文献检索与中药、民族药专利申请

新颖性：是指在申请日以前没有同样的发明或者实用新型在国内外出版物上公开发表过、在国内公开使用过或者以其他方式为公众所知，也没有同样的发明或者实用新型由他人向国务院专利行政部门提出过申请并且记载在申请日以后公布的专利申请文件中。

1. 创造性：是指同申请日以前已有的技术相比，该发明有突出的实质性特点和显著的进步，该实用新型有实质性特点和进步。

2. 实用性：是指该发明或者实用新型能够制造或者使用，并且能够产生积极效果。

（二）不能授予专利权的

生物技术发明包括涉及活的生物体、使用活的生物体和相关生物材料的方法和由该方法获得的无生命的产品和各类发明。按照中国专利法，具体来说下列主题被排除在可授予专利权的主题之外：

1. 有关生物体的科学发现

有关生物体的科学发现是无任何技术投入的基本的人类活动，不属于发明的范畴。因此，按照中国专利法，这类科学发现不能授予专利权。但当发明以发现为基础时，即不仅发现了其在自然界的存在，而且能够首次从自然界中将其提取出来，并使其在工业上有利用价值，可依法授予专利权。例如作为中草药成分的植物提取液等，只要不属于现有技术，即可依法授予物质专利。

2. 疾病的诊断和治疗方法

尽管疾病的诊断和/或治疗方法并不一定直接涉及生物技术发明，但这些方法直接应用于高等生物体上，因而常常与生物技术发明相联系。就此而言，中国专利法将直接作用在人体或动物体上的诊断方法和经手术法或治疗法治疗人体或动物体疾病的方法排除在可授予专利权的方法之外。这类方法包括所有使用医生的技术或知识，以治疗为目的，以人体和动物体为作用对象，直接确定或消除人体或动物体病因或病灶的方法。将这类方法排除在外，是基于这类方法不能在工业上被制造或者使用。

但是下列情况视为"疾病的诊断和治疗方法"的例外情况：

（1）为诊断和治疗疾病而使用的物质、材料、仪器、设备和器具；

（2）烫发、染发等美容方法及物品的消毒方法；

（3）在人体或动物体之外进行的化验方法（如血液、大小便、脑脊液、胆汁、引流出的胃液等的化验及检测方法）；

（4）尸体的测试及处理方法；

（5）非诊断和治疗目的测定生理参数的方法（如量血压、量身高；

(6) 人体或动物体上所获取的信息的数据处理方法。

3. 动植物品种

和大多数国家的专利立法体系一样，中国专利法排除了动植物的可专利性。但中国正着手建立保护植物新品种的体系。与目前不授予专利权的动植物品种不同，微生物是可以授予专利权的。中国专利局审查指南将"微生物"限定为细菌、真菌、动植物细胞系、病毒、质粒、原生动物、藻类等。

4. 产生动植物的基本生物学方法

中国专利法允许授予微生物学方法及其产品专利权。然而不依赖于人类活动的纯粹的生物学现象不是专利这种独占权的授权主题。一种方法是否是"基本生物学的"有一个程序问题，即取决于方法中人的技术干预的程度，如果某一方法中这种干预在确定或控制所期望的结果上发挥重要作用，这一方法就是可授予专利权的方法。

5. 产生微生物的可充分的方法

随机性的、即使完全在所限定的条件下也不能以相同的结果重复的获得微生物的方法，是不能授予专利权的主题。例如，从土壤中或其他地方分离新的生物株或者使微生物菌株突变产生新的菌株的方法缺乏可重复性，因而缺乏实用性，是不可以授予专利权的。但是，可重复的获得新的微生物菌株的方法（如基因工程方法）是可以授予专利权的。

因此，2000年修订后的中国专利法扩展了生物技术领域专利保护的范围，从而使中国生物技术专利保护基本上符合国际惯例。

五、专利的审批程序

目前世界各国采用的专利审批制度各不相同，大体采取以下3种不同的办法：

（一）登记制

专利局对专利申请案只进行形式审查，如果手续、文件齐备即给予登记，授予专利权，而不进行实质审查。采用登记制的，其专利往往质量不高。

（二）实质审查制

实质审查制是指不仅进行形式审查，还要审查发明的新颖性、先进性和实用性。实质审查能够保证专利的质量，但需有大批高水平的审查人员，且容易造成大量积压。

（三）延期审查制

对形式审查合格的申请案，自提出申请之日起满一定期限（如18个月）

即予以公布，给予临时保护；在公布后一定年限内经申请人要求专利局进行实质审查，逾期未要求实质审查的，则视为撤回申请。采用延期审查制可减轻审查工作的负担。中国对专利的审批采用延期审查制。

我国对实用新型和外观设计专利申请实行初步审查制。即专利局仅审查专利申请是否符合形式要求，如申请是否符合授予专利范围、文件是否完备、申请费是否已经缴纳等，只要初步审查合格即批准专利。

我国对发明专利申请实行早期公开、延迟审查制度。专利局先对发明专利申请作初步审查，认为符合要求后，自申请日起满 18 个月予以公布，也可按申请人要求早日公布。自申请日起 3 年内，专利局按申请人随时提出的请求，对其申请作实质审查，即专利三性（新颖性、创造性和实用性）的审查。实质审查合格后，专利局授予发明专利权，发给专利证书，予以登记和公告。自公告之日起 6 个月内，根据公众要求可以对专利权进行再次审查，再次审查后做出维持或撤销专利权的决定。

除我国之外，英国、日本、德国和瑞士等国家也采用早期公开、延迟审查的专利制度。

六、专利文献区别于其他文献的主要特点

（一）数量巨大，内容广博，集专利技术法律经济信息于一体

每年各国出版的专利文献已超过 150 万件，全世界累积可查阅的专利文献已超过 6000 万件；

专利文献涵盖了绝大多数技术领域，从小到大，从简到繁，几乎涉及人类生活的各个领域；

专利文献不仅记录了发明创造内容，展示发明创造实施效果，同时也包含发明所有权和权利要求范围的法律状况，记载了专利的权利人、发明人、专利生效时间等信息。可根据专利的分布情况，分析技术销售的规模、潜在市场、发明的经济效益和国际间的竞争范围。

（二）传播最新技术信息

申请人在一项发明创造完成之后总是以最快速度提交专利申请，以防竞争对手抢占先机。德国的一项调查表明，有 2/3 的发明创造是在完成后的一年之内提出专利申请的，第二年提出申请的接近 1/3，超过两年提出申请的不足 5%。

（三）完整而详细揭示发明创造内容

专利申请文件一般都依照专利法规中关于充分公开的要求对发明创造的技

术方案进行完整而详尽的描述，并且参照现有技术指明其发明点所在，说明具体实施方式，并给出有益效果。

（四）格式统一规范，高度标准化，具有统一的分类体系

专利文献有统一的编排体例，采用国际统一的专利文献著录项目识别代码（INID 码），专利说明书有法定的文体结构，从发明创造名称、所涉及的技术领域和背景技术到发明内容、附图说明和具体实施方式等，每项内容都有具体的撰写要求和固定的顺序，并严格限定已有技术与发明内容之间的界线；

WIPO 工业产权信息常设委员会为使专利文献信息出版国际统一，制定了一系列专利文献信息推荐标准；

各国出版的发明和实用新型文献采用或同时标注国际专利分类号，外观设计文献采用或同时标注国际外观设计分类号。

七、专利文献的作用

专利文献的用途很广泛，但就检索的目的而言，可以概括为以下几个方面：

（一）专利性检索或查新。

一项发明在申请专利之前，必须了解该发明是否具有新颖性和创造性，从而做出是否申请的决策。对专利申请提出异议，或者对有效专利请求无效宣告，也需要进行这种检索。

（二）侵权检索。

一项新技术和新产品投放之前，或者处理专利纠纷时，往往要调查相关专利的权利状况，如专利权的保护范围和有效期限等，以判断是否侵权。

（三）技术评价与预测检索。

对特定技术领域内专利申请情况进行系统调查，便可以了解该技术领域的现状与发展动向，为制定科技政策、科技规划、科学研究与技术开发选题、成果鉴定等提供依据。

（四）特定技术问题解决检索。

针对特定技术问题查阅相关的技术方案，可以从中受到启发，帮助解决现有技术难题，或者加快产品开发与技术革新进程，降低研究开发费用。

（五）技术引进检索。

技术引进前，通过专利文献检索查清计划引进技术的先进程度、是否申请了专利、专利权是否有效等问题，以便在引进和自行研制中做出决策。

第二节 专利文献的分类

一、国际专利分类法

（一）概况

随着各国专利制度的建立，各国专利局相继制定了各自的专利分类法。如美国的《美国专利分类表》和英国的《专利分类表》等。这些分类法只适用于本国专利文献的分类，不利于国际交流。因此，欧洲理事会的专利专家委员会于1951年成立了由法国、联邦德国、荷兰和英国专利局组成的专利分类法专门工作组，开始了研究编制国际专利分类体系的工作。为了促进使用国际专利分类表，1954年12月19日各成员国在巴黎签订了《关于国际发明专利分类表》。根据协定，该表用英、法两种文字完全对应的文本出版，并且规定每五年修订一次。分类表的第一版于1968年正式公布出版，名称为《国际专利分类法》(International Patent Classification，简称IPC)。1971年3月24日在法国斯特拉斯堡签订了《国际专利分类斯特拉斯堡协定》(International Patent classification Agreement，IPCA)，简称《斯特拉斯堡协定》(Strasbourg agreement，SA)，是巴黎公约成员国间缔结的有关建立专利国际分类的专门协定之一。截至2004年12月31日，缔约方总数为55个国家。1996年6月17日，中国政府向世界知识产权组织递交加入书，1997年6月19日中国成为该协定成员国。

国际专利分类法（IPC）是目前国际上最通用的标引及查找专利文献的分类法，使缔约国各国专利文献获得统一分类的工具。国际专利分类法（IPC）由世界知识产权组织每5年修订一次。现采用的是国际专利分类法（IPC）的第8版，在专利文献上表示为：Int. CL. 8。

（二）分类体系

国际专利分类法（IPC）采用等级分类体系，共分五级，即部（Section）、类（Class）、小类（Subclass）、组（Group）、分组（Subgroup）逐级进行分类。共设8个部，120个大类，628个小类。部下设分部，分部不作为分类的一个级别，只设标题，没有类号，在每个部中包含若干分部。如A部包括四个分部：农业；食品和烟草；个人或家用物品；保健和娱乐。其中，八个部分别用A~H表示，医药卫生专利主要属于A类。IPC分类表的部及分部见表12-1。

表 10-1

A 部	人类生活需要（农业；食品和烟草；个人或家用物品；保健和娱乐）
B 部	作业；运输（分离和混合；成型；印刷；交通运输）
C 部	化学，冶金（化学；冶金）
D 部	纺织、造纸（纺织或未列入其他类的柔性材料；造纸）
E 部	固定建筑物（建筑；钻井和采矿）
F 部	机械工程；照明；采暖；武器；爆破（发动机和泵；一般工程；照明和加热；武器和爆破）
G 部	物理（仪器；核子学）
H 部	电学

一个完整的 IPC 分类号由代表部、大类、小类、大组或小组的符号构成。每个部用 A~H 中的一个字母表示。每一个大类的类号由部的类号及在其后加上两位阿拉伯数字组成。大类下设小类，每一个小类类号由大类类号加一个英文字母组成，但 A, E, I, O, U, X 共 6 个字母不用。每一个小类细分成许多组，包括主组和分组。主组类号由小类号加上 1~3 位数字，后再加/00 来表示；分组类号由主组类号加上一个除 00 以外的至少两位的数组成，即用斜线后面的 2~5 位数字表示。分组是主组的展开类目，但斜线后的数字在分类表中不表示任何进一步细分类的等级关系。

例如：A01B 1/02。

——部　　　A
——大类　　A01
——小类　　A01B
——大组　　A01B1/00
——小组　　A01B1/02

另外，为配合国际专利分类法（IPC）的使用，世界知识产权组织还编制了《IPC 关键词索引》（Official Catchword Index to the International Patent Classification）和《IPC 使用指南》（Guide to the IPC）。通常，检索者在不熟悉所查技术领域的分类情况下，可以借助《IPC 关键词索引》并结合使用 IPC 分类表，确定分类范围和准确的分类号。索引按关键词字顺排列，每个关键词条目后标有 IPC 分类号。

查找医疗卫生专利的详细分类号，可使用国家知识产权局（中国专利局）审查部译编的《国际专利分类表》，2008 年出版的中译本适合于查从 2005 年初到2009年底的专利，它按照该分类表的 A~H 8 个部分为 8 个分册出版，《使用指南》作为第 9 分册出版。

二、英国德温特出版公司专利分类系统

（一）概　况

英国德温特出版公司（Derwent Publication Ltd）是英国一家专门从事出版专利信息的机构，它收集报道世界上几十个国家和国际组织的专利文献，出版有各种专利目录、文摘、累积索引等专利检索工具，并提供各种文摘卡片、计算机检索磁带、缩微平片、胶片等服务项目。

德温特检索系统收录全面、报道广泛、体系完整，已为各国普遍采用，成为系统查找世界各国专利文献的最重要的检索工具。德温特公司出版报道的专利文献除利用 IPC 分类外，还使用德温特自编分类系统对其进行分类。德温特分类系统属于应用性分类系统，非常适合大众查找专利的需求。

（二）Derwent 分类表的体系

德温特分类是从应用性角度编制的，它将所有的技术领域分为三个大类，分别是：化学（Chemical）、工程（Engineering）、电子电气（Electronic and Electrical）。

大类之下又分为部（section），总共有 33 个部，其中 A–M 为化学，PI–Q7 为工程，S–X 为电子电气。

部又进一步分为小类（classes），总共有 288 个小类。

德温特分类表附在 CPI，GMPI，EPI 等文摘周报和 WPIG 目录周报各个分册的封二、封三页上，每个德温特分类号后面附有相应的国际专利分类号。

如果被报道的某项专利的发明主题涉及德温特分类不同的部，那么在报道时这些不同的部中都应当包括该专利。例如一种聚合纤维新染料专利，该专利将被包括在 A、E 和 F 部中。又如一项电视机的输出变压器专利，应当在 V02 和 W03 中都报道。

· 化学（Chemical）大类

化学大类包括 12 个部，135 个小类。12 个部分别是：

A　聚合物、塑料（Polymers and Plastics）

B　药物（Pharmaceuticals）

C　农业（Agricultural）

D　食品、洗涤剂、水处理、生物技术（Food, Detergents, Water Treatment and Biotechnology）

E 一般化学（General Chemicals）

F 纺织和造纸（Textiles and Paper – Making）

G 印刷、涂料、照相（Printing，Coating，Photographic）

H 石油（Petroleum）

I 化学工程（Chemical Engineering）

K 核子能、爆破、防护（Nucleonics，Explosives，and Protection）

L 耐火材料、陶瓷、水泥、电化学（Refractories，Ceramics，Cement and Flectro（in）organics）

M 冶金（Metallurgy）

N 催化剂（Catalyst）

·工程（Engineering）大类

工程大类包括 P（General）一般和 Q（Mechanical）机械两部分。P（General）包括8个部46个小类。8个部分别是：

P_1 农业、食品、烟草（Agriculture，Food，Tobacco）

P_2 个人和家庭物品（Personal，Domestic）

P_3 保健、娱乐（Health，Amusement）。

P_4 分离、混合（Separating，Mixing）

P_5 金属成型（Shaving Metal）

P_6 非金属成型（Shaping No – metal）

P_7 加压、印刷（Pressing，Printing）

P_8 光学、照相、一般（Optical，Photography，General）

Q（Mechanical）包括7个部57个小类。7个部分别是：

Q_1 一般车辆（Vehicles General）

Q_2 特殊车辆（Special Vehicles）

Q_3 运输、包装、存储（Conveying Packging，Storing）

Q_4 建筑、建筑物（Building，Construction）

Q_5 电机、泵（Engines，Pumps）

Q_6 工程部件（Engineering）

Q_7 照明、加热（Lighting，Heating）

·电子和电气（Electronic and Electrical）大类

电子和电气（Electronic and Electrical）大类包括6个部50个小类。6个部分部是：

S 仪器、测量和测试（Instrumentation，Measuring and Testing）

T 计算机和控制（Computing and Control）
U 半导体和电路（Semiconductors and Electronic Circuitry）
V 电子元件（Electronic Components）
W 通信（Communications）
X 电力工程（Electric Power Engineering）

三、美国专利分类法

目前，在全世界众多建立专利制度的国家里，国际专利分类成为人们管理和使用专利文献的工具。然而，也有少数国家至今沿用自己的专利分类。美国就是其中一例。

美国专利分类始建于 1873 年，130 多年来随着科学技术的发展，它屡经修改和扩充，到目前为止，已发展到 390 多大类，10 万多小类（据 1990 年美国专利分类表统计）。它是目前世界上最详细的一部技术资料的分类之一。与国际专利分类有所不同，美国专利分类的原则是以功能分类为主；分类号采用二级结构。更为引人注目的是，它有两个显著的特点，即专利分类定义及分类表中的非正式小类。

美国专利分类定义是其分类表的补充，它使用应用性语言，详细描述其分类体系中所有大类及小类所包括的范围，并通过检索注释为检索者指出相关的分类位置。由于功能分类要求类名概念化，使得美国专利分类的类名只对功能作具体说明。这种类名可高度概括其包括的技术，但极不易为人理解，这现象在 IPC 的功能分类中也是存在的。而分类定义的出现，给检索者提供了拐杖，使他们对准确快速地分类，又多了一成把握。分类定义的作用与 IPC 中的各种参见、注释的作用近似，但前者更为全面。IPC 的参见和注释只是一些分类目录有；而美国专利分类定义，对所有分类目录都进行注解，这样不仅方便检索者使用分类表，而且易于沟通分类人员和检索人员。例如，美国专利分类的 26 大类，其类名为：纺织品，织物的整理；其分类定义是这样的："本类为纺织品纤维的处理以及其后续，使其有良好的市场效果。由于在整理皮毛的过程中，皮毛修整与织物的表面纤维或纱线的处理，特别是绒毛纤维的处理类似，因此皮毛修整包括于本类的 15 小类及其下属小类中。另外拉伸塑料薄膜的设备，与纤维的拉伸设备，在功能上是类似的，则前者也被置于本类的 54 小类及其下属小类中。然而拉伸塑料薄膜的过程，应分在 264 大类——塑料及非金属制品的成型及处理中。纺织品及纤维的漂白、染色、洗涤及化学处理过程，及 8 大类——染色及漂白，纺织品及纤维的水处理及化学处理。织物纤维的水处理设备，入 68 大类。等等。"而与美国这个类号对应的 IPC 类号为 DO6C，其参见："化学部分入 DO6L 至 DO6Q；干燥入 F26B。"其注解："本小类中下列概念具有特别定义的织物一词应理解为包括经纱或层纱在内。"相比较而言，IPC 的注释及参见相对简单了。

美国专利分类中的另一个显著特点，是非正式小类。由于专利审查工作的特殊性，即要求不断提高审查速度，使得专利分类必须尽可能地细分类目。这就是任何一部专利分类法不断进行修改的原因之一。美国专利分类每个季度，都要对其总类目的 5% 进行修订，而且对任何其下集中了多于 100 篇文献类目，都要细分。而 IPC 每 5 年才修订一次。更特别的是，美国专利局的审查员有权对分类表中自己所管辖的小类，进行临时性细分。由于临时性细分出的小类，是没经过正式分类法令而产生的，因此被称为非正式小类。这些非正式小类的出现，对加速审查员审查案子是很有帮助的。因为审查员在审查过程中，面对着不断发展的科学技术，以及越来越多的文献如果某个分类号下集中过多的文献，势必会给审查员的检索工作造成很大麻烦。若能就技术特点将其细分成几部分，那么检索起来快速了。与此同时，非正式小类也为公众充分利用专利文献提供了方便。

由此可见，美国专利分类不仅能更好地满足工作的要求，也为专利文献的使用者带来了更多的方便。

四、日本专利分类法简介

日本专利分类法是日本专利局的内部分类系统。审查员用其分类系统对专利申请分类或检索，也将其分类号公布在日本的专利文献上。公众可以从因特网上进入日本专利局数字图书馆，用日本专利分类检索日本专利文献。日本专利分类法分为 F1（File Index）分类系统和 F–term（File Forming Term）分类系统。

（一）F1 分类系统

F1 系统是基于在 IPC 分类下的继续细分类系统，F1 系统共计有 19 万多个细分类（其中包括 IPC 小组约 6—9 万个，在 IPC 下的内部细分类 12 万多个）。

F1 系统分类号的构成如下：

细分号：在 IPC 小组下的细分类称为细分号，由三位数字组成。

1. 文档细分号：将 IPC 的某些小组细分或对细分号再次细分的分类号称为文档细分号，文档细分号用一个英文字母表示。

2. 方面分类号：从技术主题的不同技术特征，在 IPC 小组下以不同角度继续细分号称为方面分类号，它由三个英文字母组成（类似 IPC 混合系统中的引得码）。

（二）F-term 分类系统

F-term 分类系统是专门用于计算机检索的分类系统，是从技术主题的多个角度考虑分类类目，也从多个角度限定需检索单位的文献量。例如，从技术主题的多个技术观点，如用途、结构、材料、方法等考虑分类类目。至今 F-term 分类系统已归类约有 2,900 个左右技术主题范围，这些技术主题对应于 IPC 分类中相同的技术领域，并设置一个主题属于 F-term 的一个组，称为 F-term 主题表。

F-term 的应用是从专利文献中取出有关的词语输入计算机系统中，检索时再用 F-term 的检索词进行检索，得到命中的所需文献信息。

第三节　专利文献的传统检索

一、国内专利文献的传统检索

查找中国专利文献的主要传统检索工具有：中国专利公报、中国专利索引、中国医疗器械专利和中国药品专利等。

（一）中国专利公报

《中国专利公报》是国家知识产权局每周定期公开出版的受理、审查和授权公告的唯一法定刊物，共分《发明专利公报》、《实用新型专利公报》、《外观设计专利公报》三种。这三种专利公报创刊于 1985 年，都属于文摘型检索工具，每周每种公报合订为一期，全年 52 期，以大 16 开印刷品形式出版发行。

《发明专利公报》的正文按《国际专利分类表》类目顺序排列，其主要部分为"发明专利申请公开"和"发明专利权授予"两个部分，正文之后附有"申请公开索引"（包括 IPC 索引、申请号索引、申请人索引和公开号/申请号对照表）和"授权公告索引"（包括 IPC 索引、申请号索引和专利权人索引）。

《实用新型专利公报》的正文按《国际专利分类表》类目顺序排列，其主要部分为"实用新型专利权授予"，正文之后附有"授权公告索引"（包括 IPC 索引、申请号索引和专利权人索引）。

《外观设计专利公报》的正文按《国际外观设计分类表》类目顺序排列，

其主要部分为"外观设计专利权授予",正文之后附有"授权公告索引"(包括分类号索引、申请号索引和专利权人索引)。

索引中的公开号、授权公告号按文献流水号的顺序编排,均采用7位数字,例如:CN1050324A。编号前冠以国际标准化组织(ISO)制定的表示国家和地区的国际通用代码,其中我国的国别代码是"CN"。第一位数字用来区分三种不同的专利:"1"为发明专利,"2"为实用新型专利,"3"为外观设计专利,后六位数字表示专利申请公开或授权公告的流水号。编号后标有字母进一步区分其法律状态:标有A,表示发明专利申请公开;标有C,表示发明专利授权;标有Y,表示实用新型专利授权;标有D,表示外观设计专利授权。

索引中的申请号为中国专利局受理某件专利申请的同时给予该申请的编号,均采用八位数字,例如:9510764(一)8。前两位数字表示申请年代,第3位数字用来区分3种不同专利(同前),后5位数字表示当年各项专利申请的流水号,小数点后面的尾数为计算机校验码。

索引中的专利号为授予专利权的编号,国家知识产权局(中国专利局)对此号码没有另行编排,仍沿用其相应的专利申请号。

《中国专利公报》主要刊载专利申请公开、专利权授予、专利事务、授权公告索引等多项内容。它具有以下特点:

1. 法律效力(为人民法院审理专利案件重要证物,同时也是签订合同的合法依据)

2. 唯一性(知识产权出版社为法定唯一出版公报单位,其他单位均无权出版)

3. 共同性(美国、日本、欧盟各国专利商标局均出版类似出版物)

4. 不可替代性(其他任何出版物无权替代,是国家知识产权局与美国、日本、欧盟各国专利局互换保存的专利文献资料)

5. 客观公正性(客观反映每个专利申请人及授权人的专利全程法律状态)

6. 史料性(为专利申请人、专利权人珍贵的历史资料)

《中国专利公报》是企业、图书馆、大中院校查询专利文献,及时、准确地掌握相关领域专利动态的重要资料,也是专利申请人、专利权人及时、准确了解自己专利的法律状态和处理专利相关事务(专利转让、许可、实施等)的有力工具。

(二)中国专利索引

中国专利索引属题录型检索工具。自1986年以来逐年出版,收集了自

第十章　专利文献检索与中药、民族药专利申请

1985年4月1日《中华人民共和国专利法》实施以来，中国专利局在定期出版的三种专利公报上公布的所有中国专利信息条目。从1993年起，每半年出版一次（在1986~1992年间是每年出版一次），每次出版分两个分册出版，第一个分册是分类年度索引，按IPC号或国际外观设计分类号编排，第二个分册是申请人、专利权人年度索引，按申请人、专利权人名称的汉语拼音顺序编排。

使用上述任一分册都可查到相同的专利信息，即可获得分类号、发明创造名称、申请号（专利号）、申请人（或专利权人）以及卷、期号这六项数据，并可追踪查找专利公报、专利说明书；亦可直接从索引上浏览到某技术领域或某些相关范围的总体概况。

（三）中国医疗器械专利和中国药品专利

1992年，国家医药管理局科技教育司和国家医药管理局科学技术情报研究所联合创办《中国医药专利》，以摘要或题录形式主要报道在中国申请的有关药品、医疗器械、制药机械和医药包装等领域的专利。

随着药品专利的实施，申请中国药品专利的件数骤增，从1994年1月起，《中国医药专利》分为《中国药品专利》和《中国医疗器械专利》。

《中国药品专利》以摘要或题录形式报道在中国申请的有关药品、医药包装等领域的发明专利和外观设计专利，并宣传国家对药品专利的方针、政策，介绍药品行政保护、医药专利实施的动态。本刊正文分为"发明专利"、"外观设计专利"及"专利信息"三大部分，每期正文之后附有"发明专利申请公开索引"（包括国际分类号索引和申请人索引）、"发明专利授权公告索引"（包括国际分类号索引和专利权人索引）和"外观设计专利授权公告索引"（包括分类号索引和专利权人索引）。双月刊。

《中国医疗器械专利》主要报道在中国申请的有关医疗器械、制药机械领域的最新发明专利、实用新型专利和外观设计专利，同时报道国家对医疗器械、制药机械专利的方针、政策及专利实施状况、专利信息。其正文分为"发明专利"、"实用新型专利"、"外观设计专利"和"专利信息"四个部分，为方便读者检索，每期附有"授权专利索引"。双月刊。

二、国外专利文献的传统检索

查找国外专利可利用各国专利机构及私营公司出版的专利检索工具。如查找美国专利文献可利用美国《专利公报》（Official Gazette），《分类年度索引》（Index to Subjects of Invention）和《专利权人年度索引》（List of Patentees）

等；查找日本专利文献可利用《日本专利年度索引》和《日本专利快报》等；查找德国专利文献可利用德国的《专利公报》、《展出与批准专利年度索引》等。最著名的要数英国 Derwent 公司出版的《世界专利索引》，它可作全世界的专利普查，是一种最常用的专利文献检索工具。

(一) Derwent 公司（德温特公司）

Derwent 公司（德温特公司）是英国一家专门从事专利文献报道和检索业务的私营机构。自 20 世纪 50 年代初开始出版专利文献检索工具，其出版物全面多样化，包括专利目录、文摘、累积索引等各种类型的检索工具书以及各种光盘产品、联机产品。

到 1998 年 6 月为止，Derwent 公司报导世界上 40 个国家和地区以及两个国际专利组织的专利，还报道（Research Disclosures）（1978 年至今）和（International Technology）（1984~1993）两种刊物上的有关内容。这 40 个国家和地区是：阿根廷（AR）、奥地利（AT）、澳大利亚（AU）、比利时（BE）、保加利亚（BG）、巴西（BR）、加拿大（CA）、瑞士（CH）、中国（CN）和中国台湾（TW）、捷克斯洛伐克（CS）、波希米亚（CZ）、德国（DD）、丹麦（DK）、西班牙（ES）、芬兰（FI）、法国（FR）、英国（GB）、匈牙利（HU）、爱尔兰（IE）、以色列（IL）、伊朗（IR）、意大利（IT）、日本（JP）、朝国（KR）、卢森堡（LU）、墨西哥（MX）、荷兰（NQ）、挪威（NO）、新西兰（NZ）、菲律宾（PH）、葡萄牙（PT）、罗马尼亚（RO）、俄罗斯（RU）、瑞典（SE）、新加坡（SG）、斯洛伐克（SK）、前苏联（SU）（到 1994 年为止）、美国（US）、南非（ZA）。两个国际专利组织是欧洲专利局（EP）和专利合作条约（WO）。

(二) Derwent 出版物的特点主要有：

1. 全：收录报道的国家多、专业全、内容丰富、年报导量约 70 余万件，占全世界专利文献总量的 70% 以上。

2. 快：一般国家的专利公布后 1—3 个月，即给予报导。

3. 语种单一：不管哪国专利，均用英文报导。

4. 标题比原说明书题目更确切，更符合发明内容。横线前为主标题，指明发明的技术领域；横线后为副标题，指明发明的主要特点。

5. 出版形式多样化，该公司利用电子计算机一次输入，具有多种输出功能，出版物的载体多样化。

6. 编制各种辅助索引及多种累积索引，便于读者从各种途径进行不同性质的检索。

（三）Derwent 公司出版的书本式出版物主要有：

《世界专利目录周报》（World Patents Index Gazette，简称 WPIG）。

《化学专利索引》（Chemical Patents Index Alerting Abstracts Bulletin，简称 CPI）。

《工程专利索引》（Engneering Patents Index Alerting Abstracts Bulletin，简称 EPI），原名《一般和机械专利索引》（General & Mechanical Patents Index Alerting Abstracts Bulletin）。

《电气专利索引》（Electrical Patents Index Alerting Patents Index）。

第四节　国内专利文献检索数据库

自 1985 年 4 月 1 日中国专利法实施 20 余年来，中国专利事业的发展突飞猛进。截止到 2007 年 12 月为止，中国专利申请量已超过 331 余万件，国外在中国申请的专利已超过 71 余万件，公开的中国专利说明书近 327 余万件。目前，中国已正式成为专利合作条约（PCT）成员国，国家知识产权局（中国专利局）成为 PCT 的受理局、国际检索单位和国际初步审查单位，中文也成为 PCT 的正式工作语言之一。

随着科学技术和通信技术的发展，专利检索已从原来的手工检索发展到光盘检索和网络检索。主要的光盘数据库有：《中国专利说明书全文》、《中国专利数据库文摘》、《中国专利公报》、《外观设计》、《专利说明书分类》和《专利复审委员会决定》等。主要的网络数据库有：中国知识产权局网站、中国专利信息网、中国知识产权网等。

一、光盘检索数据库

伴随着专利文献资料大量增加和电子信息产业的迅猛发展，1992 年成功开发了第一批专利文献 CD-ROM 光盘，标志着我国专利文献的出版迈入电子化时代。其后陆续出版多种光盘，每种光盘同时装载检索系统，用户可以非常方便地检索专利信息。如今，光盘已成为中国专利文献主要载体（共有六大类近十种光盘）向国内外出版发行。

（一）《中国专利说明书全文》光盘

《中国专利说明书全文》光盘于 1994 年元月正式出版发行，收录了 1985 年 9 月以来的所有发明专利和实用新型的全文说明书，已发行到全球 15 个国家和地区，是中国最完整最准确的专利图文信息库，自 2003 年起以 DVD 光盘形式出版，并收录了外观设计专利图形，至今已有千余张盘片。

（二）《中国专利数据库文摘》光盘

《中国专利数据库文摘》光盘收录了 1985 年 9 月以来的所有专利信息（包含实用新型、发明专利、外观设计）300 余万条。每条信息均包含著录项目，如发明人、公告日、摘要、优先权、法律状态、主权项等。自 2003 年起以 DVD 光盘形式出版，并采用浏览器方式检索、显示结果，操作简单易行，界面友好，是查询中国专利文摘最便捷的工具。

（三）《中国专利公报》光盘

《中国专利公报》光盘是为了进一步满足广大用户的要求，完善专利文献系列出版，配合纸件公报而发行的电子出版物。该盘提供了每期专利公报的全部图文信息，并首次实现了外观设计专利图形的电子化，自 2004 年起以 DVD 光盘形式出版，至今已有数百张盘片。

（四）《外观设计》光盘

《外观设计》光盘自 1998 年开始发行，是专门针对外观设计而定制的电子出版物。最新推出 1985 年以来的所有外观设计图形光盘，采用电子扫描方式，再现了其外观设计的线条图、灰度图和彩色图，是查询外观设计专利的最好工具。

（五）《专利说明书分类》光盘

为了满足国内外众多企事业单位及科研机构对特定专业专利信息的需求，最新推出《专利说明书分类》光盘，可以根据用户需求按分类号、申请号或关键词提取数据，定制各种中外专利分类光盘。

（六）《专利复审委员会决定》光盘

为了提高专利利用率，最新出版了 1987—2006 年《专利复审委员会决定》，该光盘收录了"复审请求"和"无效宣告"中的各种案例和决定。是专利权人及专利代理人处理专利纠纷、维护专利权益最有价值的借鉴工具。

二、网络检索数据库

（一）中国知识产权局网站（http://www.sipo.gov.cn）

1. 概况

中国国家知识产权局网站是由国家知识产权局主办，并由知识产权出版社制作。该网站的内容主要包括国家知识产权局概况、新闻动态、法律法规、国际合作、专利管理、专利检索等信息。

其中专利检索包括由中国国家知识产权局网站于 2001 年 11 月 1 日起推出的免费中国专利数据库检索服务。用户可以进行专利全文说明书的浏览、下载和打印。专利数据库收录了自 1985 年以来的三种中国专利文献（发明专利、实用新型专利、外观设计专利）。

2. 检索界面及检索方法

中国国家知识产权局网站的专利检索提供有字段检索（普通检索）、IPC 分类检索和高级检索三种检索方式。

(1) 字段检索（普通检索）

字段检索（普通检索）可供检索的字段有：申请（专利）号、申请日、公开（公告）号、公开（公告）日、申请（专利权）人、发明（设计）人、名称、摘要、主分类号。

(2) IPC 分类检索

IPC 分类检索是利用 IPC 分类进行检索。（见图 10-4-1）

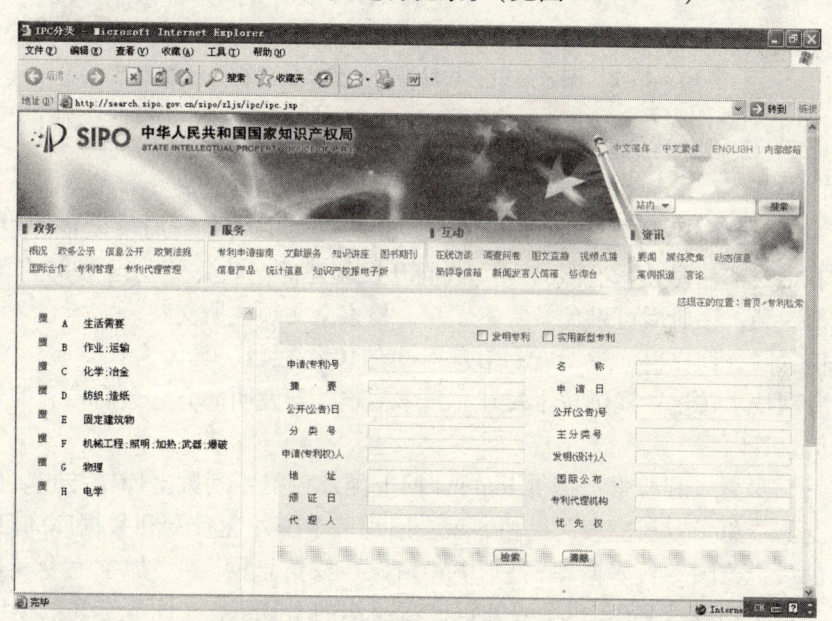

图 10-4-1　国家知识产权局专利检索系统的 IPC 分类检索界面

(3) 高级检索

高级检索的检索入口共 16 个：申请（专利）号、名称、摘要、申请日、公开（公告）日、公开（公告）号、分类号、主分类号、申请（专利权）人、发明（设计）人、地址、国际公布、颁证日、专利代理机构、代理人、优先权。（见图 10-4-2）

图10-4-2　国家知识产权局专利检索系统的高级检索界面

（二）中国专利信息网（http://www.patent.com.cn/）

1. 概况

中国专利信息网于1998年5月建立，是由"中国专利局检索咨询中心"与"长通飞华信息技术有限公司"共同开发创建的。收集了我国1985年至今的全部专利，注册后可以免费检索题录，检索全文须注册交费。

信息网查询栏目：中国专利信息网设有10个栏目，具体为：

专利技术转让：提供技术转让、技术需求、新发明简介、最新专利博览会预告信息等内容。

（1）免费专利检索：提供Internet网上国外免费专利数据库链接点。用户只需点击"免费专利检索"一栏，就会出现一个国外免费专利数据库的目录，其中包括"美国专利数据库"，"IBM知识产权信息网"，"加拿大专利数据库"，"PCT国际专利"，"世界知识产权组织的IPDL"，"日本专利数据库"，"欧洲及欧洲各国专利"。

（2）专利出版信息：该栏目及时向用户通报目前国内主要出版机构出版的专利文献及与专利相关的出版物信息，方便用户及时了解出版动态和联网订购。

（3）专利代理机构：提供专利机构名称索引、介绍专利法律机构与专利代理机构。

（4）各国专利机构：提供世界上近40个国家专利局的主页目录，用户可通过该目录进入世界各国专利局主页,查询各国专利数据库、各国专利法律法规及专利发展动态。

(5) 专利知识问答:介绍中国专利法及世界各国专利法律法规的一般性知识、中国专利申请及审批手续、专利"三性"的判断标准、专利说明书的撰写方法及专利文献的检索方法。

(6) 专利法律法规:全面介绍国内外有关的知识产权法。中国:专利法,商标法、著作权法、版权法、计算机软件保护条例等;国际:专利合作条约、巴黎公约、布达佩斯条约等。

(7) 广告征集信息:介绍广告的类型及价格等。

(8) 信息检索论坛:提供专利信息检索的相关文章。

(9) 数据库检索指南:提供《中外专利数据库检索指南》图书目录。

2. 检索界面及检索方法

在中国专利信息网的页面上点击"专利检索"进入检索界面,用户可以在左侧选择检索方法。包括简单检索、菜单检索、逻辑组配检索。(见图10-4-3)

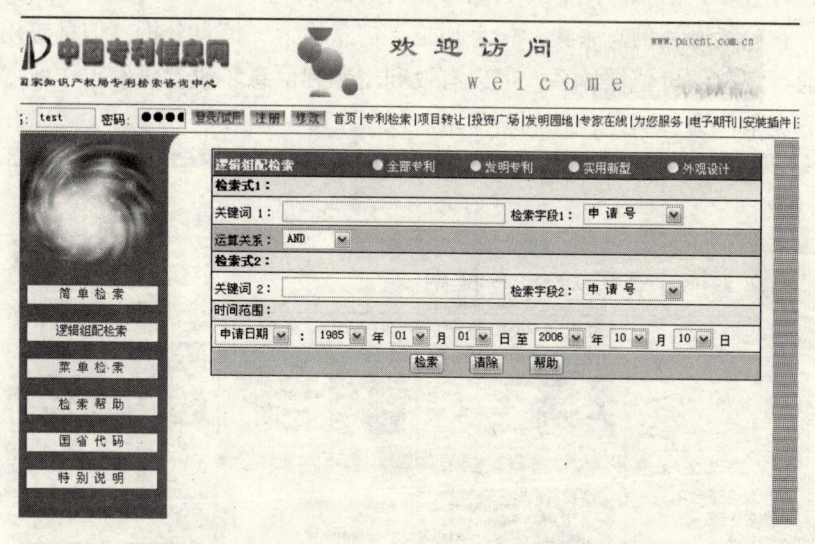

图10-4-3 中国专利信息网专利检索系统的检索界面

中国专利信息网的专利检索系统属于"傻瓜"型检索系统,不需培训即可使用,所有用户操作都在一个简单的对话框中完成。所有的检索项,如发明名称、关键词、分类号、发明人、申请人等都可放在对话框中,检索项之间用空格隔开,系统默认"逻辑与"关系,用户也可用鼠标点击选择"或"逻辑运算。

在检索框中输入要查找的内容，点击"查询"键，即可获得相关的专利号与专利名称，检索结果按专利申请号的顺序由大到小进行排列。点击任意一条专利名称或专利号，即可显示其具体内容，包括申请号、公开公告号、申请日、公开公告日、授权日、授权公告日、审定公告日、审定公告号、发明名称、分类号、范畴分类号、优先权项、国别省市代码、申请人、通讯地址、发明人、代理人、代理机构代码、代理机构名称、代理机构地址、法律状态、法律变更事项、PCT内容、说明书光盘卷号、说明书页数、附图页数、权项数、文摘、权利要求等29项内容。

此外，在信息网首页上点击"中国专利局"即可进入"中华人民共和国国家知识产权局"页面，点击右侧的"专利申请"，有专利申请的详细程度和费用说明，可供拟申请专利的用户了解相关的详细信息。

（三）中国知识产权网（http：//www.cnipr.com/）

1. 概况

中外专利数据库服务平台（CNIPR）是依托领先的设计理念和先进的技术手段，针对专利信息应用和专利战略咨询的需求，开发的专利数据库资源共享平台。它包括专利信息采集、信息加工、信息检索、信息分析、信息应用等部分，通过完整的价值链体系，可以有效利用专利信息、改善研发工作效率、提高核心竞争能力、满足科技创新需求。（见图10-4-4）

图10-4-4 中国知识产权网主页

权威的数据资源、统一的数据规范、强大的检索功能、领先的技术手段、安全的防范措施、灵活的服务模式、人性的功能设计是社会各界建立专利信息数据库的最佳选择。

产品目标定位

集成化专利资源共享平台

CNIPR 服务平台支持各类用户群对专利文献资源获取的最广泛需求和各类机构资源战略保存的需要。既可以服务于政府的科技政策管理、技术管理规划部门，现代制造企业的研发、知识产权管理、市场管理及企划部门，专利法律事务所，大专院校和相关科研院所等使用，也可针对其他资源信息服务商搭建各类内容商务服务系统，满足社会各界不用层次、不同用途的专利需求。

（1）权威性专利文献检索工具

CNIPR 服务平台力求保证资源收录的完备性和内容更新的及时性，并以文献信息的准确加工和检索系统的高效性能，使其成为专利文献信息的权威检索工具。

（2）主要特点

权威的数据资源

CNIPR 服务平台提供全部中国专利信息数据库，同时，拥有美国、日本、欧洲专利局、世界知识产权组织等 80 多个国家、组织及地区在内的海量专利数据库，以及经过深度加工标引的中国药物专利数据库和中国专利说明书全文全代码数据库，总量达到 5000 万件以上。

（3）统一的数据规范

CNIPR 服务平台管理的数据库采用统一的数据标准格式、严格的数据质量规范。高质量的数字资源不但能实现各种检索需求，更能满足深度加工的需求，为实现各类增值功能提供了数据基础。

（4）强大的检索功能

CNIPR 服务平台基于浏览器访问，实现了在同一中文界面下对世界各国专利信息的统一检索和浏览，全部国外数据均采用英文文摘，最大限度方便用户使用。平台具有表格检索、逻辑检索、智能模糊检索、行业分类导航检索和 IPC 分类检索等多种途径，还可以实现模糊检索、二次检索、过滤检索、同义词检索等功能，使操作轻松而且容易。

（5）领先的技术手段

CNIPR 服务平台构建于 J2EE 为主的框架上，采用三层架构的方式将数据层、逻辑层和表现层有机结合起来，具有良好的开放性、扩展性、安全性和可移植性。

(6) 安全的防范措施

CNIPR 服务平台基于先进的内容管理平台进行构建，实现多个数据库的联合使用，降低了平台维护成本；实现了不同内容访问权限的统一管理，保证了数据资源安全。

(7) 灵活的服务模式

CNIPR 服务平台根据个性化的要求灵活搭建，可以全部或部分镜像移植到任何互联网或局域网系统；可以基于专利全文说明书数据，也可以基于专利文摘数据；CNIPR 服务平台中心站点和镜像站点之间可以实现数据互联、远程自动更新。此外，数据更新的频率和方式也都可根据用户实际需要进行相应的调整。

(8) 人性的功能设计

CNIPR 服务平台充分满足各种人性化设计，用户可以根据需求进行快速浏览、多种排序、组合统计、便捷打印和批量下载等多种操作方式，以及任意组合检索、历史检索纪录保存、详细的行业分类导航和国内外专利全文链接浏览等功能。

2. 检索界面及检索方法

中国知识产权网的专利检索系统有快速检索和高级检索两种检索界面，高级检索还包括 IPC 分类检索、行业分类导航、法律状态检索等。（见图 10-4-5）

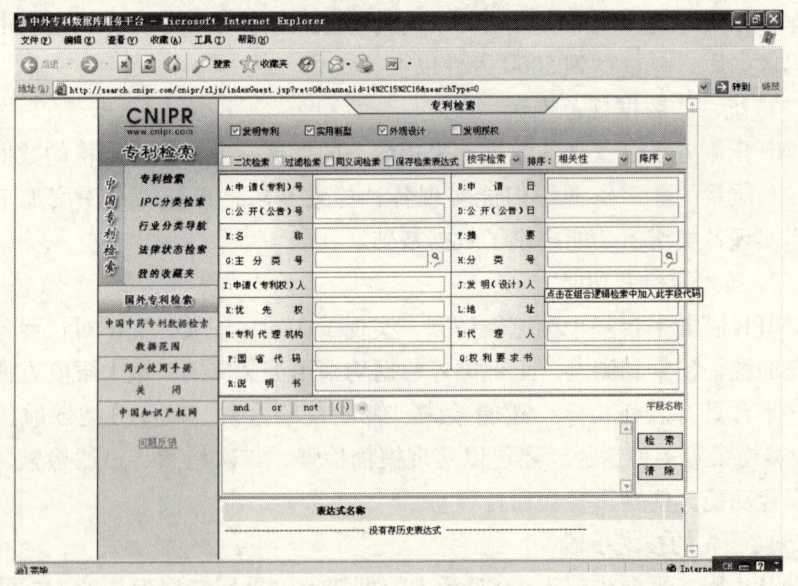

图 10-4-5　中国知识产权网高级检索界面

第十章 专利文献检索与中药、民族药专利申请

（四）百度专利检索（http://www.baidu.com）

1. 概　况

百度专利搜索是百度与中国专利信息中心合作推出的针对中国专利数据的专业搜索，提供权威、全面、丰富的专利信息，使您能简单、方便地查询专利相关资料。其数据是国家知识产权局中国专利信息中心提供的，包括他们所有登记备案的中国专利信息。并且每两周更新一次，加入最新的专利信息。（见图10-4-6）

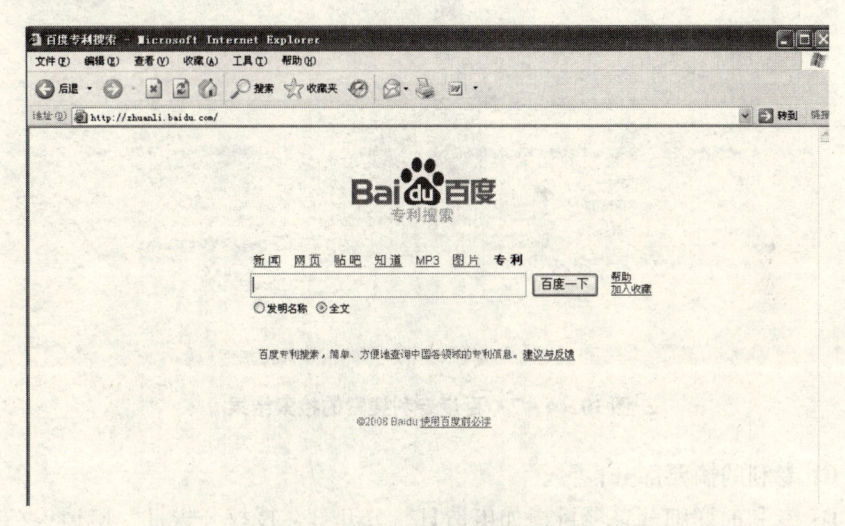

图10-4-6　百度专利搜索界面

2. 检索方法

百度专利搜索的使用很简单，您只需在一个搜索框内直接输入您想要找的内容按回车键或者点击"百度一下"按钮，即可得到最符合您要求的内容。

您也可以选择按发明名称搜索方式搜，选择按发明名称搜索方式能有助于更快更准确地找到您想要的结果。（见图10-4-7）

目前百度专利搜索提供专利的基本著录项目，包括专利的名称、申请号、摘要、申请日、公开日、申请人/专利权人、发明设计人、专利代理机构、专利类型等。

如果您想查看专利的公开说明书、主附图等其它信息，您可以点击内容页的"主附图\公开说明书\授权说明书"链接到中国专利信息中心的网站查看相关内容。

A：专利名称；

B：专利的申请号；

民族医药文献检索与利用

图10-4-7 百度专利搜索的检索结果

C：专利的摘要部分；

D：专利的详细著录项目，如申请日、公开日、授权公告日、申请人/专利权人、发明设计人、专利类型等；

E：点击此可查看该专利更详细的相关信息，如主附图、公开说明书等。

（五）其他检索国内专利的数据库

1. 万方数据

万方数据（详见第二章第九节）专利文献资源收录了1985年以来国内外的发明、实用新型及外观设计等专利290多万项，内容涉及自然科学各个学科领域。是科技机构、大中型企业、科研院所、大专院校和个人在专利信息咨询、专利申请、科学研究、技术开发、以及科技教育培训中不可多得的信息资源。

万方数据专利文献资源的检索方法与系统的其他数据库检索方法相同。

2. 中国知网—中国专利数据库

《中国专利数据库》收录了1985年9月以来的所有专利，包含发明专利、实用新型专利、外观设计专利三个子库，准确地反映中国最新的专利发明。专利的内容来源于国家知识产权局知识产权出版社，相关的文献、成果等信息来源于CNKI各大数据库。（详见第二章第一节）可以通过申请号、申请日、公开号、

442

公开日、专利名称、摘要、分类号、申请人、发明人、地址、专利代理机构、代理人、优先权等检索项进行检索，并下载专利说明书全文。双周更新。

3. 国家科技图书文献中心—中国专利数据库

国家科技图书文献中心（详见第六章第二节）的中国专利数据库主要收录中国国家知识产权局从1985年以来的所有公开的发明、实用新型和外观专利，每年增加专利23万多件，其中的法律状态未实时更新，只供参考。此数据库主要提供单位为北京恒和顿创新科技有限公司，每月更新。

4. 失效专利数据库（http：//www‑trs.beic.gov.cn/patent）

失效专利是指因各种原因放弃专利权及专利申请权的专利及专利申请。失效专利是一座等待开发的技术信息资源宝库，有着极大的利用价值。据中国专利局的统计资料，至1997年底失效专利及失效专利申请已经超过21万件。失效专利技术已经失去了专利法的保护，成为社会公众可以无偿使用的财富。使用办法：①直接浏览：进入相关部类，可见失效专利目录按专利申请号由小至大顺序排列。浏览目录，直接点击具体的专利名称或专利申请号即可获得结果。②检索查询：点击"检索"键，进入检索界面，有检索字段25个，分别为：发明名称、文摘、权利要求、申请人、通讯地址、发明人、代理人、代理机构代码、代理机构地址、申请号、公告号、审定公告号、申请日、公告日、审定公告日、授权日、授权公告日、分类号、范畴分类号、国别省市代码、法律状态、法律变更事项、说明书页数、附图页数、权项数。用户可在任意字段输入查询词语，字段之间关系可选择为AND或者OR，提交检索要求即可获得结果，每条专利的具体内容上述检索字段排序。

5. 专利园（http：//patentfield.163.net/）

专利园可供查询的栏目有：最新消息、法规汇编、申请知识、专利检索（中国专利、国际专利、美国专利、日本专利）、新视点、新技术、咨询台、专利好站、代理机构、园主简介。该网站①可教用户如何申请专利，并附有大量实例；②有最新的专利信息；③摘录和发表新颖的学术论文；④提供好的专利网址；⑤提供新技术和新产品的开发利用。

6. 台湾"国科会"专利技术成果（http：//www.nsc.gov.tw/cen/）

台湾多数专利为收费查询，但"国科会"专利可供免费查询。至1998年6月底，"国科会"资助的研究成果，已获得专利768件，包括台湾专利459件，美国专利230件，日本专利59件，其他国家专利17件等。该数据库可通过关键词、专利名称、技术内容简介、国际专利分类号、获得专利权国家、证书号码、公告编号、使用产业（制药工业、生物技术产业等19类）、学科门类（临床医学、药学、机械等 30 类）9 种途径进行查询。查询结果有书目浏览和详细资料两种形式。

第五节 国外专利文献检索

一、欧美专利检索

（一）美国专利商标局网站（http：//www.uspto.gov/）

1. 概况

美国专利局商标局（USPTO）是美国政府参与的一个非商业性联邦机构，主要服务内容是办理专利和商标，传递专利和商标信息。1999 年 4 月，美国专利商标局开始在网上免费提供专利数据库服务。其中，美国专利全文数据库包括美国自 1790 年以来公布的首件专利文献至最近一周公布的专利文献。数据库每周更新一次。用户可以免费检索专利首页的内容，其中包括著录项、文摘、专利权项。如需要专利说明书，可另付一定费用。如欲获取 1976 年以前的专利，可直接单击"PTDLs"（Patent and Trademark Depository Libraries）链接。（见图 10-4-8）

图 10-4-8 美国专利商标局主页

2. 检索界面和检索方法

用户进入数据库主页后,可以选择全文数据或书目数据。具体的检索途径有供快速检索(quick search)、高级检索(advanced search)和专利号检索(number search)。(见图10-4-9)

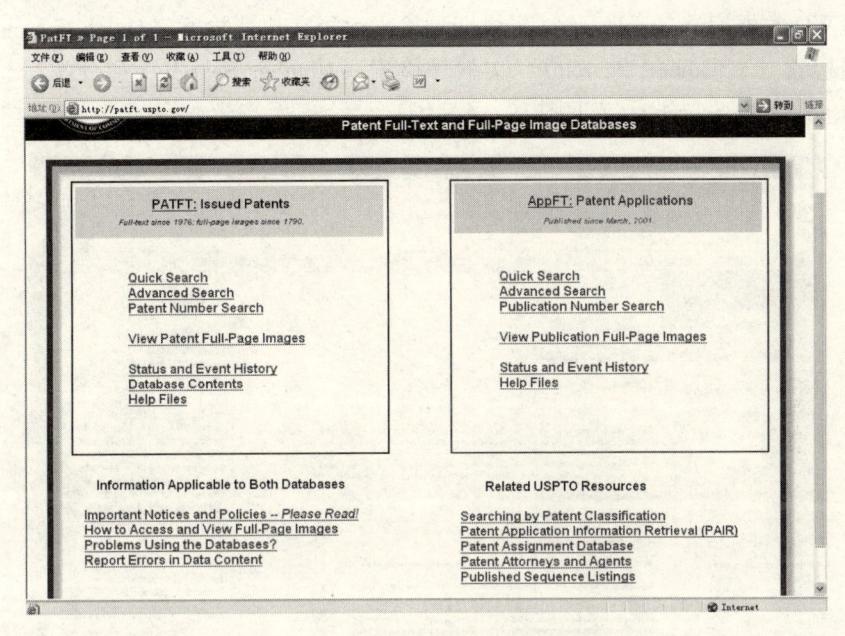

图 10-4-9 美国专利商标局检索界面

1. 快速检索(quick search):是以设计好的提问框形式要求用户输入检索词并用鼠标选择检索字段,该检索界面简单直观,易于初学掌握;

2. 高级检索(advanced search):要求用户自己用布尔逻辑算符和字段名组配检索式,虽然较前者复杂,但可以灵活表达检索提问;

3. 专利号检索(number search):以专利号为入口进行检索。

检索结果包括权利要求、说明书等。一条美国专利文献的具体款目有:专利号、专利公布日期、专利名称、摘要、发明人、专利权人、专利申请号、申请日期、美国专利分类号、国际专利分类号、主审查员、专利代理、原始申请文件、权利要求、说明书(技术领域、发明背景、技术构成、绘图简要描述、详细说明、实例)、专利法律状态、美国及国外的相关专利等。

美国专利商标局网站除了提供专利数据库的检索服务外,还提供其他有关专利的信息,如专利电子申请系统、专利公报、US 专利分类、专利费用信息等。

（二）欧洲专利—esp@cenet 网站（http：//ep.espacenet.com/）

1998 年 10 月，欧洲专利局建立了 esp@cenet 网站。esp@cenet 网站提供的数据库有 worldwide 数据库（世界范围专利数据库）、patent abstracts of japan 数据库（JP 专利数据库）、EP－esp@cenet 数据库（EP 数据库）、WIPO 数据库（WO 数据库）。esp@cenet 提供四种检索途径：快速检索（Quick Searchs）、高级检索（Advanced Search）、文献号检索（Number Search）和分类号检索（Classification Search）。（见图 10－4－10）

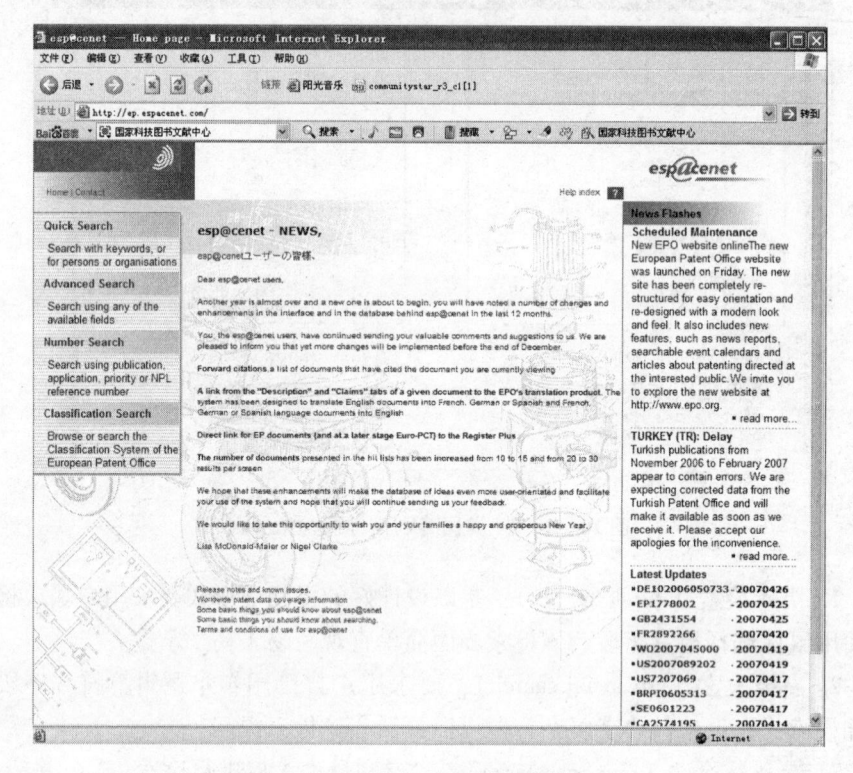

图 10－4－10　esp@cenet 检索界面

（三）IBM 专利数据库（http：//www.patents.ibm.com/ibm.html）

美国 IBM 公司于 1997 年 1 月，向全球用户推出了免费开放查询美国专利信息的网上服务器。它收录 1971～1973 的部分专利和 1974 年以后美国专利商标局（USPTO）公布的所有专利文献，总计约 200 多万条，可分两个时段查询，有 4 种检索途径供用户选择。

1. 简单检索：直接输入关键词查询相关的专利号及专利名称。

2. 专利号检索：按用户输入的专利号提取专利摘要及全文。

3. 布尔检索：用户可在下拉菜单中，对专利名称、摘要、权利要求、发明人、代理机构和任意项等 7 个项目进行限定，输入关键词，选择最大检索结果的数量，并执行"与、或、非（AND、OR、NOT）"的布尔检索操作，实现较复杂的检索。

4. 高级检索：用户可在任意项、发明人、受让人、专利名称、摘要、权利要求和代理机构相应项填入关键词检索特指的专利。高级检索与布尔检索的不同之处是：可以进行两项以上的"与（AND）"检索，其优点是查准率更高；但各项之间无法执行"或非（OR、NOT）"操作。

这是一个较好的查找美国专利的网址。用户还可查看欧洲申请和授权的专利、日本专利文摘、世界专利组织的专利以及 IBM 公司的技术通报等。

（四）欧美专利数据库（http：//Patentexplorer.com）

该数据库由英国 Derwent 公司推出，收录自 1974 年以来的美国专利文献 200 万条，1978 年以来的欧洲专利 100 万条，是因特网上第一家用全文和图像方式同时提供美国和欧洲专利服务的系统。Derwent 公司在注重检索系统的设计，除了为不熟悉专利文献结构的用户提供 fill – in – the – box – and – click 检索方式外，还为熟练掌握检索路径的人员提供通过输入文本框，即能对 40 多个独立数据进行布尔逻辑匹配查询。Patent Explorer 上的检索全部实行免费，允许用户保存检索结果，同时提供一整套文献传送服务。

（五）google 专利检索（http：//www.google.com）

通过 google 的专利检索可以查找来自美国专利商标局上的专利信息，包括美国政府公共领域的专利信息和图片，美国专利商标局上的数据都可以通过 google 的专利检索获得。到目前为止，美国专利商标局提供大约 700 万项专利和 100 多万人申请专利。可以检索到从 1790 年到现在的专利。Google 的专利检索有两种途径：高级检索和全文检索。高级检索可以通过标准专利号、发明人和日期来检索。

二、日本及其他国家专利检索

目前通过因特网检索日本专利的途径主要有：日本专利局（特许厅）的工业知识产权电子图书馆 IPDL、日本专利情报机构的 PATOLIS 网上专利检索系统、日本野村综合研究所 NRI – CyberPatent 专利检索系统以及欧洲专利局 EPO 的专利检索系统 ESP@CENET。本文主要介绍日本专利局的 IPDL 检索系统，并对网上其他日本专利检索系统进行比较分析。

（一）日本专利信息的特点以及各种专利号的表达方式

日本专利局创建于1885年，至今已有近120年的历史。日本专利局给予保护的工业知识产权主要有四种，分别是："特许"、"实用新案"、"意匠"和"商标"，其中前三项专利等同于我国的"发明专利"、"实用新型专利"和"外观设计专利"。日本专利从申请、公开、审查到正式授予专利权要经历漫长的审批程序，其专利文献号码也随各种程序和年份的改变而改变，加上日本是一个使用日本天皇年号的国家，不同的天皇有不同的年号，使日本专利号的表达方式显得尤为复杂。在目前国际化的潮流中，这种复杂的专利号表达方式给不懂日语的专利检索者造成了极大的障碍，为了解决这一问题，日本专利局在IPDL检索系统中将2000年以后的专利文献改变为国际通用的公元年号，但2000年以前的专利仍然以日本年号的表达方式进行检索。在检索日本专利数据库时，尤其是从CA等其他大型数据库中检索到日本专利文摘信息，希望通过网上数据库获取专利全文时，对日本专利号各种表达方式的准确把握就显得更为重要。

（二）日本工业知识产权电子图书馆IPDL

IPDL专利检索系统是日本专利局官方开设的日本工业知识产权电子图书馆（The Industrial Property Digital Library），其目的是向全球因特网用户提供日本专利局已有的约4000余万份日本专利文献的免费检索途径。不仅可以检索发明专利、实用新型专利、外观设计专利和商标，还可检索到各专利的法律状态。该数据库目前可通过日文和英文两种工作语言进行检索。英文界面检索途径有特许、实用新案公报检索，输入各种专利文献号可获取专利全文说明书；特许、实用新案文献号对照检索，可查出各专利对应的不同文献号；国际专利分类号日本细分号FI/F检索；日本专利文摘PAJ检索。日文界面提供近10种不同的检索途径，可检索到大正十年（1921）以来的发明专利全文说明书，1971年以来的公开特许公报、公开实用新案公报等。该数据库的特点是检索途径多，收录范围广，涵盖了绝大部分日本专利局出版的专利文献；提供国外专利检索入口，可用同一检索平台检索UPS，EP，WO以及加拿大专利等近10个国家和地区的专利信息；提供日英两种检索界面，并免费提供在线翻译功能。通过因特网直接访问IPOL的网址为：[url] http://www.ipdl.jpo.go.jp/homepg.ipdl [/url] 也可先进入日本特许厅网站 [url] http://www.jpo.go.jp [/url]，在主页底部点击IPDL，进入日本工业产权数字图书馆。

（三）IPDL系统的检索方法

IPDL专利检索系统共有8种不同的检索选项，其中第一项"特许、实用

第十章 专利文献检索与中药、民族药专利申请

新案公报 DB"可用各种途径检索发明专利和实用新型专利的全文说明书。点击"特许、实用新案公报 DB"图标可进入主检索界面,该界面提供 10 种检索入口,主要的检索方法可分为 3 类:各种专利文献号检索、分类号检索、关键词检索。

1. 专利文献号检索

各种专利文献号检索主要用于获取已知专利文献的专利全文说明书,由于日本专利文献的表达方式极为繁杂,用文献号检索时,关键要将已知的文献表达号与检索系统的表达方式统一起来。如从美国化学文摘 CA 数据库中查到 3 篇日本专利文献:Jpn. Kokai Tokkyo Koho JP 60218662 A2 1 Nov 1985 Showa,11 pp. Jpn. Kokai Tokkyo Koho JP 09173062 A2 8 Jul 1997 Heisei,9 pp. Jpn. Kokai Tokkyo Koho JP 2002172733 A2 18 Jun 2002,18 pp. "Jpn. Kokai Tokkyo Koho" 表示这 3 篇文献均为"日本公开特许公报",也就是专利申请公开号,其号码的组成由 JP 加 2 位数的日本年号加 6 位数字的流水号。第一个公开号"JP 60218662"中,前 2 位年号数字 60 说明是昭和 60 年(1985),在专利公开说明书中应该表达为"特开昭 60 – 218662"。在 IPDL 检索系统中昭和年用 S 字母表示,可输入"S60 – 218662"。日本昭和年与公元年的换算为"昭和年 + 1925 = 公元年";第二个公开号"JP 09173062"中年号为 09,表示为平成 9 年 (1997),在专利公开说明书中应该表达为"特开平 09 – 218662"在 IPDL 检索系统中平成年用 H 表示,可输入"H09 – 173062"。日本平成年与公元年的换算为"平成年 + 1988 = 公元年";2000 年以后的专利文献可用平成年号,也可直接用公元年号,可输入"2002 – 172733"。不同年号的专利文献号,在 IPDL 检索系统中分别用不同的代码表示,这是日本专利检索系统与其它国家专利检索系统的较大的区别之处。检索日本专利文献时,必须准确掌握年代、文献种类及文献号,才能找到所需的资料。通过专利文献号在 IPDL 检索系统中获取全文说明书的方法是:进入第一项"特许、实用新案公报 DB"检索界面,根据已知文献号的种类选择文献类型号,如 A 表示特许公开,B 为特许公告或特许番号,H 为实用公开,Y 为实用公告等。在"文献种别框"中输入所选的文献类型号;在"文献番号"栏中输入相应专利文献号,如:"S60 – 218662"、"H09 – 173062"或"2002 – 172733"等,点击"文献番号照会"进行检索,系统左边窗口显示带超文本链接的专利文献号,如 JP,2002 – 172733,A,点击后出现专利全文。

2. 分类号检索

IPDL 检索系统可用国际专利分类号 IPC 检索,也可日本专利局自定的

FI/F 分类号检索，FI/F 实际上是日本专利局在国际专利分类法的四级分类号的基础上再细化的分类号，可以认为是对国际分类法 IPC 的改革，系统提供详细的 FI 分类对照表。可输入长度为 500 个文字以内的逻辑相配检索式。用分类号检索可避免由于语言障碍，或关键词选择不全或不确切造成的漏检，有利于查全率的提高。

3. 关键词检索

IPDL 专利检索系统中有三种检索方式具有关键词检索功能，"公开特许公报首页检索"、"公报文本检索"和"PAJ 检索"。关键词检索项的文献收录范围较其他检索项要小的多，"公开特许公报首页检索"功能上只能检索平成五年（1993）以后的公开特许公报；"公报文本检索"可检索 1993 年以后的公开特许公报和 1986 年以后的特许公告和实用公开和实际公告等信息。可输入题目、摘要或专利权项中的关键词，也可输入申请人、发明人以及 IPC 分类号等信息进行检索。对国内用户而言，用文本检索涉及日文及日文输入法等语言障碍时，可选用 PAJ 英文检索界面，可检索 1976 年以后的日本公开特许公报的英文题录与摘要及 1993 年以来所有专利的法律状态。

（四）网上日本专利信息检索系统的比较

除 IPDL 检索系统以外，目前通过因特网检索日本专利的途径还有：日本专利情报机构的 PATOLIS 专利检索系统、日本野村综合研究所 NRI – CyberPatent 专利检索系统以及欧洲专利局 EPO 的专利检索系统 ESP@CENET，四种主要的网上专利检索系统各有特色，其中 IPDL 和 ESP@CENET 为专利局的官方专利网站，提供免费日本专利信息检索和全文下载。而 PA – TOLIS 和 NRI – CyberPatent 检索系统是商业性的检索网站，提供优良的检索功能和系列附加服务。对一般科研人员而言建议用 IPDL 免费检索系统，可通过多种检索途径获取日本专利文献信息和专利全文说明书。文献更新速度快，收录范围广，具有英文检索界面和自动全文翻译工具是该系统的一大特点。但该系统访问人数较多，下载全文说明书速度较慢。对企业而言建议选择 PATOLIS 检索系统，该系统比专利局的免费检索系统相比增加了许多检索功能，可获得所有专利详细的法律状态，对检索结果可进行统计和排序，在完成检索的同时可获得与检索课题有关的所有专利的企业或专利权人的一览表。该系统是网上日本专利检索系统中唯一提供的专利引用与被引用检索的系统，为企业获取竞争情报提供了快捷可靠的途径。欧洲专利局的专利检索系统最大的特点是可免费同时检索 60 余个国家和地区的专利信息且可下载专利全文说明书，可快速方便地了解所关注的课题在世界范围内的研究状况。该系统中的日本专利 PDF 格式的全文较 IPDL 系统的图像文件更清晰，但该系统中的日本专利信息的更新速度较慢，与 IPDL 检索系统相比，一般有 3~4 个月的时差。NRI 系统的全文检索和概念检索以及定题和通告服务是该系统的强项，该系统简单的检索界面和方便的检索功能较适合于对数据库检索方法不够熟练的用户。

对日本专利在欧洲专利局的检索方法如下：

日本专利号格式：JP + 四位公元年份 + 六位流水号 如：JP 2002172733

在欧洲专利 [url] http：//gb. espacenet. com/ [/url] 中检索方法：

昭和年（1973—1988）：JP +（四位公元年份 - 1925）+ 六位流水号。

平成年（1989—1999）：JP +（四位公元年份 - 1988）+ 六位流水号。

若减得的年数不足两位流水号前便为一位数字，流水号不足六位则在前用 0 不足，注意 JP 和后面数字之间没有空格。

2000 年以后用公元年份。

（五）其他国家专利检索

此外，奥地利、澳大利亚、巴西、加拿大、克罗地亚、丹麦、芬兰、德国、匈牙利、朝鲜、马来西亚、新西兰、秘鲁、波兰、葡萄牙、罗马尼亚、西班牙、瑞典、土耳其、香港等国家与地区专利局的专利检索可通过日本专利局网站的链接（http：//www. jp - miti. go. jp > Related）Web Site：Patent Office 查到。

第六节　中药、民族药专利申请

一、中药、民族药专利申请文件撰写

专利申请文件的目的是在符合专利法的要求下尽可能地获得较宽的保护范围和为将来的侵权判断准备一份清楚、完整的法律文件。专利申请文件包括说明书、说明书摘要和权利要求书。其中权利要求书是最重要的部分，通常我们说的获得专利权是指专利申请文件中的权利要求书得到了专利局的批准，权利要求书所描述的范围受到了国家法律的保护。所以，撰写专利申请文件中的权利要求书首先考虑满足专利法的要求，然后在专利法允许的范围内尽可能撰写较宽的保护范围。如果要求的保护范围很宽，但不符合专利法的要求，则该权利要求书得不到专利局的批准，如果符合专利法的要求，但保护范围很窄，则很难利用专利保护手段限制竞争对手，失去了申请专利保护的意义。

(一) 撰写思路分析：
1. 对技术方案分析前的准备
了解相关领域的一般技术常识。
（1）熟悉中药、民族药发明的常见类型：
中药、民族药提取物的发明：单一原料药提取的中药、民族药提取物发明；多种原料提取的中药、民族药提取物。
（2）中药、民族药组合物的发明：以活性成分为特征的发明和以敷剂为特征的发明。
    a. 含单一活性成分，并以所含活性成分为特征的中药、民族药组合物；
    b. 含多种活性成分的中药、民族药组合物；
    c. 以辅剂为特征的中药、民族药组合物发明，如环糊精包埋法；
    d. 以剂型为特征的中药、民族药组合物发明。
（3）中药、民族药生产方法的发明。
（4）中药、民族药用途发明：
    a. 新的动、植物或矿物或其提取物的医疗用途；
    b. 已有中药、民族药药材或其提取物的第二医疗用途。
2. 对技术方案的技术分析
确定技术方案所属的发明类型；
（1）检查技术方案是否完整和清楚；
（2）分析技术方案的关键技术。
3. 对技术方案进行专利文献和非专利文献的检索
4. 对技术方案的法律分析
对技术方案申请专利的可行性分析：中药、民族药领域不予保护的主题如下：新发现的中药、民族药药材；中医、民族医处方；中药、民族药的使用方法如脐疗法等。
5. 对技术方案申请专利的把握性分析。
首先以现有技术为准，分析隐藏技术诀窍和扩展保护范围的可能性。前提是两者都必须使本领域普通技术人员能实施发明目的。隐藏的技术诀窍指的是隐藏重要的附加技术要点，没有这些技术要点，该领域普通技术人员仍能实施该发明，但其效果达不到，包括这些附加技术要点的产品或方法，是缺乏市场竞争力的。技术诀窍的隐藏首先取决于由技术特征构成的技术方案是否能实施，其次取决于由技术特征构成的技术方案与现有技术相比较，区别点的多少。只要有区别点足以证明发明的新颖性和创造性，其余的区别点就可以作为技术诀窍或申请另外的系列发明以延长专利的实际保护期限。隐藏技术诀窍一定要保障所申请技术方案能够实施并且与现有技术有关键性技术的区别。

一般在中药、民族药配方的产品发明中，只能将配方中使其效果更佳的选择性组分和必要组分的最佳用量作为技术诀窍进行隐藏；在中药、民族药方法发明中，一般将工艺的最佳条件作为技术诀窍进行隐藏。

需要说明的是，这是跟具体情况相关的。如果将配方组分中的关键组分进行隐藏，造成的后果是因为技术方案公开不充分而导致申请专利失败，即使获得批准，自己的技术方案也没有得到真正的保护，起不到专利保护的作用。

清楚技术方案与现有技术的区别后，在排除可以隐藏的技术诀窍后，把关键技术的区别确定为专利保护的核心。如何有效保护核心技术不被他人改动或采用类似方式实施该核心技术，必须将核心技术从技术角度予以扩展。代理人通常应该考虑，同时也是技术人员应该考虑的问题包括，君臣佐使分别是什么，特定配方效果是什么，如果减少其中组分，是否影响效果；如果不选用上述用量，会产生什么效果，达到最低要求的效果，需要的用量；是否必须口服，组分是否可以被其他中药、民族药替代。从而逐步判定出其中哪些技术特征是必需的，哪些是非必要的。

一般采用下列几种方法从技术上扩展保护范围：一是上位概念的提升法，如汤剂的上位概念为口服剂型；二是等同物替换法，如犀角用水牛角替代；三是用量范围的延伸法，如将组分用量延伸到常规用量范围。

二、中药、民族药专利申请注意事项

中药、民族药是一个外延非常广泛的技术概念，它包括了通常我们所说的中药、民族药成药，还包括中药、民族药草药的生药材以及一些中药、民族药提取物等，而就申请专利的"中药"一词，其含义一般包括如下几个方面的内容：

1. 中药、民族药产品，包括以药材为原料制成的任何剂型的药物或中间提取物；

2. 中药、民族药方法，包括成药的制备方法、提取物的提取方法、药材的炮制方法等；

3. 中药、民族药新用途，包括已知成药的新用途、已知药材的新用途、已知有效部位的新用途。

三、中药、民族药专利申请步骤方法

中药、民族药的专利申请，通常是以具体的实施举例来说明发明的最佳方式，也就是实施例。对于中药、民族药专利申请实施例的数量应当依据现有技术的状况，特别是要求保护的范围来确定。如果在专利申请中要求保护的范围太宽，没有足够的实施例说明要求保护范围内的技术方案都能实现，体现这种保护范围的权利要求会由于得不到说明书的支持而不能被批准。

对于实施例的描述应当详细具体。要写明具体的原料药配方及各组分的使用量、具体的生产步骤和工艺方法；实施该技术方案的具体工艺条件，如温度、时间、浓度等；还应当写明以使用量的原料药制备成药物产品的剂型、产量、单位剂量等。总之，实施例应当描述成生产该药物的具体工艺步骤和方法，这种描述要使本领域中的普通技术人员，在不需要创造性劳动的情况下，就能够实现该发明。

四、中药、民族药成药专利的申请

申请中药、民族药配方的专利只能申请发明专利。申请步骤按如下的发明专利的内容进行：

（一）弄清申请专利的类型

要申请专利，首先必须清楚自己申请内容属于什么类型的专利。专利的类型详见本章第一节。

（二）实施申请

确定自己申请专利类型后，你申请专利就可以按如下的两种方式进行申请：

1. 准备好申请文件，自己向国家知识产权局专利局直接申请，其交申请文件的地址是：北京市海淀区蓟门桥西土城路6号，邮编：100088；受件人：国家知识产权局专利局受理处。并交纳申请费。

2. 如果对申请文件不熟悉，你可以找当地的专利代理机构进行代理，由他们帮你处理，这样你要省心得多。不过，他们可要收取相应的代理费用。

（三）申请文件的准备

1. 发明、实用新型的专利申请文件的准备：发明或实用新型专利请求书、权利要求书、说明书、说明书附图、说明书摘要、摘要附图、费用减缓请求书等文件，一式两份。相关表格可以在WWW.SIPO.GOV.CN中下载。并参考专利法实施细则第十八至二十四的规定进行准备。

2. 外观设计申请文件的准备：外观设计专利请求书、外观设计照片或图片、简要说明、费用减缓请求书等文件，一式两份。并参考专利法实施细则第二十七至二十九条的规定进行准备。

（四）中药、民族药专利申请的审查标准

根据《专利法》第 22 条第 1 款的规定：授予专利权的发明，应当具备新颖性、创造性和实用性。下面分别就这三性的专利审查具体介绍。

1. 中药、民族药专利申请的新颖性审查

《专利法》第 22 条第 2 款规定：新颖性是指在申请日以前没有同样的发明或者实用新型在国内外出版物上公开发表过、在国内公开使用过或者以其他方式为公众所知，也没有同样的发明或者实用新型由他人向专利局提出过申请并且记载在申请日以后公布的专利申请文件中。中药、民族药专利申请的新颖性审查应当遵循技术方案完全等同的审查原则，也就是说，只有在申请日以前的现有技术当中记载了与专利申请完全相同的技术方案时，该申请才丧失新颖性。

例如：申请号为 90109821 的专利申请，其权利要求为：一种癌前病变的阻断治疗药的制备工艺，其特征在于将黄药子、夏枯草、拳参、败酱草、山豆根、白藓皮制成一定剂型。审查员检索到的对比文献《抗癌中草药制剂》（人民卫生出版社 1981 年第一版，第 187 页）记载：抗癌乙丸，由黄独（即黄药子）60g、草河车（即拳参）60g、山豆根 120g、败酱草 120g、白藓皮 120g、夏枯草 120g 各药共研细末，炼蜜为丸，主治癌症。因此该申请不具备新颖性。

2. 中药、民族药专利申请的创造性审查

中药、民族药产品专利申请的创造性审查

按照中药、民族药产品的组成可将其划分为多活性组分的复方产品和单活性组分的单方产品。对于中药、民族药的复方产品申请来说，大多数申请的产品是以本领域的常规技术工艺制成，而产品的医疗作用与生产该产品的原料配方组成有着密切的关系，原料组成这一重要的技术特征是大多数复方中药、民族药专利申请的发明点之所在。因此，可以说，在评价中药、民族药复方产品的创造性时，制备该产品的原料组成是决定性因素。在此需要说明的是，大多数中药、民族药产品是组成成分不清楚的混合物，很难用其成分组成来描述中药、民族药产品，而在本领域的技术实践当中，通常是根据制备产品的原料组方是否相同来判断两个中药、民族药产品是否相同的。因此，在这种情况下，采用以产品原料表述产品的方式来描述中药、民族药复方产品，更适合于中药、民族药的技术特点。

中药、民族药复方产品的创造性的判断分如下几种情况

如果申请人所要求保护的产品，其原料组成是对现有方剂的改进，而制备方法属于常规方法，申请人应当提供可信性的对比实验数据或者对比疗效资

料，说明这种改进与已有技术相比产生了何种意外的突出效果，其创造性才可以被确认。这种意外的突出效果可以是产生了新用途，可以是疗效的显著提高，可以是毒副作用的降低，也可以是成本的降低等。这种改进可以是对现有方剂的加减，也可以是对现有方剂中药物的替换。如果是对已知方剂的加减，申请人应当以可信性的举证资料说明这种加减之后给发明带来了何种意外突出效果。例如，现有技术中的生脉饮口服液用于治疗心悸、气短等心气虚证，如果在此基础上增加了黄芪，制成一种新的口服液，申请人应当有可信性的对比实验资料或者对比疗效资料，说明在现有技术的基础上增加黄芪之后，制成的新产品与已知的生脉饮口服液相比具有什么突出的意外效果。

同理，在现有方剂基础上减去一味药，制成的新产品也需要如上所述的举证资料。

关于在已知方剂基础上的药物替换，可以分两种情况：一种情况是经过替换之后，形成的新的方剂与已知方剂相比没有实质性区别，这种方剂制成的产品，尽管在组分上与已知方剂已经有所不同，甚至不同名称的药物较多，但是，如果这种替换是本领域普通技术人员的一般性选择，也就是说，按照教科书的组方原则，进行这种替换是本领域普通技术人员预料之中的事情，而且，这种替换也没有带来意外的突出效果，这种替换则被认为是不具备创造性的。

如果专利申请的中药、民族药其组成是一种全新的配方，现有技术当中没有记载与之相近或类似的产品，这种全新的中药、民族药具备创造性。

如果一种民族药，由于制备方法的不同使得所制备的产品性能产生了意外的突出效果，这种方法制备的产品具备创造性。在此需要特别注意的是，首先这种产品要具备新颖性。也就是说，经过这种不同的制备方法生产出的产品，在产品的特征上应当有别于现有技术，如果是已知的产品，作为产品已经不具备新颖性，这种情况下只能获得方法专利。

（1）民族药单方产品的创造性判断

对于单方民族药专利申请来说，如果一种物质（植物、动物、矿物等）在文献中从未记载过，或者虽然记载过，但从未记载过具备药用作用，只要这种物质制成的药品，具有诊断、治疗或预防疾病的作用，用这种物质制成的药物具备创造性。需要注意的是这种物质是与一定的方法联系在一起的，不管该方法是常规方法还是非常规方法，必须经过一定的方法将所述的物质制备成药。只是原料物质则不能获得专利，因为这种物质只是一种发现。

如果一项民族药产品的专利申请，是以一种从已知民族药原料中提取的有效部位作为活性成分，且这种活性成分是新分离出来的过去未曾报道过的物质，由于和已有技术相比从该已知原料中分离出了新物质，只要申请人以可信性的药效资料证实了其医疗作用，该产品即具备创造性。在此，对于分离方法是否是常规方法不作特殊要求。

（2）中药、民族药方法专利申请的创造性判断

对于已知产品（复方或单方）的制备方法，在生产过程中如果采用了不同于现有技术的提取、分离工艺、炮制工艺或其他制剂工艺，与现有技术相比有实质性区别或产生了意外的突出效果，这种方法具备创造性。

对于提取、分离、炮制或其他制剂工艺来说，可以是某一过程方法的改进，也可以是多步骤的改进，而且，对于该方法的每一具体步骤来说，可能均属于常规方法，只要该专利申请的有益效果是由于工艺方法产生的，这种方法从整体上组合起来即具备创造性。

对于所产生的有益效果来说，分两种情况：一种情况是由于方法的改进给产品性能带来了改善，如增加了新用途，或者使得原来的疗效有所提高，或降低了副作用，或延长了储存期、纯度的提高、口感的改善等。另一种情况是给生产过程带来了改善，例如成本的降低、生产危险程度的降低、生产能耗的降低、原料资源的保护和利用、环境污染的降低、工艺的简化、质量控制的再现性提高等。

（3）中药、民族药用途专利申请的创造性判断

关于用途创造性的判断，应当是与现有技术的对比，也就是说，一种已知的产品过去没有这种用途，该用途也不能从其组成或现有技术当中容易地推导出来，专利申请给出了一种新用途，只要这种新用途是可信的，则被认为是与现有技术相比具备创造性。由于新用途发明的关键之处在于新的药理作用，因此，这种申请对于药效资料的可信性要求比较严格。

3. 中药、民族药专利申请的实用性审查

实用性，是指发明的客体必须能够在产业上制造或者使用，并且能够产生积极效果。而且，授予专利权的发明，必须是能够达到实际目的且能够应用的发明。

对于中药、民族药来说，发明一种药物，应当是具有医疗作用的产品，能够再现性地达到其治疗目的，这种再现性包括了产品的再现性和医疗效果的再现性，如果所发明的产品疗效不固定，无再现性，不能达到其发明目的，则不具备实用性。由此可见，一种中药、民族药产品专利申请，所发明的药物具备医疗效果是符合实用性的起码要求；而对于方法专利申请来说，该方法应当在产业上能够实施或使用；对于用途发明申请来说，该应用能够在产业上实现即可。

中药、民族药专利申请实用性的判断

对于一件复方中药、民族药专利申请，如果现有技术当中没有记载与之相类似的药物，这种情况下需要证实该药物具有医疗效果，并且该药物能够工业化生产，其实用性才能够被确认。

对于单方民族药专利申请来说，如果一种物质（植物、动物、矿物等）在文献中从未记载过，或者虽然记载过，但从未记载过具备药用作用，只要申请人以可信性的数据或临床资料证明用这种物质制成的药品，具有诊断、治疗或预防疾病的作用，并且该药物能够进行工业化生产，用这种物质制成的药物具备实用性。

中药、民族药专利申请当中不具备工业实用性的几种情况

（1）专利申请的药物不具备医疗效果或医疗效果不可信。

有的申请在说明书和权利要求书当中，从未公开过所申请药物的功用，只是给出了药物的组成和制法，这种申请由于该药物不具有医疗作用而无使用价值，不具备实用性；如果所申请的药物其医疗效果不可信，申请人也没有可信性的证据证实专利申请药物的确切医疗效果，这种情况下，该申请的药物因不具备医疗效果而不具备实用性。

（2）专利申请的药物，其原料中存在不能工业化生产或不能大批量再现的物质。

如果申请的是一种产品，那么该产品必须在产业中能够制造。专利申请的药物，如果其制备原料当中的某些成分只适合于手工制作，或者其产量很低，根本不能够进行产业化规模生产，这种产品不具备实用性。例如，93114646.1号申请，其原料之一是使用昆虫的血液，实施例使用蚂蚁或蜜蜂的血液，这种原料的获得很难在产业上进行规模生产，因此，不具备工业实用性。再例如，申请号为90106424的申请，制备一种注射剂，采用人体大网膜为原料，由于人体大网膜的来源有限，使得该注射剂不能进行大规模工业化生产，因此，这种方法不具备工业实用性。

（3）专利申请的药物有损公共利益。

有一种药物，属于闻药，是通过人体闻到药物的气味而发生作用，该申请的发明目的是提供一种使人体闻到该药物气味后能够晕厥而失去反抗能力的药物，用于防身之用，但是，这种药物同样可以用于犯罪，有损公共利益，因此，不具备实用性。

（4）专利申请的方法只限于手工操作，不适合于工业化生产。

例如：申请号为94106997的申请是一种治疗破伤风的药物，制备方法是

第十章 专利文献检索与中药、民族药专利申请

把南瓜蒂埋藏在背风向阳的猪圈中一段时间后,将其炮制成片剂或胶囊。这种制备方法是不能进行工业化规模生产的,不具备实用性。

（五）中药、民族药专利申请文件撰写与审查需谨慎

撰写专利申请文件的目的是在符合专利法的要求下,尽可能地获得较宽的专利保护范围和为将来的侵权判断准备一份清楚、完整的法律文件。专利申请文件包括说明书、说明书摘要和权利要求书。其中,权利要求书是最重要的部分。通常人们说的获得专利权是指专利申请文件中的权利要求书得到了专利局的批准,权利要求书所描述的范围受到了国家法律的保护。所以,撰写专利申请文件中的权利要求书时,首先要考虑满足专利法的要求,然后在专利法允许的范围内尽可能撰写较宽的保护范围。如果要求的保护范围很宽,但不符合专利法的要求,则该权利要求书得不到专利局的批准;如果符合专利法的要求,但保护范围很窄,则很难利用专利保护手段限制竞争对手,从而失去了申请专利保护的意义。因此,中药、民族药专利申请文件撰写与审查中需要注意的问题:

1. 对技术方案作分析前的准备。

无疑,了解中药领域的一般技术常识并熟悉中药、民族药发明的常见类型是十分必要的。而中药、民族药发明的常见类型包括中药、民族药提取物的发明,如从单一原料药中提取的中药提取物发明和从多种原料中提取的中药提取物发明;中药组合物的发明,如以活性成分为特征的发明和以敷剂为特征的发明,其中包括含单一活性成分,并以所含活性成分为特征的中药组合物发明,含多种活性成分的中药组合物发明,以辅剂为特征的中药组合物发明（如环糊精包埋法）,以剂型为特征的中药组合物发明。此外还有中药生产方法的发明、中药用途（包括新的动、植物或矿物或其提取物的医疗用途；已有中药材或其提取物的第二医疗用途）发明。

2. 对技术方案进行技术分析。

首先是确定技术方案所属的发明类型；其次是检查技术方案是否完整和清楚；最后是分析技术方案的关键技术。

3. 对技术方案进行专利文献和非专利文献的检索（专利文献的检索详见本章第四节）。

4. 对技术方案进行法律分析。

一是进行申请技术方案专利的可行性分析。需要注意的是,中药、民族药领域不予保护的范围如下：新发现的中药、民族药材；中医、民族医处方；中药、民族药的使用方法（如脐疗法）等。二是进行申请对技术方案专利的把握性分析。最后是进行申请技术方案专利的效力性分析。

具体而言，首先以现有技术为准，分析隐藏技术诀窍和扩展保护范围的可能性。前提是两者都必须使本领域普通技术人员能实施和能实现发明目的。隐藏技术诀窍指的是隐藏重要的附加技术的要点——没有这些技术要点，该领域普通技术人员仍能实施该发明，但其效果不如包括这些附加技术要点的产品或方法，因此缺乏市场竞争力。技术诀窍的隐藏首先取决于由技术特征构成的技术方案是否能实施。

其次，要分析新技术方案与已有技术的区别点。在专利申请文件中可以只列入部分足以证明发明的新颖性和创造性的区别点，而将其余的区别点作为技术诀窍加以隐藏，或申请另外的系列发明以延长专利的实际保护期限。隐藏技术诀窍一定要保障所申请技术方案能够实施并且与现有技术有关键性区别。

一般在中药、民族药配方的产品发明中，只能将使配方效果更佳的选择性组分和必要组分的最佳用量作为技术诀窍进行隐藏；在中药、民族药方法发明中，一般将工艺的最佳条件作为技术诀窍进行隐藏。

在清楚技术方案与现有技术的区别后，在排除可以隐藏的技术诀窍的前提下，要把关键技术的区别确定为专利保护的核心。而要有效保护核心技术不被他人改动或采用类似方式实施该核心技术，就必须将核心技术保护范围予以扩展。

对于专利申请，应采用以下几种方法从技术上扩展保护范围：上位概念的提升法，如汤剂的上位概念为口服剂型；等同物替换法，如用水牛角替代犀角；用量范围的延伸法，如将组分用量延伸到常规用量范围。

五、中药、民族药专利文献的检索

（一）基本情况

"中国中药专利数据库及其检索系统"（CTCMPD）是国家知识产权局"十五"信息技术重点应用性研究项目。该项目是在国家知识产权局党组的亲切关怀和大力支持下，在专利局自动化部的直接领导下，由知识产权出版社专利数据研发中心（PDC）和化学审查一部中药室合作完成的。

2001年8月中国中药专利数据库及其检索系统试验库通过世界知识产权组织（WIPO）传统知识工作组检索测试，并得到了WIPO的高度赞扬。2002年4月，该项成果通过验收，并得到国家知识产权局领导和国家专利局自动化部以及审查部等用户的高度评价。被认为是国家知识产权局建局以来第一个具有自主知识产权和具有世界先进水平的深度加工标引的数据库系统。目前，该数据库系统已正式提供国家专利局专利审查员检索使用。2002年6月该英文版系统建成，在WIPO汇报演示取得了巨大的成功。美国专利商标局在给

WIPO的报告中，对该库的功能给予了高度的评价，并在报告中赞扬中国中药专利数据库及其检索系统的建成为传统知识数据库领域树立了良好的典范。

该数据库的开发，一方面是为了满足国家专利局审查员和国内用户的需求，另一方面也是为了将中国传统中药、民族药专利数据库推向国际。该数据库首次使用了 TCM 分类，该分类系统是化学审查一部牵头承担的"传统中药专利文献 IPC 分类研究"项目的研究成果，是在 IPC 基础上研究出来的专门用于中药、民族药专利分类的实验性分类系统。世界知识产权组织对中国中药专利数据库及其试用的 TCM 分类系统表现出极大的热情和关心。

中国中药专利数据库收录了 1985 年至今公开的全部中国中药、民族药发明专利。截止 2004 年 11 月，该数据库收录的专利文献记录量已达 27,000 余件，收录中药、民族药方剂近 6 万个，并仍在不断进行追加标引，与专利公报同步。

中国中药专利数据库系统在物理上分三个组成部分：中药专利题录数据库、中药专利方剂数据库和中药材词典数据库。其中，中药专利题录数据库和中药专利方剂数据库是该检索系统的核心部分，它们提供中药专利信息和中药方剂信息的检索和显示，在信息检索上，这两个数据库可以分别检索，但在信息显示上合并显示。中药材词典数据库是辅助性检索工具，提供从多种名称检索中药材，并提供从中药材词典数据库转入中药专利题录数据库和中药方剂数据库的转库检索功能，该辅助检索系统的建立，可以大大提高专利信息的检索查全率和查准率，在很大程度上解决了中药名称不规范引起的检索困难。

"中国中药专利数据库及其检索系统"（CTCMPD）的主要特点可概括为以下几个方面：

世界上唯一进行深度加工标引的中国中药专利数据库

吸取了 DIALOG、STN 等国际联机检索系统和 CA/PHARM/WPI 等世界权威数据库的优点和先进的检索功能

具有强大的辅助文档——中药材数据库，可进行中药材名称的多文种检索、同义词检索、模糊检索和高级精确检索

支持包含多种中药材的方剂相似性检索

友好的检索界面和便捷的操作方法及傻瓜式简单检索和专业化高级检索并行

中国中药专利数据库具有中英文两个版本，中文库与英文库记录格式完全一致，著录项目一一对应，检索功能完全相同。

（二）数据库结构及检索字段（Search Fields）

中国药物专利数据库演示库的结构分两部分，一部分为专利题录数据库，另一部分为专利中药方剂数据库，两部分之间可以相互连接检索。该系统还提

供辅助性检索工具：中药材词典数据库，该数据库作为工具数据库用于辅助中药方剂数据库的检索；TCM 分类检索系统，该系统用于检索特定中药材的 TCM 分类号。

数据库检索字段及字段代码

下面表格给出了该数据库系统可供检索的字段及字段代码（见表 10-5-1）。

表 10-5-1 数据库检索字段及字段代码

Search Field Name（检索字段名称）	Search Field Code（检索字段代码）	Search Field Name（检索字段名称）	Search Field Code（检索字段代码）
Title 发明名称	TI	Main International Classification 主 IPC 分类号	IC1
Abstract 摘要	AB	Sub International Classification 副 IPC 分类号	IC2
Application Date 申请日期	AD	TCM Classification 传统中药分类号	IC3
Application Number 申请号	AP	Extraction Process 提取方法	EXT
Publication Date 公告日期	PD	Preparing Process 加工方法	PHY
Patent Number 公告号	PN	Formulation Process 制剂方法	GAL
Applicant Name 申请人	PA	TCM Formula composition 中药方剂组成	MIX
Applicant Address 申请人地址	ADDR	New Therapeutic Use 新治疗用途	NUS
Applicant Country/Province 国省代码	PAC	Therapeutic Effect 治疗作用	THEF
Inventor Name 发明人	IN	Side Effect 毒副作用	TOXI
Priority 优先权	PRN	TCM formula 中药方剂	FM

1. 数据库记录样例（Sample record）

英文版数据库记录样例

第十章 专利文献检索与中药、民族药专利申请

TI A new type of health care tea for cardiovascular and cerebrovascular system and the preparation thereof

AP 97115227

AD 1997 – 8 – 21

PN 1171966

PD 1998 – 2 – 4

PA Gong Dengke

ADDR   (062252)

PAC 13

IN Gong Dengke

IC1 A61K035/78

IC2 A61P039/00; A61P009/00

IC3 A61K035/9037; A61K035/9041; A61K035/9232; A61K035/9356; A61K035/9361

AB A new type of health care tea for cardiovascular and cerebrovascular system and the preparation thereof. Said tea comprises of Flos Carthami, Flos Chrysanthemi, Semen Cassiae, Radix Astragali £ ? green camellia sinensis, Fructus Crataegi, Fructus Jujubae, Fructus Lycii. The process for preparation includes drying, crushing, distilling the medicines according to their characteristics respectively, then mixing them in proportion. It has the effects of delaying the forming of arteriosclerosis, inhibiting arteriosclerosis evolution, protecting and reducing cardiovascular and cerebrovascular diseases.

PHC 04; 09

MIX Flos Carthami; Flos Chrysanthemi; Semen Cassiae; Radix Astragali; Green Camellia Sinensis; Fructus Crataegi; Fructus Jujubae; Fructus Lycii; purification compoment (Radix Dauci Sativae extract; Herba Portulacae extract; Sargassum extract; Radix Trichosanthis extract; Semen Armeniacae Amarum extraction)

THEF HEALTH CARE; ARTERIOSCLEROSIS

TCM Formula List

Formula 1 Flos Carthami 3 – 10; Flos Chrysanthemi 5 – 15; Semen Cassiae 20 – 30; Radix Astragali 5 – 15; Green Camellia Sinensis 5 – 10; Fructus Crataegi 6 – 15; Fructus Jujubae 10 – 30; Fructus Lycii 3 – 10; purification compoment 10 – 25

Formula 2　Flos Carthami 4 – 9；Flos Chrysanthemi 6 – 13；Semen Cassiae 22 – 29；Radix Astragali 6 – 13；Green Camellia Sinensis 6 – 8；Fructus Crataegi 8 – 14；Fructus Jujubae 12 – 25；Fructus Lycii 4 – 9；purification compoment 12 – 24

Formula 3　Flos Carthami 5 – 7；Flos Chrysanthemi 8 – 11；Semen Cassiae 26 – 29；Radix Astragali 7 – 9；Green Camellia Sinensis 4 – 6；Fructus Crataegi 10 – 12；Fructus Jujubae 16 – 22；Fructus Lycii 5 – 7；purification compoment 15 – 23

Formula 4　Flos Carthami 3kg；Flos Chrysanthemi 5kg；Semen Cassiae 20kg；Semen Cassiae 5kg；Green Camellia Sinensis 10kg；Fructus Crataegi 15kg；Fructus Jujubae 16kg；Fructus Lycii 3kg；purification compoment 16kg

2. 中文版数据库记录样例

发明名称（TI）：新型心脑血管保健茶及其制备方法

申请号（AP）：97115227

专利号（PN）：1171966

申请日（AD）：1997 – 8 – 21

公告日（PD）：1998 – 2 – 4

发明人（IN）：巩登科

申请人（PA）：巩登科

申请人地址（ADDR）：（062252）河北省献县陌南镇沧州五行保健品厂

省市国别代码（CO）：13

主 IPC（IC1）：A61K035 – 78

副 IPC（IC2）：A61P039 – 00；A61P009 – 00

TCM 分类号（IC3）：A61K035 – 9037；A61K035 – 9041；A61K035 – 9232；A61K035 – 9356；A61K035 – 9361

文摘（AB）：一种新型心脑血管保健茶，由红花、菊花、决明子、黄芪、绿茶、山楂、金丝枣、枸杞子、胡萝卜、马齿苋、海藻、天花粉、苦杏仁为原料，根据每味中药的不同特性，分别以烘干、粉碎、蒸馏提取等预处理后，按照比例配制，本发明配方及制作方法独特，具有延缓动脉粥样硬化形成、阻止动脉硬化继续发展，对心脑血管病起到缓解和预防作用。

药物范畴分类（PHC）：04；09

中药复方成分（MIX）：红花；菊花；决明子；黄芪；绿茶；山楂；金丝枣；枸杞子；提纯成分（胡萝卜提取物；马齿苋提取物；海藻提取物；天花粉提取物；苦杏仁提取物）

治疗作用（THEF）：保健；动脉硬化

·方剂信息

方剂1 红花3-10份；菊花5-15份；决明子20-30份；黄芪5-15份；绿茶5-10份；山楂6-15份；金丝枣10-30份；枸杞子3-10份；提纯成分10-25份

方剂2 红花4-9份；菊花6-13份；决明子22-29份；黄芪6-13份；绿茶6-8份；山楂8-14份；金丝枣12-25份；枸杞子4-9份；提纯成分12-24份

方剂3 红花5-7份；菊花8-11份；决明子26-29份；黄芪7-9份；绿茶4-6份；山楂10-12份；金丝枣16-22份；枸杞子5-7份；提纯成分15-23份

方剂4 红花3kg；菊花5kg；决明子20kg；黄芪5kg；绿茶10kg；山楂15kg；金丝枣16kg；枸杞子3kg；提纯成分16kg

（三）检索界面（Search Interface）

WEB版检索系统提供三种检索界面：基本检索界面；高级命令检索界面；中药方剂检索界面。

1. 基本检索界面

基本检索界面是基于结构化提问框的检索界面，用户可以简单地在提问输入框中输入检索词并选择不同输入框之间的逻辑关系，同时可以对检索字段进行选择限制。

各检索输入框之间的逻辑运算符的优先等级依次为：NOT，AND，OR

另外，同一提问框内可以输入多个不同的检索词和词组，不同检索词和词组之间用逻辑算符或相应的符号进行连接，同一提问框内使用的逻辑算符及相应的符号分别为：

OR：使用or，逗号，或加号+表示逻辑"或"。

AND：使用and，星号*表示逻辑"与"。

例如，在第一个提问框内输入"人参"（Radix ginseng），在第二个提问框中输入心脏病或高血压，该检索提问在基本检索的输入格式为：

检索输入框1	字段1	逻辑运算符
检索输入框2	字段2	逻辑运算符
检索输入框3	字段3	逻辑运算符
检索输入框5	字段5	逻辑运算符

上述检索提问用命令检索的逻辑表达式可表示为：

"Radix ginseng" AND（"cardiovascular" OR "hypertension"）

2. 高级检索界面

高级检索界面提供用户比较灵活的命令检索方式，在命令检索提问框中，用户可以根据检索需求，利用逻辑算符灵活地组配检索策略，并可对检索字段进行限制。例如：将上述检索式中的人参（Radix ginseng）限制在中药复方组成（MIX）字段中检索，将高血压（hypertension）和心血管病（cardiovascular）限制在"治疗作用"（THEF）字段中检索。

3. 中药方剂检索界面

中药方剂检索界面是用于检索中药方剂的专用检索界面，该检索界面不仅提供了方剂成分的检索入口，而且提供了方剂药味数量的限制检索和其他主题词如治疗作用等字段的限制检索。在中药方剂检索界面中，第1－10个提问框用于输入中药材名称，最后1个提问框用于输入限制性检索词，如治疗作用等。中药方剂的药味数量缺省为1－50味，用户可根据检索需要自行改变该数字。与基本检索一样，中药方剂检索页面中用于输入中药名称的提问框可以同时输入多个中药名称，不同中药名称之间用逻辑算符或相应的符号进行连接。

不同检索输入框之间的逻辑算符的运算优先等级依次为：NOT，AND，OR

同一药名输入框内可以同时输入多个药名，不同药名之间必须用逻辑算符或相应的符号进行连接，逻辑算符及相应的符号分别为：

OR：使用or，逗号，或加号＋表示逻辑"或"。

AND：使用and，星号表示逻辑"与"。

例如，检索包含山楂（Fructus Crataegi）和茵陈（Herba Artemisiae Scopariae）和甘草（Radix Glycyrrhizae）和麦芽（Fructus Hordei Germinatus）或黄菊（Flos Chrysanthemi）或大黄（Radix et Rhizoma Rhei）的用于治疗癌症（cancer）的专利。用逻辑表达式表达上述检索要求为：

中文检索式：山楂 AND 茵陈 AND 甘草 AND（麦芽 OR 黄菊 OR 大黄）

英文检索式："Fructus Crataegi" AND "Herba Artemisiae Scopariae" AND "Radix Glycyrrhizae" AND（"Fructus Hordei Germinatus" OR "Flos Chrysanthemi" OR "Radix et Rhizoma Rhei"）

上述检索提问在中药方剂检索页面中的输入格式为：

中药拉丁名　　　　　　　　　　　　　　　　　　　逻辑算符
限制性检索词：　　　　　　　　　　　　　　　　　字段
中药材词典记录样例：

Latin Name English Name Latin Plant/Animal/Mineral Name

Herba Polygoni Runcinati Herb of Runcinate Knotweed Polygonum runcinatum Buch. – Ham. , Ploygonum runcinatum Buch. – Ham. var. Sinense Hemsl. , Polygonum runcinatum Buch. – Hum

Radix Angelicae Sinensis Chinese Angelica Angelica Sinensis（Oliv.）Diels

4. 辅助检索工具

为了提高检索的查准率和查全率，系统还提供了辅助中药方剂检索的中药材词典和我局自行创建的中药分类系统，中药材词典用于帮助用户选择和确认正确的中药材拉丁名称，以提高中药方剂检索的准确性。我局自行创建的中药分类系统是向 WIPO 推荐的试验性中药分类系统，将该分类系统应用于本数据库主要是为了试验该系统的可行性。

（四）总结

中药专利数据库演示库是一个经过深度加工标引的数据库，实现了许多专业数据库的高级检索功能，主要体现在：

1. 专业化标引：中药专利数据库演示库的标引规则是在参考借鉴西药专利数据库标引规则（即法国 PHARM SEARCH 药物专利数据库标引规则）的基础上，又对国内众多中药文献数据库及中药信息研究所进行了深入的调研和考察的基础上，进行修改补充制定的，充分考虑了中药标引的特殊性。

2. 提供专业化标引字段的检索功能：如提供加工方法、制剂方法、药物活性成分、治疗作用、毒副作用的检索。提供专业化分类检索，如 PHC 药物范畴分类，TCM 中药分类。

3. 提供方剂成分及方剂药味数量的检索。

4. 经过改写的篇名和文摘提供更准确和丰富的信息。

5. 基于 WEB 的检索系统，提供多种检索途径，如菜单式基本检索，专业化命令检索，方剂信息检索。

6. 提供辅助检索工具，如中药材词典，用于辅助中药方剂检索。

7. 可提供灵活的全文检索功能和专业化字段限制检索功能。

（五）进一步完善的功能：

由于数据库开发时间紧张，有一些功能尚未实现，今后需要继续开发和完善的功能包括：

1. 检索历史的记录。

2. 利用检索历史进行二次检索的功能。

参考文献

1. 彭斐章. 科学研究与开发中的信息保障 [M]. 第1版, 武汉: 武汉大学出版社, 1998.
2. 岳剑波. 信息管理基础 [M]. 第1版, 北京: 清华大学出版社, 1999.
3. 吴 峰. 网络交流—精通 BBS 及其应用 [M]. 第1版, 北京: 人民邮电出版社, 1999.
4. 郭继军. 医药文献检索 [M]. 第2版, 北京: 人民卫生出版社, 2004.
5. 方平. 医学文献信息检索 [M]. 北京: 人民卫生出版社, 2005.
6. 沈光宝. 医药信息检索与利用 [M]. 北京: 中国中医药科技出版社, 2008.
7. 王伟. 网络环境下医药信息交流的实现—因特网医药新闻组的评价与利用 [J]. 医药情报工作, 2002, (3): 140-141.
8. 秦惠基, 符雄. 医药信息学 [M]. 第1版, 北京: 科学出版社, 2000.
9. 常兴哲. 医药文献检索与利用 [M]. 第2版, 北京: 人民军医出版社, 2004.
10. 汪晶. 网上医药信息检索知识与实例 [M], 第1版, 北京: 人民卫生出版社, 2003.
11. 乔凤海. 医药信息学 [M]. 第1版, 北京: 科学出版社, 2000.
12. 常兴哲. 医药信息学 [M]. 第1版, 郑州: 郑州大学出版社, 2004.
13. 秦慧. 医学论文写作与投稿技巧 [J]. 中国医疗前沿. 2008, 3 (6): 51-52.
14. 蔡琳, 等. 试论医学论文的投稿技巧 [J]. 现代护理. 2006, 12 (13): 3721-3722.
15. 强亦忠. 医学学位论文写作指南 [M]. 上海: 华东理工大学出版社, 2001.

16. 栾奕．医学论文发表的条件及投稿技巧［J］．中国煤炭工业医学杂志，1999，2（4）：412-413.

17. 胡家荣．医药信息素养［M］．北京：人民军医出版社．2007.

18. 李晓玲．医学信息检索与利用［M］．上海．复旦大学出版社．2008.

19. 刘廷元．信息检索教程［M］．北京：北京交通大学出版社．2008.

20. 夏知平．医学信息检索与利用［M］．上海：复旦大学出版社．2004.

21. 夏南强．基于开放存取的学术信息服务体系初探［J］．情报科学，2008，26（3）：431-435.

22. 查丽华．开放存取-开启学术信息交流的快捷之门［J］．国家图书馆学刊，2007，（1）：78-80.

23. 孙红娣．开放存取-网络时代学术信息交流的新模式［J］．情报资料工作，2005，（5）：46-49.

24 翟松岩．网络信息的开放存取［J］．农业图书情报学刊，2007，19（3）：95-97.

25. 美国国立卫生研究院 http：//www. nih. gov

26. 美国国立医学图书馆 http：//www. nlm. nih. gov

27. NLM Gateway http：//gateway. nlm. nih. gov/gw/Cmd

28. 美国国立癌症研究所 http：//www. cancer. gov

29. 美国食品药品监督管理局 http：//www. fda. gov

30. 美国疾病预防与控制中心 http：//www. cdc. gov

31. 世界卫生组织 http：//www. who. int

32. 美国医学院协会 http：//www. aamc. org

33. 中华医学会 http：//www. cma. org. cn

34. 国家食品药品监督管理局 http：//www. sda. gov. cn

35. 中国医学生物信息网 http：//cmbi. bjmu. edu. cn

36. 中国医院信息网 http：//www. drpacific. com

37. 中国医药信息网 http：//www. cpi. gov. cn

38. 中国中医药信息网 http：//www. cintcm. com

39. 好医生网站 http：//www. haoyisheng. com

40. Tuft 大学人体解剖学指导 http：//iris3. med. tufts. edu/medgross /images-tst. htm

41. 美国解剖学家协会 http：//www. anatomy. org

42. 美国生理学会 http：//www. the - aps. org

43. 美国生理学杂志 http://ajpcon.physiology.org

44. 美国病理医师学会 http://www.cap.org/apps/cap.portal

45. 美国生物化学与分子生物学会 http://www.asbmb.org

46. 药理学与实验治疗学杂志 http://jpet.aspetjournals.org

47. 内科医学网 http://www.mdlinx.com/internalmdlinx

48. 美国内科医师学会-美国内科学会 http://www.acponline.org

49. Merck 诊疗手册 http://www.merck.com/pubs/mmanual/sections.htm

50. 美国心脏病学会网站 http://www.acc.org

51. 美国心肺血液研究所 http://www.nhlbi.nih.gov

52. 胸外科医师学会 http://www.sts.org

53. 美国胸外科协会 http://www.aats.org

54. Socolar 平台 http://www.socolar.com

55. Directory of Open Access Journal http://www.doaj.org

56. PubMed Central http://www.pubmedcentral.nih.gov

57. BioMed Central http://www.biomedcentral.com

58. PLoS Journal http://www.plos.org

59. E-Print Network http://www.osti.gov/eprints

60. 中国科技论文在线 http://www.paper.edu.cn

61. 奇迹文库 http://www.giji.cn

62. 中国预印本服务系统 http://prep.nstl.gov.cn

63. MIT 机构库 http://dspace.mit.edu

64. 剑桥大学机构库 http://www.dspace.cam.ac.uk

65. 香港科技大学图书馆机构库 http://repository.ust.hk/dspace

66. Supercourses http://www.supercourse.cn

67. World Lecture Hall http://www.utexas.edu/world/lecture

68. 中国开放教育资源协会 http://www.core.org.cn

69. 孙新.临床科研方法概论 [M].郑州：郑州大学出版社，2004.

70. 方平.医学科技信息检索 [M].长沙：湖南人民出版社，1999.

71. 陈冠民.临床科研方法学 [M].郑州：河南医科大学出版社，2000.

72. 顾东蕾.实用药学信息检索技术 [M].北京：化学工业出版社，2004.

73. 中国科学引文数据库核心库和引文库来源期刊列表（2007年-2008年）.[2008-12-12].http://sdb.csdl.ac.cn/cscd_source.html.

74. CSCD（中国科学引文数据库－2007年－2008年版）知识简介及其医学期刊目录 http：//www. xwyx. cn/Article_ Show. asp？ArticleID＝8011.

75. 许培扬. 如何做好医学科技查新［J］. 基础医学与临床，2005，25（10）.

76. 赵玲秀. 医学信息检索［M］. 北京：中国协和医科大学出版社，2002.

77. cochrane 协作网 http：//www. cochrane. org.

78. cochrane 图书馆 http：//www. thecochranelibrary. com.

79. 中国循证医学/Cochrane 中心 http：//www. hxyx. com/cochrane_ new.

80. EBM http：//ebm. bmj. com.

81. TRIP 搜索引擎 http：//www. tripdatabase. com.

82. SUM Search http：//sum search. uthscsa. edu.

83. 美国国立指南库 http：//www. guideline. gov.

84. 新西兰临床实践指南 http：//www. nzgg. org. nz.

85. 万方数据 http：//www. wanfangdata. com. cn.

86. 国家科技图书文献中心 http：//www. nstl. gov. cn.

87. 中国知识基础设施工程 http：//www. edu. cnki. net.

88. BIOSIS Previews http//：www. biosis. com.

89. Doctor's Guide to Internet http：//www. docguide. com.

90. Medical Conferences http：//www. medicalconferences. com.

91. 中国医学会议网 http：//www. ok120. com/index. asp.

92. 中国标准服务网 http：//www. cssn. net. cn.

93. 中国标准咨询网 http：//www. chinastandard. com. cn.

94. ISO 标准 http：//www. iso. org.

95. IEC 国际电工委员会 http：//www. iec. ch.

96. http：//www. cnkang. com/yaox/yxky/wxjs/200703/72223. html.

97. http：//210. 45. 17. 3/ckzx/dzpx/2. html.

98. 温丽君. 医学会议文献的光盘及网络检索［J］. 中华医学图书情报杂志，2002，11（5）：50－51.

99. 胡春. 现代信息检索教程［M］. 北京：北京交通大学出版社，2008.

100. 刘廷元. 信息检索教程［M］. 北京：北京交通大学出版社，2008.

101. 胡家荣. 医药信息素养［M］. 北京：人民军医出版社，2007.

102. 邱飚曾. 医学信息检索［M］. 北京：科学出版社，2001.

103. 中国国家知识产权局 http：//www. sipo. gov. cn.
104. 中国专利信息网 http：//www. patent. com. cn.
105. 中国知识产权网 http：//www. cnipr. com.
106. 失效专利数据库 http：//www‐trs. beic. gov. cn/patent.
107. http：//patentfield. 163. net.
108. http：//www. baidu. com.
109. 美国专利商标局网站 http：//www. uspto. gov.
110. http：//ep. espacenet. com.
111. IBM 专利数据库 http：//www. patents. ibm. com/ibm. html.
112. 欧美专利数据库 http：//Patentexplorer. com.
113. http：//www. google. com.
114. 日本特许厅 http：//www. jpo. go. jp.
115. 日本专利局 http：//www. jp‐miti. go. jp.
116. 周和平. 日本的医药专利战略［J］. 药学进展, 2004, 28（2）：49‐52.
117. 陆萍. 专利数据库 USPTO、esp@cenet、DII 的比较分析［J］. 情报科学, 2006, 24（9）：1348‐1351.